国际物流管理

（第 2 版）

杨霞芳　主编

同濟大學出版社
TONGJI UNIVERSITY PRESS

内容提要

本书首先阐述与国际物流密切相关的国际贸易相关知识，在此基础上，以国际物流业务为主线，重点全面阐述海运、铁路、航空和多式联运方式下的运输单证、运输费用、运输程序、相关的国际公约和国内法规等，并详细阐述外贸储存和流通加工、装卸搬运，以及检验检疫和通关业务等。本书既可作为高等院校物流专业和交通运输专业的主要教材，也可供物流企业、商贸企业等工程业务人员自学参考。

图书在版编目(CIP)数据

国际物流管理/杨霞芳主编. --2版. --上海：同济大学出版社，2015.12(2019.6重印)

ISBN 978-7-5608-6077-0

Ⅰ.①国… Ⅱ.①杨… Ⅲ.①国际贸易—物流—物资管理 Ⅳ.①F252

中国版本图书馆CIP数据核字(2015)第278644号

国际物流管理(第2版)

杨霞芳 主编

责任编辑 陆克丽霞 **责任校对** 徐春莲 **封面设计** 陈益平

出版发行 同济大学出版社 www.tongjipress.com.cn

(地址：上海市四平路1239号 邮编：200092 电话：021-65985622)

经　销 全国各地新华书店

印　刷 江苏句容排印厂

开　本 787mm×1 092mm 1/16

印　张 25.75

字　数 643 000

版　次 2015年12月第2版 2019年6月第4次印刷

书　号 ISBN 978-7-5608-6077-0

定　价 78.00元

再 版 前 言

《国际物流管理》自2004年首次出版以来，一直备受读者的关注和支持。作为本书的作者，我们答谢读者的最好方式就是精益求精，并使本书内容与时俱进，更好地满足读者多方面的需求。

近10年的时间里，关于国际物流的研究与实践在不断取得新的进展。与此同时，本书的作者也从未间断地通过各种途径进行学习与研究，对国际物流管理的理论与实践有了更加深刻的领悟，正鉴于此，我们感到有必要也有能力对本书进行修订。

《国际物流管理》(第2版)在内容与结构方面并无重大调整，只是针对国际物流近年的发展和变化对各章节所涉及的相关内容作了删减、补充或修改，并在主要章节辅以案例分析。

《国际物流管理》(第2版)是同济大学“十二五”规划教材，由同济大学教材、学术著作出版基金委员会资助。在修订过程中，同济大学出版社杨宁霞、陆克丽霞编辑给予了很大的鼓励和支持；上海凯荣律师事务所金玉来律师提供了宝贵的法律咨询；同济大学研究生毕业的黄君萍、林芝、江顺平、律星光、李璠、施晓明、刘超和邬珊等，在其读研期间和工作后一直不遗余力地为本书的修订提供了很多有价值的建议和参考素材；现场调研中，得到了上海芦潮港铁路集装箱中心站、中外运华东公司、东方航空集团有限公司、上海万航国际物流有限公司等企业的专家、领导及员工的大力支持和帮助；使我们受益匪浅的还有那些在此难以详细列明的业界专家及学者们所提供分享的丰富的实践经验和研究成果。在此，谨向所有直接或间接的支持者和帮助者表示由衷的感谢！

由于作者的专业视野和学术水平有限，再加上国际物流管理水平是动态发展和不断提高的，所以，本书即使经过此次修订，可能还会存在内容过时甚至知识盲点或错误，衷心希望广大读者提出批评和建议。

编者

2015年2月于上海

再版前言

[illegible]

前　言

在经济全球化的宏观背景下，世界各国、各地区的市场以现代化通讯、信息技术、物流服务和金融市场为纽带，更加紧密地联系起来，国际贸易、跨国投资以及各种经济技术合作也日益密切。随着我国加入世界贸易组织，包括物流业在内的服务业正在逐步对外开放，这不仅使处于初级发展阶段的我国物流业面临新的挑战，同时也带来了前所未有的商机和广阔的发展空间。

国际物流是整个物流领域的一大重要分支，它既具有一般物流的共性，也因其需跨越国界而另具特点。这些特点反映在国际物流所涉及的运输、储存、包装、装卸搬运、配送，以及现代信息技术、法律等诸多方面。

本书首先阐述与国际物流密切相关的国际贸易相关知识，在此基础上，以国际物流业务为主线，重点全面阐述海运、铁路、航空和多式联运方式下的运输单证、运输费用、运输程序、相关的国际公约和国内法规等，并详细阐述外贸储存和流通加工、装卸搬运，以及检验检疫和通关业务等。

本书共分十章。第一、三、四、六、八、十章由同济大学杨霞芳编写；第二、七章由同济大学刘寿兰编写；第五、九章由同济大学杨晟编写。全书由杨霞芳负责统稿并定稿。

本书力求反映国际物流的最新动态和发展趋势，做到理论与实务兼顾，内容完整、翔实、新颖，并突出国际物流运输业务重点，因此，既可作为高等院校物流专业和交通运输专业的主要教材，也可供物流企业、商贸企业等工程业务人员自学参考。

在本书编写过程中，参阅了大量国内外论著，并从中引用了不少经典的概念和图片，编者已在书后主要参考文献中一一列出。在此，谨向各位物流研究的专家、学者致以诚挚的感谢。同时也向为本书提供巨大帮助的同济大学出版社的领导、编辑人员，以及参加本系列丛书的各位专家、学者和研究生等致以崇高的敬意。

由于本书有多名人员参加编写，并且编写时间紧，任务重，难免出现疏漏和错误，真诚希望广大读者批评指正，以便再版时予以修正，使其不断完善。

编者
2004 年 8 月于上海

目　录

第一章　国际物流概论

随着经济全球化的发展，物流全球化趋势日益显现。一方面，其他领域的国际化产生的国际物流需求日趋增强；另一方面，物流领域本身的国际化程度不断提高，使得当今的国际物流成为现代物流发展的重要领域与趋势之一。

本章主要阐述国际物流的特点；国际物流与国际贸易的相互关系；国际物流系统各个子系统的功能；国际物流网络建设和优化，并进一步对国际物流的发展趋势作了分析。

第一节　物 流 分 类

物流是指物品从供应地向接收地的实体流动过程，根据实际需要，将运输、储存、装卸、搬运、包装、流通加工、配送、信息处理等基本功能实施有机结合。物流的构成要素既包括使物品的空间移动和时间移动成为可能的运输和储存，也包括保障物品顺利转移或流动的各种相关活动。

物流活动广泛存在于社会经济领域，系统较为复杂，难以形成统一的分类标准。但根据物流服务对象的不同、物流服务空间范围的不同、物流服务目的的不同等，可以将物流区分为以下几种主要类型。

一、根据物流的实用价值分类

根据物流的实用价值可以分为宏观物流和微观物流。宏观物流是指社会再生产总体、产业或大型集团的物流活动。这些物流活动对一国具有较为综合性和全局性的影响，包括社会物流、国民经济物流、国际物流等；微观物流指消费者和生产者所从事的或所需的各种具体的、实际的物流活动，是针对特定客户、特定产品的物流活动，包括供应物流、销售物流、回收物流、废弃物物流、生产物流和企业物流等。

二、根据物流的作用分类

根据物流的作用可以分为供应物流、生产物流和销售物流。供应物流是指为生产企业提供原材料、零部件或其他物品的活动；生产物流则指产品生产过程中，原材料、在制品、半成品、产成品等在生产企业内部的移动和保存等活动；销售物流是指物品从生产企业、销售企业向需求者的移动过程。

三、根据物流服务的空间范围分类

根据物流服务的空间范围可以分为地区物流、国内物流和国际物流。地区物流是指在一国疆域内，根据行政区或地理位置划分的一定区域内的物流；国内物流是指在本国不同区域间的物流，服务于国民经济发展的总目标；国际物流则是指货物在不同国家之间的移动。较之国内物流，国际物流活动更为复杂、难度和风险更大。

四、根据物流系统的性质分类

根据物流系统的性质可以分为社会物流、行业物流和企业物流。社会物流是企业外部物流活动的总称，属于宏观物流范畴；行业物流指同一行业中的企业为了实现物流效率和低成本而在物流运作、物流管理方面进行的有效协作；企业物流则是指某一企业内部的物品移动。

五、根据物流服务提供者分类

根据物流服务提供者可以分为第一方物流、第二方物流、第三方物流和第四方物流。由物品供应商提供的物流服务称为第一方物流；由物品的需求方提供的物流服务被称为第二方物流；由物品的提供方和需求方以外的中介组织提供的物流服务常常被称为第三方物流，随着生产的一体化，第三方物流正在成为现代物流的主要内容，是物流业发展的主要趋势之一；第四方物流是一个供应链的整合者和协调者，调配与管理组织本身与其他互补性服务所有的资源、能力和技术来提供综合的供应链解决方案。

第二节　国际物流特点

国际物流（International Logistics，IL）是应国际贸易的需要而发生在不同国家之间的物流，具体是指当生产和消费分别在两个或两个以上的国家（或地区）独立进行时，为了克服生产和消费之间的空间距离和时间隔离，对物资（商品）进行物理性移动的一项国际商品贸易或交流活动，从而完成国际商品交易的最终目的。广义的国际物流不仅包括上述国际贸易物流，还包括国际展览与展品物流、国际邮政物流和援外项目物流等非贸易国际物流。

国际物流是不同国家（地区）之间的物流，是国内物流的延伸和进一步扩展，它与国内物流相比较，具有以下特点。

1. 范围广阔

国际物流是跨国界的物的流通，其市场广阔，故有时称其为国际大流通或大物流。全世界共有180多个国家和地区，人口约60亿，如此广阔的地域范围和众多的消费群体是任何国家的国内物流所不能企及的。同时，由于种族、习惯和经济水平的差异，各国及各地的需求层次和数量差别较大，因此，国际物流必须适应的是一个多层次、多维体的需求市场。

2. 环境复杂

国际物流在物流通信系统设置、法律环境、物流标准和商业现状等方面存在差异。不同的国家适用不同的物流法规，这就使国际物流的复杂性远高于一国的国内物流，甚至会阻断国际物流；不同国家的不同经济和科技发展水平会造成国际物流处于不同科技条件的支撑下，如果某些地区根本无法应用某些物流技术，将会使国际物流全系统水平下降；不同国家的不同物流标准，也造成国际间“接轨”的困难，因而使国际物流系统难以建立；不同国家的风俗人文也使国际物流受到很大局限。

由于物流环境的差异就迫使一个国际物流系统需要在几个不同法律、人文、习俗、语言、科技、设施的环境下运行，无疑会大大增加物流的难度和系统的复杂性。

3. 系统庞大

国际物流系统是由运输、储存、包装、装卸搬运、流通加工、检验检疫、通关、配送等子系统所构成。不同的子系统所适用的行业法规不一，物流技术和标准也不同。国际物流系统应协调各子系统的关系，充分发挥各自的功能，协力实现国际物流系统要求达到的系统整体效益最大的总目标。

4. 时间性强

国际市场竞争十分激烈，不仅要求商品质量好，而且要求适时供应市场。进出口货物如不能及时运到目的地，很可能造成重大的经济损失。特别是某些鲜活易腐货物、季节性货物，如运输迟缓，不能及时上市，所造成的损失更为严重。所以，货物的装运期、交货期被列为贸易合同的条件条款，要求严格按照合同规定的时间组织国际物流运输。

5. 标准化要求高

标准化是对产品、工作、工程或服务等普遍的活动规定统一的标准，并且对这个标准进行贯彻实施的整个过程。国际物流标准化指的是以国际物流为一个大系统，制订系统内部设施、机械装备、专用工具、信息系统等各个分系统的技术标准。要使国际间物流畅通起来，标准化工作十分重要，可以说，如果没有国际物流的标准化，国际物流水平将难以提高。目前，美国、欧洲基本实现了物流工具、设施的统一标准，如托盘采用 1 000 mm×1 200 mm；国际标准化组织也着力推行集装箱尺寸规格标准化和标记代号标准化工作，大大降低了物流费用，降低了转运的难度，使得集装箱可以在不同的运输方式和不同的国家之间进行高效联运；在物流信息传递技术方面，欧洲各国不仅实现企业内部的标准化，而且实现了企业之间及欧洲统一市场的标准化，这就使欧洲各国之间系统比其与亚、非洲等国家交流更简单、更有效。

6. 风险高

国际物流运输距离长、涉及面广、中间环节多，情况复杂多变，所面临的风险主要包括政治风险、经济风险和自然风险。政治风险主要指由于所经过国家的政局动荡，如港口工人罢工可能导致进港船舶被困，空耗船期，以及货物遭受损失或延误；经济风险又可分为汇率风险和利率风险，与国际物流相伴随的资金流将面临这种经济风险，如海运班轮公司因其运价表所适用的货币贬值，将会使其实际的运费收入减少，为此，船运公司通常要加收货币贬值附加费以弥补汇率变动所引起的损失；自然风险是指因自然因素引起的风险，如台风、地震、海啸等。

第三节　国际物流与国际贸易的关系

国际贸易已成为世界各国经济发展中不可缺少的重要部分，是当代国际交往中最活跃的形式。国际贸易和国际物流是实现世界经济合作与发展的重要手段，二者相辅相成，互为前提。

一、国际物流是实现国际贸易的保障

国际物流贯穿于国际贸易的整个过程，首先在签订国际贸易合同时，需注明采用的运输条款；合同签订后，按运输条款所约定的时间、地点和条件，通过一种以上的运输方式，将货物从卖方所在地通过关境运送至买方指定交货地点，完成交货任务。在这一过程中，卖方交付单证、货物和收取货款，买方接受单证、收取货物并支付货款，从而实现贸易对流条件。没有国际物流，国际贸易中所包含的国际商流、国际资金流和国际信息流就可能发生阻滞，进出口货物的使用价值就无法实现，国际贸易也无法进行，国际物流是完成国际贸易不可缺少的重要组成部分，国际物流的科学化、系统化和合理化是实现国际贸易发展的有力保障。

二、国际贸易的发展对国际物流提出新的要求

国际物流是为适应国际贸易的需要而产生和发展的。随着世界各国生产的发展和国际贸易额的不断增长，国际贸易市场竞争愈来愈激烈，对运输质量、交货时间、运输速度、运输费用等更为重视。国际贸易出现的新的趋势和特点，对国际物流在质量、安全、效率、经济和信息化方面也提出了更新、更高的要求。

1. 质量要求

国际贸易结构正在发生巨大的变化，传统的初级产品、原料等贸易品种逐步让位于高附加值、精密加工的产品，高附加值、精密加工的产品的增加，对国际物流工作的质量提出了更高的要求；此外，国际贸易需求的多样化还造成了物流的多品种和小批量化，从而要求国际物流向精细、多样化发展。

2. 安全要求

国际物流涉及的国家多、地域辽阔、在途时间长，易受气候、地理条件等自然因素和政局、罢工、战争等社会政治因素的影响。在组织国际物流，选择运输方式和运输路径时，应密切注意所经地域的气候条件、地理条件，还需注意沿途所经国家的政治局势、经济状况等，以防止这些人为因素和不可抗拒的自然力造成的货物灭失和损害。

3. 效率要求

国际贸易活动的集中体现就是合约的订立和履行。而国际贸易合约的履行是由国际物流活动来完成的。在国际物流的整个过程中，都应加强物流管理，根据贸易货物的特点，采用与之相适应的巨型专用货船、专用泊位以及大型专业运输机械，以提高物流效率。

4. 经济要求

国际物流环节多、备运期长。在国际物流领域，控制物流费用，降低成本具有很大潜力。对国际物流企业来说，选择最佳物流方案、提高物流经济性、降低物流成本、保证服务水平，是提高竞争力的有效途径。

5. 信息化要求

随着现代信息技术的迅速发展，电子贸易、国际电子商务等已在国际贸易领域得到广泛的应用。国际物流作为国际贸易的重要组成部分，也必须适应信息化发展趋势，要求国际物流业也要实现信息化，包括 EDI 通关、电子化检验检疫以及电子订舱等。

总之，国际物流必须不断适应国际贸易结构和商品流通形式的变更，向国际物流合理化方向发展。

第四节　国际物流系统

国际物流系统由一般要素、功能要素、支撑要素和物质基础要素等基本要素所构成。

一、国际物流系统一般要素

国际物流系统的一般要素主要由劳动者、资金和物三方面构成。劳动者是物流系统的运作者，劳动者要素是现代物流系统的核心要素，提高劳动者的素质，是建立合理化的国际物流系统并使其有效运转的根本；资金要素伴随着物流的全过程，离开资金这一要素，国际物流服务无法实现，国际物流系统建设也将成为空谈；物的要素包括国际物流系统的劳动对象，也包括劳动工具、劳动手段等。

二、国际物流系统支撑要素

在复杂的社会经济系统中，要确定国际物流系统的地位，协调与其他系统的关系，需要有体制、制度、法律、规章、行政、命令和标准化系统等支撑手段。

国际物流系统的体制、制度决定了物流系统的结构、组织、领导和管理方式，是国际物流系统的重要保障。

国际物流相关的法律、规章是用来限制和规范物流系统的活动，以及维系合同的执行、权益的划分、责任的确定。国际物流中应遵循的法律法规、国际惯例与国际公约主要有：与签订国际商务契约有关的各国民法以及《联合国国际货物销售合同公约》；与国际贸易术语相关的《2000 年国际贸易术语解释通则》《2010 年国际贸易术语解释通则》《1941 年美国对外贸易定义修订本》和《1932 年华沙-牛津规则》等国际惯例；国际结算方面的《跟单信用证统一惯例》第 500 号出版物(UCP500)《跟单信用证统一惯例》第 600 号出版物(UCP600)和《托收统一规则》(URC522)；与货物进出关境有关的各国海关法；关于国际海上货物运输方面的《海牙规则》《海牙/维斯比规则》《汉堡规则》等国际公约和各国的海上货物运输法或海商法；关于国际铁路货物运输方面的《国际铁路货物运送公约》和《国际铁路货物联运协定》等国际公约；关于国际公路货物运输方面的《国际公路货物运输合同公约》和《国际公路车辆运输规定》等国际公约；关于国际航空货物运输的《华沙公约》《海牙议定书》等八项国际公约所构成的华沙体系，以及对华沙体系整合后的新华沙公约《1999 年蒙特利尔公约》；与集装箱运输相关的《日内瓦集装箱海关公约》《1972 年集装箱海关公约》和《国际集装箱安全公约》等；关于国际多式联运的《联合国国际货物多式联运公约》等。

国际物流系统关系到国家军事、经济命脉，行政、命令等往往是保证国际物流系统正常运转的重要手段。

标准化系统是保证国际物流各环节运行，以及国际物流系统与其他系统在技术上实现联结的重要支撑条件。

三、国际物流系统物质基础要素

国际物流系统的建立和运营，必须建立在坚实的物质基础之上。这些物质基础要素主要包括：物流设施，如物流场、站、物流中心、仓库、建筑物，国际物流线路，各种口岸等；物流装备，如仓库货架、进出库设备、加工设备、运输设备、装卸机械等；物流工具，如包装工具、维护保养工具、办公设备等；信息技术与网络，如通信设备及线路、传真设备、计算机及网络设备等。

四、国际物流系统功能要素

国际物流系统的功能要素是指国际物流系统所具备的基本能力，这些基本能力通过国际物流各相关子系统的有效运转和相互联系得以体现。

国际物流系统是由相互作用、相互依存的若干子系统所构成，它主要包括商品的运输、储存、包装、出入境检验检疫和通关、装卸搬运和信息处理等子系统。其中运输和储存子系统是国际物流系统的重要组成部分。国际物流通过运输和储存实现商品的空间和时间效益，满足国际贸易活动和跨国公司经营的基本要求。

1. 国际物流运输子系统

运输的作用是将商品使用价值进行空间位移，物流系统依靠运输作业克服商品生产地和需要地点的空间距离，创造了商品的空间效益。国际货物运输是国际物流系统的核心，具有路线长、环节多、涉及面广、手续繁杂、风险性大、时间性强等特点。

在国际货物运输中，涉及的运输方式很多，根据所使用的运输工具和运输路线，主要分为以下几种方式，见表 1-1。

表 1-1　　国际货物运输方式

<table>
<tr><td rowspan="2">陆上运输</td><td>铁路运输</td><td colspan="2">国际铁路货物联运、内地与港澳地区的铁路货物运输(中国)</td><td rowspan="9">联合运输
国际多式联运</td></tr>
<tr><td>公路运输</td><td colspan="2">国际公路货物运输、内地与港澳地区的公路货物运输(中国)</td></tr>
<tr><td rowspan="4">水上运输</td><td rowspan="3">海洋运输</td><td>沿海运输</td><td rowspan="4">河海联运</td></tr>
<tr><td>近洋运输</td></tr>
<tr><td>远洋运输</td></tr>
<tr><td colspan="2">内河运输</td></tr>
<tr><td>航空运输</td><td colspan="3">国际航空货物运输、内地与港澳地区的航空货物运输(中国)</td></tr>
<tr><td>管道运输</td><td colspan="3">国际管道货物运输</td></tr>
<tr><td>邮政运输</td><td colspan="3">国际邮政运输</td></tr>
</table>

(1) 海洋运输。海洋运输是国际货物运输的主要运输方式，海运量在国际货物运输总量中占 80%以上。海洋运输之所以被如此广泛采用，是因为它与其他国际货物运输方式相比，具有通过能力大、运量大、运费低等优点。

(2) 铁路运输。铁路运输一般不受气候条件的影响，可保障全年的正常运输，而且运量较大、速度较快，有高度的连续性，运转过程中可能遭遇的风险也较小。在国际货物运输中，铁路运输是仅次于海洋运输的主要运输方式。

(3) 航空运输。航空运输是一种现代化的运输方式，它与海洋运输、铁路运输相比，具有运输速度快、货运质量高、且不受地面条件的限制等优点。因此，它最适宜运送急需物资、鲜活商品、精密仪器和贵重物品。

(4) 公路运输。公路运输是一种现代化的运输方式，它不仅可以在边境将进出口货物直接运进或运出，而且也是车站、港口和机场进出口货物集散的重要手段。

(5) 内河运输。内河运输是水上运输的重要组成部分，它是连接内陆腹地与沿海地区的纽带，在进出口货物的运输和集散中起着重要的作用。

(6) 邮政运输。邮政运输是一种较简便的运输方式。各国邮政部门之间订有协定和合约，通过这些协定和合约，各国的邮件包裹可以相互传递，从而形成国际邮政运输网。由于国际邮政运输具有国际多式联运和"门到门"运输的特点，而且手续简便，费用也不高，因而成为国际贸易中普遍采用的运输方式之一。

(7) 管道运输。管道运输是国际能源运输的重要方式，它借助于高压气泵的压力将管道内货物输往目的地，其主要特点是运输通道与运输工具合而为一；运量大；成本低；运输漏损少，安全性好；受气候影响小，便于长期稳定运营；劳动生产率高；专业性强等。管道运输按其不同的输送对象可分为液体管道运输、气体管道运输和浆液管道运输。

(8) 国际多式联运。国际多式联运是按照经济合理的原则，取各种运输方式之所长，将不同的运输方式有机地结合起来，形成全程的连贯运输。国际多式联运是集装箱运输发展的产物，也是当今世界货物运输技术发展的一项重大成就。

由于各种运输方式各有特点，适合不同种类、不同距离的货物运输。根据货物的性质、运量的大小、运距的长短、需要的缓急、运输费用的高低、气候及自然条件以及国际政治形势等因素，全面考虑、选择合适的运输方式，或采用先进的国际集装箱多式联运方式，对顺利地完成国际货物运输具有重要的作用。

国际货物运输的管理体系也直接关系到国际物流系统的高效运转。目前，我国国际货物运输管理实行以中央有关部门垂直管理为主，地方政府管理为辅。在国务院领导下，国家发展和改革委员会(简称国家发改委)、商务部、交通运输部、海关总署、公安部、国家质量监督检验检疫总局和中国人民银行分别承担国际货物运输的有关管理职能。

我国国际货物运输管理各有关部门行政职能如图 1-1 所示。

2. 国际物流仓储子系统

国际物流仓储同国际物流运输一样，都是国际贸易和国际物流不可缺少的环节。国际物流仓储不仅包括对进出口商品的储存保管，而且还包括出口加工、挑选、整理、包装、刷唛、备货、组装、配送和发运等一系列工作。仓储作业可以克服外贸商品使用价值在时间上的差异，物流部门依靠储存保管创造商品的时间价值。

商品的储存、保管和加工等作业使商品在其流通过程中处于一种相对停滞状态，这是因为外贸商品的流通是一个由分散到集中，再由集中到分散的源源不断的流通过程。如外贸商品从生产厂或供应部门被集中运送到装运出口港(站、机场)，以备出口，有时需临时存放一段时间，再装运出口，是一个集和散的过程；为了保证不间断的商品往来，满足出口需要，必须有一定量的周转储存；有些商品需要在流通领域内进行出口商品贸易前的整理、组装、再加工、再包装或换装等，形成一定的贸易前的准备储存；有时由于某些出口商品在产销时间上的背离，例如季节性生产但常年消费的商品和常年生产但季节性消费的商品，则必须留有一定数量的季节储备。

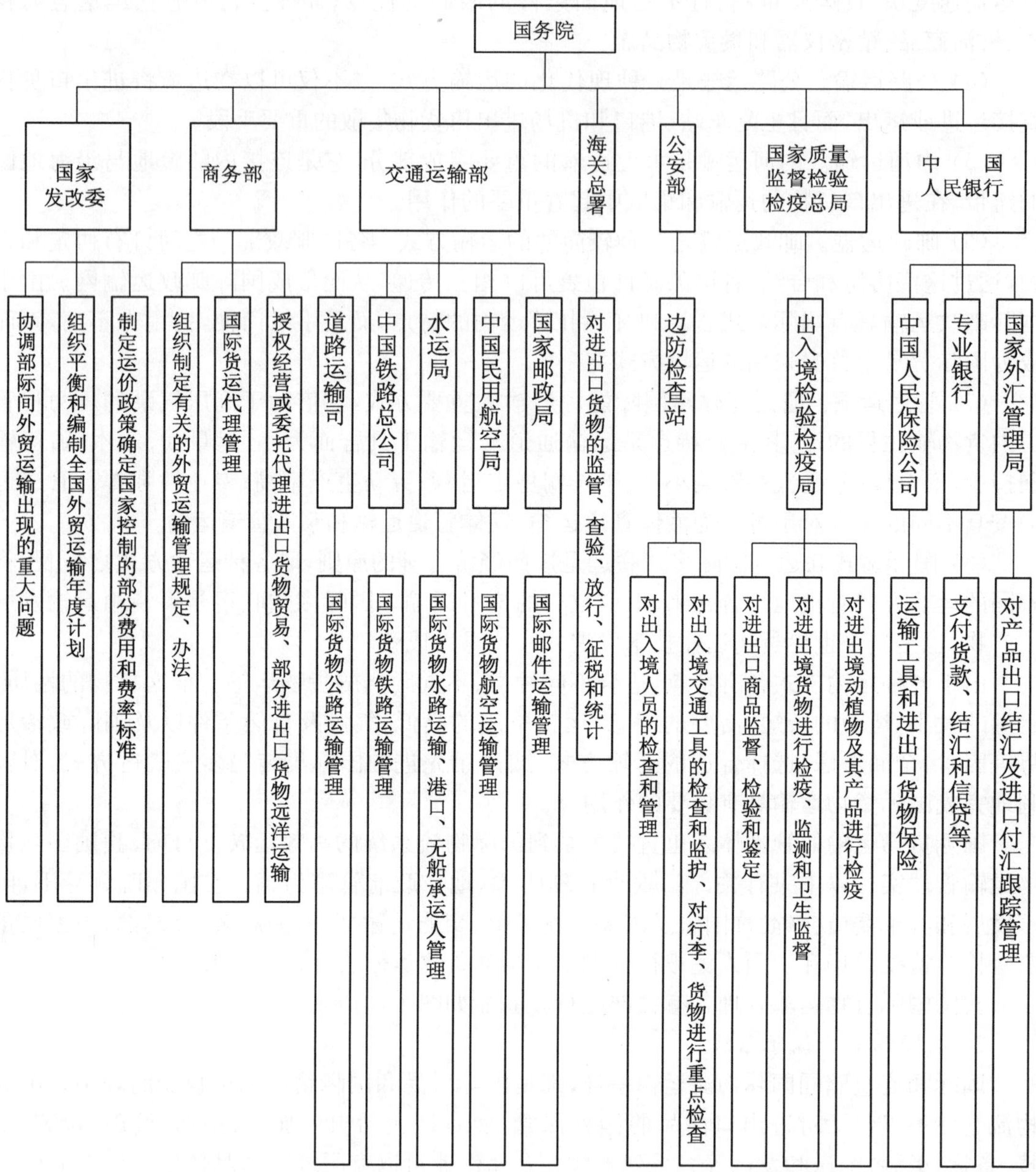

图 1-1　我国国际货物运输管理体系

保税货物是在各国的保税区和保税仓库进行的，主要涉及各国保税制度和保税仓库建设等方面。保税制度是对特定的进口货物，在入境后尚未确定内销或复出的最终去向前，暂缓缴纳进口税，并由海关监管的一种制度，这是各国政府为了促进对外加工贸易和转口贸易而采取的一项关税措施。保税仓库是经海关批准专门用于存放保税货物的仓库，它必须具备专门储存、堆放货物的安全设施；健全的仓库管理制度和详细的仓库账册，配备专门的经海关培训认可的专职管理人员。保税仓库的出现，为国际物流的海关仓储提供了既经济又便利的条件。

3. 国际物流包装子系统

包装是在流通过程中保护产品，方便储运，促进销售，按一定技术方法采用容器、材料及辅助物等将物品包封并予以适当的装运标志的工作总称。包装往往处于生产过程的终点及物流过程的起点，是现代物流中不可缺少的环节。

良好的商品包装应具有保护商品、方便物流、促进销售、方便消费的功能。国际市场和消费者是通过商品来认识企业的，而商品的商标和包装就是企业的面孔。

在考虑出口商品包装设计和具体作业过程时，应将包装与储存、搬运和运输有机联系起来统筹考虑，全面规划，实现现代国际物流系统所要求的“包、储、运一体化”。即商品开始包装时，就要考虑储存的方便、运输的快速，以加速物流，方便储运，减少物流费用等现代物流系统设计的各项要求。

4. 国际物流装卸搬运子系统

装卸搬运是物流过程中的重要环节，它在生产领域及各个物流环节中起着联接和转换的作用。装卸搬运合理与否，直接影响到整个物流系统的效率和经济效益。

进出口商品的装卸与搬运作业，相对于商品运输来讲，是短距离的商品搬移，是仓库作业和运输作业的桥梁和纽带，所实现的也是物流的空间效益，它是保证商品运输和保管连续性的一种物流活动。搞好商品的装卸、商品进库、出库以及在库内的搬倒清点、查库、转运、转装等，对加速国际物流十分重要，而且节省装卸搬运费用也是降低物流成本的重要途径。

5. 国际物流检验检疫、通关子系统

为了维护国家的根本经济权益与安全，保证对外贸易顺利进行和持续发展，国家检验检疫机构根据有关法律、法规，对出入境商品实施检验检疫，并根据进出境产品质量现状、企业管理水平和开拓国际市场的需要，实施一系列行之有效的管理制度，如进口商品安全质量许可制度、进口废物原料装运前检验、出口商品质量许可制度等。出入境检验检疫的实施是国家主权的体现，也是国家管理职能的体现。

在国际贸易中，为了确定交货品质、数量和包装条件等是否符合合同规定，在买卖合同中，一般都订有商品检验条款，根据商品检验条款规定的时间与地点，由买卖双方指定的检验检疫机构，使用规定的检验标准与检验方法进行检验并出具相应的检验证明。此外，当发现问题，为分清责任，向有关责任方索赔，也可要求检验检疫机构进行公证鉴定。

国际物流是跨越关境的物的流通，为了维护国家政治、经济、文化利益，各国海关都对进出口货物实施必要的监督管理。在我国，检验检疫机构与海关建立了“先报检、后报关”的通关协调机制，海关一律凭报关地检验检疫机构签发的通关单验放货物。

检验检疫和通关分别作为国际贸易的技术壁垒和关税壁垒，在国际物流中都是必不可少的重要环节，但对国际物流的顺畅流通客观上起到一定的限制和阻碍作用。为了提高通关速度，顺应国际物流的发展需要，2001 年 10 月国务院办公厅下发了《关于进一步提高口岸工作效率的通知》，明确指示实行“大通关”制度。

所谓“大通关”，即在货物的进出口通关过程中，通过运用现代管理、信息化和高科技手段，对单证流、货物流和信息流进行整合，使之合理、规范、畅通，以最短的时间、最低的成本为企业提供最好的服务，体现政府行政监管的能力和效率，提高我国的综合竞争能力。“大通关"涉及相关的口岸监管查验单位、检验检疫机构、港口、机场管理部门、金融机构、生产企业、海陆空运输企业、货主、代理等各自的作业流程，其实施范围包括进出口货物自货主委托报检报关起至提取货物或将货物运抵监管区域的全过程。

实施"大通关"最直接的目的是实现通关高效率。要采取有效手段，建立健全覆盖全国口岸的业务应用与信息网络，如金关工程、电子口岸系统等，减少审批程序和办事环节，口岸各方建立健全快捷有效的关检协调机制，完善通关放行制度，实现资源（如网络、信息）共享，并且可以实施科学、高效的监管，以达到口岸通关效率的大幅度提高，真正实现"快进快出"，进而提高国际物流系统的运作效率。

6. 国际物流信息子系统

国际物流信息是国际物流活动的反映，也是组织和调控国际物流活动的依据。其主要内容包括进出口单证的作业过程、支付方式信息、客户资料信息、市场行情信息和供求信息等。国际物流信息子系统的主要功能是采集、处理和传递国际物流和商流的信息情报。没有功能完善的信息系统，国际贸易和跨国经营将寸步难行。随着国际市场竞争的日趋激烈，世界各国日益加强了对国际物流系统中信息流的管理，把提高信息流水平和技术作为降低国际物流成本、提高国际物流服务水平和质量、提高整个国际物流效益和运行可靠性的发展战略。目前，已应用于国际物流系统的信息技术主要有电子数据交换（Electronic Data Interchange，EDI）、条形码技术和全球卫星定位系统（Global Positioning System，GPS）等。

电子数据交换（EDI）是指通过电子方式，采用约定的报文标准，从一计算机向另一计算机进行结构化数据的传输和处理。从国际物流的角度看，EDI 是将有关运输、保险、银行、检验检疫和海关等方面的信息，用一种公认的标准格式通过计算机进行传输和处理，并完成以国际物流为中心的全部业务过程。

条形码是一种信息代码，由一组宽度不同、反射率不同的条和空按规定的编码规则组合起来，用以表示一组数据的符号。条码技术是一项包括编码技术、符号技术、识别与应用系统设计技术的综合技术，在国际物流中主要应用于进出口货物的订货业务、大型国际配送/加工中心的货物分拣、外贸商品检验、国际出口单证业务处理和物料搬运等方面。

全球卫星定位系统（GPS），是利用分布在距地面约 2 万千米高空的多颗卫星对地面目标的状况进行精确测定以进行定位、导航的系统。它主要用于船舶和飞机导航、对地面目标的精确定时和精密定位、地面和空中交通管制、空间与地面灾害监测等。20 世纪 90 年代以来，全球卫星定位系统在物流领域已广泛应用于汽车自定位、跟踪调度、陆地救援；内河及远洋船队最佳航程和安全航线的测定、航向的实时调度、监测及水上救援；空中交通管理、精密进场着陆、航路导航和监视；铁路运输管理等方面。

第五节　国际物流网络

国际物流网络是由国际物流实体网络和信息网络所组成的有机整体，实体网络和信息网络并非相互独立，它们之间的关系是密切相联的。

一、国际物流实体网络

国际物流实体网络是由多个收发货的节点及其之间的连线所构成的。

国际物流网络节点是国际物流网络中连结物流线路的结节之处，通常是指进、出口国内外的各类仓库，如制造厂仓库、中间商仓库、口岸仓库、国内外中转点仓库以及流通加工配送中心和保税区仓库等。国际物流过程的包装、装卸、保管、分拣、配货、流通加工等，都是在这些物流节点上完成的。国际物流节点通过转换运输方式，衔接不同的运输方式；通过加工，衔接干线物流和配送物流；通过储存，衔接不同时间的供应物流与需求物流；通过集装箱、托盘等集装处理，衔接整个“门到门”运输，使之成为一体。国际物流节点按其主要功能分为转运型结点、储存型结点、流通型节点和综合型节点。转运型节点以联结不同运输方式为主要职能，如铁路货运站、铁路编组站、公路车站、公路枢纽、航空机场、海运港口，不同运输方式之间的转运站、终点站等，国际货物在这类节点上的停滞时间较短；储存型节点以存放货物为主要职能，如储备仓库、营业仓库、中转仓库、口岸仓库、港口仓库等，国际货物在这类节点上停滞时间较长；流通型节点以组织国际货物流动为主要职能，如配送中心等；综合型节点在国际物流中实现两种以上的主要职能，并将各种功能有机结合于一体，如国际物流中心等。

国际物流网络的连线是国际物流流动的路径，是联结国内外众多收发货节点的运输线，如各条海运航线、铁路线、飞机航线、输油管道以及海、陆、空联合运输路径。国际物流网络中每一对节点间可以有许多连线以表示不同的运输路线，因此，国际物流实体网络十分复杂。

二、国际物流信息网络

在国际物流范畴内建立的信息收集、整理、加工、储存、服务工作系统称为国际物流信息系统。如果在国际物流涉及的范畴中，建立若干从事此项工作的网点并以一定形式联接，则构成国际物流信息网络。因此，国际物流信息网络也是由节点和连线构成的。信息网络的节点是指各种物流信息汇集及处理之点，在信息网络节点上，外贸人员处理国际订单、货代编制和传输订舱单证、船代编制提单、仓库电脑对最新库存量的记录等。国际物流信息网络的连线是信息流动的载体，主要指各种通信和通讯方式，如国内外邮件、电话、电传、电报、电子邮件以及 EDI 电子数据交换等。

物流信息网络与物流实体网络从结构上看非常相似，都是由节点和连线所组成。二者的差别主要是，商品在国际物流实体网络中总是朝着国外最终消费者的方向移动，而物流信息网络中的信息流方向大多与商品进出口分配通路方向相反，朝商品货源的方向移动，即实施信息反馈功能。

信息网络在整个国际物流网络系统中的作用不容忽视，因为物流的每一项活动都必须有信息支撑，物流质量的高低取决于信息。信息流的双向反馈作用使得国际物流系统易于控制、协调，使其能合理高效运转，充分调动人力、物力、财力、设备及资源，以最大限度地降低国际物流总成本，提高经济效益。

三、国际物流网络优化

国际物流网络优化的基本思路是根据国际商品由卖方向买方实体流动的方向、规模和数量，确定进出口货源点(或货源基地)和消费者的位置、各层级仓库及中间商批发点(零售点)的位置、规模和数量，并建立与节点相适应的运输系统。完善和优化国际物流网络，降低国际物流成本，提高国际物流质量，有利于扩大国际贸易，提高跨国公司的竞争能力和成本优势。

首先，在规划网络内建库数目、地点及规模时，都要紧密围绕着商品交易计划，乃至一个国家宏观国际贸易总体规划。

其次，明确各级仓库的供应范围、分层关系及供应或收购数量，注意各层仓库间的有机衔接。诸如：生产厂家仓库与各中间商仓库、港(站、机场)区仓库以及出口装运能力的配合和协调，以保证国内外物流畅通与均衡。

最后，国际物流网点规划要考虑现代物流技术和国际贸易的发展，留有余地，以备将来的扩建。

我国的国际物流系统网络已经具有一定的规模，为了促进我国国际物流系统网络更加合理，应该从以下多方面采取措施：

(1) 国内、外物流网点合理选择和布局，扩大国际贸易的范围、规模，以达到费用省、服务好、信誉高、效益高、创汇好的物流总体目标。

(2) 采用先进的运输方式、运输工具和运输设施，加速进出口货物的流转。充分利用海运、多式联运方式，不断扩大集装箱运输和大陆桥运输的规模，增加物流量，扩大进出口贸易量和贸易额。

(3) 缩短进出口商品的在途积压，以节省时间，加速商品和资金的周转。

(4) 改进运输路线、开展合理运输，减少相向、迂回运输。

(5) 改进包装，增大技术装载量，减少损耗。

(6) 改进港口装卸作业，有条件要扩建港口设施，合理利用泊位与船舶的停靠时间，尽力减少港口杂费，吸引更多的买卖双方入港。

(7) 改进海运配载，避免空仓或船货不相适应的状况。

(8) 综合考虑国内物流运输。在出口时，有条件要尽量采用就地就近收购、就地加工、就地包装、就地检验、直接出口的“四就一直”物流策略。

第六节　国际物流发展

国际物流活动是随着国际贸易和跨国经营的发展而发展的。一般有实力的企业为了推行国际战略，正在全世界寻找贸易机会，寻找最理想的市场，寻找最好的生产基地，这就将企业的经济活动领域由一个地区、一个国家扩展到国际之间，企业必须为支持这种国际贸易战略，更新自己的物流观念，扩展物流设施，按国际物流要求对原来的物流系统进行改造。最近十几年，跨国企业发展很快，对跨国公司来讲，国际物流不仅是由商贸活动决定的，而且也是本身生产活动的必然产物。企业分别在不同国度中生产零件、配件，又在另外一些国家组装或装配整机，企业的这种生产环节之间的衔接也需要依靠高效运转的国际物流。

一、国际物流发展过程

第二次世界大战以前，国际间已经有不少经济交往，但是国际物流并没有引起重视。第二次世界大战以后，国际间的经济交往越来越活跃，尤其在20世纪70年代石油危机之后，国际间的贸易数量已非常巨大，交易水平和质量要求也越来越高。在这种新情况下，传统的运输观念已不能适应新的要求，系统物流就是在这个时期进入到国际领域的。

20世纪60年代后期，随着国际物流在数量上进一步扩大，不仅对物流运输工具有大型化要求，而且还对国际物流服务水平提出了更高的要求。大数量、高服务型物流从石油、矿石等物流领域向物流难度最大的中、小件杂货领域深入，其标志是国际集装箱运输的发展，国际间各主要航线的定期班轮都投入了集装箱船，使中、小件杂货的物流水平得到了提高，从而使整个国际物流服务水平获得了很大的提高。

20世纪70年代中、后期，对国际物流的质量要求和速度要求进一步提高，在国际物流领域中航空物流大幅度增长，同时出现了更高水平的国际多式联运。

20世纪80年代后期，国际物流在物流量基本没有继续扩大的情况下出现了"精细物流"，物流的机械化、自动化水平提高。同时，伴随新时代需求观念的变化，国际物流着力于解决"小批量、高频度、多品种"的物流，出现了不少新技术和新方法，使现代物流基本覆盖了所有的物流对象。在这一时期，EDI技术、条形码技术、GPS技术等在国际物流领域中得到了日益广泛的应用。

20世纪90年代后期，国际物流已进入信息化高度发展的时代，国际物流向更低成本、更高服务、更大量化、更精细化方向发展。

二、国际物流发展趋势

经济全球化在对外开放中已被证明是各国经济发展的必由之路，随着经济全球化步伐的加快、科学技术的进步、跨国公司的迅猛发展所导致的本土化生产、全球化采购以及全球消费趋势的加强，使得国际物流的发展呈现新的特点和趋势。

1. 国际贸易发展战略趋势

(1) 国际贸易从传统的以商品流通为主向资源流通为主的趋势转化。

(2) 国际贸易从单一的商务功能向多功能趋势转化。

(3) 进出口商品结构正从传统的初级产品为主向知识和技术密集型商品为主的趋势转化，特别是高新技术和知识在国际贸易中的作用和地位越来越重要。

(4) 国际贸易的信息商品化正在向信息化的国际贸易趋势转化，信息已成为国际贸易发展的决策依据，而且成为国际贸易的主要战略资源。

(5) 外贸经营的做法正从粗放型向集约型趋势转化。

(6) 跨国公司正在进入大发展时期。

(7) 无形服务贸易在国际贸易中所占的比例越来越高，几乎占进出口总额的75%，在一些国家已成为重要的创汇贸易方式。

2. 国际物流发展趋势

(1) 物流服务的优质化与全球化趋势日益明显，构建合同导向的个性化服务体系将成为物流企业获取竞争优势的关键。

（2）为满足全球化物流服务要求，物流企业规模和活动范围将进一步扩大，并向集约化与协同化方向发展。

（3）世界服务经济的发展，国际服务贸易突飞猛进的增长，对物流服务方式、内容、范围和规模提出了新的挑战，各种能提供运输、贮存及顾客服务等系列化服务的第三方物流将在国际物流产业中逐渐占据主导地位。

（4）物流产业将由单一的业种向业态多元化方向发展。

（5）跨国公司将成为国际物流的动力源。

（6）随着电子信息技术的迅速发展，国际物流领域如同国际贸易领域一样将广泛采用现代信息技术。

（7）倡导绿色物流将是国际物流发展的又一趋势。

思考题

1. 物流是如何进行分类的？
2. 什么是第三方物流和第四方物流？
3. 国际物流具有哪些特点？与国际贸易的关系是怎样的？
3. 国际物流系统是由哪些基本要素构成的？国际物流系统的功能是通过哪些子系统得以实现的？
4. 与国际物流相关的法律主要有哪些？
5. 国际物流运输方式主要有哪些？在国际物流中各自的作用如何？
6. 简述国际物流实体网络和信息网络的构成与特点。
7. 简述国际物流网络的优化方法。
8. 根据国际贸易的发展战略趋势分析国际物流的发展趋势。

第二章 国际贸易相关知识

国际物流是国际贸易的重要组成部分，它们相辅相成，共同发展。由于国际贸易的许多业务贯穿于国际物流过程中，为了便于理解国际物流业务，特立此章专门介绍与国际物流密切相关的国际贸易术语、进出口货物运输保险和货款支付方式等国际贸易基础知识，并辅以案例分析。

第一节 国际贸易概述

国家与国家、国家与地区之间进行商品、劳务和技术的交换活动，从世界范围来看，称这种交换活动为国际贸易；从一个国家或地区来看，称这种交换活动为对外贸易。

国际贸易有着悠久的历史，并在人类社会发展中起了重要的作用。随着世界经济的迅猛发展，各国间经济联系的加深，国际贸易已成为世界各国寻求在世界经济舞台中成为重要一员的主要手段，进而决定了各国在世界经济结构中所处的地位。

一、国际贸易分类

国际贸易从其内容构成看主要分为货物进出口、技术进出口和国际服务贸易三大类。其中货物进出口为有形贸易，技术进出口和国际服务贸易为无形贸易。目前在世界各国的国际贸易活动中，有形贸易占有相当大的比重，是国际贸易中最基本、最主要的部分。其主要分类如下：

1. 按货物转移方向分类

(1) 出口贸易。本国商品离开关境。

(2) 进口贸易。外国商品进入关境。

(3) 过境贸易。凡甲国经乙国向丙国输出商品，对乙国来讲就是过境贸易。

2. 按贸易参加国分类

(1) 直接贸易。商品生产国与商品消费国直接买卖商品的行为。

(2) 间接贸易。商品生产国与商品消费国通过第三国进行的商品买卖行为。

(3) 转口贸易。商品生产国与商品消费国通过第三国进行的贸易，对第三国来讲，就是从事转口贸易。

3. 按结汇工具分类

(1) 自由结汇贸易。在国际贸易中，以货币作为清偿工具。

(2) 易货贸易。在国际贸易中，以货物经过计价作为清偿工具。

二、国际贸易合同及合同履行

国际贸易属商品交换的范畴，但由于其跨国界的特性使国际贸易具有强烈的国际性和巨大的风险性，因此订立和履行国际贸易合同对买卖双方当事人权益的维护关系重大。同时国际贸易中的每笔交易除了买卖双方当事人之外，还涉及到运输、保险、金融等部门，关系错综复杂，各相关部门在国际贸易中的权利和义务均需以国际贸易合同为准加以确定。因此国际贸易合同是国际贸易活动中最重要、最基本的合同。合同一旦生效，合同当事人的权利就受到法律的保护，义务受到法律的监督和约束。也正因为如此，合同中必须清楚地载明有关货物标的、运输、保险、索赔等各项条款，做到明确无误。

值得一提的是国际贸易合同的订立和履行，必须符合法律规范方能受到法律保护并受法律约束。一般以与合同有最密切联系的国家的法律或允许由当事人选择合同适用的法律为依据。另外，作为国际贸易法律的主要渊源之一的国际贸易惯例和合同当事人所在国缔结或参加的有关双边或多边国际公约也是国际贸易合同应当遵循的规范。目前，在全球影响最大的国际贸易惯例和相关国际公约为由国际商会制定的《国际贸易术语解释通则》《跟单信用证统一惯例》和《联合国国际货物销售合同公约》等。

一项有效合同生效后，履行合同是合同当事人按照合同规定履行各自义务的行为，任何一方不得擅自变更或者解除合同，任何一方的责任违约，都将因此而承担相应的法律责任。"重合同、守信用"是我国开展国际贸易的重要原则，也是履约的基本准则。无论是进口还是出口，在一方按质、按时、按量履行交货义务的同时，也要求另一方切实履行付款、取货的义务。

三、进口交易程序

我国进口贸易大多数是按 FOB 价格条件成交，支付条件大多数使用信用证方式，基于上述情况，我国进口贸易程序大致分为以下 3 个阶段：

1. 进口交易前的准备阶段

进口交易前的准备工作主要有市场调查、进口成本估算、编制进口计划并向主管部门报批；申请进口许可证，落实用汇资金；用货部门根据国家批准的进口计划或地方批准的进口项目，选择进出口公司或安排其进口部门（有自营进出口权的企业）开展对外联系工作，制定具体进出口方案，安排订购市场、订购时间和选择交易对象等。

2. 进口交易洽商和签订进口合同阶段

根据进口物质的不同种类采用不同的洽商方式。进口一般物资，可采用函电洽商方式；进口重点物资，包括技术转让内容则需采用口头谈判方式进行洽商。交易洽商一般要经过询盘、发盘、还盘和接受几个环节。

买卖双方通过反复洽商达成交易后，需签订书面合同。进口合同与出口合同的内容基本相同，合同的基本条款包括：商品的品质、数量、包装、价格、装运、保险、支付、检验、索赔及仲裁等项由双方商妥的内容。进口合同的格式一般由进口方备制。合同的形式主要有购货合同和购货确认书两种。两者具有同等的法律效力。一般进口交易多使用购货确认书，数量较大或交易条件复杂者，则使用正式购货合同。书面合同正本一式两份，经买卖双方签署后各保留一份，作为履约和处理争议的依据。

3. 履行进口合同阶段

进口方履行进口合同，需要做好以下各项工作：办理对外付款保证手续（一般为开立信用证）；与运输部门订立运输合同；办理保险、审单、付款和报关、接货和验收；经检验检疫机构检验发现货物质量、数量或其他方面有问题，须依据相关检验检疫证书和其他单据对外进行索赔。同时，还须与国内订货单位结算货款和其他费用。

四、出口交易程序

我国出口贸易原则上应按 CIF 或 CFR 价格条件成交，支付条件大多数使用信用证方式，在上述情况下，我国出口交易程序大致分以下 3 个阶段：

1. 出口交易前的准备阶段

出口交易前要编制出口计划，报有关主管部门批准，根据下达的计划落实货源。同时，要做好国际市场的调查，调查内容包括：调查出口国（地区）政治、经济、对外贸易方面的情

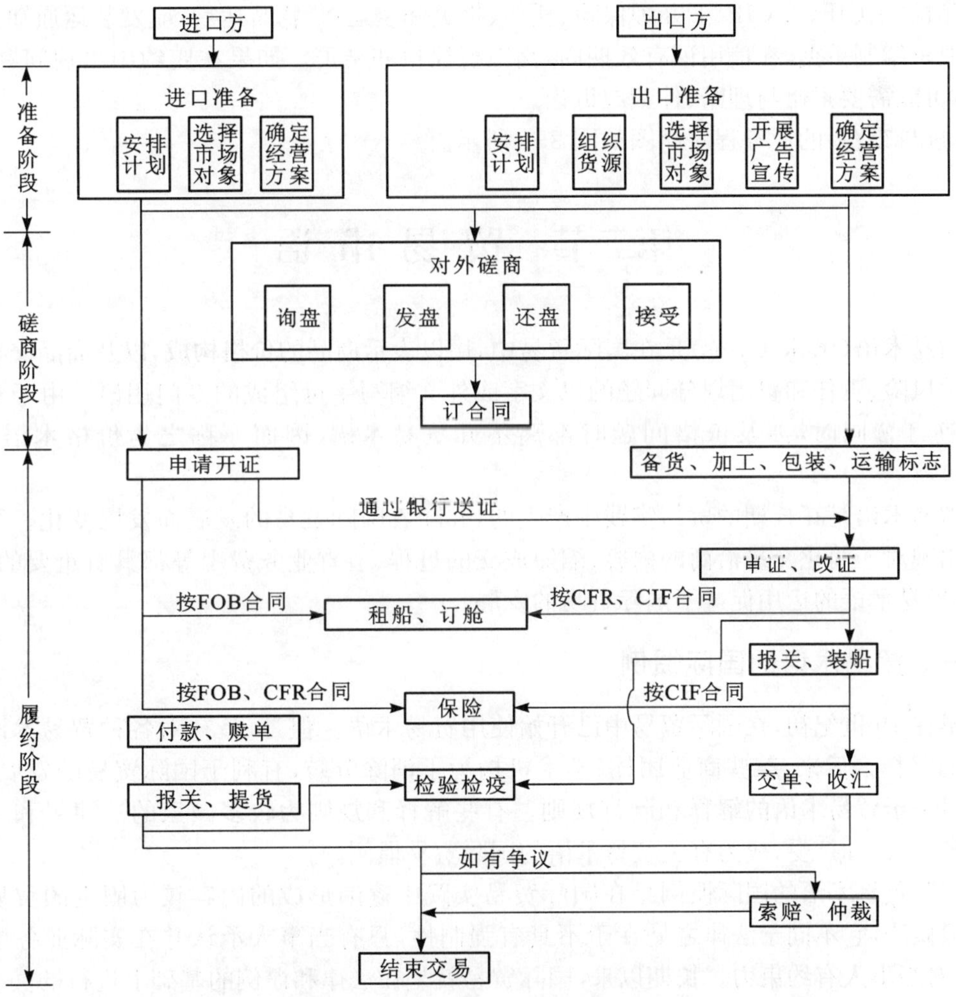

图 2-1　进出口贸易业务流程图

况和特点，以便正确选择销售市场；调查有关商品在国际市场的生产、消耗、贸易、价格，以便正确掌握出口商品的价格及交易的其他条件；调查有关客户对我国的政治态度、资信度、经营范围和能力等。在调查的基础上，制定商品出口经营方案，确定收汇方式和推销策略，建立客户关系和推销网，开展广告宣传及办理商标注册等。

2. 出口交易洽商与签订出口合同阶段

出口交易洽商可采用函电磋商方式，或派人到国外洽谈交易，或邀请外商参加我国的交易会，由双方当面磋商。一般需经询盘、发盘、还盘和接受等环节，有时需多次来往磋商才能达成交易。交易达成后，应签订销售合同，成交金额不大的一般货物可签订简化格式的售货确认书，将交易洽谈达成一致的内容以书面形式固定下来，作为履约和处理争议的依据。

3. 履行出口合同阶段

履行出口合同的主要工作是：根据合同备妥货物，如采用信用证方式收汇的交易则需向买方催开信用证，在收到信用证后，根据合同条款规定及《跟单信用证统一惯例》的规定进行审查，在确认无误后，方可备货。如发现不符又不能接受时，应及时通知买方改证；办理商品检验、CIF(或 CIP)下办理保险、托运、报关和装运；货物装运后，应发装运通知并按信用证要求缮制单据，在信用证有效期内，交银行议付和结汇。如果在履约中出现问题，产生争议，可能需要索赔与理赔、仲裁或诉讼。

进出口贸易的业务程序简图如图 2-1 所示。

第二节　贸易术语

贸易术语(trade terms)是在国际贸易中，用以表示商品的价格构成，以及商品交接过程中有关风险、责任和费用划分问题的以文字或外文缩写字母组成的专门用语。由于对外报价和签订合同时，涉及价格问题时都离不开贸易术语，因而亦称之为价格术语(price terms)。

贸易术语是在长期的贸易实践中产生的，并随着国际贸易的发展而发展变化。贸易术语的出现对于简化交易洽商的内容、缩短成交的过程、节省业务费用等都具有重要的作用，因此，贸易术语的运用促进了国际贸易的发展。

一、贸易术语的国际惯例

早在 19 世纪初，在国际贸易中已开始使用贸易术语。但是，最初对各种贸易术语并无统一的解释。后来，某些商业团体、学术机构为了消除分歧，有利于国际贸易的发展，曾先后作过关于贸易术语的解释和制订规则。有些解释和规则为较多国家的法律界和工商界所熟悉、承认和接受，成为有关贸易术语的国际贸易惯例。

国际贸易术语的国际惯例是在国际贸易实践中逐渐形成的内容较为固定的贸易习惯和一般做法，它不同于法律之处在于不具有强制性，只有当事人承认并在实际业务中采用时，才对当事人有约束力。长期以来，国际贸易就是在法律和惯例的基础上进行的。

1. 1932 年华沙-牛津规则

国际法协会修订的《1932 年华沙-牛津规则》(Warsa-Oxford Rules 1932)。该规则主要说明 CIF 贸易术语，对 CIF 合同的买卖双方各项责任划分的阐述较为具体。

2. 1941 年美国对外贸易定义修正本

1919 年美国 9 个大商业团体制定了《美国出口报价及其缩写条例》，1941 年作了修改，并改称《1941 年美国对外贸易定义修正本》(Revised American Foreign Trade Definitions 1941)。该修正本对 6 种贸易术语作了解释，在美洲国家有较大的影响。由于它对贸易术语的解释，特别是对 FOB 术语的解释，在某些方面与其他国际惯例的解释有所不同，在与美洲地区国家进行交易时，应予特别注意。

3. 国际贸易术语解释通则

国际商会(ICC)于 1936 年首次公布了一套解释贸易术语的国际规则，名为《1936 年国际贸易术语解释通则》(简称 Incoterms 1936)。为了适应不同时期国际贸易实践的需要，之后于 1953 年、1967 年、1976 年、1980 年、1990 年、2000 年和 2010 年对该通则作了 7 次修订和补充。2001 年 1 月 1 日生效的《2000 年国际贸易术语解释通则》(简称 Incoterms 2000)考虑了现代国际贸易中使用电子讯息的增多、运输方式的变化以及无关税区的广泛发展，它的应用有效地促进国际贸易的发展。时隔 10 年，国际商会为更好顺应国际贸易的发展，在 Incoterms 2000 的基础上，重新编写了《2010 年国际贸易术语解释通则》(简称 Incoterms 2010)，并于 2010 年 9 月 27 日公布，2011 年 1 月 1 日开始全球实施。

虽然 Incoterms 2010 已正式生效，但并不意味其之前的各种版本会自动废止。因为国际贸易惯例本身不是法律，对国际贸易当事人不产生必然的强制性约束力，当事人在订立贸易合同时仍然可以自由选择适用 Incoterms 2000 甚至更早的版本。

目前，上述 3 种与贸易术语有关的国际惯例中，国际商会制定的《国际贸易术语解释通则》是包括内容最多、适用范围最广、影响最大的贸易术语国际惯例。

二、2000 年国际贸易术语解释通则

(一) 贸易术语的分类

Incoterms 2000 共解释了 13 种贸易术语，分别以 3 个字母的符号作为 13 种贸易术语的代码，并将 13 种贸易术语按卖方责任由小到大，交货地点与卖方所在地距离由近到远进行排列，按各种术语的共同特点分别归类，分成 E，F，C，D 四组。

1. E 组

E 组为启运术语，只有一个术语：

EXW(Ex Works... Named Place)工厂交货……指定地点。

2. F 组

F 组为主运费未付术语，卖方应负责将货物交给由买方指定的承运人。包括以下 3 个术语：

(1) FCA(Free Carrier... Named Place)货交承运人……指定地点。

(2) FAS(Free Alongside Ship... Named Port of Shipment)船边交货……指定装运港。

(3) FOB(Free On Board... Named Port of Shipment)船上交货……指定装运港。

3. C 组

C 组为主运费已付术语，包括以下 4 个术语：

(1) CFR(Cost and Freight... Named Port of Destination)成本加运费……指定目

的港。

(2) CIF(Cost,Insurance and Freight... Named Port of Destination)成本加保险费和运费……指定目的港。

(3) CPT(Carriage Paid to... Named Place of Destination)运费付至……指定目的地。

(4) CIP (Carriage and Insurance Paid to... Named Place of Destination)运费、保险费付至……指定目的地。

C 组术语的卖方必须负责订立运输合同,并支付到合同规定的目的港或目的地的正常运费。其中 CIF 和 CIP 的卖方尚需负责投保货物运输险并支付保险费。卖方还须承担货物在装运港装上船(CFR, CIF)或在发货地将货物交给承运人接管(CPT, CIP)之前,货物的灭失或损坏以及额外增加费用的风险,并于货物越过船舷或交付承运人接管时转移给买方。

4. D 组

D 组为到达术语,包括以下 5 种术语:

(1) DAF(Delivered at Frontier... Named Place)边境交货……指定地点。

(2) DES(Delivered Ex Ship... Named Port of Destination)船上交货……指定目的港。

(3) DEQ(Delivered Ex Quay... Named Port of Destination)码头交货……指定目的港。

(4) DDU(Delivered Duty Unpaid... Named Place of Destination)未完税交货……指定目的地。

(5) DDP(Delivered Duty Paid... Named Place of Destination)完税后交货……指定目的地。

按这类术语,卖方必须负责将货物运送到约定的目的港或目的地,并承担货物交到目的港或目的地为止的一切费用和风险。

(二) 6 种主要的贸易术语

在 13 中贸易术语中,FOB, CFR 和 CIF 是典型的“港至港”的交货方式,仅适用于海洋与内河运输,是采用最早和最普遍的贸易术语,亦称常用贸易术语。随着国际物流运输方式的多样化以及以集装箱为主体的多式联运的发展,上述 3 种贸易术语已不能适应发展需要。FCA, CPT 和 CIP 不仅适用于铁路、公路、航空、海洋和内河等单一的运输方式,同时也适用于集装箱多式联运,并以“门到门”交货方式的优势,在世界范围内得到普遍采用。

为了便于阅读和使用,Incoterms 2000 将各种贸易术语下买卖双方的义务分别用 10 个相互对应的项目列出(表 2-1),且逐项相互平列,以资对照。以下对 FOB, CFR 和 CIF 以及对应的 FCA, CPT 和 CIP 等 6 种贸易术语下买卖双方的主要义务和运用注意事项等作一介绍。

表 2-1　　Incoterms 2000 买卖双方义务项目

卖方义务	买方义务
A1 提供符合合同的货物	B1 支付价款
A2 许可证、核准书和手续	B2 许可证、核准书和手续
A3 运输合同和保险合同	B3 运输合同和保险合同

续 表

卖方义务	买方义务
A4 交付货物	B4 收取货物
A5 风险转移	B5 风险转移
A6 费用划分	B6 费用划分
A7 通知买方	B7 通知卖方
A8 交货证明、运输单据或具有同等效力的电子信息	B8 交货证明、运输单据或具有同等效力的电子信息
A9 检验、包装、标记	B9 货物检验
A10 其他义务	B10 其他义务

1. FOB

FOB 亦称“离岸价”，是指装运港船上交货。按此术语成交，卖方必须在合同规定的装运期内，在指定的装运港将货物交至买方指定的船上，并承担货物越过船舷为止的一切费用和货物灭失或损坏的风险。同时要求卖方对出口货物结关。买卖双方的主要义务如下：

1）卖方义务

(1) 在合同规定的装运港和装运期内，将符合合同要求的货物装上买方指派的船上，并及时向买方发出装船通知。

(2) 承担货物在装运港越过船舷为止的一切费用和风险。

(3) 办理货物出口手续，取得出口许可证或其他核准书。

(4) 提供商业发票和证明货物已交至船上的货运单据，或等同的电子单证。

2）买方义务

(1) 租船或订舱、支付运费，并将船期、船名、装船地点及时通知卖方。

(2) 承担货物在装运港越过船舷后的一切费用和风险。

(3) 办理保险、支付保险费。

(4) 接受卖方按合同规定交付的货物和单据，并支付货款。

(5) 办理货物进口以及必要时经由另一国过境运输的一切海关手续。

3）运用时的注意事项

(1) 与美国对 FOB 术语的解释存在差异。

① 美国对 FOB 术语解释为在任何一种运输工具上交货。《1941 年美国对外贸易定义修正本》将 FOB 术语分为 6 种，其中只有“指定装运港船上交货”与 Incoterms 2000 所解释的 FOB 术语相近。

② 在结关手续方面，美国规定卖方只是在买方请求并承担费用的情况下，协助买方取得出口证件。这与 Incoterms 2000 中要求卖方自行出口结关并承担相应费用的解释不同。

③ 在风险划分上，不是以装运港船舷为界，而是以船舱为界，即卖方应承担货物装到船上为止所发生的丢失和残损责任。

因此，我外贸企业在与美国和其他美洲国家出口商按 FOB 术语洽谈进口业务、签订合同时，应在 FOB 术语后加注“Vessel”字样，并列明装运港名称，同时应明确由卖方负责取得出口许可证，支付一切出口税捐及费用。在出口业务中，应明确卖方承担的风险到货物在装运港越过船舷为止。

(2) 装船费用的负担。

按 FOB 条件成交的大宗商品,买方通常采用租船运输。买卖双方对包括理舱费和平舱费在内的装船费用由谁负担需进行洽商,并在合同中作具体规定,通常是在 FOB 术语之后列附加条件,从而产生了以下 FOB 的变形:

① FOB liner terms(班轮条件)。指所有装船费用如同以班轮运输那样,全部加在运费里,由支付运费的一方(买方)负担。

② FOB under tackle(吊钩下交货)。指卖方仅负责将货物交到买方指派船只的吊钩所及之处,从货物起吊开始的装船费用由买方负担。

③ FOB stowed(FOBS,包括理舱费)。指卖方负责将货物装入船舱并负担包括理舱费在内的装船费用。理舱费是指货物进入舱底后,对其进行安置、整理和垫隔所支付的费用。

④ FOB trimmed(FOBT,包括平舱费)。指卖方负责将货物装入船舱并负担包括平舱费在内的装船费用。平舱费是指为保证航行时船身平稳和不损坏船身结构,对大宗散装货物进行削平、整理所支付的费用。

在许多标准合同中,还采用 FOB stowed and trimmed(FOBST,包括理舱和平舱费)来表示卖方负担所有装船费用,适用于租船运输下由卖方负责装船作业的情形。

上述 FOB 的变形只是用以表明装船费用由谁负担,并不改变 FOB 的性质,即以船舷为界划分风险及交货地点。

2. CIF

CIF 亦称"到岸价",是指卖方必须在合同规定的装运期内在装运港将货物交至运往指定目的港的船上,装运后及时通知买方。承担货物越过装运港船舷为止的一切费用和货物灭失或损坏的风险,并负责办理货运保险和租船或订舱,支付保险费和从装运港到目的港的运费。

与 FOB 相比,CIF 卖方责任加重,需增加办理保险与运输,并支付相应费用。买卖双方主要义务如下:

1) 卖方义务

(1) 在合同规定的装运港和装运期内,将符合合同规定的货物交至运往指定目的港的船上,并及时向买方发出装船通知。

(2) 办理货物出口手续,取得出口许可证或其他核准书。

(3) 租船或订舱,并支付至目的港的运费。

(4) 办理货物保险,支付保险费。

(5) 承担货物在装运港越过船舷为止的一切费用和风险。

(6) 提供商业发票、保险单和货物运往目的港的通常运输单据或等同的电子单证。

2) 买方义务

(1) 办理进口手续,取得进口许可证或其他核准书。

(2) 承担货物在装运港越过船舷后的一切费用和风险。

(3) 按合同规定付款赎单。

3) 运用时的注意事项

(1) CIF 合同采用象征性交货。

象征性交货是针对实际交货而言的,是指卖方只要在约定地点按期完成装运,并向买方提交合同规定的各项单据就算完成交货义务，无需保证到货。所以卖方凭单交货，买方凭单付款，这样的交易也被称为单据买卖。实际交货则要求卖方在规定的时间、地点将符合合同规定的货物真实地交给买方或其指定人，保证安全到货。

CIF 合同属装运合同性质，卖方只要保证装船交单，即不保证到货，也不承担货物越过装运港船舷之后的风险，是一种典型的象征性交货。只要卖方如期提交合格的单据，即使货物运输途中发生损坏或灭失，买方也必须付款。因此，在 CIF 合同的谈判中，要防止出现要求卖方保证到货或以到货作为付款条件的陷阱条款。反之，如果卖方交单不符，即使合格货物安全到达，买方仍有权拒付货款。还需要澄清的是卖方交单只是其获得货款的前提条件，他仍然要履行交货义务。如果卖方提交的货物不符合要求，买方即使已经付款，仍有权拒收货物并追偿已付款项。

由此可见，单据在 CIF 合同的重要性。在合同中明确规定卖方在什么时候、什么地方提交什么单据是十分必要的。一般地，出于及时收汇的愿望，卖方会在货物付运后尽快交单。但双方同意远期付款时，卖方就不会心急去交单。这样会使买方丧失在运输途中以转卖单据方式转售货物的权利。所以，国际上有卖方应尽快交单的默示责任。

（2）卸货费用的负担。

和 FOB 相类似，如大宗货物 CIF 合同使用租船运输，在目的港由谁来支付卸货费，买卖双方应在合同中订明。一般也采用在 CIF 术语之后列附加条件，由此产生以下 CIF 的变形条件：

① CIF liner terms（班轮条件）。指卸货费用按班轮条件处理，由支付运费的一方（卖方）负担。

② CIF ex-ship's hold（舱底交货）。由买方自行启舱，负担将货物从舱底起吊卸到码头的卸货费用。

③ CIF ex tackle（吊钩交货）。由卖方负担将货物从舱底吊至船边卸离吊钩为止的费用。

④ CIF landed（卸到岸上）。卖方负责将货卸到岸上，并负担由此引起的费用。

CIF 的变形也只是说明卸货费负担问题，不改变 CIF 的交货地点和风险划分界限。

（3）美国的特殊解释。

美国定义的 CIF 是指定的目的地，泛指目的港和目的地的任何港口和内陆地点，因而适用范围更广。

3. CFR

CFR 亦称“到岸价”，卖方必须在合同规定的装运期和装运港将货物交至运往指定目的港的船上，并及时通知买方。承担货物越过装运港船舷为止的一切费用和货物灭失或损失的风险，并负责租船或订舱、支付货物抵达目的港的正常运费。

CFR 与 CIF 合同中关于买卖双方义务的划分基本相同，而且 CFR 合同在解决卸货费负担问题上所采用的方法也与 CIF 一致。二者不同之处仅在于：CFR 合同下，货运保险手续由买方自行办理，并支付保险费。但卖方在装船后须及时向买方发出装船通知，以便买方能及时办理货运保险，否则卖方须承担因买方未及时办理保险而货物在运输途中可能出现的风险。

上述 3 种适用于海洋和内河运输的贸易术语，就买卖双方而言，在风险划分上是一致的，主要区别在于双方承担的责任、办理的手续和支付的费用不同。

4. FCA

FCA 是由卖方办理货物出口结关手续，在指定时间和地点把货物交给买方指定的承运人监管，同时提交商业发票或等同的电子单据，就算完成交货义务。卖方承担货物交由承运人监管为止的一切费用和货物灭失或损坏的风险；而买方要自费办理运输，承担货交承运人后的一切费用和风险，并将有关承运人名称、交货时间与地点及时通知卖方，办理进口结关手续，按合同规定收取货物和支付货款。

运用 FCA 时需注意以下问题：

1）交货地点和方式

由于 FCA 适用于各种运输方式，它的交货地点也要因运输方式而异，通常要在合同中作明确规定。如铁路货运站、启运机场、集装箱码头、指定交货点等。无论采用哪一种运输方式，也不区别集装箱货与非集装箱货，卖方只要在其处所指定的交货地点将货物装上买方或其代理指定的承运人提供的运输工具，或卖方在其处所以外交货点将货物置于买方指定的承运人监管之下，甚至无需将货卸离卖方的运输工具，就算完成向承运人交货的义务。

2）风险转移与费用承担

对 FCA 合同双方来说，风险转移与费用承担的分界点在卖方向承运人交付货物时。当卖方按合同规定的时间，以约定的方式向承运人交付货物时起，货物风险转移至买方，并由买方承担货物交付时起的与货物有关的费用。鉴于出口结关手续由卖方办理，因而由买方而非买方承担出口支付的海关费用、关税、捐税和其他费用。但这是以买方及时而充分地通知卖方运输事宜为前提的。如果买方未指定承运人或代理人；或代理人未接管货物；或未通知卖方，则货物风险及费用从约定交付日或约定交付期届满日起由买方承担。

5. CPT

CPT 术语下，卖方订立运输合同，支付货物运至指定目的地的运费，承担货交第一承运人接管前的一切风险和费用，交货后及时通知买方，办理出口清关手续，并提供约定的各项单证或等同的电子单证；买方则应承担货交第一承运人接管时起的一切费用和风险，办理货运保险和支付保险费，在目的地接卸货物，并按合同规定领取单证和支付货款等。

运用 CPT 术语应注意的问题：

(1) 合同中要明确装运期和目的地指定地点，以便卖方选定承运人和实施运输。

(2) 为保证卖方运输与买方投保的衔接，明示卖方及时通知买方货已交付的责任，有助于日后纠纷的妥善解决。

(3) 在允许买方确定装运时间或目的地时，订明买方负有对此及时通知卖方义务的条款也十分必要。当买方因市场波动等原因不通知或延迟通知致使卖方无法按时装运时，由此产生的风险及额外费用由买方承担，时间始于规定的启运日或装运期届满之日。

6. CIP

CIP 术语是指卖方除具有 CPT 术语相同的义务外，还须对货物在运输途中灭失或损坏的买方风险取得货物保险，订立保险合同，并支付保险费。

与 CIF 相似，CIP 合同也属装运合同，卖方按运输合同要求向承运人交付货物后，交货义务完成，无需保证到货。此外，卖方通常是根据买卖合同约定的险别投保，如果双方事先未在合同中规定保险险别和保险金额，按惯例卖方只需按最低责任的保险险别和最低保险金额投保，最低保险金额为合同金额的110%。

FCA，CPT和CIP三种贸易术语是从FOB，CFR和CIF这三种传统术语发展而来的，其责任划分的基本原则是相同的，但也有区别，主要表现在以下几个方面：

1）适用的运输方式不同

FOB，CFR和CIF仅适用于水上运输方式，而FCA，CPT和CIP则适用于包括多式联运在内的各种运输方式。

2）交货和风险转移地点不同

FOB，CFR和CIF的交货地点及风险转移地均以装运港船舷为准。而FCA，CPT和CIP则需提前到货交承运人（多式联运时为货交第一承运人）为界。

3）装卸费用负担不同

FOB，CFR和CIF的卖方承担货物在装运港船舷为止的一切费用，CFR和CIF的卖方还需支付到目的港为止的正常运费。但货物装船是一连续的作业，各港口的习惯做法又不尽一致，所以FOB合同中，需明确装船费由何方负责，CFR和CIF合同则要确定卸货费由何方支付。而涉及水上运输的FCA的卖方费用承担提前到货交承运人为止，所以装卸船的费用自然包含在运输合同中由办理运输的买方支付。至于CPT和CIP的卖方则需支付向后延伸到目的地为止的运费，其中包括了装卸船费用，费用的划分十分明确，无需特别指明。

4）提供的货运单据不同

FOB，CFR和CIF术语下，卖方一般应向买方提交海运提单，而FCA，CPT和CIP术语则需视运输方式而区别，由铁路运单、公路运单、邮包收据和多式联运单据等多种选择。

（三）其他7种贸易术语简介

1. EXW

EXW是指卖方在他的货物所在地（工厂、工场、仓库等）将货物提供给买方即履行了交货义务。采用这一术语，卖方的基本责任是在合同规定的时间内在指定的卖方处所向买方交付货物，但无需装上买方指派的任何收取货物的运输工具，也不办理出口结关手续。有关货物的风险责任和费用从交付时起就转移至买方。卖方需提供的单据也仅限于商业发票或相等的电子单证，如合同有要求，才提供证明所交货物与合同规定相符的证件。这一作法在形式上非常类似国内贸易，卖方无需过问货物出入境及运输、保险等事项，是所有术语中卖方责任最小的术语。

EXW术语在国际贸易中不常用 只是在陆地接壤国之间使用。但以此所报的价格最低，也最有利于买方了解价格构成，因而对买方也有一定的吸引力。由于边境口岸海关手续不断简化，按此条件成交的业务会增加。

业务中，买方是否选择EXW术语成交，最应考虑的因素当属出口清关难易及风险大小。如果买方不能直接或间接（如卖方协助）办理出口手续，或货运风险存在时 则不应使用本术语。

对卖方来说报价要合理，要避免为促进出口且因责任承担少而过低报价，这样会产生倾销的嫌疑。此外有关包装及包装费的问题也要认真对待。通常采用工厂交货时，卖方可以只按通用方式包装。如果买方对包装有较高要求，并由此使包装费用大增时，就应在买卖合同中明确规定如何包装，费用由谁负担。

2. FAS

FAS 是指卖方在指定装运港将货物交到船边，即完成交货。同时要求卖方办理出口清关手续和承担相应费用。自货物交付起，买方必须承担货物灭失或损坏的一切风险和所有费用（出口费除外）。

使用 FAS 术语成交时，要注意做好船货衔接。一方面买方要及时向卖方发出派船通知，包括船名、装货位置、交货时间等，以便卖方按时做好备货出运工作；另一方面卖方也应向对方及时通知货物交至船边的情况，以利买方装船。未及时通知的，由此产生的风险和损失或未按时到达则由责任方承担。另外 Incoterms 2000 中关于 FAS 的解释与美国不同。Incoterms 2000 认为 FAS 只适用水上运输方式，而美国则解释为适用任何运输方式，FAS 代表 Free Along Side，泛指各种运输工具旁边，只有在 FAS 后加上"Vessel"字样才能表示"船边交货"。对此应予以注意。

3. DAF

DAF 是指卖方在毗邻国家边境的指定地点，提供了已出口清关的货物时，即履行了交货义务。卖方没有责任从交货运输工具上卸货，卸货的风险与费用由买方承担。

DAF 术语的买卖双方是以两国边境指定的交货地为界划分风险费用与责任的。它较常用于铁路或公路运输，有时为了使运输作业连贯，应买方要求并承担费用和风险的情况下，卖方也会直接将货物托运到进口国境内的最终目的地，而不仅仅到两国边境指定地点为止。DAF 的买方还需办理保险和进口手续并承担相应费用。

使用 DAF 要注意与 CPT 相区别，如果卖方负责自费将货物运到指定的边境交货地，但风险却是在装运地就转移至买方的，这属 CPT 性质的合同。只有在同等条件下，卖方承担的风险延至在指定的边境交货地向买方交付时，才可说这种做法属 DAF 合同性质。

4. DES

DES 是指卖方在运输合同所指定的目的港船上向买方提供未经进口清关的货物时，即完成交货。从货物在指定的目的港船上向买方交付时起的一切费用和风险由买方承担。它仅适用于水上运输。

为了方便买方按时接卸货物，使用 DES 术语成交时，卖方不仅要将载货船名及预计到达卸港的时间及时通知买方，而且要保证货物安全到达，是名副其实的"到岸价"，这是它与 CIF 的明显区别。CIF 虽有"到岸价"的简称，但这是针对它的主要价格构成而言的。实际上，它只是装运合同，卖方并不保证货物安全抵港，也不承担货物越过装运港船舷以后的风险。而 DES 则属到达合同，卖方要保证货物按时到达卸港，所承担的风险也延伸至目的港船上。

5. DEQ

DEQ 是指卖方在指定的目的港码头将货物交给买方处置，不办理进口清关手续，即完成交货。卖方承担将货物运至指定的目的港并卸至码头的一切风险和费用。要求买方办理进口清关手续，并支付交付后的费用，包括进口税及之后的运输、存储费用。

只有当货物经由海洋、内河运输或多式联运且在目的港码头卸货时，才能使用该术语。

6. DDU

DDU 是指卖方在指定的目的地将货物交给买方，不办理进口手续，也不从交货的运输工具上将货物卸下，即完成交货。买方自行卸货，办理进口清关，并承担货物交付起的一切费用与风险。DDU 与 DES 基本相似，只是适用的运输方式更广泛，包括多式联运在内的各种运输方式均可。使用 DDU 术语需注意以下问题：

1）货物清关问题

DDU 合同下，卖方是在进口国内的指定目的地向买方实际交货的，已越过进口国海关，但进口手续却是买方办理的。因此买方能否及时顺利地通关将直接影响卖方能否顺利交货。为此卖方要做好 3 项工作：

（1）选用 DDU 术语前要充分了解进口国海关管理情况，对那些结关困难且耗时的进口国的买方，不应采用本术语。通常它适用于自由贸易区内或关税同盟国之间的贸易。

（2）及时通知买方船只预计到港的时间，便于买方及时做好通关的准备工作。

（3）利用合同争取有利条件，声明如果买方通关不及时导致卖方无法顺利交货，因此产生的风险与费用由买方承担。

2）货物保险问题

DDU 术语条件下，买卖双方均无办理保险的义务。因属实际交货，货物由启运地到目的地的风险由卖方承担，由于长途运输涉及的环节多、风险大，为保障自身的利益，卖方应办理保险。

7. DDP

DDP 术语是指卖方在指定的目的地，办理完进口清关手续，将在交货工具上尚未卸下的货物交与买方，完成交货。卖方必须承担将货物运至目的地的一切风险、责任和费用（包括出口、进口清关的捐税和费用）。它是卖方承担责任最多的术语。当卖方不能直接或间接地取得进口许可证时不应采用此术语。

13 种术语的清关手续，除 EXW 与 DDP 这一对应的术语分别由买方办理出口清关和卖方办理进口清关外，其他术语均是卖方办理出口清关，买方办理进口清关。

在货物交付与风险划分方面 13 种术语的共同特征是：交货是用以划分买卖双方责任义务界线的基本标志。根据交货地点与时间可将 13 种术语分为两人类，即待运合同（EXW 卖方无需装运）、装运合同（FCA，FOB，FAS，CFR，CIF，CPT，CIP，卖方只需按时装运）和到货合同（DAF，DES，DEQ，DDU，DDP，卖方要保证到货）。一般来说，风险转移的界线和交货时间及地点是基本一致的，当卖方根据运输合同在指定地点向买方或买方指定的另一人交付货物时起，风险转移至买方。但有时风险转移可能发生在交货之前，如果买方未按约定时间领受货物，或未给卖方履行其交货义务所需的装运时间或交货地点的通知时，由此产生的风险在交货前从约定的交货日或约定的交付期限届满日起由买方承担，风险转移的条件是该货物已明确供买方所用。所以，指定交货地点在贸易术语的使用中具有举足轻重的地位。在 Incoterms 2000 中都有指定地点的规定，这表现为完整的贸易术语必须由两部分组成，即国际电码简称及指定的地点，如 FOB SHANGHAI，CPT LONDON。

13 种术语涉及的费用主要有：与货物有关的费用，如运费、保险费、商品包装及检验费；进出口清关费用，如办理出口许可证、货物进出口及过境运输的海关手续费、海关关税捐税及其他费用；额外费用等。

表 2-2 归纳了 13 种贸易术语买卖双方所承担的责任、风险和费用以及各种贸易术语适用的运输方式。表中各种运输方式包括以集装箱运输为主体的多式联运。

表 2-2　　INCOTERMS 2000 贸易术语买卖双方应承担的责任、风险和费用表

组别	国际代码	交货地点	风险划分界限	责任		费用				适用运输方式
				安排运输	办理保险	保险费	运费	出口税	进口税	
E	EXW	出口国商品所在地	货交买方	买方	买方	买方	买方	买方	买方	各种运输方式
F	FCA	出口国指定交货地点	货交承运人	买方	买方	买方	买方	卖方	买方	各种运输方式
	FAS	出口国装运港码头船边	货交船边	买方	买方	买方	买方	卖方	买方	海运河运
	FOB	出口国装运港船上	越过船舷	买方	买方	买方	买方	卖方	买方	海运河运
C	CFR	出口国装运港船上	越过船舷	卖方	买方	买方	卖方	卖方	买方	海运河运
	CIF	出口国装运港船上	越过船舷	卖方	卖方	卖方	卖方	卖方	买方	海运河运
	CPT	出口国某地货交承运人	货交承运人	卖方	买方	买方	卖方	卖方	买方	各种运输方式
	CIP	出口国某地货交承运人	货交承运人	卖方	卖方	卖方	卖方	卖方	买方	各种运输方式
D	DAF	两国边境指定地点	货交买方	卖方	买方	买方	卖方	卖方	买方	各种运输方式
	DES	进口国目的港船上	目的港船上交买方	卖方	卖方	卖方	卖方	卖方	买方	海运河运
	DEQ	进口国目的港码头	目的港码头交买方	卖方	卖方	卖方	卖方	卖方	买方	海运河运
	DDU	进口国指定目的地	指定地点货交买方	卖方	卖方	卖方	卖方	卖方	买方	各种运输方式
	DDP	进口国指定目的地	指定地点货交买方	卖方	卖方	卖方	卖方	卖方	卖方	各种运输方式

Incoterms 2000 规定的 13 种贸易术语，如果买卖双方约定采用电子通信，则有关商业发票、交货证明、运输单据和报关单据等，均可被具有同等效力的电子数据交换信息所替代。

三、2010 年国际贸易术语解释通则

（一）Incoterms 2010 的主要变化

国际商会重新编写的《2010 年国际贸易术语解释通则》(Incoterms 2010)，是国际商会根据国际货物贸易的发展，对 Incoterms 2000 所进行的修订。相对 Incoterms 2000，Incoterm 2010 主要有以下变化：

(1) 贸易术语的数量由 13 种减少至 11 种。Incoterms 2010 删除了 Incoterms 2000 中 D 组的 4 个贸易术语(DAF，DES，DEQ 和 DDU)，只保留了 DDP；同时新增了两种以字母

D开头的贸易术语，即DAT和DAP；E组、F组和C组的贸易术语数量不变。

（2）贸易术语买卖双方义务项目的变化。Incoterms 2010中每种贸易术语项下卖方在每一项目中的具体义务不再“对应”买方在同一项目中相应的义务，而是改为分别描述，并且各项目内容也有所调整（表2-3）。

表2-3　Incoterms 2010买卖双方的义务

A卖方义务	B买方义务
A1卖方一般义务	B1买方一般义务
A2许可证、授权、安检通关和其他手续	B2许可证、授权、安检通关和其他手续
A3运输合同与保险合同	B3运输合同与保险合同
A4交货	B4收取货物
A5风险转移	B5风险转移
A6费用划分	B6费用划分
A7通知买方	B7通知卖方
A8交货凭证	B8交货证据
A9查对—包装—标记	B9货物检验
A10协助提供信息及相关费用	B10协助提供信息及相关费用

（3）贸易术语分类依据和结构不同。Incoterms 2000根据买卖双方承担责任、义务的不同，将13种贸易术语划分为E，F，C，D四组，并按照卖方承担的责任、费用和风险由小到大的顺序排列；Incoterms 2010则是按照运输方式的不同对贸易术语进行分类，将修订后的11种贸易术语划分为“适用于任何运输方式或多种运输方式的术语”和“适用于海运及内河水运的术语”两大类（表2-4）。

表2-4　Incoterms2010中11种贸易术语的分类

适用于任何运输方式或多种运输方式的术语		适用于海运及内河水运的术语	
EXW	工厂交货	FAS	船边交货
FCA	货交承运人	FOB	船上交货
CPT	运费付至	CFR	成本加运费
CIP	运费、保险费付至	CIF	成本、保险费加运费
DAT	运输终端交货		
DAP	目的地交货		
DDP	完税后交货		

（4）使用范围扩大至国内贸易合同。贸易术语在传统上被运用于表明货物跨越国界传递的国际销售合同。考虑到对于世界上一些大的区域贸易集团，如东盟和欧洲单一市场而言，国与国之间的边界通关手续已变得不再那么有意义。Incoterms 2010首次正式明确这些术语不仅适用于国际销售合同，也适用于国内销售合同。Incoterms 2010在A2和B2，A6和B6等几处明确进出口商仅在需要时才办理出口/进口报关手续和支付相应费用。

（5）电子通信方式被赋予完全同等的功效。通则的早期版本已经对需要的单据作出了规定，这些单据可被电子数据交换信息所替代。Incoterms 2010赋予电子通讯方式完全同等的功效，只要各方当事人达成一致或者在使用地是惯例。

(6) 关于链式销售的补充。大宗货物贸易中，货物经常在运输期间被多次转卖，即商品贸易中常见的链式销售(string sales)。考虑到贸易术语在这种贸易中的应用，Incoterms 2010 对此种链式销售模式下卖方交付货物的义务做了细分，如在贸易术语的相关条款中规定：卖方应将货物在船上交货或者取得已在船上交货的货物。此处所用的“取得”适用于链式销售。

(7) 风险划分界限的变化。Incoterms 2010 对 FOB, CFR 和 CIF 术语，不再设定“船舷”为风险划分界限，只强调卖方承担货物装上船，或者链式销售下以取得已装船货物的方式交货为止的一切风险，买方则承担货物自装运港装上船舶或交货后的一切风险。

(8) 与保险合同的国际标准格式保持一致。lncoterms 2010 是自《伦敦保险协会货物保险条款》修订以来的第一个版本，为了明确买卖双方与保险相关的义务，Incoterms 2010 在充分考虑保险条款变动的前提下，对涉及运输合同和保险合同的 A3 和 B3 条款中与保险有关的义务作出了相应的修改。

(二) 新增贸易术语简介

Incoterms 2010 使用 DAT(Delivered at Terminal)运输终端交货和 DAP(Delivered at Place)目的地交货，取代 DEQ 和 DAF, DES, DDU。这两种新增术语的交货都在指定目的地发生，使用 DAT 时，货物已从到达的运输工具卸下，交由买方处置完成交货，与 DEQ 术语类似。使用 DAP 时，货物在运输工具上做好卸货准备交给买方处置完成交货，与 DAF, DES 和 DDU 类似。这两种贸易术语适用于任何运输方式，也可适用于多种运输方式。

1. DAT

DAT 是指当卖方在指定港口或目的地的指定运输终端将货物从抵达的载货运输工具上卸下，交给买方处置时即为交货。“运输终端”意味着任何地点，而不论该地点是否有遮盖，例如码头、仓库、集装箱堆场或公路、铁路、空运货站。卖方承担将货物送至指定港口或目的地的运输终端并将其卸下期间的一切风险。

由于卖方承担在特定地点交货前的风险，买卖双方应尽可能确切地约定运输终端，或如果可能的话，在约定港口或目的地的运输终端内的特定的地点，并且卖方取得的运输合同应能与所作选择确切吻合。

此外，如果双方希望由卖方承担将货物由运输终端运输和搬运至另一地点的风险和费用，则应当使用 DAP 或 DDP 术语。

如适用时，DAT 要求卖方办理出口清关手续。但卖方无义务办理进口清关、支付任何进口税或办理任何进口海关手续。

2. DAP

DAP 是指当卖方在指定目的地将还在运抵运输工具上可供卸载的货物交由买方处置时即为交货。卖方承担将货物运送到指定地点的一切风险。

由于卖方承担在特定地点交货前的风险，买卖双方应尽可能清楚地订明指定的目的地内的交货点，卖方订立的运输合同应能与所作选择确切吻合。如果卖方按照运输合同在目的地发生了卸货费用，除非双方另有约定，卖方无权向买方要求偿付。

如适用时，DAP 要求卖方办理出口清关手续。但是卖方无义务办理进口清关、支付任何进口税或办理任何进口海关手续。如果双方希望卖方办理进口清关、支付所有进口关税，并办理所有进口海关手续，则应当使用DDP术语。

第三节 收付方式

从事国际贸易的买卖双方当事人经常大量发生货款结算，以结清双方间的债权、债务关系，称之为国际贸易结算，它是伴随着国际贸易而产生并发展的。国际贸易结算方式又称为收付方式。在国际贸易中，买卖双方往往相距遥远，货物与货款的对流不可能同步进行，难以做到"一手交钱，一手交货"。对买卖双方而言，加速资金周转，提高资金使用效率，降低交易中汇率变动风险和信用风险，是交易过程中密切关注的焦点。因此，收付方式的确定成为买卖双方需要取得一致并切实履约的重要内容。

一、票据

国际贸易结算中主要采用票据作为结算工具，现金结算占极小比例，而且仅限于小量的交易。

票据即权力证书，是指某人对不在他实际占有下的金钱或商品所有权的占用证据，是由负责交付货币或商品的债务人和有权索取货币或商品的债权人之间所缔结的一项简单合约，构成对金钱或货物权利的书面凭证。在国际贸易中，票据多指以支付金钱为目的，由出票人签名于票据上，无条件约定由自己或另一人支付一定金额，可以流通转让的证券。为了保障票据正常使用和流通，保护票据当事人的合法权益，促进商品交易的发展，世界各国都将票据流通规则订为法律，美国、英国等国在18世纪末就制定了完整的《票据法》。我国也于1995年制订了《中华人民共和国票据法》，并于1996年1月1日起施行。

票据作为非现金结算工具，能够代替货币使用，因而它具有如下特性：

(1) 流通性。一般只要票据上没有明确注明"禁止转让"的字样，无论它以什么方式交付票款给持票人，持票人有权把它流通转让给别人。

(2) 无因性。任何票据的成立总是有原因的，反映的是票据各当事人之间的权利和义务，即构成当事人之间的资金关系或对价关系。但票据一经开出，它是否成立，不受票据成因的影响，票据受让人无需调查票据产生的原因，只要票据记载合格，他就取得票据文义载明的权利。

(3) 要式性。票据是书面形式要件，要使票据产生法律效力，其所记载的必要项目必须齐全，并符合法律规定。因为有关当事人的权利义务全凭票据上的文义来确定。

(4) 提示性。只有当票据的受让人在规定的期限内向票据所载明的付款人提示票据，请求付给票款，付款人才有履行付款的义务。

(5) 返回性。票据一经付款，票据所载明的各当事人之间的权利义务即予解除，票据的使命完成，也就不能再继续流通。

以支付金钱为目的的票据主要有汇票、本票和支票，在国际贸易中使用最广泛的是汇票。

1. 汇票(Draft)

根据《中华人民共和国票据法》(以下简称《票据法》)第19条定义，汇票是出票人签发的、委托付款人在见票时或者在指定日期无条件支付确定的金额给收款人或者持票人的票据。根据票据特性，汇票的成立和生效必须以含有下列必要项目并符合票据法的规定为前提条件。

(1) 汇票上写明"汇票"字样，以表明其功能是且仅是命令某人支付金钱，同时也便于与其他票据如本票、支票加以区别。

(2) 无条件的支付命令清晰可见，决不含糊、不附带任何条件，但可在汇票上记载发生汇票交易的陈述，如按照某信用证开出的。

(3) 出票地点和日期必须明确。

(4) 载明付款时间，使付款人和受款人明确依据出票人命令付款的期限。

(5) 必须载明一定金额的货币，否则票据无效。

(6) 付款人的名称和付款地点必须明确。只有付款人在汇票上签字，才承担付款的责任，否则他仅是接受支付命令的人，而不是确定付款之人。

(7) 必须载明收款人名称，即汇票上记名的债权人。

(8) 必须有出票人的名称和签字。

由此可见，汇票的主要当事人为出票人、持票人和受票人，而要实现票据所载明的承担债务(支付一定金额的货币)目的，必须由当事人完成下列行为过程：

(1) 出票人写成汇票并签字，交付收款人，称为出票。汇票一经交付即为不可撤销。

(2) 提示，即持票人将汇票提交付款人要求承兑或要求付款的行为，它是持票人行使债权人权利的前提条件。

(3) 承兑或付款。承兑是受票人根据出票人指令在未来的某个时间付款，但须在提示之刻在汇票上签名表示同意，承诺到时付款责任，而该承诺同样是不可撤销的；付款则是受票人在见到提示的当日或承兑付款的到期日支付给持票人规定金额的货币的行为。汇票一经付款、，其所载明各项权利义务即被解除。

另外，如汇票被持票人转让则构成背书转让的行为；如汇票在持票人提示时，遭到不获承兑或不获付款时，则构成退票或拒付行为，此时持票人拥有向其前者背书人或出票人请求偿还汇票金额的权利。

2. 本票(Promissory Note)

根据《票据法》第 73 条定义，本票是出票人签发的，承诺自己在见票时无条件支付确定的金额给收款人或者持票人的票据。与汇票不同的是，它是承诺式票据，出票人本身即为付款人，而汇票是命令式的。

3. 支票(Check)

根据《票据法》第 82 条定义，支票是出票人签发、委托办理支票存款业务的银行或者其他金融机构在见票时无条件支付确定的金额给收款人或者持票人的票据。由于支票的出票人是银行客户，付款人是开立账户银行，因此支票实际上是一份特定的授权书。另外支票是即期付款，没有承兑行为，巨额支票出票人可对所开支票在银行实际付款前向付款银行发出书面通知，对所开出的支票止付。

二、收付方式

目前，我国进出口业务中所使用的收付方式主要有汇付、托收和信用证三种，其中信用证使用最为广泛。以汇付方式支付货款是顺汇法，即买方主动将货款汇交给卖方；以托收和信用证方式收取货款是逆汇法，即卖方主动向买方收取货款。

（一）汇付

汇付(Remittance)是买方将货款交由银行汇给卖方，分为信汇、电汇和票汇。

信汇(Mail Transfer，M/T)是指买方将货款交给本地银行，请该行用信件委托卖方所在地的银行付款给卖方。

电汇(Telegraphic Transfer，T/T)是指买方将货款交给本地银行，请该行发电报通知卖方所在地银行付款给卖方。

票汇(Demand Draft，D/D)是指买方向其所在地银行购买银行汇票，自行寄给卖方，卖方持汇票向指定的付款银行取款。

汇付收付方式属于商业信用。按汇付的时间分为预付和后付，卖方在货物发运前收到货款为预付，在货物发运后卖方才收到货款为后付。预付买方存在风险，后付则卖方存在风险，买卖双方在签订合同时，均要考虑本身利益，所以不易达成协议。汇付在国际贸易中一般很少采用。汇付方式作业程序如图 2-2 所示，图中 A，B，C 分别代表信汇、电汇和票汇。

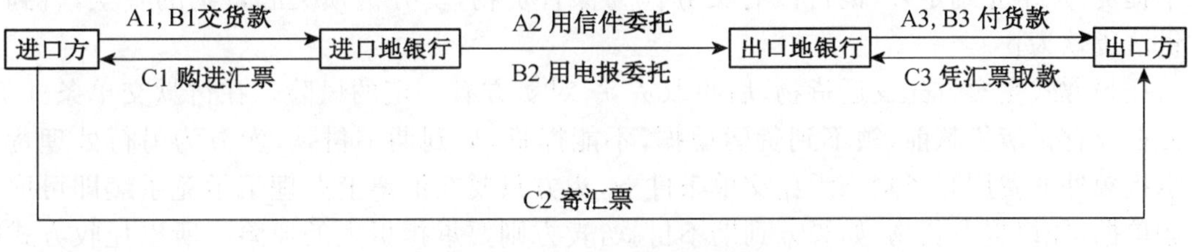

图 2-2　汇付方式作业程序图

（二）托收

托收(Collection)方式是卖方装出货物后，开出汇票委托出口地银行通过其在进口地的分行或代理行向买方收取货款。托收也属于商业信用。

托收按汇票是否附有货运单据分为跟单托收和光票托收两种，前者主要适用货款托收，后者主要适用于佣金、运费、合同金额尾数和其他费用的收取。

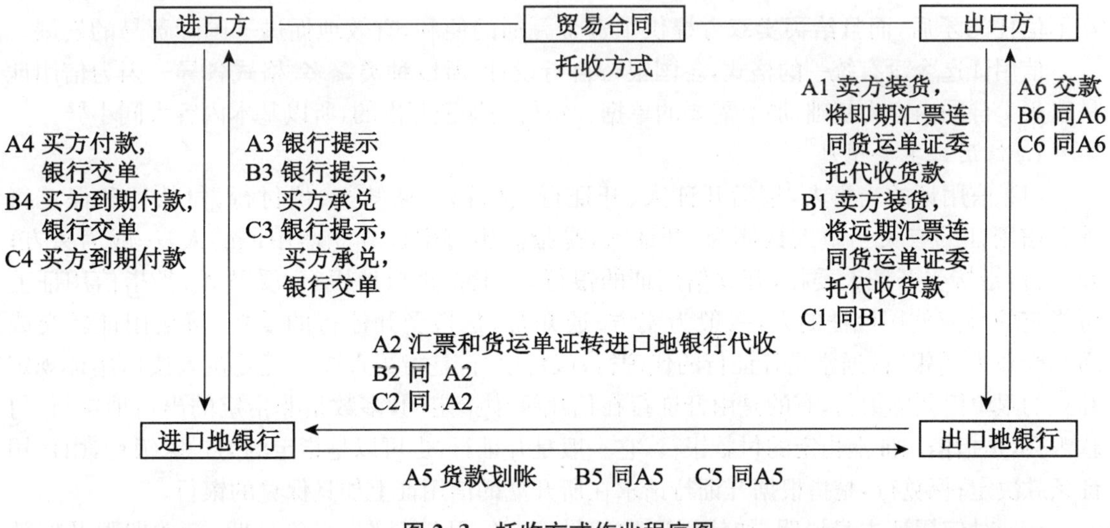

图 2-3　托收方式作业程序图

跟单托收是主要的托收方式,根据交单的条件,分付款交单和承兑交单两种,其作业程序如图 2-3 所示。图 2-3 中 A, B, C 分别代表即期付款交单、远期付款交单和承兑交单。

(1) 付款交单(Documents against Payment, D/P),它是指卖方将汇票连同货运单据交给银行托收时,指示银行只有在买方付清货款时才能交出货运单据。按支付时间的不同又可分为即期付款交单和远期付款交单两种。即期付款交单,是由卖方开具即期汇票,通过银行向买方提示,买方见票后即需付款,在付清货款后领取货运票据。远期付款交单,是由卖方开具远期汇票,通过银行向买方提示,由买方承兑,于汇票到期日付清货款后领取货运单据。

(2) 承兑交单(Document against Acceptance, D/A),它是指买方承兑汇票后即向银行取得货运单据,待汇票到期后才付款。因为只有远期汇票才需要办理承兑手续,所以承兑交单只适合远期汇票的托收。

托收是卖方委托银行向买方代收货款,能否收到,完全取决于买方的商业信誉,因此,托收方式属于商业信用。银行办理托收业务,只是作为委托人的代理人身份行事,既无检查货运单据是否齐备和正确的义务,也无承担付款人必须付款的责任。如果付款人借故不赎单提货,除事先约定外,银行没有义务代为保管货物,卖方仍须关心货物的安全,直到买方付清货款为止。

托收方式是卖方先发运货物,后收取货款,对卖方有一定的风险。在付款交单条件下,买方在没有付清货款前,领不到货运单据,不能提货,如到期不付款,卖方为另行处理货物需承担额外的费用和风险。承兑交单条件下,买方只要在汇票上办理了承兑手续即可取得货运单据,凭以提取货物,如买方到期不付款,卖方则要承担更大的风险。所以托收方式收汇无保障,一般应少用或不用。

(三) 信用证

信用证(Letter of Credit, L/C)是银行(开证行)应买方的请求,开给卖方的一定金额的并在一定期限内凭规定单据承诺付款的凭证。

信用证收付方式中,银行承担了第一付款人的责任,属于银行信用,故信用证一经出现,得到迅速的推广,成为国际贸易中主要的收付方式。当前,国际贸易货款,特别是大宗交易的货款,通常都采用信用证的收付方式。使用信用证,在一定程度上解决了买卖双方互不信任的矛盾,而且给买卖双方提供了资金融通的便利,有效地促进了国际贸易的发展。

信用证迄今没有统一的格式,各国银行自行设计,所以种类繁多、格式各异。因为信用证是以买卖合同内容为基础,加上需要的单据和银行的保证开出的,所以基本内容大同小异。

1. 信用证主要项目

(1) 信用证的当事人,包括开证人、开证行、受益人、通知行、议付行、付款行和保兑行等。信用证的有关当事人具体为:开证人,是指向银行申请开立信用证的人,一般为买方;开证行,指接受开证人委托,开立信用证的银行,一般是进口地银行;受益人,是指信用证上所指定的有权使用该证的人,一般为卖方;通知行,是指受开证行的委托,将信用证转交或通知受益人的银行,通常是开证行的代理行;议付银行,是指买入或贴现受益人按信用证规定开立的跟单汇票的银行,有的是由开证行在信用证中指定的,多数是非指定的出口地银行;付款银行,是指信用证上指定的付款银行,它一般是开证行,也可以是指定的另一家银行,由信用证条款决定;保兑行,是指根据开证行请求在所开立的信用证上加具保兑的银行。

(2) 对信用证本身说明,如信用证的编号、种类、开证日期、交单日期、有效期限及有效期到期地点等。

(3) 对货物的说明，如货物的名称、品种、规格、数量、包装及价格等。

(4) 对运输有关事项的说明，包括运输方式、装运日期、起止港(站)、是否允许分批装运及可否转运等。

(5) 单据条款，主要规定应提交的单据(例如发票、提单、运单、保险单、装箱单、产地证、检验检疫证书等)及份数。

(6) 特殊条款，是根据进口国的政治、经济和贸易情况，或每一笔具体交易的需要所作出的特殊规定。

2. 信用证业务特点

(1) 信用证是一种银行保证文件，它是由开证行以自己的信用作出付款保证，开证行将负第一性付款责任。信用证是以银行付款保证代替商人的付款保证，是一种银行信用。

(2) 信用证是一项自足文件，它是以买卖合同为基础订立的，但一经开出就成为独立于买卖合同以外的另一种契约。买卖合同只对买卖双方有约束力，而信用证是开证行与受益人之间的契约，开证行与受益人以及参与信用证业务的其他银行均受信用证的约束。

(3) 信用证业务是一种纯粹的单据业务，它所处理的是单据，而不问有关货物的真实情况。只要受益人或其指定人能提交符合信用证规定的单据，开证行就应承担付款、承兑或议付的责任，开证人就有义务向开证行付款并接受单据。

3. 信用证的种类

(1) 可撤销信用证和不可撤销信用证。前者是指开证行可不经过受益人同意随时修改信用证或撤销信用证，后者是指信用证一经开证行开出在有效期内未经有关当事人同意，开证行不得撤销或修改信用证。我国的出口业务中原则上不接受可撤销信用证，在国际贸易中也极少采用这种信用证。一般信用证上未注明“可撤销”字样即为不可撤销信用证。

(2) 保兑信用证与不保兑信用证。卖方为了保证安全收汇，要求开证行开出的信用证必须由另一家银行(保兑行)保证兑付，即构成保兑信用证。信用证经过保兑后，就由开证行和保兑行两家银行对信用证承担付款的责任，而且首先是由保兑行负责，只要单据正确，保兑行就必须付款。未经保兑的信用证，即为不保兑信用证。

(3) 跟单信用证与光票信用证。当信用证规定卖方出具的汇票为跟单汇票时，即为跟单信用证；汇票为光票时即为光票信用证。所谓“跟单”，大多是指代表货物所有权和证明货物已交付运输的单据，主要有货物发票、提单或运单、检验检疫证书、海关及产地证明等。国际贸易中主要使用跟单信用证。

(4) 即期信用证与远期信用证。前者是指该信用证规定受益人开立即期汇票，开证行见票即付款的信用证，而后者是指该信用证规定受益人开立远期汇票，开证行见票承兑后在规定的期限到期付款的信用证。

(5) 可转让信用证与不可转让信用证。前者是指受益人有权指示通知行或议付行，把开具汇票的权利全部或部分转让给另一个人使用。受让人通常称为第二受益人。信用证转让后，由第二受益人办理交货，但原受益人仍须负责合同买卖中卖方的责任。而在信用证上未明确规定“可转让”者都属不可转让信用证。

(6) 循环信用证。它是指信用证在被受益人全部或部分利用后，其金额能重新恢复至原金额再被利用，直到规定的循环次数或总金额被用完为止。它适用于一些定期、分批、均衡供应和分批结汇的长期供货合同。

(7) 备用信用证，又称担保信用证。它代表开证人对受益人承担一项义务的凭证，在此凭证中开证行承诺偿还开证人的借款或开证人未履约时，开证行代开证人支付给受益人贷款或赔款。如果开证人按期履行合同义务，开证行就无需支付给受益人货款或赔款。

4. 信用证方式的作业程序

信用证方式的作业程序如图 2-4 所示。

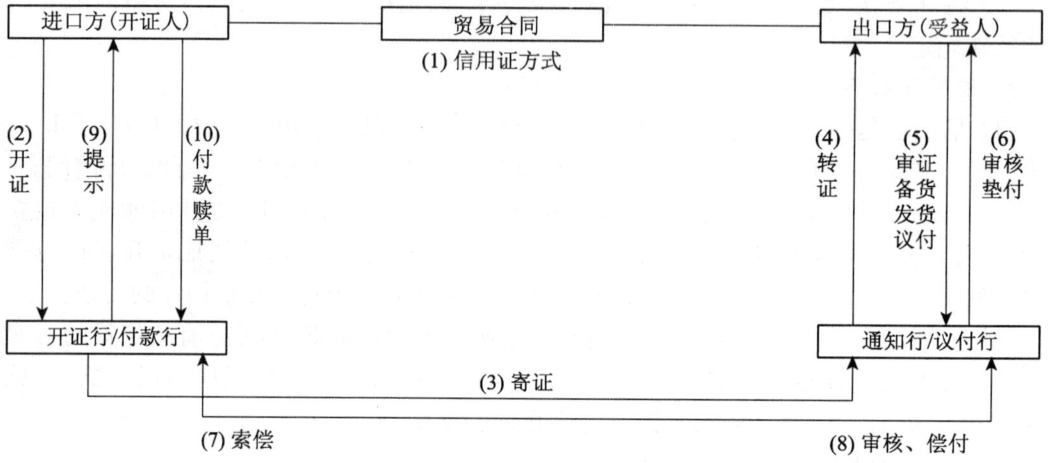

图 2-4 信用证方式作业程序图

(1) 买卖双方在贸易合同中明确规定买方以信用证方式支付货款。一般还应规定信用证的种类、金额、到期日和开证日期等。

(2) 开证人按照合同规定向当地银行提出开证申请，申请开证时需填写开证申请书，并交纳押金或提供其他担保品，请求开证行向受益人开立信用证。开证行接受开证申请后，向指定的受益人开立信用证。信用证条款必须与开证申请书所列内容一致，信用证一般开立正本一份、副本若干份。

(3) 开证行将开好的信用证电传或寄往卖方所在地的代理行(通知行)。如另指定付款行，还应将信用证副本传递给付款行以便据以付款。随着计算机的推广和普及，已普遍使用计算机直接开证，既节省人工又提高效率。

(4) 通知行核对印鉴或密码无误后，除留存一份副本备查外，及时将信用证转交受益人。

(5) 受益人根据贸易合同审核信用证，如发现有不能接受的内容，应及时要求开证人通知开证行按《跟单信用证统一惯例》规定要求进行修改，直到受益人能够接受，方可装运货物。受益人按信用证规定装运货物后，备齐信用证规定的各项单据，开出汇票，在信用证有效期内送当地议付行(可以是通知行，也可以是其他银行)议付。所谓"议付"就是由议付行向受益人购进由他开立的汇票及所附单据，又称"买单"。

(6) 议付行核对信用证，确认汇票与单据符合信用证的规定后，按汇票所开金额，扣除若干利息或手续费，将垫款付给受益人。

(7) 议付行将汇票、货运单据等寄开证行或其指定的付款行索偿。

(8) 开证行或其指定的付款行经审核单据无误后，付款给议付行。

(9) 开证行通知开证人付款赎单。

(10) 开证人到开证行核验单据，如认为无误，在扣除开证时交付的押金后，向开证行交纳货款及有关费用，并赎取单据。如开证时递交过担保抵押品，开证行应予发还。至此信用证业务即告结束。

开证人赎单后，即可凭运输单据向承运人提货。如货物丢失或货物与买卖合同不符只能向受益人、承运人或保险公司等有关责任方索赔。

信用证格式见附录1。

第四节 货物运输保险

保险是一种经济补偿制度。从法律上讲，保险是一种补偿性契约关系。当被保险人向保险人提供了一定的对价——按保险合同的规定交纳保险费后，保险人就应对被保险人将来可能遭受的某些损失依照合同规定承担经济赔偿责任。保险公司是用全体保户交纳的保险费补偿遭受损失的个体，而保户交纳的保险费又以生产成本的形式进入其所生产的产品的成本中，由社会广大消费者来承担。因此，保险作为一种社会经济补偿手段，具有分散危险，补偿个体损失的职能，通过保险使遭受因自然灾害或意外事故所造成损失的企业和个人，其生产和生活得以维持和保障。

保险的历史渊远流长，货物运输保险，尤其是海上货物运输保险已有几千年的历史。一般认为公元前2000年的地中海共同海损分摊原则是海上保险的萌芽，而流行于公元前800年的古希腊船货抵押借款制度则被认为是海上保险的初级形式，而英国则完成了现代海上运输保险的法律与制度的确定并在全球得到确认。

保险是国际贸易中不可缺少的重要环节，是买卖双方缔结合同中必不可少的部分，国际贸易中买卖双方相距遥远，货物在长途运输中，由于自然灾害、意外事故和其他外来风险，货物很可能遭受损失，为了转嫁风险和保障货物遭受损失后能从经济上得到补偿，买方或卖方需办理国际货物运输保险。国际货物运输保险的开展促进了国际贸易的发展。

一、保险基本原则

保险作为一种经济补偿制度，在保险人与被保险人之间达成保险协议的时候，必须遵循以下共同原则。

1. 可保利益原则

保险标的是保险所要保障的对象，它可以是任何财产及其有关利益或者人的寿命和身体。保险可保利益是指被保险人对保险标的所拥有的某种经济权利和利益，被保险人会因为保险标的的安全或按期到达而受益，或因为保险标的发生灭失或损毁而蒙受损害或负有责任。可保利益必须是合法的、确定的、可实现的，并且是可以用货币计算的经济利益。

可保利益原则是指被保险人必须对保险标的具有可保利益，才能同保险人签订有效的保险合同，才能在保险标的遭受承保范围内损失时，向保险人提出索赔要求。

2. 最大诚信原则

任何合同的签订都是以诚信作为基础的，作为经济补偿手段的保险合同更需要以合同双方当事人的"最大诚信"作为基础。当事人中的一方如以欺骗或隐瞒手段诱使他方签订合同,一旦被发现,他方即有权解除合同,如有损害可要求给予补偿,其中对被保险人的要求更为严格。最大诚信原则要求被保险人在投保时把知道的有关保险标的的重要事项如实告诉保险人,以便保险人决定是否承保或确定保险费率。

3. 补偿原则

所有补偿性合同都是建立在补偿原则基础上的,即当保险标的发生保险责任范围内的损失时,保险人应按保险合同条款的规定以被保险人投保的保险金额或被保险人所遭受的实际损失为限履行赔偿责任。由此可见,根据补偿原则,被保险人在得到他应得的经济补偿时,不能超过其所遭受的实际损失或所投保的保险金额,即被保险人不能因保险人的赔偿而获得额外利益。

4. 代位追偿原则

代位追偿原则是指当保险标的发生了保险责任范围内的由第三者责任造成的损失,保险人向被保险人履行了赔偿责任后,有权获得被保险人在该项损失中向第三者责任方索赔的权利,保险人取得该项权利后,即可站在被保险人的地位上向第三者责任方进行追偿。

代位追偿原则是保险法下特有的法律关系,被保险人既能及时取得保险赔偿,又可避免双重赔偿,同时第三者责任方也难以逃脱应负的法律责任。

5. 重复保险的分摊原则

它是指由于被保险人不能从保险人处获得超过保险标的实际受损价值的补偿,当被保险人就同一保险标的向两家或两家以上保险公司投保以后,保险标的发生保险人责任范围内的损失时,由各保险人分摊该保险标的的损失,承担所分摊到的赔偿责任。重复保险分摊原则也是保险补偿原则的一个体现。

6. 近因原则

所谓近因是指造成货损最直接、最有影响力的原因。当造成损失的原因有两个以上,且各个原因之间存在因果关系,其最先发生并造成一串事故的原因即为近因。

近因原则是指任何损失的近因,如果是由承保风险所造成的,保险人应承担赔偿责任,反之,如果损失的近因不属承保风险范围的,则保险人不必负赔偿责任。

二、保险承保的风险和损失

国际货物运输保险因运输方式不同可分为海洋运输货物保险、陆上运输货物保险、航空运输货物保险和邮包运输货物保险。不同运输方式的货物保险,保险人承保的责任有所不同,但所保障的范围都是相似的。由于海洋运输是国际货物运输的主要方式,因此,海洋运输货物保险在国际贸易中占有重要地位。

在保险业务中,风险、损失和险别三者有着紧密的联系,保险公司按照不同险别包括的风险所造成的损失和发生的费用承担赔偿的责任。

1. 风险

风险包括自然灾害、意外事故和各种外来风险。

(1) 自然灾害,是指由于自然界变异引起破坏力量所造成的现象,是人力不可抗拒的灾害事故,如恶劣气候、雷电、海啸、地震、洪水等,它是保险公司承保的主要风险。

(2) 意外事故,一般是指人或物体遭受到突然的、非意料之中的事故,如船舶搁浅、触礁、沉没、碰撞、火车倾覆、出轨、飞机坠落等。

(3) 外来风险,是指由于外来原因引起的风险。一般的外来风险包括:偷窃、雨淋、短量、沾污、渗漏、破碎、串味,受潮、受热、锈损和钩损。战争、罢工和交货不到、拒绝收货则为特殊外来风险。

2. 损失

被保险人因被保险货物遭受自然灾害,意外事故和外来风险而受到的损失,包括货物本身损坏或灭失以及为营救货物而支出费用的损失。货物本身损坏或灭失按其损失的程度分为全部损失和部分损失。

1) 全部损失(Total Loss)

全部损失简称全损,是指整批或不可分割的一批被保险货物在运输途中遭受由于承保风险造成的全部灭失或视同全部灭失的损害。在海上保险业务中全部损失又分为实际全损和推定全损。

(1) 实际全损(Actual Total Loss)是指该批被保险货物在运输途中完全灭失,或者受到严重损坏完全失去其原有的形体、效用,或者不能再归被保险人所拥有。被保险货物在遭到实际全损时,被保险人可按其投保金额获得保险人全部损失的赔偿。

(2) 推定全损(Constructive Total Loss)是指被保险货物在运输途中受损后,实际全损已经不可避免,或者为避免发生实际全损所需支付的费用与继续将货物运抵目的地的费用之和超过保险价值,也即恢复、修复受损货物并将其运到原定目的地所需的费用将超过该目的地的货物价值。被保险货物发生推定全损时,被保险人可以要求保险人按部分损失赔偿,也可以自愿将保险标的的一切权利和义务转移给保险人,并要求保险人按全部损失赔偿。

2) 部分损失(Partial Loss)

部分损失是指货物的损失没有达到全部损失的程度,在海上保险业务中,因损失产生的原因不同,部分损失又分为共同海损和单独海损。

(1) 共同海损(General Average)是指在同一海上航程中,船舶、货物和其他财产遭遇共同危险。为了共同安全有意地合理地采取补救措施所直接造成的特殊牺牲、支付的特殊费用。构成共同海损必须具备下列条件:同一航程中,船舶和货物确实面临共同危险;为解除船、货共同危险所采取的措施必须是有意而合理的;所作的牺牲必须是特殊的,费用必须是额外支付的;牺牲和费用必须要有效果。共同海损的牺牲和费用,应当由全部受益的财产(船舶、货物和运费)按各自抵达目的港或航程终止港的价值比例分摊。这种分摊称之为共同海损分摊。

(2) 单独海损(Particular Average)是由承保风险直接造成的部分损失,其损失由受损方单独承担。

3) 费用

海上货运保险的费用是指为营救被保险货物而支出的费用,主要有:

(1) 施救费用(Sue and Labour Expenses)。它是指保险标的在遭遇保险责任范围内的灾害事故时,被保险人或其代理人、雇用人员和保险单受让人等为抢救保险标的,以防止其损失扩大所采取措施而支出的费用。保险人对这种施救费用负责赔偿。

(2) 救助费用(Salvage Charges)。它是指保险标的在遭遇保险责任范围内的灾害事故时，由保险人和被保险人以外的第三者采取救助行为而向其支付的报酬。保险人对这种费用也负责赔偿。

三、货物运输保险险别

为了适应我国对外经济贸易不断发展的需要，中国人民保险公司根据我国保险工作的实际情况，并参照国际保险市场的习惯做法，自1956年起陆续制定了各种涉外保险业务条款，总称为《中国保险条款》(China Insurance Clauses，CIC)。货物运输保险条款是它的主要组成部分，包括海洋、陆上、航空及邮包等4种运输方式的货物保险条款，以及可以适用于以上各种运输方式的货物保险的附加条款。

保险险别是保险人与被保险人履行权利和义务的基础，也是保险公司承保责任的大小及被保险人缴付保险费的依据。我国的货物运输保险险别分为基本险、附加险、专门险。附加险还可分为一般附加险和特殊附加险两种。附加险只有在投保一种基本险的基础上才能加保。

1. 我国海洋运输货物保险险别

中国人民保险公司1981年1月1日修订的《海洋运输货物保险条款》规定，我国海洋运输货物的保险险别，主要有基本险与附加险，以及根据海上运输特性承保的专门险别。基本险所承保的主要是“自然灾害”和“意外事故”所造成的损失或费用，附加险承保的是其他外来风险所造成的损失或费用。

1) 基本险

基本险亦称主险。我国海洋运输货物保险的基本险分平安险(Free from Particular Average，FPA)、水渍险(With Particular Average，WPA或WA)和一切险(All Risks)。3种险别的责任范围如图2-5所示。

- 一切险
  - 水渍险
    - 平安险
      - 1. 由于下列原因造成的全部损失
        - (1) 自然灾害——恶劣气候、雷电、海啸、地震、洪水等
        - (2) 意外事故——运输工具搁浅、触礁、沉没、互撞、与流冰或其他物体碰撞、以及失火、爆炸等
      - 2. 由于运输工具发生意外事故一搁浅、触礁、沉没、互撞、与流冰或其他物体碰撞、以及失火、爆炸等造成的部分损失
      - 3. 在装卸转船过程中一件或数件落海造成的全部或部分损失
      - 4. 对受损货物进行施救所支付的合理费用
      - 5. 船舶遇难后在遇难港被迫卸货所造成的损失或费用
      - 6. 共同海损牺牲、分摊和救助费用
      - 7. 根据船舶互撞责任条款规定应由货方偿还船方的损失
      - 除外责任
        - 1. 被保险人故意行为和过失所造成的损失
        - 2. 发货人的责任
        - 3. 自然损耗、本质缺陷、货物特性
        - 4. 价格下跌、运输延迟所造成的损失和费用
        - 5. 战争、罢工险规定的责任范围和除外责任
    - 8. 由于恶劣气候、雷电、海啸、地震、洪水等自然灾害所造成的部分损失
  - 9. 由于外来原因所致的全部或部分损失，包括
    - (1) 因偷窃而提货不着
    - (2) 淡水雨淋
    - (3) 短量短少
    - (4) 沾污
    - (5) 渗漏
    - (6) 碰损破碎
    - (7) 串味
    - (8) 受潮受热
    - (9) 钩损
    - (10) 包装破损
    - (11) 锈损

图2-5 海上运输保险各险别责任范围

由此可见，一切险的承保责任范围是3种基本险中最广泛的一种。

保险人承担责任的起讫期限，是采用国际保险业务中惯用的"仓至仓"条款，即保险责任自被保险货物运离保险单所载明的起运地仓库或储存处所开始生效，包括正常运输过程中的海上、陆上、内河和驳船运输在内，直至该项货物到达保险单所载明的目的地收货人的最后仓库或处所，或者被保险人用作分配、分派或非正常运输的其他储存处所为止。如未抵达上述仓库或储存处所，则以被保险货物在最后卸载港全部卸离海轮后满60天为止。如在上述60天内被保险货物再需转运至非保险单所载明的目的地，则开始转运时保险责任即已终止。3种基本险的索赔时效，从被保险货物在最后卸载港全部卸离海轮后起算，最多不超过两年。

2）附加险

附加险是对基本险的补充和扩大。附加险不能单独投保，只能在投保一种基本险的基础上加保一种或数种附加险。附加险分为一般附加险和特殊附加险两种。

在投保平安险或水渍险后，根据该保险货物的情况和需要，尚可加保一般附加险。一般附加险是承保外来原因所造成的全部或部分损失，共有11种险别，如图2-5所示。由于一般附加险已包含在一切险的责任范围内，如已投保了一切险，就不需要再加保一般附加险。

特殊附加险是承保由于特殊外来风险所造成的损失，共有下列险别：战争险、罢工险、舱面险、进口关税险、拒收险、黄曲霉素险、交货不到险、出口货物到香港（包括九龙在内）或澳门存仓火险责任扩展条款等。投保了基本险的被保险人，根据需要应加保特殊附加险。

3）专门保险险别

海洋运输货物专门保险险别包括海洋运输冷藏货物保险和海洋运输散装桐油保险。根据中国人民保险公司1981年1月工日修订的《海洋运输冷藏货物保险条款》规定，海洋运输冷藏货物保险险别分为冷藏险和冷藏一切险两种。

2. 我国陆上运输货物保险险别

根据中国人民保险公司1981年1月1日修订的《陆上运输货物保险条款》规定，陆上运输货物保险险别分为基本险、附加险及适用于陆运货物的专门险——陆上运输冷藏货物险。我国陆上运输货物保险的基本险别分为陆运险和陆运一切险。两种险别的责任范围仅限于铁路和公路运输。

（1）陆运险的责任范围包括被保险货物在运输途中遭受暴风、雷电、洪水、地震等自然灾害；或由于运输工具遭受碰撞、倾覆、出轨；或因在驳运过程中驳运工具遭受搁浅、触礁、沉没、碰撞；或由于遭受隧道坍塌、崖崩或失火、爆炸等意外事故所造成的全部或部分损失；被保险人对遭受承保责任内危险的货物采取抢救，防止或减少货损的措施而支付的合理费用，但以不超过该批被救货物的保险金额为限。

（2）陆运一切险除包括上列陆运险的责任外，还负责被保险货物在运输途中由于外来原因所造成的货物短少、短量、偷窃、渗漏等全部或部分损失，也负责赔偿。

陆运险与陆运一切险的责任起讫采用"仓至仓"条款，即保险责任自被保险货物运离保险单所载明的起运地仓库或储存处所开始运输时生效，包括正常运输过程中的陆上和与其有关的水上驳运在内，直至该项货物运达保险单所载目的地收货人的最后仓库或储存处所，或被保险人用作分配、分派的其他储存处所为止，如未运抵上述仓库或储存处所，则以被保险货物运抵最后卸载的车站满 60 天为止。

陆运险与陆运一切险的除外责任与海洋运输货物险的除外责任相同。

陆运险与陆运一切险的索赔时效为从被保险货物在最后目的地车站全部卸离车辆后起算，最多不超过两年。

陆上运输冷藏货物险，其责任范围除陆运险所列举的自然灾害和意外事故所造成的全部或部分损失外，还负责赔偿由于冷藏机器或隔温设备在运输途中损坏所造成的被保险货物解冻溶化而腐败的损失。但对于因战争、工人罢工或运输延迟而造成的被保险冷藏货物的腐败或损失以及被保险冷藏货物在保险责任开始时未能保持良好状况，整理、包扎不妥或冷冻不合格所造成的损失则除外。一般的除外责任条款也适用于本险别。责任起讫采用“仓至仓”条款，但最长保险责任的有效期以被保险货物到达目的地车站后 10 天为限。索赔时效从被保险货物在最后目的地全部卸离车辆后起算，最多不超过两年。

此外还有陆上运输货物战争险，它是陆上运输货物险的一种附加险，只有在投保了陆运险或陆运一切险的基础上才能加保，且仅适用于铁路运输。

3. 我国航空运输货物保险险别

根据中国人民保险公司 1981 年 1 月 1 日修订的《航空运输货物保险条款》规定，航空运输保险的基本险别分为航空运输险和航空运输一切险两类，此外还有航空运输货物战争险作为附加险。

航空运输险的责任范围包括被保险货物在运输途中遭受雷电、火灾、爆炸或由于飞机遭受恶劣气候或其他危难事故而被抛弃；或由于飞机遭受碰撞、倾覆、坠落或失踪等意外事故所造成的全部或部分损失；被保险人对遭受承保责任内危险的货物采取抢救、防止或减少货损的措施而支付的合理费用，但以不超过该批被救货物的保险金额为限。

航空一切险的责任范围除包括航空运输险的责任外，还负责赔偿被保险货物由于外来原因所造成的全部或部分损失。

航空运输险与航空一切险的责任起讫也采用“仓至仓”条款，其最长责任期间为到达卸载地卸离飞机后满 30 天为止。

航空运输货物战争险是一种附加险，只有在投保了航空运输险或航空一切险的基础上才能加保。加保航空运输货物战争险后，保险公司承担赔偿在航空运输途中由于战争、敌对行为或武装冲突以各种常规武器和炸弹所造成的货物损失，但不包括因使用原子或热核制造的武器所造成的损失。

4. 我国邮政包裹运输保险险别

根据中国人民保险公司 1981 年 1 月 1 日修订的《邮包保险条款》规定，邮包保险的基本险别分为邮包险和邮包一切险两种，此外还有邮包战争险作为附加险。

邮包险的责任范围包括被保险邮包在运输途中由于恶劣气候、雷电、海啸、地震、洪水等自然灾害或由于运输工具遭受搁浅、触礁、沉没、碰撞、倾覆、出轨、坠落、失踪，或由于失火、爆炸等意外事故所造成的全部或部分损失；被保险人对遭受承保责任内危险的货物采取抢救、防止或减少货损的措施而支付的合理费用，但以不超过该批被救货物的保险金额为限。

邮包一切险的责任范围除承担邮包险的各项责任外，还承担被保险邮包在运输途中由于外来原因所造成的全部或部分损失。

邮包险和邮包一切险的保险责任是自被保险邮包离开保险单所载起运地点寄件人的处所运往邮局时开始生效，直至被保险邮包运达保险单所载明的目的地邮局，自邮局签发到货通知书当日午夜起算满15天终止。但在此期限内邮包一经递交至收件人的处所时，保险责任即告终止。

邮包战争险只有在投保了邮包险和邮包一切险的基础上才能加保。加保邮包战争险后，保险公司负责赔偿在邮包运输过程中由于战争、敌对行为或武装冲突以及各种常规武器包括水雷、鱼雷爆炸所造成的损失。此外，保险公司还负责被保险人对遭受以上承保责任内危险的物品采取抢救、防止或减少损失的措施而支付的合理费用。但保险公司不承担因使用原子或热核制造的武器所造成的损失的赔偿。

5. 伦敦保险协会海运货物保险条款

由英国伦敦保险协会制订的“协会货物条款”(Institute Cargo Clauses，ICC)最早订于1912年，最近一次修订时间为1983年。修订后的海运货物保险条款主要有6种，它们是协会货物条款(A)(B)(C)，协会战争险条款(货物)、协会罢工险条款(货物)、恶意损害条款。除恶意损害条款外，上述所有条款均包括承保范围、除外责任、保险期限、索赔、保险的利益、减少损失、防止迟延、法律惯例等8个方面的内容。

协会货物条款(A)(B)(C)是相对于修订前的一切险条款、水渍险条款和平安险条款修改而来的。

四、我国进出口货物运输保险

货物运输保险就是投保人(或称被保险人)在货物装运前，估算一定的保险金额，向保险人即保险公司投保运输险。投保人按投保金额、投保险别及保险费率，向承保人交付保险费并取得保险单据。保险人负责对投保货物在运输过程中遭受投保险别责任范围内的损失，按投保金额及损失程度赔偿给保险单据的持有人。

1. 进出口合同中的保险条款

保险条款是进出口合同中的重要组成部分，必须订得明确、合理。条款包括由谁办理保险、保险险别和保险金额的确定方法，按什么保险条款保险，并注明该条款的生效日期。

2. 保险险别选择

保险人对不同的险别承担不同的责任，投保人应根据具体情况正确选择险别投保。保险险别选择不当，就会造成货物受损时得不到应有的赔偿，或因投保了不必要的险别而多交保险费用。选择投保险别要考虑采用的运输工具、运输路线、货物的性质、包装及残损规律，还需要考虑国际政治、经济形势等。如海运货物中一般价值较低的散装货物投保平安险，而价值较高的货物根据情况投保水渍险或一切险，必要时投保战争险。

3. 确定保险金额

投保人在投保货物运输保险时应向保险人申报保险金额。保险金额是被保险人对保险标的实际投保金额，是保险人计算保险费的依据，也是发生损失时赔偿的依据和最高限额。保险金额是根据保险价值确定的。保险价值是被保险人对保险标的所具有的可保利益的货币表现形式，一般包括货价、运费、保险费以及预期利润等。

国际贸易采用CIF或CIP贸易术语成交，买卖合同一般均规定保险金额，而且保险金额通常还须在发票金额的基础上增加一定的百分率，即“投保加成率”如合同未作规定，按

Incoterms 2000 和《跟单信用证统一惯例》(国际商会第 500 号出版物)以及国际保险市场的习惯做法,卖方应按 CIF 或 CIP 价格的总值另加 10%作为保险金额。这部分增加的保险金额是买方进行这笔交易所支付的费用和预期利润。如买方要求适当提高投保加成率,按较高保险金额投保,在保险公司同意承保的前提下,卖方可考虑接受,但因此而增加的保险费原则上应由买方支付。保险金额的计算公式是:

$$保险金额=CIF(或CIP)\times(1+投保加成率)$$

在实际工作中,如已有成本价或运费加成本价,要计算 CIF 或 CIP 的价格,可按下列公式计算出 CIF 或 CIP 价格:

$$CIF(或CIP)=\frac{FOB(或FCA)+运费}{1-[保险费率\times(1+投保加成率)]}=\frac{CFR(或CPT)}{1-[保险费率\times(1+投保加成率)]}$$

我国进口货物的保险金额,原则上按进口货物的 CIF 或 CIP 价格计算。若进口合同采用 FOB(或 FCA)或 CFR(或 CPT)条件,为简化手续、方便计算,各外贸企业与中国人民保险公司共同议订平均运费率和平均保险费率,其保险金额的计算公式如下:

$$保险金额=FOB(或FCA)\times(1+平均运费率+平均保险费率)$$

或

$$保险金额=CFR(或CPT)\times(1+平均保险费率)$$

上述进口保险金额即估算的 CIF(或 CIP)价不另外加成,如投保人要求在 CIF 或 CIP 价基础上加成投保,保险公司也可接受。

4. 保险费

保险费是保险人因承担特定的赔偿或给付责任而向投保人收取的费用,它是保险基金的主要来源。投保人交付保险费是保险合同生效的前提条件,也是投保人的基本义务。

保险人按下列公式计算保险费:

$$保险费=保险金额\times保险费率$$

保险费率指收取的保险费占保险金额的比例值。保险费率是保险人计算保险费的依据,是由保险人根据保险标的可能遇到的危险性大小、损失率、赔付率高低和经营费用多少等因素,并按不同商品、不同目的地以及不同的投保险别加以规定的。一般情况下,损失率越高,保险费率也越高。

目前,中国人民保险公司制定的出口货物保险费率分为“一般货物费率”和“指明货物费率”两大类。凡是未列入“指明货物费率”中的货物,统属“一般货物费率”的范围。凡指明货物费率的商品,除应按一般商品费率计算外,再加上指明货物加费费率计算。进口货物保险费率有“特约费率表”和“进口货物保险费率表”两种。“特约费率表”仅适用于同中国人民保险公司签订有预约保险合同的外贸企业,它不分国别和地区,对某一大类商品只订一个费率,有的也不分货物和险别,实际上是一种优惠的平均费率。“进口货物保险费率表”分一般货物费率和特价费率两项。一般货物费率按不同的运输方式,分险别和地区制定,但不分商品,除特价费率中列出的商品以外,适用于其他一切货物;而特价费率,是对一些指定的商品投保一切险时采用。

5. 保险单据

保险单据是重要的出口单据之一，它所代表的保险权益经背书后可以转让。卖方通过银行向买方交单前，应先行背书将保险单据的保险权益转让给买方。目前，我国进出口货物的业务中，使用的保险单据主要有：

(1) 保险单。它是证明保险合同成立的法律文件，规定了保险人与被保险人的权利和义务，是保险人向被保险人赔偿的主要依据。在有信用证的交易中，保险单必须符合信用证中的有关规定。保险单是使用最广的一种保险单据。

(2) 保险凭证。它是一种简化的保险单。保险凭证除背面不载明保险人与被保险人的权利和义务等条款外，其余内容与保险单相同。保险凭证与保险单具有同等效力。

(3) 预约保险单。它是保险人承保被保险人在一定时期内分批发运的货物所出立的保险单，是保险人对被保险人将要装运的属于约定范围内的一切货物自动承保的合同单据。

(4) 批单。它是在保险单出立后，投保人需要补充或变更其内容时，向保险公司申请，经同意后由保险公司出具的。在批单上注明补充、更改的内容，并将批单粘附在原保险单上，成为保险单的组成部分，保险人则按补充、修改的内容承担责任。

6. 保险索赔

进出口货物在保险责任有效期内，发生属于保险责任范围的损失，被保险人可向保险公司提出索赔要求，称为保险索赔。

被保险人或其代理人在提货时发现货物整件短少或有明显残损痕迹，除向保险公司报告外，还应立即向承运人或有关当局(如海关、港务局等)索取货损、货差证明，并及时向有关责任方提出索赔。被保险人向保险公司索赔时，应备妥索赔清单，列明索赔金额，并附送有关单证，如保险单或保险凭证正本、运输合同、发票、检验报告、货损、货差证明、承运人拒赔信件等。

国际货物运输保险同其他保险一样，要求被保险人必须对保险标的具有可保利益。货物运输的可保利益主要是货物本身的价值及与此相关联的运费、保险费、关税和预期利益等。由国际贸易的特点决定，国际货物运输保险不要求在订立保险合同时必须具有可保利益，它仅要求在保险标的发生损失及要求赔偿时必须具有可保利益。

第五节 案　例

一、关于合理使用贸易术语

在我国对外贸易中，经常采用 CIF，CFR 或 FOB 等仅适合海运方式的贸易术语。事实上，每种贸易术语都有其特定的适用情况及应注意的事项，如果在运用贸易术语时不能准确把握每种贸易术语的内容，在使用中就会产生一定的风险。

(一) 案情

某年 5 月，美国某贸易公司(以下简称进口方)与我国江西某进出口公司(以下简称出口方)签订贸易合同购买一批日用瓷具。合同中规定，价格条件为 CIF Los Angeles，支付方式为不可撤销的跟单信用证，出口方提供已装船提单等有效单证。贸易合同签订后，出口方随后与宁波某运输公司(以下简称承运人)签订运输合同。8月初,出口方将货物备妥并装上承运人派来的货车运至装运港。途中由于驾驶员的过失发生了车祸,耽误了时间,错过了信用证规定的装船日期。得到发生车祸的通知后,出口方立刻与进口方洽商要求将信用证的有效期和装船期延展半个月,并本着诚信原则告知进口方两箱瓷具有可能受损。进口方回电称同意延期,但要求货价下降5%。出口方回电据理力争,同意受震荡的两箱瓷具降价1%,其余货物并未损坏,不能降价。但进口方坚持要求全部降价。最终出口方还是做了让步,将受震荡的两箱瓷具降价2.5%,其余降价1.5%,为此遭受货价、利息等有关损失共达15万美元。

事后,出口方作为托运人向承运人就有关损失提出索赔。对此,承运人同意承担有关仓储费用和两箱受震荡货物的损失,利息损失只赔偿50%。其理由是之所以只承担一部分责任,主要是由于出口方修改单证耽误时间,而货物降价损失是由于出口方单方面与进口方的协定所致,与己无关,故不予理赔。出口方却认为货物降价及利息损失的根本原因都在于承运人的过失,坚持要求其全部赔偿。3个月后经多方协商,承运人最终赔偿各方面损失共计5.5万美元,出口方实际损失9.5万美元。

(二) 专家评析

通过本案对内陆地区出口企业使用CIF贸易术语的隐忧进行分析:

(1) 贸易合同与运输合同项下交货义务的分离使风险转移严重滞后于货物实际控制权的转移。在采用CIF贸易术语订立贸易合同后,出口方将以托运人的身份与承运人签订运输合同。在出口方向承运人交付货物、完成运输合同项下的交货义务后,并不意味着其已经完成贸易合同项下的交货义务,出口方仍应承担货物越过船舷前的一切风险和损失。而在货物交由承运人掌管后,托运人(出口方)已经丧失了对货物的实际控制权,货物由承运人进行保管、配载和装运等,托运人只是对此进行监督,即出口方在其已经丧失了对货物的实际控制权的情况下继续承担责任和风险。尤其是从内陆地区装车到港口越过船舷,中间要经过一段较长的时间,出口方的风险难以预料。诚然,在此期间如果发生货损,出口方向进口方承担赔偿责任后可依据运输合同再向承运人进行追偿。但实际上由于有关诉讼的费用、损失责任的承担无法达成协议,再加上时间耗费,出口方很难得到补偿。

(2) 运输单据规定有限制致使内陆出口方无法在当地交单。根据Incoterms 2000的规定,仅适用于水上运输方式的CIF价格条件下,出口方应准备可转让提单、不可转让海运单或内河运输单据凭以结汇。这种要求在沿海地区易于得到满足,不会耽误结汇。但货物在内陆地区交付承运人后,如果经由陆路运输,这时承运人会签发陆运单或陆海联运提单,而不是CIF条件要求的海运提单。出口方只有当货物运至装运港装船后才能拿到提单或得到在联运提单上“已装船”的批注并凭以结汇。可见,这种对单据的限制会直接影响到出口方向银行交单结汇的时间,从而影响出口方的资金周转,增加了利息负担。

(3) 运输成本增加。在CIF价格中包括的运费应该是从装运港到目的港的运费。但从内陆地区到装运港装船之前还有一部分运输成本,如从甘肃、青海、新疆等地区到装运港装船之前的费用一般要占到出口货价的一定比例,有些会到达20%左右。

由此可见,CIF术语在内陆地区出口贸易中并不适用。

(三) 启示和建议

CIF贸易术语下买卖双方的风险划分是以货物在装运港越过船舷为界,在越过船舷以前的风险由卖方承担，越过船舷以后的风险由买方承担。本案中，货物的损失发生在由内陆运往港口的途中，货物的风险应由卖方承担。而货物在承运人掌管之下发生了车祸，承运人就应该对此造成的货物损失、延迟装船、仓储费用负责。但对于车祸导致的货价损失、利息损失的承担，双方却无法达成协议，使得出口方蒙受重大损失。

本案采用信用证结算方式，要求出口方提交的是海运提单，而货物先经由陆路运至装运港，然后再装船海运，因此出口方不能在将货物交给承运人后立即获得海运提单办理结汇，只能货到港口换单后再办理结汇。如果可凭承运人在内地接收货物后签发的单据当地交单结汇，则出口方虽然需要就货损对进口方负责，但他可以避免货价损失和利息损失。因此，对于内陆地区的出口商而言，采用 CIF 贸易术语会带来许多风险隐患，为了避免风险损失，内陆地区出口方鉴于以下原因应选择 CIP 贸易术语：

(1) 从适用的运输方式看，CIP 比 CIF 更灵活，更适合内陆地区出口。CIF 只适用于海运或内河航运的水上运输方式，对于内陆地区而言，出口时运输方式是多种的，而 CIP 适合任何运输方式。

(2) 从出口方责任看，CIF 贸易术语下，出口方是在装运港交货，买卖双方是以船舷为界划分风险，在货物越过船舷之前，不管货物处于何方的实际处置之下，卖方都要向买方承担货损等责任。而 CIP 贸易术语下出口方风险和对货物的实际控制权同步转移，出口方只要将货物安全移交承运人即完成其贸易合同和运输合同项下的交货义务，货交承运人后所发生的一切损失均与出口方无关。

(3) 从使用的运输单据看，使用 CIP 术语有利于内陆出口业务在当地交单结汇。CIP 涉及的通常运输单据范围要大于 CIF，因具体运输方式不同，可以是 CIF 使用的单据，又可以是陆运运单、空运单、多式联运单据。承运人签发单据后出口方即可据以结汇，缩短了结汇和退税时间，提高了出口方的资金周转速度。

二、信用证支付方式下各关系方的风险及相关案例

信用证支付方式为国际贸易的开展带来了便利，但银行信用不可能完全取代商业信用，也不可能完全规避商业风险。

(一) 出口方的风险及案例

1. 议付单证不符

在信用证业务中，单证一致、单单一致是付款的前提条件。一些进口方利用信用证严格一致的原则，蓄意在信用证中增添一些难以履行的条件或设置一些陷阱。如开出规定不确定，有文字、打印上错误以及条款内容自相矛盾的信用证。比如受益人名称、地址、装运船舶、地址、有效期限等打错字；信用证中规定禁止分批装运却又限定每批交货的期限，或既允许提示联运提单却又禁止转船等自相矛盾的内容。这些问题一旦被出口方业务人员疏忽了，将直接影响要求提示的单据，可能成为开证行拒付的理由。

2. 进口方伪造信用证

进口方以根本不存在的银行名义开立假信用证；或冒充真实银行名义开立伪造信用证；或窃取其他银行印好的空白格式信用证；或与已倒闭或濒临破产的银行职员串通开出信用证等。

3．进口方设置软条款

软条款是指开证行在信用证内列有出口方不易办到或即使办到也会被开证行或进口方借故拒付的条款。根据此种条款，开证申请人（进口方）或开证行具有单方面随时解除付款责任的主动权，即进口方完全控制整笔交易，受益人处于受制于人的处境，是否付款完全取决于进口方的意愿。这种信用证实际变成了随时可以撤销或永远无法生效的信用证，银行中立担保付款的职能完全丧失。带有此种条款的信用证实质上是变相的可撤消信用证，极易造成单证不符而遭开证行拒付。如在信用证中规定“检验证必须由国外某客户签字，并与开证行留存的字样相同”。由于出口方并不知道留存在开证行的签字是何样，一旦进口方存心诈骗，将留存的字样更换，或迟迟不把签字的检验证寄回，将造成单证不符而遭拒付。

4．开证行丧失支付能力

在信用证交易中，开证行是责任中心，只要出口方和议付行提交的单据符合信用证条款的要求，而且单据之间没有矛盾出现，按照国际商会 UCP600 及各国法律的要求，开证行就必须无条件付款。开证行若倒闭无法履行付款承诺，不能对单据进行偿付，将直接威胁到出口方的利益，即使议付行对单据做了贴现，押汇等议付业务，出口方暂时拿到了贸易款项，也存在被议付行追索款项的风险。

1993 年广东某银行曾议付了欧洲一银行开立的信用证项下的单据，对客户做了出口单据的贴现业务，金额为 17.5 万美元。尽管所有的单证相符，单据一致，但由于开证行倒闭，议付行基本无从偿付，议付行遭到拒付后，直接对出口方进行了货权的追索，出口方落得了钱货两空的境地。

5．市场商品价格大幅变动

买方在开立信用证时希望取得预期的利润，但由于市场剧烈变动的原因，致使货物到达目的地时，市场价格下跌，进口方认为进口货物无利可图或者将给企业带来大幅亏损时，进口方便会设法在单据上寻找不符点，以便拒付或以退货相要挟，迫使卖方做出让步，只有在卖方大幅降价之后才考虑提取货物。

山东潍坊一塑料袋生产公司与欧洲客商签订食品袋出口合同，出口方发货后，把单据通过议付行寄往开证行，但由于当时的石油价格大跌，以石化产品为原料的塑料袋价格随之下跌，这时进口方就打算放弃这批货或者逼出口方降低价格，但因是信用证结算无法直接拒付，于是到当地开证行审核相关单据不符点进行拒付，最后发现发票上的货物描述与提单上有一个字母的差异，这是由于出口方做议付单据时疏忽造成的，议付行审单时也未发现问题。于是开证行拒付了货款，在双方银行及进出口双方交涉无果的情况下，出口方只好答应进口方的苛刻条件进行降价。出口方要保证货款的收回，做议付单据时必须十分谨慎，确保单据表面的单证相符、单单一致。

（二）进口方的风险及案例

1．出口方伪造或变造单据

信用证结算中，开证行与受益人以及参与信用证业务的其他银行均只受信用证条款的约束，与贸易合同无关。银行在审单时，无义务也无足够的能力核对受益人（出口方）所提供的单据的实际真实性，只要单据表面上符合信用证条款，即履行付款，所以一旦出口方伪造或变造虚假单据，进口方就将面临风险。

某银行应某进出口公司要求，开出两笔以澳大利亚某银行为通知行的信用证，受益人为澳大利亚某进出口公司。几天后，我方银行接到澳大利亚银行的 SWIFT 报文，报文声称受益人提供给该行的货物运输单据经认真审查，确认为伪造单据，因为签发提单的船公司已于数月前停止营业。原来澳方银行对受益人的资信状况持怀疑态度，于是对其进行了认真调查，终于发现了破绽。我方银行应澳方要求，发了止付电文制止了一场信用证诈骗。

2. 预借提单和倒签提单欺诈

根据国际贸易法和海商法的有关规定，信用证都规定最迟装船期。出口方超过最迟装船期装船交货，进口方有权拒绝接受货物，并根据实际情况索赔其实际损失。当货物迟于最迟装船期装船，受益人为了能够结汇，便在事前通过承运人或其代理人拿到符合信用证装船期要求的提单，这就是倒签提单。而货物还没有装船甚至没有到装运港，出口方便拿到了相应的符合信用证规定的有效期的提单，即是预借提单。从法律的角度来讲出口方和船方都是违法的。因为出口方勾结承运人把没有装船或晚装船的提单变成符合信用证规定的提单，这都构成了对进口方的欺诈。

3. 出口方获预支信用证项下预付款项后携款潜逃

在信用证结算中，如果进出口双方协商使用预支信用证结算方式，出口方在获得预支信用证下银行的预付款后携款潜逃，进口方就会遭受损失，预支信用证下银行对出口方的预支款项通常是在获得进口方的指示后进行的，预支的目的本来是帮助出口方解决资金问题，但当出口方获得付款后不发货或者消失时，进口方预付的款项就会遭受损失。

（三）银行的风险及案例

1. 开证行的风险

在开证保证金不足的情况下，没有认真调查企业的资信状况就为客户开立信用证，造成信用证款项垫付。开证银行一旦根据开证申请人的申请对外开立了信用证，就承担了第一性的付款责任，到期只要受益人提交符合信用证要求的单据，不管申请人是否来付款赎单，开证行都要对外付款，除非信用证另有约定，否则其绝对不能以开证申请人丧失支付能力来对抗受益人。因此，银行对开立信用证业务都极为谨慎，一是备足保证金，二是采取担保抵押等手段进行保证，以确保开出的信用证在议付行的提交单据符合信用证条款的情况下及时从开证申请人账户中划取款项给受益人。但如果开证申请人不能支付信用证款项，银行就只能自己垫付。

山东某银行 1999 年为一塑料袋生产企业开出 67 万美元的信用证，此时该企业生产经营情况良好，但银行忽视的一个问题是企业的外方客户较为散乱，没有固定的信誉良好的大客户，且出口采用的结算方式几乎全部是电汇。该塑料袋生产企业按照合同给买方供货，其间有 71 万美元的货款未能收回，这样该企业就无力偿付银行开出的信用证款项，致使该笔信用证款项变成开证行垫款。

2. 通知行的风险

通知行的风险主要表现在银行在通知信用证时可能面临的风险。通知行一般位于出口商所在地，如果信用证是通过 SWIFT 的电开信用证，一般由系统自动核对密押。而对未能核押的信用证，尤其是一些信开的信用证，通知行收到后，没有认真核对密押，就通知了客户，造成出口商的损失而引起诉讼。若对信用证不能确定真伪，同时又没有及时联系开证行加以确认，就直接通知信用证受益人取走信用证正本，对于由此引起的信用证诈骗该通知行应承担相应的责任。

3. 议付行的风险

由于工作人员的业务水平有限或者未能认真负责，有时没有仔细审核信用证项下的单据，在有不符点的情况下对单据进行了议付，单据到达开证行后因存在不符点而被拒付，若此时遇到信用证受益人倒闭的情况，可能导致议付款项不能追回。

潍坊某银行收到一服装客户交来的信用证单据，发票金额为31.7万美元。在审核无不符点的情况下，对单据进行了议付，之后收到付款行发来的汇款。但单据寄到开证行后，开证行提出了有力的不符点，要求议付行退回付款行的汇款。潍坊银行经过仔细审核，认为开证行提出的不符点符合信用证统一惯例，是其业务人员没有及时审查单据存在的不符点，只能按照开证行的要求退回了付款行汇来的货款。但这时此服装客户因其他银行起诉发生了财务危机，致使该单据议付款项无法追索，给议付行造成了巨大损失。

4. 保兑行的风险

保兑是信用证中一种不可撤销的确定的付款承诺。一般银行在接到开证行的保兑申请后，应对开证行的资信状况及信用证条款研究之后再决定是否加注保兑，但受邀银行有权不予以保兑。但如果答应对信用证加以保兑，那么受邀银行就是保兑行，是信用证的第一付款人，对受益人独立负责。如果开证行倒闭或以单证不符为理由拒付，保兑行不能对受益人拒付或追索，只能自己垫付信用证保兑的款项。

1994年6月，中国A公司向某国C公司出售货物一批，C公司按照贸易合同开出不可撤销的即期信用证一份，金额为48万美元。开证行为某国的D银行，通知行为D银行在中国的B分行，该信用证要求B分行保兑并指定由该行议付，议付后可以电传向D银行索偿。同年10月25日，A公司货物以多式联运方式从内地装火车到香港转海船运往合同约定的港口，并由当地的外运公司签发了陆海联运提单。同年10月27日，A公司将全套单据寄交B分行议付；11月1日，B分行向A公司发出银行付款通知单；11月12日，B行通知A公司，单据遭开证行以提单上未显示已装船字样而拒付，基于此，D银行要求B银行退回货款。同年11月26日，B银行将D银行的第二号传真给A公司，称若A公司降价25%，开证申请人可接受有不符点的单据。1995年2月1日，B银行致函A公司：我行已向开证行交涉多次，所提不符点纯属故意挑剔，速指示是否同意退单？同年2月5日，A公司不同意退单，并强调保兑行和议付行的付款责任。随后，B银行于1995年4月将全套单据退给A公司。A公司随即向法院起诉，要求判令B银行承担保兑行的付款责任。这样保兑行就被卷入这起信用证的议付纠纷中，可能给自己造成较大的经济损失。

三、共同海损分摊纠纷

（一）案情

A船公司“琴海”轮承运B公司的货物，其提单背面的共同海损条款载明：“共同海损应根据承运人的选择在任何港口或地点根据《1974年约克-安特卫普规则》理算”。船舶在驶离马来西亚槟城港开往中国北海港的途中主机停车，船舶向南漂航。主机停车后船员立即投入抢修，但因条件所限，经两天多抢修，仍无法修复主机。越南有关方在船舶发出求救信息后派出拖轮将“琴海”轮拖进金兰湾港，并收取了拖轮费和救助费。船长代表A船公司发表共同海损声明，宣布共同海损；轮机长出具海事报告。由于能力及条件所限，在金兰湾无法将主机修复。于是A船公司请求广州救捞局将“琴海”轮拖至中国北海港，并支付了拖轮费。在北海港经验船师检验，认定主机不能启动的原因是由于各缸的空气启动阀启动活塞的密封环失去弹性，气密性较差，已存在隐患，加上第7缸启动空气阀阀盘断裂，该气缸完全失去气密，导致进入各缸的启动空气压力不足而无法启动。

保险公司为B公司的货物向A船公司出具共同海损担保函，承诺“如果共同海损牺牲及/或费用被证明是因共同海损行为而合理产生的，且经确认下述货物应参加分摊，我司保证支付相应的共同海损分摊金额”。

A船公司委托中国贸促会海损理算处对“琴海”轮进行共同海损理算，根据该处出具的理算书，确认共同海损的船货各方分摊金额。

B公司与保险公司以共同海损事故是A船公司不可免责过失造成为由拒绝分摊共同海损费用，A船公司请求法院判令B公司分摊该共同海损费用，保险公司承担连带责任，并由两被告承担本案诉讼费用。

（二）法院审判

法院认为，本案为共同海损分摊纠纷。根据目的港验船师的检验报告，以及原被告对该故障原因均予以认可，予以采信。“琴海”轮主机共有9个缸，其9个缸的密封环全部失去弹性，这是一个谨慎的专业人员以惯常方法检查船舶所能够发现的缺陷，并非船舶的潜在缺陷，而且密封环失去弹性是一个渐进的过程。因此，可以肯定这一现象在船舶开航前和开航当时就已经存在。此外，根据轮机长的事故报告，主机发生故障后船上无相应备件可供更换。根据《中华人民共和国海商法》(简称《海商法》)第47条“承运人在船舶开航前和开航当时，应当谨慎处理，使船舶处于适航状态，妥善配备船员、装备船舶和配备供应品”的规定，上述情况表明A船公司未尽其在开航前和开航当时恪尽职责使船舶适航的义务，且正是由于A船公司未尽适航义务而导致了共同海损事故的发生。因此，由于原告A船公司不可免责过失而导致的共同海损损失，理应由其自行承担，而不能将该损失转嫁给非过失方，否则既对非过失方不公平，也有悖法律关于承运人最低责任的规定。被告以共同海损事故是原告不可免责过失造成为由进行抗辩并拒绝分摊共同海损损失，符合法律规定，法院依法予以支持；原告诉讼请求被告分摊共同海损损失，没有法律依据，依法予以驳回。

根据《海商法》第47条、第193条以及第197条的相关规定，判决驳回A船公司对B公司和保险公司的诉讼请求，案件受理费由原告A船公司负担。

（三）专家评析

本案涉及引发共同海损原因的法律定性、不可免责过失所致的共同海损牺牲和费用是否可以拒绝分摊等海商法领域的专业性问题，且一些问题在理论界和实务界尚未达成普遍性共识。

值得注意的是，共同海损的成立并不考虑危险是由何种原因造成的，也不考虑承运人是否有过失、过失是否可以免责，只要海上危险真实存在并威胁到船、货和其他财产的共同安全，共同海损即可成立。关于共同海损牺牲和费用的分摊问题，我国《海商法》第197条的规定和《1974年约克-安特卫普规则》的规定相似，即引起共同海损特殊牺牲、特殊费用的事故，可能是由航程中一方的过失造成的，不影响该方要求分摊共同海损的权利；但是，非过失方或者过失方可以就此项过失提出赔偿请求或者进行抗辩。

本案中共同海损费用是由A船公司不可免责的过失所造成，根据《海商法》的规定，A

船公司有权要求受益方分摊共同海损费用，同时，B公司和保险公司也可以就A船公司不可免责的过失提出赔偿请求。本案判决使该共同海损纠纷案的最终解决省略了一道法律程序，其结果是一致的，不失为合乎理性的解决方式，因而具有代表性。

思 考 题

1. 进出口贸易中洽商交易有哪些环节？

2. 有关贸易术语的国际惯例有哪些？其效力如何？

3. Incoterms 2000 中 FOB，CFR，CIF 和对应的 FCA，CPT，CIP 的主要区别是什么？

4. 简述 FOB，CIF 产生变形条件的原因以及各种变形条件的含义。

5. Incoterms 2010 相对 Incoterms 2000 的变化主要有哪些？

6. 使用 Incoterms 2010 中 DAT 和 DAP 贸易术语时应注意什么？

7. 汇票有哪些当事人？汇票的使用需经过哪些步骤？

8. 国际贸易的收付方式有哪几种？各自的业务流程是怎样的？

9. 信用证一般包括哪些内容？

10. 信用证的主要种类有哪些？各有什么特点？

11. 保险的基本原则是什么？根据保险的可保利益原则，分析 FOB 贸易术语下，进口方可否就越过船舷前的损失向保险人成功索赔？

12. 试述构成共同海损的条件。

13. 我国海洋运输货物保险的基本险别有哪 3 种？其责任范围是怎样的？

14. 简述我国其他运输方式货物运输保险的基本险别和责任范围。

练 习 题

1. 我国对某国出口货物一批，合同规定以托收方式付款。我国至该国的邮程为 8 天，试根据不同的托收方式填些下表有关日期。

方式 \ 日期	托收日	提示、承兑日	付款日	交单日
D/P 即期	11 月 1 日			
D/P 45 天	11 月 1 日			
D/A 30 天	11 月 1 日			

2. 我方按 CIF 贸易条件对外签订出口贸易合同，如按我方负责投保下列险别作为保险条款是否妥当？如有不妥，请更正并说明理由。

(1) 一切险、碰损破碎险、战争险；

(2) 水渍险、受潮受热险；

(3) 平安险、一切险、罢工险；

(4) 战争险、舱面险。

3. 我方出口商品 CIF 价为 USD23 500，投保海运一切险并加保战争险，一切险保险费率为0.6%,战争险保险费率为0.03%。现客户要求改报CFR价,如我方同意,在不影响收汇的前提下如何报价?

4. 我方出口商品CFR价为USD198 000,现客户来电要求我方代为保险,并按CIF价加成20%投保海运一切险并加保战争险,一切险保险费率为0.6%,战争险保险费率为0.2%。我方征得保险公司同意后,同意照办,我方应向客户补收多少保险费?

第三章　出入境货物检验检疫

国际物流中的物品是国际贸易交易的货物或跨国经营的商品，具有投资大、风险高、周期长等特点。通过检验检疫，可以促进销售、保证产品质量和维护产品的国际声誉。国际贸易合同中，一般都订有商品检验条款，主要包括检验时间与地点、检验机构与检验证明、检验标准与检验方法等。通过商品检验，可以确定交货品质、数量和包装等条件是否符合合同规定。

本章主要介绍检验检疫的一般概念、贸易合同中关于检验时间和地点的规定、出入境检验检疫有关规定、出入境检验检疫证单、电子检验检疫以及案例分析等内容。

第一节　出入境检验检疫概述

一、出入境检验检疫定义

出入境检验检疫是指政府行政部门以保护国家整体利益和社会效益为衡量标准，以法律、行政法规、国际惯例或进口国法规要求为准则，对出入境货物、交通运输工具、人员及其事项等进行检验检疫、管理及认证、并提供官方检验检疫证明、民间检验检疫公证和鉴定证明的全部活动。

二、出入境检验检疫机构

出入境检验检疫机构是主管出入境卫生检疫、动植物检疫、商品检验、鉴定、认证和监督管理的行政执法机构。1999 年国务院机构改革，将原来外经贸部、卫生部和农业部所属的国家进出口商检局、卫生检疫局和动植物检疫局以及国家技术监督局合并，成立了中华人民共和国质量监督检验检疫总局，直属国务院领导。总局在全国各地设有直属出入境境检验检疫局、分支机构或办事处等。

三、出入境检验检疫目的和任务

我国出入境检验检疫包括进出境商品检验、进出境动植物检疫和国境卫生检疫。其主要目的和任务是：

（1）对进出口商品进行检验、鉴定和监督管理，保证进出口商品符合质量或标准的要求，维护对外贸易各关系方的合法权益，促进对外经济贸易的顺利发展。

（2）对包括运输工具、包装材料在内的出入境动植物及其产品进行检疫和监管，防止危害动植物的病菌、害虫、杂草种子及其他有害生物出入境，保护本国农、林、牧、渔生产和国际生态环境和人类的健康。

(3) 对出入境人员、交通工具、运输设备以及可能传播检疫传染病的行李、货物、邮包等物品实施国境卫生检疫和口岸卫生监督。

四、出入境检验检疫主要内容

我国出入境检验检疫工作的主要内容有以下几项：

1. 进出口商品检验

凡列入《出入境检验检疫机构实施检验检疫的进出口商品目录》(以下简称《目录》)需进行商品检验的进出口商品和其他法律、法规规定须经检验的进出口商品，必须经出入境检验检疫部门或其指定的检验检疫机构检验。进口商品应检验未检验的不准销售、使用；出口商品应检验未检验或检验不合格的不准出口。

2. 进口商品认证管理

国家对涉及人类健康和动植物生命和健康，以及环境保护和公共安全的产品实行强制性认证制度。对列入《中华人民共和国实行强制性产品认证的产品目录》内的商品，必须经过指定的认证机构认证合格，取得指定认证机构颁发的认证证书，并加施认证标志后方可进口。

3. 进口废物原料装运前检验

为防止境外有害废物输入，对国家允许作为原料进口的废物，必须由出入境检验检疫机构或国家质检总局认可的检验检疫机构实施装运前检验，检验合格后方可装运。

4. 出口商品质量许可

国家对重要出口商品如机械、电子、轻工、机电、玩具、医疗器械、煤炭等类商品实行质量许可制度。出入境检验检疫部门单独或会同有关主管部门共同负责发放出口商品质量许可证，未获得质量许可证书的商品不准出口。

5. 食品卫生监督检验

对列入《目录》需施行食品卫生监督检验的进出口商品，必须由检验检疫机构依照国家卫生标准进行监督检验，检验合格的方可进口或出口。

6. 进出境动植物检疫

对于进境、出境、过境的动植物、动植物产品和其他检疫物；装载动植物、动植物产品和其他检疫物的装载容器、包装物、铺垫材料；来自动植物疫区的运输工具；进境拆解的废旧船舶；有关法律、行政法规、国际条约规定或者贸易合同约定应当实施进出境动植物检疫的其他货物、物品等必须依法实施动植物检疫。

7. 出口商品运输包装检验

对列入《目录》和其他法律、法规规定必须经检验检疫机构检验的出口商品运输包装，进行性能检验，未经检验或检验不合格的，不准用于盛装出口商品。对出口危险货物包装容器实行危险品包装出口质量许可制度，危险货物包装容器须经检验检疫机构进行性能鉴定和使用鉴定后，方能生产和使用。

8. 货物及其装载和残损鉴定

检验检疫机构可以接受对外贸易关系人根据贸易合同要求所提出的对进出口商品的鉴定业务，如质量、数量、重量、包装等鉴定。

使用船舶和集装箱装运出口粮油食品和冷冻品等易腐食品时，应向口岸检验检疫机构申请检验船舱和集装箱，经检验符合装运技术条件并发给证书后方可装运。

对外贸易关系人及仲裁、司法等机构，对海运进口商品可向检验检疫机构申请办理监视、残损鉴定、监视卸载、海损鉴定和验残等。

9. 卫生检疫与处理

出入境检验检疫部门统一负责对出入境人员、交通工具、运输设备以及可能传播传染病的行李、货物、邮包、进口食品等实施医学检查、卫生检查和卫生处理。

入境的交通工具和人员，必须在最先到达的国境口岸的指定地点接受检疫。未经许可，除引航员外，任何人不准上下交通工具，不准装卸行李、货物、邮包等物品；出境的交通工具和人员，必须在最后离开的国境口岸接受检疫。检验检疫机构对未染有检疫传染病或者已实施卫生处理的交通工具，签发出入境检疫证。

10. 审核认可和监督

对于拟设立的涉外检验检疫、鉴定、认证机构，由国家质量监督检验检疫总局负责对其资格信誉、技术力量、装备设施及业务范围进行审查，合格后出具资格审定意见书，交由外经贸部门批准，并在工商行政管理部门办理登记手续领取营业执照后，再到国家质检总局办理资格证书，方可开展经营活动。

对从事涉外检验检疫、鉴定、认证业务的机构或设在各地的办事处，对其经营活动实行统一监督管理或实行备案管理。

五、出入境检验检疫法律依据

出入境检验检疫工作的主要法律依据是《中华人民共和国进出口商品检验法》《中华人民共和国进出口商品检验法实施条例》《中华人民共和国进出境动植物检疫法》《中华人民共和国进出境动植物检疫法实施条例》《中华人民共和国国境卫生检疫法》《中华人民共和国国境卫生检疫法实施细则》和《中华人民共和国食品卫生法》。

上述检验检疫法规都有强制性和封闭性的监管措施来保障其得以实施。主要体现在，目前检验检疫机构已与海关建立了“先报检、后报关”的通关协调机制，货物的进出口、出入境都要通过海关最后一道监管措施，未按检验检疫法规规定进行检验检疫并取得有效检验检疫证单就无法结关。此外，合同规定凭检验检疫部门检验证书交货结算和对外索赔的，没有证书就无法装船结汇和对外索赔。

第二节　贸易合同中检验时间和地点

在国际贸易中，卖方提供的货物在品质、数量和包装等方面是否符合合同规定及有关标准的要求，必须由第三方检验检疫机构经过检验检疫和鉴定，做出公证，并出具相应的检验检疫证书。贸易合同中，确定货物检验的时间和地点，关系到买卖双方的权利和义务，实质上是明确买卖双方由哪一方行使对货物的检验权，即以哪一方提供的检验证明为准。国际贸易合同中关于检验时间与地点的规定，主要有以下 3 种做法。

一、出口国检验

根据检验地点分为以下两种情况：

1. 在产地检验

货物离开产地之前由卖方的检验人员或买方的验收人员对货物进行检验或验收。卖方只承担货物离开产地之前进行检验或买方验收为止的责任。这是对卖方最有利的做法。

2. 装运前或装运时在装运港(地)检验

在货物装运前或装运时由双方约定的装运港(地)的检验机构进行检验。该检验机构出具的品质和重量检验证书作为确定交货品质与重量的最后依据,即以离岸品质、重量为准。对货物在运输途中的质量变化和重量短少,买方无权向卖方提出异议和索赔。

二、进口国检验

根据检验地点分为以下两种情况：

1. 目的港(地)卸货后检验

货物到达目的港(地)卸货后,由双方约定的目的港(地)的检验机构进行检验,其出具的检验证书视作交货品质和重量的最后依据,即以到岸品质、重量为准。故卖方需承担货物在运输途中的质量变化和重量短少的责任。

2. 目的地买方营业处所或最后用户所在地检验

对不便于或不能够在目的港(地)检验的货物,采用以货物到达最后目的地检验结果为准,卖方需承担更大的责任。

三、出口国装运港(地)检验、进口国目的港(地)复验

以装运港(地)约定的检验机构出具的检验证明作为要求银行议付的单据之一,在货物到达日的港(地)后,买方有复验权。如经双方同意的检验机构复验发现货物不符合合同规定,并证明属于卖方的责任,则买方可凭复验证书向卖方提出异议和索赔。这一做法体现了平等互利,公平合理的精神,照顾了买卖双方的利益,既承认卖方提供的检验证书是有效文件,作为交接货物和结算货款的依据之一,又给予买方以复验权。这种办法已为国际上大多数国家所接受。我国进出口贸易合同中的商品检验条款,一般都采用这种规定办法。

第三节　出入境检验检疫有关规定

一、出入境货物报检范围

出入境货物发货人、收货人或其代理人应在检验检疫机构规定的地点和时限内,对以下出入境货物向检验检疫机构办理报检：

(1) 国家法律、行政法规规定必须由出入境检验检疫机构实施检验检疫的。

(2) 对外贸易合同约定须凭检验检疫机构签发的证书进行结算的。

(3) 有关国际条约规定必须检验检疫的。

（4）国际贸易关系人对入境货物检验、检疫、鉴定等方面有要求的。

二、出入境货物报检地点和时限

1. 出境货物报检地点和时限规定

（1）出境货物最迟应在出口报关或装运前 7 天报检，对于个别检验检疫周期较长的货物，应留有相应的检验检疫时间。

（2）需隔离检疫的出境动物在出境前 60 天预报，隔离前 7 天报检。

（3）法定检验检疫货物，除活动物需由口岸检验检疫机构检疫外，原则上应由产地检验检疫。

2. 入境货物报检地点和时限规定

（1）政府有关审批、许可证等批文中已规定检验检疫地点的，在规定的地点报检。

（2）大宗散装商品、易腐烂变质商品、废旧物品、卸货时发现包装破损、重量、数量短缺的商品，必须在卸货口岸检验检疫机构报检。

（3）需结合安装调试进行检验的成套设备、机电仪器产品以及在口岸开件后难以恢复包装的商品，应在收货人所在地检验检疫机构报检并检验。

（4）其他入境货物，应在入境前或入境时向报关地检验检疫机构办理报检手续。

（5）入境的运输工具及人员应在入境前或入境时向入境口岸检验检疫机构申报。

（6）入境货物需对外索赔出证的，应在索赔有效期前不少于 20 天内向到货口岸或货物到达地的检验检疫机构报检。

（7）输入微生物、人体组织、生物制品、血液及其制品，或种畜、禽及其精液、胚胎、受精卵，应于入境前 30 天报检。

（8）输入其他动物，应于入境前 15 天报检。

（9）输入植物、种子、种苗及其他繁殖材料的，应于入境前 7 天报检。

三、出入境货物报检证单

1. 出境货物报检证单

（1）出境货物报检时，应填写《出境货物报检单》，并提供外贸合同或销售确认书或订单、信用证、有关函电、生产经营部门出具的厂检结果单原件、检验检疫机构签发的《出境货物运输包装性能检验结果单》正本。

（2）凭样品成交的，须提供样品。

（3）经预检的货物，在向检验检疫机构办理换证放行手续时，应提供该检验检疫机构签发的《出境货物换证凭单》正本。

（4）产地与报关地不一致的出境货物，在向报关地检验检疫机构申请《出境货物通关单》时，应提交产地检验检疫机构签发的《出境货物换证凭单》正本。

（5）按照国家法律、行政法规的规定实行卫生注册和质量许可的出境货物，必须提供经检验检疫机构批准的注册编号或许可证编号。

（6）出口危险货物时，必须提供《出境货物运输包装性能检验结果单》正本和《出境危险货物运输包装使用鉴定结果单》正本。

2. 入境货物报检证单

（1）入境报检时应填写《入境货物报检单》，并提供外贸合同、发票、提货单（运单）、装箱单等有关单证。

（2）实施安全质量许可、卫生注册、强制性产品认证、民用商品验证或其他需经审批审核的货物，应提供有关审批文件。

（3）报检品质检验的，应提供国外品质证书或质量保证书、产品使用说明书及有关标准和技术资料；凭样品成交的，需加附成交样品；以品级或公量计价结算的，应同时申请重量鉴定。

（4）报检入境废物的，应提供国家环保部门签发的《进口废物批准证书》、废物利用风险报告和经认可的检验检疫机构签发的装运前检验合格证书等。

（5）申请残损鉴定的，应提供理货残损单、铁路商务记录、空运事故记录或海事报告等证明货损情况的有关证单。

（6）申请重（数）量鉴定的，应提供重量明细单、理货清单等。

（7）报检入境动植物及其产品的，在提供贸易合同、发票、产地证书的同时，还需提供输出国家或地区官方的检疫证书；需办理入境审批手续的，还应提供入境动植物检疫许可证。

（8）报检进口食品的，应按规定提供《进出口食品标签审核证书》或《标签审核受理证明》。

（9）报检来自美国、日本、欧盟和韩国的入境货物，应按规定提供有关包装情况的证书和声明。

四、检验检疫程序

出入境货物检验检疫程序是指出入境货物从申报/报检、采样/抽样、检验检疫、卫生除害处理、计/收费直至签证/放行的全过程，其具体工作流程如下。

（一）出境货物检验检疫工作流程（图 3-1）

（1）法定检验检疫的出境货物，由发货人或其代理按规定的地点和时限向检验检疫机构报检。

（2）检验检疫机构对所提供的报检证单进行核对审查，接受报检后计收检验检疫费用转施检部门。

（3）检验检疫机构施检部门审单后实施检验检疫。对于免检产品、一类企业产品以及实施出境植物协检员制度的货物，凭企业注册检验员签发的厂检单和协检员检疫结果单签证放行；对需要隔离检验检疫的活动物，由检验检疫人员进行临床检查或实验室检验检疫；其他受检物凭感官或在实验室实施检验检疫。

（4）出境动植物、动植物产品和其他检疫物，经检验检疫不合格，可通过除害处理达到出口要求的，由施检部门进行卫生除害处理。

（5）对产地和报关地相一致的出境货物，经检验检疫合格的，出具《出境货物通关单》；对产地和报关地不一致的出境货物，经检验检疫合格的，产地检验检疫机构出具《出境货物换证凭单》，由报关地检验检疫机构换发《出境货物通关单》凭以报关；出境货物经检验检疫不合格的，出具《出境货物不合格通知单》禁止出境。

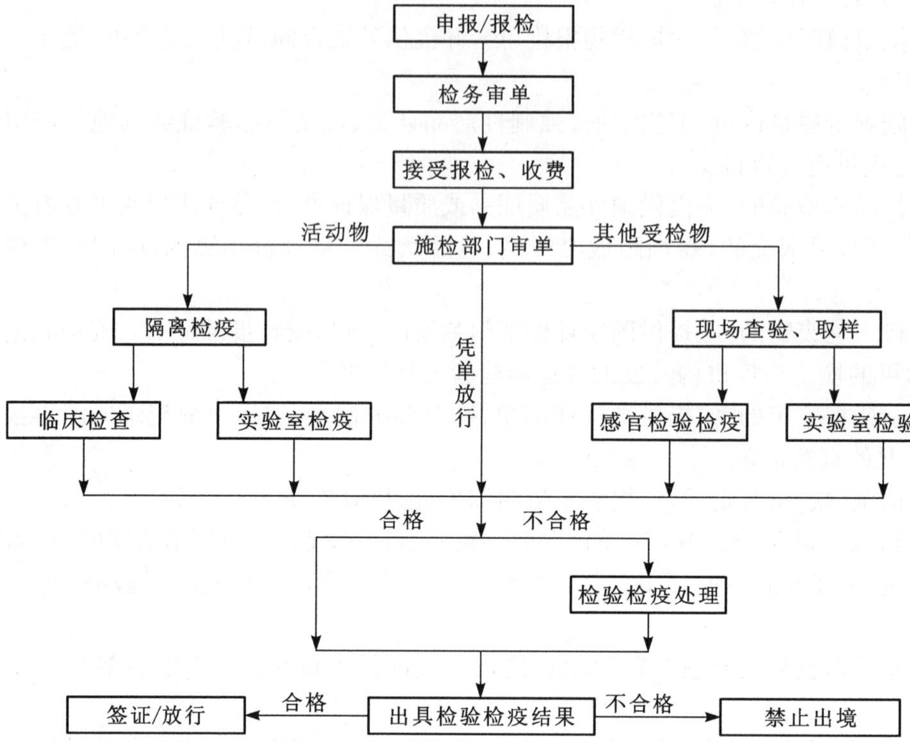

图 3-1　出境货物检验检疫工作流程图

（二）入境货物检验检疫工作流程(图 3-2)

（1）入境货物的货主或其代理人持有关报检证单向进境地口岸检验检疫机构报检。异地施检的入境货物，由货主或其代理人持有关证单向进境地口岸检验检疫机构办理“流向报检”，即口岸清关转异地进行检验检疫的报检。

（2）进境地检验检疫机构对所提供的报检证单进行核对审查，接受报检后计收检验检疫费用，并将有关证单转施检部门。

（3）对来自疫区、可能传播检疫传染病、动植物疫情及可能夹带有害物质的入境货物、交通工具或运输包装等实施必要的检疫、消毒、卫生除害处理。

（4）对于法定检验检疫的入境货物签发《入境货物通关单》，供海关验放。

（5）货主或其代理人在办理完通关手续后，需在规定的地点和时限内主动与检验检疫机构落实施检工作。施检部门审核报检证单后实施检验检疫。对需要隔离检疫的活动物，由检验检疫人员进行临床检查或实验室检验检疫；其他受检物凭感官或在实验室实施检验检疫。

对于异地施检的进口货物，在货物到达目的地后，再由该入境货物的货主或其代理人在规定的时间内，向目的地检验检疫机构申请进行检验检疫，亦称“异地施检报检”。因异地施检的入境货物在进境地口岸只对装运货物的运输工具和外包装进行了必要的检疫处理，并未对整批货物进行检验检疫。因此，只有当目的地检验检疫机构对货物实施了具体的检验检疫，确认其符合有关检验检疫要求，货主才能获得相应的准许进口货物销售使用的合法凭证，完成进境货物的检验检疫工作。

（6）对检验检疫合格的入境货物签发《入境货物检验检疫证明》放行；对检验检疫不合

格的入境货物签发《检验检疫处理通知书》;需要索赔的签发检验检疫证书。

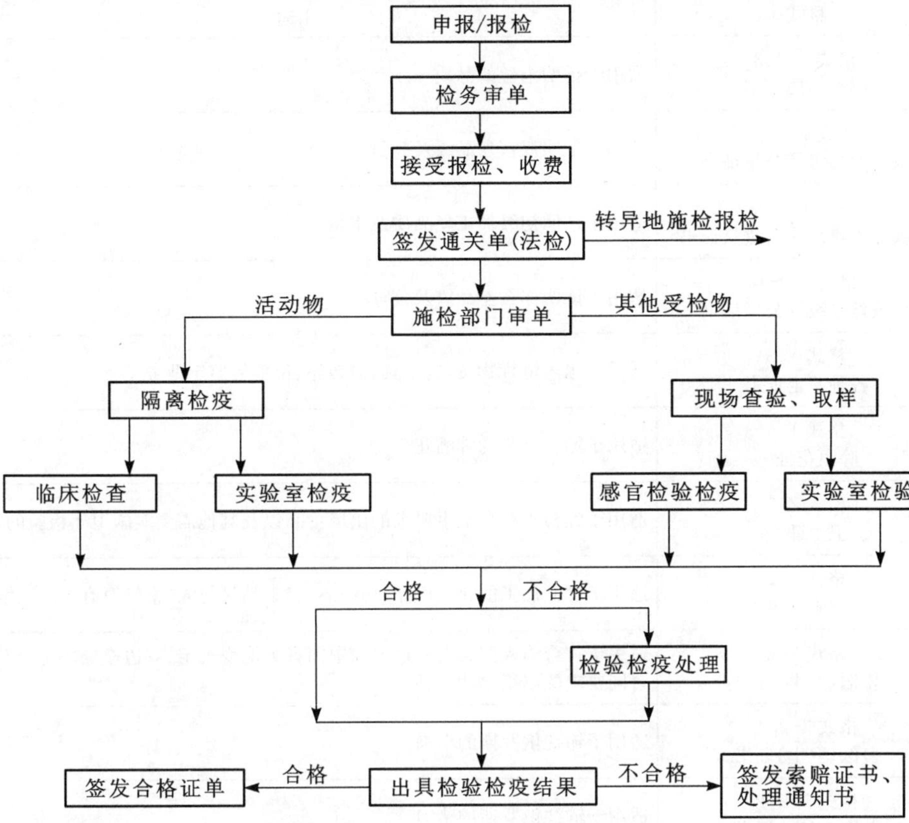

图 3-2　入境货物检验检疫工作流程图

第四节　出入境检验检疫证单

一、检验检疫证单的种类

出入境检验检疫证单是由出入境检验检疫机构依据法律法规、国际惯例、国际条约以及国际贸易各方签订的契约规定或其政府的有关法规等从事检验检疫工作,并据以签发的证书和凭单。我国检验检疫证单的种类及用途见表 3-1 和表 3-2。

表 3-1　　检验检疫证书的种类及用途

种类	格式	用途
检验鉴定类	格式 1 1 各种检验证书	适用于出境货物的品质、规格、数量、重量、包装等检验项目
	格式 1-2-1 生丝品级及公量证书	适用于证明生丝的品级及公量
	格式 1-2-2 捻线丝品级及公量证书	适用于证明捻线丝品级及公量

续 表

种类	格式	用途
检验鉴定类	格式 1-2-3 绢丝品质证书	适用于证明绢丝的品质
	格式 1-2-4 双宫丝品级及公量证书	适用于证明双宫丝品级及公量
	格式 1-2-5 初级加工丝品质及重量证书	适用于证明初级加工丝品质及重量
	格式 1-2-6 柞蚕丝品级及公量证书	适用于证明柞蚕丝品级及公量
	格式 1-3 各种鉴定证书	适用于出入境货物、运输工具、集装箱、价值等鉴定业务
	格式 1-4 啤酒花证书	适用于输往欧盟的啤酒花
食品卫生类	格式 2-1 卫生证书	适用于经检验符合卫生要求的出境食品以及其他需要实施卫生检验的货物
	格式 2-2 健康证书	适用于食品加工的化工产品、纺织品、轻工品等与人、畜健康有关的出境货物
兽医类	格式 3-1 兽医(卫生)证书	适用于符合输入国家或者地区和中国有关检疫规定、双边检疫协定以及贸易合同要求的出境动物产品
	格式 3-2-1 兽医(卫生)证书	适用于输往俄罗斯的牛肉
	格式 3-2-2 兽医(卫生)证书	适用于输往俄罗斯的猪肉
	格式 3-2-3 兽医(卫生)证书	适用于输往俄罗斯的动物性原料
动物检疫类	格式 4-1 动物卫生证书	适用于符合输入国家或者地区和中国有关检疫规定、双边检疫协定以及贸易合同要求的出境动物;也适用于符合检疫要求的出境旅客携带的伴侣动物,以及供港澳动物检疫
植物检疫类	格式 5-1 植物检疫证书	适用于符合检疫要求的出境植物、植物产品以及其他检疫物
	格式 5-2 植物转口检疫证书	适用于从中国转口到包括到港、澳、台等地区的第三方的符合检疫要求的植物、植物产品以及其他检疫物
运输工具检验检疫类	格式 6-1 船舶入境卫生检疫证	适用于出入境卫生检疫时没有染疫或不需要实施卫生处理的交通工具
	格式 6-2 船舶入境检疫证	适用于入境卫生检疫时,需实施某种卫生处理或离开本港后应继续接受某种卫生处理的船舶
	格式 6-3 交通工具卫生证书	适用于申请电讯卫生检疫的交通工具
	格式 6-4 交通工具出境卫生检疫证书	适用于出境交通工具的卫生检疫
	格式 6-5 除鼠证书/免于除鼠证书	前者用于实施鼠患检查后,发现鼠患并进行除鼠的交通工具;后者用于实施鼠患检查后,未发现鼠患也未采取任何除鼠措施的交通工具
	格式 6-6 运输工具检疫证书	适用于经植物检疫合格的运输工具

续　表

种类	格式	用途
检疫处理类	格式 7-1 熏蒸/消毒证书	适用于出入境动植物及其产品、包装材料、废旧物品以及其他需要实施检疫处理的货物
	格式 7-2 运输工具检疫处理证书	适用于对出入境运输工具熏蒸、消毒、灭蚊等项目实施检疫处理
国际旅行健康类	格式 8-1 国际旅行健康证书	适用于对出入境旅客的健康证明
	格式 8-2 国际预防接种证书	适用于对国际旅行人员的预防接种
进口货物检验检疫类	格式 9-1 各种检验证书	适用于不符合检验要求的入境货物，或货主有要求，或交接、结汇、结算要求的入境货物
	格式 9-2 卫生证书	适用于入境食品、食品添加剂、食品容器、食品包装容器、食品包装材料和食品用工具及设备等
	格式 9-3 兽医卫生证书	适用于经检验不符合要求的入境动物产品
	格式 9-4 动物检疫证书	适用于经检验不符合要求的入境动物
	格式 9-5 植物检疫证书	适用于经检验不符合要求的入境植物、植物产品以及其他检疫物

表 3-2　检验检疫凭单的种类和用途

种类	格式	用途
申请类	编号 1-1 入境货物报验单	适用于进境货物(包括废旧物品)、包装铺垫材料、集装箱等以及外商投资财产鉴定的申报
	编号 1-2 出境货物报验单	适用于出境货物(包括废旧物品)、包装铺垫材料、集装箱等的申报
	编号 1-3 出境货物运输包装检验申请单	适用于申请法检出境货物运输包装性能检验和危险货物包装的使用鉴定
	编号 1-4 航海健康申报书	适用于出入境船舶船方向口岸检验检疫机构提供的书面报告
	编号 1-5 船舶鼠患检查申请书	由船方或其代理填写，并加盖船方公章，口岸出入境检验检疫机构据此申请实施鼠患检查
	编号 1-6 入境检疫申明卡	适用于入境旅客健康申明和携带物申报
	编号 1-7 预防接种申请书	适用于预防接种的申请
	编号 1-8 更改申请单	适用于报验人申请更改、补充或重发证书以及撤销报验等
通关类	编号 2-1-1 入境货物通关单	适用于在本地实施检验检疫的入境受验物通关，包括调离海关监管区
	编号 2-1-2 入境货物通关单	适用于异地检验检疫的入境受验物通关，包括调离海关监管区
	编号 2-2 出境货物通关单	适用于国家法律、行政法规规定必须经检验检疫的法检出境货物(包括废旧物品、集装箱、包装铺垫材料)的通关

续 表

种类	格式	用途
结果类	编号 3-1 进口机动车辆随车检验单	适用于进口机动车辆检验
	编号 3-2 出境货物运输包装性能检验结果单	适用于检验合格的出境货物包装性能检验
	编号 3-3 出境危险货物包装容器使用鉴定结果单	用于证明包装容器适合装载出境危险货物
	编号 3-4 集装箱检验检疫结果单	适用于装运出口易腐烂变质食品、冷冻品集装箱的适载检验以及装载其他法检商品集装箱的检验;出入境集装箱的卫生检疫和动植物检疫
	编号 3-5 放射监测/处理报告单	适用于对放射性物质实施监测或处理
通知类	编号 4-1 入境货物检验检疫情况通知单	适用于入境货物分港卸货或集中卸货分拨数地检验检疫,仅限于检验检疫系统内部使用
	编号 4-2 检验检疫处理通知书	适用于对运输工具、集装箱、货物、废旧物品、食品的检疫处理以及放射性检测
	编号 4-3 出境货物不合格通知单	适用于经检验检疫不合格的出境货物、包装等
凭证类	编号 5-1 入境货物检验检疫证明	适用于经检验检疫合格的法检入境货物(不含食品),作为进口检验检疫合格的凭证
	编号 5-2 进口机动车辆检验证明	适用于进口机动车辆换领行车牌证
	编号 5-3 出境货物换证凭单	用于在检验检疫系统换发证书或通关单,适用于预检、异地检验检疫的出境货物
	编号 5-4 抽/采样凭证	适用于检验检疫机构抽取/采集样品
	编号 5-5 出入境人员携带物留验/处理凭证	适用于出入境旅客携带动植物及其产品的留验或没收处理
	编号 5-6 出入境人员留验/隔离证明	适用于对染疫嫌疑人签发留验证书,以及对染疫人签发隔离证书
	编号 5-7 境外人员体格检查记录验证证明	用于对外籍人士、港澳台人员、华侨和非居住在中国境内的中国公民在境外经全面体格检查后出具的体检记录的验证,合格者签发此证书
	编号 5-8 预防接种禁忌证明	适用于出入境人员中需实施预防接种而其本人又患有不适于预防接种之禁忌症者

二、检验检疫证单的作用

检验检疫证单的重要作用主要体现在以下几个方面:

1. 出入境货物通关的重要凭证

对于列入《目录》范围内的进出口货物,以及虽未列入《目录》,但国家法律、法规另有规定须实施检验检疫的进出口货物,海关一律凭货物报关地出入境检验检疫机构签发的《入境货物通关单》或《出境货物通关单》验放；对于涉及社会公益、安全、卫生、检疫、环保等方面的出境货物，入境国家海关根据国家法令或政府规定要求，凭检验检疫机构签发的品质证书、植检证书、兽医证书、健康证书、熏蒸消毒证书等作为通关验放的重要凭证。

2. 海关征税、退补、减免关税的有效凭证

检验检疫证单上的检验检疫结果可作为海关据以征税的凭证，如品种等级或质量成分鉴定可作为计收关税的依据；由于入境货物残损、短缺或品质等问题引发的换货、退货或赔偿往往涉及到免税或退税，检验检疫机构签发的关于残损、短缺或品质的证书可作为免税或退税的凭证；一般原产地证可作为享受最惠国税率的凭证，普惠制原产地证可作为享受给惠国减免关税的凭证。

3. 国际贸易中交接和结算的凭证

国际贸易中，为确保所交易的货物符合合同要求，以检验检疫机构签发的各种检验检疫证书作为交接时的有效证明文件；对于贸易合同、协议中规定以检验检疫证书为结算货款依据的进出境货物，检验检疫证书中列明的货物品质、品位、规格、成分、公量、毛净重、体积、容积、杂质、水分等检验检疫结果，是买卖双方结算货款的重要依据。

4. 议付货款和结汇的凭证

如果贸易合同和信用证中规定以检验检疫证书作为交货付款的一项条件，议付银行受开证银行的委托，审核信用证规定的包括检验检疫证书在内的各种证单及其内容，符合条件的方予结汇。

5. 证明装运条件的凭证

出入境货物涉及到运输工具的装运技术条件和安全卫生条件，因此检验检疫证单是证明装运条件的凭证。

6. 明确责任的重要凭证

检验检疫机构根据承运人或其他对外贸易关系人的要求，对运输工具或货物状况进行检验鉴定并出具证明，在发生商务纠纷或争议时，检验检疫机构签发的证书就是证明事实状态，明确责任归属的重要凭证。

7. 索赔、诉讼和仲裁的凭证

检验检疫机构接受委托，对入境货物进行检验检疫，发现残损、短少或与合同、标准不符时，签发检验检疫证书。买方可据以向卖方提出索赔或换货、退货；也可凭以向保险人、承运人提出索赔；在提起仲裁或诉讼时，检验检疫证书也是有效的证明文件。

由于检验检疫机构签发的证书具有诸多的重要作用，证书上用于表明检验结果和结论的用语直接关系到贸易、运输、仓储，保险等有关各方的合法权益，涉及到有关争议各方的利害得失，检验检疫机构在签证时必须严格遵守合同、坚持据实签证，检验结果必须准确，结论必须公正。

第五节　电子检验检疫

中国电子检验检疫是指通过应用信息化手段和改革检验检疫监管模式，实现对检验检疫对象从申报到检验检疫、签证放行全过程的电子化。电子检验检疫具有三大功能：电子

报检、电子监管、电子放行。

一、电子报检

电子报检是指报检单位使用电子软件，通过检验检疫电子业务服务平台将报检数据以电子方式传输给检验检疫机构，经检验检疫业务管理系统和检务人员处理后，将受理报检信息反馈报检单位，实现远程办理出入境检验检疫报检的行为。

电子报检对报检数据审核采取“先机审，后人审”的程序进行。报检单位发送电子报检数据，电子审单中心按计算机系统数据规范和有关要求对数据进行自动审核，对不符要求的，反馈错误信息；符合要求的，将报检信息传输给受理报检人员，受理报检人员人工进行再次审核，符合规定的，将成功受理报检信息同时反馈报检单位和施检部门，并提示报检单位与相关的施检部门联系检验检疫事宜。

报检单位接到报检成功信息后，按信息中心的提示与施检部门联系检验检疫。出境货物受理电子报检后，报检单位应按受理报检信息的要求，在检验检疫机构施检时，将报检软件打印的报检单和全套随附单据提交施检人员审核；入境货物受理电子报检后，报检单位应按受理报检信息的要求，在领取《入境货物通关单》时，将报检单和随附单据提交施检人员审核。不符合要求的，施检人员通知报检单位立即更改，并将不符合情况反馈受理报检部门。

电子报检的计费由电子审单系统在接到施检部门转来的全套单据后，自动对照单据进行计费复核，报检单位逐票或按月缴纳检验检疫等有关费用。

电子报检的签证由签证部门按规定办理。

二、电子监管

电子监管是检验检疫监督管理电子化的简称。它是以检验检疫监督管理电子化模式为基础，以信息化为手段，构建一个从生产企业、检验检疫施检部门、实验室、检务部门到通关的全程电子化业务网络，对检验、检疫、监督管理以及通关实施电子化管理。通过对产品形成过程的原料、工艺、半成品、成品等关键控制点检测数据的及时采集和监控，实现从源头抓产品质量，过程把关，把检验检疫工作前移到产品的生产过程。

电子监管主要包括出口货物前期管理、出口货物快速核放和进口货物快速查验。

1. 出口货物前期管理

出口货物前期管理是对出口货物监管的前推，实现从源头管理。包括建立企业电子档案，在生产过程排布关键控制点进行严密检验检疫检测，实时提取电子数据，实现严密监管和工作前推。

2. 出口货物快速核放

出口货物快速核放是指将出口企业日常监管信息、生产过程实时检验检疫结果和标准规定要求存入监管数据库。报检时，只需将数据进行比对，成功后即可放行。

3. 进口货物快速查验

进口货物快速查验是指检验检疫机构与港务部门的网络互联、信息共享，货物到港前，该系统可提前获取港务部门相关电子信息，并对进口货物到货信息自动核查和处理。货物到港后，按检验检疫不同要求查验核放。

电子监管是国家质检总局实施检验检疫“大通关”战略的重要举措，是检验检疫监督管理业务模式的变革。通过实施检验检疫监督管理电子化，达到“提速、减负、增效、严密监管”的大通关工作目标，并通过信息化手段帮助企业提升质量管理水平，提高产品质量。

三、电子放行

电子放行是指利用口岸电子执法系统和检验检疫广域网，实现检验检疫机构与海关之间、检验检疫机构之间在通关放行信息上的互联互通，有效提高通关验放效率。电子放行包括电子通关、电子转单和绿色通道制度。

1. 电子通关

电子通关是指检验检疫机构与海关通过口岸电子执法系统实现信息共享，完成检验检疫通关单电子数据的传输。

通关单联网核查是电子通关的重要组成部分。为进一步提高进出口货物通关速度，实现有效监管，国家质检总局和海关总署先后开发了2003年1月1日起实施的2002年版电子通关单联网核查系统和2008年1月1日起实施的2007年版电子通关单联网核查系统（简称“新系统”）。新系统下，检验检疫机构按照有关法律法规的规定，对法定检验检疫的出入境货物签发纸质出入境货物通关单，并实时将通关单电子数据传输给海关。企业取得纸质通关单后，按规定向海关办理报关时，海关将实行报关单电子数据与通关单相关电子数据核对，核对一致时海关凭纸质通关单验放，同时将通关单核销回执反馈检验检疫机构，核对不一致时海关作退单处理。

2. 电子转单

电子转单是指通过系统网络，将产地或目的地检验检疫机构和出入境口岸检验检疫机构的相关信息，通过国家质检总局设立的电子转单中心进行信息交换。

出境货物电子转单。由产地检验检疫机构将检验检疫合格后的相关电子信息通过网络及时传输到国家质检总局电子转单中心，并向出境检验检疫关系人以书面形式提供报检单号、转单号及密码等。出境检验检疫关系人凭报检单号、转单号及密码等到出境口岸检验检疫机构申请《出境货物通关单》。出境口岸检验检疫机构接受申请，提取电子转单信息，签发《出境货物通关单》，并将处理信息反馈电子转单中心。

入境货物电子转单。对经入境口岸办理通关手续，需到目的地实施检验检疫的货物，由口岸检验检疫机构在签发《入境货物通关单》后，将相关电子信息传输到电子转单中心，并以书面形式向入境检验检疫关系人提供报检单号、转单号及密码等。入境检验检疫关系人凭报检单号、转单号及密码等，向目的地检验检疫机构申请实施检验检疫。目的地检验检疫机构根据电子转单信息，对入境检验检疫关系人未在规定期限内办理报检的，将有关信息通过电子转单中心反馈入境口岸检验检疫机构，以便采取相应处理措施。

3. 绿色通道制度

按照分类管理原则，对安全质量风险小、诚信度高的企业的出口货物，在产地检验后，口岸检验检疫机构免于查验，直接向海关发送电子通关单。

第六节 案 例

一、进口货物未经检验擅自使用

2008年2月25日，茂名检验检疫局收到一份某纺织有限公司进口毛条的报检单。在审核单证中，检验人员发现，除了目前报检的一批货物外，该公司还有一批货物于2007年10月23日运达黄埔新港口岸，重19.89 t、货值57 283.2美元的进口毛条未报检。后经通关单联网核查系统核对，确认该批货物存在逃漏检情况。2月26日，检验检疫人员到该公司向负责人询问详情，并调查其保存的合同、货物调离单、提单等资料后，最终确认该批货物确实没有报检并已使用的事实。根据法律规定，凡列入《出入境检验检疫机构实施检验检疫的进出境商品目录》内的进口商品，在海关放行后20日内，向出入境检验检疫机构申请检验。法定检验的进口商品未经检验的，一律不准销售和使用。因此，该公司上述事实属于违法行为。

鉴于该公司初犯，事前没有刻意逃避检验的意向，事后能诚恳地接受批评教育，且进口腈纶原料为自用，尚未造成严重后果。为此，茂名检验检疫局决定对该公司免予行政处罚，责成公司依法补办报检手续，协助检验人员做好所进口腈纶原料的检验工作，并作出深刻检讨。

二、擅自进口未获3C认证的产品

国家对涉及人类健康、动植物生命和健康，以及环境保护和公共安全的产品实行强制性认证制度。对列入《中华人民共和国实行强制性产品认证的产品目录》内的进口商品，必须经过指定的认证机构认证合格，取得指定认证机构颁发的《中国国家强制性产品认证证书》，并加施3C(CCC—China Compulsory Certification，中国强制认证)认证标志后方可进口。

2004年6月，E地某科技公司擅自从德国进口了一台未获3C认证的床旁血液滤过及监测仪，型号为A，HS编码为90189040，货值23 000美元。同时该公司将同类B型号已获3C认证的产品的3C证书，通过电脑手段蓄意涂改，变造成A型号的3C证书，在向E地检验检疫机构报检时被审单人员发现。经调查还发现，公司不仅隐瞒自行变造3C证书的事实，还嫁祸于此类产品中国地区代理公司E地办事处，情节十分恶劣。

根据《中华人民共和国认证认可条例》第67条，对涉案公司进口未获3C认证的产品处以5万～20万元人民币罚款。考虑到涉案货值仅23 000美元，E地检验检疫机构对涉案公司处以6万元人民币罚款，进口货物被责令退运。

涉案公司擅自进口未获3C认证的产品，而且通过电脑手段蓄意涂改，伪造证书，并在调查过程中隐瞒伪造3C证书的事实，嫁祸于他人的行为，严重违反了国家法律法规规定，理应受到处罚。

三、木质包装IPPC标识

(一) 案情

(1) 2009年7月，某进出口公司向国外出口7个集装箱装运的钢丝绳。在货物出运前，公司新上岗的装卸工人因考虑到该批货物重量较大，为了方便客户利用铲车卸货，在夹板盘上加钉了未进行除害处理、未加施 IPPC 标识的实木条。该公司也未就该木质包装向当地检验检疫机构报检。货物到达目的国后，该国海关在查验过程中发现，包装物中混有实木包装且未加施 IPPC 标识，强制将全部货物作退运处理。

检验检疫部门依据《中华人民共和国进出境动植物检疫法实施条例》第 59 第 1 款第 1 项的规定，对该公司处以相应的罚款。

(2) 2005 年 8 月 10 日，A 地某企业准备从海沧某堆场装运 16 件石材运往意大利。由于临近排载期，办事人员为图省事，从堆场捡来一块盖过 IPPC 标识的木块，私自找人仿造标识刻了一枚相似的标识章，自行在货物的木包装上加盖了此标识，结果被 A 地检验检疫局查验人员当场发现，并依法对该家企业处以 3 万元罚款。根据检验检疫部门的诚信管理制度，今后该公司在货物进出口时将面临更严厉的监管措施。

(二) 评析

IPPC(International Plant Protection Convention，国际植物保护公约) 是 1951 年联合国粮食和农业组织通过的一个有关植物保护的多边国际协议，1952 年生效。国际植物保护公约的目的是确保全球农业安全，并采取有效措施防止有害生物随植物和植物产品传播和扩散，促进有害生物控制措施。

在国际业务中，IPPC 是国际上通用的标识，表示加施此标识的木质包装或其他与植物或植物产品有关的物品已经过热处理或熏蒸等有效的除害处理。进出口货物时必须要确认货物木质包装是否经过了严格的除害处理并正确加施了 IPPC 标识。

值得一提的是，只有当地检验检疫机构认可的单位才能加施 IPPC 标识，擅自私刻 IPPC 印模并加施在未经除害处理的木质包装上的行为，不仅构成了伪造植物检疫标识的违法行为，其出口的木质包装可能因此面临输入国强制除害处理，甚至全数退运。这不仅给出口企业带来损失，而且拥有这一 IPPC 标识号的合法木质包装生产企业也会被国外列入黑名单，甚至会影响中国木包装企业的整体形象。案例(2)中那批拟输往意大利的货物如果按合法渠道，对木质包装除害处理后加施 IPPC 标识，所需费用仅几百元。而非法使用 IPPC 标识，逃避监管，扰乱市场秩序，严重损害了中国 IPPC 标识使用的可信度。

思　考　题

1. 出入境检验检疫的主要内容是什么?
2. 出入境货物的报检范围是如何规定的?
3. 出入境货物的报检地点和时限是如何规定的?
4. 在国际贸易合同中，对于货物检验时间和地点的规定方法有哪几种? 哪一种方法易于被买卖双方所接受? 为什么?
5. 出入境货物报检证单主要有哪些?
6. 简述出入境货物检验检疫程序及其具体工作流程。
7. 出入境检验检疫证单有哪些种类? 其主要作用是什么?
8. 简述电子检验检疫的三大功能：电子报检、电子监管、电子放行。
9. 试述出入境检验检疫对国际物流的影响。
10. 试述如何做好检验检疫工作，加速口岸大通关速度?

第四章　进出口货物通关

所谓通关是指货物从进入关境边界或申请出境到办结海关手续的一项海关制度。通关作为一项海关制度，不仅反映在货物经过海关监管现场的短暂期间，而且表现为货物在进出口环节办结《中华人民共和国海关法》(以下简称《海关法》)规定的全部手续的过程，同时还包括《海关法》对各类不同性质的货物进出口时所规定的一些实体条件。应该说，通关是实体要求与程序手续的统一。这里所指的办结海关手续一般又简称为结关，表示海关对进出口货物实施监管的终结。

本章主要介绍现代通关制度下的通关时间和空间范围、转关运输、报关期限和报关单证、关税的计征、进出口通关程序、电子口岸、无纸通关以及案例分析等内容。

第一节　通关主体

进出口货物通关的主体是指参与通关过程的相关各方，包括通关的管理主体和通关的当事人。

一、海关

进出口货物通关的管理主体包括海关和国家经贸部门、工商行政管理局、国家质量监督检验检疫总局等有关国家机关。这些国家机关对进出口货物在通关过程中所涉及其职能管理的部分行使管理权，其中海关是对进出口货物通关实施全面监督管理的国家机关。

中华人民共和国海关总署为国务院的直属机构，统一管理全国海关，负责拟定海关方针、政策、法令、规章。海关总署在广州设立广东分署，协助海关总署管理广东省内的海关。国家在对外开放口岸和海关监管业务集中的地点设立海关。海关的隶属关系，不受行政区划的限制，各地海关依法独立行使职权，直接受海关总署领导，向海关总署负责。同时受所在省、市、自治区人民政府的监督和指导。

根据现行口岸管理的职责，凡进出境的人由边防检查站管理，而进出境的物由海关依照《海关法》和其他有关法律、行政法规进行管理。具体任务主要有：监管进出境的运输工具、货物、行李物品、邮递物品和其他物品(以下简称进出境运输工具、货物、物品)；征收关税和其他税、费；查缉走私；编制海关统计和办理其他海关业务。

为了便于海关履行上述职责，国家赋予海关对进出境通关管理以下主要行政权利：

(1) 检查进出境运输工具，查验进出境货物、物品；对违反《海关法》或者其他有关法律、行政法规的，可以扣留。

(2) 查阅进出境人员的证件；查问违反《海关法》或者其他有关法律、行政法规的嫌疑人，调查其违法行为。

(3) 查阅、复制与进出境运输工具、货物、物品有关的合同、发票、账册、单据、记录、文件、业务函电、录音录像制品和其他资料；对其中与违反《海关法》或者其他有关法律、行政法规的进出境运输工具、货物、物品有牵连的，可以扣留。

(4) 在海关监管区和海关附近沿海沿边规定地区，检查有走私嫌疑的运输工具和有藏匿走私货物、物品嫌疑的场所，检查走私嫌疑人的身体；对有走私嫌疑的运输工具、货物、物品和走私犯罪嫌疑人，经直属海关关长或者其授权的隶属海关关长批准，可以扣留；对走私犯罪嫌疑人，扣留时间不超过 24 h，在特殊情况下可以延长至 48 h。

在海关监管区和海关附近沿海沿边规定地区以外，海关在调查走私案件时，对有走私嫌疑的运输工具和除公民住处以外的有藏匿走私货物、物品嫌疑的场所，经直属海关关长或者其授权的隶属海关关长批准，可以进行检查，有关当事人应当到场。当事人未到场的，在有见证人在场的情况下，可以进行检查；对其中有证据证明有走私嫌疑的运输工具、货物、物品，可以扣留。

(5) 在调查走私案件时，经直属海关关长或者其授权的隶属海关关长批准，可以查询案件涉嫌单位和涉嫌人员在金融机构、邮政企业的存款、汇款。

(6) 进出境运输工具或者个人违抗海关监管逃逸的，海关可以连续追至海关监管区和海关附近沿海沿边规定地区以外，将其带回处理。

(7) 海关为履行职责，可以配备武器。海关工作人员佩带和使用武器的规则，由海关总署会同国务院公安部门制定，报国务院批准。

(8) 法律、行政法规规定由海关行使的其他权力，即海关享有检查权、查验权、查阅权、复制权、查问权、查询权、调查权、扣留权、关税征收保全和强制扣缴权、稽查权、连续追击权、佩带和使用武器权和行政处罚权等。各地方、各部门应当支持海关依法行使职权，不得非法干预海关的执法活动。

二、进出口货物通关的当事人

进出口货物，除另有规定的外，可以由进出口货物收发货人自行办理报关纳税手续，也可以由进出口货物收发货人委托的报关企业办理报关纳税手续；进出境运输工具到达或者驶离设立海关的地点时，运输工具负责人应当向海关如实申报，交验单证，并接受海关监管和检查。因此，进出口通关的当事人通常是进出口货物的收发货人、报关代理人和进出境运输工具的承运人。此外，保税仓库、出口监管仓库、加工贸易企业的经营管理人，由于其经营管理的保税仓库和出口监管仓库属海关监管范围，因此，也是通关的当事人。

进出口货物收发货人、报关企业等通关当事人，应向海关提出书面申请，经海关审查并办理注册登记手续后，才可以直接向海关办理进出境运输工具、货物的报关手续。具体向海关办理报关手续的人员，应当经海关培训、考核，取得报关从业资格。未依法经海关注册登记的企业和未依法取得报关从业资格的人员，不得从事报关业务。

报关企业接受进出口货物收发货人的委托，以委托人的名义办理报关手续时，应当向海关提交由委托人签署的授权委托书，遵守《海关法》对委托人的各项规定；报关企业接受进出口货物收发货人的委托，以自己的名义办理报关手续时，应当承担与收发货人相同的法律责任。

进出口货物收发货人委托报关企业办理报关手续时，应向报关企业提供所委托报关事项的真实情况；报关企业接受该项委托时，应对委托人所提供情况的真实性进行合理审查。

第二节　通关时间和空间范围

在传统的海关制度里，进出口货物通关的时间范围包括：进口货物从货物进入关境起到海关放行止，出口货物从向海关申报出口并运入海关监管区起到运离关境止；进出口货物通关的空间范围仅限于设立海关的机场、港口、车站、国界通道、国际邮件交换站等场所，以及虽未设立海关，但经国务院批准的进出境地点。

随着改革开放的深入和多种贸易方式的并存，以及我国从沿海到内地的进一步对外开放，对外经济活动在全国范围内普遍发展，不仅货物的通关时间范围前伸和后延，货物的通关范围也大为拓展。货物的通关时间范围，随着预申报、预归类等措施的实施，前伸至尚未进入关境的预申报阶段，对于保税加工贸易进口货物、经海关批准的减免税或缓纳税款的进口货物、暂时进口货物、转关运输货物等，口岸海关接受申报后，经审核符合规定的，即可放行转为后续管理；结关时间则后延至海关核销为止，时间长的可达几年。货物的通关范围，不再局限于对外开放的口岸，内地也设立了更多的海关。此外，海关的监管范围还扩展到虽未设海关机构但有海关监管业务的保税仓库、出口监管仓库和保税工厂等。

第三节　转 关 运 输

一、转关运输货物的含义

转关运输是指海关为加速口岸进出口货物的疏运，方便收发货人办理海关手续，依照有关法规规定，允许海关监管货物由关境内一设关地点转运到另一设关地点办理进出口海关手续的行为。

转关运输货物属海关监管货物，系指：

(1) 由进境地入境后，向海关申请转关运输，运往另一设关地点办理进口海关手续的货物。

(2) 在启运地已办理出口海关手续运往出境地，由出境地海关监管放行的货物。

(3) 由关境内一设关地点转运到另一设关地点应受海关监管的货物。

这里所指的进境地是指货物进入关境的口岸；出境地是指货物运出关境的口岸；指运地是指转关运输进口货物指定运达的地点，或海关监管货物国内转运时的到达地；启运地是指转关运输出口货物办理报关发运的地方，或海关监管货物在国内转运时的始发地。

二、转关运输货物的限制

国家规定，对以一般贸易方式进口的汽车及其关键件，摩托车及其关键件，收、录音机(音响)及其机芯，电子计算机及其外部设备，彩色电视机及其显像管，录像设备及其关键件，电冰箱及其压缩机，空调器及其压缩机等8种配额机电产品以及它们的成套散件、关键件或配套设备一律实行口岸征税验放，不办理转关运输。

但是，对国家批准的汽车、摩托车定点生产企业进口的汽车、摩托车关键件、零部件，可按规定办理转关运输手续。对上述其余6种机电产品，属铁路运输的，只要内地国家定点企业向指运地海关提出书面申请且符合加封条件，指运地海关向进境地海关出具证明，进境地海关免收保证金予以办理转关手续。对上述其余6种机电产品，铁路转关运输整车或专列货物的指运地与运单的目的地一致并且中途不改变运输方式，指运地设有海关机构或海关派有监管人员的，进境地海关在货物运单上加盖"海关监管货物"章，直接转关至指运地海关办理征税验放等手续。对上述8种机电产品，属空运的，只要国家定点企业向指运地海关提出书面申请且符合加封条件、指运地海关向进境地海关出具证明，进境地海关免收保证金予以办理转关手续。对上述8种机电产品，空运转关运输货物的指运地与国际航空货运单的目的地相同，且不改变运输方式、指运地设有海关机构或海关派有人员的，可在运单上加盖"海关监管货物"印章，直接办理转关手续。

三、办理转关运输具备的条件

由于尚未办结海关手续的货物需要长距离运输，不能由进出境地海关进行实际监管。为了加强监管，海关在《中华人民共和国海关关于转关运输货物监管办法》中规定，进出境货物经申请人向进境地、启运地海关提出申请，并具备下列条件者，经海关核准后方可办理转关运输：

(1) 指运地和启运地设有海关机构的。

(2) 运载转关运输货物的运输工具和装备具备密封装置和加封条件(超高、超长及无法封入运输装置的除外)。

对承运转关运输货物的汽车而言，其技术条件是：与车架固定一体的厢体全部或局部密封，构成永久性密封体，其密封部位具有坚固性、可靠性；与车架固定一体没有隐蔽空隙；可以装载货物的一切空间，都便于海关检查。

经海关检验认可的汽车，因故更换、改装或维修车厢车体的，必须事先报经海关核准并及时报经海关重新检验认可。

汽车驾驶人员应接受海关培训，经考核合格后，方可核发有关批准证件。驾驶人员如有变动应向海关报告。

(3) 承运转关运输货物的企业应是经海关核准的运输企业。

从事转关运输货物的境内承运人，应依照《海关法》的规定如实向海关申报，事先向所在地或主管海关提交有关证件，办理企业、运输工具以及驾驶人员的注册登记手续，海关认为必要时，承运人应向海关提供经济担保、银行担保或海关认可的其他方式的担保。经海关审核同意后，颁发有关批准注册登记证书。海关每年对注册登记单位及汽车驾驶人员进行年审，并核发有关证件。

不具备上述3项条件，但有特殊情况情由的，经海关核准，也可以办理转关运输。

这里所指的申请人是向海关申请办理转关运输的进口货物的收货人、出口货物的发货人或其代理人；主管海关是根据海关总署的规定，负责办理管辖地区海关业务的海关；承运人是须经海关核准，承运转关运输货物的企业；驾驶人员是承运人向海关注册登记并须经海关核准的运输工具驾驶人员。

四、转关运输货物储运中的责任

转关运输货物未经海关许可，不得开拆、改装、调换、提取、交付，对海关在运输工具和货物上施加的封志，包括经海关认可的商业封志不得擅自开启或损坏。

转关运输货物必须存放在经海关指定的仓库、场所，存放转关运输货物的仓库、场所的经理人应依法向海关负责，并按照海关规定，办理收存和交付手续。

海关认为必要时，可派员押运货物，申请人或承运人应当按规定向海关缴纳规费，并提供必要的方便。

转关运输货物在国内储运中发生损坏、短少、灭失情况时，承运人、申请人和保税仓库负责人应及时向有关海关报告。对所损坏、短少、灭失的货物，除不可抗力的原因外，承运人、申请人和保税仓库负责人应承担税赋责任。

申请人、承运人或运输工具驾驶人员利用转关运输进行走私或有违反海关监管规定行为的，海关按《海关法》有关规定处罚。

五、转关运输通关程序

(一) 进口转关运输货物通关程序

(1) 进口货物的收货人或其代理人应自运输工具申报进境之日起 14 日内，向进境地海关申报转关运输。

(2) 申报货物转关运输时，进口货物的收货人或代理人应填制中华人民共和国海关进口转关运输货物申报单(以下简称“申报单”)，并交数据录入中心录入海关计算机报关自动化系统，打印成正式的申报单一式三份。

(3) 进口货物收货人或其代理人应如实向海关申报，并递交申报单、指运地海关签发的进口转关运输货物联系单、随附有关批准证件和货运、商业单证(如货物的提货单或运单、发票、装箱单等)。

(4) 进口货物收货人或代理人申请办理属于申领进口许可证的转关运输货物，应事先向指运地海关交验进口许可证，经审核后由指运地海关核发进口转关运输货物联系单，并封交申请人带交进境地海关。

(5) 进境地海关在接受进口货物收货人或代理人申报递交的有关单证后，要进行核对，核准后，将上述有关单证制作关封，交进口货物的收货人或其代理人。

(6) 进口货物的收货人或其代理人要按海关指定的路线负责将进口货物在规定的时限内运到指运地海关，向指运地海关交验进境地海关签发的关封，并应在货物运至指运地海关之日起 14 日内向指运地海关办理报关、纳税手续。

(7) 指运地海关在办理了转关运输货物的进口手续后，按规定向进境地海关退寄回执，以示进口转关运输货物监管工作的完结。

来往港澳进境车辆装载的转关运输货物，由车辆驾驶人员向进境地海关交验载货清单一式三份，并随附有关货运、商业单证，进境地海关审核后制作关封交申请人带交指运地海关，由指运地海关负责办理该车辆及所载货物的监管手续。

保税仓库之间的货物转关手续，除应按办理正常的货物进出保税仓库的手续外，亦按上述(1)—(7)的程序办理手续。但在填报申报单时，在“指运地”一栏应填写货物将要存入的保税仓库名称。

空运转关运输货物的转关手续，当指运地与运单的目的地相同时，可免填“申报单”，海关可不签发关封，由海关在运单上加盖“海关监管货物”印章。指运地与运单目的地不同时，仍按上述(1)—(7)的程序办理通关手续。

(二) 出口转关运输货物通关程序

(1) 出口货物的发货人或其代理人应向启运地海关申报出口转关运输货物。

(2) 出口货物的发货人或其代理人在申报前应填制中华人民共和国海关出口转关运输货物申报单(以下简称“出口转关运输申报单”)、中华人民共和国海关出口货物报关单(以下简称“出口货物报关单”)，交启运地数据录入海关计算机报关自动化系统，并打印成正式的转关运输申报单和出口货物报关单，各一式三份。

(3) 出口货物的发货人或其代理人应持转关运输申报单、出口货物报关单及随附有关货运、商业单证，向启运地海关办理报关、纳税手续。

(4) 启运地海关在办理出口货物的报关、纳税手续后，签发出口转关货物联系单，并将上述有关单证制作关封，交申请人带交出境地海关。

(5) 出境地海关在货物出口后按规定向启运地海关退寄回执，以示出口转关运输货物监管工作的完结。

(6) 来往港澳的出境车辆装载的出口转关运输货物，由车辆驾驶人员向启运地海关交验出口货物报关单或载货清单一式三份，并随附有关货运、商业单证，启运地海关审核后制作关封交申请人带交出境地海关，由出境地海关负责办理该车辆及其所载货物的监管手续。

第四节　报关期限和报关单证

一、报关期限

《海关法》规定，出口货物的发货人或其代理除海关特准的外，应当在货物运抵海关监管区后、装货的 24 小时以前向海关申报。进口货物的收货人或其代理应当自运输工具申报进境之日起 14 日内向海关申报，超过规定期限向海关申报的，由海关征收滞报金。自运输工具申报进境之日起超过 3 个月未向海关申报的，其进口货物由海关提取依法变卖处理，所得价款在扣除运输、装卸、储存等费用和税款后，尚有余款的，自货物依法变卖之日起一年内，经收货人申请，予以发还。其中属于国家对进口有限制性规定，应当提交许可证件而不能提供的，不予发还。逾期无人申请或者不予发还的，上缴国库。

二、报关单证

报关员需在规定的报关期限内，备妥必需的报关文件，向海关办理进出口货物的申报手续。对一般进出口货物需交验进(出)口货物报关单、进(出)口货物许可证或国家规定的其他批准文件、提货单、装货单或运单、发票、装箱单、减、免税或免验证明、出(入)境货物检验检疫通关单以及出口退税专用货物报关单等。

（一）进(出)口货物报关单

进(出)口货物报关单(附录 2)可采用纸质报关单和电子数据报关单的形式，是海关验货、征税和结关放行的法定单据，也是海关对进出口货物汇总统计的原始资料。进出境货物的收发货人或其代理向海关申报时必须向海关递交进口或出口货物报关单。

（二）进(出)口货物许可证或国家规定的其他批准文件

进(出)口货物许可证是国家颁发的允许特定货物进出口的证明书，是向海关办理货物进出口手续的重要的报关单随附单证。凡国家规定应申领进(出)口许可证的货物，报关时都必须交验商务部门按各自权限签发的进(出)口货物许可证。凡根据国家有关规定需要有关主管部门批准文件的还应交验有关的批准文件。

目前，我国对进出口货物实行许可和配额管制。对于进口货物，由外经贸部门根据国内生产和市场需要，以及国家外汇收支状况随时调整，公布施行进口许可证管理商品目录；对于出口货物，实行许可证管理的主要有以下几类：①输往国家、地区有配额限制的商品；②为了防止各地、各部门的出口总量超过输往国家、地区的容量，有必要实行许可证制度的商品；③为了防止出口价格过低，经贸部门认为有必要实行出口许可制度，规定最低出口价格的商品；④国务院有关部门已明确规定控制出口或不准出口的产品；⑤由于国际市场变化或国家政策的需要，需要在一定时期内适当控制出口的商品；⑥未经批准经营出口业务的企业、国家机关、团体、学校或个人运往国外的货物；⑦各企业、厂矿与国外签订补偿贸易、来料加工的贸易合同，不通过外贸公司要求直接出口的商品等。

根据加入 WTO 的承诺，我国正逐步减少进口许可管制的范围，目前保留的实行许可管制的商品分为进口配额许可证管理和进口许可证管理两种情况。实行出口许可管制的商品有出口配额许可证管理、出口配额指标管理、出口配额有偿使用管理、出口配额无偿指标管理以及出口许可证管理等各种情况。

所谓进出口货物的配额管制，是指国家对进出口货物的数量或金额加以限制的管理措施，是 WTO 目前尚允许的一种管理手段。我国采用的是配额和许可证相结合的管制方法，凡企业获得的进出口配额必须领取进出口许可证。因此，上述许可证的范围内有相当一部分属于配额许可证。

（三）提货单、装货单或运单

海运进口提货单、出口装货单以及航空、铁路、公路运单是海关加盖放行章后发还给报关人凭以提取或装运货物的凭证。

（四）发票

报关时应递交载明货物真实价格、运费、保险费和其他费用的发票。它是海关用以估价完税或征收差别待遇关税或征收反倾销税以及编制统计资料的重要依据。

（五）装箱单

装箱单用以补充发票的内容，以便海关查验货物。单一品种且包装一致的件装货物和散装货物可以免交。

（六）减、免税或免验的证明

对于按规定减征税、免征税或缓征税等货物，其征减免税证明文件、缓税证明书和免验证明文件等，应事先申请并在报关时交验，否则造成征税或误验，责任在申报人。

（七）出（入）境货物检验检疫通关单

检验检疫机构已与海关建立了“先报检，后报关”的通关协调机制，对于法定检验检疫的出入境货物，海关需凭报关地检验检疫机构签发的出（入）境货物检验检疫通关单验放。

（八）出口退税专用货物报关单

为鼓励出口企业自主经营、自负盈亏，并增强我国出口产品的竞争力，根据国际惯例，我国对出口产品实行退税制度。凡出口产品在国内生产和流通环节中已被征收产品税、增值税、营业税或特别消费税等国内税的，在该产品报关出口收汇以后，国家税务机关按一定的退税率向直接出口单位退还已征税款。

申请出口产品退税的出口企业，在办理货物出口报关手续时，还应填制一联出口退税专用的出口货物报关单（浅黄色）。一般而言，出口企业在海关放行货物之后一定时间内，向海关申领出口退税报关单，凭此向税务机关办理出口退税手续。出口企业申报出口退税时，税务局参考外汇管理局提供的企业出口收汇信息和分类情况，依据相关规定，审核办理企业的出口退税。

（九）海关认为必要时应交验的贸易合同及其他有关单证

第五节　关　　税

关税是由海关代表国家对进出关境的货物和物品征收的一种流转税，其概念有狭义和广义之分。狭义的关税是指进出境环节的关税本身；广义的关税不仅包括关税本身，还包括海关在进出境环节代征的增值税、消费税、船舶吨位税等国内税费。

关税从本质上而言，是国际交换和国际生产的一种交易费用，是不同国家的国民在国际经济交换中的利益补偿手段。设置关税，是对外经济贸易政策的辅助手段，具有维护国家主权和经济利益；保护本国生产、调节经济、增加国家财政收入等重要作用。

一、关税的分类

关税分类的方法很多。按征收对象分类，可分为进口税、出口税和过境税，按征税标准分类，可分为从量税、从价税、复合税、选择税、滑准税、差价税和季节税等；按征税性质分类，可分为优惠关税和加重关税。其具体含义见表 4-1。

表 4-1　　关税分类表

分类标准	种类	释义
按征收对象分	进口税	对进口货物和物品征收的关税，由海关对从境外进口的货物或物品征收，或在货物从海关保税仓库中提出投入国际市场时征收
	出口税	对出口货物和物品所征收的关税
	过境税	对出境外启运，通过境内陆路继续运往境外的货物所征收的关税
按征税标准分	从量税	以货物的计量单位作为计征关税的依据
	从价税	以货物的价格作为计征关税的依据
	复合税	又称混合税。在税则同一税目中，订有从价和从量两种税率，征税时用两种税率计征

续 表

分类标准	种类		释义
按征税标准分	选择税		在税则同一税目中，订有从价和从量两种税率，征收时由海关选择其中一种计征
	滑准税		在税则中预先按产品价格高低分档制定几种不同的税率，然后根据进出口商品价格的变动而增减进出口税率的一种关税
	差价税		其税率是按照进口货物价格低于国内市场同类货物价格的差额来确定
	季节税		对有季节性特征的商品制定两种或两种以上的税率，旺季采用高税率，淡季采用低税率
按征税性质分	优惠关税	特定优惠税	某一国家对另一国家或某些国家对另一些国家的某些方面通过协定所予以的特殊优惠的关税，其他国家不得享受
		普遍优惠税	发达国家对从发展中国家或地区输入的产品，特别是制成品和半成品普遍给予的优惠关税
		最惠国税	缔约国双方相互间现在和将来所给予第三国的优惠关税，同样适用于对方
	加重关税	反补贴税	进口国对接受过出口国出口补贴的货物所征收的一种进口附加税
		反倾销税	当某国将货物以极低的价格出口至进口国市场上大量销售，致使进口国相关产业受到损害时，进口国对该货物在正常关税之外征收的一种进口附加税
		报复税	某国对从本国进口的货物征收过高的歧视性关税，或有其他不利待遇时，本国对从该国进口的货物另外征收的一种临时性附加税

二、进出口关税

进口关税是执行保护性关税政策的主要手段，也是世界各国税收体系中的关税主体，通常所说的关税一般都是指进口关税。进口关税有正税与附加税之分，正税是指根据《中华人民共和国进出口税则》（以下简称《税则》）中的法定税率征收的进口关税；附加税是指在征收正税的基础上额外加征的关税，如反倾销税、反补贴税、报复关税等。

征收出口关税将增加出口货物的成本，降低同别国产品的市场竞争力，不利于扩大出口。目前，发达国家已相继取消了出口关税，但一些发展中国家和经济落后的国家考虑到本国经济的需要，如增加本国的财政收入，或限制本国某些产品或自然资源的输出等，并未完全取消出口关税。我国目前对盈利水平高的大宗出口商品；国际市场容量有限、盲目竞争会在国外形成销价竞争的商品；国内紧俏，需大量进口的商品，以及为保护国内资源需大量进口的商品征收出口关税。

海关对进出口货物征收从价税时，首先要确定货物的应税价格，即完税价格，然后根据相应的税率按以下公式计征关税：

$$关税税额=完税价格\times关税税率$$

（一）完税价格的审定

进出口货物报关时都有申报价格，但它不是海关用以计征关税的完税价格，而只是海关审定完税价格的基础。由于进出口交易情况复杂,为了防止国家税收流失和确保公平,海关必须根据统一的价格准则对进出口主体的申报价格进行审查,进而确定进出口货物的完税价格。为了正确审定进出口货物的完税价格,根据《海关法》和《中华人民共和国进出口关税条例》(以下简称《进出口关税条例》)及其他有关法律、行政法规的规定,海关总署制定了《中华人民共和国海关审定进出口货物完税价格办法》(以下简称《审价办法》)。《审价办法》规定了进口货物完税价格、特殊进口货物完税价格以及出口货物完税价格的审定办法。

1. 进口货物完税价格的审定

(1) 审定成交价格法

进口货物的完税价格,由海关以申报的该货物的成交价格为基础审查确定,并应当包括货物运抵中华人民共和国境内输入地点起卸前的运输及其相关费用、保险费。作为完税价格基础的成交价格应是符合一定条件并经过调整后的买方为购买该货物的实付或应付价格。换言之,进口货物的完税价格是以符合海关规定要求的成交价格为基础的到岸价格。

以 CIF 价成交,且成交价格符合海关规定要求的,完税价格等于 CIF 价格。

以 FOB 或 CFR 价成交,且成交价格符合海关规定要求的,则在此价格基础上,FOB 价计入运抵进口国口岸前的运输及其相关费用和保险费,CFR 价计入保险费,使其符合 CIF 价的要求。上述费用的计入按实际支出的金额计算,如无法计算,则按海关指定的费率参照计算。一般可按下式计算:

完税价格=(FOB 价+运费)/(1-保险费率)

或

完税价格=CFR 价/(1-保险费率)

审定成交价格法是海关在实际估价工作中最基本和最常用的方法。

(2) 其他几种审定方法

进口货物的完税价格不能按上述方法确定时,海关一般应当依次使用相同货物成交价格法、类似货物成交价格法、倒扣价格法、计算价格法和合理方法估定完税价格。

海关在使用相同或类似货物成交价格法时,应当以与被估的进口货物同时或大约同时进口的相同或类似货物的成交价格为基础估定完税价格。并且应当首先使用同一生产商生产的相同或类似货物的成交价格,只有在没有同一生产商生产的相同或类似货物的成交价格的情况下,才可以使用同一生产国或地区生产的相同或类似货物的成交价格。如果有多个相同或类似货物的成交价格,应当以最低的成交价格为基础估定进口货物的完税价格。

使用倒扣价格法时,应当以与被估进口货物相同或类似的进口货物在境内销售的价格为基础估定完税价格。在按该价格销售的货物同时符合规定条件时,将此销售价格扣除该货物的同等级或同种类货物在境内销售时的利润和一般费用及通常支付的佣金;货物运抵境内输入点之后的运费、保险费、装卸费及其他相关费用;进口关税、进口环节税和其他与进口或销售上述货物有关的国内税。

使用计算价格法时,应当将生产该货物所使用的原材料价值和进行配装或其他加工的费用;与向境内销售同等级或同种类货物的利润和一般费用相符的利润和一般费用;以及货物运抵境内输入地点起卸前的运输及相关费用和保险费加总，估定进口货物的完税价格。

使用合理方法时，应当根据估价原则，以在境内获得的数据资料为基础估定进口货物的完税价格。

2. 特殊进口货物完税价格

加工贸易进口料件及其制成品须征税或内销补税时，海关按照上述进口货物完税价格的有关规定审定完税价格。

从保税区或出口加工区销往区外、从保税仓库出库内销的进口货物(加工贸易进口料件及其制成品除外)，以海关审定的从保税区或出口加工区销往区外、从保税仓库出库内销的价格估定完税价格。对审核销售价格不能确定的，海关也依次使用相同货物成交价格法、类似货物成交价格法、倒扣价格法、计算价格法和合理方法估定完税价格。

减税或免税进口的货物需予补税时，应当以海关审定的该货物原进口时的价格，扣除折旧部分价值作为完税价格，其计算公式如下：

$$\text{完税价格}=\text{海关审定的该货物原进口时的价格}\times\left[1-\frac{\text{申请补税时实际已使用的时间(月)}}{\text{监管年限}\times 12}\right]$$

有些货物不是销售货物或还没有进行销售，在进口时没有成交价格可作为依据。对于这些货物，海关确定其完税价格的方法如下：

运往境外修理的机械器具、运输工具或其他货物，出境时已向海关报明，并在海关规定期限内复运进境的，应当以海关审定的境外修理费和料件费以及货物复运进境的运输及其相关费用、保险费估定完税价格。

运往境外加工的货物，出境时已向海关报明，并在海关规定期限内复运进境的，应当以海关审定的境外加工费和料件费以及该货物复运进境的运输及其相关费用、保险费估定完税价格。

对于经海关批准的暂时进境的货物，应当依次使用相同货物成交价格法、类似货物成交价格法、倒扣价格法、计算价格法和合理方法估定完税价格。

租赁方式进口的货物，如以租金方式对外支付的租赁货物在租赁期间以海关审定的租金作为完税价格；留购的租赁货物以海关审定的留购价格作为完税价格。

境内留购的进口货样、展销品和广告陈列品，以海关审定的留购价格作为完税价格。

以易货贸易、寄售、捐赠、赠送等其他方式进口的货物，依次使用相同货物成交价格法、类似货物成交价格法、倒扣价格法、计算价格法和合理方法估定完税价格。

3. 出口货物完税价格

就估价准则和价格基础而言，出口货物完税价格的审定与进口货物完税价格的审定是基本一致的。出口货物完税价格是由海关以该货物向境外销售的成交价格为基础审查确定，并应包括货物运至境内输出地点装载前的运输及其相关费用、保险费，但应当扣除其中所包含的出口关税税额。即出口货物完税价格是以离岸价格为价基的，其计算公式如下：

$$\text{完税价格}=\text{离岸价格}-\text{出口关税}$$

或

$$\text{完税价格}=\text{离岸价格}/(1+\text{出口税率})$$

如果交易是以 CFR 或 CIF 价格条件，海关将对有关价格进行调整，使之符合 FOB 价的标准。

出口货物成交价格不能确定时,海关将依次使用以下方法估定完税价格:同时或大约同时向同一国家或地区出口的相同货物的成交价格;同时或大约同时向同一国家或地区出口的类似货物的成交价格;根据境内生产相同或类似货物的成本、利润和一般费用、境内发生的运输及其相关费用、保险费计算所得的价格;按照合理方法估定的价格。

(二) 关税税率

关税税率是指国家征收关税的比率,它是关税制度的核心要素。进出口货物,应当按照《税则》规定的归类原则归入合适的税号,并按照适用的税率征税。

1. 进口税率

我国采用复式关税税则,即对一个税目均设有两个及其以上的税率。目前,进口关税设置最惠国税率、协定税率、特惠税率、普通税率和关税配额税率等税率,对来自不同国家的进口商品适用不同的税率。对进口货物在一定期限内可以实行暂定税率。

1) 最惠国税率

原产于共同适用最惠国待遇条款的世界贸易组织成员的全部进口货物,以及原产于与我国签订含有相互给予最惠国待遇条款的双边贸易协定的国家或地区的全部进口货物,适用最惠国税率。

2) 协定税率

原产于与我国签订含有关税优惠条款的区域性贸易协定的国家或地区的部分进口货物,适用协定税率。如根据我国参加的《曼谷协定》(全称《亚洲及太平洋经济和社会理事会发展中国家成员国关于贸易谈判的第一协定》),我国对原产于该协定中的成员国(韩国、孟加拉国、斯里兰卡)进口的协定项下的部分产品实行优惠的曼谷协定税率。

3) 特惠税率

原产于与我国签订含有特殊关税优惠条款的贸易协定的国家或地区的部分进口货物,如原产于孟加拉国的部分进口货物可享受不高于最惠国税率的特惠税率;原产于香港、澳门的纳入我国《内地与香港/澳门更紧密经贸关系优惠关税安排商品税率表》中的进口货物,可享受零税率的特惠税率。

4) 普通税率

原产于与我国未订有关税互惠协议的国家或者地区的所有进口货物,以及原产地不明的进口货物,适用普通税率。

5) 关税配额税率

关税配额制度是一种在一定数量内进口实行低关税,超过规定数量就实行高关税的国际通行办法,相对于超过数量后就不能进口的配额制度而言,关税配额制度具有灵活性,体现了关税杠杆的调节作用。按照国家规定实行关税配额管理的进口货物,在关税配额内的,适用关税配额税率。通关时进口地海关凭《进口货物征免税证明》予以按关税配额税率计征关税。

6) 暂定税率

为了满足特定时期对关税税率进行临时性变更的需要,国务院关税税则委员会有权负责制定暂定税率。暂定税率通常按年度制定,并且可以随时根据需要恢复按照法定税率征税。当进口商品名称及税号与实施进口暂定税率商品税率表一致时适用暂定税率。适用最惠国税率的进口货物有暂定税率的，应当适用暂定税率；适用协定税率、特惠税率的进口货物有暂定税率的，应当从低适用税率；适用普通税率的进口货物，不适用暂定税率。

7）其他税率

现行《税则》中的进口商品大多实行从价税率，其税率为完税价格的一定百分比。但对于鸡、啤酒、原油、胶卷等进口商品，实行以元/千克、元/升、元/吨和元/平方米为单位的从量税率；对录像机、摄像机、放像机等进口商品，实行从价税率和从量税率两种征税标准相结合的复合税率。如广播级录像机每台完税价格低于或等于 2 000 美元：执行单一从价税，税率为 130%；每台完税价格高于 2 000 美元：每台征收从量税，税额 20 600 元，加上 6%从价税。从量税率和复合税率均分普通税率和优惠税率两个档次。

除上述所使用的税率外，我国在特殊情况下还可以制定实行反倾销税率和反补贴税率等。

2. 出口税率

我国出口税率没有普通税率和最惠国税率之分。为鼓励国内企业出口创汇，提高国内产品在国外市场的竞争力，我国对绝大多数货物不征收出口关税，即使征收其税率也不高。根据需要也可制定实施出口暂定税率，适用出口税率的出口货物有暂定税率的，应当优先适用暂定税率。

进出口货物，应当适用海关接受该货物申报进口或者出口之日实施的税率。进口货物到达前，经海关核准先行申报的，应当适用装载该货物的运输工具申报进境之日实施的税率。

（三）关税计征作业程序

关税计证的一般作业程序是：审核报关单证，确认单证齐全，单货相符；正确归类，确定税率；审定完税价格，货物以外币计价成交时，应先按填发税款缴款书之日由国家外汇管理部门公布的人民币外汇牌价表的买卖中间价将完税价格折合成人民币，然后计算出税款，并填发税款缴款书交纳税义务人缴纳税款。

［**例 4-1**］ 某纺织品公司自日本进口亚麻打成麻 T-V 23 820.00 kg，USD 2.22/kg CIF SHANGHAI，计算进口关税。

解：（1）审核单证齐全、正确，查验单货相符。

（2）亚麻打成麻 T-V 归入《税则》第五十三章　其他植物纺织纤维；纸纱线及其植物的税目 5301210000 内，其税率见表 4-2。

表 4-2　　关税税率表

商品编号	商品名称及备注	进口关税税率		增值税率	出口退税率	计量单位	监管条件
		最惠国	普通				
……	……	……	……	……	……	……	……
5301210000	破开或打成的亚麻	6%	30%	17%	5%	kg	AB
……	……	……	……	……	……	……	……

日本和我国均为 WTO 成员国，享受最惠国税率 6%。

（3）经审定符合成交价格条件，查填发税款缴款书当日人民币外汇牌价表的美元买入、卖出价，确定其中间价为 6.276 8 元。

完税价格＝23 820.00×2.22×6.276 8＝331 920元(完税价格以元为单位)

进口关税税额＝完税价格×进口税率＝331 920×6%
＝19 915.20元(税额计算至分,分以下四舍五入)

本批货物的进口关税为19 915.20元。

三、海关代征税

当货物经海关征收关税进口后,由于其在国内流通,就与国内其他产品一样也需缴纳国内应征的各种税费。为简化征税手续,方便货物进出口,同时有效避免货物进口后另行征税可能造成的漏征,国家规定将一部分应由国家税务机关征收的国内税费如增值税、消费税等,在货物进口时就交由海关代征,因此,在实际工作中常常称之为海关代征税。

消费税和增值税根据以下公式计算确定:

从价消费税税额＝(到岸价格＋进口关税税额)×消费税税率/(1－消费税税率)
从量消费税税额＝应税消费品数量×消费税单位税额
增值税税额＝(到岸价格＋进口关税税额＋消费税税额)×增值税税率

[例4-2]　计算例4-1中海关代征税。
解:根据表4-2,该批货物需征收增值税,增值税税率为17%。

增值税税额＝(到岸价格＋进口关税税额＋消费税税额)×增值税税率
＝(331 920＋19 915.20)×17%
＝59 811.98元

该批货物海关代征增值税为59 811.98元。

第六节　进出口货物通关程序

《海关法》规定,进出口货物必须经设有海关的地点进境或者出境,进出口货物的收发货人或其代理人应当向海关如实申报、接受海关的监管。进出口货物的通关程序是:接受申报、查验货物、征收税费、放行结关。

1. 接受申报

进出境货物通关的当事人在运输工具和货物在进境后或出境前规定的时间内,以纸质申报单申报方式和电子申报方式向海关提出报关申请。海关接受申报后,审核报关单证是否齐全、填写是否正确,报关单内容与所附各项单证的内容是否相符。

2. 查验货物

查验是货物通关的一项法定环节,是对进出口货物的品名、规格、原产地、数量、价格等商品要素是否与报关单证所列项目一致而进行的实际核查。现代通关制度下,为加快进出口货物的通关速度,对货物并非每票都要查验,而是在风险分析的基础上,对不同类别的企业和不同性质的货物按不同的查验比例和方法实行抽查。

海关查验进出口货物时,报关人员应按时到场,负责搬移货物、开拆和重封货物的包装。

3. 征收税费

货物经查验通过后，对于应纳税的进出口货物，海关按《进出口关税条例》和《税则》等规定计算进出口关税和其他税费，并填发税款缴纳证，交报关单位缴纳税款或担保付税。

4. 放行结关

放行是一种要式的行政行为，必须由海关在报关单上加盖放行章后方能生效。结关是海关对进出口货物实施监管的终结。

对于出口货物而言，海关放行并离开中国关境即为结关。对进口货物而言，根据货物的性质不同，其结关的标志也不尽相同。以一般贸易、易货贸易、补偿贸易、寄售方式成交的货物和进口捐赠物资、加工贸易中委托加工有价提供的机器设备等，海关放行即为结关；而保税加工贸易进口货物、经海关批准减免税或缓纳税的进口货物、暂时进出境货物等，海关放行并不意味着通关的终结，而是需要经过后续管理这一特定通关程序结关。

后续管理主要有核查和核销两个环节。核查是海关对适用特定通关程序的进口货物在放行后和结关前进行核对和查验的行为。由于这些货物通关时间长，为使货物能按照《海关法》规定的要求或条件运作或使用，海关在监管期限内不定期地实施核查，如发现未按规定运作或使用，擅自出售、转让或移作他用，则可依法予以处理。

核销是保税货物、特定减免税进口货物、暂时进出境货物等，在海关放行后按法定要求运作或使用后，由海关核定销案，准许货物出口或永久留在关境内的海关行政行为。核销即意味着货物的结关。

保税加工贸易进口货物的结关，是指海关在加工贸易合同规定的期限内对其进口、复出口及余料情况进行核对，经营单位已申请办理了经批准内销部分的货物的补证、补税手续，对备案的加工贸易合同予以销案；特定减免税货物的结关，是指有关进口货物到达海关监管年限，并向海关提出解除监管申请，领取了经主管海关核发的《海关对减免税进口货物解除监管证明》，完全结束海关监管；暂时进出口货物的结关，是指在海关规定的期限内，暂时进口货物复运出口或暂时出口货物复运进口，并办理了有关纳税销案手续，完全结束海关监管。

为了改善我国的投资环境，适应“入世”后对货物通关便利化的要求，加速进出口货物通关速度，我国通过立法规定了通关的简化程序。

我国海关在原先实施信任放行程序的基础上，对在企业分类管理评估中被列为A类管理的企业，实施优先通关程序，即A类管理企业的进出口货物可以享受优先受理报关、优先查验和办理放行；优先实行“门对门”验货；对属于海关必检商品目录中的商品，免予取样化检即可放行，以及优先提供EDI联网报关等优先待遇。

海关对具备一定条件的大型高新技术企业的进出口货物实行便捷通关程序，即海关对适用便捷通关的企业实行信用管理，进出口货物主要根据企业的申报审核放行，在通关现场一般不开箱查验，进出口地海关也不得自行到企业稽查。为了保证企业得到真正的通关便捷优惠，海关规定凡需要在通关现场开箱查验时，应按预先制定的专门审批程序办理报批手续方可。

对于转关运输，海关总署已于2001年决定，在长江、珠江水域和沪苏、广东陆路的长江三角洲和珠江三角洲地区，正式启动“两水两路”快速通关系统。在实行转关快速通道后，可以一改过去转关运输两次报关、两次查验、两次放行的通关状况，企业可以采用提前报关方式，减少办理转关申报单、联系单、预录入等手续，并提前向检验检疫机构领取通关单，申请在口岸通道式直接放行，待货物运至指运地后办理通关手续，从而做到一次报关、一次查验、一次放行，实现转关运输货物通关的提速运行。

第七节　电子口岸和无纸通关

在经济全球化、物流国际化的形势下，提升企业的国际竞争力，扩大市场份额，已成为我国经济发展的一个十分严峻和紧迫的问题。增强企业的国际竞争力，就国际贸易而言，关键是提高贸易效率，降低贸易成本。而我国原有的通关模式已不能适应企业，尤其是生产高新技术产品的企业对通关效率的要求，在一定程度上影响了企业国际竞争力的提升。因此，对通关制度进行改革势在必行。中国电子口岸的建设以及无纸通关的实现，是通关现代化的技术支持和保障。

一、电子口岸

(一) 口岸电子执法系统

1993年，国务院提出实施金关工程，即国家利用计算机网络技术实现对外经济贸易和相关领域标准化、规范化、科学化、网络化管理的国家信息化重点系统工程。金关工程的核心是海关内部的通关系统和外部口岸电子执法系统。

口岸电子执法系统（又称电子口岸）是由外经贸、海关、质检、公安、工商、税务、银行、外汇管理等相关的12个部门联合共建的进出口管理联网应用系统。它运用现代信息技术，依托金关工程其他应用系统与国家电信公网（Internet）资源，将外经贸、海关、质检、工商、税务、外汇管理、运输等国家行政管理机关分别掌握和管理的进出口业务信息流、资金流、货物流的电子底账数据，集中存放在一个公共数据中心，在统一、安全、高效的计算机物理平台上实现数据共享和数据交换。中国电子口岸是一个既为政府行政执法管理服务，又为相关企业服务的信息管理系统，各国家行政管理部门可进行跨部门、跨行业的联网数据核查，如检验检疫机构与海关之间的通关单联网核查，就是通过电子口岸实现信息共享，完成出入境检验检疫通关单电子数据的传输，进而实现电子通关；进出口企业只要向所在地海关申请办理了入网手续，也可以方便地通过网络办理已开通功能的有关手续，如报关、出口退税、转关运输等多种进出口手续。

口岸电子执法系统的总体设计于2000年底基本完成，经试运行后，于2001年6月1日在全国推广应用，其系统功能正在逐步扩大和完善。

(二) 电子口岸的目标

(1) 建立现代化的管理部门联网综合管理模式，增加管理综合效能。在公共数据中心支持下，进出口环节的所有管理操作，都有电子底帐可查，都可以按照职能分工进行联网核查、核注、核销。

(2) 利用高科技手段增强管理部门执法透明度。中国电子口岸借助于高科技手段，使管理部门各项进出口管理作业更规范、统一、透明，各部门、各操作环节相互制约，相互监督，从机制上加强了管理部门廉政建设。

(3) 便利企业，提高贸易效率，降低贸易成本。进出口手续在办公室通过网络就可以完成，通关效率提高，出口退税迅速，结汇付汇核销等手续更为便捷。

(三) 电子口岸的意义

1. 有利于增强管理部门的管理综合效能

企业只要与电信公网“一点接入”就可以透过公共数据中心在网上直接向海关、国检、外贸、外汇、工商、税务、银行等政府管理机关申办各种进出口手续，从而真正实现了政府对企业的“一站式”服务。

2. 使管理部门在进出口环节的管理更加完整和严密

管理部门实行“电子底账＋联网核查＋网上服务”的新型管理模式，根本解决业务单证弄虚作假问题，严厉打击走私、骗汇、骗税违法犯罪活动，创造公平竞争市场环境。

3. 降低贸易成本，提高贸易效率

通过中国电子口岸网上办理业务，企业既节省时间，又减少奔波劳累之苦，提高贸易效率，降低贸易成本，方便企业进出。

总之，中国电子口岸是贸易现代化的重要标志，是提高行政执法透明度，实现政府部门行政执法公平、公正、公开的重要途径。

(四) 电子口岸的优越性

1. 信息资源可以共享

在中国电子口岸的公共数据中心，集中存放电子底帐，企业只要与电信公网连接，就可以透过公共数据中心在网上直接向海关、检验检疫机构、外经贸部门、外汇管理、工商、税务等政府管理机关申办各种进出口手续，各政府管理部门也可以在网上办理各种审批手续，从而真正实现了政府对企业的“一站式”服务。通过数据中心，企业还可以获得运输、仓储、银行、保险等行业的中介服务，企业间也可以进行联网，从而实现真正意义上的电子商务。

2. 完全基于公网，系统开放性好，提供全天候、全方位服务

企业利用电信公网实现对公共数据中心的接入访问，在任何时候、任何地方只要能上网，就可通过数据中心办理业务。

3. 入网成本低

登录中国电子口岸网站，企业只需配备一些简单设备，数据中心提供免费的系统安装软件。而且，相关管理部门提供免费技术、业务支持，企业将得到更多的实惠。

4. 系统直观、易学，操作简单

中国电子口岸以 Windows 操作系统为平台，普遍应用的 IE 等浏览器为工具，建立起和用户交互式的友好界面，系统提供一系列丰富的在线帮助和业务规范、操作指南查询，使用户轻松实现网上办公。

5. 多重严密的安全防护措施使系统安全可靠

中国电子口岸采用了国际标准和国内自主开发的高强度密码设计，在网传加密、网络隔离防护、机房设施安全以及身份认证、权限设置以及数字签名等安全方面采取了多重严密的安全防护措施，防黑客、防病毒、防偷窥、防抵赖。并且，该系统由政府部门直接管理，处在政府部门严密管理下，安全有保证。

二、无纸通关

(一) 无纸通关的意义

无纸通关是指利用中国电子口岸及海关业务信息化管理系统,改变海关验放凭进出口企业递交书面报关单及随附单证办理通关手续的做法,直接对企业联网申报的进出口货物报关电子数据进行无纸审核、验放处理的通关方式。

实行无纸通关,企业无需到海关现场提供纸质单证,而是以电子数据形式直接向海关申报,通过互联网就可以完成申报、通关全过程,大大节省了企业的人力与时间成本。为此受到国际贸易界和各国海关的推崇,在一些经济发达国家已经普遍推行。

我国从 1994 年开始在部分海关、部分企业试行了 EDI 无纸报关方式。2001 年 8 月,又在南京、杭州、上海、广州 4 个海关试行网上报关,均取得了积极的效果。但这仅仅是报关的无纸化,不足以解决整个通关作业流程中提高效率的问题。

2012 年海关总署宣布:自 8 月 1 日起在上海、北京、天津、南京、宁波、杭州、福州、青岛、广州、深圳、拱北、黄埔 12 个海关启动通关作业无纸化改革试点,将通关过程所有纸质单证转变为电子单证,实现通关全程无纸化,进一步提高通关效率、降低通关成本。试行阶段,无纸通关仅适用于资信良好的生产型企业和高新技术企业出口不涉证不涉税的一般贸易货物和出口加工贸易保税货物。海关总署的目标是在全国对全部进出口货物实现通关作业无纸化。

无纸通关与以往无纸报关的区别在于:无纸报关主要解决的是技术问题,从有纸变成无纸,使报关电子化;而无纸通关不仅是管理手段的创新,也是管理制度的创新。它把通关作业流程各个环节能够无纸化的全部无纸化,意义更为重大的是,把通关过程中可以前推、后移或者外置的海关手续,全部提前或推后到通关过程之前或之后。如海关实行了货物到港前舱单的预申报、审核;实现了货物的预归类、预审价;实现了有关单据的事后集中递交、复核等。从而大大压缩了货物在口岸的通关时间,提高了贸易效率,使企业获得了前所未有的效益。

在无纸通关中实行海关手续前推、后移或外置,但海关的监管力度并不会因此而弱化。这是因为在通关改革过程中始终把有效监管、高效服务的"双效"目标作为最基本的指导原则。首先,无纸通关先是在部分海关、部分企业和部分贸易方式进行试点,避开了一些高风险的企业、货物。它是根据总体设计分步实施,再根据试点情况,逐步推进和扩大。其次,海关加强了风险管理。通过加强对企业、货物的风险分析,以及通关前后两头的相关管理,来化解无纸通关给海关带来的风险。如果将传统的通关模式比作"橄榄型",改革后的通关模式则可比作"哑铃型"。此外,原来通关作业流程里被分离出来的工作,都被转移到海关其他的业务环节中。如现场接单审核取消后,海关强化了审单中心的审单工作,并强化了现场验放工作。总之,海关原有的管理并没有因为无纸化而削弱或消失了,而是在时间上和业务岗位上有所转移,并且得到了加强。

(二) 无纸通关流程

现期无纸通关的流程如下:

1. 企业无纸申报

具有无纸通关资格的企业通过中国电子口岸,录入电子数据报关单,并选择无纸申报方式向海关申报。

2. 电子审单

海关计算机系统接收企业申报的无纸通关电子数据报关单并对其进行审核。对符合无纸通关条件的，自动转到现场海关“无纸放行岗”，并同时向企业和现场显示屏发送“无纸审结”信息；对不具备无纸通关资格的企业申报的数据，系统自动转按有纸通关方式进行处置；经电子审单确定需人工干预的，系统自动将其派至审单中心进行人工专业化审单。

3. 专业审单

对计算机作无纸申报提示的无纸通关报关单，审单人员依据有关规定进行审核，并根据审核情况做出如下处置：将电子数据报关单做审结处理，并转现场海关“无纸放行岗”，同时计算机通过网络向企业和现场显示屏发送“无纸审结”信息；将电子数据报关单做审结处理，并转现场“接单审核岗”，确定有纸通关方式，同时计算机通过网络向企业发送到现场交单等信息。

4. 无纸通关查验

涉及查验的货物，海关计算机系统自动向企业发送查验信息，企业在获得查验信息后，凭“查验通知书”及有关单证到现场海关办理实物查验手续。

5. 无纸放行

在出口货物进入海关监管场所后，如无需查验，企业凭海关放行通知信息自行打印“放行通知书”一式三份，其中一份仓库联、一份货主留存联、一份海关验放联，并加盖印章，到通关业务现场办理装货手续。

6. 无纸通关事后交单

出口企业应将无纸通关的报关单、加工贸易进出口货物登记手册、装箱单和发票等纸质报关单证，自海关放行之日起 7 天内递交现场海关通关部门“无纸接单岗”。无纸报关企业必须按规定期限办理事后交单手续，对于未按期及时办理交单手续的，海关将按有关规定予以处理。

第八节　案　　例

一、海关完税价格的审定

（一）案情

江苏某公司（简称 A 公司）与境外某公司（简称 B 公司）签订贸易合同，购买总价为 60 万美元的进口设备一套，2007 年 1 月办妥进口手续。在设备安装过程中，A 公司发现价值为 1 万美元的意大利产 10 个关键零件里，有一个零件存在质量问题，须尽快进行更换。经过交涉，B 公司同意赔偿一个完全相同的零件。在收到 A 公司退回的零件后，B 公司立即以快递的方式将更换件寄至中国。出口方 B 公司认为，该零件属于赔偿货物，不需要进口方承担任何费用，为了加快报关速度，简化报关程序，将单价定为 50 美元，其发票载明的价格也是 50 美元。随后，进口方 A 公司以一般贸易方式向海关进行报关，申报价格为 50 美元，与发票一致。海关审核单证资料后，认为该零件的实际价格应与 A 公司之前进口设备时的同类关键零件价格相同，即应为 1 万美元，A 公司已构成申报不实，因此，对 A 公司作出罚款人民币 2 万元的处罚决定。

A 公司对海关所认定价格申报不实的处罚决定不服，并向上一级海关申请复议，请求撤销原处罚决定。A 公司申请复议的理由是，由于出口方 B 公司并不了解我国海关的法律法规，认为免费赔偿的物品没有实际成交价格，所以把该零件的单价自定为 50 美元，这样进口方就可以免除相应的货款、进口税款及其他费用，所产生的一切进口费用应由赔偿方 B 公司负责，因此 A 公司认为不存在申报不实的问题。复议机关经审查认为，根据《海关法》规定，进口货物收货人履行的有关价格如实申报义务，是指收货人在报关时按照实际情况报明进口货物的成交价格并验交相关单证。本案中，A 公司申报的进口零件的价格与随附单证上的价格一致，都是 50 美元，海关也未发现 A 公司另外的价格或其他的相反证据。A 公司虽然进口过与涉案货物相同型号的价格为 1 万美元的关键零件，但无法表明涉案零件的实际价格就是 1 万美元，因此海关的处罚决定缺乏相关证据支持。根据《中华人民共和国行政复议法》第 28 条第 1 款第 3 项的规定，撤销海关所作处罚决定。

(二) 经验教训

1. 不能混用贸易方式进行报关

根据《中华人民共和国海关进出口货物征税管理办法》，进出口货物海关放行后，因残损、短少、品质不良或者规格不符等原因，由进出口货物的发货人、承运人或者保险公司免费补偿或更换的相同货物，属于“无代价抵偿货物”，这种货物在进出口时海关可不征收关税。无代价抵偿货物进口时，收货人应在进口货物报关单上的“贸易性质”栏内载明“无代价抵偿货物”，并附上相关进出口单据。如果无代价抵偿货物进口时不向海关报明，或虽报明但所附单证不齐，不足以证明为无代价抵偿货物的，按一般进口货物办理海关手续。本案 A 公司完全可以用“无代价抵偿货物”的贸易方式进行报关。

2. 如实申报可规避海关估价风险

根据《中华人民共和国海关审定进出口货物完税价格办法》，对于申报价格的真实性、准确性有疑问时，海关可以制发《价格质疑通知书》进价格质疑；对进口货物没有成交价格的，或申报明显不符合成交价格条件的情况，海关无须履行价格质疑程序，可直接进入价格磋商程序；如果存在价格申报不实违规或价格瞒骗违法嫌疑，可移交稽查或缉私部门处理。本案中 A 公司作为守法企业，如实申报各种申报要素是保护自身的权益的最好武器，可以最大程度避免对通关规定的认识偏差演化成违法违规。

二、进出口货物特定通关程序

现代海关制度已将通关过程前延后伸。对于保税加工贸易进口货物、经海关批准减免税或缓纳税的进口货物、暂时进出境货物等，海关通关程序还包括前期备案和后续管理。

(一) 擅自改变特定减免税货物的用途

1. 案情

某外商投资的饮料生产企业拟定了以生产果汁饮料、茶饮料和饮用水为主要产品的可行性研究报告，报商务部门审批后，取得了“国家鼓励发展的内外资项目确认书”，项目内容核定为“水果加工”。此后该企业以特定减免税方式进口了价值近 400 万美元的罐装生产设备。设备投产后，由于国内市场果蔬类饮料的销售情况不佳，该企业在未经海关批准的情况下，将罐装设备用于生产瓶装纯净水。此种情况被海关在对该企业特定减免税设备使用情况进行核查时发现，遂对其进行立案调查，认定该企业的转产行为已构成将特定减免税设备“移作他用”的违规行为，依据《海关行政处罚实施条例》作出罚款人民币107万元的处罚规定，同时责令其补缴设备“移作他用”期间的应缴税款。

2. 评析

特定减免税货物是指海关根据国家政策规定准予减免税进境，并在规定的监管期限内使用于特定地区、特定企业和特定用途（三个特定）的货物。

特定地区：我国关境内由行政法规规定的某一特别限定区域，主要指保税区和出口加工区。

特定企业：由国务院制定的行政法规专门规定的企业，主要指外商投资企业，包括中外合资、中外合作经营和外商独资企业。

特定用途：包括国内投资项目、利用外资项目、科教用品、残疾人用品等。

特定减免税货物的监管期限：①船舶、飞机、建筑材料：8年；②机动车辆、家用电器：6年；③机器设备、其他设备、材料：5年。

特定减免税是我国关税优惠政策的重要组成部分，是国家无偿向符合条件的进口货物使用企业提供的关税优惠，其目的是优先发展特定地区经济，鼓励外商在我国的直接投资，保证国有大中型企业和科学、教育、文化、卫生事业的发展。因而，这种关税优惠具有鲜明的特定性，只能在国家行政法规规定的特定条件下使用。即享受特定减免税优惠的进口货物在海关规定的监管期限内，只能在特别限定的区域内由专门规定的企业按特定的用途使用。任何未经海关许可并补缴关税，而将享受特定减免税的货物用于原批准地区、企业或者用途以外的企业，都应当承担违反《海关法》的法律责任。

（二）暂时进出口货物超过规定期限

1. 案情

安徽某汽车发动机有限公司（简称A公司）拟向德国某精密仪器制造公司（简称B公司）订购两台卧式加工中心，用于对发动机缸体进行精加工。A公司委托合肥某机械进出口公司（简称C公司）代理进口事宜，三方签订了进口合同。

根据合同约定：在该卧式加工中心制成后，A公司将通过C公司向德国B公司提供两批发动机缸体进行试加工，以便确认订购设备的加工精度和性能。发动机缸体试加工完成后返回国内，由A公司对该批加工发动机缸体进行检验确认，若符合要求，A公司将签发预验收合格证书，德国B公司凭此证书发货。根据合同安排，试加工发动机缸体以暂时出口的方式交给德方，在试加工完成后再全部运回国内。并且规定：试加工发动机缸体分两批出口到德方，第一批出口日期在2010年3月31日，拟在2010年9月底前返回国内；第二批出口日期在2010年8月31日，预计2011年2月底返回国内；在试加工完成后由C公司负责租船订舱，办理清关手续，将试加工发动机缸体运回A公司。由于B公司在第一批发动机缸体的加工过程中出现不可预见的因素，未能如期进行，直到2010年9月才开始进行试加工。因此，两批试加工发动机缸体要在2011年2月底一起返运A公司。

2. 评析

暂时进（出）口货物是指国际组织、外国政府或外国和香港、澳门地区的企业、群众团体以及个人为开展经济、技术、科学、文化合作交流而暂时运入或运出我国关境，在海关规定的期限(6个月)内需复运出境或进境的货物。

暂时进(出)口货物的基本通关程序是:进(出)口前期备案;进(出)口时凭担保报关;使用期内接受海关核查;复出(进)口时报关;核销结关。

本案中,试加工发动机缸体分两批出口到德国,若合同正常执行,则第一批和第二批发动机缸体都在规定的6个月期限内复运进境,属于暂时出口货物范畴。

按暂时进出口货物通关程序,C公司在办理两批发动机缸体通关手续时涉及到海关监管的前期备案、现场申报和后续管理三个阶段。前期备案:A公司的报关代理人C公司于2010年3月31日前和2010年8月31日前向海关提出两批发动机缸体暂时出口申请时,应当按照海关要求提交"货物暂时进/出境申请书"、暂准进出境货物清单、发票、合同或者协议、暂时进出口情况说明以及其他相关单据。海关对发动机缸体作出批准暂时出口的决定后,制发"中华人民共和国海关货物暂时进/出境申请批准决定书";现场申报:C公司应当向海关提交"中华人民共和国海关货物暂时进/出境申请批准决定书"、出口货物报关单、商业及货运单据等,向海关办理暂时出口申报手续。在向海关提供相应的担保后,可以暂时免纳进出口税费和免于提交进出口许可证件;后续管理:两批发动机缸体于2011年2月底复运进境时,应向海关办理进口报关手续,C公司持海关签章的进口货物报关单及其他单证向所在地主管海关办理核销结关手续。

由于德方未能按合同规定如期进行试加工,导致第一批发动机缸体在境外的时间已经超过规定的6个月期限,按照规定,可由C公司在规定期限届满30个工作日前向海关办理申请暂时进出口货物的延期手续,经所在地直属海关批准后,方可继续按照暂时出口货物在德国开展试加工。至于第二批发动机缸体,其出口日期在2010年8月,2011年2月底返回国内,没有超过规定的期限,则可按正常暂时出口货物通关程序和第一批货物一起运回国内,并办理复运进境报关及核销手续。

思 考 题

1. 海关的主要职责和行政权利有哪些?
2. 为什么说现代通关制度下通关时间前移后延?
3. 简述转关运输货物及其通关程序。
4. 海运出口货物报关时,应提供哪些报关单证?
5. 简述关税的种类及各种关税的含义。
6. 海关确定进口货物完税价格的方法有哪些?
7. 特殊进口货物完税价格如何确定?
8. 简述关税的计征作业程序。
9. 简述进出口货物的通关程序。
10. 简述电子口岸的含义及优越性。
11. 简述EDI无纸报关的前期备案和通关程序。

练 习 题

1. 厦门某纺织品公司自日本进口亚麻打成麻 T-S 24 520.00 kg，USD 2.53/kg CFR XIAMEN，保险费率为 0.2%，填发税款缴款书当日美元与人民币兑换牌价中间价为 1∶6.276 8。该货物归入《税则》第五十三章其他植物纺织纤维；纸纱线及其植物的税目 5301210000 内，其税率见表 4-2，求进口关税和海关代征税。

2. 上海某公司自英国进口一批香精 50 kg，USD 35/kg FOB LONDON。申报并实际支付的运费率为 USD36，保险费率 0.3%，填发税款缴款书当日美元与人民币兑换牌价中间价为 1∶6.276 8。该货物归入《税则》第三十三章精油及香膏；芳香料制品及化妆盥洗品的税目 3302900000 内，其税率见表 4-3，求进口关税和海关代征税。

表 4-3 关税税率表

商品编号	商品名称及备注	进口关税税率		增值税率	出口退税率	计量单位	监管条件
		最惠国	普通				
……	……	……	……	……	……	……	……
3302900000	其他工业用混合香料及香料混合物	10%	130%	17%	13%	kg	
……	……	……	……	……	……	……	……

第五章　国际海上货物运输

在国际海上货物运输中，普遍采用的船舶经营方式分为班轮运输和租船运输。自20世纪60年代后期，随着集装箱运输的发展，班轮运输开始分化为传统的件杂货班轮运输和集装箱班轮运输。由于集装箱运输具有不可比拟的优越性，20世纪90年代后，集装箱班轮运输已逐渐取代了传统的件杂货班轮运输。

集装箱班轮运输的费收、单证系统以及运作体系是在件杂货班轮运输的基础上发展起来并有所创新的。本章介绍了集装箱班轮运输业务、规范国际海上货物运输合同的国际公约、国内法律、租船合同的主要内容及相关案例。

第一节　海上货物运输概述

地球上的陆地被广阔的海洋所分割和包围，大陆间只有通过空中或海洋交通才能彼此沟通，而海上运输以其运量大、成本低的优势，始终占据主要地位。

海上货物运输按船舶经营方式可以分为班轮运输和租船运输两种。在19世纪前，航运业仍以帆船为主，国际间贸易往来的规模也较小，甚至贸易和航运业合二为一，难以分开，海上航运业仅仅以运送属于自己或合伙经营的国际贸易货物为主。因此，船舶航行的航线和发船间隔取决于承运人自身的贸易运输需要，并不固定。直到19世纪，因人口和加工场数量的增加，农业生产技术的改进，以及煤炭用于工业用燃料等原因导致的运量急剧增加，才使得贸易与航海相脱离，出现了专门承运属于他人货物为主的船舶营运业。但当时船舶所载运的货物仍以大宗货物为主，并且还是以不定期船营运方式为主进行经营的。

18世纪末，在美洲和澳大利亚相继发现了大金矿后，世界黄金供给来源大幅度增加，有力地刺激了工业生产，并迅速促进了国际间的贸易。金矿的发现，还引起了欧洲向美洲和澳大利亚大量移民。为了适应愈来愈多的海外移民、邮件和供应品，以及国际贸易货物的运输需求，在一些货源充足且稳定的航线上，出现了班轮运输，从而使原来只是单一的不定期船运输的海运船舶经营方式分化成班轮运输和不定期船运输两种并存的船舶经营方式。1818年，美国“黑球”轮船公司首先开辟了纽约-利物浦之间的帆船定期班轮航线，揭开了世界定期班轮运输史的序幕。1824年，英国通用轮船公司成立，在伦敦、汉堡和鹿特丹之间开辟了班轮航线，开始了以蒸汽机为动力的班轮运输。1839年，英国“半岛与东方轮船公司”拓展了中东、远东、澳大利亚班轮航线。此后，日本、德国、法国等国的船公司纷纷经营班轮运输，班轮航线日益增多。

随着班轮运输的发展，班轮市场出现竞争，并逐渐由竞争走向垄断。当某一航线同时有几家船公司经营班轮运输时，各家船公司往往以降低运价来揽载货源。为了避免各家船公司之间无休止的竞争，维护共同的利益，同一航线上参加经营的两个以上的船公司，通过在运价和其他经营活动方面签订协议而组成国际航运垄断组织，即班轮公会。19 世纪后半叶，航运界出现了以垄断航线经营为目的的第一个班轮公会组织，它是由英国 7 家船公司在印度加尔各答贸易中成立的班轮公会，专门经营英国至加尔各答的航线。此后，班轮公会发展很快，世界各条航线上几乎都出现了班轮公会，其中具有代表性的“远东班轮公会”是一个相当庞大的国际航运垄断组织，会员公司包括英国、瑞典、挪威、丹麦、荷兰、原联邦德国、美国、法国、日本等几十个国家的各大船公司。

20 世纪 60 年代，集装箱运输进入了班轮运输，这不仅意味着装卸方式的改革，而且还意味着件杂货运输又实现了一次具有划时代意义的革命。由于集装箱船舶在港停留时间和航速方面具有明显的优势，因此，其营运效率大大高于传统的件杂货船舶。但与此同时，集装箱运输对班轮经营也产生了相当深刻的影响，主要反映在集装箱化使航线上运力过剩，竞争加剧，使船公司经营走向集团化。集装箱运输集团化是通过几家船公司组成集装箱运输的联营集团而实现的。20 世纪 90 年代，经营包括贯太平洋、贯大西洋和欧洲-远东航线的“全球联营体”风行世界集装箱班轮业。自 1994 年 9 月美国总统轮船公司、日本大阪三井、荷兰渣华、香港东方海外和马来西亚国际等 5 家班轮公司宣布组成第一个全球联营体以来，相继又形成了有十几家班轮公司组成的多个全球联营体。这些联营体运作后，形成了太平洋、欧洲等主要班轮航线主要由几个大型全球联营体和几个独立承运人经营的局面。

我国的班轮运输始于 19 世纪 70 年代，当时招商局开始在沿海和长江经营班轮运输。20 世纪初，三北、宁绍、民生等轮船公司在长江和其他内河开始经营班轮业务。1961 年，中国远洋运输总公司成立，开始建立中国的远洋运输船队和国际班轮航线，结束了外轮垄断我国国际班轮运输的局面。目前，我国已开辟了至世界各大主要港口的集装箱班轮航线。

为了规范我国航运市场的交易行为，1996 年 11 月，我国成立了第一个国家级水运交易市场——上海航运交易所。交通部以此为起步开始在全国建成较为完整的航运市场。

1997 年 9 月，上海港又率先推出了集装箱国际中转业务，这是当今世界主要集装箱大港普遍开展的一项业务，其主要任务是将第三国的货物吸引到本国港口中转。上海港启动集装箱中转业务这一重大举措，随着洋山深水港的建设步伐正迈向新高。

一、海运船舶

船舶是海洋运输的工具，是完成国际间货物运输任务的重要物质基础。

1. 船舶种类

经海洋运输的货物种类很多，有被归为件杂货的各种经过包装或捆扎或加工成件的固态或液态货物，也有被归为散装货的干散货物和液态散货。为了提高船舶装载能力、加速船舶周转、降低运输成本，海运船舶日趋专业化。

海运船舶种类繁多，按其用途主要划分为干货船、油槽船和以集装箱船为主的特种船。其大致分类情况见表 5-1。

表 5-1　海运船舶分类表

类别	船舶		用途或特性
干货船	杂货船		装载一般件杂货，有时也装运粮谷、煤炭等
	冷藏船		装载冷藏货
	木材船		装载木材
	散货船	煤船	装载干散货物
		矿砂船	
		粮谷船	
油槽船	油轮		装运液态石油类货物
	液化天然气船		装运液化天然气
特种船	集装箱船		装载集装箱
	滚装船		车辆可直接上下进出货舱装卸货物
	载驳船		船上可装载载货驳船
	气垫船		靠强气流将船体托浮于水面高速航行
	水翼船		靠船底水翼所产生的升力使船体升离水面高速航行

集装箱船是当今海上货物运输的主力，按装卸方式分类，主要有吊装式和滚装式两种。如果把载驳船上装载集装箱的驳船看作“浮动的集装箱”，则可把这种载驳船也归为集装箱船。集装箱船舶广义的分类如下：

集装箱船舶分类
- 吊装式集装箱船
  - 集装箱两用船
  - 半集装箱船
  - 全集装箱船（集装箱专用船）
- 滚装式集装箱船
  - 多层甲板滚装船
  - 尾角跳板滚装船
  - 滚装/吊装两用船
- 浮装式集装箱船
  - 普通载驳货船（拉希型）
  - 海蜂式载驳货船（西比型）
  - 双体载驳货船（巴卡特型）
  - 浮坞式载波船（巴可型）

吊装式集装箱船（Lift on/Lift off Container Ship）是指利用船上或岸上起重机进行集装箱垂直装卸的船舶。可分为集装箱两用船（Conventional Container Ship）、半集装箱船（Semi-Container Ship）和全集装箱船（Full Container Ship）。

集装箱两用船的结构主要用于装载集装箱，也可以装载普通杂货，船舱内安装有可拆式格导装置，舱盖和甲板上设有集装箱锥形定位销，同时船舶底部设计强度较大，拆除格导装置后，可以承受散货的全部荷载。

半集装箱船是指船舶中部货舱安装格导装置后改装成集装箱专用舱，首尾不方正的货舱用于装载件杂货，这类船舶一般都配备有船载装卸机械。

全集装箱船（Full Container Ship）（图 5-1）是专门用于装载集装箱的船舶。这种集装箱船在外形上比较宽扁，由于通常不配备船载起重设备，故没有林立的吊杆和绳索，甲板上只有整齐排放的集装箱；在结构上，货舱为格栅结构、具有宽大的舱口和方正的货舱，并装有超高速、大功率的主机。

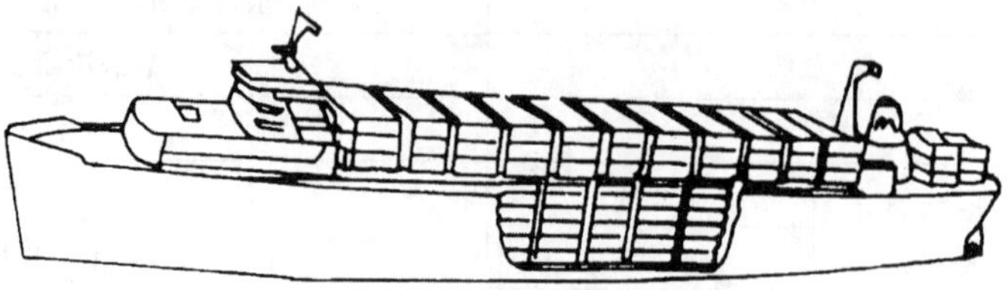

图 5-1 全集装箱船

全集装箱船按船舶载箱量，划分为第一代、第二代、第三代、第四代、第五代、第六代等集装箱船舶，集装箱船舶的技术参数见表 5-2；按船舶能否通过巴拿马运河，划分为巴拿马型船、巴拿马极限型船、超巴拿马型船和超级超巴拿马型船，其划分标准见表5-3。

表 5-2 集装箱船舶主要技术参数

序号	船型		船舶主尺度				船舶积载情况			营运吃水/m
	船舶吨级 DWT/t	载箱量/TEU	总长/m	型宽/m	型深/m	满载吃水/m	装箱层数		甲板堆箱列数	
							舱内	甲板上		
1	10 000 (7 561～12 500)	701～1 050	141	22.6	11.3	8.3	6	2	8	8.3
2	20 000 (12 501～27 500)	1 051～1 900	183	27.6	14.4	10.5	6	2	10	10.5
3	30 000 (27 501～45 000)	1 901～3 500	241	32.3	19.0	12.0	7	3	12	11.0
4	50 000 (45 001～65 000)	3 501～5 660	293	32.3	21.8	13.0	8	5	13	12.0
5	70 000 (65 011～85 000)	5 651～6 630	300	40.3	24.3	14.0	8	5	16	12.5
6	100 000 (85 001～115 000)	6 631～9 500	346	45.6	24.8	14.5	9	6	17	13.0
7	12 0000 (115 001～135 000)	9 501～11 000	367	45.6	27.2	15.0	10	6	18	13.0
8	160 000	11 001～12 500	398	56.4	30.2	16.5	10	7	22	—

表 5-3 巴拿马船划分标准

船型	划分标准
巴拿马型船(Panama)	船宽在巴拿马运河尺度 32.3 m 限制范围内
巴拿马极限型船(Panamax)	船宽达到 32.3 m
超巴拿马型船(Post-Panamax)	船宽大于 32.3 m
超级超巴拿马型船(Super post-Panamax)	超巴拿马型船中载箱量大于 6 000 TEU 的集装箱船

滚装式集装箱船(Roll on/Roll off Container Ship)(图 5-2)是由火车轮渡和汽车轮渡

发展起来的一种船舶。这种船舶设有上下多层甲板，各层甲板上都有集装箱固定装置，待运的集装箱连同底盘车利用船侧、船首或船尾的开口跳板连接码头，水平地开到甲板上，依靠集装箱叉车将集装箱卸下，固定在预定的位置上，或集装箱连同底盘车一并装运随船同行。滚装/吊装两用船在港口装卸时，舱内利用跳板滚装装卸，而甲板上靠岸壁集装箱起重机进行吊装装卸，为了配合这种船舶的装卸，应配备专用码头。

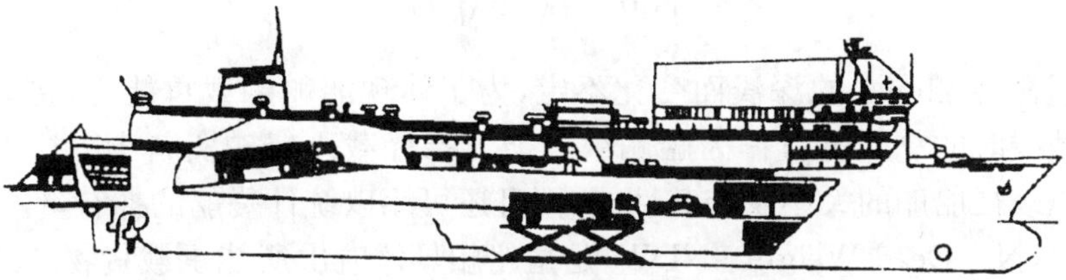

图 5-2　滚装式集装箱船

浮装式集装箱船(Lighter Aboard Container Ship)(图 5-3)又称载驳船，是指预先将集装箱装进定型的小驳船，等大船抵港时拖至船尾，利用船载装卸机械将驳船吊入船舱运送。

图 5-3　浮装式集装箱船

2. 船舶吨位

1) 排水量吨位(Displacement Tonnage, DT)

排水量吨位是指船舶自由浮于静水中，保持静态平衡时所排开水的重量。排水量吨位可用以计算船舶在不同装载状态下的重量。排水量分空船排水量、满载排水量和实际排水量 3 种。

空船排水量(Light Ship Displacement，用 ΔL 表示)是指船舶装备齐全但无载重时的排水量，其值为一定值。它包括船体、船机设备、仪器及锅炉中的燃料和水、冷凝器中的水等重量，是船舶最小限度的重量。

满载排水量(Full Load Displacement，用 ΔS 表示)是指船舶承载货物达到夏季载重线时的排水量，也称夏季满载排水量。它是船舶最大限度的容许重量，其值为一定值。等于空船重量、货物、燃料、淡水、船员、行李、粮食、供应品等重量之和。

实际排水量(Actual Displacement，用 Δ 表示)是指除空船及满载排水量外船舶在某装载状态下，达到任何装载水线时的排水量。

2）载重量吨位(Dead weight Tonnage，DWT)

载重量吨位是指船舶在营运上的载重能力，分总载重量和净载重量两种。

总载重量(Gross Dead Weight，GDW)是指船舶在任一水线时所能装载的货物、燃料、淡水、船员、行李、粮食、供应品及其他的总重量。其值应等于某一吃水时所对应的船舶排水量与空船排水量之差，即

$$\mathrm{DW} = \Delta - \Delta L(t)$$

总载重量随船舶吃水的深浅而变化不定，为了体现船舶的载重能力，将船舶吃水达到夏季满载装载线时的总载重量作为船舶载重能力指标载入船舶资料中。这项船舶性能指标不仅可用以表征船舶的大小及装载性能，而且还可用以统计货船的拥有量。

净载重量(Net Dead Weight，NDW)是指船舶具体航次所能承载货物的最大重量。应等于总载重量与航次总储备量和船舶常数之差，即

$$\mathrm{NDW} = \mathrm{DW} - \sum G - C(t)$$

式中，航次总储备最 $\sum G$ 是指航次所需的燃料、淡水、粮食、供应品、船员、行李等总重量；船舶常数 C 则是船舶经过一段时间营运后的空船重量与船舶出厂时的空船重量之差值。

表征船舶装载能力大小的净载重量也是特指船舶在夏季满载排水量时，备足航次所需燃料、淡水粮食、供应品、船员等情况下的最大载货量。它是船舶营运管理中航线配船、订舱配载、船舶积载等必须使用的一项指标。

3）注册吨位(Registered Tonnage，RT)

注册吨位是以容积为丈量单位的专门单位。注册吨位分总注册吨和净注册吨两种。

总注册吨(Gross Tonnage，GT)又称总吨，是指船舱内和甲板上所有关闭场所的内部总容积，以 2.83 m^3 为 1 t 折算后的吨数。

总吨的用途十分广泛，它可用以统计商船的拥有量；计算造船、租船、买卖船舶、船舶保险等费用；还可作为船舶登记、检验、丈量等收费基准，以及确定海损最高赔偿额的基准等。

净注册吨(Net Tonnage，NT)又称净吨，是指船舱内和甲板上所有关闭场所中用于直接装货的内部总容积，以 2.83 m^3 为 1 t 折算后的吨数。净吨可作为船舶报关、结关、运河通过费、船舶吨税及各种港口使用费的计算基准。

3. 船舶载重线

为了使船舶在航行中具有足够的浮性、稳性及抗沉性，船舶需具有一定的储备浮力，即吃水线以上船体水密空间体积所提供的浮力。储备浮力的大小与船舶装载状态密切相关，船舶载重量愈大吃水愈深其储备浮力就愈小。

衡量储备浮力大小的尺度是干舷，即船中处干舷甲板(通常指船上最高一层具有永久性封闭装置的露天全通甲板)的上边缘至其下吃水线的垂直距离。为了确保船舶的航行安全，并使船舶具有尽可能大的装载能力，在船舶左右两侧舷中勘划载重线标志，来限定船舶的最大吃水，从而规定船舶的最小干舷。船舶在任何情况下，都不得使干舷小于规定的最小干舷。

载重线标志是根据国际载重线公约及我国《海船载重线规范》的规定勘划的。它包括

甲板线、载重线圆盘与各条载重线，如图 5－4 所示。

甲板线是勘绘在船中两舷表示干舷甲板位置的一条水平线，它是有关载重线干舷的基准线。甲板线的上边缘应与干舷甲板的上表面处在同一水平面上。

载重线圆盘在甲板线的下方，它是由中心位于船中两舷的圆盘和与其相交的一条水平线所组成。水平线上边缘的中点通过圆盘中心，并与夏季载重线处于同一水平面上。从甲板线上边缘至圆盘中心的距离等于核定的夏季干舷。

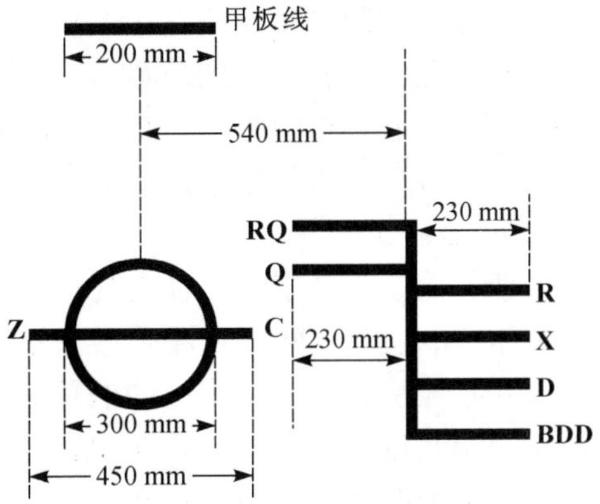

图 5-4　载重线标志

各载重线是一组与一根圆盘中心向船首的直线相垂直的水平线。各载重线上边缘分别表示船舶在不同航区和不同季节装载吃水的最大限度。从各载重线上边缘测得至甲板线上边缘的距离，就是船舶在不同情况下所允许的最小干舷。

图 5-4 中，各载重线一侧所标注的汉语拼音字母 RQ，Q，R，X，D，BDD 分别表示热带淡水载重线、淡水载重线、热带海水载重线、夏季海水载重线、冬季海水载重线和冬季北大西洋载重线。英文则分别以 TF(Tropical Freshwater)，F(Freshwater)，T(Tropical Seawater)，S(Summer Seawater)，W(Winter Seawater)，WNA(Winter North Atlantic)表示各条载重线。

4. 船舶登记

船舶登记是指将特定船舶的资料在某一特定国家作公开记录。根据海上国际公约的规定，船舶只有在某一特定国家进行登记后，取得该国国籍，才有权悬挂该国国旗在公海上航行，并享有该登记国的外交保护和领事协助以及海军的保护，同时还享有该登记国内河、沿海的经营特权。

过去，船舶一般都在船舶所有人所属国政府指定的机关进行登记手续，并取得该国国籍。但是现在世界船舶登记制度已经发生了巨大变化，先后出现了开放登记制度、海外登记制度和国际登记制度。

开放登记制度一般是指允许外国船东控制的船舶在本国登记，并取得本国国籍的一种船舶登记制度。这种登记制度的登记要求和条件对船东方便、适宜。一般来说，只要船舶符合这些开放登记国对船龄和技术标准的要求，任何人都可以在这些国家登记船舶。

在开放登记国登记注册的外国船舶称为“方便旗帜船”。这种方便旗帜船在 20 世纪 80 年代后期达到了顶峰，其数量几乎占世界商船船队总数的 30％以上。

海外登记制度是指传统船舶登记国在其海外领地建立的船舶登记制度。这种登记制度下，允许船东悬挂本国国旗，而其有关船舶所有权和船员配备等要求远比本国船舶登记制度宽松。同时，又因为海外登记地往往税务很轻，使得在海外登记的船东享有税务上的优惠。实行海外登记制度的目的在于吸引该国公民到本国海外领地进行船舶登记，从而避免其去开放登记国登记船舶。这是继开放登记制度后，英、法等传统海运国家所实行的一种新的船舶登记制度。

国际登记制度和海外登记制度在本质上基本相同，即该制度也允许船东悬挂本国国旗，所适用的船舶登记要求和规则较为宽松。所不同的是，国际登记制度并非在施行国的海外属地，而是和本国的船舶登记制度并存，一起设在该国境内。挪威、丹麦、德国等已相继实行了各自的国际船舶登记制度。

5. 船舶检验

船舶检验是国家和政府主管机关为保证海上人命安全和船舶航行安全而施行的一项重要手段。船舶检验按其性质主要分为法定检验和船级检验两大类。

法定检验是根据船旗国的法律和船旗国所加入的国际公约的有关规定强制进行的。法定检验通过后，由负责检验的船旗国航运主管机关，或由其授权的国内或国际上的船级社签发船舶航行证书和国际公约证书。

与法定检验内容相对应的船舶证书主要包括船舶登记证书、船舶无线电台执照、国际吨位证书、国际载重线证书、货船构造安全证书、货船设备安全证书、货船无线电安全证书、国际油污防止证书、装载散装危险化学品和液化气适合证书、最低安全人员配备证书、起重设备证书和营运船舶的船长和船员证书等。

船级检验是船东出于营运上的需要，自愿要求船级社按照船舶入级规范和要求进行的一项船舶检验，同时也是国家对船舶进行必要技术监督的一个行之有效的方法。通过船级检验，可以保证船舶的航行安全，促进和提高船舶技术管理水平，还可便于承租人和托运人选择适当的船舶进行进出口货物运输，以及便于保险公司决定是否承保船货或确定合理的保险费率等。船级检验分建造入级检验、入级检验和保持船级检验。

船级检验应由公认的船级社或船舶检验机构进行。世界上主要的船级社或船舶检验机构有英国劳埃德船级社、美国船舶检验局、法国船级社、挪威船级社、意大利船级社、德国劳埃德船级社、日本船级社、俄罗斯船级社、波兰船舶登记局、韩国船级社等。在我国施行船级检验的机构是中国船级社。

二、海运港口

海运港口是海上运输的基地，是船舶停泊、装卸货物、补充给养、躲避风浪的场所，也是国际物流运输网络的重要节点。

港口由航道、港池和码头三部分所组成。其中，航道是供船舶安全航行的通道，要求短、直、宽、深、畅通无阻；港池是供船舶停泊、航行和转向的水域，要求风浪小、水流稳定，并且其深度应满足所停靠船舶的最大吃水；码头是连接船舶和海岸，供停靠船舶、装卸货物的水上建筑物，按其形式可分为顺岸码头和突堤码头，按处理的货种可分为散货码头、件杂货码头、油码头、集装箱码头和综合性码头等。

1. 港口的种类

港口依其地理位置可分为沿海港、海峡港等；从贸易角度区分，港口又可分为非通商港（国内贸易港）、通商港（对外贸易港）和自由港。

2. 世界主要贸易港口

世界上主要贸易港口共有 2 500 多个，其中，分布在太平洋沿岸的港口约占世界港口的 1/6；大西洋沿岸的港口约占 3/4；印度洋沿岸的港口约占 1/10。世界主要贸易港口的分布情况见表 5-4。

表 5-4　世界主要贸易港口

区域	港　　口
太平洋沿岸	(日本)东京、横滨、名古屋、川崎、大阪、神户,(原苏联)纳霍德卡、东方港、海参崴,(朝鲜)清津、兴南、南浦,(韩国)釜山,(中国)上海、天津、大连、秦皇岛、青岛、广州、深圳、湛江、基隆、高雄、香港,(越南)海防、胡志明港,(泰国)曼谷,(新加坡)新加坡,(印度)雅加达,(菲律宾)马尼拉,(澳大利亚)悉尼、布里班斯,(新西兰)澳克兰、利特尔顿、惠灵顿,(斐济)苏瓦,(美国)关岛、火奴鲁鲁、西雅图、旧金山、洛杉矶,(加拿大)温哥华,(墨西哥)曼萨尼约,(巴拿马)巴拿马,(哥伦比亚)布韦那文图拉,(秘鲁)卡亚俄,(智利)瓦尔帕莱索
大西洋沿岸	(加拿大)魁北克、蒙特利尔、哈利法克斯,(美国)波士顿、纽约、新奥尔良,(墨西哥)坦皮科、韦腊克鲁斯,(巴拿马)科隆,(委内瑞拉)马拉开波、拉瓜伊拉,(巴西)圣路易斯、里约热内卢,(阿根廷)布宜诺斯艾利斯,(乌拉圭)蒙得维的亚,(古巴)哈瓦那,(牙买加)金斯敦,(海地)太子港,(多米尼加)圣多明各,(波多黎各)圣胡安,(葡萄牙)里斯本,(摩洛哥)卡萨布兰卡,(塞内加尔)达喀尔,(尼日利亚)拉各斯,(利比里亚)蒙罗维亚,(南非)开普敦,(原苏联)圣彼得堡,(芬兰)赫尔辛基,(瑞典)斯德哥尔摩,(波兰)格丁尼亚,(挪威)奥斯陆,(丹麦)哥本哈根,(荷兰)鹿特丹、阿姆斯特丹,(英国)伦敦、利物浦,(比利时)安特卫普,(德国)汉堡、不来梅,(塞浦路斯)拉纳克斯,(黎巴嫩)贝鲁特,(土耳其)伊斯坦布尔,(希腊)比雷埃夫斯,(南斯拉夫)里耶卡,(意大利)那不勒斯,(法国)马塞,(西班牙)巴塞罗那,(埃及)塞得港、亚历山大,(利比亚)的黎波里
印度洋沿岸	(缅甸)仰光,(印度)加尔各答、马德拉斯、孟买,(斯里兰卡)科伦坡,(巴基斯坦)卡拉奇,(伊朗)阿巴斯、阿巴丹、哈尔克岛,(伊拉克)巴士拉、霍尔厄尔阿玛亚,(科威特)科威特,(巴林)锡特拉油港、巴林,(阿联酋)迪拜,(也门)亚丁,(吉布提)吉布提,(埃及)苏伊士港,(肯尼亚)蒙巴萨,(索马里)摩加迪沙,(坦桑尼亚)达累斯萨拉姆,(莫桑比克)马普托,(南非)德班,(澳大利亚)墨尔本

3. 我国对外贸易港口

我国东临大海,海域面积约 338 万 km^2。在辽阔的海面上,分布着 5 000 多个大大小小的岛屿,海岸线总长约 3.2 万 km,其中北起中朝交界的鸭绿江口南至中越交界的北仑河口,海岸线长达 1.8 万 km。我国沿海有许多终年不冻的天然良港,为我国海上运输事业的发展提供了优越的条件。这些港口包括上海港、天津港、深圳港、宁波港、大连港、青岛港、秦皇岛港、烟台港、日照港、连云港港、温州港、福州港、厦门港、汕头港、广州港、蛇口港、湛江港、北海港、防城港、海口港、八所港、三亚港、高雄港、基隆港和香港等。此外,我国还陆续对外开放了一些内河港口,主要有南通港、张家港、南京港、镇江港、江阴港、扬州港、高港、常熟港、太仓港、芜湖港、铜陵港、安庆港、马鞍山港、武汉港、城陵矶港、太平港、江门港、肇庆港、佛山港、新会港、梧州港、重庆港和九江港等。我国进出口货物可以从这些内河港口直接出海运往国外或反向运输。

三、海运航线

海运航线是指船舶在两个及其以上港口间航行的路线,它是世界各国、各地区之间往来贸易的重要通道。

1. 世界海运航线

在占地球表面 70%以上的海洋上,遍布着四通八达的国际海运航线。其中,大西洋上国际航线的货运量居世界各大洋之首;太平洋上国际航线的货运量仅次于大西洋;印度洋上国际航线的货运量居世界各大洋第三位。世界主要海运航线见表 5-5。

表 5-5　　世界主要海运航线

区域	航　　线
大西洋	西北欧——北美东航线 西欧、北美东——加勒比海航线 西欧、北美东——东方航线(经地中海、苏伊士运河) 西欧、北美东——东方航线(经好望角) 南美东——东方航线(经好望角) 西欧、地中海——南美东航线
太平洋	远东——北美西航线 远东——加勒比海、北美东航线 远东——南美西航线 澳新——北美东、北美西航线 远东——澳新航线 远东——东南亚——中东航线
印度洋	远东——东南亚——地中海——西欧航线 远东——东南亚——好望角——西非、南美航线 远东——东南亚——东非航线 波斯湾——好望角——西欧、北美航线 波斯湾——东南亚——日本航线 波斯湾——苏伊士——西欧、北美航线 印度洋北部地区——亚太航线 印度洋北部地区——欧洲航线

2. 我国对外贸易海运航线

20 世纪 60 年代以来,国际局势发生了变化,我国按照平等互利、互通有无的原则,发展了同世界各地特别是地方发达国家和地区的经济贸易,已开辟了通往世界各地的海运航线。随着我国航运市场的进一步对外开放,国外船公司也纷纷跻身于我国航运市场。更加充实了我国对外贸易的海运航线。我国对外贸易海运航线见表 5-6。

表 5-6　　我国对外贸易主要海运航线

区域	航线	主要挂靠港
亚洲东部	香港航线	香港
	日本航线	川崎、神户、门司、名古屋、大阪、东京、四日市、横滨
	新加坡航线	新加坡
	马来西亚航线	巴生、槟城
	沙捞月航线	吉晋、米里、诗巫
	沙巴、文莱航线	文莱、亚庇、山打根
	泰国航线	曼谷
	菲律宾航线	马尼拉
	印尼航线	雅加达、三宝、泗水(苏腊巴亚)、棉兰
	韩国航线	釜山
	朝鲜航线	清津、兴南、南浦
	俄罗斯航线	纳霍德卡、海参崴
	越南航线	胡志明港
北美、中美、南美洲	北美西航线	温哥华、西雅图、旧金山、长滩
	北美东航线	哈利法克斯、蒙特利尔、查尔斯顿、纽约、休斯顿
	中美洲航线	哈瓦那、巴拿马城、科隆、太子港、圣多明各、彭塔阿雷纳斯
	南美西航线	卡亚俄、瓦尔帕莱索、彭塔阿雷纳斯
	南美东航线	布宜诺斯艾利斯、里约热内卢、桑托斯、蒙得维的亚
欧洲、地中海	欧洲、地中海航线	安特卫普、阿姆斯特丹、鹿特丹、汉堡、巴塞罗那、菲力克斯托、马赛、热那亚

续 表

区域	航线	主要挂靠港
大洋洲	澳大利亚航线 新西兰航线 新几内亚航线	墨尔本、悉尼、布里班斯 奥克兰、利特尔顿 莱城、拉包儿、莫尔兹比港
印度洋沿岸、东西非	波斯湾航线 孟加拉湾航线 红海航线 斯里兰卡航线 东非航线 西非航线	孟买、卡拉奇、迪拜、科威特 仰光、吉大、加尔各答 亚丁、荷台达、亚喀巴、阿萨布、苏丹港 卡伦坡 达累斯萨拉姆、桑给巴尔、摩加迪沙、蒙巴萨、路易斯港 阿比让、阿帕帕、拉各斯、卡萨布兰卡、杜阿拉、达喀尔、马塔迪、努瓦克肖特

第二节 国际运输代理

国际货物运输是国家与国家、国家与地区之间的长途运输，中间环节多、涉及面广、情况十分复杂，任何一个承运人或货主都不可能亲自处理每一项具体运输业务，许多工作需要委托代理人代为办理，国际运输代理应运而生。随着国际货物运输的发展，国际运输代理行业得到迅速的发展，成为国际货物运输事业不可缺少的重要组成部分，也成为国际货物运输领域的独立行业。

一、代理关系和代理人的作用

国际货物运输的业务性质决定了需要建立代理关系，委托代理人办理有关业务。

1. 代理关系的建立

代理关系是由委托人和代理人两方组成。代理关系必须是一方提出委托（书面或口头），经另一方接受（书面或口头），方告成立。代理关系确立以后，委托人与代理人的关系是一种委托和被委托的关系，有关双方的权利和义务按代理协议或合同规定办理。在办理代理业务中，代理人是作为委托人的代表，对委托人负责，代理人必须在委托人授权范围内行事，否则由此产生的一切后果委托人不予负责。在代理协议（合同）中，需明确规定委托事项的范围。

2. 代理人的作用

只有具备代办各种运输事项的能力和条件的代理人，才能从事国际运输代理业务。代理人一般都经营运输业务多年，熟悉各种运输规章制度和手续，经验比较丰富，并与交通运输部门以及贸易、银行、保险、海关等有着广泛的联系和较为密切的关系。因此，委托代理人去完成某项运输任务，往往比委托人自己亲自处理更为有利。虽然委托人需花费一些酬金，但一般能从代理人提供的服务中得到一定的补偿，更为重要的是能迅速地办理委托的事项，保证货物的安全运输。

二、代理人和委托人的责任与义务

1. 代理人的责任与义务

（1）按照代理协议（合同）的规定和委托人的指示，在委托人授权范围内，负责办理委托事项。

(2) 如实汇报一切重要事宜。向委托人提供的情况和资料必须真实,如果有任何隐瞒或提供的材料不实而造成的损失,委托人有权向代理人追索赔偿并撤销代理协议。

(3) 负保密义务。代理人在代理协议有效期间,不得把代理过程中得到的保密情报和重要资料向第三者泄露。

(4) 如实向委托人报账。代理人有义务对因代理业务而产生的所有费用提供正确的账目并向委托人报账,个别特殊费用的开支应事先征得委托人的同意。

2. 委托人的责任与义务

(1) 及时给予代理人明确的具体指示。除按照代理协议(合同)规定办理外,委托人要求代理人应做的工作,必须及时给予明确具体的指示,以便代理人凭以执行,尤其对代理人征询的某项工作的处理意见,委托人必须及时答复,如由于指示不及时或不当而造成工作上的损失,应由委托人负责。

(2) 支付代理佣金。委托人必须按事先约定支付代理人佣金,作为对代理人所提供的服务报酬。

(3) 支付费用和补偿。委托人必须支付代理人由于办理代理工作而产生的有关费用。

三、运输代理的种类

按照代理业务的性质和范围,运输代理分为租船代理、船务代理、货运代理和咨询代理四大类。

1. 租船代理

租船代理又称租船经纪人,它是以船舶为商业活动对象而进行船舶租赁业务的人。它的主要业务活动是在租船市场上为租船人寻找合适的运输船舶或为船东寻找货运对象,它以中间人身份使租船双方达成租赁交易,从中赚取佣金。租船代理根据所代表委托人身份的不同又分为船东经纪人和租船代理人。有的租船代理人还兼办船舶买卖、船舶代理业务。租船代理的主要业务:

(1) 按照委托人(船东或租船人)的指示要求,为委托人提供最合适的对象和最有利的条件并促成租赁交易成交,这是租船代理最主要的业务。

(2) 根据双方磋商的条件确立租船合同,并按委托方的授权代签合同。

(3) 提供委托人航运市场行情,国际航运动态以及资料信息等。

(4) 为当事人双方协调解决纠纷,以便取得公平合理的解决。

租船代理佣金按照惯例是由运费或租金收入方支付,即由船东支付,代理佣金一般按租金的1%~2.5%在租船合同中加以规定。

2. 船务代理

船务代理是指接受承运人的委托,代办与船舶有关的一切业务的人。船务代理业务范围很广,主要包括以下几方面的业务:

(1) 船舶进出港业务。办理船舶进出港各项手续,包括引水、拖轮、靠泊、报关等;办理船舶检验、修理、洗舱、熏舱以及海事处理等。

(2) 货运业务。办理揽货、订舱、代收运费及编制有关运输单据;安排组织货物装卸、检验、交接、储存、转运及理货等。

(3) 供应工作。代办船用燃料、淡水、物料及食品供应等;代办绳索垫料等。

(4) 其他服务性业务。办理船员登岸或出境手续;安排船员住宿、交通、参观游览等。

除上述一般业务外,其他临时发生的事情,经委托船务代理均可代为办理。船务代理人一般按规定的收费标准向委托人收取船舶和货物的代理费。

船务代理关系根据委托方式的不同,一般分为两种:

(1) 航次代理,是指委托人的委托和代理人的接受均以每船一次为限,即逐船逐次办理委托手续。代理费用代理人以航次结算单与委托人一次结清。当船舶去到不是经常挂靠的港口,船方往往采取航次代理方式进行委托。

(2) 长期代理,指船方和代理人之间签订有长期(1～5 年或更长时间)代理协议。多数班轮公司和拥有较多船舶的船东,在船舶经常挂靠的港口,一般都采取长期代理方式。

长期代理关系也有不签订协议,而以长期业务合作形成的。如我国外轮代理公司与大多数外国轮船公司的长期代理关系,一般都不签订协议,但性质上属于长期代理关系。

我国港口的船务代理工作,长期以来,是由交通部中国外轮代理公司独家经营。随着我国经济改革的深入,我国对外贸易运输体制的改革,实行船务代理和货运代理互相兼营和多家经营的政策。1985 年 4 月中国对外贸易运输总公司正式成立“中国船务代理公司”,并在全国主要港口设立分支机构,随后,船务代理出现多家经营的局面,分布于我国沿海、沿江的主要港口城市,承担外轮和国轮的船务代理业务。

3. 国际货运代理

国际货运代理可以作为进出口货物收货人、发货人的代理人,也可以作为独立经营人,从事国际货运代理业务。国际货运代理作为代理人从事国际货运代理业务,是指国际货运代理接受进出口货物收货人、发货人或其代理人的委托,以委托人的名义或者以自己的名义办理有关业务,收取代理费或佣金的行为。国际货运代理作为独立经营人从事国际货运代理业务,是指国际货运代理接受进出口货物收货人、发货人或其代理人委托,签发运输单证、履行运输合同并收取运费以及服务费的行为。

国际货运代理可以接受委托,代为办理下列部分或者全部业务:

(1) 订舱(租船、包机、包舱)、预订车辆、托运、仓储、包装。

(2) 货物监装、监卸、集装箱拼箱拆箱、分拨、中转及相关短途运输服务。

(3) 国际多式联运、集运。

(4) 国际快递业务(私人信函和县级以上党政军机关公文的寄递业务除外)。

(5) 代理报关、报检、保险。

(6) 缮制有关单证,结算及交付运费杂费。

(7) 国际展品、私人物品及过境货物运输代理。

(8) 咨询及其他国际货物运输的代理业务。

国际货运代理企业之间也可以相互委托代为办理上述业务。

4. 咨询代理

咨询代理是指专门从事有关国际货物运输的咨询工作,接受委托人的委托,提供信息服务(包括提供数据、资料、情报等)或专项服务而收取一定报酬的机构。咨询代理机构拥有研究人员和先进的设备,与世界各贸易运输研究中心有密切的联系,能及时掌握世界各国国际货物运输的最新动态。因此,可根据委托人的需要解释有关法律、规章条款;调查有关企业的财政信誉;核算运输成本;帮助选择经济合理的运输方式、运输工具和运输路线。

以上仅从业务的侧重面加以分类,实际上代理业务允许兼营。例如,不少船务代理兼营货运代理,有的货运代理兼营租船代理、船务代理和咨询代理,各类代理的业务范围,各个国家有具体规定。

第三节 集装箱班轮运输

班轮运输,亦称定期船运输,是指船公司按照公布的船期表在特定的航线上,以既定的挂靠港顺序,进行规则的反复的航行和运输的一种船舶经营方式。

一、班轮运输特点

班轮运输是随着工农业生产的发展在运量激增、货物品种增多的条件下,为适应货物自身价值高、批量小、收发货人多、市场性强以及送达速度快的货物运输要求而产生和发展起来的。因此,在组织班轮运输时不仅对船舶的技术性能以及船员和设备等有较高的要求,而且还需要有一套与之相适应的货运程序。班轮运输体现在货运程序上的特点主要有以下几个方面:

1. 定期、定港、定航线、定费率

班轮公司通常都在其固定行驶的航线上,排好定期开航和中途固定停靠港口的到、开时间,并将船期表登载于报刊上,或分送各主要托运人。只要托运人按船期表规定的时间备货和托运,对于航线上固定的始发港、中途挂靠港及终到港,则不论发、到货物的种类如何、数量多少,班轮公司均可接收或交付,极大地方便了买卖双方。运输费用则是根据班轮公司事先制定的运价表向货主计收,以利于货方核算货物成本。

2. 不规定装卸时间

班轮运输中,载货船舶在航线上始发港、终到港以及中途挂靠港的装卸作业是由船方在船期表规定的船舶到、离港期间内负责安排的,承托双方不必另行规定货物的装卸时间。

3. 船方负担装卸费用

班轮运输是根据班轮运价表向货方收取运费的。班轮运费不仅包括货物从启运港至目的港的运输费用,还包括货物在启运港的装船费用和目的港的卸船费用。因此,货物在港口有关装卸的一切费用应由船方负担,不再另行向货方计收。

4. 托运人和承运人通过各自的代理人达成运输合同

5. 以班轮提单作为运输合同的证明

班轮所承运的货物种类繁多,批量较小,而且来自于众多的托运人。作为承运人,班轮公司不可能临时与每个托运人签订运输合同,而只能按照约束提单的国际公约或有关国内法律,事先拟定有关承、托双方权利与义务的班轮提单,作为日后解决承、托双方纠纷的依据。

二、集装箱班轮运输业务

(一) 运输费用

随着集装箱运输的发展,船公司的业务范围逐渐扩大,责任范围也随之从装港至卸港不断向两端内陆延伸。与此同时,船公司在集装箱运输的整个过程中所开支的费用及其构成也发生了相应的变化。为了确保集装箱运输整个过程中所有的成本开支均能得到相应的补偿，船公司制定出一套适合集装箱运输的运价体系，并在实践中不断使之趋于合理和完善。

1. 运费构成

集装箱运费是承运人自接收货物起至交付货物止的全部费用，其基本构成为内陆运输费、拼箱服务费、堆场服务费、海运运费等。

在集装箱运输中，集装箱整箱接收与交付是在托运人和收货人工厂或仓库(Door，D)或集装箱堆场(Container Yard，CY)完成的，而拼箱接收与交付则是在集装箱货运站(Container Freight Station，CFS)内完成的。根据集装箱货物整箱交接与拼箱交接的各种组合，形成了9种不同的交接方式，即"门到门"(Door to Door)、"门到站"(Door to CFS)、"门到场"(Door to CY)、"站到门"(CFS to Door)、"站到站"(CFS to CFS)、"站到场"(CFS to CY)、"场到门"(CY to Door)、"场到站"(CY to CFS)和"场到场"(CY to CY)。由于承运人在不同交接方式下所承担的责任和费用有所不同，因此，各自的运费构成也不同。例如，常见的"CY to CY"交接方式下，承运人负责在装港集装箱码头堆场接收整箱，并将其运至卸港集装箱码头堆场整箱交付，其运费构成为装港堆场服务费、海运运费和卸港堆场服务费。

又如，"CY to Door"交接方式下，承运人负责在装港集装箱码头堆场接收整箱，并将其运至收货人工厂或仓库整箱交付，其运费构成为装港堆场服务费、海运运费、卸港堆场服务费和卸港内陆运输费。

2. 运费计收

上述不同交接方式下集装箱运费的构成只是一个一般的概念，集装箱运费并不一定按其每一项运费构成单独计收。事实上，不少船公司通常采用按集装箱类型规定不同航线每一个集装箱运费的包箱费率。船公司根据需要，可以在不同航线上采用不同的包箱费率。常见的包箱费率主要有FAK包箱费率。FCS包箱费率和FCB包箱费率。

(1) FAK(Freight All Kinds)包箱费率是一种均一包箱费率，即对于同一航线上相同类型的每一个集装箱，不分箱内货物等级，在集装箱载重量限度内，不计货物重量，统一采用相同的运价。其费率表形式见表5-7。

表5-7　**FAK包箱费率表**

SHANGHAI TO	JAKARTA、SURABAYA		SINGAPORE	
COMMODITY	LCL(W/M)	20′/40′	LCL(W/M)	20′40′
GENERAL CARGO	84	1 200/2 250	78	1 100/2 050
SEMI-HAZARDOUS	111	1 700/3 100	97	1 450/2 700
HAZARDOUS		2 150/4 000		1 850/3 400
REEFER				
	SURABAYA PLUS： 100/20′，200/40′ LCL10/FT			

在这种费率表下，整箱货(Full container Load，FCL)根据货物的种类以及集装箱的规格，就可在有关航线的费率表中查出相应的费率；拼箱货(Less than Container Load，LCL)则根据货物种类，就可在有关航线的费率表中查得每运费吨的运费，再乘以按计算标准确定的计算单位，即得运费。

表 5-7 中,"SURABAYA PLUS:100/20′200/40′,LCL 10/FT"表示:上海到苏腊巴雅的集装箱,应在雅加达费率的基础上,整箱货每 20 英尺集装箱另加 USD 100,每 40 英尺集装箱另加 USD 200;拼箱货每运费吨加收 USD 10,以下类同。

(2) FCS(Freight for Class)包箱费率是对于同一航线上不同等级的普通货物和不同类型的集装箱规定不同运价的包箱费率。其费率表形式见表 5-8。

表 5-8　　FCS 包箱费率表

SHANGHAI TO	DUBAI		KARACHI	
CIMMODITY	LCL(W/M)	20′/40′	LCL(W/M)	20′/40′
1～7	119	1 850/3 500	103	1 750/3 300
8～10	127	2 000/3 800	109	1 850/3 500
11～15	133	2 100/4 000	112	1 900/3 600
16～20	139	2 200/4 200	122	2 000/3 800
GENERAL CHEMICAL	133	2 100/4 000	112	1 900/3 600
SEMI-HAZARDOUS	161	2 600/4 900	160	2 300/4 350
HAZARDOUS		3 150/5 900		3 150/6 000
REEFER		3 400/6 450		3 350/6 350
	KUWAIT PLUS: 350/20′, 550/40′ DAMMAN PLUS: 160/20′, 240/40′ LCL26/FT			

表 5-8 中,集装箱普通货物的等级与件杂货一样,共分 20 级。在这种费率表下,整箱货根据货物的种类(普通货物还须按等级)、集装箱的规格,可查得有关航线上集装箱的费率。若箱内货物等级不同,则按最高等级计收运费;拼箱货则根据货物种类、等级查得费率。

(3) FCB(Freight for Class & Basis)包箱费率是一种按货物等级和计算标准制定的包箱费率。其费率表形式见表 5-9。

表 5-9　　FCB 包箱费率表

FROM CHINESE PORT TO	ANTWERP、HAMBURG、ROTTERDAM		
COMMODITY	BASIS	LCL	20′/40′
1～8	M	107	1 850/3 515
9	M	112	1 950/3 705
10～11	M	117	2 050/3 895
12～20	M	122	2 100/4 050
1～12	W	134	1 850/3 515
13～15	W	142	2 000/3 800
16～20	W	150	2 100/4 050
NON-HAZARDOUS	W/M	112	1 950/3 705
SEMI-HAZARDOUS	W/M	148	2 650/5 035
HAZARDOUS			3 350/6 270

整箱货根据货物的种类、等级、计算标准、集装箱类型；拼箱货根据货物种类、等级、计算标准，在有关航线的费率表中，可分别查得相应的费率。

表5-9中的BASIS为计算标准，是用以确定运费的计算单位。其中：M(Measurement)表示按货物体积计算运费，其含义是以 1 m^3 或 40 ft^3 为一个计算单位，也称尺码吨；W(Weight)表示按货物重量计算运费，其含义是以吨为计算单位，也称重量吨，重量吨和尺码吨统称为运费吨(Freight Ton, FT)；W/M表示按货物重量或体积择大计算运费。

整箱货运费除了根据包箱费率计算外，还有最低运费和最高运费等。

和件杂货运输相类似，集装箱运输根据需要也要加收各项附加费，如燃油附加费(Bunker Adjustment Factor, BAF)、货币贬值附加费(Currency Adjustment Factor, CAF)、变更目的港附加费(Additional for Alteration Destination)、港口附加费(Port Surcharge)和选港附加费(Additional for Optional Destination)等。

[例5-1] 某船公司采用最低运费方式计收集装箱运费。规定20 ft干货集装箱按重量吨计收运费时，最低运费吨为17.5 t；按尺码吨计收运费时，最低运费吨为21.5 m^3。

(1) 某20 ft干货集装箱内装载电器，体积为15 m^3，重量为8 t，运费率为USD 18.00M，求运费。

(2) 某20 ft干货集装箱内装载两种货物，其中电器体积12 m^3，重量6 t，运费率为USD 18.00M；五金体积8 m^3，重量9 t，运费率为USD 30.00W，求运费。

解：(1)该电器以尺码吨为计算标准，其尺码吨为15.000 m^3，虽不足规定的最低运费吨21.5 m^3，但仍以21.5 m^3为计费吨。

$$\text{运费} = 21.500\ m^3 \times 18\ USD/FT = USD\ 387.00$$

(2) 当一个集装箱内装载两种及其以上的货物时，运费按每种货物规定的运费率和实际运费吨计算。如果总的尺码吨和总的重量吨均少于相应的最低运费吨时，则按低的亏箱额和箱内较高的货物运费率计收亏箱运费。

$$\begin{aligned}\text{运费} = &\ 12.000\ m^3 + 18.00\ USD/FT + 9.000\ t \times 30.00\ USD/FT + \\ &\ \min[(21.500 - 20.000)m^3, (17.500 - 15.000)t] \times \\ &\ \max(18.00\ USD/FT, 30.00\ USD/FT) \\ = &\ USD\ 531.00\end{aligned}$$

[例5-2] 某公司采用最高运费方式计收集装箱运费。对于40 ft干货集装箱，规定其最高运费吨为43 m^3，即使货主实际装箱的货物体积超出43 m^3，船公司仍按43 m^3作为计费吨收取运费，超出部分免收运费。当集装箱内装载两种及其以上货物，且货物等级不一时，超出部分按箱内货物等级由低到高免收相应的运费。

某40 ft干货集装箱，箱内实际装载货物50 m^3，其中15级货物46 m^3，5级货物4 m^3，求运费和免收的运费。

解：运费＝43.000 m^3×15级货物运费率

免收的运费＝4.000 m^3×5级货物运费率＋3.000 m^3×15级货物运费率

(二) 运输单证

(1) 场站收据(Dock Receipt, D/R)，主要有以下各联：

第1联——集装箱货物托运单(货主留底);

第2联——集装箱货物托运单(船代留底);

第3联——运费通知(1);

第4联——运费通知(2);

第5联——装货单(场站收据副本);

第6联——场站收据副本(大副联);

第7联——场站收据。

其中:第5联——装货单(场站收据副本)主要用于出口报关;第7联——场站收据是承运人在集装箱码头堆场、集装箱货运站或托运人工厂或仓库收到整箱货或拼箱货后签发给托运人的一张收据,托运人可凭以向承运人换取提单。这张收据一旦签发,即意味着承运人开始对货物负有责任。因此,承运人在接收整箱货时,如果发现集装箱外表或标志等与场站收据不一致,或拼箱货包装外表有异状或数量与场站收据不一致,应在场站收据联上加批注,说明集装箱或货物的实际情况,以分清承、托双方的责任。

(2) 装箱单(Container Load Plan, CLP),是反映箱内货物详细情况的唯一单证,它具体记载集装箱货物的货运资料、交接方式以及箱内由前至后的货物积载情况。

装箱单由装箱人以箱为单位负责填制,即整箱货若由托运人装箱,则应由托运人填制并签署;拼箱货由集装箱货运站装箱,则应由集装箱货运站填制并签署。装箱单通常一式数份,各联分别为有关方面所持有。

(3) 设备交接单(Equipment Interchange Receipt, EIR),是集装箱及其设备的所有者或租用者与用箱人之间交接设备的凭证,它是划分设备所有者或租用者和设备使用者之间责任、义务和权利的依据。

集装箱及其设备进出场应办理交接手续,交接双方须按设备交接单的正面内容共同查验,并由码头堆场填制,经双方签署后有效。设备交接单分进场和出场两种。

(4) 交货记录(Delivery Record),是集装箱进口业务中的主要单证,其标准格式一套共5联:

第1联——到货通知书;

第2联——提货单;

第3联——费用账单(1);

第4联——费用账单(2);

第5联——交货记录。

其中:第2联——提货单主要用于进口报关;第5联——交货记录是承运人将货物交付给收货人时,双方共同签署的用以证明货物已交付以及该批货物交付时状况的单证。

由于集装箱运输中,承运人责任的起止时间是以其接收货物和交付货物的时间作为划分界限的,因此,与场站收据的签发意味着承运人责任的开始相对应,交货记录的签署则意味着承运人责任的终止。

三、进出口运输业务流程(图5-5)

(1) 托运人根据贸易合同或信用证编制出口货运代理委托书,委托货代办理货物出口事宜。

(2) 货代根据委托书的内容编制场站收据联单。制单后留下第1联——货主留底,其余送船代订舱。

船代结合船公司的航线、港口、船舶和运输条件等情况,在能满足托运人要求的前提下,对场站收据进行编号。船代留下第2联——船代留底、第3联——运费通知(1)和第4联——运费通知(2),并在第5联——装货单上签章确认订舱,将剩余第5联至第7联退还货代。

(3) 船代接受订舱后,安排用箱计划,发放设备交接单,并通知集装箱堆场按用箱计划发放空箱。

(4) 对于法定检验检疫的商品,货代应根据托运人"代理报检委托书"的要求在规定的时限和地点向检验检疫机构报检。经检验检疫合格后,由检验检疫机构签发出境货物通关单凭以报关。

(5) 对于由出口方负责投保的商品,托运人应及时向保险公司办理货物保险手续。

(6) 货代安排自有车辆或委托内陆承运人从指定堆场提运空箱至装箱点,同时将设备交接单交驾驶员凭以提运、交接空箱。

(7) 集装箱堆场根据船代编制的用箱计划发放空箱,并与提箱人共同签署出场设备交接单。

(8) 整箱货一般由托运人在其工厂或仓库自行装箱,并填制装箱单;拼箱货由托运人将货物送至集装箱货运站,由集装箱货运站负责拼装成整箱,并填制装箱单。

(9) 托运人装箱后,根据货代安排,将重箱连同装箱单交由内陆承运人送至集装箱码头堆场。

(10) 集装箱码头堆场凭驾驶员递交的装箱单和进场设备交接单验收重箱。

(11) 货代应根据托运人"代理报关委托书"的要求,于装货前24 h,凭场站收据第5联至第7联和其他报关单证向海关报关。海关审核认可后,在第5联——装货单上加盖海关放行章,并将第5联至第7联一并退还转交码头港区。第5联——装货单由场站留底,第6联——大副联由场站业务员于装船前分批送理货公司,第7联——场站收据用于装船后船代凭以签发已装船提单。

(12) 集装箱码头根据集装箱船舶积载图,待船舶抵港靠泊后装船。

(13) 理货人员应在船公司指定的场站理货。对于"CY to CY"条款,理货人员在集装箱装船时船边理箱;对于"CFS to CFS"条款在集装箱货运站装箱时理货,在码头装船时理箱,并提供理货报告。

(14) 船代在装船后签发已装船提单,并由货代转交托运人。

(15) 托运人取得已装船正本提单,并备妥信用证规定的其他单证后,在信用证有效期内到议付银行办理结汇。

(16) 议付银行与托运人办妥结汇手续后,将提单等有关单证转国外付款银行。

(17) 收货人在接到银行付款通知后,到银行支付贸易货款,换取正本提单。

(18) 卸港船代在收到装港船代于船舶开航后发出的舱单、提单副本等有关文件后,编制交货记录联单,并向收货人发出第1联——到货通知书。

(19) 收货人收到到货通知书后编制进口货运代理委托书等,并将正本提单和到货通知书以及报关单证等交货代委托其办理货物进口事宜。

(20) 货代将正本提单和到货通知书交船代换取第 2 联——提货单，第 3 联——费用账单(1)、第 4 联——费用账单(2)和第 5 联——交货记录。

(21) 对于法定检验检疫的商品，货代应根据收货人“代理报检委托书”的要求，在规定的时限和地点向检验检疫机构报检，并取得检验检疫机构签发的入境货物通关单凭以报关。

(22) 货代根据收货人“代理报关委托书”的要求，持提货单等报关单证，在海关规定的期限内向海关办理进口报关。海关验放后，在提货单上加盖放行章。

(23) 集装箱码头根据装港发来的有关货运单证制定卸船计划，待船舶抵港靠泊后卸船。

(24) 理货人员在卸船时船边理箱，并向船代提供卸船理货报告。

(25) 货代凭加盖海关放行章的提货单以及费用账单和交货记录向场站或港区营业所办理申请提货作业计划。场站或港区营业所受理作业申请，安排提货作业计划，并将提货单、费用账单留下，作为放货、结算费用及收取费用的依据。同时在交货记录上盖章并退还，以示确认手续完备，同意放货。

(26) 货代安排自有车辆或委托内陆承运人办理重箱提运，同时将交货记录交驾驶员凭以提取重箱。

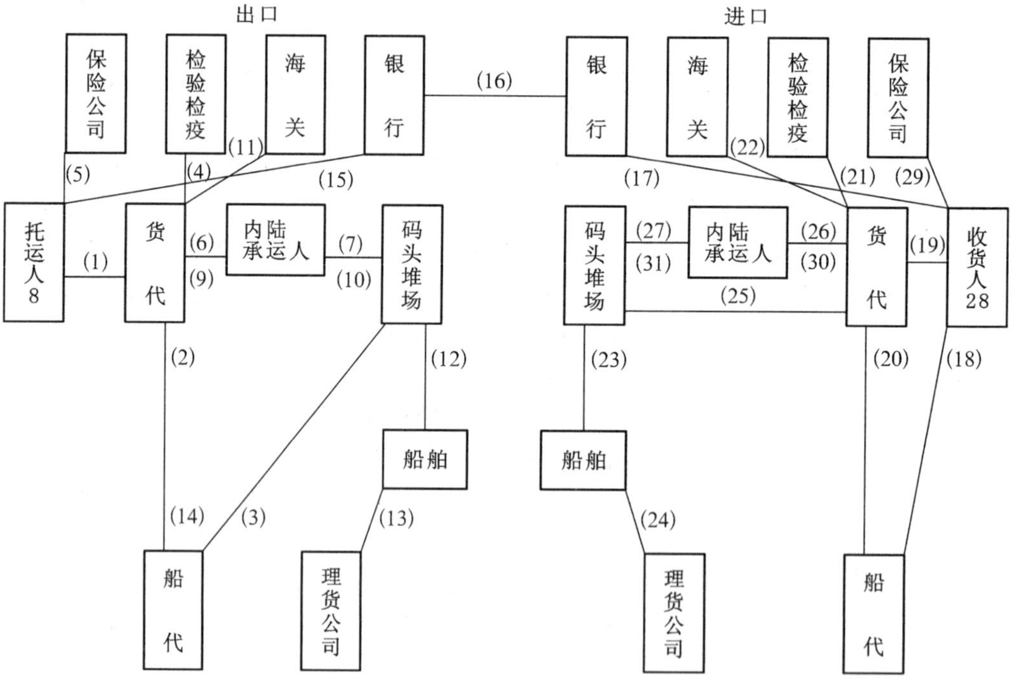

图 5-5　集装箱运输各关系方业务相关性及流程示意图

(27) 驾驶员凭场站或港区营业所盖章的交货记录提取集装箱，并签署出场设备交接单。提箱完毕后，提箱人应在规定的栏目内签名，以示确认提取的集装箱无误。交货记录上所列的集装箱全部提完后，场站或港区收回交货记录。

(28) 与装箱相类似，整箱货一般由收货人在其工厂或仓库自行拆箱；拼箱货则由集装箱货运站负责拆箱。

(29) 拆箱时如果发现货损货差，应及时向检验检疫机构申请检验，以便口后向保险公司索赔。

(30) 集装箱拆箱后，根据货代安排，由内陆承运人将空箱回送集装箱堆场。

(31) 驾驶员将空箱送集装箱堆场，双方签署进场设备交接单交接空箱。

第四节　租船运输业务

租船运输，亦称不定期船运输，是在既没有固定的船舶班期，也没有固定的航线和挂靠港，而是按照货源的要求和货主对货物运输的要求，安排船舶航线计划，组织货物运输的相对于班轮运输的另一种船舶经营方式。

租船运输是为了适应国际贸易的需要而发展起来的。19世纪中叶后，随着国际贸易的迅速发展，船舶需要量急剧增加，进出口商人和实力较弱的承运人无意投资于造船来满足运输的需要，于是租船运输便得到了发展。20世纪初，世界石油大量开采和运输又为租船运输的进一步发展提供了一个良好的契机。租船运输发展至今，虽然就所载运的货物价值而言仅占世界海运货价总值的一小部分，但就世界海运货运量而言，通过租船载运的货吨却占了大部分，租船运输已成为海洋运输中一种不可替代的船舶经营方式。

一、租船运输的特点

与班轮运输相比较，租船运输主要有下述基本特点：

1. 不定航线、不定船期、不定装卸港口、不定费率

租船运输中船舶的航线、航行时间、货载种类和装卸港口等是出租人根据承租人的不同需要并结合租船市场上的各种因素而确定的。由于其航次和航线取决于租船市场上揽到的业务，因此，船舶的配备比班轮运输更为复杂。经营租船运输需要以丰富的管理经验，对船舶进行妥善、合理的安排，使前、后租船合同航次在时间和空间上紧密衔接，避免发生闲置或空放航次，导致经济效益降低。此外租船运输不像班轮运输那样有固定的运价表，其租金率或运费率是由合同双方在每一笔租船交易洽商时，根据租船市场的行情来决定的。费率标准主要受船货供求关系的影响。因此，合同双方在洽谈费率时可以租船市场的近期行情为基础并结合自己的谈判地位以及当时当地具体的供求情况讨价还价，以达成双方均能接受的租金率或运费率。

2. 适合大宗货物运输

大宗货物的运输量较大，一般需要用整艘甚至多艘船舶进行运输。另一方面，大宗货物本身价值较低，对运输费用的承受能力也相对较低，而班轮运输无法提供足够、适宜的舱位也不可能以过低的运费来承运大宗货物。为了适应大宗货物运输的需求，各种专用船舶和多用船舶相继建成，并投入租船市场，同时船舶吨位也不断提高，通过“规模经营”降低了运输成本。目前，世界干货和石油的海运运量中租船运输所占的比重均超过一半以上。由此可见租船运输在大宗货物运输中起着十分重要的作用。

3. 通过租船经纪人洽谈成交租船业务

租船运输与班轮运输的又一区别是：班轮运输中是由船务代理和货运代理为承运人和托运人促成运输合同；而租船运输中一般是由出租人和承租人分别委托船东经纪人(Owner's Broker)和租船代理人(Chartering Agent)洽谈租船业务。租船经纪人以佣金作为劳务报酬，他们依靠广博的专业知识，丰富的实务经验以及广泛的业务联系渠道，在偌大的航运市场上为出租人觅揽合适的货源或为承租人提供合适的船舶。

4. 租船合同条款由合同双方自由商定

在租船市场上，船、货的供求关系存在于世界范围之内，无人能垄断和控制世界船舶和货源的供应。从总体上看，合同双方无论就专业知识，还是议价实力而言，都处于同等地位，因此，没有必要像班轮运输那样，需要通过制定国际公约或订立国内法去强制规定双方的责任与义务。租船合同的签订具有法律上认可的订约自由，换言之，合同双方完全可以凭借其谈判实力，在租船合同中订入保护自己利益的条款。

二、租船运输的方式

租船运输的方式可分为：航次租船、定期租船和光船租赁。

1. 航次租船(Voyage Charter)

航次租船简称程租，是指船舶按照合同双方事先约定的条件完成一个或数个航次承租人指定货物的运输任务，并由承租人向出租人支付相应运费的租船运输方式。在这种租船方式下出租人占有和控制船舶，负责船舶的营运调度，并且需要负担所有的运输成本。而承租人则不必操心船舶的调度和支配仅需支付运费以及合同规定由其承担的货物装卸费和可能产生的船舶滞期费。

程租方式适合于装卸港较少的大宗货物运输，是租船市场上广泛采用的一种基本形式。

程租按双方约定的航次数，又可分为单航次租船(Single Trip Charter)、来回航次租船(Return Trip Charter)、连续航次租船(Consecutive Voyage Charter)和包运合同租船(Contract of Affreightment, COA or Tonnage Contract)。

2. 定期租船(Time Charter)

定期租船简称期租。出租人将船舶出租给承租人一段时间，租期短则3个月，长则若干年，甚至到船舶报废为止。在租期内，出租人需保证船舶处于适航状态，并通过自己配备的船员承担船舶的驾驶和管理的责任。承租人则需按期如数向出租人支付租金，以取得船舶的使用权，并根据自己的需要来安排船舶的营运和调度。

定期租船中还有一种特殊的方式称为航次期租(Time Charter Trip, TCT)。这是一种航次租船和定期租船的混合方式，其租期是以完成一个航次货运任务的时间为准，而其他条件基本与期租相同。

3. 光船租赁(Bareboat Charter or Demise Charter)

光船租赁简称光租，又称船壳租船。出租人在租期内将一艘空船连同船舶的占有权和控制权一并出租给承租人，而自己仅保留船舶的所有权。在这种租船方式下，承租人须按合同规定，在租期内向出租人支付租金，自己配备船员、装备船舶，并负担日常营运费用和相应的航次费用，承担时间损失的风险。

不同租船方式下，出租人负担的各类成本见表 5-10。

表 5-10　　各种租船方式下出租人负担的各类成本

<table>
<tr><th>船舶成本</th><th>营运成本</th><th>航次成本</th></tr>
<tr><td>船舶折旧费
船舶保险费＊
船舶检验费＊
经纪费</td><td>船员工资
船员伙食
维修保养
物料、供应品和设备
润滑油
淡水＊
企业管理费</td><td>燃油费
货物装卸费＊
扫舱洗轮费
垫舱物料费
港口使费
拖轮费及领航费
运河费
代理费和经纪费</td></tr>
<tr><td>光租</td><td></td><td></td></tr>
<tr><td colspan="2">期租</td><td></td></tr>
<tr><td colspan="3">程租</td></tr>
</table>

注：＊表示该项费用根据租船合同规定由出租人负担或由承租人负担

三、租船市场

船舶租赁实质上是一种商业行为。租进或租出船舶就是购进或售出一定时期内或某一个航次中船舶的使用权。租船作为一项国际性的贸易活动，随着它的兴起与发展，已逐渐形成了相应的交易场所即租船市场。在租船市场内聚集有出租人、承租人以及他们的经纪人，他们互通情报提供船舶和货源情况进行租船活动。租船市场不仅能为出租人和承租人提供大量的业务机会，还能有效地促进租船业务迅速成交。

目前，世界上具有影响的租船市场有伦敦、纽约、汉堡、奥斯陆、东京、香港市场等。

伦敦市场是世界上历史最悠久、业务最广泛、成交量最大的国际租船中心，其业务范围还涉及船舶买卖交易、粮食和油料作物种子交易和航空租机交易等。

纽约市场是仅次于伦敦市场的国际性租船市场。与伦敦市场不同，纽约市场不设专门集中场所，租船业务完全由经纪人凭借通讯工具相互洽谈成交。

除以上主要的租船市场外，挪威的奥斯陆市场、德国的汉堡市场和瑞典的斯德哥尔摩市场是欧洲地方性租船市场。在那里，从事第三国运输的出租人以其高质量的专业化船舶寻觅着世界各地合适的承租人。

在远东，日本的东京市场正在迅速发展成为国际上具有影响力的货主市场。香港市场则是一个以出租人为中心的地区性国际租船市场，其规模与东京市场相近。

各租船市场并非孤立的，它们通过租船经纪人联成全球性的网络，本市场无法成交的业务可随时转向其他租船市场洽谈成交，从而最大限度地促进全世界货运需求和货运能力相互协调，确保航运市场良性运转。

四、船舶洽租程序

在租船市场上，承租人提出租船要求到最终与出租人成交一般要经过以下程序：

1. 询盘

承租人根据自己对货物运输的需要或对船舶的特殊要求，将货物信息和基本租船要求通过经纪人传递到租船市场上，寻找合适的出租人，并要求出租人作出答复，这一过程即为询盘。询盘的内容应完整而又简洁明了。

对于航次租船，其询盘内容主要包括：承租人全称和地址、货物名称和数量、装港和卸港、受载日和销约日、装卸时间、装卸费用负担、运费率、建议使用的标准合同范本、佣金等。

定期租船的询盘内容主要包括：承租人全称和地址、船舶吨位和船型、租期、租金率、交船地点、还船地点、交船日期和销约日、对船舶的特殊要求、建议使用的标准合同范本、佣金等。

2. 发盘

出租人接到承租人的询盘后，根据询盘条件权衡利弊，在有利可图的情况下，通过经纪人向承租人报出所提供的船舶和租金或运费水平等，即为发盘，也称报价。发盘有虚实之分，对于实盘，其报价条件不可改变，常附有有效时间的规定，承租人必须在有效期内对该报价作出答复，过期失效。同时，出租人在有效期内，也必须受其报价的约束，不得撤回、变更或再向其他承租人发盘；对于虚盘，其报价条件可以修改并且不附有应予答复的有效时间的限制。因此，不约束洽租双方。出租人可以同时向几个承租人发虚盘，以选择最合适的承租人继续洽租。

3. 还盘

承租人接到出租人报出的虚盘后，对出租人提出的条件不能接受而进行修改、增减或提出自己的要求，称为还盘，也称还价。

还盘实质上是一种发盘，因此也有虚实之分。对还盘亦可再还盘，称为反还盘。

4. 受盘

承租人和出租人在还盘过程中讨价还价，直至最后一次实还盘的内容被对方在有效期内全盘接受，即受盘，租船契约即告达成。

5. 编制订租确认书

受盘后，出租人将双方共同承诺的主要条款汇总成订租确认书，发给承租人，经双方和租船经纪人共同签字后，各自保留一份备查。

6. 签订租船合同

租船契约达成后，出租人按“订租确认书”的内容拟制正式租船合同，并送交承租人审核。承租人如发现合同与原协议有不符之处，应及时向出租人提出异议，并要求修改。若无异议，即可签署合同。

合同通常缮制正本两份，签约后双方各持一份，作为日后履行合同时，双方承担责任和享有权利的依据。

五、租船运输合同

租船合同是租船运输经营方式下，出租人和承租人按照“订约自由”的原则，就租船交易相互间的权利、义务和责任而达成的一种契约。

(一) 标准租船合同范本

订立合同是一项复杂、繁琐而细致的工作。为了简化和加速签订租船合同的进程，节省为签订合同所支出的费用，减少因考虑不周可能制定不合理条款或遗漏内容等异常风险，也为了能在合同中订人一些于己有利的条款，国际上一些航运集团、货主组织以及一些有实力的承运人和货主，均制定出各自的租船合同范本。这些合同范本列有现成的主要条款，而且便于日后的删减、修改和补充。其中，由英国航运公会、波罗的海国际航运公会、纽约土产交易所和日本航运交易所等机构所制定的租船合同范本，因其已得到公认并被广泛采用而称之为标准合同范本。

标准租船合同范本有程租、期租和光租之分。

目前，国际租船市场上使用最广泛、影响最深远的标准程租合同范本主要有《统一杂货租船合同》(Uniform General Charter)，代号"金康"(GENCON)。该标准格式是 1922 年波罗的海国际航运公会制定的，其货种适用范围最广。1994 年最近一次修订时，在合同条款上做了较大的改动。

标准期租合同范本主要有《统一定期租船合同》和《定期租船合同》。《统一定期租船合同》(Uniform Time Charter)，代号"巴尔的摩"(BALTIMORE)，是由波罗的海国际航运公会于 1909 年制定的，目前较为普遍采用的是该格式 1974 年的修订版；《定期租船合同》(Time Charter Party)，代号"纽约土产"(NYPE)，是 1913 年美国纽约土产交易所制定，并由美国政府批准使用的标准格式，该格式曾经多次修订，现在使用的是 1993 年修订版。2015 年修订版(NYPE2015)已于 2015 年 10 月 16 日问世。

标准光船租赁合同范本主要有波罗的海国际航运公会 1989 年修订的《标准光船租赁合同》(Standard Bareboat Charter)，代号"贝尔康 89"(BARECON89)和 2001 年修订版(RARECON2001)。

除了标准合同范本之外，还有一些拥有大量货源的承租人制定和使用的厂商合同格式。如中国租船公司对外洽谈租船业务时所采用的《1980 年中国租船公司期租合同》(SINO-TIME1980)。

(二) 租船合同的主要内容

标准租船合同范本的种类很多，不仅有程租、期租和光租之分，而且同一种租船方式的合同范本中，不同的货种可能有各自的格式。即使是同一货种，也可能有几个组织机构所制定的不同格式，更何况标准合同范本很可能具有一定的倾向性。因此，在此仅对各种标准租船合同范本中具有代表性的主要内容作一般的介绍。

1. 航次租船合同的主要内容

1) 合同当事人

租船合同的当事人是指根据合同有权起诉或被起诉的人，一般为出租人和承租人两方。出租人并不一定是真正的船舶所有人，如可能是期租合同甚至是程租合同的承租人，根据原租船合同的条款，将租进来的船舶再转租出去，而成为转租合同的出租人(也称二船东)。

2) 船名和船籍

船名和船籍是合同中的重要组成部分，也是双方履行租船合同的必要前提。如果航次租船合同已订明船名，出租人就必须提供所指定的船舶，除非在租船合同中出租人有替代船舶的选择权。否则，承租人有权取消租船合同。

船旗是船舶的国籍标志，涉及到租船的国别政策，在战争时期它还直接关系到船货的安全。此外，当今世界盛行的"方便旗帜船"缺乏严格的技术管理，船舶技术性能差，给承租人带来更大的风险。因此，在履行租船合同时，船舶必须悬挂指定的船旗，未经承租人同意，不能随便更换船旗。

3) 货物

租程合同下，承租人需对载运的货物作出具体的说明，并应按约定的货物供货装船。

合同中关于货物装载数量的表示方法，可以是在一个准确的数量后，附带最低和最高的限制；也可以是在某个数量上允许有一定百分比的公差。通常，出租人对此公差有选择权，一般由船长根据航次的总储备量以及船舶常数推算一个确切的货物装载量，并于装船前宣布，即“宣载”。实务中，货物的实际装载量往往达不到宣载的要求，对由于承租人的原因而少装了货，出租人可以就短装的那部分运费向承租人索赔空舱损失；同样，因船长计算上错误或其他原因，致使装船货物达不到宣载的数量，承租人也可以向出租人索赔额外仓储费和岸上运输费等短装损失。

4）装卸港口

在合同中，装卸港口可以被一一具体载明，也可以被笼统地订为一个区域（如美国港口），由承租人任选其中的港口。但承租人在宣布其所选择的港口时，必须承担该港口是“安全港口”的默示责任，即保证该港口首先地理上必须是安全的，包括港口航道的水深与宽度、气象条件、助航设施、系泊设备等应保证船舶能安全进入、停靠和驶离而不会遭受损害；其次政治上必须是安全的，包括船舶不会遭遇战争、敌对行为、恐怖活动等风险。

为了减轻出租人必须驶往指定的或宣布的装卸港口的严格责任，通常在租船合同中装卸港口之后，再加上“或该港附近可以安全到达并保持浮泊的地点”，即“附近港口条款”。根据这一条款，出租人就可以将由于等候涨潮或长期持续的罢工或非突发性战争而造成的时间损失的风险转移给承租人。

5）受载日和销约日

所谓受载日是指承租人接纳船舶装货的最早日期。销约日则是指出租人交船的最迟日期。从受载日到销约日这段时间称为受载期。

在销约日前，出租人必须使船舶已经抵达约定的装货地点，并且装货准备就绪，否则，承租人有权立刻取消租船合同。但是承租人通常会在船舶到达并收到准备就绪通知书后一段合理的时间内，根据当时的市场行情决定是否取消租船合同。而出租人在承租人未宣布销约前，仍需将船舶开到约定的装货地点。这就意味着，出租人很可能枉跑了一个空放航次。但如果出租人以销约日已过，并且承租人又不肯事先表态是否取消合同为由拒绝驶往指定装货地点，则出租人必须对其违约而造成承租人的损失负赔偿责任。为了争取主动，减少损失，出租人应争取在租船合同内订入一条“质询条款”，规定承租人在接到出租人关于不可能在销约期内赶抵交船点的通知后的一段合理时期内，作出是否继续租用该船舶的决定。如果承租人未在规定时间里行使选择权，则构成弃权，租船合同仍然成立。

6）运费

航次租船合同下，出租人提供运输服务所应得的报酬是运费。交纳运费是承租人必须履行的一项义务。运费的高低主要取决于租船市场的运费水平、所装货物的价值、运费的支付方式、港口费用以及船舶经纪人的佣金等因素。

7）装卸费用

装卸费用的分担必须在合同中明确规定，否则，装卸费用默示由出租人负担。装卸费用的分担一般有以下几种：

出租人不负担装卸费（Free In and Out，FIO）；

出租人不负担装卸费和堆装费（Free In and Out，stowed，FIOS）；

出租人不负担装卸费和平舱费(Free In and Out，Trimmed，FIOT)；

出租人不负担卸船费(Free Out，FO)；

出租人不负担装船费(Free In，FI)；

出租人负担装卸费(Liner Terms)；

出租人、承租人平均分担装卸费(Scale Load and Scale Discharge)。

8) 许可装卸时间

航次租船合同下，船舶在海上的航行时间受出租人控制，而船舶在港的装卸时间则相当程度上受承租人所控制。无论哪部分时间延长都将导致出租人所承担的航次成本的增加，但是，出租人向承租人收取的运费却不会因此而有所增加。出租人为了减轻或消除这种时间损失的风险，除了应尽量缩短海上航行时间外，还必须对承租人控制下的在港装卸时间予以限制。为此，出租人在合同中规定承租人必须在规定的时间内完成装卸作业，这一规定的时间称为许可装卸时间。

确定许可装卸时间的表示方法一般有 3 种，即规定具体的日数、规定日均装卸效率求得装卸天数、不规定装卸时间。

规定具体的日数，常见的方法有以下几种：

(1) 日(Days)或连续日(Runing Days)，是指时钟连续走过 24 h 作为一个计算日，即日历日。在这种表示方法中，从装货或卸货时间起算始至装货或卸货结束止，中间的节假日或实际上没有装卸的时间都应计入装卸时间。

(2) 工作日(Workiny Days，WD)，以港口习惯的正常工作日作为计算日，星期日和法定节假日不计入装卸时间。

(3) 晴天工作日(Weather Working Days，WWD)，是在上述工作日中，扣除影响装卸作业的非晴天数。承租人只要证明当天为非晴天，并且港口当局认为该天气对装卸作业有影响，不论实际上该天气是否影响了装卸作业，都不计入装卸时间。

(4) 晴天允许工作日(Weather Permitting Days，WPD)，与晴天工作日不同，晴天允许工作日是在工作日中扣除实际上影响装卸作业的非晴天数。承租人不但要证明当天为非晴天，而且还须证明该天气实际上确实阻碍了船舶的装卸作业。

(5) 24 小时晴天工作日(Weather Working Days of 24 Hours)，是以晴天工作日累计 24 小时作为一个计算日。

(6) 连续 24 小时晴天工作日(Weather Working Days of 24 Consecutive Hours)，即不论港口的正常工作日规定为几小时，均按晴天工作日内时钟连续走 24 h 作为一个计算日。

规定日均装卸效率确定装卸时间，常用于装卸效率较低的货运航线。其形式如下：

(1) 每晴天工作日以平均……t 效率装/卸货。

(2) 每日每舱口……t。

(3) 每日每工作舱……t 或每日每可工作舱……t。

不规定装卸时间时，通常用以下几种术语表示：

(1) 按习惯速度(at Customary Quick Despatch，CQD)，指承租人以装货或卸货时的条件尽可能快地装货或卸货。

(2) 按船舶尽可能快地接受或交付货物速度(as Fast as the Vessel can Receive or Deliver，FAC)，表示按照船载装卸设备能够达到的速度装货或卸货。

(3) 按港口习惯(According to the Custom of the Port),表示承租人按港口的习惯速度装货或卸货。

9) 速遣费和滞期费

承租人未能在租船合同规定的许可装卸时间内完成装货或卸货,表示承租人违约,对于额外的装货或卸货时间,承租人可向出租人赔偿由此而造成的船期损失,这笔赔偿称为滞期费。滞期费作为一种对承租人违约的罚金,通常都按照"一旦滞期,永远滞期"的原则来计算滞期的时间,即船舶装卸滞期这段时间内,原来按合同规定在装卸时间内可以扣除的时间,如星期日、节假日等均不再予以扣除。如果承租人在合同规定的装卸时间内提前完成装卸作业,则为船方缩短了船期,节省了开支。为此,出租人按合同规定支付给承租人速遣费。

滞期费和速遣费分别为滞期时间和速遣时间与滞期费率和速遣费率的乘积。按照惯例,速遣费率是滞期费率的一半。

(1) 装卸时间的起算与止算。程租合同中,滞期时间与速遣时间是通过实际使用的装卸时间与许可装卸时间相比较而得出的。如果实际使用的装卸时间与许可装卸时间之差为正值,则为滞期时间,反之,则为速遣时间。为了计算实际使用的装卸时间,合同中必须对装卸时间的起算和止算做出明确规定。

关于起算时间,租船合同中通常都规定自船长或出租人、或其代理人向承租人或其代理人递交《装卸准备就绪通知书》(Notice of Readiness, N/R),并被有效接受后开始起算。而可以递交 N/R 的船舶必须已抵达租船合同中指定的港口或泊位,并且在各方面做好装货或卸货准备。

关于止算时间,一般在租船合同中未加以规定。习惯上都以装货或卸货完毕的时间作为装卸时间的止算时间。

装卸时间一旦起算就应按确定许可装卸时间的方法一直连续计算直至装货或卸货终止,仅在发生租船合同规定不计算装卸时间的事件,或出租人或其雇员的过失、毁约行为造成延误的情况下,可中断计算装卸时间。

(2) 装卸时间的计算方法。装卸时间的计算方法主要有:装卸时间分别计算、装卸时间平均计算、可调剂使用装卸时间和装卸共用时间。

装卸时间分别计算是指分别计算装港和卸港的装货和卸货时间,并与许可的装货时间和卸货时间比较,确定在装港和卸港是否滞期或速遣,从而算出装港和卸港的滞期费或速遣费的一种方法。这是英美普通法下的计算方法。

装卸时间平均计算是指分别计算装港和卸港的装货和卸货时间,并可将一港速遣时间与另一港的滞期时间相抵冲,再计算滞期费或速遣费的一种方法。

可调剂使用装卸时间和装卸共用时间基本是相同的,都是将装港和卸港的许可装卸时间加起来使用。所不同的是,装卸共用时间计算方法下,如果允许的装卸时间在装港已用完,并出现滞期时,在卸货港,承租人不再享有包括通知时间在内的除外时间不计入装卸时间的权利,即卸港的通知时间等除外时间也将计入滞期时间。而在可调剂使用装卸时间的计算方法下,承租人可以享受上述通知时间除外的权利。

[例 5-3] 许可装卸时间:装货时间 1WWD SHEX,卸货时间 3WWD SHEX,星期六下午至星期一 8:00 不算。

实际使用装卸时间:装货自星期五 0:00 始至星期一 20:00,卸货自星期五 0:00 起至星期一 20:00。

滞期费率 USD 10 000/d,速遣费率 USD 5 000/d。分别按不同的装卸时间计算方法计算滞期费、速遣费。

解:(1) 装卸时间分别计算

星期 五 六(滞期起算) 日 一 20:00	装 1 日 (1 日) (1 日) (0.833 日)	卸 1 日 0.5 日 — 0.5 日
实际装卸时间	3.833 日	2 日
许可装卸时间	1 日	3 日
滞期或速遣时间	2.833 日(滞期)	1 日(速遣)
滞期或速遣费率	USD 10 000/d	USD 5 000/d
滞期或速遣费	USD 28 330	USD 5 000

出租人收取 28 330 美元滞期费,但需支付 5 000 美元速遣费。

(2) 装卸时间平均计算

星期 五 六(滞期起算) 日 一 20:00	装 1 日 (1 日) (1 日) (0.833 日)	卸 1 日 0.5 日 — 0.5 日
实际装卸时间	3.833 日	2 日
许可装卸时间	1 日	3 日
滞期或速遣时间	2.833 日(滞期)	1 日(速遣)
相抵后滞期或速遣时间	1.833 日(滞期)	
滞期费率	USD 10 000/d	
滞期费	USD 18 330	

出租人收取 18 330 美元滞期费。

(3) 可调剂使用装卸费

星期 五 六 日 一 20:00	装 1 日 0.5 日 — 0.5 日
星期 五 六 日 一 20:00	卸 1 日 0.5 日 — 0.5 日
实际装卸时间	4 日
装卸许可装卸时间合计	4 日

出租人即不收取滞期费，也不需支付速遣费。

10）佣金

佣金是付给租船经纪人的工作报酬。它包括经纪人支出的费用和盈利。佣金的计算基础是运费。在没有特别约定的情况下，无论是双方各自委托的经纪人，还是共同委托的经纪人，其佣金均由出租人支付。而出租人在洽谈运费率时，应将佣金因素考虑在内。

2. 定期租船合同的主要内容

1）船舶规范

船舶规范是关于所租船舶的详细记载。它包括出租人、船名、船旗、船级、船型、船舶长度、宽度和高度、总吨、净吨、吃水、航速、耗油量，甚至吊机的外展程度、甲板与船舱的结构强度等。在期租条件下，船舶的营运调度和货运安排是由承租人自行负责的，并且承租人可能将船舶转租而需要向次承租人提供船舶的有关资料。因此，船舶规范在期租合同中尤为重要。承租人有义务主动要求出租人提供所需的船舶资料，否则出租人保持沉默在法律上并不构成隐瞒，更不构成误述。但出租人一旦向承租人提供了船舶的有关资料，就必须对其所提供内容的正确性负责。如果船舶在租期内实际规范与合同规范不符则构成误述。根据所误述的项目对履行租船合同影响的严重程度及性质，决定承租人是否因此而取消租船合同。

2）货物

期租合同中一般不规定具体货名。除了双方在租船合同里以追加条款详细列明禁止装运的货物外，承租人可以装运任何合法的货物。如果租船合同未列明除外，日后即使出租人不愿装运或该轮确实不适宜装运，出租人也不能禁止承租人装运该货物。对于装运后引起的损失，承租人不负赔偿责任。

3）租期

租期的长短主要是根据租船人的需要而定的。确定租期的办法有以下 3 种：①合同内只订明期间；②合同内订明最大、最小期限；③合同订明期间，并规定伸缩时间。实际租期超出或不足约定的租期，承租人应向出租人赔偿因此而造成的损失。

4）交船和还船

交船是指出租人将船舶和其雇佣的船员交给承租人使用。交船时间就是租金和租期开始计算的时间。

出租人交船至承租人可以使用船舶，这中间往往存在时间和费用之差。出租人希望尽早算交船，以摆脱时间损失的风险，避免承担某种费用，并早日收取租金。而承租人则希望接受船舶时已经能够使用船舶，以发挥租期内船舶的利用率。因此，合同双方在洽谈过程中均力图确定于己有利的交船地点。通常，交船地点都订得很具体，如：某地最后一个领航站；某港某一安全泊位甚至某一个指定的泊位。这些交船地点对出租人的责任和风险是渐次增加的。

船舶除了要按时抵达交船地点外，还要使交船时船舶的有关状态与租船合同有关规定相符合，否则，承租人可以不接受船舶，直至出租人依约准备就绪为止。

还船是租期届满时，承租人按照合同规定的还船地点将船舶交还出租人，并停付租金。还船时，船舶同样应具备良好的状态和条件，同时船上的存油也必须符合租船合同的规定。

5）租金

期租合同下，承租人为使用船舶而支付的酬金是租金。租金的数额按船舶载重吨，每 t 每日历月或每 30 天的费率计算，或者按船舶每月的租金率计算。租金通常预付半月或一月，而且付租金的时间通常以租金付至合同中出租人指定的收款银行账户时为准。

支付租金是承租人为履行合同应尽的一项义务。只有在发生停租条款下的事件并且实际上给租方造成了时间损失，以及出租人违约使承租人未能有效地使用船舶时，承租人才可以停付租金。除此之外，自出租人交船起至承租人还船止，承租人应按时如数向出租人支付租金，否则，出租人可以提起诉讼或仲裁追索租金，甚至可以根据合同的有关条款撤回船舶。

6）停租

承租人在租期内必须支付租金。但是，如遇船员不足、物料配备不充分、舶体、船机或设备发生故障或损坏、船舶入干坞清理以及其他属于停租条款中列举的事件，致使承租人不能使用船舶而造成损失时，承租人可以对由此而造成的船舶损失时间不予支付租金。

通常，停租条款只针对停付租金而言，对于租期并无影响，即租期不会因为发生停租条款下事件而自动延长，除非租船合同另行订明，使承租人有权选择是否将停租期加至租期上。

7）转租

租期内，承租人有权根据需要将船舶转租给第三方。在转租情况下，一艘船舶同时受到至少两份租船合同，即原出租人与原承租人之间的原租船合同和原承租人（二船东）与次承租人之间的转租租船合同的约束，但每份租船合同仅对缔约合同的双方具有约束力。

国际租船业务中，转租情况十分普遍。为了防止不必要的纠纷，原承租人在洽订转租合同时，至少应力争使前后租船合同“背对背”，即除租金条款应当不同以赚取前后市场差价外，其余条款都基本一致。

第五节　海 运 提 单

提单（Bill of Lading，B/L）是由船长或承运人或承运人的代理人签发证明收到特定货物，允许将货物运至特定目的地并交付于收货人的凭证。

一、提单的作用

根据提单的上述定义，提单的作用可以归纳为以下几个方面：

1. 提单是运输合同的证明

提单是承运人与托运人之间原已存在海上货物运输合同的证明。在承运人签发提单前，托运人与承运人之间就货物的名称、数量、以及运费等达成的协议，就是货物运输合同，它包括托运单、运价表、船期表和托运人应了解的承运人的各种习惯做法等。承运人签发提单只是履行合同的一个环节，提单并不会因此而成为运输合同。在托运人和承运人之间，如果提单上的条款和规定与原运输合同有抵触，应以原合同为准。

但是，如果承运人与托运人之间事先并无相反的约定，并且托运人未对提单上的条款和规定提出异议，则提单上的条款和规定便成为承运人与托运人之间达成的海上货物运输合同的内容，对承托双方均有约束力。此外当提单被转让给包括收货人在内的第三方后，提单上的条款和规定对承运人和第三方同样具有约束力。

2. 提单是货物收据

提单是承运人接收货物或将货物装船后，向托运人出具的货物收据。提单作为货物收据，对承托双方具有“初步证据”的效力。这种证据效力是相对的，如果实际证实承运人确实未收到货物或所收到的货物与提单记载不符，仍可否定提单的证据效力。但是当提单已转让给包括收货人在内的第三方时，提单在承运人和第三方之间就具有“最终证据”的效力，即使承运人能举证确实未收到货物或所收到的货物与提单记载不符，承运人也必须对其与事实不符的记载负责。

3. 提单是物权凭证

提单是货物所有权的凭证，是票证化了的货物。一定情况下，谁拥有提单，谁就拥有该提单所载货物的所有权，并享有物主应享有的一切权利。

提单这种物权凭证的属性大大增强了提单的效用，使得国际市场上货物的转卖更为方便。只要在载货船舶到达目的港交货之前直接转让提单，货物所有权就可随即转让。当提单被转让后，承运人与包括收货人在内的提单受让人之间的权利、义务将按提单规定而确定。在发生货损货差时，收货人可以直接依靠提单对承运人行诉，而毋需经过该提单签定者——托运人的授权。

二、提单的分类

提单可以从不同的角度进行分类，主要分为以下几种类型：

1. 按货物是否已装船区分

(1) 已装船提单(Shipped B/L or on Board B/L)，是指提单载明的全部货物装船后才签发的提单，提单上须注明船名和装船日期。在件杂货运输方式下，只有在货物装船后，托运人或其代理人才能取得船方签发的“大副收据”，然后凭以向船代换取提单。由于这种已装船提单对收货人按时收货有保障，因此，议付银行往往根据信用证有关规定，要求提供已装船提单方准予结汇。

(2) 收货待运提单(Received for Shipment B/L)，是指承运人已接收提单载明的全部货物，但尚未装船时所签发的提单。因此，提单上没有装船日期，甚至连船名都没有。在集装箱运输方式下，根据不同的运输条款，承运人在托运人仓库或集装箱货运站或集装箱码头堆场接收货物后，即签发“场站收据”。托运人或其代理人凭以向船代换取提单，这种提单就是收货待运提单。由于签发收货待运提单时，货物尚未装船，无法估计货物到卸港的具体日期，因此，买方往往不愿意接受待运提单。正规的做法是，待货物装船后，凭收货待运提单换取已装船提单，或由承运人在收货待运提单上加注船名和装船日期，并签字盖章使之成为已装船提单。但实务中，通常是在货物装船后，直接凭场站收据换取已装船提单。

2. 按提单抬头区分

(1) 记名提单(Straight B/L)，又称收货人抬头提单，是指在提单“收货人”一栏内具体填写某一特定的人或公司名称的提单。承运人出具这种提单后，只能将货物交给提单上指定的收货人，除非承运人接到托运人的指示，才可将货物交给提单指定以外的人。

(2) 指示提单(Order B/L),是指在提单"收货人"一栏隐去了具体特定的人或公司的名称,只是注明"TO ORDER OF ××"或"TO ORDER"字样交付货物的提单。前者凭记名人指示交货,按照发出指示的人不同可分为托运人指示、收货人指示和银行指示等;后者凭不记名人指示交货,一般应视为托运人指示。

指示提单可以通过空白背书和记名背书两种背书(Endorsment)方式进行转让。空白背书时背书人(提单转让人)只需在提单背面签字盖章;而记名背书除了由背书人签字盖章外,还须注明被背书人(提单受让人)的名称。记名背书后,只有提单受让人才可凭提单提货。

(3) 不记名提单(Blank B/L or Open B/L),只在提单"收货人"一栏填写"TO BEARER"(货交提单持有人)。这种提单可以不经背书进行转让。

3. 按有无影响结汇的批注区分

(1) 清洁提单(Clean B/L),是指未被承运人加注或即使加注也不影响结汇的提单。如果货物在装船时或被承运人接收时表面状况良好,不短少,承运人则在其出具的"大副收据"或"场站收据"上不加任何不良批注,从而使据此签发的提单为清洁提单。银行在办理结汇时,都规定必须提交清洁提单。

(2) 不清洁提单(Foul B/L),是指承运人在提单上加注有碍结汇批注的提单。如果托运人交付的货物表面状况不良,承运人为分清责任,有必要在提单上作出相应的批注,这种提单就是不清洁提单。

由于不清洁提单不能用于结汇,通常货物装船时表面状况不良,托运人仍会要求承运人签发清洁的已装船提单,以便能与其他文件一并送交银行办理结汇。此时,承运人若应允托运人的请求签发了清洁提单,就等于默认了所收到的货物完好无缺,日后收货人在提货时发现货损货差,就可以凭提单向承运人提出索赔;承运人若拒绝签发清洁提单,则托运人难以顺利结汇。针对这一法律原则与商业利益的矛盾,实务中往往采取修补包装、退换货物、修改信用证等做法。更为常见的一个折衷的办法是由托运人出具保函(Letter of Indemnity),保证抵偿承运人因签发清洁提单而招致的损失。保函的法律效力时常被否定,但其在国际贸易及国际航运业中特定的商业上的作用是不容置否的。

4. 按收费方式区分

(1) 运费预付提单(Freight Prepaid B/L),是指托运人在装港付讫运费的情况下承运人所签发的提单。以CIF、CFR贸易条件成交的货物,由卖方租船或订舱,并承担相应的运输费用,因此,其运费是预付的。这种提单正面须载明"FREIGHT PREPAID"(运费预付)的字样。

(2) 运费到付提单(Freight Collect B/L),是指货物到达目的港后支付运费的提单。这种提单正面须载明"FREIGHT COLLECT"(运费到付)的字样,以明确收货人具有支付运费的义务。以FOB贸易条件成交的货物,无论是买方或是买方委托卖方租船订舱,运费均由买方承担,因此,其运费为到付的。

5. 按不同的运输方式区分

(1) 直达提单(Direct B/L),指货物从装货港装船后,中途不经转船而直接抵目的港卸货的提单。

(2) 转船提单或联运提单(Transhipment B/L or Through B/L),指在装货港装货的船

舶不直接驶达货物的目的港，而需要在中途港换装其他船舶运抵目的港，由承运人为这种货物运输签发的提单。

(3) 多式联运提单(Combined B/L or Multimodal Transport B/L)，指货物由两种及其以上运输方式共同完成全程运输时所签发的提单。这种提单一般由承担海运区段运输的承运人签发，也可由经营多式联运的“无船承运人”(Non-Vessel Operative Common Carrier，NVOCC)签发，主要适用于集装箱运输。

6. 按船舶的经营方式区分

(1) 班轮提单(Liner B/L)，是指经营班轮运输的船公司或其代理人签发的提单。这种提单除正面项目和条款外，背面还列有关于承运人与托运人的权利和义务等运输条款。

(2) 租船提单(Charter Party B/L)，是指根据租船合同签发的一种提单。这种提单在出租人与承租人之间不具有约束力，出租人与承租人之间的权利、义务仍依据租船合同确定。但是，当此提单转让给出租人和承租人以外的第三方后，提单签发者-出租人与第三方之间的权利、义务将依据提单而确定。此时，出租人同时受租船合同和其所签发的提单的约束。如果出租人根据提单对第三方提单持有人所承担的责任，超过其根据租船合同所应承担的责任，则船东可就其额外承担的责任向承租人追偿。出租人与承租人之间的权利、义务关系不会因为出租人签发提单而改变。

出租人为了避免其所签发的提单的责任大于租船合同的责任，并就额外承担的责任向承租人追偿的麻烦，通常，在提单中载明“租船合同中所有条款、条件和免责事项，均适用于本提单，并被视为并入本提单。”等类似的字样，将租船合同条款并入提单内，使提单受租船合同的约束，进而约束受让提单的第三方。

由于上述提单受租船合同的约束，并非一个独立完整的文件，因此，当信用证规定可接受此种提单时，货物卖方在转让该提单的同时，还应附有一份租船合同副本，以供第三方提单持有人了解约束自己的租船合同的全部内容。

三、提单的缮制与签发

托运人在订舱前，须根据信用证或贸易合同的内容填写出口货物明细单或托运单，委托货代或直接向承运人或其代理人申请订舱。承运人或其代理人根据上述单证的相关内容，按提单正面所设项目填制，并于装船后签发给托运人。以“中远集装箱运输有限公司提单”(简称“中远集运提单”，见附录3)为例，逐项说明填写提单的基本方法。

1. 托运人(Shipper)

托运人是指委托货物运输的人。通常，在CIF、CFR贸易条件下，托运人是贸易合同的卖方，在填写本栏目时，应填写“信用证受益人”(Benificiary)的全称或盖以公章；在FOB贸易条件下，托运人则是贸易合同的买方，本栏目应填写“申请开证人”(Applicant)的全称或盖以公章。

2. 收货人(Consignee)

本栏目应严格按照信用证对单证的有关要求填制。如果信用证要求：“FULL SET OF B/L CONSIGNED TO A. CO.，”则应填写具体的收货人名称“A. CO.”；信用证要求：“FULL SET OF B/L MADE OUT TO ORDER”，本栏目应填写“TO ORDER”；又如信用证要求：“FULL SET OF B/L ISSUED TO ORDER OF APPLICANT，”而根据信用证：

“APPLICANT”为“B. CO.”,则本栏目应填写“TO ORDER OF B. CO.”。

3. 通知人(Notify Party)

指示提单便于流通,但由于未写明具体收货人的名称和地址,使得船方无法通知收货人提货,为此,提单增设了本栏目。

通知人是将船舶到港时间等动态通知真正收货人的人。在记名提单或收货人指示提单而收货人又有详细地址的情况下,可不填写本栏目;而托运人指示提单或空白指示提单,本栏目必须按信用证要求填写一个或数个通知人的名称及详细地址。

4. 前段运输(Pre-Carriage by)

如果货物需要联运,本栏目可填写第一程船的船名或其他运输工具。否则,本栏目空白。

5. 收货地点(Place of Receipt)

如果货物需要联运,收货地点不一定在装港,而往往在内地某处,本栏目应填写实际收货地点。否则,本栏目空白。

6. 海运船舶及航次(Ocean Vessel, Voy. NO.)

本栏目填写载货船舶的名称及航次。

7. 装货港(Port of Loading)

本栏目填写装运港口的具体名称。

8. 卸货港(Port of Discharge)

填写货物卸船港的具体名称。如果卸港为选择港,可填列候选港口的名称,如“LONDON/ROTTERDAM/HAMBURG OPTION”。

9. 交货地点(Place of Delivery)

与收货地点相对应,若货物需要联运,本栏目填写货物最终目的地的名称。否则,本栏目空白。

10. 唛头和号码、集装箱箱号和铅封号(Marks & Nos.,Container/Seal No.)

这两项均为运输标志,在运输中可以起到便于识别、防止差错的作用。在集装箱实际业务中,此栏应填写集装箱箱号和铅封号,并按具体要求填写货物唛头。对于习惯上不刷唛或无法刷唛的货物,本栏目须注明“N/M”(无唛头)的字样。

11. 集装箱数或件数(No Of Container or P kgs)

本栏目填集装箱数和箱内件输。在本栏目下方“集装箱数或件数的大写总计”(TOTAL NO. OF CONTAINERS OR PACKAGES IN WORDS)栏目应用英文数字填写。例如共计4个集装箱,应填写“SAY FOUR CONTAINERS ONLY”。又例如共计125件,应填写“SAY ONE HUNDRED TWENTY FIVE PACKAGES ONLY”的字样。其中“SAY”相当于汉语中的“共计”或“合计”,“ONLY”与汉语中的“整”字意思相仿,其目的是防止他人在实际数字的前后添加数字。

12. 包装种类、货物描述(Kind of Packages, Description of Goods)

包装种类应按实际情况填明具体包装,如箱子要列明是木箱、纸箱还是铁皮箱。货物描述需写明货物的名称及有关货物的具体信息。同种货物使用不同包装时,提单上须按不同的包装列明数量,最后列明总件数,用“PACKAGES”表示;不同货物使用同种包装时,须按不同货物列明包装数,最后列明总包装件数;不同货物不同包装时,更需按货物和包装种类分别列明，最后列明总件数，用“PACKAGES”表示。

13. 毛重(Gross Weight kgs)

毛重指包括包装材料在内的货物重量，一般以 kg 为计量单位取整数。填写本栏目时，应按不同的货物和不同的包装分别列明，然后合计全部的毛重。

14. 体积(Measurement)

本栏目填写一批货物包括合理堆放间隙在内的总体积，以 m^3 为计量单位，并精确到小数点后第三位。

15. 运费和费用、预付、到付付款方式及付款地点、声明货物价值

(Freight & Charges, Prepaid, Collect, Payable at, Declared Value Charge)

提单运费栏目中一般不填写具体金额，只需在付款方式栏目中表明运费的支付方式，如“FREIGHT PREPAID”或“FREIGHT COLLECT”。提单上一般也不列明付款地点，因为预付和到付运费的付款地点分别是装港和卸港是显而易见的。

申明货物价值栏目一旦申报填写了货物价值，并由托运人支付额外的费用，承运人的赔偿责任将以该申明的货物价值作为赔偿的基础，而不是提单所规定的责任限制。如果该栏目未填货物申明价值，则表示托运人放弃申明货物价值的权利，并接受提单所规定的责任限制。

16. 提单号和正本提单份数(B/L No. , No. of Original B/L)

提单号是船公司为每一票货物设计的编号，是一票货物区别于另一票货物的标志。一般船公司在配船时，已在每份托运单上编了提单号，签发提单时，只要把已定的号码填写在提单号这一栏目中。

提单有正本、副本之分。正本提单可以流通、交单、议付，而副本提单则不具备上述功能，只能用于日常业务。对于正、副本提单的份数要求是由买方在信用证中以各种不同的方式来表示的。如“FULL SET OF B/L”指全套提单，按照惯例表示 3 正 9 副。又如“FULL SET(2/3)PLUS 2N/N COPIES OF ORIGINAL B/L”表示 3 正 2 副，其中分子 2 表示应向议付银行提交的正本提单份数。

为了使提单的合法受让人了解全套正本提单的份数，防止遗漏在外引起纠纷，签发的正本提单份数应记载于提单上。如正本提单 3 份，则应在正本份数栏目中打上“THREE”的字样。所有正本提单都具有同等效力，但其中一份提货后，其余各份自动失效。

17. 签单地点和日期(Place and Date of Issue)

提单的签发地点是签发该提单的船长或船公司或其代理公司的所在地，即装港。

承运人签发提单的依据是大副收据或场站收据。提单日期应与大副收据上的装船日期或场站收据上接收货物的日期保持一致。但在实务中，常常会由于自然原因或船舶本身的原因，使船舶不能按时抵港受载，或由于托运人未能及时备妥货源，甚至是码头拥挤不堪使船舶难以靠泊装船等，造成货物实际装船日期迟于信用证规定的装期。承运人若按实际装船日期如实记载提单日期，托运人势必会因提单日期与信用证装期不符而遭银行拒付。为了能使托运人安全结汇，承运人往往会应托运人的要求，将提单日期提前到信用证规定的装期之前，这种行为称为“倒签提单”。

有时，当信用证规定的有效期已接近，但货物尚未装船或尚未装船完毕，若实际装船日期迟于信用证有效期，那么装船后承运人签发的提单即使是倒签日期也将无济于事。为了

能使托运人在信用证有效期内取得提单向银行结汇，承运人应托运人的要求预先签发符合信用证装期规定的提单，这种行为称为"预借提单。"

倒签提单和预借提单是一种常见的商业习惯，但承运人对这种违背事实的行为承担很大的风险，特别是在市场货价下跌时，收货人可以"假提单"为由拒绝收货，甚至向法院起诉，直至取得补偿为止。

18. 代表承运人签字(Signed for the Carrier)

提单必须经有权签发提单者签署后才能生效，有权签发提单的有承运人或船长或承运人的代理人。在班轮运输下，提单通常是由承运人的代理人(即船代)签发的。签单时，必须在本栏目中以手签或盖章的形式明确载明船代和被代理的船公司的全称。

四、提单的主要条款

提单上除了将合同各关系方、运输内容、以及其他事项在正面作记载外，在正本提单的背面还列有许多有关提单关系人权利和义务等条款。各国航运公司所制定的提单条款大都基于《海牙规则》《海牙-维斯比规则》或本国相关法律，虽然在文字和格式上存在差异，但其主要内容基本上是相同的。

1. 定义

提单一般规定，"货物"指从托运人处接受的货物，并包括非由承运人或其代表提供的任何集装箱；"集装箱"包括任何集装箱、拖车、运罐车、平板、托盘或类似工具。

2. 管辖权

管辖权是指某一法院可以受理对某一涉外民事案件审理的权利。只有具有管辖权的法院作出的判决，才有法律效力。提单中往往规定承运人所在国的某法院具有管辖权。如中远集运提单规定上海海事法院或中华人民共和国其他海事法院具有管辖权。

3. 首要条款

首要条款也称法律适用条款。不少船公司的提单首要条款规定：有关承运人的义务、责任、权利和豁免适用《海牙规则》。据此，提单中的任何条款若与《海牙规则》在任何范围内发生抵触，则该条款在此范围内无效。当然，这并不影响提单其他内容的有效性。

中远集运提单规定受中国法律管辖，该法律主要指《中华人民共和国海商法》。

4. 责任期间

承运人的责任期间是指其履行义务、承担责任在时间上的范围，责任期间的长短从一个侧面反应了承运人义务的多少和责任的轻重。如提单规定：承运人对其在装货港或收货地收货以前，或在卸货港或卸货地交货以后发生的货物灭失或损坏，概不负责。可以理解为，承运人的责任期间应该是自收货后至交货止的一段时间。

5. 赔偿责任限制

当承运人对货物的灭失或损坏负有赔偿责任时，赔偿金额应根据该项货物的发票价值加上运费及已支付的保险费计算。但对于海上或者内陆水道发生的货物灭失或损坏，承运人通常规定最高赔偿限额。如中远集运提单由于其适用中国海商法和美国海上货物运输法，因此，承运人的最高赔偿限额规定为 835 SDR 和 USD 500。

6. 索赔通知及时效

例如提单规定：货方应凭提单在卸货港或交货地提取货物时向承运人递交货物灭失或

损坏的书面通知，否则此种提货便成为承运人交付提单中所载货物的表面证据。如果灭失或损坏并不明显，索赔通知则应在提货之日后连续7天之内以书面提出，但货方已与承运人共同验证货物时，便不需要此种索赔通知。

货方还应在交货后9个月内提起诉讼，并将此事的书面通知递交承运人，否则承运人便应被免除其根据本提单所应承担的全部责任，在货物发生全部灭失时，上述期限应自货物收讫待运之日起两个月后开始计算。

但是，如果承运人所从事的全部运输仅限于从装货港海运码头之内的或紧邻该码头的集装箱堆场或集装箱货运站开始，到卸货港海运码之内的或紧邻该码头的集装箱堆场或集装箱货运站为止的一段运输，货方应在应交货之日起一年内提起诉讼，否则承运人便应免除其有关货物的任何责任。

7. 舱面货、牲畜及植物

提单一般规定：集装箱（平板、托盘或其他类似工具除外）中所装的货物，不论是由承运人或货方所装，都可以载于舱面或舱内运输而无需通知货方，此种运输（牲畜和植物除外），不论载于舱面或舱内，就本提单所含包括共同海损在内的所有情况，都应视作舱内积载。本提单中注明的载于舱面的货物（非属装在除平板或托盘之外的集装箱中的货物），以及牲畜和植物的运输应由货方承担风险，承运人对海上运输过程中发生的任何性质的灭失或损坏均不负责任。

8. 留置权

提单一般规定：承运人可以因根据本提单所应收取的运费、空舱费、费用、滞期费和其他任何款项对货物及与货物有关的任何单证享有留置权。为行使留置权，承运人有权自行决定以拍卖或其他方式出售货物。如出售货物所得价款不足以抵偿应收的价款和发生的费用，承运人有权向货方追偿其差额。

9. 共同海损

如中远集运提单规定：共同海损应根据《约克—安特卫普规则》进行理算。

10. 新杰逊条款

如果在航次开始以前或以后，由于不论是疏忽与否的任何原因而引起的意外、危险、损害或灾难，而根据法令、契约或其他规定，承运人对此类事件或其后果都不负责，则货物托运人、收货人或货主应在共同海损中与承运人一起分担可能构成或可能发生的具有共同海损性质的牺牲、损失或费用，并应支付关于货物方面所发生的救助费用或特殊费用。如救助船舶为承运人所有或经营，则其救助费用应当犹如该救助船舶系为第三者所有一样全额支付。承运人或其代理人所认为足以支付货物方面的预计分摊款额及其救助费用和特殊费用的保证金，如有需要，应由货方、托运人、收货人或货主在提货之前付给承运人。

11. 地区条款

这一条款主要针对与美国有关的运输。美国不是《海牙规则》的缔约国，但其根据《海牙规则》制定了本国的海上货物运输法。鉴于该法对进出口提单的强制适用，提单在此条款中强调：对于从美国港口出入的海上外贸货物运输，本提单应适用美国海上货物运输法。该法仅在上述运输中方能被视为已载入本提单，而且本提单各条款均不能被视为承运人放弃在上述运输法中的任何权利或豁免，或增加其任何责任或义务。

中远集运提单没有上述地区条款，而是突出了中国管辖权，但考虑到美国法律的规定，保留了美国法作为准据法。

五、电子提单

(一) 电子提单的概念

随着 EDI 技术应用于国际物流领域，提单当事人可以通过电子计算机办理订舱、签发提单、转让提单等航运业务。电子提单(Electronic Bill of Lading)，是指承运人与托运人通过 EDI 系统传送有关海上货物运输合同数据的提单。与传统提单不同，电子提单不再是一种纸质单证，其缮制、修改、签发、转让和储存的全部过程都在计算机内部进行，具有传递速度快、降低单证处理成本、减少潜在错误等优点。

(二) 电子提单涉及的法律与技术问题

EDI 的应用使得贸易手段发生了质的变化，它使信息传递数据化、规范化、网络化、迅速化，开创了无纸贸易的新时代，但同时也带来了法律上和技术上的新问题。

电子提单应具有纸质提单相同的功能，即货物收据、运输合同的证明和物权凭证。

传统的质纸提单包含一般合同应具备的基本条款，而 EDI 标准格式的使用不允许通常印刷在传统提单背面的合同条款的交换，而且，一份提单背面所列内容多达几十条，如果上述内容全部写入电子提单，势必造成传输成本过高、程序繁杂，违背 EDI 方便、快捷的初衷，因此，电子提单没有背面条款。但这并不会影响电子提单作为运输合同的证明，因为背面条款不是证明合同条款的唯一途径。对于需在提单背面列明的其他合同条款或条件，可以在贸易伙伴之间达成的通讯协议中列入标准条款，而电子提单仅注明船名、承运人、托运人、收货人、货物名称、数量、卸货港等关键性内容，同时注明适用通讯协议中的标准条款，以使标准条款并入该电子提单。

传统提单是有形的纸质文件，故可以转让，可以作为物权凭证。可以说纸质提单的可转让性是对 EDI 技术和相关法律的最大挑战，因为不可能在物质上占有 EDI 电子信息。这意味着 EDI 技术下的电子提单不能在交货时签发，也不能背书转让给新的持有人。要克服这一障碍，可以忽略对单证的物质占有。许多这种尝试都是建立在通知制度中的登记系统上的，即当事人同意使用其信任的第三方作为电子信息的登记机构。其基本概念是，承运人传送信息给托运人(卖方)确认收到货物，并提供提单中通常有的数据。承运人也发送信息给登记机构，托运人(卖方)在这里登记为“单证”的持有人。如果托运人希望转让货物权利，他应发送指示给登记机构以表明新持有人的身份。收到该信息后，登记机构发送确认新持有人具有对货物权利的信息。这样，电子提单的“持有人”就处在与纸质提单相同的地位，他能向承运人要求交付货物，或通过将权利转让而处置货物。从技术上来讲，登记系统已经能够模拟纸质提单的转让。

六、海运单

海运单(Seaway bill)是应国际贸易的发展，海上运输要求的不断变化而产生的。这些年来，随着科学技术的发展，尤其是集装箱运输的广泛采用、高速船舶的出现、中途港的减少以及码头装卸设备的改进，使得海上运输的时间大为缩短。而提单的整个流转过程不能满足时间上的要求，出现船舶到港后，收货人因未获得提单而不能提货的情况，以致货物积压在港，造成延误和增加不必要的费用。此外，提单物权凭证的特性，容易导致海运诈骗案的发生，况且有些货物在中途根本无需转让。为了更加及时、安全、简便地交付货物，自 20 世纪 80 年代初起，许多船公司都相继采纳使用了海运单。

1. 海运单的作用

根据《中华人民共和国海商法》第 80 条规定：承运人签发提单以外的单证用以证明收到待运货物的，此项单证即为订立海上货物运输合同和承运人接收该单证中所列货物的初步证据。承运人签发的此类单证不得转让。因此，海运单如同提单可作为承运人收到由其照管的货物的收据和运输合同的证明，并且受约束提单的国际公约或相关国内法的制约。但海运单并非物权凭证，不可转让，只能是记名的，收货人只需提供其有效的身份证明，而无需出示海运单原件，承运人即可向其交付货物。

2. 海运单的操作

在承运人接管货物或将货物装船后，海运单和提单一样应按托运人的要求，由承运人、承运人的代理人或船长签发；托运人凭海运单和其他单证如商业发票到银行结汇；装港的承运人或其代理人通过 EDI 等方式将海运单的内容传送给其在目的港的代理，目的港代理在收到有关信息后，在船舶抵港前，尽早向海运单上注明的收货人或通知方发出到货通知；收货人凭到货通知单，并出示适当的身份证明，到目的港承运人的代理人处换取提货单，凭提货单到码头或船边提货。

海运单通常签发一正三副，如经要求，也可签发两份及其以上的正本海运单。其中正副本各一份交托运人，一份副本由装港代理保存，另一份副本随船或以其他方式及时交卸货港代理。装货港代理须在有关的舱单上注明“签发海运单”字样并及时交卸港代理，或者在 EDI 传输时注明“签发海运单”，此外装港代理还应主动另发“海运单清单”给卸港代理。

3. 海运单的优点

海运单具有迅捷、简便、安全的特点。

对托运人而言，无需将海运单随同商业发票和保险单等单证寄给收货人，也无需担心运单被盗用或遗失，由于单据程序得到改进，从而提高市场竞争力。

对收货人而言，可避免因等海运提单而招致的延迟提货，也无需为货运单证的遗失或晚到而求助于银行提供保证金或担保函，并可节省保证金利息或担保费。

对承运人而言，只要将货物交给海运单上列明的收货人或其授权的代理，就应视为已经做到了谨慎处理，将货物交给了合适的有关方，免除提单业务中凭保函无单交付货物后可能担负错误交货的责任和难以向担保人追偿的风险。

4. 海运单的适用

海运单因其具有迅速、简便和安全的独到之处，正在被日趋广泛地采纳使用。但是，由于海运单不具有物权凭证的特性，无法解决货物物权的有效转移问题以及金融结算问题，因此，承运人应根据实际情况，考虑海运单和提单的各自适用范围灵活处理。对于中途不被转售的机制成品货物的班轮运输；出售给跨国公司的一家分公司或出售给一家联营公司、相关公司之间的贸易；以记账贷款为基础的贸易；结算方式为直接汇付、往来账户、现金的贸易；其他不需要信用证的贸易，可使用海运单。而对于那些需转让、流通的货物；虽不期望转售，但卖方要求只能由物权凭证付款所提供的担保；在对买方的偿付能力或卖方履行合同的能力与意愿有任何怀疑的情况时；在以银行商业信用证付款等场合，海运单就不能取代传统的提单。由此可见，海运单与提单将在相当长的时间内同时并存。

第六节 国际海上货物运输法规

《海牙规则》是海上货物运输方面第一个国际公约。尽管各国航运公司制定的提单条款在文字、格式上不尽相同,但很多都直接或间接地受《海牙规则》的约束。

《海牙-维斯比规则》是在《海牙规则》的基础上经过修改和补充后的一个公约。该公约已生效,大多数西方国家都是该公约的缔约国。

《汉堡规则》对《海牙规则》承运人的责任基础进行了彻底修改,该公约已生效,缔约国都是发展中国家。

长期以来,这三个国际公约在国际航运中不同的国家内同时并存,互相影响,发挥着各自的作用。

2008 年 12 月联合国通过了《鹿特丹规则》,该规则制定的主要目的是取代现有的国际海上货物运输公约,以实现货物运输规则的国际统一。

一、《海牙规则》

(一)《海牙规则》产生的历史背景与制定过程

国际贸易、航运发展初期,提单仅作为货物装船的收据,并无有关承托双方运输责任的条款。有关承运人的责任、义务、权利和豁免只是按照当时存在于英美等国的一种不成文法——普通法(*Common Law*)中的默示规定来处理,即承运人应默示保证:签订合同时应保证船舶绝对适航;保证船舶合理速遣;保证船舶不发生不合理绕航。而其免责范围却很有限。

应该说,普通法赋予承运人的责任是相当严格的,而承运人在很长一段时期内也确实循规蹈矩。但到了 18 世纪,随着货损和赔款的大幅度增加,逐渐处于垄断地位的公共承运人为了维护其自身的利益,纷纷根据合同自由原则,在提单上单方面订入免责条款,这些免责条款只要订得明确,将是完全有效的。至 19 世纪后半叶,提单上的免责条款已趋于无节制的膨胀态势,承运人简直到了"除了收取运费之外,别无其他责任可言"的地步。由于货物运输安全失去了保障,使得逐步确立起来的提单作为物权凭证的法律地位受到了动摇,严重影响了国际贸易,而国际贸易的跌落又反过来直接波及航运业本身。当时国际上代表货主利益的美国竭力主张通过立法统一提单的有关规定。1893 年 2 月 13 日,美国国会制定并通过了《哈特法》(*Harter Act*, 1893)。该法对承托双方之间的合同自由原则进行了严格的限制。《哈特法》虽然旨在维护货方的利益,但美国立法当局仍能正视现实,对从事冒险事业的船方以一定的保障和鼓励,具体体现在允许承运人免除驾驶或管理船舶的过失。这种以法律形式规定的过失免责无疑是法律方面的一大突破,在当时的历史条件下是合理而实际的。由于《哈特法》的实践成功,其他国家相继效法,尤其是一些英联邦国家也承认了《哈特法》的法理精神,这使得作为宗主国的英国极为被动。特别是第一次世界大战后,社会秩序和经济秩序紊乱,货运事故日益增多,迫使英国政府将立法统一提单,规定船东应负责任的问题提到议事日程上来。

1921 年 9 月在海牙举行了有主要贸易国和航运国参加的国际法协会,通过了国际法协会海上委员会草拟的有关提单内容的规则主体，即《1921 年海牙规则》。1922 年 10 月，国际法协会海上委员会再度在伦敦召开会议，修改了《1921 年海牙规则》，并将其提交给同年同月在布鲁塞尔举行的讨论海事法律的外交会议。在外交会议上，代表们一致同意建议各国政府对这个海牙规则稍作修改后，以其作为国内法的基础。1923 年 10 月又在布鲁塞尔会议上对该规则继续作了一些修改，完成了规则的制定工作。同年 11 月，英国帝国经济会议在建议各成员国采用该规则的同时，又通过国内立法使之国内法化，由此产生了《1924 年英国海上货物运输法》。1924 年 8 月 25 日，26 国政府代表在布鲁塞尔正式签署了“统一提单若干法律规定的国际公约”。由于该规则起草于海牙，因此称之为《海牙规则》。《海牙规则》于 1931 年 6 月 2 日正式生效。

（二）《海牙规则》的主要内容

1. 承运人提供适航船舶的义务

《海牙规则》规定了承运人提供适航船舶的义务：承运人有义务在开航前和开航时谨慎处理，以便使船舶适航；妥善地配备船员、装备船舶和配备供应品；使货舱、冷藏舱、冷气舱和该船其他载货处所适于并能安全收受、载运和保管货物。

《海牙规则》把普通法中承运人默示的绝对适航的责任，降低为开航前和开航时谨慎处理使船舶适航。它意味着承运人须在合同货物装船开始至船舶开航当时这一期间内，运用通常要求的知识与技能，采取各种为航次的特定情况所合理要求的措施使船舶适航，而不能有过错。否则，承运人应对由于船舶不适航所造成的货物灭失或损坏负赔偿责任。但是，如果承运人在装货港已经谨慎行事，仍不能发现船舶的潜在缺陷而致使船舶不适航，或者承运人在船舶航行期间或货物中途港停靠期间未能谨慎处理保持船舶的适航性，均不视为承运人违反适航义务。

《海牙规则》中，船舶适航的含义有狭义和广义之分。上述“使船舶适航”规定中的“适航”是指狭义的船舶适航，即承运人应使船舶的强度、结构和性能等方面能适应预定航线中一般可预见的风险。

广义的船舶适航还包括承运人应妥善地配备船员、装备船舶和配备供应品，并应使船舶“适货”。

具体地说，承运人应根据实际情况配备一定数量的船员。所有船员，特别是高级船员必须处于健康良好的身体状况，具有相应有效的资格证书，并且能在其职务范围内勤勉工作。

承运人应适当地装备和供应船舶。为了确保海上航行安全，船舶必须按规定装备通讯信号灯、救生信号装置、各种航行设备以及可靠齐全的海图、航路指南等航海图书资料等。随着科技成果不断应用于船舶，曾经被视为非常先进的雷达、无线电测向仪、回声测深仪等，也已成为从事远洋航行的船舶所必备的设备。不仅如此，承运人还应采取一切合理的措施，使各种设备处于有效良好的状态。

在船舶供应方面，承运人应提供充足的燃料、物料、淡水和食品，其中燃料的供应尤为重要。

承运人应使船舶“适货”，即承运人应在航次开航前和开航时谨慎处理，使货舱、冷藏舱、冷气舱和其他载货处所适于安全收受、载运和保管货物。它要求船上的一切设置适合货物的装卸；船上的冷冻机正常工作，能保证货舱所需的温度；货舱应因货而异地保持清洁；此外，船上的通风设备、污水管道等也必须能正常工作。如果船舶缺乏这种适货能力，就是不适航。

2. 承运人在海上货物运输中管理货物的义务

《海牙规则》规定：承运人应适当而谨慎地装载、操作、积载、运输、保管、照料和卸下所运货物。

这里所谓的“适当”包含着技术上的含义，是指从装货到卸货每个作业环节中，承运人应体现出一定的技艺，包括操作水平和操作设备；“谨慎”则注重承运人的工作态度和责任心，主要指承运人应用通常合理的方法处理货物。承运人在海上货物运输中，无论哪一个环节未能尽其应尽的管理货物的义务，致使货物发生损失，承运人都必须就此损失负赔偿责任。

3. 承运人的责任豁免

《海牙规则》采用的是“不完全过失责任制”。它规定了 17 项承运人的免责事项，同时，又规定承运人只有履行了适航义务才能享受豁免权利。当船舶因不适航而引起货物损害或灭失时，承运人欲享受免责权利，就必须对其谨慎处理履行适航义务负举证责任。这 17 项免责事项分别是：

(1) 船长、船员、引航员或承运人的雇佣人在驾驶船舶和管理船舶中的行为、疏忽或不履行契约。

(2) 火灾，但由于承运人的实际过失或私谋所造成者除外。

(3) 海上或其他通航水域的海难、危险或意外事故。

(4) 天灾。

(5) 战争行为。

(6) 公敌行为。

(7) 君主、当权者或人民的扣留或拘禁或依法扣押。

(8) 检疫限制。

(9) 货物托运人或货主、其代理人或代表的行为或不为。

(10) 不论由于任何原因所引起的局部或全面罢工、关厂、停工或劳动力受到限制。

(11) 暴动和骚乱。

(12) 在海上救助或企图救助人命或财产。

(13) 由于货物的固有缺点、质量或缺陷所造成的容积或重量的损失，或任何其他灭失或损害。

(14) 包装不固。

(15) 标志不清或不当。

(16) 恪尽职责不能发现的潜在缺点。

(17) 不是由于承运人的实际过失或私谋，或是承运人的代理人或雇佣人员的过失或疏忽所引起的其他任何原因。

《海牙规则》在 17 项免责事项后又规定：为救助或企图救助海上人命或财产而发生的绕航，或者任何合理绕航，都不得被认为是对本规则或运输契约的破坏或违反，承运人对由此引起的任何灭失或损害，都不负责任。

4. 承运人的赔偿责任限制

承运人的赔偿责任限制是指已明确承运人不能享受免责权利而负有赔偿责任时，承运人所需支付的最高赔偿金额。

《海牙规则》规定：不论是承运人或船舶，对货物或与货物有关的灭失或损害，在任何情况下，于每包或每单位不超过100英镑或与其等值的其他货币予以赔偿。但托运人于货物装运前已将其性质或价值加以说明，并在提单上注明的，不在此限。同时还规定：本规则所提及的货币单位为金价。其含义是1924年公布本规则时的100英镑，其价值相当于当时100英镑所能购买的黄金的价值。

承运人对货物的赔偿方法是：如果货物灭失，按灭失货物的实际价值赔偿；货物损坏，按货物受损前后实际价值的差额赔偿。但是，当赔偿金额超过每包或每单位100英镑或与其等值的其他货币时，承运人只按此最高赔偿限额赔付，超过部分由货方自负或由保险人负担。

如果托运人装货前申报货物价值，并支付规定的从价运费，当这种货物发生损失时，承运人应按货物的实际价值或协议规定的限额赔付。

5. 承运人的责任期间

根据《海牙规则》的规定，承运人的责任期间为货物装上船舶开始至卸离船舶为止的一段时间。

由于对“装上船”和“卸离船”的理解不一，提单条款中应定出一精确的时间，作为承运人责任期间的开始与结束。大多数船公司的提单都采用“钩至钩”(Tackle to Tackle)原则来确定承运人的责任期间，即规定在使用船载起重机起吊货物时，对于货物的风险，承运人只在货物被吊离地时起至货物被吊离船落地时止这一段时间内负责。

在《海牙规则》承运人责任期间之外，而货物继续在承运人的掌管之下，且双方又无另外约定的情况下，规范承运人责任的是其他有关法规，在我国是《民法通则》，在英国是《普通法》，在美国则是《哈特法》。

6. 索赔通知和诉讼时效

《海牙规则》对索赔程序中索赔通知和诉讼时效作了如下规定：收货人应将货物损失的一般情况，于货物被移交其监管之前或当时(如果损害不明显，则在3天之内)，用书面通知承运人或其代理人。否则，这种移交便应作为承运人已经按照提单规定交付货物的表面证据。

如果在收货时，已对货物的状况进行联合检验或检查，便无需书面通知。

对于货物的损失，如在货物交付或应交付之日起一年内不提起诉讼，在任何情况下，承运人和船舶都被解除其对货物损失的一切责任。

按上述规定，索赔通知的证据效力只是初步证据，提出索赔通知并非索赔程序中必不可少的环节。因此，即使收货人未在规定的时间内提交索赔通知，也不影响其在诉讼时效内提出索赔的权利，但必须举证承运人对货物损失负有责任。

《海牙规则》规定的诉讼时效“在任何情况下”均为一年。严格地说，即使经双方同意的诉讼时效的延展亦属无效。

7. 适用范围

《海牙规则》规定：本规则适用于在任何缔约国签发的一切提单。据此条款，《海牙规则》仅适用于缔约国出口的提单。

为了扩大公约的适用范围，许多船公司遵循合约法的精神，在提单中引用“首要条款”，规定其提单适用《海牙规则》。这样，不论提单在何地签发，《海牙规则》均可适用。

二、《海牙-维斯比规则》

（一）《维斯比规则》的制定过程

《海牙规则》自1931年生效后，得到了世界上许多涉足于国际航运业国家的承认，并据以制定出相应的国内法。作为现代国际海商法的先行者，《海牙规则》在促使提单中大量重要条款的标准化，明确承托双方的责任与义务，促进当时的国际贸易和发展国际航运方面起着十分重要的作用。然而，随着国际贸易和国际航运业的迅猛发展，《海牙规则》的诸多内容已不适应需要。具体反映在其内容过于偏袒承运人；对有些条款内容的解释尚未统一，容易引起争议；并且未能适应集装箱运输的需要等。

鉴于上述原因，修改《海牙规则》在国际上已是大势所趋。当时，代表货主利益的广大第三世界发展中国家要求，必须对《海牙规则》承运人的责任基础作根本的修改，并在联合国积极推进这项工作的进展。而代表航运发达国家者则认为，只需对《海牙规则》作技术上的修改即可。他们一方面在联合国阻止《海牙规则》的修改，另一方面竭力敦促国际海事委员会在联合国之外独立进行修改组织工作。1963年在斯德哥尔摩会议上，由该委员会专门设立的小组委员会订立了《修改〈海牙规则〉的议定书》。由于该议定书是在会议期间工作小组委员会访问海运古城-维斯比时，由会议主席正式签署的，因此称之为《维斯比规则》。

1968年2月23日，在布鲁塞尔召开的外交会议上，英、法等各有关国家的政府代表签订了《修改〈海牙规则〉的议定书》，因此，《维斯比规则》也称为《1968年布鲁塞尔议定书》。

《维斯比规则》签订后，经历了众多国家的等待和观望，终于在获得了10个国家（其中至少有50%国家的船舶总吨位在100万吨以上）的批准和加入，于1977年6月正式生效而成为国际法。

《维斯比规则》的缔约国有对航运业影响很大的英国，以及主要的欧洲国家，如法国、比利时、荷兰、挪威、西班牙、瑞典、瑞士等。美国、日本和中国均未加入本规则。

《维斯比规则》并非一个完整的法案，而是对《海牙规则》的修改和补充。《海牙规则》和《维斯比规则》的综合体，称为《海牙-维斯比规则》。

（二）《维斯比规则》的修订内容

1. 确立了提单作为最终证据的法律效力

《维斯比规则》对《海牙规则》中提单作为承运人收到提单中所载货物的表面证据这一规定作了补充，它规定：当提单已被转与诚实行事的第三方时，便不能接受与此相反的证据。它表明，当提单被转到包括收货人在内的第三方手中，而该第三方对提单中所记载的内容确信无疑地接受了，那么承运人就不得进一步提出证据，证明其实际接收或装船的货物状况与提单上所载内容不符，从而不能免除其对第三方因此种不符而遭受的损失的赔偿责任。

2. 延长了诉讼时效

《海牙规则》下，双方协商同意延长诉讼时效并不是法定有效的延展时效的办法。而《维斯比规则》明确规定，经当事方同意的时效延长同样有效。此外，还规定在解决了争议案之后，即使一年的诉讼时效期已满，只要在受诉法院的法律准许期间之内，还可向第三方提起索赔诉讼。但是，准许的时间自提起此种诉讼之人已经解决索赔案件，或向其本人送达起诉传票之日起算，不得少于3个月。

3. 提高了承运人的赔偿责任限制

为了解决《海牙规则》赔偿限额过低，以及各国对赔偿限额所采用的币值不等问题，《维斯比规则》在《海牙规则》的基础上提高了承运人的赔偿责任限制，并以金法朗代替英镑作为货币计算单位，同时，还将计算赔偿责任限制所采用的单一计算方法，改为双重计算方法。规则规定：承运人对货物灭失或损坏的赔偿责任限制，以每包或每单位10 000金法朗，或毛重每千克30金法朗，两者以其高者为准。并规定一个金法朗等于纯度为900‰、重量为65.5 mg的黄金的价值，使赔偿限额所体现的价值得到了相对的稳定。

《海牙规则》中有关责任限制的条款中，使用了“在任何情况下”这一不容争辩的字句。可以理解为，在承运人的责任期间内，承运人只要不是根本性违约或严重违约，就不影响其享受责任限制的权利。对此，《维斯比规则》作了如下补充规定：如能证明，货损是由于承运人人为蓄意造成，或是明知可能造成这一损害而轻率地采取行为或不为所引起，则无论是承运人或船舶，都无权享受规定的责任限制权利。这一补充条款，无疑加重了承运人的责任，在以后的《汉堡规则》中也得到援用。

4. 增加了集装箱货物的责任限制条款

由于集装箱运输的特殊性，当集装箱货物发生灭失或损坏时，如果将容纳多件货物的集装箱仅仅作为一件或一个单位来计算赔偿限额，则根本起不到补偿损失的作用。为此，《维斯比规则》规定了如下集装箱条款：如果货物是以集装箱、托盘或类似的运输工具集装，则提单中所载明的装在这种运输工具的包数或单位数，便可视为计算赔偿限额的包数或单位数。除上述情况之外，此种运输工具应视为包件或单位。

5. 非合同索赔的适用

当货物发生损坏或灭失时，货方可以向承运人提起诉讼要求索赔。按照双重请求权的观点，货方既可以根据合同对承运人违约提起诉讼，也可以根据侵权行为向承运人提起诉讼。如果货方以侵权为由提出非合同索赔，承运人就不能依据提单享受责任限制。为了防止上述观点的援用，而使责任限制条款形同虚设，《维斯比规则》补充规定：本公约所规定的抗辩和责任限制，应适用于就运输契约中所载货物的灭失或损害对承运人所提起的任何诉讼，而不论该诉讼是以契约为根据，或是以侵权行为为根据。

当货物遭受损失，货方还可以向承运人的雇佣人员或代理人提起诉讼。但由于承运人的雇佣人员或代理人与货方并无合同关系，因此，这种诉讼也是一种以侵权行为为根据的非合同索赔，其赔偿金额同样不受运输合同规定的赔偿限额所限制。著名的“喜马拉雅条款”就是在这种以承运人的雇佣人员侵权为由提起诉讼，并最终取得全额赔偿之后，承运人为保护自己的利益而在提单上加列的条款。《维斯比规则》在此将“喜马拉雅条款”进行了法律化。其规定如下：如果这种诉讼是对承运人的雇佣人或代理人（不包括独立的订约人）所提起，该雇佣人或代理人便有权适用承运人按照本公约所援用的各项抗辩和责任限制。

6. 扩大了公约的适用范围

《维斯比规则》将《海牙规则》的公约适用条款改为下列规定：

本公约的各项规定，应适用于在两个不同国家港口之间运输货物的每一提单，如果提单是在一个缔约国签发，或者货物是从一个缔约国港口起运，或者提单中所载或为提单所证明的契约规定，本契约需要受本公约各项规定或者给予这些规定以法律效力的任一国家立法的约束，而不论船舶、承运人、托运人、收货人或任何其他关系人的国籍如何。

因此，适用范围进一步扩大了。

三、《汉堡规则》

(一)《汉堡规则》的制定过程

鉴于第三世界发展中国家关于建立航运新秩序的强烈要求，1968 年联合国贸易和发展会议设立了一个由 33 个国家组成的“国际航运立法工作组”，着手研究国际海商法，并提出了取消现行的有关海上货物运输法中不明确的法律条款，以及将风险在货主和承运人之间公平分担的修改方针。1971 年后，《海牙规则》的修改工作交由联合国国际贸易法委员会下设的新的航运立法工作组负责进行。该工作组先后召开了 6 次会议，制定了《联合国海上货物运输公约》草案。1978 年 3 月由联合国主持在汉堡召开了海上货物运输会议，通过了以上述草案为基础的《1978 年联合国海上货物运输公约》(以下简称《汉堡规则》)。

《汉堡规则》在获得了 20 个国家的批准、接受、认可或加入的一年后，于 1992 年正式生效而成为国际法。

《汉堡规则》与《维斯比规则》不同，它是对《海牙规则》进行彻底修改后的一个完整、独立的新法案。

(二)《汉堡规则》的修订内容

1. 加强了承运人的赔偿责任

《汉堡规则》几乎全盘否定了《海牙规则》的 17 项免责事项，取而代之的是一种“推定过失责任制”。公约规定：如果货物的灭失、损坏及延迟交付货物所造成的损失是发生在承运人的责任期间内，承运人应负赔偿责任。除非承运人证明他本人、其雇佣人或代理人为避免该项事故的发生及其后果已采取了一切所能合理要求的措施。

2. 扩大了货物的范围

《汉堡规则》把舱面货、活动物都包括在货物范围内，从而扩大了《海牙规则》的货物范围。

关于舱面货，《汉堡规则》规定：承运人只有按照同托运人的协议，或符合特定的贸易惯例，或依据法规和规章的要求，才有权在舱面上载运货物。如果承运人和托运人协议，货物应该或可以在舱面上载运，承运人必须在提单或证明海上运输合同的其他单证载列相应说明。如无此说明，承运人有责任证明，曾经达成在舱面载货的协议，但承运人无权援引这种协议对抗包括收货人在内的诚实的持有提单的第三方。如果承运人违反了上述规定，即使他能证明其本人，或雇佣人或代理人为避免该事故发生及其后果已采取了一切所能合理要求的措施，也不能免除承运人对由于在舱面上载运而造成的货物灭失或损坏以及延迟交付所负的赔偿责任。根据具体情况，承运人还可能因此而丧失责任限制。

关于活动物，《汉堡规则》也明确作了规定：在运输中货物灭失、损坏或延迟交货，是起因于这类货物所固有的任何特殊风险，承运人可以免除责任，但承运人必须证明已按托运人的任何特别指示行事。如果货物的灭失、损坏或延迟交付的全部或部分是由于承运人、其雇佣人或代理人的过失或疏忽所造成，承运人仍应负赔偿责任。

3. 延长了承运人的责任期间

《汉堡规则》将《海牙规则》中承运人履行义务、承担责任的时间范围扩展为在装货港、运输途中以及在卸货港，货物在承运人掌管下的全部时间。

4. 提高了承运人的赔偿责任限制

《海牙-维斯比规则》以金法朗代替英镑作为赔偿限额的计算单位，在一定程度上解决了英镑贬值、币值不一的问题，但也逐渐带来了结算兑换上的困难。《汉堡规则》改用“特别提款权”(Special Drawing Right, SDR)作为计算单位，来确定赔偿责任限额。

《汉堡规则》规定：承运人对货物灭失或损坏造成的损失所负的赔偿责任，以灭失或损坏的货物每件或每其他货运单位相当于 835 SDR，或毛重每千克 2.5 SDR 的数额为限，两者中以较高的数额为准；承运人对延迟交付的赔偿责任，以相当于该延迟交付货物应支付运费的 2.5 倍的数额为限，但不得超过海上货物运输合同规定的应付运费总额；承运人的总赔偿责任，在任何情况下都不得超过对货物全部灭失引起的赔偿责任所规定的限额。

上述“特别提款权”是一种没有任何物质基础的记账单位，是一种虚构的国际清偿能力。它是由国际货币基金组织(International Monetary Fund, IMF)于 1969 年 10 月在其第 24 届年会上通过的。

特别提款权通常以国际上主要的货币按一定比例定值的。目前由美元、欧元、英镑和日元四种货币按一定比例组成一个“一篮子”计账单位。2015 年 11 月 30 日，IMF 宣布人民币将纳入特别提款权货币篮子，2016 年 10 月 1 日正式生效。届时，美元、欧元、人民币、日元和英镑 5 种货币在特别提款权的权重占比分别为 41.73%、30.93%、10.92%、8.33%和 8.09%。由于特别提款权中各种货币的汇率在不断变化，因此特别提款权的价格每天都会不同。

按照国际货币基金组织的规定，特别提款权一般以伦敦市场午市欧元、日元、英镑对美元的汇率中间价作为计算标准，先计算出特别提款权对美元的比价，得到一个用美元标价的特别提款权价格，然后再根据成员国央行公布的各自货币对美元的汇率，计算出各种货币对特别提款权的兑换比例，得到以其他各种货币标价的特别提款权值。

特别提款权由于采用多种货币定值，因而具有相对稳定性。一些国际组织和国际公约均把特别提款权作为记账单位。

5. 确立了保函的法律效力

《汉堡规则》规定：对由于承运人或其代表未就托运人提供列入提单的项目或货物的外表状况批注保留而签发提单所引起的损失，托运人出具的保证向承运人赔偿的保函或协议，在承运人与托运人之间具有法律效力，而在承运人与收货人等第三方之间不产生效力。但是如果承运人对善意的第三方构成欺诈行为时，则保函对承、托双方也失去法律效力，而且承运人不能享受规定的责任限制。

6. 延长了诉讼时效

《汉堡规则》延长了货物索赔通知提出的时间和诉讼时效。

关于货物损坏或灭失的书面通知，《汉堡规则》规定：收货人应在不迟于货物交付之日后第一个工作日内，或遇有不明显灭失或损坏时，应在不迟于货物交付之日后连续 15 天内，将阐明灭失或损坏一般性质的文件送交承运人。否则，这种交付应作为承运人已交付运输单证上所述货物的初步证据。

对于货物因延迟交付而造成损失的书面通知，收货人应在货物交付之日后连续 60 天内送交承运人。否则，承运人对此种损失不负赔偿责任。

关于货物运输的任何诉讼，索赔人应在两年内提起诉讼或交付仲裁，否则，即失去了时效。

7. 扩大了公约的适用范围

《汉堡规则》在下述情形下适用于两个不同国家间所有的海上货物运输合同：

海上运输合同所规定的装货港或卸货港、或由备选卸货港转化而来的实际卸货港位于一个缔约国内；或者提单或证明海上运输合同的其他单证规定，本公约的各项规定或实行本公约的任何国家的立法应约束该合同。

由此可见，《汉堡规则》的适用与船舶、承运人、实际承运人、托运人、收货人或任何其他关系人的国籍无关，其适用范围扩大了。

四、《鹿特丹规则》

（一）《鹿特丹规则》的制定过程

联合国国际贸易法委员会制定的《汉堡规则》虽已生效，但由于只有少数非航运发达国家加入，其统一国际航运立法的一个初衷非但未达成，反而在《海牙规则》和《海牙-维斯比规则》之外又增加了一个并行的国际公约，加之各国根据公约内容或根据国内情况制定的国内法，使得国际海上货物运输的法律制度极不统一；同时集装箱运输的发展，推动了传统单一的运输方式向多式联运的方向发展。为了最大限度地实现国际货物运输法律的统一，解决不同运输方式的“接口”问题，并适应电子商务等新科技的发展，贸易法委员会启动了海上货物运输法律法规的新一轮国际统一工作。

联合国国际贸易法委员会委托国际海事委员会拟定新的公约草案，并于2002年初成立了运输法工作组专门审议国际海事委员提交的草案文本。草案文本经包括中国在内的来自世界多国代表团的专家反复讨论、修改、协商和妥协，终于在2008年6月16日—7月3日的会议审议后形成正式文本。2008年12月11日在联合国第63届代表大会第67次会议上通过了《联合国全程或部分海上国际货物运输合同公约》，2009年9月23日在荷兰鹿特丹举行公约签字仪式，并将公约所体现的规则定名为《鹿特丹规则》。

在鹿特丹签字仪式上签字的国家有美国、荷兰、法国、丹麦、希腊、挪威、波兰、西班牙、瑞士、刚果、加蓬、加纳、尼日利亚、几内亚、塞内加尔和多哥等16个国家。根据《鹿特丹规则》，在第20份批准书、接受书、核准书或加入书交存之日起一年期满后的下一个月第一日公约生效。

如果《鹿特丹规则》获得了主要航运国家的认可并使之生效，新公约将有可能取代现有的三大国际公约，真正实现海上货物运输法律制度的国际统一，开启一个崭新的“鹿特丹时代”。这不仅会对船货双方及相关各方带来重大影响，也将影响到船舶和货物保险、共同海损制度以及银行业和港口经营人，并与我国《海商法》有相应冲突。

（二）《鹿特丹规则》内容概述

《鹿特丹规则》内容庞大、条款交织、文字繁琐。全文共18章96条，主要围绕船货双方的权利义务、争议解决及公约的加入与退出等作出一系列规定。

1. 定义

第1章总则的第1条，界定了公约所使用的30个概念的内涵与外延。其中有些概念在《海牙规则》、《海牙-维斯比规则》或《汉堡规则》已经出现过，但其内涵已经有所变化；有些概念则是对应《鹿特丹规则》创新制度的新概念，如：批量合同、履约方、海运履约方等。

2. 公约适用范围

这是一个公约在何种情况得以适用的问题。《海牙规则》在界定公约适用范围时，采用的是“单证方法”，即只有运输合同的载体是提单或类似的物权凭证时，公约才予以适用；《汉堡规则》采用的是“合同方法”，即只要运输合同的实质内容符合公约的要求，公约就得以适用。《鹿特丹规则》主要采用“合同方法＋运输方式”来界定公约的适用范围。

3. 电子运输记录

随着信息技术的发展和国际贸易量的不断增加，“电子商务”也在不断推广。作为电子商务的一个组成部分，以电子形式替代传统的纸质提单或其他运输单据自然成为探索的范畴。第3章电子运输记录共3个条款，规定了何种情况下可以使用电子运输记录、电子运输记录的效力和使用程序，以及可转让电子运输记录与可转让运输单证的替换。

4. 承运人的义务

承运人的义务是海上货物运输合同法律制度的主要和基本内容，亦是本公约的核心和基础。公约第4章共有6个条款，分别规定了承运人对货物的运输和交付义务、承运人的责任期间、承运人的具体义务、适用于海上航程的特定义务、承运人对于可能形成危险的货物处置义务，以及承运人为了共同安全可以在海上航程期间牺牲货物的义务等。

5. 承运人的赔偿责任

承运人的赔偿责任是本公约的重要内容之一。第5章是关于承运人对货物灭失、损坏或迟延交付所负的赔偿责任问题的规定，共7个条款，分别规定了承运人的赔偿责任基础、承运人为他人所负的赔偿责任、海运履约方的赔偿责任、承运人与其他方承担连带责任的情形、对延迟交付货物的界定、对赔偿额计算的规定以及货物在发生灭失、损坏或延迟交付时的通知义务等。

6. 特定运输阶段

“特定运输阶段”涉及“海上运输”阶段。第24条和第25条直接就海上货物运输中的绕航以及舱面货作了规定。第26条则是关于海上特定运输阶段前后两端的非海上货物运输阶段如何适用本公约，以及本公约与调整其他非海上运输阶段的公约之间的关系。

7. 托运人对承运人的义务

第7章关于托运人对承运人义务的规定是目前海上货物运输公约中最全面与完整的规定，是本公约试图与承运人义务达到对称和平衡的一个体现。共8个条款，涉及托运人交付运输、承托双方在提供信息、指示和文件方面的合作、托运人提供信息、指示和文件、托运人对承运人赔偿责任基础、托运人提供运输单证合同事项所需要的信息、托运人在危险货物运输时应遵守的特殊规则、单证托运人享有托运人的权利并承担其义务、托运人为其他人所负的赔偿责任等方面。

8. 运输单证和电子运输记录

第8章的8个条款全面细致地规定了运输单证和电子运输记录的签发、记载以及记载内容的法律效力等。

9. 货物交付

第9章对货物交付作了专门的规定。公约规定了收货人及时提货和确认提货的义务；分别就承运人签发运输单证或电子运输记录的情况规定运输合同货物交付的详细过程、细节和相应的权利义务等；并对承运人留置货物的权利作了规定。

10. 控制方的权利

为了使海运与其他运输方式国际公约的类似规定相协调，也为了与贸易法规中规定的“中途停运权”制度相呼应，并适应电子商务的需要，本公约开创性地在有关海上货物运输的国际公约中引入控制权和控制方的概念。

第10章对控制方的权利作了规定。本章共7个条款，分别对控制权的行使和范围、控制方的识别和控制权的转让、承运人执行控制方的指示、视为交货、运输合同的变更、向承运人提供补充信息、指示或文件和协议变更等事项作了规定。

11. 权利转让

第11章权利转让共2个条款，分别规定了可转让运输单证或电子运输记录的权利转让，以及权利转让后运输单证或电子运输记录持有人的赔偿责任。

12. 赔偿责任限额

第12章是关于承运人赔偿责任限额的规定，共3个条款，分别对赔偿责任限额、延迟造成损失的赔偿责任限额，以及赔偿责任限制权的丧失作了规定。

13. 时效

第13章共4个条款，分别就时效期间、时效延长、追偿诉讼以及在被索赔承运人不明确的情况下诉讼时效的特别规定。

14. 其他规定

本公约第14章至第18章中分别就管辖权、仲裁、合同条款的有效性、本公约不管辖的事项、最后条款等作了具体而详尽的规定。

五、《中华人民共和国海商法》

广义的海商法是调整海上运输关系、船舶关系的各种法规的总称。我国海商法包括我国立法机构依据立法程序制定和颁布的法律、行政法规和规章等规范性文件；我国政府缔结、批准、加入或核准的与海事有关的国际公约；以及国际航运惯例。《中华人民共和国海商法》(以下简称《海商法》)是我国海商法体系中一个重要的组成部分。

《海商法》起草工作始于建国之初，但由于历史上的原因，起草工作中断了近20年。为了适应我国进一步对外开放和我国海上运输与经济贸易不断发展的需要，1981年恢复了《海商法》的起草工作，直至1992年11月7日，《海商法》在第七届全国人民代表大会常务委员会第28次会议上审议通过，并于1993年7月1日起正式施行。

《海商法》具有很强的国际性。它的制定遵循了独立自主、自力更生、参照国际公约和国际惯例以及维护当事人合法权益的原则，从我国海上运输、经济贸易等实际情况出发，尽可能吸收、借鉴通行的国际公约、国际惯例以及具有深远影响的合同格式，并适当考虑了国际海事立法的发展趋势。

《海商法》涉及面广，包括总则、船舶、船员、海上货物运输合同、海上旅客运输合同、船舶租用合同、海上拖航合同、船舶碰撞、海难救助、共同海损、海事赔偿责任限制、海上保险合同、时效、涉外关系的法律适用和附则等15章内容。其中海上货物运输合同，较多地吸收了国际上广泛适用的《海牙-维斯比规则》，同时，也在一定程度上体现了《汉堡规则》的精神。航次租船合同、定期租船合同、光船租赁合同则分别参照了国际租船市场上具有广泛影响的“金康”航次租船合同格式、“巴尔的摩”和“纽约土产”定期租船合同格式以及“贝尔康”光船租赁合同格式。

第七节 案　例

一、指示提单背书转让的法律效力

(一) 案情

2001 年 9 月 20 日，中国茶叶股份有限公司(简称中茶公司)与荷兰 C 公司签订了 500 t 可可豆销售合同，价格条件为 FOB 阿比让，信用证支付方式，装运期为 11 月。9 月 28 日，中茶公司与浙江兴光可可制品有限公司(简称兴光公司)签订委托加工协议，双方约定中茶公司委托兴光公司加工可可豆共 500 t，兴光公司负责返还加工成品。11 月 19 日，中国人民保险公司北京市分公司(以下简称北京保险公司)出具涉案货物运输保险单，其中记载的被保险人为中茶公司，由象牙海岸(科特迪瓦)至中国上海，承保险别为一切险，中茶公司支付了保险费。11 月 20 日，日本株式会社商船三井船公司(以下简称日本三井)签发提单，提单记载:托运人为 S 公司，收货人凭指示，通知人为中茶公司和兴光公司，装货港为象牙海岸阿比让，卸货港为中国上海，货物状况为 7 700 包象牙海岸可可豆，共 500 t。涉案提单背面背书人依次为托运人 S 公司、卖方 C 公司、中茶公司和兴光公司。12 月 21 日，涉案货物进口报关，最后由兴光公司持提单向日本三井提货。由于货物受损，中茶公司作为被保险人向原告北京保险公司提出保险索赔。北京保险公司理赔后，中茶公司出具赔款收据及权益转让书，证明其已收到涉案货物保险赔款人民币 115.7824 万元，并同意将已取得赔款部分保险标的的一切权益转让给北京保险公司。北京保险公司提出国家出入境检验检疫机构出具的检验证书(其证明货物损失 10.5835 万美元，损失原因基本判定为集装箱在海运途中遭海水浸泡所致。)向被告日本三井行使代位追偿权。

(二) 法院审判

上海海事法院经审理认为，指示提单的背书意味着运输合同权利义务的转让。涉案货物在目的港交付前，提单已经由中茶公司背书转让给兴光公司，兴光公司作为提单持有人向承运人主张提货，提单所证明的运输合同的权利义务已经转让，中茶公司与兴光公司之间的委托加工和代为提货的关系不能对抗包括承运人和保险人在内的第三人。中茶公司已经不是提单的合法持有人，其再以提单所证明的运输合同为依据，要求被告承担违约责任已无合理依据。此外，由于中茶公司背书提单的行为使其丧失了对货物的保险利益，原告向中茶公司赔款已无法律依据，故本案原告不能向被告行使代位追偿权主张货损赔偿。

法院判决对原告的诉讼请求不予支持。原告不服提起上诉，上海高级法院经审理，于 2003 年 12 月 22 日作出二审判决，驳回上诉，维持原判。

(三) 专家评析

本案涉及指示提单经背书转让后被保险人能否对造成保险标的损坏的第三人依法具有损害赔偿请求权的问题。

根据《海商法》第 252 条的规定，“保险标的发生保险责任范围内的损失是由第三人造成的，被保险人向第三人要求赔偿的权利，自保险人支付赔偿之日起，相应转移给保险人”。保险人向被保险人实际赔付以后，依法取得代位追偿权，可以向对被保险人损失负有责任的第三人追偿，但须满足几个条件，其中最重要的一点就是：其所代位的被保险人，对造成保险标的物损坏的第三人，依法具有损害赔偿请求权，反过来说，该第三人也有权将对被保险人的抗辩用以对抗保险人。因此，本案的审理首先就需要认定：在涉案指示提单已经由被保险人中茶公司合法背书转让给兴光公司并提取了货物之后，中茶公司对被告承运人是否还具有提单项下的货损索赔权。提单转让后产生两种效力，即提单转让人与受让人之间的对内效力，以及提单持有人与承运人之间的对外效力。对内，除非另有约定，提单出让人背书转让提单的行为是转让提单所证明的运输合同项下包括对承运人提单项下货损索赔权的权利义务的初步证据；对外，承运人此后只需也只能向提单受让人履行提单项下的合同义务并承担义务不履行的责任，包括货损赔偿责任，而不再向提单出让人履行义务或承担责任。

涉案指示提单经合法背书转让用于提货后，被保险人中茶公司已经不具备提单持有人或收货人的法律地位，其与承运人之间已不存在海上货物运输合同关系，无权依据提单要求承运人承担货损责任。而作为保险代位人的原告，其既然是代位或受让被保险人的债权，便不能取得被保险人在法律上已丧失的权利，不能超越被保险人向第三人行使权利，相反，还要受第三人对被保险人的抗辩权的约束，因此其依据提单请求承运人承担货损赔偿责任的诉请缺乏事实与法律依据，依法不能予以支持。

本案的被保险人在背书转让提单时没有同时背书保险单转让保险受益权，导致提单权益与保险权益的分离，所以不能得到法院的支持。按照通常的国际贸易做法，在背书转让指示提单的同时背书转让保险单，在发生保险责任范围的损害赔偿时由提货人向保险公司索赔，出具赔款收据及权益转让书，证明其已收到涉案货物保险赔款，保险公司赔付后，向承运人代位追偿。背书人无权向保险公司及承运人索赔。根据本案在提单权益与保险权益的分离的情况下，可以施行的救济办法是：受损方放弃保险权益，由提货人兴光公司根据提单与货物检验报告直接向承运人索赔。

二、集装箱整箱货运输“隐藏损害”

(一) 案情

上海某公司从国外进口 6 个集装箱的废铜，进口提单上注明 CY-CY；“SLCAS”字样，该公司从码头堆场将集装箱运至拆箱地点，打开箱门发现箱内装载的是废钢铁。在收到这批货 6 个月后，该公司才迟迟向国外发货人提出索赔，理由：一是提单加注“SLCAS”，发货人明知装卸的是废钢铁，而提单货物内容加注的是废铜。国外发货人事后两个月向该公司出具了两份证书，一份是该国的海关出具的”海关监装证书，另一份是公证行出具的“装箱证明书“。这两份证书分别证明货主实际装载出口的货物确系废铜，而且数量与单证记载相符。

作为收货人有理由怀疑发货人从中做手脚，但不能怀疑发货人与海关、公证行一起出具假证明。在发货人出具有效证书并明确表示不承担责任情况下，该公司向国外保险人提出保险赔偿(因该批货物成交价是 CIF 价，由国外卖方投保)，但国外保险人拒赔，理由：一是投保人向保险人申报的标的是废铜，并非废钢铁，而箱内实际装载的是废钢铁，标的不一；二是投保人有可能向保险公司做欺诈保险，保险公司不但不赔，必要时保留追诉权利。

显然，该公司也无法从保险人那里得到赔偿。于是该公司向承运人提出赔偿要求，但船公司同样提出拒赔理由：一是进口提单上记载CY-CY运输条款，收货人在码头堆场提货时，并未对箱子外表状况、关封是否完整提出任何异议，承运人责任即告终止；二是收货人在将集装箱运出堆场时，设备交接单上也没有任何批注，这表明承运人已履行完整交货责任。该案由于收货人无法举证确定责任方，最终只能自行承担损失。

（二）“不知条款”的由来

在提单记载“CY-CY”等运输条款的集装箱整箱货运输中，通常由托运人装箱并施封，承运人一般对货物的验收仅限于集装箱外表状况和施封完好情况，对承运人而言，在接受整箱货时，根本无法知悉箱内货物的实际情况。根据《海牙-维斯比规则》规定：承运人必须在提单中加入由托运人提供的货物标志、包数、件数、重量或数量。但如果承运人无适当方法核对，或有理由怀疑其实际收到货物的准确性，便不必将其在提单上加以记载或注明。承运人本可以拒绝在提单上载明箱内货物详情。但是如果提单上缺少关于货物的记载，将不会被议付行所接受，从而影响提单的流通性。我国《海商法》第73条规定：“提单内容包括下列各项：货物的品名、标志、包装或者件数、重量或者体积，以及运输危险货物时对危险货物性质的说明；承运人的名称和主营业所；船舶名称；托运人名称；收货人名称；装货港和在装货港接受货物的日期；卸货港；多式联运提单增列接受货物的地点和交付货物的地点；提单的签发日期、地点和份数；运费的支付承运人或其代表签字。”提单缺少一项或几项的，以不影响提单的性质为前提。即不得影响提单作为运输合同的证明、货物收据和物权凭证的作用。由此，第一项内容是不能缺少的。但《海商法》第75条又给予承运人批注权，规定：“承运人或者代其签发提单的人，知道或者有合理的根据怀疑提单记载的货物的品名、标志、包装或者件数、重量或者体积与实际接受的货物不符，在签发已装船提单的情况下怀疑与已装船的货物不符，或者没有适当的方法核对提单记载的，可以在提单上批注，说明不符之处、怀疑的根据或者说明无法核对。”因此，在实际业务中承运人不得不根据货主提供的内容予以记载，但另一方面，如果承运人默认了货主提供的集装箱内货物的内容，则会在赔偿责任方面带来不利。因此，承运人为了保护其权益，往往在如实记载货主提供的货物内容的同时，又在提单上批注“SLCAS”（SHIPPER'S LOAD COUNT AND SEALED：货主装载、计数、加封）、“STC”（SAID TO CONTAIN：内容据称）等“不知条款”，最大限度地达到免除责任的目的。

（三）责任分析

对于集装箱整箱货运输下“隐藏损害”责任的确定应依据如下原则：

1. 发货人责任的确定

对发货人来说，在整箱货运输时主要责任有三个方面：一是在选用集装箱时，应保证该箱子具备适航和适货条件，即在装箱之前，应对箱子进行外部检查和内部检查，如该箱子不能满足货物装载运输，则应拒装，如事实上该箱子不能满足货物装载运输，发货人仍将货物装载箱内，一旦造成货损事故，该货损事故则由发货人承担。二是装载箱内的货物包装应牢固，标志清晰、内容完整，以保证运输的安全性、牢固性、可靠性。三是在将装载货物后的箱子交由承运人时，箱子外表状况应良好、关封完整，箱号、关封号与单证记载一致。此外，在“隐藏损害”发生后，力求出具由海关或公证行验货、装箱的证书。这样，即使收货人向发货人提出“隐藏损害”赔偿，发货人也可解除责任。除非收货人确有证据证明该货物灭失、损害或货物与提单记载不符确由发货人过失或欺诈所致。

2. 承运人责任的确定

对承运人来说，整箱货运输下只要在箱子外表状况良好、关封完整下接收并交付货物，而收货人在接收货物时并没有对箱子外表状况、关封状况提出异议，则表明承运人对该集装箱货物的运输责任即告终止，特别是在CY-CY运输条款下，是由收货人自行安排内陆运输，除非收货人对于货物灭失或损害的“隐藏损害”确能举证说明承运人过失所致，但同样承运人可反举证解除自己责任，对于承运人整箱货运输下“隐藏损害”责任之确定，一是依据提单上的正面条款，二是依据提单上对整箱货的批注。

3. 收货人责任的确定

对收货人来说，在接收整箱货时，应认真检查箱号、关封号是否与单证记载一致，此外，箱子外表状况是否良好，关封有无异常状况，如箱子外表有损或关封异常，则应在设备交接单、提货单上加注，以便一旦发生“隐藏损害”时向责任方提出索赔。因为，收货人在提取整箱货时没有提出任何异议，则表明承运人已按提单记载完好交货。

4. 保险人责任的确定

对保险人来说，提赔人提出的赔偿原则上必须同时具备两个条件，保险人才给予赔偿：一是货物的灭失或损害等情况发生在保险人责任期限内；二是货物的灭失或损害等情况属保险人的赔偿责任范围内。

(四) 索偿原则

(1) 如果提单上有STC，SLAC，SLCAS等批注，而且收货人在提箱子时箱子外表状况良好，关封完整，则可凭提单批注向发货人提出赔偿要求，但如发货人在出具装箱证明书或海关监装证书等情况下，即使提单上有批注，发货人也不承担“隐藏损害”赔偿责任。

(2) 收货人在提箱时，箱子外表状况或关封有异常，即与记载不符，收货人可在有效期内向承运人提出赔偿。

(3) 如货物已投保，货物损害发生在保单责任期限内，又在保单承包的赔偿范围内，而且保单货物内容记载与箱内实际货物装载相符，收货人可向保险人提出赔偿要求，保险人在赔偿后根据收货人的权益转让证书向责任方追偿。

(4) 收货人在向上述三方中任何一方或同时向三方提出赔偿要求时，而任何一方在提供有效证明，证明自己无过失的情况下，此项“隐藏损害”则由收货人自己来承担。

三、航次租船合同纠纷案

这是一宗航次租船合同下出租人向非承租人的收货人提出支付到付运费和装港滞期费请求的案例。主要涉及收货人的认定、提单记载的运费支付方式的认定以及收货人对于装港滞期费的义务等问题。

(一) 案情

1995年10月31日，中粮公司与豫新公司签订代理进口大米协议，约定由中粮公司代理豫新公司进口1万t越南大米。11月1日，中粮公司与港富兰公司签订合同，约定由港富兰公司提供1万t越南大米，价格条件CIFFO(到岸价，卖方不负责卸货费用)。

12月11日，原告天福船务有限公司(简称天福公司)与港富兰公司签订租船合同确认书，约定：港富兰公司租用原告所属“天元星”轮，在越南胡志明港装载1万t大米至中国黄埔港，装运期从12月12日至15日，运费每吨15.50美元，出租人不承担装卸、积载及平舱费用，运费应在装货完毕或出租人签发提单后3个银行工作日内支付；装货率为每晴天工作日1 000 t，星期天和节假日除外，除非已使用；滞期费率每天3 500美元，装货港滞期费须在装货完毕后2周内计算并支付；出租人承担1 000美元的熏舱费用，提供24小时的熏舱时间，熏舱超过24小时的时间计算为装卸时间；船舶老龄费由承租人支付，出租人分担2 000美元，从运货费中扣除；其它条款按*Uniform General Charter*（《统一杂货租船合同》，简称“金康合同”）1976年修订本。金康合同第8条规定：出租人得因未收取的运费、空舱费、滞期费和滞留损失而对货物有留置权，承租人应对装货港发生的空舱费和滞期费（包括滞留损失）负责，但仅以船东通过对货物行使留置权而未能得到款额为限。

12月14日2006时，“天元星”轮驶抵胡志明港引水锚地，15日08:20时通过检疫，16日16:30时递交准备就绪通知书。1996年1月9日09:00时，“天元星”轮开始装货，2月1日09:00时装货完毕，同日11:00时开始熏舱，4日11:00时熏舱完毕。6日05:00时驶离胡志明港。根据租船合同约定的许可装卸时间和装货事实计算，“天元星”轮在胡志明港滞期35.125天，滞期费计122 937.5美元。

1996年2月21日，港富兰公司向原告支付102 300美元滞期费。2月3日，“天元星”轮船长在胡志明港签发了一式三份金康格式的指示提单，提单记载：“天元星”轮装载大米10 999.896 t。提单正面发货人对货物的描述一栏下方打印：FREIGHT COLLECT（运费到付）。在该栏左下角提单格式中印刷：Freight payable as per CHARTER PARTY dated...，FREIGHT ADVANCE.（运费根据日期为……的租船合同支付，运费预付）；在日期预留空白处打印：DEC 111 995。提单背面条款第一条规定：All terms，sand conditions，liberties and exceptions of the charter party，dated as overleaf，are herewith incorporated.（提单正面注明日期的租船合同的全部条款、条件、特权和免责被并入本提单）。按租船合同约定的运费费率，“天元星”轮该航次实际发生运费170 498.38美元，扣除原告应承担的船舶老龄费、熏舱费3 000美元，原告应收取运费167 498.38美元。

2月10日，豫新公司出具代理委托书，委托被告增城市商贸经济发展总公司（简称商贸公司）办理“天元星”轮所载货物的接船、疏港、卸货、清关等手续。14日，中粮公司出具报关委托书，委托中国外运金兴报关储运公司办理报关手续。2月14日，“天元星”轮抵达黄埔港。被告在提单背面盖章背书，向原告的船务代理广东船务代理公司办理了提货手续，并将正本提单交予广东船务代理公司。

4月15日，原告因未得到运费和全部滞期费，向广州海事法院申请扣押存放于广东黄埔外运仓码公司仓库的“天元星”轮卸载的1 800 t大米，要求货主提供22万美元的担保。广州海事法院准许了原告的申请，扣押了上述大米。由于货主没有提供担保，广州海事法院应原告的申请于5月23日公开拍卖了上述大米，拍卖总价款3 852 000元。

原告根据提单上载有的运费到付和租船合同并入的条款，向广州海事法院提起诉讼，请求判令提单持有人被告支付运费、滞期费204 500美元，银行利息6 000美元及因追偿而发生的各项费用7325美元。

被告答辩称：提单项下的大米是由豫新公司委托中粮公司进口的，被告是受豫新公司的委托代理接船、疏港、卸货、清关等手续。被告虽在提单上盖章，但并不是收货人。运费、滞期费应由承租人港富兰公司承担。请求驳回原告的诉讼请求。

(二) 法院审判

广州海事法院审理认为:被告在正本提单背书后将提单交予原告的船务代理,并未申明其代理人身份,对作为承运人的原告而言,被告即为该提单的收货人,受提单记载的内容、提单条款以及并入提单的租船合同的约束。

在提单所证明的海上货物运输合同中,承运人及收货人的权利、义务及责任应严格按照提单记载的内容确定。收取运费作为承运人的基本权利,受法律保护。本案中,提单一方面记载运费到付,另一方面又记载根据租船合同支付运费,运费预付。但是,运费到付的约定在租船合同的运费预付的约定之后,按照合同解释原则,后约定内容的效力优先于先约定的内容,提单中运费到付的记载应视为对租船合同中运费预付约定的修改。因此,应认定该航次运费支付方式为运费到付。被告作为收货人,接受了运费到付提单,对提单内容未提出异议,负有在卸货港向原告支付运费的义务。提单中未记载提单持有人应承担在装货港发生的滞期费,因此,原告不具有要求被告支付装货港滞期费的请求权。

原告的其他诉讼请求缺乏事实和法律依据,不予支持。依照《中华人民共和国海商法》(简称《海商法》)第 78 条、第 95 条的规定,广州海事法院于 1997 年 1 月 24 日作出如下判决:

(1) 被告向原告支付运费 167 498.38 美元及其自 1996 年 2 月 14 日至付款之日止按中国银行同期流动资金贷款利率计算的利息。

(2) 驳回原告滞期费及其他费用的诉讼请求。

被告不服广州海事法院判决,向广东省高级人民法院提出上诉。称:原审法院混淆了"提单合法持有人(合法收货人)"与"提单持有或占有人"的概念,持有或占有提单不一定是运输合同的当事人,办理提货手续的当事人与提单合法收货人不能当然划等号。本案的提单合法持有人应是提单的合法受让人中粮公司。我公司只是因委托关系才暂时持有提单,所为背书行为只是用于确认办理提货手续,不具备变更提单当事人的条件。另外,"运费预付"、"运费到付"两条款下未注明日期,谁先谁后不明,依国际贸易惯例,应由托运人支付运费。

天福公司答辩称:注有"FREIGHT COLLECT"字样的提单,是运费到付提单,凭此提单提货的人有义务在提货时向承运人付清本航次运费。在贸易合同 CIF 条件下,买方本无需向承运人支付运费。但若买方放弃这一权利,自愿接受"运费到付"提单,也是可以的。承运人无维护贸易合同如何履行的义务,只需在提单上注明"运费到付"以告知提单受让人在提货时须交付运费就足够了。

广东省高级人民法院二审审理认为:商贸公司在正本提单背书后将提单交给天福公司的船务代理,并未申明其代理人身份,对作为承运人的天福公司而言,商贸公司即为该提单的收货人,受提单记载的内容、提单条款以及被并入提单的租船合同的约束。在提单所证明的海上货物运输合同中,承运人及收货人的权利、义务及责任应严格按照提单记载的内容而确定,收取运费作为承运人的基本权利,应受到合法保护。本案中,提单记载了打印的运费到付的内容,也载明根据打印日期的租船合同支付运费,运费预付。根据租船合同签订的时间在前,提单签发的时间在后的事实,原审法院认定"运费到付"的约定在租船合同的运费预付的约定之后,是正确的。按照合同解释原则,后约定的内容的效力优先于前约定的内容,“运费到付”的记载应视为对租船合同中运费预付的约定的修改。提单记载的两个相互矛盾的运费支付方式应认定“运费到付”为有效,对提单持有人具有约束力。商贸公司作为收货人,接受了载明有“运费到付”的提单,对提单内容未提出异议,应视为已接受在卸货港向承运人支付运费的义务。因此,商贸公司应向天福公司支付运费。提单中未记载提单持有人应承担在装货港发生的滞期费,因此,天福公司不具有要求商贸公司支付装货港滞期费的请求权,其要求商贸公司支付滞期费的诉讼请求,不应支持。天福公司的其他上诉理由均不成立,应予以驳回。原审法院认定事实清楚,适用法律正确,处理恰当,应予以维持。依照《中华人民共和国民事诉讼法》第153条第1款第1项规定,于1997年12月4日作出判决:驳回上诉,维持原判。

(三) 专家评析

1. 关于被告是否是本案所涉货物的收货人问题

这是本案当事人争议的焦点,双方对此问题持截然相反的观点,其理由在二审诉辩主张中阐述得很充分。正确认定本案货物收货人,应根据提单的法律性质、有关法律规定和航运及港口习惯综合考虑。提单是收货人据以提取货物、承运人据以交付货物的凭证。对于记名提单,承运人须凭正本提单向提单的记名收货人交付货物;对于不记名提单,承运人仅凭正本提单交付货物;对于指示提单,承运人在交付货物时一方面须凭正本提单,另一方面须按背书的连贯性审查提单持有人持有提单的合法性。本案提单是指示提单,被告向船舶代理人办理提货手续时合法持有正本提单,依法有权提取货物。根据我国海商法第四十二条,收货人是指有权提取货物的人,由此可以认定被告是收货人。在我国港口,当货方凭正本提单向承运人或其代理人办理提货手续时,货方一般被要求在提单的背面加盖公司印章,以表明其收货人的身份。在指示提单情形下,如无其他异常情况,承运人或其代理人只能合理地相信向其出示正本提单并作提货背书的人就是收货人,承运人也必须向其交付货物。被告持正本提单要求提货,按我国港口的通常做法在提单上加盖公司印章,而对其地位未作任何申明与保留,承运人只能将其视为收货人。至于被告是否货物的买方,是否支付对价,是受让提单还是受委托提货,属于贸易上的事情,不是承运人需要审查的内容,不影响其收货人的地位。

2. 关于本案提单的运费支付方式

提单记载运费预付,运费由托运人支付;提单记载运费到付,运费由收货人支付,无需争辩。本案问题是,同一份提单中既记载运费预付又记载运费到付的不正常情况。这种情况下,认定提单中记载的哪一种运费支付方式的有效性,是确定被告是否负有向原告支付运费的关键。从提单本身看,提单中关于“按租船合同支付运费,运费预付”的记载,是“金康提单”预先印刷的内容,包含了运费率和运费支付方式两层含义;关于“运费到付”的记载,是承运人签发提单时打印上去的。原告在签发提单时没有收到运费,有权在提单中记载运费到付,以便在目的港交货前向收货人收取运费,同时也让提单受让人知道货物运费尚未支付。原告在签发提单时在提单上打印“运费到付”是其真实意思的表示,也是对提单格式上原本印刷的“运费预付”支付方式的取代。由此可见,认定本案提单系运费到付提单符合航运习惯,也符合当事人的真实意思表示。至于中粮公司与港富兰公司以CIF价格条件成交,属于贸易上的事情,不影响承运人根据运费到付提单向收货人收取运费的权利。

3. 关于收货人对装货港滞期费的义务

提单在承运人和包括收货人在内的提单持有人之间具有约束力。本案涉及并入租船合同条款的提单，即使是非承租人，提单持有人也应根据租船合同的规定，承担向承运人支付卸港滞期费的义务。至于装港的滞期费，我国《海商法》第78条第二款对收货人、提单持有人承担装货港滞期费有特别的规定："收货人、提单持有人不承担在装货港发生的滞期费、亏舱费和其他与装货有关的费用，但是提单明确载明上述费用由收货人、提单持有人承担的除外。"本案提单没有明确载明装货港滞期费由收货人、提单持有人承担，因此，判决驳回原告向被告收货人收取装港滞期费的请求，是完全正确的。

四、定期租船合同纠纷案

本案涉及燃油索赔、航速索赔、绕航索赔、船舶不适航索赔，以及出租人利用船舶卸货和停泊时间办理船舶证书，应否扣除租金等问题。一审法院和二审法院审理查明的事实基本相同，但对一些问题存在不同的意见，值得理论上进一步商榷。

(一) 案情

1993年9月17日，原告深圳兴鹏海运事业有限公司(简称兴鹏公司)作为"兴达"轮出租人与被告承租人香港福星船务有限公司(简称福星公司)签订定期租船合同。该合同采用了1946年修订的纽约土产交易所标准期租合同，即NYPE46，又称46年纽约土产格式。合同约定：兴鹏公司将"兴达"轮租给福星公司使用，租期为6个月，租金每天6 400美元；该轮可根据保险业公会保证条款进行合法的世界范围的航行；在天气良好的情况下，航速可达约12节；每天耗油约：工业燃油30 t，轻油2 t，在港不作业时每天约2.0 t轻油，在港作业时每天约3.0～3.5 t轻油；冬季载重量34 316 t，不包括淡水的物料常量为170 t；发生事故或出现故障延误了时间，或因本船船员生病或发生事故而绕航时，停付租金，发生的一切费用，包括所消耗的燃料，均由船东负责；船东有义务提交和保证本船、船员以及有关的任何物品的最新完整证书，不管这些证书是在本租船合同开始之前或开始之后就需要。若船东未能履行规定，所损失的时间与一切额外费用，均由船东负责，租船人可将其从租金中扣除；本合同发生的纠纷，应在伦敦提交仲裁。

9月18日17:00时，兴鹏公司将"兴达"轮在釜山港交给福星公司使用，并按福星公司的指示开往新加坡。22日，福星公司指示"兴达"轮缓速航行，船长将航速调整为9.8节。23日，福星公司指示恢复正常航速。29日15:00时，该轮抵达新加坡。10月2日抵潘江装货，16日15:00时开往巴拉旺，船长选择航行经巽他海峡、格拉萨海峡、过新加坡海峡这一航线，并发电报告知福星公司，"兴达"轮预计20日07:00时抵达巴拉旺。19日08:00时，船长接到福星公司的电报，要求"兴达"轮于当天下午前赶到巴拉旺，否则，须等候一个星期才能靠泊。船长当即回电答复："兴达"轮离巴拉旺还有254海里，不可能于当天下午赶到。20日08:00时，"兴达"轮抵巴拉旺，23日靠码头装货。28日23:10时起航开往洛里昂。29日，船长发电预告"兴达"轮于11月4日07:00时抵苏伊士运河。11月2日，福星公司发报向船长询问若改航好望角，预抵南非得班的时间及存油。同日，船长复电称"因船无备件，风浪又大，希仍安排苏伊士运河。"5日，福星公司电告船长："鉴于你所告知的船舶状况，定仍走苏伊士运河。"26日23:00时，"兴达"轮抵达洛里昂，12月1日06:00时开始卸货。6日驶离洛里昂开往汉堡，9日，福星公司在汉堡的代理发报向福星公司报告该轮动态，并告知“船长正在着急地等待下一航次命令”。11日，福星公司指示其汉堡代理将“兴达”轮移泊到锚地。同日福星公司的代理复电称：将船移泊到锚地并不可行，船须移到空泊位，因德国劳氏船级社的验船师要测试二氧化碳灭火系统和所有灭火系统，同时将于13日上船重检，这在锚地并不可行；目前有大浪，深水锚地没有遮蔽，引航员须在整个锚泊时间留在船上，这笔费用与留在空泊位相当。同日，船长也发报要求福星公司“请告下一航次任务”。16日07:40时，兴鹏公司又发报告知福星公司“‘兴达’轮15日17:50时离开汉堡码头移到外锚地，无法抛锚，等待命令。”在汉堡卸货和停泊期间，兴鹏公司申请德国劳氏船级社对“兴达”轮有关证书进行了年检或签证。16日22:25时，福星公司将内容为“‘兴达’轮立即开文茨皮尔斯装化肥约33 000 t”的电报交XSQ电台拍发。17日17:06时“兴达”轮收到该电报并起航开往俄罗斯文茨皮尔斯。21日“兴达”轮抵达文茨皮尔斯，装化肥32 408 t。1994年1月2日，“兴达”轮船长报存油不足，将影响开航，要求安排加轻油。为此，该轮在装完货后移泊等待加轻油，用了0.7天时间。因该港无所需轻油，船长发报要求加挂休达港加轻油。从1月18日15:30时至20日02:05时，加油时间1.44天。1月4日，“兴达”轮在文茨皮尔斯开航时船上存燃油1 129 t，轻油44 t，润滑油61.5 t，存淡水125 t，福星公司承运的这批货物的运价为27.50美元/t，卸货港有巴西古当、布莱和巴生。每增加一个卸港则增加运费0.3美元/t。1月15日16:30时，“兴达”轮驶往巴西古当途中，因两名船员受伤，绕航往拉古伦那送伤员就医，16日03:45时回到原航线的相当位置上，影响航行11小时15分。20日，在休达港外，该轮因主机故障于当天21:50时停航修理，23日16:10时主机修复续航。2月19日，该轮到达古当卸货，25日抵布莱卸货，3月3日抵巴生港卸货，11日，全部货物卸完，“兴达”轮交还给兴鹏公司。

第二航次结束后，经北京全球气象导航技术有限公司评估，该轮平均航速为10.77节、天气因素——0.48节、海流影响——0.14节、其他因素——0.61节，性能航速12节。其中，其他因素是指除风、浪、涌、流条件对船舶航行造成的影响外，由于机械故障、人为减速等因素造成的影响。性能航速是指船舶在航行中执行的航速或船舶在申请报告中的航速。“兴达”轮航速达到11.39节。

经兴鹏公司与福星公司双方核实，福星公司仍扣留租金291 550.65美元。

兴鹏公司于1994年3月14日向海事法院提起诉讼，请求判令福星公司立即支付所拖欠的租金。

福星公司辩称：兴鹏公司与福星公司于1993年9月17日签订租船合同，租用“兴达”轮，1993年9月18日起租，1994年3月11日还船给出租人。在租期内，由于“兴达”轮航速、耗油等技术指标未能达到合同要求、没有足够备件改航好望角、利用在港卸货和待命时间安排船舶证书年检等，致使租家遭受损失。这些损失抵扣租金后，兴鹏公司还应付给福星公司5 199.57美元。

（二）法院审判

福星公司在提交答辩状期间，根据合同仲裁条款提出管辖权异议，但随后，双方共同要求法院主持调解。经法院主持调解，未能达成协议。海事法院认为：福星公司提出管辖权异议后，又与兴鹏公司共同要求本院主持调解，调解不成后，又出庭参加诉讼，应认为其已放弃了管辖权异议。在合同履行中，从釜山到新加坡这一段航程，“兴达”轮平均航速没有达到12节的航速，但因租船合同对航速的约定是“在天气良好的情况下，航速可达约12

节”，因此，“兴达”轮的航速可按 11.5 节计算。从潘江到巴拉旺这段航程，该轮选择的航线是合理的，开航时已将预计到达时间告知福星公司，航行中又将各船位点及时告知福星公司，航速达到合同的要求，福星公司索赔航速损失及因不能按时到达造成的候泊损失请求无理；第 1 航次从巴拉旺到洛里昂，福星公司询问走好望角事宜时，船长的答复只是提出建议，最后是由福星公司决定的，其索赔“兴达”轮不走好望角造成损失的请求不能成立；在汉堡港卸货和停泊期间，该轮进行有关证书年审和签证，并没有影响福星公司使用船舶，福星公司要求扣除租金无理。但因检验的需要，船舶移到空泊位产生的费用，兴鹏公司应予赔偿；福星公司于 1993 年 12 月 16 日 22:25 时经 XSQ 电台发电报指示开航，而“兴达”轮次日 17:06 时才收听到，此间时间误差，兴鹏公司不能证明是由于天气或其他自然原因造成的，故因此而造成的船期延误损失，应从租金中扣除；因送受伤船员就医，及因修理机器耽误船期造成的损失，应按实际耽误时间扣除租金；少装货物造成的损失，兴鹏公司应予赔偿；租船合同约定的轻油消耗量，一般是指辅机的耗油量，但船舶在进出港、移泊、遇到恶劣天气等情况下也必须使用轻油，福星公司在计算轻油消耗量时，没有计算主机消耗轻油量，其主张“兴达”轮轻油消耗量超出合同约定，证据不足，不予支持；第 2 航次，福星公司根据气象导航公司航次评估，认定“兴达”轮的航速为 11.39 节，因合同约定的航速是约 12 节，航速 11.39 节，不能认为没有达到合同约定的航速，福星公司就此提出航速索赔的理由不充分。经核算，扣除福星公司可合理扣除的租金和合理索赔的金额外，福星公司仍应支付兴鹏公司租金 237 238.71 美元。

依据《中华人民共和国海商法》第 140 条的规定，及参照国际惯例，海事法院于 1995 年 7 月 11 日判决：

福星公司应向兴鹏公司偿付租金 237 238.71 美元，并从 1993 年 3 月 3 日起，按年利率 8%计付利息。

福星公司不服海事法院的一审判决，提起上诉，认为：(1)一审判决认定“航线最后是由福星公司决定的，其索赔‘兴达’轮不能改航好望角的损失不能成立”，是既没有考虑福星公司当初顾及船员、船舶和货物的安全，更没有考虑当时“兴达”轮的具体情况所做的不合适的结论。船舶不能走好望角的直接原因是当时在备件及抗风能力两方面不能满足航行好望角的要求。兴鹏公司未能履行保证船舶绝对适航的合同义务，构成对定期租船合同的违约。故请求重新考虑船舶不能走好望角造成的损失 73 467.44 美元从租金中扣除。(2)一审判决中关于“在汉堡港卸货和停泊期间，该轮进行有关证书年检和签证，并没有影响福星公司使用船舶，福星公司要求扣除租金无理”的认定，事实不清，缺乏依据。当时福星公司已洽定一货载，由于兴鹏公司在没有告知福星公司的情况下，安排了船舶证书的检验和重检二氧化碳灭火系统，而这些检验又无法在卸完货前做完，要到 13、14 日才能完成，使福星公司洽定的货载被迫取消，造成卸完货后，要等货载，这直接影响了福星公司对船舶的使用。请求重新考虑船舶办理证书产生的船期损失 29 808.1 美元在租金中扣除。(3)因双方未在合同中对“兴达”轮的耗油量作出补充规定，故合约中所订明的轻油的耗用量应是已包括了船舶在日常生产营运及进出港、移泊、遇到恶劣天气等情况下主、辅机要使用轻油的耗油量。一审判决关于“租船合同约定的轻油消耗量只是辅机的耗油量”的认定缺乏事实依据。为此，请求赔偿期租期间因多耗轻油造成的损失 31 460.29 美元。(4)一审判决认定“航速 11.39 节也不能认为没有达到合同约定的航速”，不符合航运界租船惯例。租约规定该轮“在良好的天气情况下，航速可达到约 12 节”。“约”应理解为有 0.5 节的变幅，即航速应不小于 11.5 节。但经气象导航公司对第二航次评估，该轮航速仅达到 11.39 节，显属违约。兴鹏公司对因此造成福星公司损失 18 380 美元的损失应负赔偿责任。此外，原判按年利率 8%计付欠款利息过高。

兴鹏公司答辩认为：(1)“兴达”轮是一艘适航的船舶，具有船级社颁发的船级证书，具有航行区域内应具备的必要备件，包括行走好望角的必要备件。“兴达”轮依照福星公司的指示走苏伊士运河，并未影响福星公司充分使用船舶，亦未使福星公司造成损失。(2)“兴达”轮抵达汉堡港后，因福星公司不下达下一航次命令，兴鹏公司利用船舶正好到达其船级社总部所在地卸货的机会，申请办理了六项证书的年检，并在福星公司发出航次命令前两天完成，即未耽误船舶开航，更未造成福星公司任何损失。(3)租约中并未对轻油的耗用量作出明确规定，且上诉人称的“多耗轻油”仅依据辅机的轻油消耗量计算，并未考虑到恶劣天气下船舶必须备车航行、靠离码头、引航员进出港引航、抛锚、起锚等情况下均需使用轻油的因素，故行程中所耗轻油完全符合国际惯例和航行安全的要求。(4)气象导航公司对航次的评估未包括人为减速航行的因素，船舶途径海峡、运河、狭水道等，必须减速航行。第二航次“兴达”轮航速达到 11.39 节，再加上上述因素，应认定达到租约的规定。(5)一审法院认定“兴达”轮在文莰皮尔斯港仅装化肥 32 408 t，而该轮实际卸货量为 32 581.26 t。对于具体装货量的认定，应以实际卸货量为准。故福星公司应将多扣的 4 868.61 美元及利息返还给兴鹏公司。(6)一审法院认定兴鹏公司因监听不尽责，致使船期延误，与事实不符。福星公司发报适逢报务员在该航区的法定休息时间，加上船舶短波通讯缺陷，不应认定为兴鹏公司监听不尽责。福星公司上诉无理，应予驳回。原审认定上述答辩中第(5)、(6)点的事实有误，请求改正。

二审法院审理认为：本案为定期租船合同纠纷，双方当事人的民事法律行为在我国《海商法》实施后发生的，应适用我国《海商法》有关规定处理本案。“兴达”轮第一航次从巴拉旺到洛里昂，因“兴达”轮船长称“因船舶无备件，风浪又大，希仍安排苏伊士运河”，福星公司鉴于所告知船舶状况，为顾及船、货和人员的安全，才决定仍走苏伊士运河，是善意履行合同的行为，“兴达”轮违背了其根据保险业公会保证条款进行世界范围航行的承诺，因此，造成“兴达”轮走苏伊士运河航线比走好望角航线多产生费用 73 467.44 美元的损失，该项损失，应由兴鹏公司赔偿；“兴达”轮抵汉堡卸货和停泊期间，船长于 1993 年 12 月 9 日向船级社申请办理年检证书和签证。12 月 11 日 08:40 时卸完货后，仍被要求测试二氧化碳灭火系统和所有灭火系统，直至 12 月 15 日船员返船后才移泊。根据租船合同第 31 条规定，船东应承担办理“兴达”轮船舶证书和检验期间所产生的费用 29 808.10 美元；由于双方当事人在租船合同中约定“兴达”轮在海上航行时和在港不作业时耗轻油每天约 2 t，在港作业时每天约 3～3.5 t。根据航运惯例，约数应允许 5%以内的增减为合理，按租船合同约定的耗油率计算，再减去 5%，租期内仍多耗轻油 55.65 t。由于船舶多耗油，且船长未克尽管理船舶的职责，在文莰皮尔斯港停泊期间，未能及时提出存油不足，致使“兴达”轮移泊等候加油和加挂休达港加油。由于“兴达”轮耗油量超出合同约定，所产生多耗油和移泊及挂港加油的损失 29 052 美元，应由兴鹏公司予以赔偿；租船合同中对航速的约定是“在天气良好的情况下，航速可达约 12 节”。按航运惯例，“兴达”轮航速可按 11.5 节计算。根据气象导航公司对第二航次的评估结果，“兴达”轮的航速为 11.39 节，显然没有达到合同中约定的航速。由此造成福星公司损失3 676美元，应由兴鹏公司赔偿。原审判决认为航速11.39节，不能认为没有达到合同约定的航速是不当的。综上，福星公司上诉有理，应予支持，原审对以上事实认定错误，应予改正。原审判决认定本案的其他事实正确，应予以维持。经核算，扣除福星公司可合理扣除的租金和合理的索赔金额外，福星公司仍应支付兴鹏公司租金101 235.17美元。二审改判：

福星公司向兴鹏公司偿付租金101 235.17美元及其利息，利息按中国银行同期存款利率计算，从1993年3月3日起至付清款项止。

（三）专家评析

在本案中，一审法院审理查明的事实和二审法院审理查明的事实基本上是相同的，但对以下问题存在不同的意见：

1. 关于燃油索赔问题

租船合同中第53条约定的船舶燃油每天大约消耗量，是“兴达”轮船舶技术规范中记明的，其中轻油消耗量仅仅是船舶辅机的耗油量。对船舶作机动航行时主机使用燃油的消耗量没有约定。在船舶操纵中，柴油机船只有在定速航行时主机才能使用重油，而在需要作机动航行时，如船舶航行于狭水道、内河、运河，船舶进出港口、锚地、离靠码头，船舶在雾航、在大风浪中航行等还必须使用轻油。由于在定期租船合同中，燃油是由承租人承担，依照航运习惯，在这种情况下，若主机使用了轻油，使得轻油消耗量超过了合同订明的轻油日常耗量，只要是合理的，也应由承租人承担。福星公司在计算轻油消耗量时，没有计算主机消耗轻油量，海事法院据此认为其主张“兴达”轮轻油消耗量超出合同约定，证据不足，不予支持。但二审法院显然不考虑船舶航行的实际情况，认为只要轻油消耗超过合同的约定，出租人就应承担多耗轻油的损失，是不符合定期租船的航运惯例的。在本案租船合同的履行过程中，船长在船位报、离港报、到港报、航次报告等多种电报中，都将存油耗油情况向承租人报告。而在定期租船合同中，船舶的营运调度，是由承租人负责。船舶储存燃油的多少，直接影响载货的数量。存油多，载货量就相应减少，存油少则载货量就可相应增多。因此，船舶储备多少燃油应由承租人根据营运情况、船舶的行程来决定。依据船舶报告的存油、耗油的情况，在适当的时机安排燃油补给，应该属于承租人的权利和义务，而无需船长另行提醒。即使船舶耗油确实超出合同的约定，承租人可以索赔多耗燃油造成的损失，但承租人仍应根据船舶报告的存油和耗油情况及时安排加油。未能及时安排燃油补给而导致损失，实为承租人未恪尽职责之过。二审法院以“兴达”轮船长“未恪尽管理船舶的职责，在文莰皮尔斯港停泊期间，未能及时提出存油不足，致使”兴达“轮移泊等候加油和加挂休达港加油”为理由，判令出租人兴鹏公司承担移泊等候加油及中途挂港加油的损失，值得商榷。

2. 关于兴鹏公司利用“兴达”轮在汉堡港卸货和待命时间办理证书年检，应否扣除租金的问题

定期租船合同的主要特征，是船舶的使用权属于承租人，由承租人负责船舶调度，出租人负责配备和管理船长和船员，负责船舶航行和内部惯例事务。出租人进行船员调配、船舶内部事务管理，必然需要时间。但通常，只要不影响承租人使用船舶，就不构成违约，租船人不能停租，也不能把费用转嫁给出租人。例如，出租人利用船舶靠港卸货或者待命期间的方便，调换船员、加水、上伙食、物料等，只要不影响承租人使用船舶，承租人就不能因

此而扣除租金。同理，出租人利用船舶在港卸货和待命的时间，办理船舶证书年检、签证，只要不影响租船人使用船舶，也不应该认为租船人违约，不能扣除租金。

本案租船合同第31条约定："出租人有义务提交和保证本船、船员以及有关的任何物品的最新完整证书，不管这些证书是在本租船合同开始之前或开始之后就需要。若出租人未能履行规定，所损失的时间与一切额外费用，均由出租人负责，承租人可将其从租金中扣除"。从该条款可以看出，承租人想要根据该条款扣除租金，应该满足两个条件：出租人没有履行该条款规定的义务；造成承租人时间和费用损失。

"兴达"轮抵汉堡卸货和停泊期间，船长于1993年12月9日通过福星公司在汉堡的代理发报告知福星公司"船长正在着急地等待下一航次命令"。同时向船级社申请办理证书年检和签证。12月11日卸完货后，船长又发报要求福星公司告知下航次任务。证书年检和签证工作于12月15日完成。12月16日07:40时，兴鹏公司又发报告知福星公司"兴达"轮15日17:50时离开汉堡码头移到外锚地，无法抛锚，等待命令。"尽管船长和兴鹏公司一而再、再而三地要求福星公司指示下航次的任务，但福星公司一直置若罔闻。直到12月16日22:25时，福星公司才发出"兴达"轮立即开文茨皮尔斯装化肥约33 000 t"的指示。可见兴鹏公司在汉堡港办理船舶证书年检和签证，完全是利用卸货和停泊等候开航命令空隙时间，因利乘便，并没有影响福星公司使用船舶，没有造成福星公司使用船舶的时间和费用损失。福星公司扣除船舶办理证书年检签证期间的租金，不符合租船合同第31条的约定。二审法院根据福星公司的上诉理由，认为根据租船合同第31条规定，出租人应承担办理"兴达"轮船舶证书和检验期间所产生的费用29 808.10美元，也是值得商榷的。

3. 关于"兴达"轮未改航好望角的索赔问题

本案租船合同约定，"兴达"轮可以"根据保险业公会保证条款进行世界范围的航行"。然而，船舶具备在世界范围内航行的性能，不等于要随时做好环球航行的准备。船舶适航不是绝对的，而是相对于船舶将要进行的预定航程而言的。船舶适航大体包括：船舶结构、机器设备适合预订航区的航行，能够抵御预订航区通常风浪的侵袭，适应航行的需要；适当配备船员；船舶适合于预定的用途；适当配备供应品，包括预定行程所需的备件、物料、油料、淡水、船员生活用品等。

"兴达"轮具有有效的船级证书，证明其适合于预定的世界范围内的航行，没有证据证明其不适航；船员配备和是否适合于预定的用途，双方没有争议。

在定期租船合同中，船舶使用权和船舶营运收益均属于承租人，对船舶营运航线作出安排是承租人的权利。因此，在适当配备供应品的问题上强调预定航程这一点很重要。船舶配备的供应品少了，构成不适航。配备的供应品多了，势必减少船舶载货量。因此，船舶应当依照承租人的预定航次来适当进行配备。换言之，出租人只要按承租人的预定航次配备船舶，使船舶相对于预定航次适航，就可以了。如果要求船舶绝对适航，随时做好环球航行的准备，一方面在实践中是不可能的，同时，也是承租人不能接受的。

在本案双方当事人履行租船合同的第一航次，船舶从巴拉旺开往洛里昂，开航时租船人福星公司指示走苏伊士运河航线。并没有要求"兴达"轮做好走好望角航线的指示。因此"兴达"轮按苏伊士运河航行的适航需要配备物料和配件，就履行了使船舶适航的义务，并无违反租船合同的约定。在航行途中承租人要求改变航线，应让出租人有机会做好必要的准备。11月2日，福星公司发报向船长询问若改航好望角，预抵得班的时间及存油。该电报只是询问,而不是明确指示。同日,船长复电称“因船无备件,风浪又大,希仍安排苏伊士运河。”“兴达”轮经过权威的劳氏船级社的检验,取得可以进行世界范围内航行的全套有效证书。因此,船长所称“船无备件”,不是指影响船舶性能的备件,而是指一般性的,即根据航程需要而配备的备件。而且,船长的复电只是就船舶和航线的状况提出建议,并没有船舶不适于走好望角航线的意思表示。这时,承租人福星公司如确实需要船舶改航好望角航线,就应该向船长询问缺乏什么备件,能否在途中补充。从巴拉望开往好望角,途中经过许多大大小小的港口,现代通讯与交通都高度发达,即使缺少必要的备件,也随时可以在航行途中临时挂靠港口补充。福星公司没有询问,也没有给机会让“兴达”轮为改变航线做必要的准备,就作出:“鉴于你所告的船舶状况,定仍走苏伊士运河”的指示。福星公司的这一指示,如果不是故意给船东设置陷阱,就是其自己履行合同的过失。因为不改航好望角,仍走苏伊士运河,是其自己决定的。如果确因走苏伊士运河而使其遭受损失,也应由其自行承担。兴鹏公司没有违约,不应承担责任。

二审判决认为:“福星公司鉴于所告船舶状况,为顾及船、货和人员的安全,才决定仍走苏伊士运河。是善意履行合同的行为,‘兴达’轮违背了其根据保险业公会保证条款进行世界范围的航行的承诺”,值得商榷。

4. 关于航速索赔问题

航速计算及索赔是期租合同中最为复杂的问题。租船合同约定“兴达”轮的航速为:“在天气良好的情况下,航速可达大约 12 节”。“大约”一词,一般认为,是指 5%,即航速误差在 5%之内,就应认为已符合合同的约定。也有人为方便计算,以 0.5 节作为大约之数。如按 5%计算,“兴达”轮航速只要达到 11.4 节、如按 0.5 节计算,只要达到 11.5 节就符合合同的约定了。本案是根据当事人提供的气象导航公司的评估计算航速的,但气象导航计算航速并不是普遍或首选的方法。经气象导航公司对“兴达”轮期租第二航次的评估,认定该轮的航速达到 11.39 节,与 11.4 节相比,差 0.01 节,与 11.5 节相比,差 0.11 节。严格来说,就是差 0.01 节,也可以认为是违约。但考虑到相对的“兴达”轮实际航速 11.39 节,只是气象公司的评估,而没有其他证据,也许评估本身的误差就不止 0.11 节,在这种情况下,认为该轮是否违反航速约定则见仁见智了。

5. 关于利息问题

海事法院判决福星公司偿付其拖欠租金的利息,按年利率 8%计算,此利率是参考了当时中国人民银行贷款利率和我国涉外仲裁的判例。该利率应是比较合理的,而且有一个明确的利率,便于当事人履行或者法院执行。二审判决将利息一项改判为“按中国银行同期存款利率计算”。银行存款有活期、定期之分,定期存款中又有三个月、六个月、一年、二年、三年定期等等,利率各不相同,在执行中缺乏可操作性,极易产生争议。有关利息的计算,是判明利率或按贷款或存款利率计算,司法实践还有待统一。

思 考 题

1. 集装箱船舶种类有哪些?全集装箱船如何进行分类?
2. 船舶吨位分为哪几种?各种船舶吨位有哪些作用?
3. 什么是干舷?勘绘船舶载重线标志的意义是什么?

4. 船舶登记有哪些制度？各自有什么特点？
5. 船舶检验的种类有哪些？
6. 班轮运输和租船运输的区别是什么？
7. 集装箱运输中，有哪几种交接方式？不同交接方式下运费怎样构成？
8. 集装箱班轮运输的主要货运单证有哪些？
9. 简述集装箱班轮进出口运输业务中货运单证的流转及业务流程。
10. 租船运输的方式有哪几种？不同租船方式下，出租人负担的成本有哪些？
11. 船舶的洽租需要经过哪些过程？
12. 提单的作用是什么？
13. 提单有哪些种类？
14. 提单主要条款的内容是什么？
15. 电子提单如何实现物权转让？
16. 海运单和提单的区别有哪些？
17. 标准租船合同范本主要有哪几种？
18. 程租合同和期租合同各有哪些特点？
19.《海牙-维斯比规则》的主要内容是什么？
20.《鹿特丹规则》主要包括哪些内容？

练 习 题

1. 上海出口至苏腊巴雅一批普通货物，装 20 ft 集装箱 2 个，40 ft 集装箱 3 个。根据表 5-7“FAK 包箱费率表”，求 FAK 包箱运费。

2. 一批棉布重量 2 500 kg，体积 11.51 m^3，等级为 9 级，以拼箱从上海出口至达曼。根据表 5-8“FCS 包箱费率表”求 FCS 费率下的拼箱运费。

3. 许可装卸时间：装货时间 2WWD SHEX，卸货时间 3WWD SHEX，星期六下午至星期一 8:00 不算。实际使用装卸时间：装货自星期五 0:00 始至星期一 20:00，卸货自星期五 0:00 起至星期一 20:00。滞期费率 10 000 美元/日，速遣费率 5 000 美元/日。分别按不同的装卸时间计算方法计算滞期费、速遣费。

4. 根据附录 1“信用证格式范本”和以下资料填写附录 3“中远集装箱运输有限公司提单”。THE GOODS ARE PACKED IN 850 CARTONS ABOUT 10 MT、30 m^3 BY 20′ CONTAINER NO. COSU420668 0/DM3569.

第六章　国际铁路货物联运

铁路是国际货物运输的又一重要方式。通过国际铁路联运可以把欧亚大陆联成一片，如我国与朝鲜、蒙古、独联体、越南等国以及东欧、西欧、北欧和中东地区一些国家之间的进出口货物，都可以通过国际铁路联运方式运输。国际铁路货物联运为发展我国与亚洲、欧洲各国之间的经济贸易联系提供了十分有利的条件，也为广泛开展国际多式联运构筑了经济、便捷和安全的通道。此外，铁路也曾在我国内地与港澳地区的货物运输中起着非常重要的作用，对我国进出口货物的集散也起着不可忽视的作用。

本章主要介绍国际铁路货物联运下适用的法规、联运范围、运送单证、运送费用、进出口运输业务流程、特定运送条件的货物运输、《国际铁路货物联运协定》的主要内容及相关案例。

第一节　国际铁路货物联运概述

一、国际铁路货物联运定义

世界上许多国家国界相连、铁路相通。但各国铁路的技术设备、运载工具不一，各自适用的规章、运输组织方法、运送费用的计收以及货运事故处理等方面也不尽相同。通过有关国家铁路之间的联运公约、协定或协议，制定出参加运送的铁路共同遵守的统一的规章制度，使得货物在相关国家铁路能够直通运输，为国际物流提供经济、便捷和安全的铁路运输通道。

目前，国际上开展铁路直通运输的协议或协定主要有《国际铁路货物运送公约》(以下简称《国际货约》)和《国际铁路货物联运协定》(以下简称《国际货协》)。

参加《国际货约》的国家在欧洲有阿尔巴尼亚、德国、奥地利、比利时、波黑、保加利亚、克罗地亚、丹麦、西班牙、芬兰、法国、希腊、匈牙利、爱尔兰、意大利、列支敦士登、立陶宛、卢森堡、摩纳哥、挪威、荷兰、波兰、葡萄牙、罗马尼亚、英国、斯洛伐克、斯洛文尼亚、瑞典、瑞士、捷克、南斯拉夫；亚洲有伊朗、伊拉克、叙利亚、黎巴嫩、土耳其；非洲有突尼斯、摩洛哥、阿尔及利亚等国家。如图 6 1 所示。

参加《国际货协》的国家在欧洲有阿尔巴尼亚、保加利亚、波兰、俄罗斯、白俄罗斯、拉脱维亚、立陶宛、摩尔多瓦、乌克兰、爱沙尼亚；亚洲有中国、朝鲜、越南、蒙古、哈萨克斯坦、乌兹别克斯坦、吉尔吉斯斯坦、塔吉克斯坦、土库曼斯坦、阿塞拜疆、格鲁吉亚、伊朗等国。如图 6-2 所示。

图 6-1　国际货约参加国地理位置示意图

不参加但适用《国际货协》规定的国家有匈牙利、罗马尼亚和斯洛伐克等。

所谓国际铁路联运是指在两个或两个以上国家铁路全程运送中，使用一份运送票据，并以连带责任办理的运送。国际铁路联运分为旅客运输和货物运输两大类。国际铁路货物联运是通过两个及其以上国家铁路办理的直通货物运输，分为整车、零担和集装箱运输。

根据《国际货协》的规定，上述连带责任是指按国际货协运单承运货物的铁路，负责完成货物运送全程的运输合同，直到在到站交付货物时为止；如将货物转发送到未参加国际货协铁路的国家（如国际货约参加国），则负责完成直到按另一种国际铁路直通货物联运协定的运单（如国际货约运单）办理运送手续时为止；如果货物转发送自未参加国际货协的国家，则自按国际货协运单办完运送手续后开始。每一继续运送的铁路，自接受附有运单的货物时起，即认为参加了这项运输合同，并承担由此而产生的义务。

二、国际铁路组织

国际上主要的铁路组织有铁路合作组织和国际铁路联盟。此外，国际铁路协会、国际铁路大会联合会和欧洲铁路共同体等也是具有一定影响的国际组织。

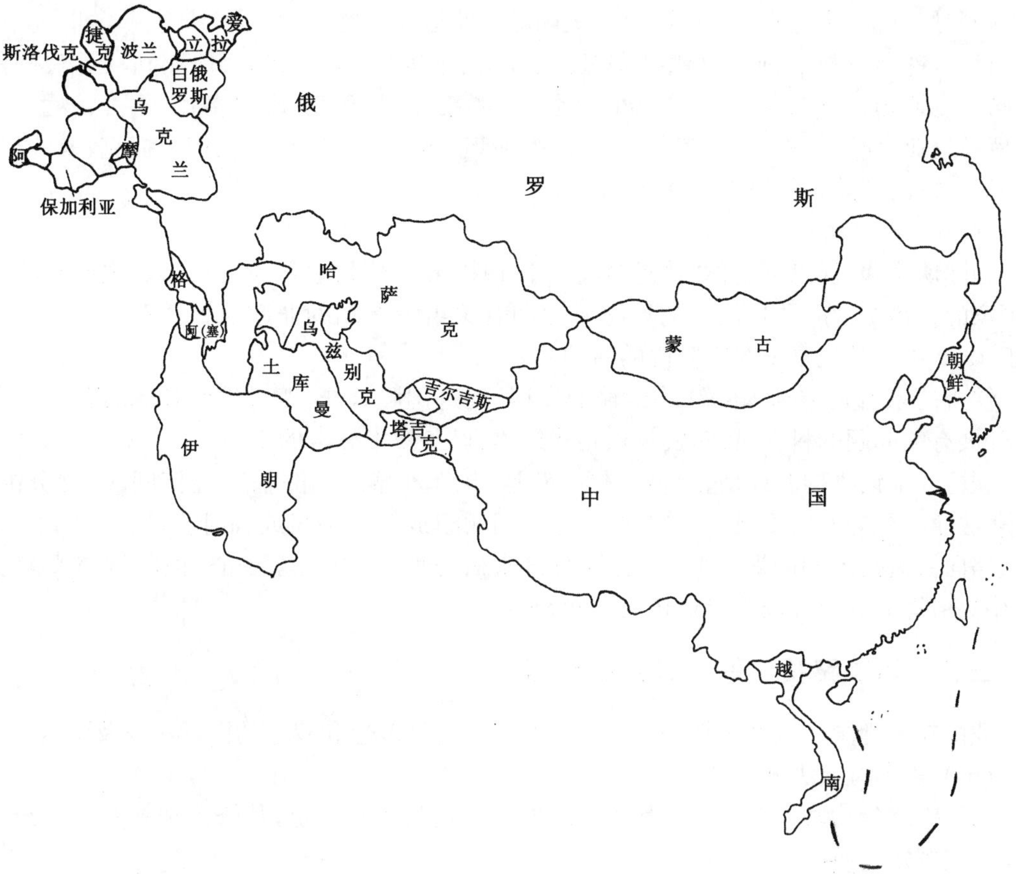

图 6-2　国际货协参加国地理位置示意图

1. 铁路合作组织

铁路合作组织(以下简称“铁组”)成立于 1956 年 6 月,原为政府部门间的组织,现在为政府、企业混合型组织,其宗旨是发展亚欧间的铁路联运。

铁组的基本任务是:掌管国际客、货联运协定及其有关的各种规章和办事细则的修改及补充,制定国际铁路联运运价,编制最合理的国际运行径路,商定运输计划,改善国境站的工作;解决在国际联运中如何最经济地使用车辆,提高列车旅行速度,编制或改进列车时刻表;组织铁路运输、公路运输方面的科学技术合作和经验交流;研究和商定有关统一限界、车辆、线路上部建筑、信号和运营规章等问题;研究与汽车运输的发展和管理有关的问题;同其他从事铁路、公路运输的国际组织的合作。

为此,铁组曾经组建有研究国际旅客联运、国际货物联运、运价经济问题、运营问题、科学技术合作、限界和车辆问题、通信信号设备问题、牵引和电气化问题、线路和工程建筑问题、同其他国际组织合作问题、汽车运输和公路问题 11 个专门委员会

进入 20 世纪 90 年代以来,随着国际政治、经济形势的变化,铁组进行了必要的改革。原来的 11 个专门委员会减少到 5 个,它们分别是研究运输政策、生态和混合运输;运输法;运营;财务、经济、运价问题和市场;技术问题的第 1 至第 5 专门委员会。

改革后的铁组其显著特点是,作为一个国际铁路组织,既是铁组成员国国家机关的组

成体，同时又可以从企业的角度综合解决国际铁路运输问题。

目前，铁组成员有阿塞拜疆、阿尔巴尼亚、白俄罗斯、保加利亚、匈亚利、越南、格鲁吉亚、哈萨克斯坦、中国、朝鲜、吉尔吉斯斯坦、拉脱维亚、立陶宛、摩尔多瓦、蒙古、波兰、俄罗斯、罗马尼亚、斯洛伐克、塔吉克斯坦、土库曼斯坦、乌兹别克斯坦、乌克兰、捷克、爱沙尼亚、伊朗等。古巴和前东德退出了铁组。

2. 国际铁路联盟

国际铁路联盟（以下简称“铁盟”）成立于1922年12月，总部设在巴黎。主要是欧洲一些国家的铁路机构以及其他洲的铁路机构和有关组织参加的非政府性铁路联合组织。我国于1979年6月恢复了在铁盟内的活动。

铁盟的宗旨是推动国际铁路运输的发展，促进国际合作，改进铁路技术装备和运营方法，开展有关问题的科学研究，实现铁路建筑物、设备技术标准的统一。

铁盟的下设机构有计划、运输、财务、营运、机车车辆、线路设备、经济问题、物资供应、人事、法律问题等专门委员会，可根据一定的问题组成工作小组或临时委员会，主要解决成员铁路向铁盟提出的问题。此外，还设有试验研究所、公共关系中心、国际铁路文献资料局、中央清算局和统计局等专业机构及专题组。

三、国际铁路货物联运适用的法规

我国在办理国际铁路货物联运时适用的法规包括多边和双边的国际法规及国内法规。

(一) 多边国际法规

国际铁路货物联运多边的国际法规由参加国铁路共同制定，其修改和补充必须经各方协议并按规定公布。

1.《国际铁路货物联运协定》

《国际货协》规定了货物联运运送组织、运送条件、运送费用计算核收办法以及铁路与收发货人之间的权利与义务等，对铁路和收发人都具有约束力。此外，《国际货协》附件中有多项规则，如：《危险货物运送规则》、《车辆和集装箱货物装载和加固规则》、《集装箱运送规则》、《易腐货物运送规则》、《不属于铁路的车辆运送规则》以及各种轨距铁路的装载限界、运单格式、表示牌和标记样式等。

2.《国际铁路货物联运协定办事细则》（简称《国际货协细则》）

《国际货协细则》是铁路工作人员执行《国际货协》，办理货运业务时铁路内部的办事程序、工作方法及调整路内关系的准则，只适用于铁路内部。

3.《国际铁路货物联运统一过境运价规程》（简称《统一货价》）

《统一货价》规定了过境参加《统一货价》的铁路时，办理货物运输手续、过境运送费用、杂费、过境里程、品名和运费计算表等，运送过境货物时适用，对铁路和收发货人都有约束力。

4.《国际联运货车使用规则》（简称《货车规则》）

《货车规则》主要规定了各参加国参与联运铁路车辆的有关技术条件及在有关国家国际联运中的交接要求及内容。对铁路车辆部门和国境站适用。

5.《国际旅客联运和铁路货物联运清算规则》（简称《清算规则》）

《清算规则》规定了其参加国铁路之间一切费用的清算办法，适用于铁路财务清算部门和国境站。

《统一货价》、《货车规则》和《清算规则》曾经都是《国际货协》的附件，从属于《国际货协》，自 1991 年起脱离了《国际货协》，成为具有独立法律地位的文件。各国铁路可视具体情况选择参加各项协定和协约。铁组成员参加铁组范围内现行协定和协约的情况见表6-1。

表 6-1　　铁组成员参加铁组范围内现行协定和协约的情况表

国家名称	国际货协	统一货价	车规	清算规则
阿塞拜疆	Y	N	N	N
阿尔巴尼亚	Y	N	N	N
白俄罗斯	Y	Y	Y	Y
保加利亚	Y	Y	Y	Y
匈牙利	N	N	Y	Y
越南	Y	N	N	Y
格鲁吉亚	Y	N	Y	Y
哈萨克斯坦	Y	Y	Y	Y
中国	Y	Y	Y	Y
朝鲜	Y	Y	Y	Y
吉尔吉斯斯坦	Y	Y	Y	Y
拉脱维亚	Y	Y	Y	Y
立陶宛	Y	Y	Y	Y
摩尔多瓦	Y	Y	Y	Y
蒙古	Y	Y	Y	Y
波兰	Y	N	Y	Y
俄罗斯	Y	Y	Y	Y
罗马尼亚	N	N	Y	Y
斯洛伐克	N	N	Y	Y
塔吉克斯坦	Y	Y	Y	Y
土库曼斯坦	Y	N	N	Y
乌兹别克斯坦	Y	N	N	Y
乌克兰	Y	Y	Y	Y
捷克	N	N	N	Y
爱沙尼亚	Y	Y	Y	Y

注：Y 表示适用；N 表示不适用。

（二）双边国际法规

国境铁路协定或议定书是由两相邻国家铁路签订的，规定办理联运货物交接的国境站车辆和货物的交接条件和方法、交接列车和机车运行办法及服务方法等问题。中朝、中越、中蒙、中俄和中哈铁路间都订有国境铁路协定。主要对国境铁路局适用，同时有关条文对收发人也有约束力。

（三）国内法规

国内法规主要有铁路部门制定的各项货物运输规章，如：《铁路货物运输规程》、《铁路货物运价规则》、《铁路危险货物运输管理暂行规定》、《铁路鲜活货物运输规则》、《铁路超限超重货物运输规则》、《铁路货物装载加固规则》、《铁路集装箱运输办法》、《货运日常工作组织工作办法》、《快运货物运输办法》、《铁路货物保价运输办法》、《铁路货物运输杂费管理办法》、《货车延期使用费核收办法》、《国际铁路货物联运办法》等。

在上述各种法规中，多边国际法规的法律效力高于双边国际法规，双边国际法规的法律效力高于国内法规。因此，铁路和发、收货人在联运过程中首先要适用《国际货协》、《统一货价》等多边国际法规，其次适用《国境铁路协定》，再次才适用国内铁路货物运输规章。如果双边国际法规参加者对多边国际法规或我国铁路对多边国际法规和双边国际法规有保留者，则不再适用被保留的有关条款。

实际上多边国际法规中都规定有适用双边国际法规和一国国内法规的条款，据此可相应地适用双边国际法规和一国国内法规的特殊规定，而这个适用的本身说明首先适用的还是多边国际法规。

我国铁路部门为便于工作自行汇编的《国际铁路货物联运办法》，仅供国内各车站办理国际铁路货物联运时使用，不能作为解决国际铁路联运各类纠纷的法律依据。

四、国境站及其专用设备

（一）我国铁路国境站

凡办理由一国铁路向另一国铁路移交或接收货物和机车车辆作业的车站，称为国境站。相邻国境站轨距相同时原车过轨，采用原车过轨方式的国境站为直通型国境站；相邻国境站轨距不相同时，货物可换装或货车换转向架（轮对）。进行货物换装或货车换转向架作业的国境站为换装型国境站。

我国铁路与参加《国际货协》的俄罗斯、哈萨克斯坦、蒙古、朝鲜和越南铁路相连接。目前通往邻国的国境站主要有满洲里、绥芬河、珲春、阿拉山口、霍尔果斯、二连、丹东、集安、图门、凭祥、山腰 11 个国境站。我国与邻国铁路国境站地理位置如图 6-3 所示，国境站概况见表 6-2。经由这些国境站，可以和相邻的俄罗斯、哈萨克斯坦、蒙古、朝鲜和越南铁路及其以远的国家铁路相互通达，进行国际铁路运输。

表 6-2　　我国与邻国铁路国境站概况表

相邻国家铁路	我国国境站所在的铁路线	相邻国境站（国名）	双方轨距/mm	距国境线里程/km
中铁 俄铁	滨洲线	满洲里（中）	1 435	9.8
		后贝加尔（俄）	1 520	1.3
	滨绥线	绥芬河（中）	1 435	5.9
		格罗迭科沃（俄）	1 520	20.6
	图珲线	珲春（中）	1 435	17
		马哈利诺（俄）	1 520	18.6

续　表

相邻国家铁路	我国国境站所在的铁路线	相邻国境站(国名)	双方轨距/mm	距国境线里程/km
中铁 哈铁	北疆铁路	阿拉山口(中)	1 435	4.0
		多斯特克(哈)	1 520	8.1
	精霍线	霍尔果斯(中)	1 435	15
		阿腾科里(哈)	1 520	
中铁 蒙铁	集二线	二连浩特(中)	1 435	4.8
		扎门乌德(蒙)	1 524	4.5
中铁 朝铁	沈丹线	丹东(中)	1 435	1.4
		新义州(朝)	1 435	1.7
	梅集线	集安(中)	1 435	7.3
		满浦(朝)	1 435	3.8
	长图线	图门(中)	1 435	2.1
		南阳(朝)	1 435	1.3
中铁 越铁	湘桂线	凭祥(中)	1 435,	13.2
		同登(越)	1 435, 1 000	4.6
	昆河线	山腰(中)	1 000	6.5
		老街(越)	1 000	4.2

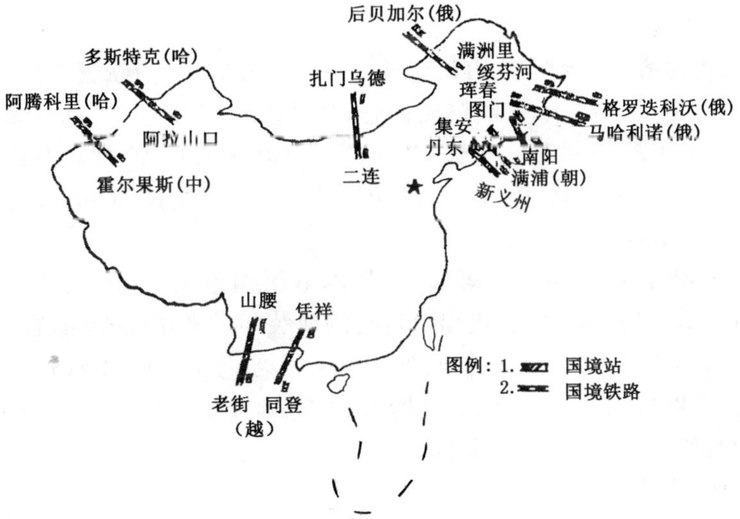

图 6-3　我国与邻国国境站地理位置示意图

1. 滨洲线和满洲里站

滨洲线自哈尔滨起向西北至满洲里，全长 934 km，通过我国的边境口岸站满洲里站和俄罗斯的后贝加尔站相连接。

满洲里站位于内蒙古呼伦贝尔大草原西部的满洲里市境内，处于中蒙俄大三角地带。

口岸站始建于 1903 年，1907 年伴随着中东铁路的营运而正式开通。新中国成立后，满洲里站于 1951 年正式开办国际铁路联运业务，并在我国对外贸易运输中发挥了重要的作用。

满洲里站是办理客货运输的一等站，也是业务量较大的编组站。中俄两国铁路轨距不同，两国铁路部门商定货物一律在进口国的国境站换装，即我国出口货物在后贝加尔换装到俄罗斯铁路的车辆上，我国进口货物在满洲里站换装到中国铁路的车辆上。旅客运输采取更换车辆轮对的方式。由于进口货物在满洲里站需进行换装作业，因此，满洲里站属换装型国境站。它拥有换装所需的较完备的准轨到发场和调车场、宽轨到发场和调车场及换装场。

2. 滨绥线和绥芬河站

滨绥线自哈尔滨起向东至绥芬河，全长 544 km。通过我国的边境口岸站绥芬河站和俄罗斯的格罗迭科沃站相连接。

绥芬河站处于两座山岭之间的狭长地段，是办理客货运输业务的一等站，建于 1901 年，1951 年开办国际铁路联运。进出口货物的换装方式与满洲里站相同，属换装型国境站。

3. 图珲线和珲春站

图珲线从图们到珲春全长 80.8 km，是吉林省的地方铁路。通过我国边境口岸站珲春站与俄罗斯的马哈利诺国境站相连接。

珲春站位于延边朝鲜族自治州珲春市边境经济合作区南侧，对面是俄罗斯的马哈利诺站，是吉林省通往俄罗斯的唯一铁路口岸。1992 年初，中俄双方开始洽谈共同修建中国珲春-俄罗斯马哈利诺口岸铁路，1993 年动工兴建，1999 年成功实现运转。但由于俄方经营管理体制及口岸设施不完善等因素，口岸于 2004 年 4 月临时关闭。2013 年 8 月 2 日，临时关闭 9 年的中俄珲春-马哈利诺铁路口岸再度开通和运营。

4. 北疆线和阿拉山口

北疆线从乌鲁木齐西站到阿拉山口全长 460 km。该铁路为新疆自治区和铁道部共同投资修建的地方铁路，由乌鲁木齐铁路局代管，具体负责该线运营的是新疆自治区北疆铁路公司。1990 年 6 月 27 日铁路铺轨到阿拉山口，1990 年 9 月 12 日与前苏联(现哈萨克斯坦)的德鲁日巴站(现多斯特克)接轨。1991 年 7 月 20 日开始试办国际联运，1992 年 12 月正式开办国际联运和过境货物运输。

阿拉山口是办理客货运输的一等站，在技术上属编组站。由于中哈两国铁路轨距不同，阿拉山口站也属换装型国境站，进出口货物的换装与满洲里站相同，客车换轮在多斯特克作业。车站设有准轨和宽轨到发场、调车场及换装场(库)。由于该站处于我国著名的风口阿拉套山和巴尔鲁克山之间，春秋季节风大而频繁，每年平均有 160 多天刮八级以上大风，因此货物的换装多数在换装库内进行。

5. 集二线和二连站

集二线起自京包线的集宁站向西北到二连，全长 330 km，是我国通往蒙古的重要铁路干线，也是经蒙古通往前苏联的另一条铁路干线。

1952 年 9 月 15 日，中、蒙、苏三国政府签订了关于修建集宁至乌兰巴托铁路的协定。1955 年 2 月 1 日集宁到二连的国境铁路(宽轨 1 524 mm)交付使用。1956 年 1 月 3 日蒙古铁路与二连站接轨。1956 年 1 月 4 日，中、蒙、苏三国政府发表联合公报，宣布集宁至乌兰巴托铁路建成和开始办理货物联运。货物的换装作业在集宁站进行。1965 年 9 月 21 日以后，集二线轨距由 1 524 mm 改为 1 435 mm，进出口货物改在二连站换装。所以二连站也是一个换装型国境站。1984—1987年,铁道部投资对二连站分期进行了改造。改造后的二连站,宽准轨采取纵列式排列,分为客车场、准轨到发场、准轨调车场、宽轨到发场、宽轨调车场、换装场,另外还连接我方更换车辆转向架的作业区,进出境国际旅客列车均在此更换车辆转向架。目前,出口至蒙古的货物已改由蒙古的扎门乌德国境站换装。

以北京为起点经二连口岸到莫斯科,比经满洲里口岸的滨州线缩短约1 140 km的里程。通过京包、京山线与天津港相连,形成日本、东南亚及其他邻国开展对蒙古、俄罗斯及东欧各国转口贸易的理想通道,更是蒙古走向出海口的唯一通道。

6. 精霍线和霍尔果斯

精霍铁路由铁道部和新疆维吾尔自治区合作建设,北起兰新线西段新疆精河车站,穿越北天山进入新疆伊犁河谷地区,途经新疆伊宁县、伊宁市,再向西经霍城县清水河镇,沿312国道至霍尔果斯口岸,全长286 km。该铁路于2004年11月正式开工建设,是新疆首条电气化铁路。通过我国的边境口岸站霍尔果斯站和哈萨克斯坦的阿腾科里站与哈萨克斯坦铁路相连接。

热霍铁路东起我国霍尔果斯站,西至阿拉木图以北约70 km处的铁路小站——热特肯,与北上的铁路线相联,全长约293 km,全部在阿拉木图州境内。该铁路建设项目于2009年8月3日正式动工,哈萨克斯坦总统纳扎尔巴耶夫出席了开工典礼,目前该工程已竣工。铁路的开通使中国与中亚国家铁路运输里程缩短了550 km,大大提高了哈萨克斯坦的转运能力。

由此,第二亚欧大陆桥在中国西部的桥头堡增加至两个,即阿拉山口铁路口岸和霍尔果斯铁路口岸,对于拉动中国面向中亚、西亚、俄罗斯乃至欧洲的进出口贸易产生更为广泛的影响。

霍尔果斯铁路口岸站设计为具有铁路口岸和现代物流功能的新型口岸站,由铁路口岸作业区、国内货场、中转仓储区、保税区、出口加工区、综合贸易区、特货装载区和综合配套服务区8个功能区组成。

铁路口岸作业区采用分场纵列式正线一侧式方案,从西至东依次为边检场、宽轨场、准轨场和换装场(北侧设置客车场)。

其中边检场主要供进出关货物列车场内停站检查;宽轨场分到发场与调车场两部分,主要办理进口列车到达、调车解编及返空车集结、出发等作业;准轨场主要办理出口列车到达、调车解编、准轨空车返回、换装后重车向国内出发等作业;换装场主要办理货车的换装作业;客车场主要办理进出口旅客列车到发及换轮作业。

霍尔果斯铁路口岸已于2012年12月投入运营。

7. 沈丹线和丹东站

鸭绿江上的中朝友谊大桥是铁路、公路两用桥,向北与全长277 km的沈阳-丹东铁路接轨,向南通往新义州-平壤-咸兴-罗津电气化铁路,构成了一条纵贯中国东北和朝鲜半岛的铁路运输线,承托起丹东铁路、公路两个国家一类口岸。

丹东站在技术上属编组站,在业务上属客货运站,按其工作量则属一等站。丹东站是我国对朝鲜进出口货物的重要交接口岸,从东欧、俄罗斯去朝鲜的过境货物也从这里过往。由于中朝两国铁路轨距相同,货物在国境站不需换装即可原车过轨,所以丹东站属直通型国境站。

8. 梅集线和集安站

梅集线自梅河口至集安，全长 245 km，我国的集安站通过鸭绿江上的铁路桥和朝鲜的满浦站相连。中朝铁路轨距相同，车辆可以原车过轨而无需货物换装，故集安站也属直通型国境站。

我国境内的吉林省云峰发电厂，需要通过集安站过境朝鲜铁路向其运输煤炭，此项运输按国际铁路联运办理。

集安口岸由集安市人民政府口岸办公室实施口岸管理，集安海关、边防检查站、出入境检验检疫局担负口岸的查验任务。

9. 长图线和图门站

长图线从长春到图门 527 km，通过我国的图门站经图门江上的铁路桥和朝鲜铁路的南阳站相连。

图门站于 1954 年开始办理国际铁路联运，是我国通往朝鲜的三大口岸之一。该站在技术上属编组站，在业务上属客货运站，按其工作量则属一等站。货物可以原车过轨，属直通型国境站。

由于图门地区与俄罗斯和朝鲜接壤，图门站还承担俄罗斯东部地区过境朝鲜到我国的货物运输，以及我国与日本间经由朝鲜清津港转海运的货物运输。

10. 湘桂线和凭祥站

湘桂线自湖南衡阳向西南，经广西柳州、南宁到达凭祥，全长 1 013 km，通过我国的凭祥站和越南的同登站与越南铁路相连，是我国云南地区通往越南的主要铁路通道。

1955 年 5 月 25 日，中越两国铁路代表团在北京签定了《中越铁路联运协定》和《中越国境铁路协定》，并于同年 8 月 1 日开始办理货物联运。

凭祥站在技术上属区段站，在业务上属客货运站，按其工作量则属二等站。

越南铁路的轨距是 1 000 mm，而凭祥至越南安员站之间约 160 km 的铁路是准轨和米轨的混合轨铁路，在这段铁路上既可以通过准轨车辆，又可以通过米轨车辆。所以出口至越南安员站以远的货物，可直接用中国车辆发至安员站换装。

凭祥站的国际铁路联运业务曾于 1978 年 12 月 22 日一度停办。根据两国外贸业务发展的需要，经过中越两国铁路主管部门的商定，两国铁路于 1996 年 2 月 12 日恢复办理过轨运输，办理货物交接作业的地点也由原来均在凭祥站改为在接收路国境站。

11. 昆河线和山腰站

昆河线自云南昆明向南至河口，全长 177 km。山腰站位于昆河线，是我国昆明铁路局所辖米轨线路上的一个中间站，与越南铁路国境站老街站相连。由于从昆明局的王家营站到山腰站为 1 000 mm 的米轨，除这段铁路外，我国其他车站通过山腰站运往越南的货物或其反向运输，要在王家营车站换装。而山腰站与越南老街站的轨距相同，车辆不需在此要换装，所以山腰站属直通型国境站。

和凭祥站一样，山腰站于 1996 年 2 月 12 日恢复办理同越南的过轨运输业务。

（二）国境站货物和车辆的交接地点和过货方式

1. 交接地点

货物和车辆的交接，原则上都在接收路国境站上进行。如：中朝两国铁路间，进口货物和车辆在我国铁路的丹东站、集安站、和图门站办理交接；出口货物和车辆在朝鲜铁路的新义州站、满浦站和南阳站办理交接。但由于设备和作业等原因，某方国境站不能办理交接作业时，可以通过相邻路国境站协定规定交接作业都在另一方国境站办理。如中蒙两国铁路间进出口货物和车辆曾都在我国铁路的二连站办理交接；中越两国铁路间进出口货物和车辆经由凭祥站时，也曾定在我国铁路的凭祥站办理交接。

2. 过货方式

国际铁路货物联运的过货方式有原车过轨、货物换装或货车换转向架。货物换装或货车换转向架作业，原则上都在接收路国境站上进行。如：中俄两国铁路间，进口货物，在我国铁路的满洲里站和绥芬河站进行换装作业；出口货物，则在俄铁的后贝加尔站和格罗迭科沃站进行换装作业。也有过例外，如中蒙两国铁路间，根据有关协议规定，经由二连站进出口的货物，曾经都在我国铁路的二连站进行换装作业。

(三) 国境站的技术设备

为了换装和交接工作的需要，国境站应配置相应的技术设备。采用原车过轨方式的国境站应该有货物和车辆的交接线；进行货物换装作业的国境站还应设置两种轨距或套轨(三轨)的到发场和调车场(图 6-4)，并具有换装所需的装卸机械设备、换装站台以及两种轨距或三轨的换装线。更换轮对的国境站则应有更换轮对的设备等。

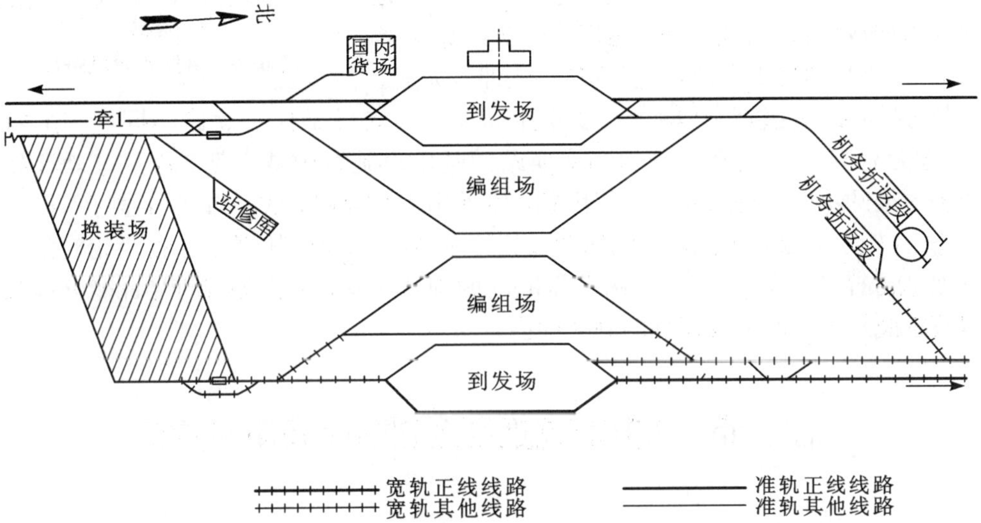

图 6-4　设置两种轨距到发场和调车场的国境站站场示意图

更换轮对设备一般由车辆轮对更换线、不同轨距轮对放置线和起重设备等组成。根据线路配置和采用起重设备的不同，有不同种类的更换轮对设备。图 6-5 所示的一种更换轮对设备是在宽轨和准轨线路的连接地点，铺设中间线路，其轨距为 1 508 mm，一端逐渐加宽成宽轨线路，另一端逐级缩小为准轨线路。在中间线路上，因为其轨距 1 508 mm，故宽、准轨的车辆都可驶入。中间线路上设有护轮轨，以防止车轮脱轨。侧轨分别通至宽轨和准轨的轮对停放场，以便更换轮对时取用。

更换轮对时，车辆驶入中间线路后，用千斤顶抬起车体，将其下轮对或转向架推出至侧线。然后自相反方向向车下推入另一种轨距的轮对或转向架，用千斤顶将车体落下，送入

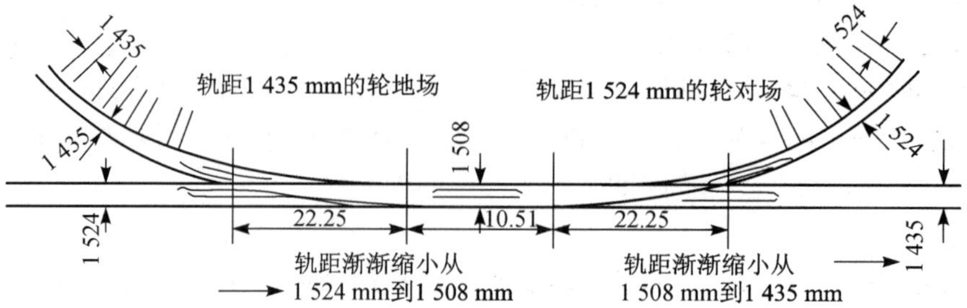

图 6-5　更换轮对设备(一)

相应的存车线路,更换轮对作业即告完成。

图 6-6 所示的是另一种更换轮对设备,其车辆轮对更换线和轮对放置线均为三轨,即基本轨距为 1 524 mm,两条钢轨之间铺有辅助轨。基本轨和辅助轨之间的距离为 1 435 mm。车辆轮对更换线和轮对放置线之间配有起重机。更换轮对时,先将车辆送至轮对更换线上,用千斤顶抬起车体,从车下将轮对或转向架推出,用起重机将其吊起放在轮对放置线上。起重机回程时,从轮对放置线上吊起另一种轨距的轮对或转向架放在轮对更换线上,然后将轮对或转向架推入车下,用千斤顶落下车体,更换轮对作业即告完成。

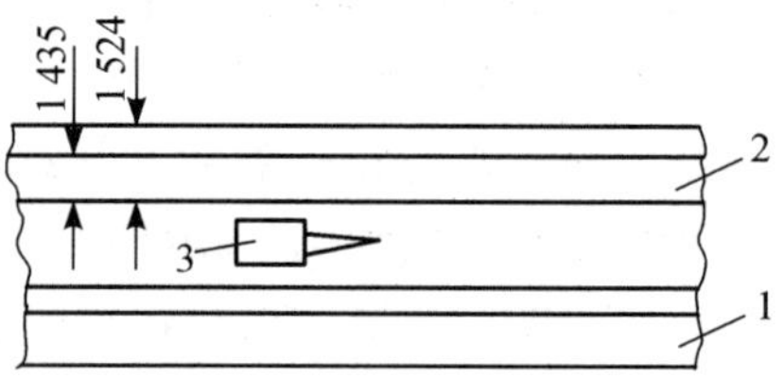

1—车辆轮对更换线；2—轮对放置线；
3—起重机

图 6-6　更换轮对设备(二)

此外,还可采用变轨距转向架。变轨距转向架可有效地解决轨距不同区间的直通运行,货物也无需换装,同时还可使轨距变换站的基础设施费用减少到最低。变轨距转向架与传统转向架的不同之处在于,变轨距转向架采用了变轨距轮对,当列车通过不同轨距的铁路线路时,轮对能够在地面变轨装置的帮助下实现自动变换轨距。变轨距轮对的主要核心技术就是要有一套操作灵活、运用可靠准确的锁紧机构,并且其制动装置能够满足列车在不同轨距线路运行时具有良好的制动性能。

第二节　国际铁路货物联运基本业务

一、国际铁路货物联运范围

国际铁路货物联运范围广、国家多、地域大。根据组织货物联运运输方法的不同,将国际铁路联运的范围大致分为货协国之间的联运、货协国与非货协国之间的联运以及通过货协国港口向其他国家的联运。所谓货协国是指参加《国际货协》的国家和不参加但适用《国际货协》规定的国家;非货协国是指不参加且不适用《国际货协》规定的国家。

1. 货协国铁路之间的货物联运

参加《国际货协》的各国铁路(阿铁、朝铁、越铁除外)开办国内货运营业的所有各站间,都办理国际铁路货物联运。我国各站营业办理限制按国内《铁路货物运价规则》规定办理。朝鲜铁路仅部分车站办理国际铁路货物联运。越南铁路办理国际铁路货物联运的车站为同登、老街、海防、安员、甲八、岘港、双神等车站。阿尔巴尼亚与其他国家铁路不连接，参加《国际货协》各国铁路向该国发运的货物，可以通过匈牙利的布达佩斯站或东欧某个国家铁路的车站，由发货人或收货人委托的代理人领取后，用其他运输工具继续运往阿尔巴尼亚。

货协国铁路间货物运送，是从发站以一份运送票据，由铁路负责直接或通过第三国铁路运往最终到站交付收货人。全程均可采用国际货协运单(简称货协运单)办理。

2. 货协国与非货协国铁路间的货物联运

货协国与非货协国铁路之间运送货物，货协规定了一份运单装运货物与《国际铁路货物运送公约》和“双边铁路运送规定”的运送办法。

向非货协国(包括货约国和非货约国)铁路运送货物时，通常发货人在发送路采用货协运单办理至最后一个过境货协国铁路的出口国境站，由发收货人委托的代理人(或收转人)办理转发送至最后到站。如：我国通过蒙、俄和东欧等货协国铁路运往非货协国的铁路，如南斯拉夫、奥地利、瑞士、联邦德国、法国、意大利、比利时、荷兰、西班牙、葡萄牙、芬兰、瑞典、挪威和丹麦等国的货物，都可采用代理人(或收转人)办理转发送，以铁/铁的方法办理。

由非货协国铁路向货协国铁路发运货物时，与上述办理程序相反，也由代理人(或收转人)办理转发送，采用铁/铁方式进行货物联运。

3. 通过货协国港口的货物联运

货协国铁路发站和港口间用货协运单办理。港口站至另一国家的最终到达地由发货人或收货人委托在港口的收转人办理转发送。如：我国通过波兰铁路格丹斯克、格丁尼亚、什切青等港口站往芬兰、瑞典、挪威等国家发货，或朝鲜、蒙古、独联体和越南等国通过中国铁路经大连、新港、黄埔等港口往阿尔巴尼亚和日本等国发货以及相反方向运送时，发站(到站)和港口间采用货协运单，并按《国际货协》规定办理。

二、国际铁路货物联运运到期限

货物运到期限是指铁路运输部门根据现有技术设备条件和运输组织工作水平，对按不同种别办理的货物，所确定的从启运地至目的地的最大期限。它是衡量铁路运输质量的一项重要指标。

1. 运到期限的组成

国际铁路货物联运的办理种别可以分为整车、零担、集装箱、托盘和货捆货物。按运送速度又可以分为慢运和快运。根据有关铁路间的商定，整车货物可随旅客列车挂运。

国际铁路联运货物的运到期限是由发送期间、运送期间、货物换装或车辆换转向架作业期间组成。可用下式表示：

$$T_{运到} = T_{发} + T_{运} + T_{换}$$

式中 $T_{运到}$——货物运到期限，天。运送超限货物时延长 100%；

$T_{发}$——货物发送期间，天；

$T_{运}$——货物运送期间，天；

$T_{换}$——货物换装或车辆换转向架作业期间，天。

$T_{发}$、$T_{运}$、$T_{换}$ 的计算标准见表 6-3。

表 6-3　　货物运到期限计算标准

运送速度	发送期间（发送路和到达路平分）	运送期间（每一参加运送的铁路管内分算）			换装或换车辆转向架期间
		零担	整车或大吨位集装箱	随旅客列车挂运的整车和大吨位集装箱	
慢运	1天	每150运价公里计1天	每200运价公里计1天		每次作业计2天
快运	1天	每200运价公里计1天	每320运价公里计1天	每420运价公里计1天	

2. 实际运到期间的起止时间

实际运到期间从承运货物的次日零时起算，到铁路通知收货人货物到达并可以将货物交给收货人处理时止。若承运的货物在发送前需预先保管，则应从指定装车的次日零时起算。货物在国境站换装，若部分货物用补充运行报单补送，则实际运到期间按随原运单到达的部分货物计算。

3. 运到期限的最终确定

在运送途中发生下列非铁路原因造成的滞留时间，铁路有权相应延长运到期限。

(1) 为履行海关和其他规章所需的滞留时间；

(2) 非因铁路过失而造成的暂时中断运输的时间；

(3) 因变更运输合同而发生的滞留时间；

(4) 因检查货物同运单记载是否相符，或检查按特定条件运送的货物是否采取了预防措施，且在检查中确实发现不符时而发生的滞留时间；

(5) 由于发货人的过失而造成多出重量的卸车、货物或其容器与包装的修整以及倒装或整理货物的装载所需的滞留时间；

(6) 因牲畜饮水、遛放或兽医检查而造成的站内滞留时间；

(7) 由于发货人或收货人的过失发生的其他滞留时间。

4. 货物运到逾期赔偿

货物运送全程实际运送天数超过所确定的总运到期限天数，则该批货物运到逾期。货物运到逾期时，铁路应根据造成逾期铁路的运费和逾期的长短，按表 6-4 所列的标准向收货人支付运到逾期罚款。

表 6-4　　运到逾期罚款计算标准

逾期百分率(s)	罚款率	罚款额
$s\leqslant 10\%$	6%	运费×6%
$10\%<s\leqslant 20\%$	12%	运费×12%
$20\%<s\leqslant 30\%$	18%	运费×18%
$30\%<s\leqslant 40\%$	24%	运费×24%
$s>40\%$	30%	运费×30%

其中：

$$运到逾期百分率(s)=\frac{全程实际运送天数-总运到期限天数}{总运到期限天数}\times 100\%;$$

$$罚款额=运到逾期发生路运费\times 罚款率。$$

运到逾期罚款是铁路运输部门执行运送合同，保证发、收货人权益的一个体现。但是如果自铁路通知收货人货物到达并可以将货物移交收货人处理时起一昼夜内，收货人未将货物领出，便失去领取货物运到逾期罚款的权利。

［**例 6-1**］保铁瓦尔纳站于 2003 年 9 月 10 日以慢运整车承运货物一批。根据货协运单记载：保铁于 9 月 12 日将货物移交罗铁，罗铁于 9 月 25 日将货物移交俄铁，俄铁于 11 月 8 日将货物移交中铁，中铁于 11 月 18 日将货物运抵北京东站。

问：(1) 该批货物是否逾期？

(2) 在何路逾期？

(3) 逾期百分率是多少？

(4) 逾期罚款额是多少？

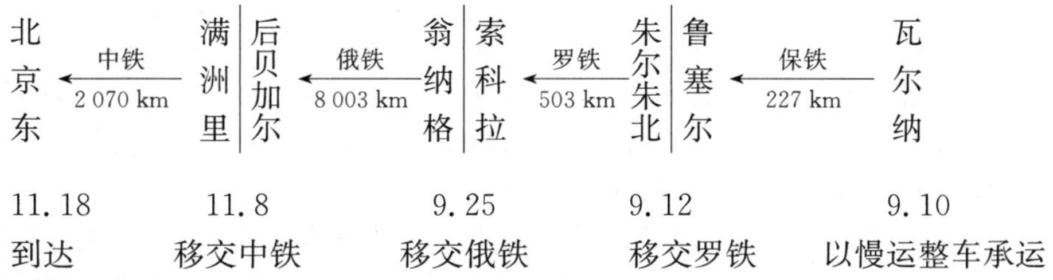

解：计算过程见下表：

路别	中铁	俄铁	罗铁	保铁	$\sum T$
$T_{运到}$/天	(2 075/200+0.5) 13.5	(8 003/200+2) 43	(503/200) 3	(0.5+227/200) 2.5	(13.5+43+3+2.5) 62
$T_{实际}$/天	(11.9～11.18) 10	(9.26～11.8) 44	(9.13～9.25) 13	(9.11～9.12) 2	(10+44+13+2) 69
$T_{逾期}$/天	−3.5(提前)	1(逾期)	10(逾期)	−0.5(提前)	(69～62) 7(逾期)

(1) 该批货物 $\sum T_{实际}=69$ 天 $>\sum T_{运到}=62$ 天，运到逾期 7 天。

(2) 在俄铁逾期 1 天，罗铁逾期 10 天。

(3) 运到逾期百分率 $s=\dfrac{\sum T_{实际}-\sum T_{运到}}{\sum T_{运到}}\times 100\%=\dfrac{69-62}{62}\times 100\%=11\%$

查表 6-4，罚款率为 12%。

(4) 俄铁逾期罚款额＝俄铁运费×12%

罗铁逾期罚款额＝罗铁运费×12%

三、国际铁路货物联运运送费用

国际铁路货物联运的运送费用包括货物运费、押运人乘车费、杂费以及自承运货物至交付收货人期间发生的其他费用。运送费用按其发生路段的不同，分为发送路运送费用、过境路运送费用和到达路运送费用。

相邻货协国铁路间运送货物时，发送路和到达路的运送费用按各该国铁路国内运价规程计算核收；发送国和到达国为货协国的过境运送时，发送路和到达路的运送费用也按各该国铁路国内运价规程计算核收，而过境路的运送费用，按各有关过境路采用的用于该种国际运送的过境运价规程计算核收，例如过境国为《统一货价》参加国时，该过境路的运送费用则按《统一货价》计算核收。运送费用的核收原则见表 6-5。

表 6-5　　运送费用的核收原则

路段 项目	发送路 （货协国）	过境路 （统一货价）	到达路 （货协国）
适用规章	承运当日发送路国内规章	承运当日《统一货价》	到站加盖日期戳当日到达路国内规章
支付币种	发送国货币	运价货币折成核收国货币	到达国货币
支付地	发站	发站或到站	到站（我国为进口国境站）
支付人	发货人	发货人或收货人	收货人

长期以来，过境路运送费用按《统一货价》分别在发站或到站向发货人或收货人核收，过境路所应得的由其他国铁路代收的费用则按《清算规则》由有关铁路互相清算，这种过境运送费用的计收办法一直延续到 20 世纪 90 年代初期。

1992 年 7 月，蒙古铁路要求过境蒙铁的运送费用均由代理人支付，而不再通过铁路清算。即由发货人向发送路指定的国际货运代理机构办理委托手续，然后由这些代理机构转托蒙古指定的代理机构向蒙古铁路代付过境蒙铁的运送费用。继蒙古改变过境运送费用支付方式后，俄罗斯等独联体国家、立陶宛、拉脱维亚、爱沙尼亚和中国等铁路也都相继效仿。对于需要过境这些国家铁路的货物，发货人在托运前若未办妥有关委托代理的手续，发站将拒绝承运，接收路国境站也将拒绝接运。

1. 我国进出口货物在国内铁路段的运送费用

我国国际铁路联运出口货物从发站至出口国境站的发送路运送费用，以及进口货物从进口国境站至到站的到达路运送费用，均按照铁道部《铁路货物运价规则》（简称《价规》）计算。进出口货物国内铁路段运送费用按图 6-7 所示的程序计算：

运价里程①与货物运价号②
↓
货物运价率③×计费重量④
↓
运费⑤＋杂费和其他费用⑥
↓
运送费用⑦

图 6-7　我国进出口货物国内铁路段运送费用计算程序

① 按《价规》附件“货物运价里程表”确定发站（进口国境站）至出口国境站（到站）的运价里程。并将出（进）口国境站至国境线的运价里程计算在内（表 6-2）。

② 根据货物运单上填写的货物名称查找《价规》附件“铁路货物运输品名分类与代码表”（表 6-6），确定适用的运价号。

表 6-6　　铁路货物运输品名分类与代码表

代码			货物品类	运价号		说　明
				整车	零担	
23	3	3	服装	5	22	含各种材质、用途的缝纫制和针织的内衣裤、外衣裤，如衬衣、背心、短裤、卫生衫裤、运动衫裤、民族传统服装、丝绸服装、毛呢服装、革皮服装、斗篷、雨衣、雨披、游泳衣、羽绒服装，以及电热服、石棉服、专用防护服等。棕、草制蓑衣列入 2129
23	3	4	被，褥，帐	5	22	指各种材质的被、褥中含棉被、毛巾被、丝棉被、羽绒衩；皮褥、羽绒褥、弹簧褥、电热褥毯等
23	3	5	其他羽绒制品	5	21	指未列入 2333、2334 的其他羽绒制品，如羽绒睡袋、靠垫、手套等
23	3	9	其他编织、缝纫品	5	22	含松紧布、松紧带、带坯、腰腿带、鞋带、水龙带、背包带；棉、化纤、混纺的编织绳、缆绳、装饰绳〔不含塑料捆扎绳(列入 1559)〕；乳罩、卫生带、沙发套、布袋、篷布、帐篷，以及 2331～2335 以外的其他编织、缝纫品。不含帆布箱(列入 9913)，帆布包(列入 9919)
23	4		皮革、毛皮及其制品			
23	4	1	皮张，皮革，毛皮，皮筒	5	22	含生皮张、生毛皮，鞣制的皮革、毛皮及人造的皮革、毛皮

③ 整车、零担货物按货物适用的运价号，集装箱货物根据箱型，冷藏车货物根据车种，分别在《价规》的附件“货物运价率表”(表 6-7)中查出适用的基价 1 和基价 2。货物适用的基价 1 加上基价 2 与货物运价里程相乘之积为货物运价率。即：

$$货物运价率 = 基价1 + 基价2 \times 运价里程$$

表 6-7　　铁路货物运价率表

办理类别	运价号	基价 1		基价 2	
		单位	标准	单位	标准
整车	1	元/吨	5.60	元/吨公里	0.028 8
	2	元/吨	6.30	元/吨公里	0.032 9
	3	元/吨	7.40	元/吨公里	0.038 5
	4	元/吨	9.30	元/吨公里	0.043 4
	5	元/吨	10.20	元/吨公里	0.049 1
	6	元/吨	14.60	元/吨公里	0.070 4
	7			元/轴公里	0.216 5
	加冰冷藏车	元/吨	9.20	元/吨公里	0.050 6
	机械冷藏车	元/吨	11.2	元/吨公里	0.073 0
零担	21	元/10 千克	0.115	元/10 千克公里	0.000 5
	22	元/10 千克	0.165	元/10 千克公里	0.000 7

续　表

办理类别	运价号	基价 1		基价 2	
		单位	标准	单位	标准
集装箱	1 吨箱	元/箱	10.00	元/箱公里	0.033 6
	10 吨箱	元/箱	118.50	元/箱公里	0.423 4
	20 英尺箱	元/箱	215.00	元/箱公里	0.927 4
	40 英尺箱	元/箱	423.00	元/箱公里	1.450 4

④ 按《价规》规定确定货物的计费重量，见表 6-8。

表 6-8　　计费重量确定方法

运输种类	整车		零担	集装箱
	出口	进口		
计费重量	max($P_{标}$，$P_{实}$)	另作介绍	1 m³＜500 kg 时， 立方米数×500 kg/10 kg。 否则，货物实际重量/10 kg	箱数
单位	t	t	10 kg	箱

其中：$P_{标}$——货车标记载重，$P_{实}$——货车实际载重量。

《价规》对出口整车货物的计费重量一般按车辆标记载重计费，货物实际重量超过车辆标记载重时，按货物实际重量计费；对进口整车货物的计费重量分别按以下各种情况进行了规定：

以一辆或数辆车接运一批货物以及数辆车接运数批货物，按接运车辆标记载重计费，货物实际重量超过接运车辆标记载重时，按货物实际重量计费；

以一辆车接运数批货物，每批按 30 t 计费，超过 30 t 按货物重量计费；

原车过轨不换装货物，按车辆标记载重计费，货物实际重量超过车辆标记载重时，按货物实际重量计费。

零担货物以 500 kg/m³ 作为轻质货和重质货的划分界限。对于每立方米小于 500 kg 轻质货，按每立方米 500 kg 确定计费重量，对于重质货，以货物重量确定计费重量。计费重量单位为 10 kg。

集装箱货物以箱为计算单位。

⑤ 将货物运价率与计费重量相乘计算出运费。

⑥ 按《价规》规定的费率计算杂费、铁路电气化附加费、铁路新路新价均摊运费和铁路建设基金等费用。

杂费包括验关手续费、货物声明价格费、换装费和货车滞留费等；电气化附加费、新路新价均摊运费和铁路建设基金等费用根据相应的费率（见表 6-9、表 6-10，新路新价均摊运费费率为零，不列出）按下式计算核收：

电气化附加费（新路新价均摊运费、铁路建设基金）＝电气化附加费费率（新路新价均摊运费费率、铁路建设基金费率）×计费重量×电气化里程（运价里程）

表 6-9　电气化附加费费率表

种类＼项目			计费单位	费率
整车货物			元/吨公里	0.012 00
零担货物			元/10 千克公里	0.000 12
自轮运转货物			元/轴公里	0.036 00
集装箱		1 吨箱	元/箱公里	0.007 20
集装箱		10 吨箱	元/箱公里	0.100 80
集装箱		20 英尺箱	元/箱公里	0.192 00
集装箱		40 英尺箱	元/箱公里	0.408 00
集装箱	空自备箱	1 吨箱	元/箱公里	0.003 60
集装箱	空自备箱	10 吨箱	元/箱公里	0.050 40
集装箱	空自备箱	20 英尺箱	元/箱公里	0.096 00
集装箱	空自备箱	40 英尺箱	元/箱公里	0.204 00

表 6-10　铁路建设基金费率表

种类＼项目			计费单位	农药	磷矿石	其他货物
整车货物			元/吨公里	0.019	0.028	0.033
零担货物			元/10 千克公里	0.000 19	0.000 33	
自轮运转货物			元/轴公里	0.099		
集装箱		1 吨箱	元/箱公里	0.019 8		
集装箱		10 吨箱	元/箱公里	0.277 2		
集装箱		20 英尺箱	元/箱公里	0.528 0		
集装箱		40 英尺箱	元/箱公里	1.122 0		
集装箱	空自备箱	1 吨箱	元/箱公里	0.009 9		
集装箱	空自备箱	10 吨箱	元/箱公里	0.138 6		
集装箱	空自备箱	20 英尺箱	元/箱公里	0.264 0		
集装箱	空自备箱	40 英尺箱	元/箱公里	0.561 0		

注：整车化肥、黄磷免收铁路建设基金。

⑦ 运费加上所发生的杂费和其他费用即为运送费用。

2. 按《统一货价》计算的过境运送费用

过境《统一货价》参加路运送国际铁路联运货物，可按整车、带轮、集装箱和零担货物办理，其过境运送费用按《统一货价》计算。《统一货价》过境运送费用的计算程序如图 6-8 所示：

过境里程①和运价等级②

↓

运费费率③×计费重量④

↓

运费⑤+杂费和其他费用⑥

↓

过境运送费用⑦

图 6-8 《统一货价》过境运送费用计算程序

① 查阅《统一货价》的“过境里程表”,根据应通过的国境站或港口站确定所过境国家铁路的过境里程。“过境里程表”中的过境里程是以国境线为起讫点计算的,即已将国境站至国境线的里程计算在内。表 6-11 是俄铁的部分过境里程表。

表 6-11 过境里程表(俄铁)

起讫国境站		下列铁路之间的国境站				
		俄罗斯—乌克兰				
		俄铁:苏捷姆卡 乌(克)铁:泽尔诺沃	俄铁:克拉斯内胡托尔 乌(克)铁:卡扎奇亚洛帕尼	俄铁:索洛维伊 乌(克)铁:托波利	俄铁:古科沃 乌(克)铁:克拉斯纳亚莫基拉	俄铁:乌斯片斯卡亚 乌(克)铁:克瓦西诺
		20 1120 22	20 1106 22	20 1108 22	20 1112 22	20 1114 22
20 1991 31	俄铁:索洛维耶夫斯克 蒙铁:埃莱恩查夫	7 023	7 112	6 885	6 990	7 258
俄罗斯—中国						
20 1840 33	俄铁:后贝加尔 中铁:满洲里	7 055	7 144	6 917	7 022	7 290
20 1843 33	俄铁:格罗迭科沃 中铁:绥芬河	9 671	9 760	9 533	9 638	9 906
20 33	俄铁:马哈利诺 中铁:珲春	9 804	9 893	9 666	9 771	10 039
俄罗斯—朝鲜						
20 1980 30	俄铁:哈桑 朝铁:豆满江	9 836	9 925	9 698	9 803	10 071

② 查阅《统一货价》的“国际铁路货物联运通用货物品名表”,确定所适用的运价等级(《统一货价》将货物分为 1 等、2 等和 3 等)。

③ 查阅《统一货价》的“过境统一货价参加路慢运货物运费计算表”(包括:零担货物运费费率表、整车货物运费费率表、过境统一货价参加路慢运大吨位通用集装箱运费计算表和过境统一货价参加路慢运中吨位集装箱运费计算表,运费计算表格式分别参见表 6-12 至表 6-15),根据过境运价里程和运价等级查出相应的运费费率。

表 6-12 零担货物运费费率表

里程/km	每100公斤运费(单位:瑞士法郎)		里程/km
255～504	等级		255～504
	1	2	
255～264	1.80	0.93	255～264
265～274	1.88	0.95	265～274
275～284	1.94	0.99	275～284
285～294	2.01	1.02	285～294
295～304	2.07	1.07	295～304
305～314	2.15	1.08	305～314
315～324	2.24	1.13	315～324
325～334	2.30	1.16	325～334
335～344	2.37	1.20	335～344
345～354	2.43	1.22	345～354
355～364	2.51	1.26	355～364
365～374	2.57	1.29	365～374
375～384	2.64	1.34	375～384
385～394	2.70	1.35	385～394
395～404	2.78	1.40	395～404
405～414	2.84	1.43	405～414
415～424	2.91	1.47	415～424
425～434	2.97	1.49	425～434
435～444	3.05	1.53	435～444
445～454	3.11	1.56	445～454
455～464	3.18	1.61	455～464
465～474	3.24	1.62	465～474
475～484	3.32	1.67	475～484
485～494	3.38	1.70	485～494
495～504	3.45	1.73	495～504

表 6-13 整车货物运费费率表

里程/km	每吨运费(单位:瑞士法郎)		每轴运费(单位:瑞士法郎)	里程/km
	等级			
4 550～8 000	1	2	3	4 550～8 000
4 550～4 649	212.00	106.10	227.06	4 550～4 649
4 650～4 749	216.50	108.30	232.01	4 650～4 749
4 750～4 849	221.30	110.60	236.93	4 750～4 849
4 850～4 949	225.80	113.00	241.88	4 850～4 949

续　表

里程/km	每吨运费 (单位:瑞士法郎)		每轴运费 (单位:瑞士法郎)	里程/km
	等　级			
4 950～5 049	230.40	115.20	246.81	4 950～5 049
4 550～8 000	1	2	3	4 550～8 000
5 050～5 149	234.90	117.50	251.73	5 050～5 149
5 150～5 249	239.70	119.70	256.68	5 150～5 249
5 250～5 349	244.20	122.30	261.62	5 250～5 349
5 350～5 449	248.90	124.50	266.57	5 350～5 449
5 450～5 549	253.40	126.80	271.49	5 450～5 549
5 550～5 649	258.20	129.00	276.42	5 550～5 649
5 650～5 749	262.70	131.40	281.37	5 650～5 749
5 750～5 849	267.30	133.70	286.29	5 750～5 849
5 850～5 949	271.80	135.90	291.23	5 850～5 949
5 950～6 049	276.60	138.20	296.18	5 950～6 049
6 050～6 200	282.20	141.20	302.34	6 050～6 200
6 201～6 400	290.30	145.20	310.98	6 201～6 400
6 401～6 600	299.60	149.70	320.85	6 401～6 600
6 601～6 800	308.70	154.40	330.71	6 601～6 800
6 801～7 000	318.00	158.90	340.59	6 801～7 000
7 001～72 00	327.20	163.70	350.46	7 001～72 00
7 201～7 400	336.50	168.20	360.35	7 201～7 400
7 401～7 600	345.60	172.70	370.22	7 401～7 600
7 601～7 800	354.90	177.30	380.07	7 601～7 800
7 801～8 000	364.10	182.10	389.96	7 801～8 000

表 6-14　　过境统一货价参加路慢运大吨位通用集装箱运费计算表

里程/km	重　箱				空　箱			
	箱　型				箱　型			
	10 英尺	20 英尺	30 英尺	40 英尺	10 英尺	20 英尺	30 英尺	40 英尺
	瑞士法郎/箱	瑞士法郎/箱	瑞士法郎/箱	瑞士法郎/箱	瑞士法郎/箱	瑞士法郎/箱	瑞士法郎/箱	瑞士法郎/箱
465～474	162	324	486	648	81	162	243	324
475～484	166	332	498	664	83	166	249	332
485～494	169	338	507	676	85	169	254	338
495～504	173	345	518	690	86	173	259	345
505～514	176	351	527	702	88	176	263	351
515～524	180	359	539	718	90	180	269	359

续　表

里程/km	重箱				空箱			
	箱型				箱型			
	10 英尺	20 英尺	30 英尺	40 英尺	10 英尺	20 英尺	30 英尺	40 英尺
	瑞士法郎/箱	瑞士法郎/箱	瑞士法郎/箱	瑞士法郎/箱	瑞士法郎/箱	瑞士法郎/箱	瑞士法郎/箱	瑞士法郎/箱
525～534	185	369	554	738	92	185	277	369
535～544	189	377	566	754	94	189	283	377
545～554	192	383	575	766	96	192	287	383
555～564	195	390	585	780	98	195	293	390
565～574	198	396	594	792	99	198	297	396
575～584	202	404	606	808	101	202	303	404
585～594	205	410	615	820	103	205	308	410
595～604	209	417	626	834	104	209	313	417
605～614	212	423	635	846	106	212	317	423
615～624	216	431	647	862	108	216	323	431
625～634	219	437	656	874	109	219	328	437
635～644	222	444	666	888	111	222	333	444
645～654	225	450	675	900	113	225	338	450
655～664	227	453	680	906	113	227	340	453
665～674	232	464	696	928	116	232	348	464
675～684	236	471	707	942	118	236	353	471
685～694	239	477	716	954	119	239	358	477

表 6-15　过境统一货价参加路慢运中吨位集装箱运费计算表

里程/km	重　箱		空　箱	
	箱　型		箱　型	
	5 m^3 以下(毛重 3 t)	11 m^3 以下(毛重 5 t)	5 m^3 以下(毛重 3 t)	11 m^3 以下(毛重 5 t)
	瑞士法郎/箱	瑞士法郎/箱	瑞士法郎/箱	瑞士法郎/箱
325～334	46	92	23	46
335～344	47	95	24	48
345～354	49	97	25	49
355～364	50	100	25	50
365～374	51	103	26	52
375～384	53	106	27	53
385～394	54	108	27	54
395～404	56	111	28	56
405～414	57	114	29	57

续　表

里程/km	重箱		空箱	
	箱型		箱型	
	5 m^3 以下(毛重 3 t)	11 m^3 以下(毛重 5 t)	5 m^3 以下(毛重 3 t)	11 m^3 以下(毛重 5 t)
	瑞士法郎/箱	瑞士法郎/箱	瑞士法郎/箱	瑞士法郎/箱
415～424	58	116	29	58
425～434	59	119	30	60
435～444	61	122	31	61
445～454	62	124	31	62
455～464	64	127	32	64
465～474	65	130	33	65
475～484	66	133	33	67
485～494	68	135	34	68
495～504	69	138	35	69
505～514	70	140	35	70
515～524	72	144	36	72
525～534	74	148	37	74
535～544	75	151	38	76
545～554	77	153	39	77

④ 确定计费重量。零担和整车货物计费重量分别按以下方法确定。

零担货物计费重量(百公斤数)
- 一张运单同一品名:货物实际重量百公斤进整数
- 一张运单不同品名(零担合装货物)
  - 同一运价等级:合装货物实际总重量百公斤进整数
  - 不同运价等级:

    $$运费=\sum_{i=1}^{2}(第\ i\ 种运价等级货物实际重量百公斤进整数\times 第\ i\ 种运价等级货物运费费率)$$
  - 运单未分别注明每种货物的重量或货物未分别包装:

    运费=合装货物实际总重量百公斤进整数×较高运价等级相对应的运费费率

零担货物计费重量单位为百公斤数,货物实际重量不足 100 kg,均按 100 kg 计算,即进整至百公斤。

一张运单具有相同品名时,计费重量为货物实际重量的百公斤进整数。

一张运单列载不同品名的货物时,该批货物称为合装货物。零担合装货物为同一运价等级时,其计费重量为合装货物实际总重量的百公斤进整数;零担合装货物为不同运价等级时,应分别以不同运价等级货物实际重量的百公斤进整数作为计费重量乘以相应运价等级的运费费率并加总计算运费;当运单中未分别注明每种合装货物的重量或货物未分别包装,则以该合装货物实际总重量的百公斤进整数作为计费重量乘以较高运价等级相对应的运费费率计算运费。

整车货物计费重量/t
- 一张运单同一品名：max(货物实际重量吨取整数，车辆装载最低计费重量标准)
- 一张运单不同品名(整车合装货物)
  - 同一运价等级：max(合装货物总重量吨取整数，车辆装载最低计费重量标准)
  - 不同运价等级：max(合装货物总重量吨取整数，重量最大货物车辆装载最低计费重量标准)
  - 发货人未在运单记载每种名称货物的实际重量：max(合装货物总重量吨取整数，较高运价等级货物车辆装载最低计费重量标准)

整车货物计费重量单位为吨，货物实际重量 500 kg 及以上进整至 1 t，不足 500 kg 者舍去，即四舍五入取整至吨。

一张运单具有相同品名货物时，计费重量为货物实际重量吨取整数和车辆装载最低计费重量标准之大者。整车货物用四轴车装运时，其车辆装载最低计费重量标准是 1 等货物 20 t，2 等货物 30 t。

整车合装货物为同一运价等级时，其计费重量为合装货物实际总重量吨取整数和该等级货物的车辆装载最低计费重量标准之大者；整车合装货物为不同运价等级时，则将重量最大货物的运价等级视为整批合装货物的运价等级，其计费重量为合装货物实际总重量吨取整数和重量最大货物的车辆装载最低计费重量标准之大者。重量最大货物是指一批货物中名称相同实际重量最大的货物，或是指一批货物中名称不同但属同一运价等级且实际总重量最大的货物，若有数种相同重量最大货物时，应将其中具有较高运价率的货物作为重量最大货物；若发货人未在运单中记载每种名称合装货物的实际重量，致使铁路无法确定重量最大货物，则计费重量按该批合装货物实际总重量吨取整数和较高运价等级货物车辆装载最低计费重量标准相比较取高者。

⑤ 根据运费费率和计费重量计算运费。慢运零担货物按“零担货物运费费率表”(表 6-12)所列的运费费率乘以该批货物的计费重量所得的款额加成 50%计算运费，慢运整车货物按“整车货物运费费率表”(表 6-13)所列的运费费率乘以该批货物的计费重量计算运费；运送快运零担货物和快运整车货物时，分别在慢运零担货物和慢运整车货物运费的基础上加成 100%计算运费，对以客运速度运送的整车货物(随旅客列车挂运的整车货物)，在慢运整车货物运费的基础上加成 200%计算运费；超限货物的运费按慢运整车货物运费率计算运费，只是在货物实际超限的铁路上加收 100%。

⑥ 计算杂费和其他费用，如货物换装费、货物声明价格费、验关费、加固材料费等。

⑦ 运费加上所发生的各项杂费和其他费用即为过境运送费用。

[例 6-2] 乌(克)铁按快运整车发运一批重量为 48.5 t 的轴承，经俄铁古科沃至后贝加尔过境俄罗斯进口至我国，计算该批货物在俄铁的过境运费。

解：俄罗斯为《统一货价》参加国，俄铁过境运费按《统一货价》计算核收。

(1) 查《统一货价》俄铁过境里程表(表 6-11)，俄铁古科沃至后贝加尔的过境里程为7 022 km。

(2) 查《统一货价》的货物品名表，轴承所适用的运价等级为 2 等。

(3) 查《统一货价》整车货物运费费率表(表 6-13)，过境里程为 7 022 km 时，二等货物的运费费率为 163.70 瑞士法郎/t。

(4) 整车货物计费重量为max(货物实际重量吨取整数，车辆装载最低计费重量标准)=max(49 t, 30 t)=49 t。

(5) 快运整车货物过境运费=(整车货物运费费率×计费重量)(1+100%)=(163.70×49)(1+100%)=16 042.60 瑞士法郎。

因此，该批货物在俄罗斯的过境运费为16 042.60瑞士法郎。

[例6-3] 我国铁路按整车发运一批货物，经蒙铁扎门乌德至苏赫巴托过境蒙古至俄罗斯，所装货物品名和重量如下，计算该批货物在蒙铁的过境运费。

货物品名	重量/t
皮带	12
电影胶片	7
缓冲器	8
绳	8.5
牛皮纸	11.6

解: 蒙古为《统一货价》参加国，蒙铁过境运费按《统一货价》计算核收。

(1) 查《统一货价》过境里程表(表6-11)，蒙铁扎门乌德至苏赫巴托的过境里程为1 110 km。

(2) 查《统一货价》货物品名表，确定货物所适用的运价等级如下：

货物品名	重量/t	运价等级
皮带	12	1
电影胶片	7	1
缓冲器	8	2
绳	8.5	1
牛皮纸	11.6	2

该批货物为整车合装货物，总重量为47.1 t，其中1等货物的重量为12+7+8.5=27.5(t)，2等货物的重量为8+11.6=19.6(t)，运价等级按重量最大货物的运价等级1等确定。

(3) 查《统一货价》整车货物运费费率表，过境里程为1 110 km时，1等货物的运费费率为51.2瑞士法郎/t。

(4) 整车合装货物的计费重量为max(合装货物总重量吨取整数，重量最大货物车辆装载最低计费重量标准)=max(47 t, 20 t)=47 t。

(5) 货物运费=整车货物运费费率×计费重量=51.2×47=2 406.40 瑞士法郎。

因此，该批货物在蒙古的过境运费为2 406.40瑞士法郎。

四、国际铁路货物联运进出口程序

国际铁路货物联运进出口业务程序参见图6-9。

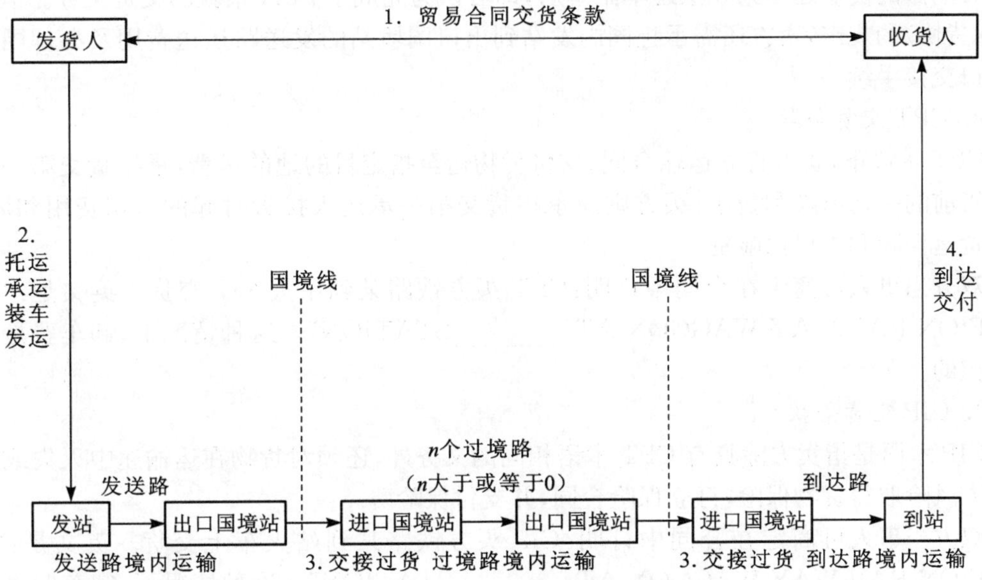

图 6-9　国际铁路货物联运进出口程序

(一) 国际贸易合同中国际铁路货物联运交货条款

国际贸易双方的当事人,根据国际铁路联运的特点、运送费用和速度等,选定了国际铁路联运作为该批货物的运输方式,那么贸易合同当事人就应在合同中订立适合国际铁路货物联运的交货条款。

目前,在以国际铁路联运为运输方式的贸易合同交货条款中,主要采用了 Incoterms 2000 的以下几种贸易术语:

1. EXW 交货条款

EXW 是指卖方在其货物所在的工厂、工场、仓库等地,将货物提供给买方即履行了交货义务。有关货物的风险责任和费用从交付时起就转移至买方,卖方无需将货物装上买方指派的任何运输工具,也不办理出口结关手续。

使用该贸易术语时卖方责任最小,所报价格最低,也有利于买方了解价格构成,因而对买方具有一定的吸引力。但买方是否选择 EXW 术语成交,应考虑在卖方所在国办理出口清关手续的难易程度以及风险大小。如果买方不能直接或间接(如卖方协助)办理出口手续,或存在较大货运风险时,则应避免使用此术语。

2. FCA 交货条款

FCA 是由卖方办理货物出口结关手续,在指定时间和地点把货物交给买方指定的承运人监管,同时提交商业发票或等同的电子单据,就算完成交货义务。卖方承担货物交由承运人监管为止的一切费用和货物灭失或损坏的风险;买方要自费办理运输,承担货交承运人后的一切费用和风险。

FCA 适用于各种运输方式,它的交货地点也要因运输方式而异。国际铁路联运时,双方当事人可商定在合同中订明:FCA 在卖方铁路某发站火车上交货。英文是:"FCA FREE ON RAILWAY WAGGON AT ________ STATION"。

需要注意的是,在发站,发货人或其货运代理人办妥出口货物通关手续,拿到盖有发站承运日期戳的货协运单第3张运单副本后，即可认为完成了FCA条款的交货义务。但根据《国际货协》的规定，卖方还需承担国内发站到出口国境站的发送路运送费用及办理国境站的出口交接手续。

3. CPT交货条款

CPT术语下，卖方订立运输合同，支付货物运至指定目的地的运费，承担货交第一承运人接管前的一切风险和费用；买方则应承担货交第一承运人接管时起的一切费用和风险，办理货运保险和支付保险费。

双方当事人可商定在合同中订明：CPT买方铁路某到站火车上交货。英文是："CPT FREE ON RAILWAY WAGGON AT ________ STATION"。这种情况下，卸车费是由买方承担的。

4. CIP交货条款

CIP术语是指卖方除具有CPT术语相同的义务外，还须对货物在运输途中灭失或损坏的买方风险取得货物保险，订立保险合同，并支付保险费。

双方当事人可商定在合同中订明：CIP买方铁路某到站火车上交货。英文是："CIP FREE ON RAILWAY WAGGON AT ________ STATION"。这种情况下，卸车费也由买方承担。

5. DAF交货条款

DAF是指卖方在毗邻国家边境前的边境指定地点，提供了已出口清关的货物时，即履行了交货义务。卖方没有责任从交货运输工具上卸货，卸货的风险与费用由买方承担。买卖双方是以两国边境指定的交货地为界划分风险费用与责任的。它适用于各种运输方式。国际铁路联运时，应准确地规定所指的边境口岸地点。

由于《国际货协》规定，到达路的铁路运送费用可由收货人在提取货物时用本国货币支付，边境口岸的货物和票据的交接由参加国铁路行使连带责任完成，这样有助于减少运输成本，周边国家的买方较为愿意使用这种交货方式。

交货条款也可使用Incoterms 2010新增的适用任何运输方式的两种贸易术语：DAT(Delivered At Terminal)运输终端交货和DAP((Delivered At Place)目的地交货。这两种术语的交货都在指定目的地发生：使用DAT时，货物已从到达的运输工具卸下，交由买方处置完成交货；使用DAP和DAF相似，货物在运输工具上做好卸货准备交给买方处置完成交货。

(二) 国际铁路联运货物托运、承运、装车和发运

1. 托运所涉及的单证

办理货物托运手续时所需要的单证主要有货协运单及其随附单证。

货协运单是国际铁路货物联运运单中的一种，是由货协国发送路代表所有参加运送货物的货协国铁路同发货人之间订立运输合同的凭证。国际铁路货物联运中，还使用带号码和不带号码的补充运行报单。

由于国际铁路联运货物在国境站需办理转关(在发站报关)或报关(在国境站报关)及其他规章规定的手续，为此，发货人还必须提供货物运送全程所需的正确、齐全的单证。这些随附单证主要包括出口货物报关单、发票、装箱单、出境货物通关单(发站报关)，出境货物换证凭单(国境站报关时凭以向报关地检验检疫机构换取出境货物通关单)等，根据需要还可能有出口许可证和各类检验检疫证书等。

货协运单随附的一切单证，应由发货人记载于货协运单第23栏"发货人添附的文件"栏内，并牢固地贴附在货协运单上，以免在运送途中脱落。铁路应检查所附单证与货协运单第23栏"发货人添附的文件"栏内记载的单证是否一致，但铁路没有义务检查发货人在货协运单上所添附的单证是否正确、齐全。如因发货人未提出必要的添附文件或提出并记载在货协运单"发货人添附的文件"栏内的文件不齐全或不正确，以致使货物运送或交付时发生滞留，则对滞留时间应核收货物保管费、车辆滞留费等。如上述滞留发生在发送路或到达路，则此项费用按各该铁路现行的国内规章计算。如滞留发生在过境路，则该项费用按有关路适用于该种国际运送的过境运价规程计算，如在过境运价规程中对此情况未规定货物保管费或车辆滞留费，则费用按各该过境铁路现行的国内规章计算。

2. 托运与承运过程

货物托运是发货人向铁路提出委托运输的行为，承运是铁路承诺运输的行为。托运与承运的过程实际就是铁路与发货人之间签定运输合同的过程。

国际铁路联运出口货物同国内运输货物托运相类似，发货人应向发站提出货协运单，以此作为货物托运的书面申请。车站接到货协运单后，应进行认真审核。整车、集装箱货物运送的申请应检查发货人提报的运输需求是否被核准，检查货协运单各项内容的填写是否正确等，如确认可以承运，应予以登记。车站在货协运单上登记货物应进入车站的日期或装车日期，即表示受理托运。发货人按登记指定的日期将货物搬入车站或指定的货位。进站时，发货人应组织专人在车站接货。对于整车货物，应会同铁路货运员对货物的件数、包装、品名、唛头标记、货协运单及其随附单证逐项进行检查。对于货主装箱的集装箱货物，应核对集装箱箱号、箱数，检查箱体外表状况是否完好、箱内货物装载是否符合铁路装载技术条件等。如发现问题或互相不符，必须进行修复、调整、更换或更正等处理。经铁路货运员验收完毕，认为符合国际货协和有关规章制度的规定，铁路货运员同发货人办理货物交接手续，并在货协运单上签证确认。整车货物是以所装车辆标记载重作为计费重量核收运费的，一般在装车完毕后，发站按货协运单记载向发货人核收运送费用，并在货协运单上加盖承运日期戳，以表示货物业已承运。

托运、承运完毕，以货协运单为具体表现的运输合同开始生效。铁路按《国际货协》的规定承担货物保管、装车、并运送到指定目的地的责任。

3. 装车发运工作

发站根据发货人提交的货协运单于每日规定时间前汇总向上级货运调度提报次日请求车计划。为了保证计划的顺利兑现，车站次日请求车计划必须以实际可装的货源为基础。发货人一般应在约定发运日期，货物送站后先行报关、查验，通关后再凭编制好的货协运单向车站请报日装车计划，以免因报关单据或货物问题不能顺利通关，造成日装车计划不能兑现，或已装车的货物不能发运而导致滞留或卸车。

按我国铁路的规定，在车站公共装卸场所内的装卸工作由铁路负责组织，专用线等其他装卸场所的装卸工作则由发货人或收货人负责组织。但某些性质特殊的货物，如易腐货物、未装容器的活动物等，即使在车站的货场内，也均由发、收货人组织装车或卸车。

货物装车时应确保货物包装完整、清洁、牢固，货物标志、标记清晰完整；单证齐全、内容准确、完备；车辆的车体完整、清洁，技术状态良好，具备装车的必备条件。

由发货人装车的货物，发货人应在现场负责监装。铁路负责装车的货物，一般应由铁路监装，在必要时可要求发货人在货场检查货物装载情况。

对于敞车、平车及其他特种车辆装运超限货物、箱装和裸装的机械设备以及车辆等货物，应在装车时放置稳妥，捆绑牢固，以防运送途中发生移动、坠落、倒塌及相互撞击，保证安全运送；由我国铁路用敞车类货车发运货物时，装载加固按我国国内规章办理，暂不执行国际货协附件《车辆和集装箱货物装载和加固规则》的规定；集装箱运输时，应确保集装箱内货物的装载加固及集装箱的装车符合铁路装载技术要求。

为保证货物运输安全，分清铁路与发、收货人之间以及铁路内部之间的相互责任。我国装运国际联运出口货物的棚车、冷藏车、罐车等必须施封。铁路装车时由铁路施封，发货人装车时由发货人施封，委托铁路施封时，发货人应在运单"铅封"栏内注明"委托铁路施封"字样。

对于在内地发站报关需转关运输的货物，装车后需在货协运单第26栏"海关记载"栏加盖海关监管戳记，并由海关关员执行监管事宜。转关运输货物属海关监管货物，若使用棚车、集装箱等封闭型运输工具装载时，需在棚车、集装箱门上加施海关关封锁，其关封锁号码应备注在关封内，国境站海关核对相符后即可放行出境。货物由敞车、平车等非封闭型车辆装载时，则凭海关关封内的发票、装箱单核对查验后放行出境。通常内地海关对于装在不封闭车辆无法加施关封锁的货物，拒绝在内地发站报关。

对于上述不封闭运输工具装载的货物，或因在内地发站报关需一车一套报关单证等因素不便在发站报关而需在国境站报关时，则只需按规则填写货协运单后即可发送。在国境站凭随货同行的报关单证向海关报关，经海关审核、查验后，在货协运单第26栏"海关记载"栏加盖海关监管戳记交接出境。

（三）国境站交接、换装或车辆换转向架

国际铁路联运货物装车发运后，经过发送路境内运输，到达出口国境站办理出境手续后进入过境路或直接进入到达路。在过境路或到达路，除需办理海关和其他相关手续外，还需在其进口国境站办理货物和车辆的交接手续及不同轨距时货物换装或车辆换转向架。

1. 国境站有关机构

在国境站，除办理一般车站办理的运转、货运、装卸及机车整备等作业外，主要还办理与邻国铁路货物、车辆和列车的交接、货物的换装或车辆更换转向架、进出口货物的检验检疫与通关、国际联运票据的处理、文件的翻译以及货物运送费用的计算和复核等工作。

为完成国境站的各项工作，我国国境站除了设有一般车站应设的机构外，主要还设有以下机构：

1）国际联运交接所

国际联运交接所（简称交接所）是国境站的下属机构，代表本国铁路具体办理与邻国铁路货物、车辆、运送工具的交接和换装或车辆换转向架；各种交接单据、运送票据、商务记录的编制、翻译和交接工作；计算国际联运货物运到期限、国内各项运杂费和过境路运送费用；对货物和票据进行检查、处理和解决交接中存在的问题和车（机车车辆）、货（国际联运货物）、票（国际联运运送票据）、证（随附单证）存在的问题。

2）海关、检验检疫机构

海关、检验检疫机构代表国家在口岸行使海关查验、征税和监管等职责，以及检验检疫机构对出入境货物的检验和检疫任务。

3）边防检查站

边防检查站是公安部下属的国家公安部队，其职责是执行安全保卫工作，负责查验出入境列车、机车及列车服务人员和随乘人员的进出境证件。

4）国际货运代理机构

在国境站海关和铁路注册的口岸国际货运代理机构，主要承担各种进出口物资的铁路发运、转运、联运、口岸分拨、报关、报检、大型集装箱的中转、拆箱、装箱等业务。

5）口岸管理委员会或办公室。

一般由口岸地方政府、铁路、海关、检验检疫机构、边防检查站等部门联合组成，是行使口岸管理的政府办事机构，主要对口岸行使综合管理与协调。

2. 国境站出境工作程序

(1) 出口国境站货运调度根据国内前方车站列车到达的预报，通知交接所和海关做好接车的准备工作。

(2) 出口列车到达口岸后，铁路会同海关接车。铁路站车交接，铁路货运员检查载货车辆的铁路铅封是否完好、货物装载状态是否正常以及货物有无破损，并将随车运送票据送交接所处理；海关人员检查海关关封锁(在发站报关)是否完好，并对在发站已报关完毕的货物、车辆进行监管。

(3) 在口岸站办理出口货物报关手续的货物、车辆，在办好报验、报关手续后，接受海关的监管。

(4) 交接所实行联合办公，由铁路、海关、口岸货运代理参加，并按照业务分工，流水作业，协同工作。

铁路主要负责整理翻译运送票据，编制货物和车辆交接单(移交空车时，仅编制"车辆交接单"；移交重车时，还需编制"车辆交接单")，作为向邻国铁路办理货物和车辆交接的原始凭证；口岸货运代理机构主要负责审核货运单证，纠正出口货物单证差错，处理运输事故，向委托方提供货物信息；海关根据审报，经查验单、证、货相符，符合国家法令政策的规定，即准予解除监管，放行结关。

(5) 出口货运事故处理。属于铁路责任的，由铁路编制商务记录，免费修整货物或包装；属于发货人责任的，由口岸货运代理负责修整，发货人负担费用，或由发货人到国境站指导或将货物返回由发货人处理。

(6) 与邻国确定货物与车辆交接时间。出口国境站交接所将翻译好的有关单证交邻国驻我方人员，确定货、车交接时间。

(7) 编组车辆运送至邻国国境站，双方交接人员办理车、货、票、证交接。

3. 国境站进境工作程序

(1) 进口国境站根据邻国国境站货物列车的预、确报，通知交接所和海关做好到达列车的接运和检查准备工作。

(2) 进口货物列车到站后，铁路会同海关接车。双方铁路交接票据后，交接所负责单证和货物的核对，海关对货物列车进行实际监管。

(3) 根据交付方编制的"货物交接单"和"车辆交接单"两国国境站交接人员办理货物和车辆现场交接。

货物在国境站的交接可分为凭铅封交接和按实物交接,按实物交接又可分为按货物重量交接、按货物件数交接和按货物现状交接三种方式。车辆交接时,主要检查货车技术状态是否良好,是否符合《货车规则》中有关货车使用和技术条件的规定。

办理交接时遇有下述情况之一者可拒收:货物状态、包装或装载方法不允许继续运送;属于禁止输入或禁止过境的货物以及不准运送的货物;发货人或发站未遵守该项货物的特定条件;运送票据和添附文件短缺,又未按规定补送的;货物毁损或短少,交付路拒绝在关于货物现状的商务记录上签字;按规定不适合交接的车辆;货物的过境路要求发货人向有关代理人办理委托代付过境运送费用而未办理者以及其他违反有关规定的情况。

(4) 口岸货运代理或收货人办理进口货物的报检、报关手续。海关根据进口货物报关单查验货物,在单、证、货相符,符合国家相关政策法令的条件下,验关放行货物。对于转关运输的货物,海关继续监管,直至货物运至指运地结关为止。

(5) 相邻国境站轨距不同时,将车列调往换装线组织换装或进行车辆换转向架。在交接、换装或车辆换转向架过程中,发现货物有残损、短少等情况,应进行详细记载,作为双方铁路签署商务记录的原始依据。

(6) 铁路将车辆按流向编组,将货物运送至进口国国内到站。

(四) 货物到达与交付

国际铁路联运货物在到达路的进口国境站办理交接、换装或车辆换转向架作业后,经过到达路境内运输后到达货物到站。到站在货物到达后,应在货协运单第 47 栏"到站日期戳"栏内加盖本站日期戳,并通知运单中所记载的收货人领取货物。在收货人付清运单中所记载的一切应付运送费用后,铁路须将货物连同货协运单第 1 张运单正本和第 5 张货物到达通知单交付收货人。交付货物时,到站应在货物到达通知单背面第 98 栏"货物交付收货人"栏内加盖到站日期戳,并注明交付时间,以确认货物交付收货人,同时要求收货人在运单此栏内签字并填写日期,以确认货物已领取。

对于国外的小额订货、零担货物合装整车以及不同收货人按一份运单发运的混装货物一般由国外集中发运,并以我国进口国境站为到站,口岸货运代理为收货人。口岸货运代理在进口国境站向铁路办理货物领取手续后进行货物分拨,并以国内铁路运单托运,分运至国内到站交付收货人。

第三节　特定运送条件的货物运输

在国际铁路货物联运中,货物按运送条件可划分为两大类:一类是可按一般运输条件运送的普通货物;另一类是须按特定运输条件运送的特种货物,包括:超限、超长和超重货物;危险货物;易腐货物和活动物;集装箱货物;自轮运转货物;汽车、拖拉机、货捆和托盘货物等。

一、超限、超长和超重货物运输

(一) 超限、超长和超重货物的定义

1. 超限货物

凡一件货物的外形尺寸有任意部位超过参加运送的任一铁路装载限界的,均属超限

货物。

在国际铁路货物联运中，参加或适用《国际货协》国家的铁路装载限界有中铁 1 435 mm 轨距的铁路装载限界；中铁 1 000 mm 轨距的铁路装载限界；蒙铁、俄铁等独联体铁路、立铁、爱铁和拉铁 1 524 mm、1 520 mm 轨距的铁路装载限界；保铁、匈铁、波铁、罗铁、捷铁和斯铁 1 435 mm 轨距的铁路装载限界；越铁 1 435 mm 轨距的铁路装载限界；越铁 1 000 mm 轨距的铁路装载限界以及朝铁 1 435 mm 轨距的铁路装载限界共 7 种，如图 6-10—图 6-16 所示。货物运送经路确定后，即可用各经由路铁路装载限界作比较，只要货物装车后任一部位超过任一经由路的铁路装载限界，就应按超限货物组织运输。

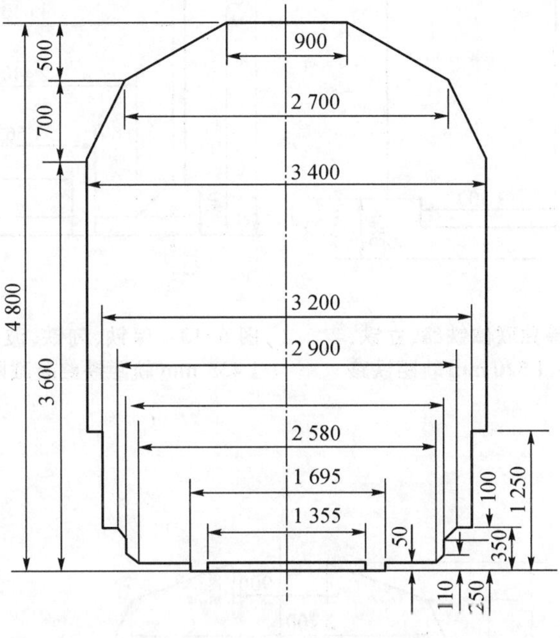

图 6-10　中铁 1 435 mm 轨距铁路装载限界(单位:mm)

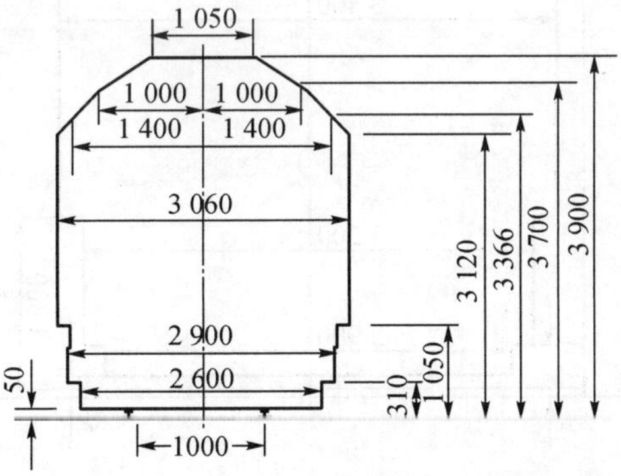

图 6-11　中铁 1 000 mm 轨距铁路装载限界(单位:mm)

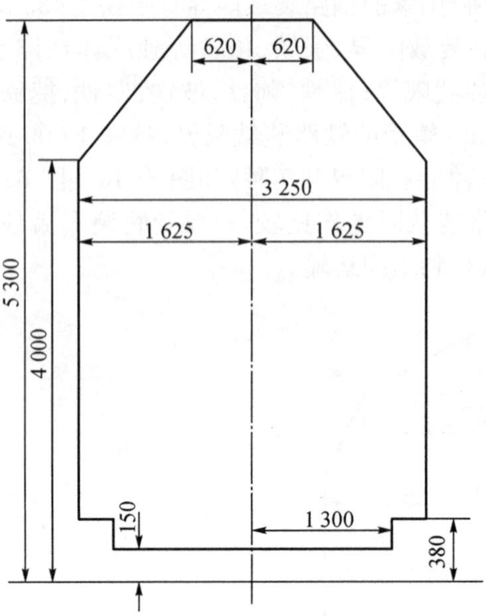

图 6-12 蒙铁、俄铁等独联体铁路、立铁、爱铁和拉铁 1 524 mm、1 520 mm 轨距铁路装载限界(单位:mm)

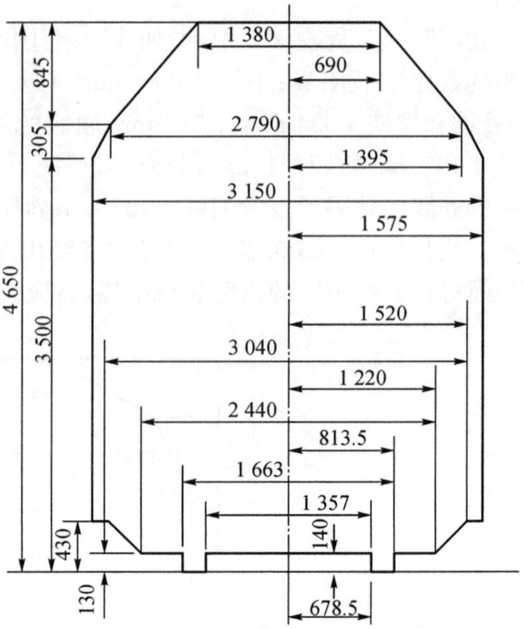

图 6-13 保铁、匈铁、波铁、罗铁、捷铁和斯铁 1 435 mm 轨距铁路装载限界(单位:mm)

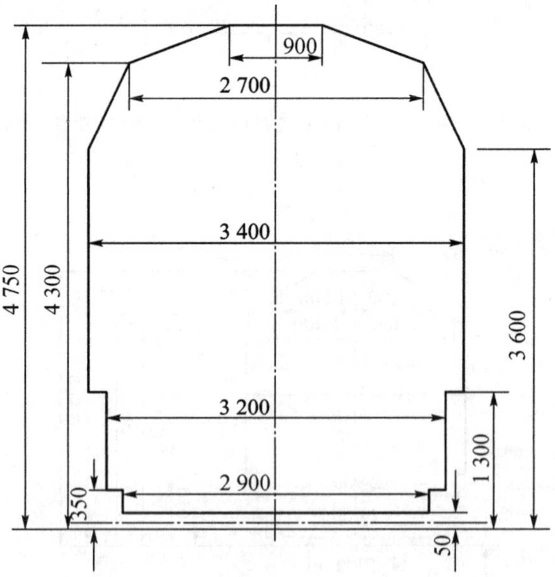

图 6-14 越铁 1 435 mm 轨距铁路装载限界(单位:mm)

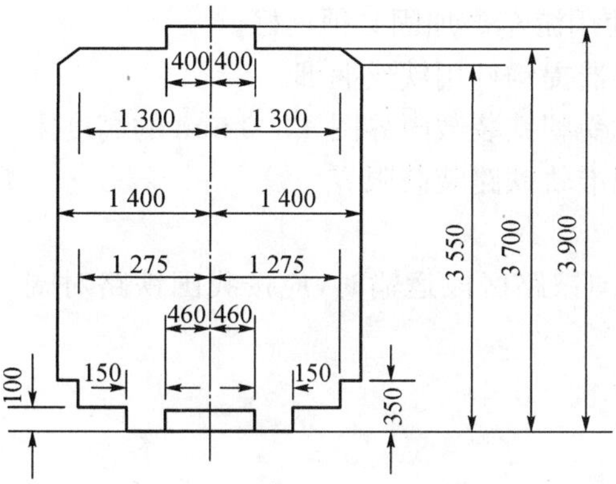

图 6-15　越铁 1 000 mm 轨距铁路装载限界(单位:mm)

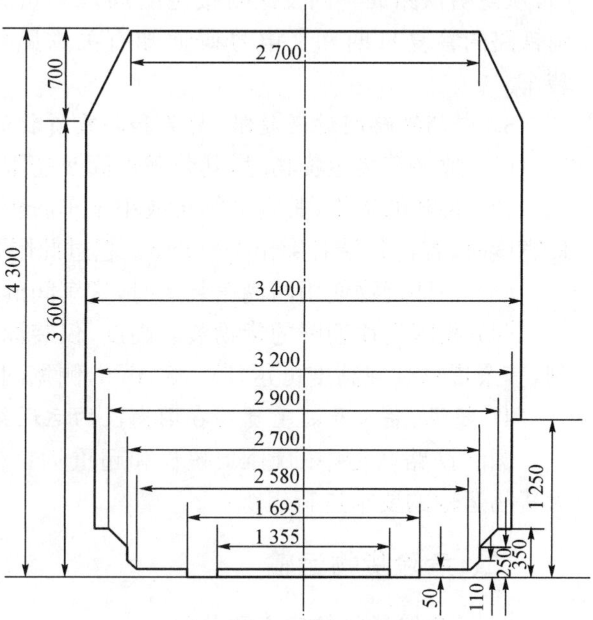

图 6-16　朝铁 1 435 mm 轨距铁路装载限界(单位:mm)

2. 超长货物

凡一件长度超过 18 m(经由越南时超过 12 m)的货物,均属超长货物。

3. 超重货物

凡一件重量超过 60 t(在换装运送中对越南重量超过 20 t)的货物,均属超重货物。

(二) 超限、超长和超重货物的运输条件

1. 超限、超长和超重货物的运送程序

超限、超长和超重货物的运送条件,原则上必须由参加运送的各国铁路预先商定后才准许运送。

对于不换装运送的超限、超长和超重货物,发货人必须在办理托运的一个月以前,换装运送的,则须在两个月以前向发站提出关于货物的包装种类、重量和尺寸资料。超限货物还必须提出货物装车示意图。发站收到上述有关资料,经审核后向主管铁路局提出,由局审核后转铁道部与有关铁路洽商。

超长货物(运往越南的除外)在下列情况下,可不经预先商定即可运送:

(1) 不换装运送中,装在一辆车上时长度超过 18 m,而不超过 25 m 的货物。使用游车时,货物不应支靠在游车上。

(2) 长度不超过 30 m(对欧洲 1 435 mm 轨距的铁路为长度不超过 36 m)的铁路铁轨和钢筋混凝土用的圆钢筋。

2. 中越铁路间运送超限、超长和超重货物的特殊规定

(1) 我国运往越南的货物,经凭祥站出口时不得超过越铁准轨装载限界;经由山腰站出口时不得超过越铁米轨装载限界。超过上述规定限界均为超限货物。

(2) 我国发往越南的超限、超长和超重货物,各铁路局应将有关资料报送柳州铁路局

(若从昆明铁路局管内发送时报昆明局),柳州局(或昆明局)商得越南铁路同意后,连同越南铁路的答复日期和文电号码通知有关铁路局。发站必须在接到此项通知后才能承运装车。

3. 中朝铁路间运送超限、超长和超重货物的特殊规定

(1) 敞平车装运货物时,其装载加固及超限货物计算宽度等按国内规章办理。

(2) 装载的货物,其宽度等于或小于车底板宽度时,允许每端各突出 300 mm;大于车底板宽度时,容许每端各突出 200 mm。超过此限,应使用游车。加固必须良好。

(3) 一件货物使用两辆车装运时,货车间的连接器提钩杆用铁丝捆绑。

(4) 我国运往朝鲜的货物装载高度,仅装原木时受朝铁装载限界图 4 300 mm 的高度限制,其余货物装载高度可达到 4 750 mm,侧宽同我国准轨铁路装载限界。

4. 超限、超长和超重货物在国内段的运送组织

国际铁路联运中的超限、超长和超重货物在我国铁路区段运输时,应按我国铁路对阔大货物运输的要求进行组织。

二、危险货物运输

(一) 危险货物的定义和分类

1. 定义

凡具有爆炸、易燃、毒害、腐蚀和放射性等性质,在铁路运输、装卸和贮存保管过程中,容易造成人身伤亡和财产损毁而需要特别防护的货物,均属危险货物。

2. 分类

为了对性质相近的货物确定相应的运输条件,以保证运输安全和提高运输效率,在交通运输中把危险货物分成若干类,每类中又分成若干项。《国际货协》附件《危险货物运送规则》将危险货物按性质分为以下 10 大类:爆炸品和装有爆炸品的物品;能形成爆炸混合物或助燃的物品;压缩气体、液化气体或在压力下溶解的气体;自燃物品;同水接触时形成发火气体的物品;易发火的固体和液体物品;腐蚀性物品;毒品;有臭味的产品和能引起传染病的物品;放射性物品。

(二) 危险货物的运输条件

1. 应遵守的原则规定

由于《国际货协》附件《危险货物运送规则》与我国《铁路危险货物运输管理规则》对危险货物的分类和运输条件不尽相同,因此,在我国铁路区段运输国际联运的危险货物时,应遵守以下原则规定。

(1) 按《危险货物运送规则》属危险货物而按国内铁路规定属非危险货物的,可按非危险货物运输,但货物包装和标志应符合国际联运的有关规定。

(2) 按国内铁路规定属危险货物而按国际联运规定属非危险货物,应按危险货物组织运输。

2. 运送的特别要求和限制条件

(1) 爆炸品、压缩气体、液化气体或在压力下溶解的气体、自燃物品和放射性物品,只限于列载在《危险货物运送规则》相应品类表中的物品时,才准运送。没有列载在这些表中的上述物品,只有在商得参加运送铁路同意后才准许运送。

(2) 危险货物的包装、一件货物重量的限制、车种要求、混装限制、表示牌以及运单内的记载内容，均须遵守国际联运的规定条件时才准许运送。在个别情况下要求不按其规定条件运送时，应商得有关铁路同意后才准许运送。

(3) 危险货物装载必须稳固，加固材料必须由发货人负责。在换装运送中，对于装入纸袋或厚纸盒中的整车危险货物，发货人应在每一车内放置不少于10个纸袋或5个厚纸盒的备用空容器，以备包装损坏时使用。

(4) 危险货物零担运送应满足国际联运对其的有关特别要求。运送《国际货协》附件2与附件3“零担运送时需要预先商定的危险货物名称表”列载的危险货物时，必须在商得有关铁路同意后，才能按零担运送。装入玻璃或陶制器皿内，再装入筐或木笼箱中的易燃、腐蚀性和有毒的液体危险货物不准按零担运送。但非危险货物运送的小包装纯化学试剂和制剂以及根据特定条件仅定有此一种包装规定的货物除外。

(5) 运送危险货物时，必须按规定在每一件货物上和车辆上粘贴相应的表示牌。

三、易腐货物和活动物运输

(一) 易腐货物的定义和分类

1. 定义

凡在运送中对高温或低温作用需要采取防护措施(加冷、加温、通风)、照料或照管货物，均属于易腐货物。

2. 分类

易腐货物根据装车前的技术处理和保温处理情况及热状态，可分为深冻结(低于−18 ℃)、冻结(−6 ℃～−8 ℃)、冷却和非冷却货物。

易腐货物的名称列载于《国际货协》附件第4.1号，有以下12类：鲜的和罐头的蔬菜和蘑菇；鲜的和罐头的水果和浆果；肉类和肉制品、肉类熏制品、香肠和动物脂肪；奶类和奶制品；蛋类和冰蛋；鱼类、鱼制品和虾类；人造黄油、含有鹅油的人造黄油、混合脂油以及人造植物性脂油；含有酒精的饮料；不含酒精的饮料、天然和人造的矿泉水以及各种不含酒的饮料；面包酵母(压缩的)；密封的罐头；活植物。

(二) 易腐货物和活动物的运输条件

1. 应遵守的原则规定

(1) 运输易腐货物时，应遵守《国际货协》附件《易腐货物运送规则》的规定。在我国铁路段运输时，还必须遵守我国《铁路鲜活货物运输规则》的规定。

(2) 运输活动物时，必须遵守货物发送国、到达国和过境国的兽医卫生规章，并按规定保证动物的押运。

2. 运送的特别要求和限制条件

(1) 承运易腐货物时，应注意易腐货物的运到期限和容许运送期限。容许运送期限是根据货物的品种、成熟度、热状态，在规定的运送条件下，能保证货物质量的期限。容许运送期限应由发货人提出，车站负责审查。如果容许运送期限小于运到期限，铁路不予承运。

(2) 按一批托运的易腐货物，一般限运同一品名。不同品名、气味互不影响的易腐货物，如在冷藏车内保持或要求的温度的上限(或下限)差别不超过3 ℃时，允许拼装在同一冷藏车内按一批托运。此时，发货人必须在货协运单第4栏(发货人的特别声明)内注明：“车内温度按某品名的规定办理”。

(3) 易腐货物的运送方法(冷却、通风或加温)、车种(冷藏车、棚车)或使用大吨位集装箱装载货物,均由发货人根据易腐货物的性质和运送全程的气候条件确定,并记入货协运单第 4 栏(发货人的特别声明)内。若无此项记载,即认为没有必要冷却、通风或加温。

(4) 运送需要照料、照管或遵守保温制度的易腐货物,只按整车运送。

(5) 运送需要加温(蒸汽或电气加温除外)的易腐货物和活鱼,只限于从发站至到站都有发货人或收货人的押运人押运,才可以运送。

(6) 装运易腐货物时,铁路应根据发货人要求拨给良好的、符合发送国卫生要求的车辆或大吨位集装箱。

(7) 运送生的畜禽产品和鲜活植物时,发货人应在运单上添附相应的检验检疫证书。

(8) 运送整车活动物时,必须由发货人或收货人的押运人从发站押运至到站,并在运单上添附兽医证明书(我国称检疫证明书)。

(9) 往越南运送易腐货物,应同越南铁路预先商定。

四、集装箱货物运输

国际铁路联运集装箱运输除了需执行《国际货协》的一般规定外,还应遵守《国际货协》附件 8《集装箱运送规则》和国境铁路协定等相关规定。

(一) 国际铁路集装箱的办理种类

根据《国际货协》附件 8“集装箱运送规则”,国际铁路集装箱的办理种类主要有使用铁路小吨位、中吨位和大吨位重集装箱,以及大吨位空集装箱的运送。

小吨位集装箱和中吨位集装箱是指容积 1～3 m^3,最大容许总重小于 2.5 t 和容积超过 3～15 m^3,最大容许总重 2.5～5 t 的集装箱。大吨位集装箱是指长度 20 ft(6 058 mm)、30 ft(9 125 mm)或 40 ft(12 192 mm),宽度 8 ft(2 438 mm)和高度 8.5 ft(2 591 mm)以下 ISO 第 1 系列标准的国际标准集装箱。

(二) 集装箱货物的运输条件

1. *应遵守的原则规定*

(1) 小吨位、中吨位和大吨位重集装箱,以及大吨位空集装箱,允许在发送路办理该集装箱承运的一切车站和《国际货协》附件 8.1、附件 8.2 和附件 8.3“小吨位重集装箱到站一览表”、“中吨位重集装箱到站一览表”和“大吨位集装箱到站一览表”上列载的车站间办理运送。与上述《国际货协》附件上未列载的车站间的集装箱运送,应经过有关铁路间的商定方可办理。

(2) 如果《国际货协》及其附件 8“集装箱运送规则”未作另外规定,则集装箱的承运和装车按发送路的现行国内规章办理,而集装箱的交付按到达路的现行国内规章办理。

(3) 不符合集装箱办理类型要求的集装箱,只有在参加运送的各铁路商定后才准许运送。如《国际货协》附件 2“危险货物运送规则”对危险货物集装箱的运送未作其他规定,则专用集装箱也只有在参加运送的各铁路商定后才准许运送;运送途中需要加冷、通风、加温的食品或其他货物,只有在使用装有该物品运送所需专用设备的集装箱,并同参加运送的各铁路商定后才准许运送。

2. 运送的特别要求和限制条件

(1) 铁路集装箱不得装运能损坏或沾污集装箱、使得集装箱不能按规定进行清洗和消毒的货物,以及能引起传染的有臭味的食品和物品。用集装箱装运危险货物时,必须遵守《国际货协》附件2《危险货物运送规则》的规定。

(2) 发货人必须对每一重集装箱和每一大吨位空集装箱编制运单,但下列情况可凭1份运单办理。按整车货物运送时:在不换装运送中,同其他货物一起发送的数个小吨位或数个中吨位集装箱;在换装运送中发送的数个小吨位集装箱;在换装运送中经发送路与换装铁路商定发送的数个中吨位集装箱。按大吨位集装箱货物发送,在不换装运送中装在一辆车上数量不超过3个,总长度不超过60 ft(18 174 mm)。

(3) 发货人应确认集装箱是否适于装运该种货物。如果发货人将货物装入不良的集装箱或不适合运送该种货物的集装箱,则铁路对由此而发生的货物灭失、毁损、腐坏或因其他原因降低质量概不负责。

(4) 在换装运送中,不准将中吨位集装箱与其他零担货物同车运送。

(5) 大吨位集装箱应使用敞车、集装箱专用平车或有端侧板的平车装运。若使用无端侧板的普通平车装运集装箱时,应采取加固措施,将箱体下部四个角配件牢固地捆绑在车地板丁字铁或支柱槽上。使用一辆车装运两个集装箱时,两个集装箱应门对门装载,中间间隔距离不得大于200 mm,且两个集装箱的重量不得相差10 t。

(6) 除装运家庭用品的集装箱可由发站在有发货人在场的情况下施封外,重集装箱应由发货人施封,有发货人的封印时方可承运。大吨位集装箱箱门也应关好并施封。

(7) 铁路向收货人交付货物时,如集装箱及封印完整,则对集装箱内因货物容器和包装不适当或无容器和包装以及放置方法不正确而发生的货物灭失、重量不足、毁损、腐坏或其他原因降低质量,铁路概不负责。

(8) 收货人返还属于铁路的集装箱时,集装箱必须清洁,必要时须经过消毒处理;不属于铁路的集装箱交付收货人后,到达路无义务采取返还空集装箱或继续使用的措施。

(9) 使用中、小吨位集装箱向阿(塞)铁、白铁、格铁、哈铁、拉铁、立铁、摩铁、俄铁、塔铁、土铁、乌(兹)铁、乌铁和爱铁运送货物时,一件货物的重量不得超过120 kg;使用大吨位集装箱运送时,一件货物的重量不得超过1 500 kg。用铁路大吨位集装箱向上述国家铁路运进或运出家庭用品时,只有在同这些国家铁路商定后才准许运送。

第四节 货协运单

国际铁路货物联运有别于我国国内铁路货物运输。在货协国之间的货物联运中使用《国际货协》参加国铁路统一制定的货协运单,而货约国和货协国之间的货物联运已经开始逐步使用国际货约/国际货协统一运单。

一、货协运单的作用及其流转

货协运单共有5张,其正面、背面格式见附录4-1和附录4-2;带号码的补充运行报单3张,不带号码的补充运行报单视情况而编制。各张运单和补充运行报单以及慢运和快运票据都不得相互代用。各类票据的作用及其流转程序见表 6-16。

表 6-16　　货协运单和补充运行报单的用途和流转

名称	张别		主要用途	流转程序
运单	1. 运单正本		运输合同凭证。发、收货人与铁路之间的运输合同的凭证。	发货人—发站—到站—收货人(连同第 5 张)
	2. 运行报单		运输货物依据。联运各国铁路办理货物交接、划分运送责任、清算有关费用、统计运量和运输收入的原始依据。	发货人—发站—到站—到达路
	3. 运单副本		铁路接受货物的凭证。发货人可凭此作为向收货人结算货款的依据之一,也可据此行使变更运输要求,也是索赔证件。	发货人—发站—发货人
	4. 货物交付单		铁路已履行运输合同的凭证。随同货物到站,并留存到站。	发货人—发站—到站—到达路
	5. 货物到达通知单		随同货物到站,收货人存查。	发货人—发站—到站—收货人(连同第 1 张)
补充运行报单	带号码	第一份	留发站存查	发站填写存查
		第二份	报发局审查	发站—发局
		第三份	出口国境站截留	发站—发送路出口国境站
	不带号码	每一过境路各一份	作为过境路清算运杂费的依据。	发货人—发站—每一过境路截留一份
		运单抄件一份	发货人报销用	发货人—发站—发货人
		我国港口运入过境多编一份	我国出口国境站截留以清算过境运费	港口站—我国出口国境站
		每一继续运送路一份,并填制带号码的三份	超过车辆最大载重量多出的货物补送	发现站—每一继续运送的铁路截留一份
		补送货物二份	换装时未装下等原因补送货物	换装站(编制站留存一份)—到站(一份)
		补编缺少的份数	缺页时出口国境站补编	过国境站—过境路截留
		每一摘下的车辆一份	一份运单直达运送的数个车辆,由于技术等原因摘下的车辆	摘车站—到站
		补编一份	缺带号码的补充运行报单时出口国境站补编	国境站—发送局财务

二、货协运单的填制

发货人在托运货物时,对每批货物均应正确填写货协运单,并签字后向发站提出。运单用发送国文字填写,并附铁组工作语文中文或俄文译文,即:运往阿塞拜疆、白俄罗斯、保加利亚、格鲁吉亚、伊朗、哈萨克斯坦、吉尔吉斯、拉脱维亚、立陶宛、摩尔多瓦、波兰、俄罗斯、塔吉克斯坦、土库曼斯坦、乌兹别克斯坦、乌克兰和爱沙尼亚时,译成俄文;运往越南、中国和朝鲜时,译成中文或俄文;运往或过境蒙古时,译成俄文。参加运送的铁路可相互商定关于运单中记载事项译文的其他办法。

货协运单应按《国际货协》附件 12.5“国际货协运单填写说明”要求填写。下述货协运单中的第 1—50 栏为各张运单和补充运行报单的正面记载事项；第 53—92 栏为第 1、第 2、第 3 张运单和补充运行报单的背面记载事项；第 93—96 栏为第 4 张运单的背面记载事项；第 93—98 栏为第 5 张运单的背面记载事项。

运单正面未划粗线的为运送本批货物所需的各栏，由发货人填写，以“X”表示；运单正面划粗线的各栏和背面所有各栏，均由铁路填写，以“O”表示；根据由何人办理货物装车或车辆施封而确定应由发货人或铁路填写，以“XO”表示。

除规定情况外，运单中记载的事项，应严格按照为其规定的各栏和各行范围填写。

1. X1 发货人，通信地址

填写发货人名称及其通信地址。发货人只能是一个自然人或法人。由越南、中国和朝鲜运送货物时，准许填写这些国家规定的发货人及其通信地址的代号。O 数字编码栏由发站按发送路的规定填写(我路暂不用)。

2. X2 合同号码

如出口单位和进口单位的合同仅有一个号码，则发货人在本栏内应填写出口单位与进口单位签订的供货合同号码；如供货合同有两个号码：出口单位为一个号码，进口单位为另一个号码，则发货人在本栏内填出口单位合同号码。

发货人在第 6 栏(“对铁路无约束力的记载”)内可填写进口单位合同号码。O 根据发送路的规定，发站应在运单右上角第 2 栏上方标记数字编号 2 并加框(2)。

3. X3 发站

填写运价规程中所载的发站全称。由朝鲜运送货物时，还应注明发站的数字代号。如系专用线或专用铁路装车，应在发站后以括号注明专用线或专用铁路的名称。

4. X4 发货人的特别声明

发货人根据《国际货协》及其附件相关条款的规定，在本栏中填写自己的声明。例如：通过过境路绕行运送超限货物时，注明这一绕行的经路；取得随旅客列车运送货物的同意后，注明“货物在某铁路随旅客列车运送”；运送不声明价格的家庭物品，记载“不声明价格”并亲笔签字证明；货物运送或交付发生阻碍时的指示；关于对运单的更正；关于授权货物押运人的事项等。

5. X5 收货人，通信地址

注明收货人的全部名称及其准确的通信地址。收货人只能是一个自然人或法人。必要时发货人可指示，在收货人的专用线上交货。

往越南、中国和朝鲜运送货物时，准许填写这些国家规定的收货人及其通信地址的代号。O 数字编码栏按到达路的规定由到站填写。

6. X6 对铁路无约束效力的记载

发货人可以在本栏对本批货物做出记载，该项记载仅作为给收货人的通知，铁路不承担任何义务和责任。例如：“属于某合同项下”、“运送用具应予返还”等。发货人可在本栏右上角处填写进口单位合同号码。如本栏篇幅不足，发货人也可在运单第 5 张背面第 94 和第 95 两栏的右侧空白处做上述记载。

7. X7 国境口岸站

注明货物应通过的发送国和过境国的出口国境站。如有可能从一个出口国境站通过邻国的几个进口国境站办理货物运送，则还应注明运送所要通过的进口国境站。根据发货人注明的通过国境站确定经路。

8. X8 到达路和到站

在斜线之前，应注明到达路的简称，在斜线之后，应用印刷体字母（中文用正楷粗体字）注明运价规程上到站的全称。运往朝鲜民主主义人民共和国铁路的货物，还应注明到站的数字代号。

铁路使用的简称如下：

阿塞拜疆共和国铁路——阿（塞）铁
白俄罗斯共和国铁路——白铁
保加利亚共和国铁路——保铁
越南社会主义共和国铁路——越铁
格鲁吉亚铁路——格铁
伊朗伊斯兰共和国铁路——伊铁
哈萨克斯坦共和国铁路——哈铁
中华人民共和国铁路——中铁
朝鲜民主主义人民共和国铁路——朝铁
吉尔吉斯共和同铁路——吉铁
拉脱维亚共和国铁路——拉铁
立陶宛共和国铁路——立铁
摩尔多瓦共和国铁路——摩铁
蒙古国铁路——蒙铁
波兰共和国铁路——波铁
俄罗斯联邦铁路——俄铁
塔吉克斯坦共和国铁路——塔铁
土库曼斯坦铁路——土铁
乌兹别克斯坦共和国铁路——乌（兹）铁
乌克兰铁路——乌（克）铁
爱沙尼亚共和国铁路——爱铁

从货协国向非货协国发送货物，由发、收货人委托的代理人办理转发送时，本栏填写：最后一个过境路/该路出口国境站，由铁路继续办理转发运至某铁路某到站。并相应在第 5 栏（收货人，通信地址）、第 4 栏（发货人的特别声明）内分别填写：收转人的名称及其地址和最终到站的实际收货人及其通信地址。

货协国铁路发站通过货协国港口站向另一国家运送货物，由发货人或收货人委托其在港口的收转人办理转发送时，本栏填写：港口所在国铁路简称/港口站。并相应在第 5 栏内填写：收转人名称，这个收转人应从铁路领出货物，并继续办理发运，第 4 栏内填写：由水路向某国运出。O 数字编码栏按各铁路间的协议填写。

9. X9 记号、标记和号码

填写每件货物上的记号、标记、号码

10. X10 包装种类

注明货物的包装种类。使用集装箱运送货物时，注明“集装箱”字样，并在下面用括号注明装入集装箱内货物的包装种类。如货物运送时不需要容器或包装，并在托运时未加容器和包装.则应记载："无包装"。

11. X11 货物名称

货物名称应符合《国际货协》第 7 条第 8 项的规定。按货捆办理货物运送时，还应履行《国际货协》附件 11《货捆运送规则》第 9 条的要求。如使用运送用具办理运送，则在货物名称之下另写一行，注明运送用具名称。

此外，运送由押运人押运的货物时，必须注明有关押运人的事项，并在相应情况下注明更换押运人的国境站名称。在"货物名称"字样下面专设的栏内填写通用货物品名表规定的 6 位数字代码。

在第 9—11 各栏内填写事项时，可不受各栏间竖线的严格限制。但是，有关货物事项的填写顺序，应严格符合各栏的排列次序。填写全部事项时，如篇幅不足，则应添附补充清单，并在有关栏内记载："记载事项见补充清单"。

12. X12 件数

注明一批货件的数量，使用集装箱运送货物，注明集装箱的数量，并在下面用括号注明装入所有集装箱内的货物总件数。

运送货捆货物时用分数注明：货捆数目(分子)，装人货捆中的货件总数(分母)；如用敞车类货车运送不盖篷布或盖有篷布而未加封的货物，以及总件数超过 100 件，则注明："堆装"字样，不注货件数量；运送仅按重量不计件数承运的小型无包装制品时，注明："堆装"字样，不注件数；如使用运送用具办理运送，则在运送用具名称同一行上，根据第 11 栏的填写内容注明该用具的数量。

13. X13 发货人确定的重量(kg)

注明货物的总重。用集装箱和托盘或使用其他运送用具运送货物时，注明货物重量、集装箱、托盘或其他运送用具的自重和总重。

14. X14 共计件数(大写)

用大写填写第 12 栏(件数)中所记载的件数，即货件数量或记载"堆装"字样，而发送集装箱货物时，注明第 12 栏括号中记载的装人集装箱内的货物总件数。

15. X15 共计重量(大写)

用大写填写第 13 栏(发货人确定的重量)中所记载的总重量。

16. X16 发货人签字

发货人应签字证明列入运单中的所有事项正确无误。发货人的签字也可用印刷的方法或加盖戳记办理。

17. X17 互换托盘

该栏内的记载事项，仅与互换托盘有关。注明托盘互换办法(如："EUR")，并分别注明平式托盘和箱式托盘的数量。所有其他托盘均为运送用具，与这些托盘有关的事项载入第 18 栏(种类、类型)和第 19 栏(所属者及号码)。

18. X18 种类、类型

在发送集装箱货物时，应注明：集装箱种类(小吨位、中吨位、大吨位)和集装箱类型(小吨位和中吨位集装箱以容积(立方米)表示，大吨位集装箱以长度(20 ft、30 ft 或 40 ft)表示)。例如：种类——小吨位，类型——1 m^3；种类——大吨位，类型——20。

使用运送用具时，应注明该用具的种类。例如：篷布、挡板。填写全部事项时，如篇幅不足，则应添附补充清单，并注明"记载事项见补充清单"。

19. X19 所属者及号码

在运送集装箱时，应注明集装箱所属记号和号码。所属记号采用大写拉丁字母。对不属于铁路的集装箱，应在集装箱号码之后注明大写拉丁字母"P"。

使用属于铁路的运送用具时，应注明运送用具所属记号和号码(如果有此号码)。使用不属于铁路的运送用具时，应注明大写拉丁字母"P"(如果有运送用具记号和号码)。填写全部事项时，如篇幅不足，则应添制补充清单。

20. X20 发货人负担下列过境铁路的费用

注明由发货人负担过境路费用的过境路简称(见第 8 栏的说明)。如发货人不负担任一过境路的费用，则发货人应记载"无"字样。如未记载"无"字样，也认为过境运送费用已转由收货人支付。

在数字编码栏内按照货物运送的先后顺序，填写发货人所指出的过境路的编码。各路使用的编码如下：

阿(塞)铁—57	白铁—21
保铁—52	越铁—32
格铁—28	哈铁—27
中铁—33	朝铁—30
吉铁—59	拉铁—25
立铁—24	摩铁—23
蒙铁—31	波铁—51
俄铁—20	塔铁—66
土铁—67	乌(兹)铁—29
乌(克)铁—22	爱铁—26

如果过境运送费用是由发送国和过境国指定的国际货运代理办理清算，发货人在托运前必须办妥委托本国指定的国际货运代理代付过境运送费用的手续，并在第 4 栏(发货人的特别声明)栏内填写被委托的国际货运代理的名称，由代理公司加盖专用戳记。同时本栏应记载由发货人负担过境运送费用的过境路简称，并注明：该过境路运送费用与该国指定的某国际货运代理清算。

21. X21 办理种别

不需要者划消。

22. X22 由何方装车

不需要者划消。无划销记载时，即认为由发货人装车。

23. X23 发货人添附的文件

注明发货人在运单上添附的所有文件(出口许可证、履行海关和其他规定所需的文件、证明书、明细表、运单的补充清单等)。如运单上附有补充清单，则在本栏内记载添附补充清单的张数。

24. X24 货物的声明价格

用大写注明货物价格。

25. O25 批号(检查标签)

在该栏上半部注明发送路和发站的数字编码。

在该栏下半部按发送路的现行国内规章的规定填写批号。

此外,在采用检查标签时,还必须在第2张运行报单和第一份补充运行报单(存根)的第25栏内,各贴附一份检查标签。

26. 海关记载

该栏供海关记载之用。

27. XO 第27—30各栏的一般说明

这些栏用于记载使用车辆的事项,只在运送整车货物时填写。关于车辆的事项由发货人或发站(视由何方装车而定)填写。当在国境站将整车货物换装到另一种轨距的车辆或在途中换装时,换装站应将原车辆记载事项划消,但原字迹须能辨认并应在下面记载货物换装后每一车辆的事项。

填写货物换装后车辆事项时,如篇幅不足,换装站应编制必要数量的补充清单(运单第1、第2、第4、第5各张以及每份补充运行报单各需一份),并将其添附在运单和各张补充运行报单上。第27—30各栏的最后一行应注明:"续见补充清单"。

为押运人提供单独车辆时,还必须记载有关该车辆的相应事项并在下面注明:"(押运人用的车辆)"

28. XO27 车辆

注明车种、车号和车辆所属路简称。例如:KP 24538746 俄铁。如车辆上无车种标记,则按发送路的现行国内规章填写车种。如车辆有12位数码,则不填写上述事项,而应填写该12位数码。例如:2154 126 0513 0。

29. XO28 标记载重

填写车辆上记载的载重量。如使用标有"ABC"标记的车辆,则写上字母"C"及其下面所注的最大重量,以此作为载重量。

30. XO29 轴数

填写所使用的车辆的轴数。

31. XO30 自重

填写车辆上记载的自重。当用过磅的方法确定空车重量时,车辆上记载的自重写成分子,而过磅确定的自重写成分母。

32. O31 换装后的货物重量

货物换装运送时。应注明换装后铁路确定的重量。

将货物从一辆车换装数辆车时,换装后每辆车的货物重量应分别记载。

33. O32 铁路确定的重量

注明铁路确定的货物重量,单位:kg。

34. O33 44 数字编码栏

该各栏供铁路填记事项之用。各路只能在其留存的运单各张上或补充运行报单上填记数字编码。参加运送的铁路,可商定共同使用上述各栏的办法。

35. XO45 封印个数和记号

视由何方施封而确定由发站或发货人填写车辆或集装箱上施加的封印的个数和所有

记号。发货人委托铁路代封时，发货人应注明："委托铁路施封"。

36. O46 发站日期戳

货物承运后，发站在运单的所有各张和补充运行报单上加盖发站日期戳，作为缔结运输合同的凭证。

37. O47 到站日期戳

货物到达到站后，到站在运单的第 1、第 2、第 4 和第 5 张上加盖到站日期戳。

38. XO 48 确定重量方法

注明确定货物重量的方法，例如："用轨道衡"，"用 1/10 的衡器"，"按标准重量"，"按货件上标记的重量"，"丈量法"。如由发货人确定货物重量，则发货人还应在本栏内注明关于确定货物重量的方法的事项。

39. O49 过磅站戳记，签字

在第 32 栏（铁路确定的重量）中记载的重量以过磅站戳记和司磅员签字证明。

40. X 50 附件第 2 号

根据《国际货协》附件 2"危险货物运送规则"，托运危险货物时，必须在方框内划对角线。

如果本栏中方框和"附件 2"字样为黑色，则发货人在根据《国际货协》附件 2 托运至中铁、罗铁、独联体各铁路以及拉铁、立铁和爱铁及相反方向和过境这些国家的危险货物时，除在运单货物名称下划一横线外，还应同时在运单第 1 张货物名称下划一红线。

41. O53 联运

注明发送路和到达路的简称，并在数字编码栏中填写发送路和到达路的编码。例如：发送一批从俄联到保加利亚的货物。本栏填写："俄铁-保铁"，数字编码栏中填写：20 52。

42. O54—59 计算运送费用的各项

计算运送费用的各该项用于计算运送费用（货物运费、押运人乘车费、杂费和有关运送的其他费用），分别为：①第 54 项——发送路（由发站至出口国境站）；②第 55～58 项——过境路（由进口国境站至出口国境站）；③第 59 项——到达路（由进口国境站至到站）。

同时，在计算运送费用的每一项内，应填写起、止站名称。

杂费和其他费用可以用相应的数字编码表示，在编码之后填写费用款额（发送路和到达路用本国货币表示，过境路用运价货币表示）。

表示杂费和其他费用时，采用《国际货协》附件 12.5.2 所载的数字编码：

01　集装箱使用费

02　车辆篷布使用费

03　运送用具使用费

04　专用车辆（凹型平车及其他）使用费

05　起重设备使用费

06　托盘使用费

07　游车使用费

08　在其他轨距铁路运送车辆用滚轴小车使用费

09　轮对转向架使用费

10　采暖设备使用费

11 加冰冷藏车使用费
12 发站调车作业费
13 车辆中途停车费
14 过磅费
15 发货人专用线车辆取送费
16 货物或牲畜的计数或检查费用
17 牲畜喂养饮水费，车辆铺垫物或供水费
18 装卸费或修整货物或牲畜的装载费以及货物加固费
19 货物换装费
20 车辆滞留费
21 延长作业时间的其他费用（不包括车辆滞留费）
22 货物保管费
23 货物押运费
24 货物送达发站的费用
25 港口费
26 货物声明价格费
28 履行海关手续费
29 履行铁路规定的手续费
32 货物交付通知费
33 车站杂费
34 整车货物转发送费用
35 更换车轴或转向架费用
36 消毒费
37 轮渡费
42 货物换装（例如，因改变轨距）前的解冻费
43 自动车钩车辆换为另一种轨距时，安装和拆卸缓冲装置的费用
58 初次加冰和补冰费用
60 海关核收的海关及其他费用
62 其他机关核收的款额
66 到站调车作业费
67 收货人专用线车辆取送费
68 按运单所载地址将货物送达收货人处的费用
78 通知收货人货物到达的费用
56 未指明的其他杂费
57 未指明的其他铁路费用

在列入每一过境路发生的费用时，如计算运送费用一项中的地方不够，可另外利用计算运送费用的下一项。在这种情况下，应把运送费用的每一项分别相加。

43. O60 类项号码

根据采用的运价规程，注明类项或项目号。

44. O61 等级

注明所采用的运价等级。

45. O62 费率

注明运费的运价费率。

46. O63 计费重量(kg)

填写作为运费计算依据的重量事项。

如运费按各种不同的运价等级计算,则应分别注明每种等级的计费重量。

47. O64 数字编码栏

编码栏应分别按运费计算项目填写发送路和发站,或过境路及其进口国境站,或到达路及其进口国境站的数字编码。

48. O65 数字编码栏

编码栏应根据运费计算项目填写发送路及其出口国境站,或过境路及其出口国境站,或到达路和到站的数字编码。

49. O66 公里

填写运价里程。

50. O67 运价

注明所采用的运价号码。

51. O71 款额单位

在"单位"字样后注明向发货人核收费用的货币(发送国的货币)。数字编码栏应按发送路的规定填写。

52. O73 款额单位

在"单位"字样之后注明向收货人核收费用的货币(到达国的货币)。数字编码栏应按到达路的规定填写。

53. 各种费用

(1) O74 注明由发货人支付费用时以运价货币表示的过境运费额。

(2) O75 注明以向发货人核收费用的货币表示的运费额。

(3) O76 注明由收货人支付费用时以运价货币表示的过境运费额。

(4) O77 注明以向收货人核收费用的货币表示的运费额。

(5) O78 注明由发货人支付费用时以运价货币表示的杂费和其他费用的总额。

(6) O79 注明以向发货人核收费用的货币表示的杂费和其他费用的总额。

(7) O80 注明由收货人支付费用时以运价货币表示的杂费和其他费用的总额。

(8) O81 注明以向收货人核收费用的货币表示的杂费和其他费用的的总额。

(9) O82 注明计算运费相应项的第 74 和第 78 栏加总所得的以运价货币表示的总额(运费、杂费和其他费用的总额)。

(10) O83 在计算第 54 项的运费时,注明第 75 和第 79 栏加总所得的以向发货人核收费用的货币表示的总额(运费、杂费和其他费用)。在计算第 55～58 项的运费时,注明由第 82 栏中以运价货币表示的款额换算成以向发人核收费用的货币表示的款额。

(11) O84 注明计算运费相应项的第 76 和第 80 栏加总所得的以运价货币表示的总额(运费、杂费和其他费用)。

(12) O85 在计算第 59 项的运费时，注明第 77 和第 81 栏加总所得的以向收货人核收费用的货币表示的总额(运费、杂费和其他费用)。在计算第 54—第 58 项的运费时，注明由第 84 栏中以运价货币表示的款额换算成以向收货人核收费用的货币表示的款额。

(13) O86 注明第 82 栏加总所得的总额。

(14) O87 注明第 83 栏加总所得的向发货人核收的总额。

(15) O87′应向发货人核收的总额(大写)，用大写注明按第 87 栏向发货人核收费用的总额，并由铁路工作人员签字证明。

(16) O88 注明第 84 栏加总所得的总额。

(17) O89 注明第 85 栏加总所得的向收货人核收的总额。

(18) O89′ 应向收货人核收的总额(大写)，用大写注明按第 89 栏向收货人核收费用的总额，并由铁路工作人员签字证明。

54. O90 发送路(到达路)的兑换率

注明发送路和到达路换算第 82 和 84 栏所载款额所采用的兑换率。

55. O91 有关计费的记载

填写有关计算和核收费用的记载。例如："费用的支付与《国际货协》第 15 条的规定不符"、"容许的车辆轴重与《国际货协》第 8 条的规定不符"等。

56. O92 应向发货人补收的费用

过境路应在本栏内填写发送路未计算的，但应向发货人核收的费用。

57. O93 铁路记载

必要时，填写有关货物运送的记载。例如："发货人(收货人)变更运输合同"。

58. O94 商务记录

本栏在按照《国际货协》第 18 条的规定编制商务记录时填写。

59. O95 运到期限延长记载货物滞留的车站，以及按照《国际货协》第 14 条第 6 项铁路有权延长运到期限的滞留原因和时间。为表示滞留原因，应采用以下编码：

1——履行海关和其他的规定；

2——检查货物内容；

3——检查货物重量；

4——检查货件数量；

5——变更运输合同；

6——运送阻碍；

7——照料牲畜(如遛放、饮水、兽医检查)；

8——加冰冷藏车在运行途中补冰；

9——因发货人的过失而造成的整理货物的装载、修整货物或包装；

10——因发货人的过失而造成的货物换装；

11——其他原因。

在使用编码"11——其他原因"时，除数字编码外，还应用文字注明货物滞留原因的有关事项。关于不属于《国际货协》第 14 条第 6 项所述原因造成的货物滞留的记载，应记人第 93 栏内，此种记载列人第 95 栏，并不赋予铁路延长货物运到期限的权利。

60. O96 通过的国境站戳记

按货物运送所通过的国境站顺序仅加盖国境站日期戳。

61. O97 关于向收货人通知货物到达的事项

填写关于货物到达到站通知收货人的日期和时间。

62. O98 货物交付收货人

货物交给收货人以加盖到站日期戳证明，同时应由收货人签字，以确认货物已经领取。

第五节 《国际铁路货物联运协定》的主要内容

《国际货协》共 8 章 41 条：第 1 章总则、第 2 章运输合同的缔结、第 3 章运输合同的履行、第 4 章运输合同的变更、第 5 章铁路的责任、第 6 章赔偿请求、诉讼，赔偿请求和诉讼时效、第 7 章各铁路间的清算、第 8 章一般规定。

一、协定的适用范围

《国际货协》各缔结国间的货物运送，均按《国际货协》所规定的条件办理。原则上，《国际货协》参加路国内开办货运营业的所有车站间均可按国际货协运单办理国际铁路货物联运业务。《国际货协》的各项规定对铁路、发货人和收货人都具有约束效力，发站在承运前应检查该项货物运送是否适用《国际货协》的规定。

二、铁路的责任

(一) 铁路的责任期间及其范围

铁路在规定的条件范围内，从承运货物时起至到站交付货物时止，以及如将货物转发送到未参加《国际货协》铁路的国家，则至按另一种国际联运协定的运单办完货物运送手续为止，对于货物运到逾期以及对因货物全部或部分灭失、重量不足、毁损、腐坏或因其他原因降低质量所发生的损失负有责任。

(二) 铁路的连带责任

按货协运单承运货物的铁路，负责完成货物运送全程的运输合同，直至在到站交付货物时为止，如将货物转发送到未参加《国际货协》铁路的国家，则负责完成到按另一种国际铁路直通货物联运协定的运单办完运送手续时为止。如果货物转发送自未参加《国际货协》的国家，则自按货协运单办完运送手续后开始。

每一继续运送的铁路，自接收附有运单的货物时起，即认为参加了这项运输合同，并承担由此而产生的义务。

(三) 铁路的免责事项

铁路对其承运的货物，由于下列原因发生因货物全部或部分灭失、重量不足、毁损、腐坏或因其他原因降低质量所发生的损失以及货物运到逾期不承担责任：

(1) 由于铁路不能预防和不能消除的情况；

(2) 由于货物在发站承运时质量不符合要求或由于货物的自然和物理特性，以致引起自燃、损坏、生锈、内部腐坏和类似的后果；

(3) 由于发货人或收货人的过失或由于其要求，而不能归咎于铁路的情况；

(4) 由于发货人或收货人装车或卸车的原因所造成。是否由发货人装车可根据发货人在运单第22栏“由何方装车”栏内注明的事项来确定，如该栏内未注明由谁装车的事项，则认为是发货人装车；

(5) 由于发送路现行的国内规章允许使用敞车类货车运送货物；

(6) 由于发货人或收货人或其委派的货物押运人未执行《国际货协》附件3的有关规定，以及由于押运人不符合其规定的要求；

(7) 由于货物没有《国际货协》规定的运送该货物所必需的容器或包装，以致未能在运送全程保证货物完整；

(8) 由于铁路在发站承运货物时无法通过外部检查发现的容器或包装的缺陷，以致未能在运送全程保证货物完整；

(9) 由于发货人用不正确、不确切或不完全的名称托运不准运送的物品；

(10) 由于发货人在托运应按特定条件承运的货物时，使用不正确、不确切或不完全的名称，或未遵守《国际货协》的规定；

(11) 由于货物的自然特性致使货物减量超过《国际货协》规定的标准；

(12) 由于发货人将货物装入不适于运送该货物的车辆或集装箱，而根据《国际货协》的有关装车和集装箱货物的规定，发货人在检查车辆和集装箱时可以通过观察确定它是不适用的；

(13) 由于发货人、收货人或授权人员未执行或未适当执行海关或其他行政规定；

(14) 对于有容器或包扎的成件货物，如将货物交付收货人时件数齐全，容器或包扎完好，并且没有可以成为货物短少原因的能触及内装物的外部痕迹，而重量短少时；

(15) 对于无容器或无包扎的成件货物，如将货物交付收货人时件数齐全，并且没有可以成为货物短少原因的外部痕迹，而重量短少时；

(16) 对于由发货人装入车辆或集装箱运送的货物，如将货物交付收货人时按照《国际货协》规定施加的发货人或发站的封印完好，并且没有可以成为货物短少原因的能触及货物的外部痕迹，而重量短少和件数短少时；

(17) 对于施封的汽车、拖拉机和其他自轮运行机器的可拆零件和备用零件，如将汽车、拖拉机和其他自轮运行机器交付收货人时按照《国际货协》规定施加的发货人封印完好，并且没有损坏也没有可以成为可拆零件和备用零件全部或部分灭失原因的能触及货物的外部痕迹，而零件全部或部分灭失时；

(18) 铁路在发生雪(沙)害、水灾、崩塌和其他自然灾害，以及发生其他致使行车中断或限制的情况，对未履行货物运到期限不负责任。

(四) 铁路的赔偿额

1. 货物全部或部分灭失的赔偿额

如根据《国际货协》的规定铁路应向发货人或收货人赔偿货物全部或部分灭失的损失，则此种赔偿额按外国供货者帐单或该帐单摘录中所列的价格计算，所凭帐单摘录需按赔偿请求国国内规定的办法经过签认。如不能按上述办法确定全部或部分灭失的货物价格，则货物的价格应由国家鉴定机关确定。

当运送按声明价格办理的货物全部或部分灭失时，铁路应按声明价格，或相当于货物灭失部分的声明价格的款额向发货人或收货人赔偿。

由发货人在货协运单第 4 栏(发货人的特别声明)栏内注明“不声明价格”的家庭用品全部或部分灭失时,铁路对灭失的货物重量,应按每公斤 6 瑞士法郎向发货人或收货人予以赔偿。

此外,铁路对于灭失货物或其灭失部分的运送费用、海关费用以及与运送有关的其他费用,如未纳入货物价格内,则均应予以偿还。但不是由运输合同产生的发货人或收货人的费用和损失不应由铁路赔偿。

2. 货物毁损、腐坏或因其他原因降低质量的赔偿额

如根据《国际货协》的规定,在货物毁损、腐坏或因其他原因降低质量时铁路应向发货人或收货人赔偿损失,则铁路应赔偿相当于货物价值降低部分的款额。

当运送按声明价格办理的货物发生毁损、腐坏或因其他原因降低质量时,铁路应按照相当于货物由于毁损、腐坏或因其他原因降低质量而降低价格的百分比,支付应为声明价格部分的赔款。此外,铁路还应对未纳入货物价格内的相应的运送费用、海关费用以及与运送有关的其他费用予以偿还。但不是由运输合同产生的发货人或收货人的费用和损失,铁路不予赔偿。

上述赔偿额不应超过下列款额:

(1) 如因货物毁损、腐坏或因其他原因降低质量以致全部货物降低价格,不应超过货物全部灭失的赔偿额;

(2) 如因货物毁损、腐坏或因其他原因降低质量仅使部分货物降低价格,不应超过降低价格部分货物灭失的赔偿额。

3. 货物运到逾期的赔偿额

货物运到逾期时,铁路应根据造成逾期铁路的运费和逾期天数占总运到期限的比例,向收货人支付罚款。但自铁路通知货物到达和可以将货物移交给收货人处理时起,如收货人在一昼夜内未将货物领出,即失去领取货物运到逾期罚款的权利。

4. 赔偿款额的支付,赔偿款额和运送费用多收款额的利息

货物全部或部分灭失、毁损、腐坏或因其他原因降低质量的赔偿额,以及货物运到逾期的罚款,均以支付这些款项的铁路所属国的货币支付。

如用某一国货币表示的款额,在另一国支付,则这项款额应按付款地、付款当日的牌价,折合为支付路国家的货币。

如从提出赔偿请求之日起,经过 180 天后,铁路才对赔偿请求给予答复并退回运送费用多收款额或货物全部或部分灭失、毁损、腐坏或因其他原因降低质量的赔偿额,则对应付的赔偿款额加算年利 4%的利息。利息从下列日期起算到转帐日或支付款额日为止:

(1) 返还运送费用多收款额的赔偿请求,从多收之日起;

(2) 关于货物全部或部分灭失、毁损、腐坏或因其他原因降低质量的赔偿请求,从提出赔偿请求之日起。

对于 100 瑞士法郎以内(包括 100 瑞士法郎)的赔款和 10 瑞士法郎以内(包括 10 瑞士法郎)的运送费用多收款额,均不加算利息。

铁路向发货人或收货人提出由货物运输合同产生的赔偿要求时,发货人或收货人也应按上述规定的数额和期限支付赔款利息。

三、发货人和收货人责任和权利

1. 发货人的责任和权利

发货人对自己所提填的货协运单的真实性负完全责任，发货人伪报、捏报货物品名、重量，应付违约责任。除按违章处理外，造成铁路运输设备的损坏或第三者财产损失的，还应该赔偿损失。

由于发货人提供的包装不良，且铁路部门无法从外部发现而造成货损货差，责任由发货人自负。如果给铁路或他人造成损失，还应依法负赔偿责任。

发货人应按规定缴纳运送费用。如发货人无故不缴纳运送费用，铁路有权拒绝承运，或按规定核收延期付款费。

发货人在托运下列货物时，应在货协运单第 24 栏（货物的声明价格）栏内声明其价格。托运其他货物时，根据其愿望也可声明价格。

(1) 金、银、白金及其制品；

(2) 宝石；

(3) 贵重毛皮，如海龙、青狐、白鼬、貂、水貂、水獭、羊羔、海豹、海狗、玄狐、臭鼬、黑貂以及上述毛皮的制品；

(4) 摄制的电影片；

(5) 画；

(6) 雕像；

(7) 艺术制品；

(8) 古董；

(9) 家庭用品。只有当发货人在货协运单第 4 栏（发货人的特别声明）栏内注明“不声明价格”的记载，并亲笔签字证明时，才准许承运无声明价格的家庭用品。

发货人和收货人均有权对已发生法律效力的运输合同按规定提出变更。

2. 收货人的责任和权利

货物到达到站，收货人向铁路付清运单所载的一切应付的运送费用后，铁路必须将货物、运单正本和货物到达通知单交付收货人；收货人必须支付运送费用并领取货物。根据到达路现行的国内规章，货物的交付也可在收货人付清运送费用之前进行。

收货人只在货物由于毁损、腐坏或因其他原因而使质量发生变化，以致部分货物或全部货物不能按原用途使用时，方可拒绝领取货物。

即使运单中所记载的货物部分短少时，收货人也应支付按运单中记载应付给铁路的全部款额。在这种情况下，收货人对铁路未交付的部分货物，有权按《国际货协》规定的赔偿请求手续领回其按运单所付款额。

如在货物运到期限期满后 30 天内未将货物交付收货人，发货人或收货人有权向铁路提出货物查寻申请书。货物查询申请书按《国际货协》附件 15“货物查询申请书”的格式一式两份填写，由发货人向发站或由收货人向到站，在不晚于运到期限期满后的 3 个月内连同运单副本或运单正本和货物到达通知单同时提出。为确认收到申请书，发站或到站应在两份申请书上加盖日期戳记，并由受理申请书的工作人员签字，然后将一份退还申请人。但申请查寻货物不等于提出赔偿请求。

运到期限期满后30天内，如未将货物交付收货人，且到站在收货人提出的运单副本或运单正本和货物到达通知单第11栏（货物名称）栏内已载“货物未到”（此项记载应以到站日期戳证明），则收货人可认为货物已灭失。

但货物如果在运到期限期满后30天之后到达到站，则到站应将此事通知收货人。如货物在运到期限期满后6个月内到达，则收货人应予领取，并将铁路已付的货物灭失赔款、运送费用退款和有关货物运送的其他费用退还铁路。

如货物灭失赔偿和运送费用偿还款额已付给发货人，则发货人必须将该款退还铁路。在这种情况下，收货人对货物运到逾期，以及对于找到货物的部分灭失、重量不足、毁损、腐坏或因其他原因降低质量，保留向铁路提出赔偿请求的权利。

四、商务记录的编制和处理

国际铁路联运过程中，当发生货运事故或其他异常情况时，为了正确及时地处理和分析其造成的原因及划清责任，必须编制相应的记录。商务记录是国际铁路联运中具体分析事故原因、责任和请求赔偿的基本文件。

1. 需编制商务记录的情况

国际联运货物在铁路运送中或交付时，如铁路车站对货物状态、重量或件数，以及是否有运单等进行了检查，并查明下述情况，则车站对于从货物承运时起到货物交付收货人以前所发生的下述一种或数种不良现象，需按《国际货协》附件16“商务记录”的格式编制商务记录：

（1）货物全部或部分灭失、重量不足、毁损、腐坏或因其他原因降低质量；

（2）运单中所记载的货物名称、重量、件数、货件的记号（标记）和号码、收货人和到站名称与实际货物不符；

（3）有货无票或运单缺页或有票无货；

（4）运单中记载的发货人运送用具没有或短少。

如收货人在向其交付货物的过程中发现货物存在某种不良现象，而铁路对于该不良现象又未编制商务记录时，则收货人应立即向到站提出编制商务记录。

到站在下列情况下可拒绝编制商务记录：

（1）收货人所述不良现象不是在从货物承运时起到交付收货人以前的时间内发生时；

（2）货物的重量短少未超过规定的标准时。

如到达路现行的国内规章允许在货物交付收货人后编制商务记录，则在货物交付后，收货人有权向到站提出对于在货物交付时通过外部检查不能发现的某种不良现象编制商务记录。收货人在其查明货物不良现象后应立即向到站提出，和不迟于货物交付后的3昼夜向到站提出。在到站编制商务记录前，除必须防止不良现象扩大外，收货人不应改变货物状态。在将车辆、集装箱、汽车、拖拉机和其他自轮运行机器交付收货人之后，收货人应将取下的封印交给到站。

到站在下列情况下可以拒绝编制商务记录：

（1）到达路现行的国内规章不允许在货物交付后编制商务记录时；

（2）收货人在其查明不良现象后未立即和未在货物交付后3昼夜内向到站提出时；

（3）收货人不是为了必须防止货物不良现象扩大而改变了货物状态时；

(4) 所述不良现象不是在从货物承运时起到交付收货人以前的期间内发生时;

(5) 货物重量短少未超过规定的标准时;

(6) 收货人未将从车辆、集装箱、汽车、拖拉机和其他自轮运行机器上取下的封印交给到站时。

如到站在审查收货人提出的编制商务记录请求时确定,这种请求是没有理由的,则到站有权要求收货人赔偿与审查这一请求有关的费用,在到达路现行的国内规章有规定时,有权要求收货人支付罚款。

商务记录应由编制站的负责人签字,在到站编制商务记录时,还应由收货人或其授权领取货物的人员签字。如收货人不同意商务记录中的记载,则在到达路现行的国内规章允许时,可将对该记载的意见记入商务记录。

编制商务记录时,还应在货协运单第 94 栏"商务记录"栏内作出关于编制商务记录的记载。

为了查明货物灭失、重量不足、毁损、腐坏或因其他情况降低质量的原因及程度,以及确定损失程度,可根据货物到达国的国内法令和规章进行鉴定。

2. 商务记录的编制份数和用途

(1) 当货物按实物交接,即按件数或重量交接时,由国境站编制 7 份。其中:两份附在运单上(一份留存到站,另一份交收货人。收货人在到站留存的那份商务记录上签字),一份交接收方海关,交接双方国境站各得两份(每方国境站各得的两份中,国境站留存一份,另一份由国境站报送自路管理局)。

(2) 当货物凭齐全而且完好的封印交接,由国境站编制 4 份。其中:两份附在运单上(一份留存到站,另一份交收货人。收货人在到站留存的那份商务记录上签字),一份留存编制商务记录的国境站,一份由该国境站报送自路管理局。

(3) 由其他各站(发站、到站、中途站)编制时,商务记录一式四份。其中:两份附在运单上(一份留存到站,另一份交收货人。收货人在到站留存的那份商务记录上签字),一份留存商务记录编制站,一份由商务记录编制站报送自路管理局。

商务记录用编制记录国家的语文填写。交付路出口国境站负责将商务记录中记载的事项根据不同的运往国家译成铁组两种正式语文(中文、俄文)中的一种。

五、运输合同的变更

货物承运后,托运人与承运人签定的运输合同对承运人、发货人和收货人都具有约束力,但发、收货人对已发生法律效力的运输合同有权提出变更。

(一) 运输合同变更范围

1. 发货人变更范围

发货人要求变更运输的范围有:在发站将货物领回;变更到站,在必要的情况下,应注明变更运输合同后货物应通过的国境站;变更收货人;将货物返还发站。

2. 收货人变更范围

收货人要求变更运输的范围有:在到达国范围内变更货物的到站;变更收货人。收货人的变更申请只限于在到达国进口国境站,且在货物尚未从该国境站发出时办理,如货物已通过到达国的进口国境站,则收货人只能按到达路现行的国内规章办理运输合同的变更。

（二）运输合同变更申请及变更程序

发、收货人要求变更运输合同时，应按《国际货协》附件 17“运输合同变更申请书”规定的格式逐项填写运输合同变更申请书。运输合同变更申请书主要内容由 4 部分内容组成，第一部分是抬头，填写应接受申请书的某铁路某站长；第二部分是该变更前的运输情况，如货物名称、批号、包装、件数、发送路与到达路名称、承运日期等；第三部分是请求变更的具体事项；第四部分是变更申请人的签字及申请变更日期。到达路可以接受收货人按到达路现行国内规章规定的格式填写的运输合同变更申请书。

发货人应对每批货物单独填写一份变更申请书，连同“货物名称”栏内记入申请事项的运单副本提交发站。发站在收到申请书后，应在申请书和运单副本“货物名称”栏内发货人填记的事项处加盖车站日期戳，并由受理申请书的车站工作人员签字证明申请书已收到，然后将运单副本退还发货人。收货人则将变更申请书提交到达国进口国境站，并且可在提交变更申请书时不提交运单副本。

（三）运输合同变更限制

货物运输变更以发货人和收货人各申请办理一次为限，而且不能同一批货物分开办理变更。如果是成组车辆运送的数批货物，均变更为同一到站和同一收货人，则收货人也可按数批货物提出一份变更申请书。

（四）铁路拒绝或延缓变更运输合同的情况

铁路只在下列情况下，才有权拒绝变更运输合同或延缓执行这一变更：

（1）应变更运输合同的到达路车站，接到申请书或发站或到站的电报通知后无法执行时；

（2）可能违反铁路运营管理时；

（3）与参加运送铁路所属国家的国内法令和规章有抵触时；

（4）变更到站后，货物的价值不能抵偿运到新到站的一切预期费用时，但能立即缴付或能保证这种费用款额时除外。

铁路不能变更运输合同时，应将不能变更运输合同的阻碍事项，尽可能立即通知发货人或收货人。如铁路未能预见到这种阻碍，变更了运输合同，则对由此而产生的一切后果应由提出变更运输合同申请书的发货人或收货人负责。

（五）变更运输合同后的货物运费

变更运输合同后，货物运费的计收应按正常条件办理并考虑下列特殊情况：

（1）如货物在途中站交付，则运费只计收到该站为止。如果货物已通过了新到站，而铁路又将它返回该站，则除运到货物截留站的费用外，还应单独加算并核收从货物截留站至新到站的运费。

（2）如货物发往原到站以远的新到站或发往货物原运送径路以外的车站，则到原到站或货物截留站的运费和从该站到新到站的运费应分别计算和核收。

（3）如货物返还发站，则从发站到返还站的往返运费，应分别计算，并向发货人核收。

此外还应核收运输合同变更费。这项费用按变更运输合同的铁路现行国内规章计算，向支付该铁路运费的发货人或收货人核收。

六、索赔及其处理

(一) 赔偿请求

1. 赔偿请求人

赔偿请求应由发货人向发送路，收货人向到达路提出。

2. 赔偿请求的形式和方式

赔偿请求应附有相应根据以书面形式提出。赔偿请求的方式是按每批货物提出，但提出返还运送费用多收款额的赔偿要求时，可按数批货物提出，或当国外铁路数批货物编写一份商务记录时，应按商务记录中记载的批数一并提出。

3. 赔偿请求的限制

除个人所属货物运送不良的赔偿请求外，如果货物全部灭失、部分灭失、重量不足、毁损、腐坏或因其他原因降低质量时提出的一份运单的赔偿请求额在 23 瑞士法郎及其以下者，则不得提出赔偿请求，也不予满足。如果提出的这种赔偿请求额超过 23 瑞士法郎，而经审查后承认的应赔款额在 23 瑞士法郎及其以下的，则这项款额也不付给赔偿请求人。

如个人所属的货物全部灭失、部分灭失、重量减少、毁损、腐坏或因其他原因降低质量时提出的一份运单的赔偿请求额在 5 瑞士法郎及其以下者，则不得提出赔偿请求，也不予满足。如提出的这种赔偿请求额超过 5 瑞士法郎，而经审查后承认的应赔款额在 5 瑞士法郎及其以下的，则这项款额也不付给赔偿请求人。

如货物运到逾期或多收运送费用时提出的一份运单的赔偿请求额在 5 瑞士法郎及其以下者，则不得提出赔偿请求，也不予满足。如提出的这种赔偿请求额超过 5 瑞士法郎，而经过审查后承认的应赔款额在 5 瑞士法郎及其以下的，则这项款额也不付给赔偿请求人。

4. 赔偿请求的依据

(1) 货物全部灭失时，由发货人提出，同时须提交运单副本；由收货人提出，同时须提交运单副本或运单正本与货物到达通知单。此时运单副本或运单正本与货物到达通知单中应有到站日期戳证明货物未到的记载。

(2) 货物部分灭失、毁损、腐坏或因其他原因降低质量时，由发货人或收货人提出，同时须提交运单正本与货物到达通知单以及铁路在到站交给收货人的商务记录。

(3) 货物运到逾期时，由收货人提出，同时须提交运单正本与货物到达通知，以及《国际货协》附件 20 所规定的“货物运到逾期赔偿请求书”格式，一式二份。

(4) 多收运送费用时，由发货人按其为运送所支付的款额提出，同时须提交运单副本或发送路现行国内规章规定的其他文件；由收货人按其为运送所支付的款额提出，同时须提交运单正本与货物到达通知单。我国进出口货物，铁路多收运费时，由发货人或收货人提出正式函件载明运单号码、发到站、货物名称、件数、重量、承运日期、已付款额与要求退还款等。此时发货人可不提交运单副本，但收货人仍需提出运单正本与货物到达通知单和运杂费收据。

对于货物全部灭失、部分灭失、毁损、腐坏或因其他原因降低质量所提出的赔偿请求，还须附有能够证明货物价格或其降低价格的外国供货者账单或其他文件，必要时还需提出能作为赔偿依据的货物明细表、装箱清单和鉴定记录等相关文件。

5. 赔偿请求的处理

1）处理单位

赔偿请求应提交《国际货协》附件 19“审核赔偿请求的铁路主管机关名称和地址一览表”中所列载的各铁路主管机关审查。除关于货物运送费用多收的索赔由收、发货人直接向原收款站提出，其主管铁路局按有关规定处理外，关于货物灭失、毁损、腐坏或因其他原因降低质量和运到逾期的赔偿请求，按以下办法处理：出口货物的索赔，由发货人提出、发送局处理，或由收货人提出，出口国境局处理；进口货物的索赔，由发货人提出，进口国境局处理，或由收货人提出，到达局处理；过境货物的索赔，由发货人提出，进口国境局处理，或由收货人提出，出口国境局处理。铁路在接到发、收货人提出的赔偿请求后，应及时处理。

2）审查程序

对国内索赔的审查程序，到达局或发送局接到索赔要求后，首先需审查所提交的索赔文件、索赔时效和款额是否符合规定要求，若经调查确属国内铁路责任所致，则按国内有关规章自行处理；确定责任属于国外铁路，则将全部文件寄送国境局处理；确定国内和国外铁路均有责任时，则将全部文件寄送国境局，另据索赔文件的复制件自行审查。国境局接到索赔案件后，与国境站交接情况进行复核，确定全部或部分责任属国外铁路时，再将全部索赔文件转寄国外铁路审查。国外铁路回复后通知处理局答复索赔人。

对国外索赔的审查程序。国境局接到国外铁路转来的索赔案件后，首先也要审查索赔文件、索赔时效和款额是否符合规定要求，经确认全部或部分责任属于我国铁路时，若责任属于国境局的即自行处理；若责任属于国内其他铁路局的，须将赔偿款额和处理意见通知责任局，并抄知责任单位，责任局接通知后，须将同意或拒绝赔偿的理由和证明文件答复国境局，再由国境局认真复核后答复国外铁路。

3）处理期限

自赔偿请求提出之日（以发信邮局戳记或铁路在收到直接提出的请求书时出具的收据为凭）起，铁路必须在 180 天内审查所提出的赔偿请求，并给赔偿请求人以答复，在全部或部分承认赔偿请求时，支付认赔的款额。对赔偿请求部分或全部拒赔时，须说明其理由，并同时退还赔偿请求书上所附的文件。

（二）诉讼

1. 诉讼提起人

凡有权向铁路提出赔偿请求的人，即有权根据运输合同提起诉讼。

2. 提起诉讼的条件

只有根据规定提出赔偿请求后，才可提起诉讼。如果铁路在收到赔偿请求后，未按照规定在 180 天的期限处理赔偿请求，或在上述期限内铁路已将全部或部分拒绝赔偿请求一事通知请求人，则有起诉权的人才可对受理赔偿请求的铁路提起诉讼。

3. 司法管辖

诉讼只能在受理赔偿请求的铁路所属国家的适当法院提起。

（三）赔偿请求和诉讼时效

发货人或收货人根据运输合同向铁路提出的赔偿请求和诉讼，以及铁路对发货人或收货人关于支付运送费用、罚款和赔偿损失的要求和诉讼，可在 9 个月期间内提出；货物运到逾期的赔偿请求和诉讼，应在 2 个月期间内提出。

上述期限按下列规定计算：

(1) 关于货物部分灭失、重量不足、毁损、腐坏或因其他原因降低质量的赔偿请求，以及运到逾期的赔偿请求，自货物交付收货人之日起计算；

(2) 关于货物全部灭失的赔偿请求，自货物运到期限期满后30天起计算；

(3) 关于补充支付运费、杂费、罚款的赔偿请求，或关于退还这项款额的赔偿请求，或关于因运价规程适用不当以及费用计算错误所发生的订正清算的赔偿请求，自付款之日起计算，如未付款，自货物交付之日起计算；

(4) 关于其他一切赔偿请求和要求，自查明提出赔偿请求依据的情况之日起计算。

时效期间的开始日，不算入该期间内。

从发货人或收货人按规定向铁路提出赔偿请求书之时起，上述时效期间即行中止。

从铁路将关于全部或部分拒绝赔偿请求一事通知赔偿请求人之日(发信邮局戳记上注明的日期或赔偿请求人以自己的收据对收到拒绝通知书加以证实的那一天为拒绝日)起，时效期间仍然继续。如铁路对赔偿请求未予答复，则从规定的180天赔偿请求处理期间期满时起，时效期间继续计算。

重复前次提出的要求的赔偿请求，不中止上述时效期间。

凡时效期间已过的赔偿请求和要求，也不得以诉讼形式提出。

七、各铁路间的清算

1. 各铁路间运送费用的清算

每一铁路在承运或交付货物时，核收运输合同中规定的运送费用后，必须向参加运送的各铁路支付其应得部分的运送费用。

如发货人按运单中的事项负担了其他铁路的运送费用或根据《国际货协》关于运送费用支付条款的规定按运单应负担这项运送费用，但发送路未向发货人核收，则发送路对这项应得费用向其他铁路负责。

如到达路在交付货物时，未核收按运输合同应向收货人核收的运送费用，则到达路对这项费用向参加运送的铁路负责。

2. 各铁路间已付赔偿款额的返还

对于货物全部或部分灭失或毁损以及运到逾期已付赔款的铁路，有权向以下参加运送的其他铁路索取这项赔款：

(1) 由于自己过失造成损害的铁路，即为对此负绝对责任的铁路；

(2) 如因数个铁路的过失造成损害，则每一铁路各对其造成的损害负责；

(3) 如不能证明损害是因某一个或数个铁路过失而造成，则各路间对每批货物的责任，按该批货物在参加其运送的各铁路上实际行径的运价公里比例分担；但能够证明损害不是在自路区段上发生的铁路除外。

如在数个铁路上发生货物运到逾期，则应按所有铁路的总逾期日数，确定计算罚款的百分率，并从每一逾期铁路所收的运费中支付。

3. 对已付赔偿款额提出返还要求的期限

根据规定就已付赔偿款额提出的返还要求业经法院判决，并且受理返还赔偿要求的铁路事先已得到法院传讯，则该铁路对于提出返还要求的铁路所付的赔款是否正确，无权争辨。有权要求返还赔款的铁路，应从法院判决生效之日起75天内（自发信邮局戳记注明的日期开始计算），将法院判决一事，通知受理返还要求的铁路，并按各铁路间的专门协议将有关铁路负担的上述要求款额作为自路的收益。

未经法院途径解决的情况下，有权要求返还赔款的铁路，应自根据赔偿请求实际支付应付款额之日起75天内，提出返还赔偿款额的要求。违反上述期限时，有关赔偿请求的责任，完全由未履行上述期限的铁路承担。

4. 运到期限在各铁路间的分摊

运到期限在参加运送的各铁路间，按下列办法分摊：

（1）发送期间：发送路和到达路平分；

（2）运送期间：按每一铁路里程分别计算；

（3）补加期间：应加给相应的铁路。

第六节　案　　例

一、国际铁路联运货物灭失赔偿

（一）案情

2005年7月，中国W公司受S省进出口公司的委托，于中铁S站向俄罗斯X公司托运毛巾被1 390条，床单19 800条。俄罗斯X公司收到货物后，因俄罗斯市场行情发生变化，遂与中国W公司达成协议，将货物全部退给中国W公司。2005年8月31日俄罗斯X公司将货物交由俄铁X站承运，货协运单的到站为中铁S站，收货人为中国W公司，运到期限为38天，运到期限届满后中国W公司未能收到货物。中铁H铁路局M国境站出具证明，证实俄铁仅传递了货协运单，并未向其交接该批货物。中铁S站出具商务记录，证实货物未运到该站。中国W公司于2006年3月23日向H铁路局提出赔偿请求，H铁路局通知俄铁未获答复，H铁路局也未在规定的期限内答复中国W公司。中国W公司遂起诉，要求H铁路局赔偿货款518 700瑞士法郎，利息13 832瑞士法郎和铁路运费，负担全部案件受理费。

H铁路局辩称：中国W公司所诉属实，同意赔偿中国W公司的货款及利息，负担全部案件受理费。因俄罗斯X公司向中国W公司托运货物的铁路运费，并非中国W公司向铁路支付，不同意赔偿铁路运费。

上述事实有以下证据证实：

（1）S省进出口公司委托中国W公司向俄罗斯托运货物的国际联运委托书；

（2）中国W公司托运货物的货协运单副本；

（3）俄罗斯X公司退回中国W公司货物的货协运单副本；

（4）H铁路局M国境站关于俄铁未向中铁交付该批货物的证明；

（5）中铁S站关于货物未到的商务记录；

（6）中国W公司托运货物的装箱单；

（7）S省进出口公司出口货物的发票。

(二)法院审判

H 铁路运输中级法院认为:

1. 适用《国际货协》规定

《国际货协》第 1 条规定:缔结国之间的国际铁路直通货物联运由《国际货协》规定;第 2 条第 1 项规定:《国际货协》对铁路和发、收货人都有约束效力。我国是《国际货协》的缔结国,对国际铁路货物联运合同纠纷应适用《国际货协》的规定,而不适用国内法律。

2. 中国 W 公司的货物应视为全部灭失

本批货物为整车运输,根据《国际货协》第 14 条货物运到期限的规定:货物发送期间为 1 天;慢运整车货物的运送期间在每一参加运送的铁路管内每 200 km 为 1 天;将货物换装到其他轨距的车辆时,运到期限延长 2 天。由俄铁 X 站至中铁 S 站的里程所确定的运送期间为 35 天,俄铁与中铁的轨距不同,在中铁 M 国境站换装的补加期间为 2 天,加上货物发送期间 1 天,运到期限应为 38 天,即该批货物应于 2005 年 10 月 8 日前运到。至中国 W 公司提出赔偿请求时,超出运到期限约 7 个月时间,按照《国际货协》第 17 条第 6 项规定:货物运到期限期满后 30 天内,未将货物交付收货人,收货人可认为货物已灭失。中国 W 公司有权按货物全部灭失要求赔偿。

3. 俄铁是货物灭失的责任路

H 铁路局 M 国境站于 2006 年 4 月 9 日证实,俄铁 X 站所承运的中国 W 公司的货物,俄铁 J 国境站未向该站交付,只传递了国际铁路联运的货协运单。中铁 S 站于 2006 年 3 月 25 日作出商务记录,证实中国 W 公司的货物未运至该站。H 铁路局根据《国际货协》的规定,书面通知俄罗斯 J 铁路局赔偿,该局未作答复,也未提供已向中铁 M 国境站交付货物的证据。根据《国际货协》第 23 条第 1 项:铁路在规定的条件范围内,从承运货物时起,至到站交付货物时止,以及如将货物转发送到未参加《国际货协》铁路的国家,则至按另一种国际联运协定的运单办完货物运送手续为止,对于货物运到逾期以及对因货物全部或部分灭失、重量不足、毁损、腐坏或因其他原因降低质量所发生的损失负有责任;第 33 条第 1 项第 1 目:由于自己过失造成损害的铁路,即为对此负绝对责任的铁路。可以认定铁路对中国 W 公司的货物灭失负有责任,且货物是在俄铁运送期间灭失的,直接责任者应是俄罗斯 J 铁路局。

4. H 铁路局应先行赔付再行追偿

根据《国际货协》第 29 条第 2 项以及附件规定,中国 W 公司作为货协运单收货人,其赔偿请求应提交受理审核赔偿请求的 M 国境站的主管机关 H 铁路局审查。且根据《国际货协》第 33 条第 1 项规定:对于货物的全部或部分灭失或毁损以及运到逾期已付赔款的铁路,有权向参加运送的其他铁路索取这项赔款。H 铁路局作为赔偿请求受理机关,应对中国 W 公司灭失的货物先予赔偿,赔付后再向责任路俄罗斯 J 铁路局追偿。

5. 赔偿范围

(1)《国际货协》第 25 条第 1 项规定:赔偿额按供货者的账单或该账单摘录中所列的价格计算。中国 W 公司提供的货物出口发票所列的总价款为 518 700 瑞士法郎,H 铁路局应予全部赔偿。

(2)《国际货协》第 28 条第 3 项规定:对于铁路应按货物全部灭失受理的赔偿,从提出赔偿请求之日起经过 180 天后,才对赔偿请求给予答复并支付应付赔款的,则对应付赔偿款额加算年利 4%的利息。本案中国 W 公司提赔是 2006 年 3 月 23 日,至向法院起诉时 H 铁路局仍未答复已超过 180 天，H 铁路局应按赔款的年利 4%向中国 W 公司赔偿利息。

(3) 根据《国际货协》规定，赔款中应包括铁路运费。但本案的铁路运费是由俄罗斯 X 公司在给中国 W 公司返还货物时向发站支付的，中国 W 公司未支出这项费用，不存在赔偿问题。中国 W 公司诉请的赔偿铁路运费不应支持。

按照《国际货协》第 28 条第 2 项的规定：如用某一国货币表示的款额，在另一国支付，则这项款额应按付款地、付款当日的牌价，折合为支付路国家的货币。本案俄罗斯 X 公司与中国 W 公司是以瑞士法郎成交的，合同约定付款地为中国。H 铁路局应按偿付日瑞士法郎在中国银行的买入价折合成人民币赔偿中国 W 公司。

根据《国际货协》的相关规定，在查明事实的基础上，H 铁路运输中级法院于 2006 年 12 月 17 日作出以下判决：

(1) H 铁路局赔偿中国 W 公司灭失货款 518 700 瑞士法郎，利息 13 832 瑞士法郎，按偿付日中国银行瑞士法郎的买入价折合成人民币偿付。此款于判决生效后 10 日内给付。

(2) 驳回中国 W 公司的其他诉讼请求。案件受理费 35 500 元由 H 铁路局负担。

二、国际铁路联运货物灭失代位追偿

(一) 案情

2002 年 8 月，原告 A 公司的被保险人 B 公司，接受了 C 公司的委托，为其做货物出口代理。之后，C 公司又找到被告 D 公司，要求该公司通过铁路将价值 90 990 美元的 222 箱共 4 044 件羽绒服，由 G 运往俄罗斯莫斯科，同时提供了发货人 B 公司和收货人 E 公司的具体名称、地址以及所运货物的品名、数量、规格、集装箱运输方式等。

被告 D 公司接受委托后，即会同其协作单位 F 公司共同承担了该批货物的国际铁路运输代办托运业务。发货人 B 公司同时以自己的名义替 C 公司与 A 公司签订了“陆运-切险”和“战争险”的保险合同。之后，C 公司与被告 F 公司、D 公司一起，在海关等部门监管下，将上述货物装入号码为 SVBU4 20601—0 的 40 ft 集装箱内，运至指定地点后，由 F 公司按照 C 公司和 B 公司提供的货物品名、件数、发站、到站、发货人、收货人等项内容，于 2002 年 9 月 3 日向 B 公司签发了 SVB/T/920941 号提单。双方对提单中所填记的上述内容均无异议。

被告 F 公司和 D 公司作为国际铁路货物联运的代办托运人，又以自己的名义与 G 铁路分局张贵庄车站签订了国际铁路货物联运合同，并按照提单内容填写了国际铁路联运货协运单。运单中除将上述提单中的发货人 B 公司改为 F 公司和 D 公司外，其他项目均与提单一致，对此双方亦无异议。2002 年 9 月 26 日，铁路张贵庄车站将上述集装箱装入车号为 C771313 的货车内运出。2002 年 10 月 1 日，该批货物经由中铁满洲里车站交付给俄铁后贝加尔车站。

根据《国际货协》货物运到期限的相关规定，该批货物应于 2002 年 11 月 5 日前运抵俄铁莫斯科车站，但货物在运到期限期满后 1 个月仍未运到。C 公司派驻莫斯科人员一面查找货物，一面将提货不着一事通过国内公司转告被告 D 公司。D 公司闻讯后遂通过其在俄罗斯的代理俄铁出口公司进行查询。就在查询过程中，B 公司依据保险合同向原告 A 公司提出索赔，A 公司经审核后根据莫斯科保险公司提供的有关材料和货物无检验报告，于 2003 年 1 月 19 日按货物全部灭失向投保人 B 公司进行了赔偿，赔偿金额 100 089 美元，并因此取得了代位追偿权。原告 A 公司经与两名被告多次联系查找货物去向仍无结果，遂于

2003 年 7 月 4 日向 G 海事法院提起诉讼，代位追偿。

原告认为：两名被告作为共同承担风险的提单签发人、承运人，将货物丢失，应负赔偿责任。请求法院判令两名被告赔偿货物灭失所造成的损失 100 089 美元，并承担全部诉讼费用。

被告 F 公司和 D 公司在答辩期内未就实体问题进行答辩，而对管辖权问题及时提出异议，请求依法移送铁路专门法院审理，并函告海事法院有证据证明该批货物并未丢失，已于 2003 年 2 月 2 日逾期到达莫斯科车站。

根据《国际货协》的有关规定，货物逾期到达后，收货人应及时领取，否则超过规定期限，所在国铁路将会交付海关处理或做无主货处理。为减少经济损失，依法提请法院注意敦促原告 A 公司尽快前去领取该批货物。两名被告提出的管辖异议理由是：根据最高人民法院法(交)发(2000)8 号《关于铁路运输法院对经济纠纷案件管辖范围的规定》中第 3 条“由铁路处理的多式联运合同纠纷”、第 4 条“国际铁路联运合同纠纷案件”、第 5 条“铁路货物运输保险合同纠纷案件”的规定，本案应由铁路运输法院管辖。

(二) 法院审判

G 海事法院对两名被告的管辖权异议认为：被告 F 公司签发的提单是一种多式联运提单。依据最高人民法院《关于涉外海事诉讼管辖的具体规定》的有关规定，此类案件属海事法院收案范围。

依据《中华人民共和国民事诉讼法》第 38 条的规定，于 2004 年 8 月 8 日裁定：驳回被告 F 公司、D 公司对本案管辖权提出的异议。两名被告不服上述裁定，分别向 G 市高级人民法院提起上诉，理由是：F 公司所签署的虽系联运提单，但本案是单一的国际铁路联运，不是多式联运。最高人民法院《关于涉外海事诉讼管辖的具体规定》中规定的海事法院受理的提单案件，系指海运提单或多式联运提单案件，而非不含任何海事海商因素的铁路运输案件。

本案正是最高人民法院明确规定由铁路专门法院管辖的“国际铁路联运合同纠纷案件”。

G 市高级人民法院认为：上诉人 F 公司签署的提单虽系多式联运提单，但实施该提单项下的货物运输方式并未包括海上货物运输区段，为单一的国际铁路货物运输。本案属国际铁路货物运输保险合同的代位追偿案，G 海事法院不具有管辖权。依据《中华人民共和国民事诉讼法》第 28 条、第 38 条，最高人民法院《关于铁路运输法院对经济纠纷案件管辖范围的规定》第 4 条的规定，于 2004 年 11 月 21 日裁定：撤销 G 海事法院的裁定，本案移交 G 铁路运输法院处理。

G 铁路运输法院按照级别管辖的要求，呈请北京铁路中级法院审定，北京铁路中级法院授权 G 铁路运输法院一审。

G 铁路运输法院除查明上述事实属实外，还查明：由于本案货物运输时恰逢原苏联国家解体时期，铁路运输不能正常进行，该批货物逾期 3 个月于 2003 年 2 月 2 日才到达莫斯科库采沃二站。被保险人 B 公司已先于 2003 年 1 月 19 日获得了 A 公司按货物全部灭失进行理赔的赔偿，而其委托人即货物所有权人 C 公司原定 2002 年 10 月在莫斯科举办会期为 1 个月的 G 商品展销会也早已闭会，工作人员已经回国。

货物到达莫斯科后，被告 D 公司的国外代理俄铁出口公司及时通知了 C 公司委托的收货人 E 公司，E 公司仅表示将货物已到站并敦促取货的消息转告给其委托人中国 C 公司，而未派任何人前往莫斯科车站领取货物。

G 铁路运输法院经审理认为：被告 F 公司和 D 公司虽给原告的被保险人 B 公司签发了

提单,但对该提单项下货物所实施的运输方式是事先与B公司的委托人C公司约定的铁路运输,不存在其他的运输方式,更无海上运输区段。铁路货物运输合同的法定形式只能是运单而非提单,提单在本案中可作为明确双方委托代理关系和交接货物的证明。由此可以认定,C公司是本案的实际托运人,B公司是其货物的出口代理人,F公司和D公司是其代办托运人,E公司是其指定的收货人,而承运人则是铁路并非两名被告。

被告F公司和D公司接受托运人的委托,以自己的名义与铁路签订国际铁路联运合同,将货物完整无损地交付铁路运至到站,且在货物逾期的情况下协助查找,履行了代办托运人应尽的义务,符合代办托运的有关规定,并无不当,对因收货人未尽领货义务所造成的后果,不应承担责任。收货人E公司系C公司运货前委托的国外收货代理人,由于该代理人违约未按委托协议约定的义务为委托人C公司代理领取货物,是造成货物一直滞留在莫斯科库采沃二站的直接原因,根据有关法律规定,应由其对取得代位追偿权的A公司承担责任。还由于A公司在取得代位追偿权不久,货物即已到站,自己并未根据有关法律规定积极采取措施,前往车站领取货物以减少损失,亦未采取督促收货人尽快领取货物的有效措施,也是造成该批货物滞留在莫斯科库采沃二站无人领取的原因之一。

原告认为货物已经丢失,但在整个诉讼过程中并未能举出莫斯科车站签给收货人证明货物丢失的商务记录或者货物未到的证明。因此,对于因未提货所造成的损失,应由原告A公司自己承担,与被告F公司和D公司无关。

根据《国际货协》第14条第1项、第2项、第3项,第17条第1项、第6项,第27条第4项,《中华人民共和国经济合同法》第29条第1款,《中华人民共和国民法通则》第66条第2款、第67条、第114条之规定,G铁路运输法院于2006年1月29日作出判决如下:

驳回原告A公司的诉讼请求。宣判后,原、被告双方均未提起上诉。

思考题

1. 国际铁路运输在国际物流中的作用有哪些?
2. 国际铁路货物联运的含义是什么?
3. 我国办理国际铁路货物联运适用的法规有哪些?主要作用如何?
4. 简述国际铁路货物联运中货物和车辆的交接地点、交接方式和交接凭证。
5. 国际铁路货物联运中轮对更换设备是如何完成其更换作业的?
6. 简述国际铁路货物联运中货协国和非货协国之间的联运方法,并说明货协运单的有关填写要求。
7. 在国际贸易合同中如何订定国际铁路货物联运交货条款?
8. 办理国际铁路货物联运托运所涉及的单证主要有哪些?各自的作用是什么?如何流转?
9. 托运国际铁路联运过境货物时应办理什么手续?为什么?
10. 试述国境站出入境工作程序。
11. 国际铁路联运中超限、超长和超重货物指什么?与国内铁路货物运输中所指的超限、超长和集重货物有何区别?
12. 简述国际铁路联运中集装箱货物运输的办理种类和运输条件。

13. 简述《国际货协》所规定的承运人、托运人和收货人的责任。

14. 国际铁路货物联运中，什么情况下应编制商务记录？商务记录的作用是什么？

练　习　题

1. 波铁库诺维策站于 2001 年 7 月 12 日承运一批到北京东的机器 30 t，整车慢运。运单记载：该批货物波铁于 2001 年 7 月 26 日移交俄铁布列斯特，俄铁后贝加尔于 9 月 7 日移交满洲里站，满洲里站于 9 月 17 日运到北京东。

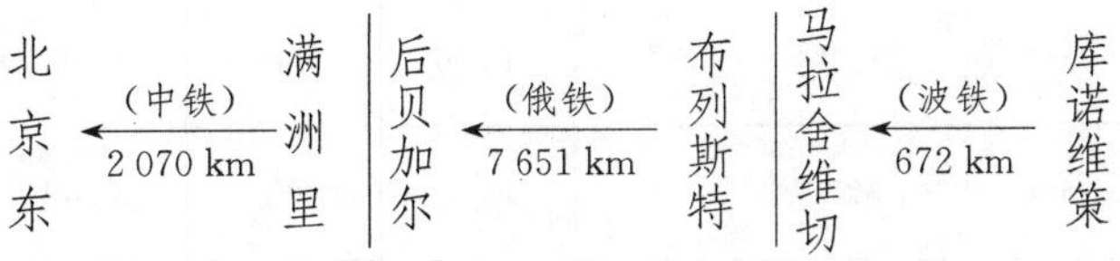

问：

(1) 该批货物是否逾期？

(2) 何路逾期？

(3) 逾期百分率和罚款率各为多少？

2. 由满洲里进口整车钢板 50 t 敞车一车，货重 51 t，我国用 50 t 敞车一辆换装接运，试确定计费重量。

3. 波兰发中国两批货，一批货重 25 t，另一批货重 35 t，用两辆 50 t 车装运，俄罗斯用一辆 69 t 车换装接运，中方满洲里站用一辆 60 t 车接运，试确定计费重量。

4. 由二连进口两辆 69 t 车，分别装货重 65 t、69 t，我国用 3 辆 50 t 接运，试确定计费重量。

5. 蒙古铁路发运一批慢运合装零担货物，经中铁二连至集安过境中国运抵朝铁。货物品名、数量、运价等级及其他相关资料见表 6-17—表 6-19，试计算中国段的过境运费。

表 6-17　　零担货物情况

货物品名	重量/kg	运价等级
铁制桶	750	1 等
铁制槽	1 110	1 等
扁钢锭	2 200	2 等

表 6-18　　中国铁路过境里程表

中铁

中国—俄罗斯 中国—朝鲜 中国—越南 中国—蒙古 中国—哈萨克斯坦之间的各起讫国境站和海港站	下列国家之间的国境站							
	中—俄之间		中—朝之间			中—越之间	中—蒙之间	中—哈之间
	中铁：满洲里 俄铁：后贝加尔	中铁：绥芬河 俄铁：格罗迭科沃	中铁：丹东 朝铁：新义州	中铁：集安 朝铁：满浦	中铁：图们 朝铁：南阳	中铁：凭祥 越铁：同登	中铁：二连 蒙铁：扎门乌德	中铁：阿拉山口 哈铁：多斯特克
	里程/km							
1	2	3	4	5	6	7	8	9
中铁：满洲里 俄铁：后贝加尔	—	—	1 694	1 634	1 548	4 773	2 403	5 464

续 表

中国—俄罗斯 中国—朝鲜 中国—越南 中国—蒙古 中国—哈萨克斯坦 之间的各起讫国境站和海港站	下列国家之间的国境站							
	中—俄之间		中—朝之间			中—越之间	中—蒙之间	中—哈之间
	中铁： 满洲里 俄铁： 后贝加尔	中铁： 绥芬河 俄铁： 格罗迭科沃	中铁： 丹东 朝铁： 新义州	中铁： 集安 朝铁： 满浦	中铁： 图们 朝铁： 南阳	中铁： 凭祥 越铁： 同登	中铁： 二连 蒙铁： 扎门乌德	中铁： 阿拉山口 哈铁： 多斯特克
	里程/km							
中铁：绥芬河 俄铁：格罗迭科沃	—	—	1 377	1 290	449	4 607	2 376	5 437
中铁：丹东 朝铁：新义州	1 694	1 377	—	—	—	3 788	1 854	4 915
中铁：集安 朝铁：满浦	1 634	1 290	—	—	—	3 989	1 873	4 934
中铁：图们 朝铁：南阳	1 548	499	—	—	—	4 348	2 117	5 178
中铁：凭祥 越铁：同登	4 773	4 607	3 788	3 989	4 348	—	3 459	5 187
中铁：二连 蒙铁：扎门乌德	2 403	2 376	1 854	1 873	2 117	3 459	—	3 661
中铁：阿拉山口 哈铁：多斯特克	5 464	5 437	4 915	4 934	5 178	5 187	3 661	—

表 6-19　零担货物运费费率表

里程/km	每 100 公斤运费(单位：瑞士法郎)		里程/km
1 005～2 049	等级		1 005～2 049
	1	2	
1 005～1 014	7.01	3.50	1 005～1 014
1 015～1 024	7.07	3.51	1 015～1 024
1 025～1 034	7.14	3.56	1 025～1 034
1 035～1 044	7.20	3.59	1 035～1 044
1 045～1 054	7.28	3.63	1 045～1 054
1 055～1 064	7.34	3.69	1 055～1 064
1 065～1 074	7.41	3.72	1 065～1 074
1 075～1 084	7.47	3.77	1 075～1 084
1 085～1 094	7.55	3.78	1 085～1 094
1 095～1 104	7.61	3.83	1 095～1 104
1 105～1 114	7.68	3.86	1 105～1 114
1 115～1 124	7.74	3.90	1 115～1 124
1 125～1 134	7.82	3.92	1 125～1 123

续　表

里程/km	每100公斤运费(单位:瑞士法郎)		里程/km
1 005～2 049	等级		1 005～2 049
	1	2	
1 135～1 149	7.92	3.96	1 135～1 149
1 150～1 249	8.31	4.17	1 150～1 249
1 250～1 349	8.99	4.50	1 250～1 349
1 350～1 449	9.71	4.85	1 350～1 449
1 450～1 549	10.38	5.21	1 450～1 549
1 550～1 649	11.07	5.54	1 550～1 649
1 650～1 749	11.75	5.88	1 650～1 749
1 750～1 849	12.47	6.21	1 750～1 849
1 850～1 949	13.14	6.60	1 850～1 949
1 950～2 049	13.85	6.93	1 950～2 049

6. 我国运往阿塞拜疆合装快运整车一车,从满洲里过境俄罗斯,经阿塞拜疆亚拉马运至货物到站,所装货物品名、数量、运价等级及其他相关资料见表6-20—表6-22,试确定该批货物的过境运费。

表6-20　　货物情况

货物品名	重量/t	运价等级	货物品名	重量/t	运价等级
缓冲器	5	2等	传送带	8	1等
轴承	7	2等	绳	8.5	1等

表6-21　　俄罗斯铁路过境里程表

(各国境站之间的里程,是以国境线为起讫公里计算的)

俄铁

起讫国境站		下列铁路之间的国境站					
		俄罗斯—芬兰				俄罗斯—格鲁吉亚	俄罗斯—阿塞拜疆
		俄铁: 布斯洛夫斯卡亚 芬铁: 瓦伊尼卡拉	俄铁:斯韦托戈尔斯克 芬铁:伊马特兰科斯基	俄铁:维亚尔特西利亚 芬铁:尼拉拉	俄铁:基维亚尔维 芬铁:瓦尔季乌斯	俄铁:维谢洛耶 格铁:甘季阿季	俄铁:萨穆尔 阿(塞)铁: 亚拉马
		20 720 10	20 721 10	20 724 10	20 725 10	20 28	20 57
俄罗斯—蒙古							
20 1990 31	俄铁:纳乌什基 蒙铁:苏赫巴托	6 346	6 385	6 443	6 869	6 884	6 774

续　表

起讫国境站		下列铁路之间的国境站					
		俄罗斯—芬兰				俄罗斯—格鲁吉亚	俄罗斯—阿塞拜疆
		俄铁：布斯洛夫斯卡亚 芬铁：瓦伊尼卡拉	俄铁：斯韦托戈尔斯克 芬铁：伊马特兰科斯基	俄铁：维亚尔特西利亚 芬铁：尼拉拉	俄铁：基维亚尔维 芬铁：瓦尔季乌斯	俄铁：维谢洛耶 格铁：甘季阿季	俄铁：萨穆尔 阿(塞)铁：亚拉马
		20 720 10	20 721 10	20 724 10	20 725 10	20 28	20 57
20 1991 31	俄铁：索洛维耶夫斯克 蒙铁：埃莱恩查夫	7 072	7 111	7 169	7 595	7 610	7 500
俄罗斯—中国							
20 1840 33	俄铁：后贝加尔 中铁：满洲里	7 104	7 143	7 201	7 627	7 642	7 532

表 6-22　　整车货物运费费率表

里程/km	每吨运费 (单位：瑞士法郎)		每轴运费 (单位：瑞士法郎)	里程/km
	等　　级			
4 550～8 000	1	2	3	4 550～8 000
4 550～4 649	212.00	106.10	227.06	4 550～4 649
4 650～4 749	216.50	108.30	232.01	4 650～4 749
4 750～4 849	221.30	110.60	236.93	4 750～4 849
4 850～4 949	225.80	113.00	241.88	4 850～4 949
4 950～5 049	230.40	115.20	246.81	4 950～5 049
5 050～5 149	234.90	117.50	251.73	5 050～5 149
5 150～5 249	239.70	119.70	256.68	5 150～5 249
5 250～5 349	244.20	122.30	261.62	5 250～5 349
5 350～5 449	248.90	124.50	266.57	5 350～5 449
5 450～5 549	253.40	126.80	271.49	5 450～5 549
5 550～5 649	258.20	129.00	276.42	5 550～5 649
5 650～5 749	262.70	131.40	281.37	5 650～5 749
5 750～5 849	267.30	133.70	286.29	5 750～5 849
5 850～5 949	271.80	135.90	291.23	5 850～5 949
5 950～6 049	276.60	138.20	296.18	5 950～6 049
6 050～6 200	282.20	141.20	302.34	6 050～6 200

续　表

里程/km	每吨运费（单位:瑞士法郎）		每轴运费（单位:瑞士法郎）	里程/km
	等级			
4 550～8 000	1	2	3	4 550～8 000
6 201～6 400	290.30	145.20	310.98	6 201～6 400
6 401～6 600	299.60	149.70	320.85	6 401～6 600
6 601～6 800	308.70	154.40	330.71	6 601～6 800
6 801～7 000	318.00	158.90	340.59	6 801～7 000
7 001～72 00	327.20	163.70	350.46	7 001～72 00
7 201～7 400	336.50	168.20	360.35	7 201～7 400
7 401～7 600	345.60	172.70	370.22	7 401～7 600
7 601～7 800	354.90	177.30	380.07	7 601～7 800
7 801～8 000	364.10	182.10	389.96	7 801～8 000

7. 有下列数批快运整车合装货物，经连云港进入我国铁路后运至阿拉山口国境站，再继续运往哈铁。所装货物品名、数量、运价等级和其他相关资料见表 6-23—表 6-25，试确定各批货物在中铁的过境运费。

表 6-23　　货物情况

	货物品名	重量/t	运价等级
批次(1)	皮运动手套	4	1 等
	抛光皮革	12	1 等
	皮革手提箱	7	1 等
批次(2)	编织制品	3	2 等
	席子	4.8	2 等
	软木	5	1 等
	木门框	6	2 等
	塑料门框	8	1 等
批次(3)	编织制品	3	2 等
	席子	2.8	2 等
	软木	5	1 等
	木门框	6	2 等
	塑料门框	8	1 等
批次(4)	编织制品	3	2 等
	席子	4.8	2 等
	软木	5	1 等
	木门框	6	2 等
	塑料门框	8	1 等
	发货人在运单中未记载每种名称货物的实际重量，只记载总重量和货物名称。		

表 6-24　　中国铁路过境里程表

中铁

中国—俄罗斯 中国—朝鲜 中国—越南 中国—蒙古 之间的各起讫国境站和海港站	中国海港站						
	中铁：大连北（大连港）	中铁：新港（天津港）	中铁：青岛（青岛港）	中铁：中云（连云港）	中铁：何家湾（上海军工路港）	中铁：下元（黄埔新港）	中铁：湛江（湛江港）
	公里						
1	10	11	12	13	14	15	16
中铁：满洲里 俄铁：后贝加尔	1 812	1 957	2 745	2 888	3 334	4 353	4 878
中铁：绥芬河 俄铁：格罗迭科沃	1 495	1 791	2 579	2 722	3 168	4 187	4 712
中铁：丹东 朝铁：新义州	597	972	1 760	1 903	2 349	3 368	3 893
中铁：集安 朝铁：满浦	877	1 173	1 961	2 104	2 550	3 569	4 094
中铁：图们 朝铁：南阳	1 236	1 532	2 320	2 463	2 909	3 928	4 453
中铁：凭祥 越铁：同登	3 906	2 838	2 851	2 580	2 288	1 075	672
中铁：二连 蒙铁：扎门乌德	1 972	989	1 652	1 795	2 241	3 180	3 423
中铁：阿拉山口 哈铁：多斯特克	5 033	3 974	4 342	4 071	4 529	4 951	5 151

注：未列入表中的其他港口也可办理国际联运货物过境运输。

表 6-25　　整车货物运费费率表

里程/km	每吨运费（单位：瑞士法郎）		每轴运费（单位：瑞士法郎）	里程/km
	等级			
2 050～4 549	1	2	3	2 050～4 549
2 050～2 149	96.80	48.50	103.67	2 050～2 149
2 150～2 249	101.30	50.70	108.59	2 150～2 249
2 250～2 349	106.10	53.00	113.54	2 250～2 349
2 350～2 449	110.60	55.40	118.47	2 350～2 449
2 450～2 549	115.20	57.60	123.42	2 450～2 549
2 550～2 649	119.70	59.90	128.34	2 550～2 649
2 650～2 749	124.50	62.10	133.28	2 650～2 749
2 750～2 849	129.00	64.70	138.23	2 750～2 849
2 850～2 949	133.70	66.90	143.15	2 850～2 949
2 950～3 049	138.20	69.20	148.08	2 950～3 049
3 050～3 149	143.00	71.40	153.03	3 050～3 149

续 表

里程/km	每吨运费（单位:瑞士法郎）		每轴运费（单位:瑞士法郎）	里程/km
	等级			
2 050～4 549	1	2	3	2 050～4 549
3 150～3 249	147.50	73.80	157.95	3 150～3 249
3 250～3 349	152.10	76.10	162.90	3 250～3 349
3 350～3 449	156.60	78.30	167.84	3 350～3 449
3 450～3 549	161.40	80.60	172.76	3 450～3 549
3 550～3 649	165.90	83.10	177.71	3 550～3 649
3 650～3 749	170.60	85.40	182.64	3 650～3 749
3 750～3 849	175.10	87.60	187.56	3 750～3 849
3 850～3 949	179.90	89.90	192.51	3 850～3 949
3 950～4 049	184.40	92.30	197.45	3 950～4 049
4 050～4 149	188.90	94.50	202.40	4 050～4 149
4 150～4 249	193.50	96.80	207.32	4 150～4 249
4 250～4 349	198.00	99.00	212.25	4 250～4 349
4 350～4 449	202.80	101.30	217.20	4 350～4 449
4 450～4 549	207.30	103.80	222.12	4 450～4 549

8. 中国纺织品进出口公司上海市分公司向何家湾站以整车托运一批衬衫，货交阿塞拜疆服装贸易局阿塞拜疆仓库。其运送径路如下：

何家湾中铁二连｜扎门乌德蒙铁苏赫巴托｜纳乌什基俄铁萨姆尔｜亚拉马阿(塞)铁巴库

要求：

(1) 需编制哪些联运票据，其流转程序如何？

(2) 根据以下资料计算发送路、过境路和到达路(假设中铁)的主要运送费用，并填写国际货协运单。

相关资料：

(1) 出口供货合同号码:26—314/07091;

(2) 货物纸箱包装，共 215 箱，重量 17.8 t，货件上标记：中纺；

(3) 发货人添附的文件有：出口货物报关单、出口货物明细单、出口货物通关单；

(4) 货物在专用线装车，使用自重为 24.0 t，标记载重为 60 t 的 4 轴车辆，其车种车号为 P3256864。装车后施封 2 个，封印记号为：何家湾(专 1)0016 号；

(5) 发货人负担过境铁路的费用；

(6) 中铁何家湾至二连运价里程是 2 381 km，二连至国境线的运价里程是 5 km；

(7) 货物于 2008 年 1 月 18 日到达二连站，因单证不全不能正常报关，直至 2008 年 2 月 1 日托运人才补全手续，致使货车在二连站滞留 14 天；

(8) 中铁作为发送路和到达路时，计算发送路和到达路运送费用所适用的《铁路货物运价规则》(价规)中的相关资料：

服装运价号参见表6-6；铁路货物运价率参见表6-7；电气化附加费费率（电气化里程356 km）参见表6-9；铁路建设基金费率参见表6-10；国际铁路联运进出口货物国内段运输费用（杂费）：验关手续费：整车和集装箱33元/批；货物换装费：整车普通货物16元/t；货车滞留费：120元/车日，超过5日，从第6天起240元/车日，超过10日，从第11日起480元/车日。

（9）过境《统一货价》参加国时，计算过境路运送费用所适用的《国际铁路货物联运统一过境运价规程》（统一货价）中的相关资料见表6-26—表6-29，衬衫运价等级1等。

表6-26　　蒙古铁路过境里程表

蒙铁

<table>
<tr><td colspan="2" rowspan="3">蒙古—俄罗斯联邦之间起讫国境站</td><td>蒙古—中国之间的国境站</td></tr>
<tr><td>蒙铁：扎门乌德
中铁：二连</td></tr>
<tr><td>公　里</td></tr>
<tr><td>1</td><td>2</td><td></td></tr>
<tr><td>31
1990
20</td><td>蒙铁：苏赫巴托
俄铁：纳乌什基</td><td>1 110</td></tr>
</table>

表6-27　　俄罗斯铁路过境里程表

（各国境站之间的里程，是以国境线为起讫公里计算的）

俄铁

<table>
<tr><td colspan="2" rowspan="4">起讫国境站</td><td colspan="6">下列铁路之间的国境站</td></tr>
<tr><td colspan="4">俄罗斯—芬兰</td><td>俄罗斯—格鲁吉亚</td><td>俄罗斯—阿塞拜疆</td></tr>
<tr><td>俄铁：布斯洛夫斯卡亚
芬铁：瓦伊尼卡拉</td><td>俄铁：斯韦托戈尔斯克
芬铁：伊马特兰科斯基</td><td>俄铁：维亚尔特西利亚
芬铁：尼拉拉</td><td>俄铁：基维亚尔维
芬铁：瓦尔季乌斯</td><td>俄铁：维谢洛耶
格铁：甘季阿季</td><td>俄铁：萨穆尔
阿（塞）铁：亚拉马</td></tr>
<tr><td>20
720
10</td><td>20
721
10</td><td>20
724
10</td><td>20
725
10</td><td>20

28</td><td>20

57</td></tr>
<tr><td colspan="8">俄罗斯—蒙古</td></tr>
<tr><td>20
1990
31</td><td>俄铁：纳乌什基
蒙铁：苏赫巴托</td><td>6 346</td><td>6 385</td><td>6 443</td><td>6 869</td><td>6 884</td><td>6 774</td></tr>
<tr><td>20
1991
31</td><td>俄铁：索洛维耶夫斯克
蒙铁：埃莱恩查夫</td><td>7 072</td><td>7 111</td><td>7 169</td><td>7 595</td><td>7 610</td><td>7 500</td></tr>
<tr><td colspan="8">俄罗斯—中国</td></tr>
<tr><td>20
1840
33</td><td>俄铁：后贝加尔
中铁：满洲里</td><td>7 104</td><td>7 143</td><td>7 201</td><td>7 627</td><td>7 642</td><td>7 532</td></tr>
</table>

表 6-28　　　　整车货物运费费率表

里程/km	每吨运费（单位:瑞士法郎）		每轴运费（单位:瑞士法郎）	里程/km
	等级			
1 005～2 049	1	2	3	1 005～2 049
1 005～1 014	46.70	23.30	49.86	1 005～1 014
1 015～1 024	47.10	23.40	50.36	1 015～1 024
1 025～1 034	47.60	23.70	50.85	1 025～1 034
1 035～1 044	48.00	23.90	51.35	1 035～1 044
1 045～1 054	48.50	24.20	51.83	1 045～1 054
1 055～1 064	48.90	24.60	52.32	1 055～1 064
1 065～1 074	49.40	24.80	52.82	1 065～1 074
1 075～1 084	49.80	25.10	53.31	1 075～1 084
1 085～1 094	50.30	25.20	53.81	1 085～1 094
1 095～1 104	50.70	25.50	54.30	1 099～1 104
1 105～1 114	51.20	25.70	54.80	1 105～1 114
1 115～1 124	51.60	26.00	55.29	1 115～1 124
1 125～1 134	52.10	26.10	55.79	1 125～1 134
1 135～1 149	52.80	26.40	56.39	1 135～1 149
1 150～1 249	55.40	27.80	59.25	1 150～1 249
1 250～1 349	59.90	30.00	64.17	1 250～1 349
1 350～1 449	64.70	32.30	69.11	1 350～1 449
1 450～1 549	69.20	34.70	74.06	1 450～1 549
1 550～1 649	73.80	36.90	78.98	1 550～1 649
1 650～1 749	78.30	39.20	83.91	1 650～1 749
1 750～1 849	83.10	41.40	88.86	1 750～1 849
1 850～1 949	87.60	44.00	93.78	1 850～1 949
1 950～2 049	92.30	46.20	99.39	1 950～2 049
4 550～8 000	1	2	3	4 550～8 000
4 550～4 649	212.00	106.10	227.06	4 550～4 649
4 650～4 749	216.50	108.30	232.01	4 650～4 749
4 750～4 849	221.30	110.60	226.93	4 750～4 849
4 850～4 949	225.80	113.00	241.88	4 850～4 949
4 950～5 049	230.40	115.20	246.81	4 950～5 049
5 050～5 149	234.90	117.50	251.73	5 050～5 149
5 150～5 249	239.70	119.70	256.68	5 150～5 249
5 250～5 349	244.20	122.30	261.62	5 250～5 349
5 350～5 449	248.90	124.50	266.57	5 350～5 449

续 表

里程/km	每吨运费（单位:瑞士法郎）		每轴运费（单位:瑞士法郎）	里程/km
	等级			
4 550～8 000	1	2	3	4 550～8 000
5 450～5 549	253.40	126.80	271.49	5 450～5 549
5 550～5 649	258.20	129.00	276.42	5 550～5 649
5 650～5 749	262.70	131.40	281.37	5 650～5 749
5 750～5 849	267.30	133.70	286.29	5 750～5 849
5 850～5 949	271.80	135.90	291.23	5 850～5 949
5 950～6 049	276.60	138.20	296.18	5 950～6 049
6 050～6 200	282.20	140.20	302.34	6 050～6 200
6 201～6 400	290.30	145.20	310.98	6 201～6 400
6 401～6 600	299.60	149.70	320.85	6 401～6 600
6 601～6 800	308.70	154.40	330.71	6 601～6 800
6 801～7 000	318.00	158.90	340.59	6 801～7 000
7 001～7 200	327.20	163.70	350.46	7 001～7 200
7 201～7 400	336.50	168.20	360.35	7 201～7 400
7 401～7 600	345.60	172.80	370.22	7 401～7 600
7 601～7 800	354.90	177.30	380.07	7 601～7 800
7 801～8 000	364.10	182.10	389.96	7 801～8 000

表 6-29　杂费表

收费名称	计量单位	费率（瑞士法郎）
1. 换装费 将货物从一种轨距车辆换装入另一种轨距车辆以及更换转向架时，应按照下列费率收费：		
1）包装货物和成件货物换装费	100 kg	1.20
2）散装和堆装货物换装费	100 kg	1.00
3）灌装货物换装（包括加温）费	100 kg	0.80
4）国际货协第 5 条第 4 项第 1～5 款中所载的货物换装费，按照换装路现行国内运价规程的规定核收；若未作规定时，就按照实际费用核收		按现行国内运价规程
5）集装箱换装费 ① 容积为 5 m³（最大毛重 3 t）和 11 m³（最大毛重 5 t）的空的和重的中吨位集装箱	每集装箱	17.60
② 重的大吨位集装箱	每集装箱	68.00
③ 空的大吨位集装箱	每集装箱	34.00
6）带轮货物换装费 ① 重的汽车列车、汽车、拖车、半拖车和可拆卸的汽车车厢	每批	88.00
② 空的汽车列车、汽车、拖车、半拖车和可拆卸的汽车车厢（使用前和使用后由铁路运输）	每批	44.00
7）重车，空的货主自备车和铁路出租的车辆以及自轮运转机车车辆更换另一种轨距转向架	每轴	1.80
装有数批货物的合装车，按照每张运单分别核收	每 100 kg（不足 100 按 100 kg 计算）	

续 表

收费名称	计量单位	费 率(瑞士法郎)
2. 货物声明价格费 快运或慢运货物的声明价格费 * 不足150瑞士法郎的按150瑞士法郎计算 * * 按每一过境铁路分别核收，不取决于运输距离	每150瑞士法郎价格声明费*	2.00**
3. 与所运货物验关有关的费用 为补偿铁路所支付与所运货物验关有关的一切费用(一次性核收)，作为每一过境路的收益，核收以下费用： 1) 整车货物 2) 集装箱货物 3) 带轮货物 4) 零担货物	 每批 每批 每批 每批	 4.00 4.00 4.00 2.20
4. 运送票据重新办理费 由一种运输法的运送票据更换为另一种的重新办理费	每张运单	8.00
5. 铁路供给设备和用具费 国境站换装货物由铁路供给的设备，用具和装车用的加固材料(支柱、铁丝、钉子、垫板、麻垫等等)费，由铁路按车核收，不分车辆载重量大小	每车	35.10
6. 车辆在过境路车站停贸费 因为发货人变更运输合同造成车辆在过境路车站停留，按以下最高限额核收停留费，作为车辆所在铁路的收益： 1) 两轴车辆 2) 四轴半辆 3) 特种平车	 每车/天 每车/天 每车/天	 7.80 9.75 23.40
7. 由于发收货人的过失造成车辆或者集装箱在过境路滞留，除本条第6项已有规定者外，按照以下费率核收滞留费，作为铁路的收益： 1) 两轴车辆 2) 四轴及以上车辆 3) 特种平车和机械保温车 4) 内容积在3.0 m^3 至5.7 m^3 的中吨位集装箱 5) 内容积在5.7 m^3 至11.0 m^3 的中吨位集装箱 6) 10 ft 集装箱 7) 20 ft 集装箱 8) 30 ft 集装箱 注：计算滞留费时，车辆和集装箱停留不足一小时按一小时计算如果在车辆内运送的一个或者几个集装箱被卸车，则集装箱在车内及卸车后的滞留费按照上面所列相应的箱型对应的费率计算 在其余情况下，集装箱的滞留费按照两轴或者四轴车辆的费率计算 车辆或者集装箱产生滞留费的时间，根据过境铁路的现行国内规章计算	 每车/小时 每车/小时 每车/小时 每车/小时 每车/小时 每车/小时 每车/小时 每车/小时	 2.70 4.00 6.70 0.40 0.80 1.00 2.00 4.00

(10) 人民币对瑞士法郎的兑换率：8∶1；

(11)《国际货协》附件“杂费和其他费用统一编码表”中，19—货物换装费，20—车辆滞留费，28—履行海关手续费，57—未指明的其他铁路费用。

第七章　国际航空货物运输

飞机是现代化的交通工具之一，国际航空货物运输具有迅速、安全、准确、运量较小、运费较贵等特点，适合贵重货物、精密仪器、计算机、高级服装、季节性货物及时间性强的邮件和国际快件运输，是国际间物资交流的重要运输方式。

本章介绍了航空运输设备和设施及航空运输生产的基础知识；国际航空货物运输的经营方式和组织方法；国际航空运输从托运到交付等基本作业，以及航空特种货物运输的特殊规定。重点介绍了国际航空运输费用的计算；航空货运单的种类、作用、流转、合同条款和填制要求，以及国际民用航空运输相关的国际公约和国内法律，并辅以具体的案例分析。

第一节　国际航空货物运输概述

世界上第一架飞机是美国莱特兄弟威伯尔和奥维尔（Wibre and Orvlie Wright Brothers）于 1903 年发明的。最初使用飞机运输邮件和急需物品，后来逐步发展为载运旅客和货物。随着世界经济一体化、国际贸易和国际物流的发展，国际航空货物运输在世界范围内得到蓬勃的发展。

一、航空货物运输的特点

1. 运送速度快、运输路程短

运送速度快、运输路程短是航空货物运输最大的优势和主要的特点。现代的喷气运输机，时速都在 900 km/h 左右，同时飞机不受地面地形条件的限制，除因航行的特殊需要以外，一般航空线路比平行的地面线路都短。距离越长或地面地形越复杂、地面线路越迂回曲折，航空运输路程短的特点越明显，运程缩短意味着节省运输时间及社会劳动消耗。另外，90%以上的国际航线上采用先进的宽体飞机和全货机运输，大大地增加了飞机的运送速度和运货能力。当前国际市场竞争十分激烈、行情瞬息万变，争取时间就能获得高的经济效益，对鲜活货物和季节性货物尤为重要，航空货物运输已成为国际市场商品竞争强有力的手段。

2. 安全准确，有利于稳定和开拓市场

现代喷气式民航飞机的飞行高度一般在 1 万 m 以上，不受低空气流的影响，飞行平稳，货物所受的震动弱、冲击小，在飞行中货舱与外界隔离，货舱的温度和湿度又能得到适当的控制，因此货物很少产生损伤、被盗、变质等事故。同时飞机的航班准确率高，货物可按时到达目的地，加上运送速度快、货物质量有保证，有利于巩固已有的市场和开拓新的市场。

3. 可简化包装、节省费用

航空运输具有现代化的装卸设备，货物途中倒装次数少，对货物包装强度要求低，包装相对可以简化。由于运送速度快，商品周转期短，资金回收迅速，因此，可减少贷款的利息费用和降低包装的成本费用。

4. 载运量小、运输费用较高

飞机的载运量小，大型宽体飞机的最大业务载重也不到 100 t，况且，航班使用的飞机，绝大多数是客货两用机，客货混载是以客运为主，是按客运的流向、流量开设航线投放航班，附带投放有限的货运能力。由于载运量少，运营成本高，所以航空运输的运价高于其他运输方式的运价，适合装运贵重货物、精密仪器、计算机、高级服装、鲜活货物、季节性货物和时间性强的邮件、包裹等。

二、航空器

航空器是指能够凭借空气的反作用而不是凭借空气对地面的反作用在大气中获得支撑的任何器械。它既包括重于空气的飞机、直升机、飞艇、滑翔机，又包括轻于空气的氢气球。

飞机是由动力装置产生前进推力，固定翼产生升力，在大气层中飞行的重于空气的航空器，是目前最主要、应用最广泛的航空器。

1. 飞机的主要组成部分(图 7-1)

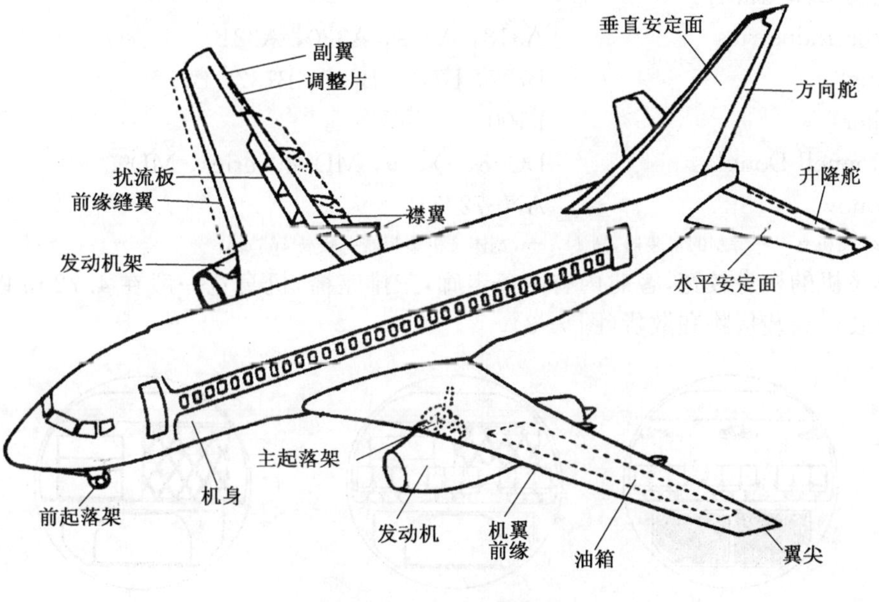

图 7-1 飞机主要构成

(1) 机翼。主要作用是产生升力，以支持飞机在空中飞行，其翼面在特定条件下固定不变，有一定的稳定操纵作用。

(2) 机身。设置驾驶舱、客舱、货舱，装载乘务员、旅客和货物等。

(3) 动力装置。产生推动飞机前进的动力。动力装置除喷气发动机或活塞发动机外，还包括一系列保证发动机正常工作的系统，如燃油供应系统等。

(4) 起落装置。支持飞机并使飞机能在地面起落或停放的前起落架和主起落架等。

(5) 稳定操纵机构。在飞行中维持飞机的平衡和稳定,并使飞行能够操纵的系统,包括水平安定面、垂直安定面和副翼。

2. 飞机的分类

(1) 飞机按推进装置的不同,分为螺旋桨飞机和喷气式飞机。按发动机类型不同,螺旋桨飞机又分为活塞式飞机和涡轮螺旋桨飞机;喷气式飞机又分涡轮喷气式飞机和涡轮风扇喷气式飞机。按飞机发动机数目的不同,飞机又可分为单发飞机、双发飞机、三发飞机和四发飞机。

(2) 飞机可按性能特点不同分类。按最大飞行速度不同分为亚音速飞机和超音速飞机。亚音速飞机又分为低速飞机和高亚音速飞机。大多数喷气式运输机都属于高亚音速飞机。

按飞机的航程可分为近程飞机、中程飞机和远程飞机。近程飞机的航程一般在1 000 km以内,一般用于支线,因此又称为支线飞机;中程飞机的航程在3 000 km左右;远程飞机可以完成中途不着陆的洲际跨洋飞行,航程一般为 10 000 km 左右。中、远程飞机一般用于国内干线和国际航线,因此又称为干线飞机。

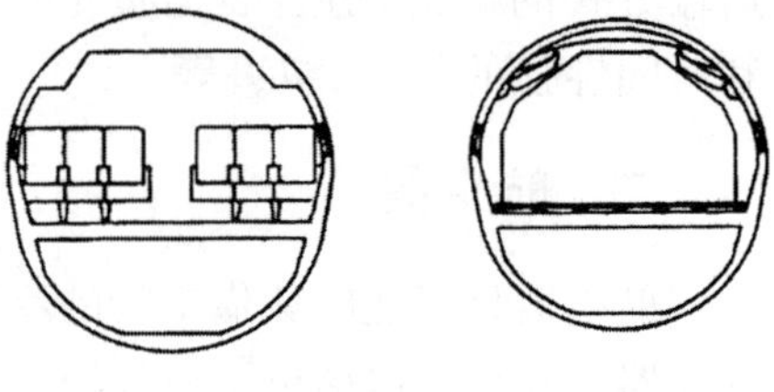

图 7-2　窄体飞机示意图

(3) 按机身的宽窄,飞机可以分为宽体飞机和窄体飞机。窄体飞机的机身宽约 3 m,旅客座位之间有一个走廊,这类飞机往往只在其下货舱装运散货(图 7-2)。

常见的窄体飞机有:

Airbus Industries	A318, A319, A320, A321
Boeing	B707, B717, B727, B737, B757
Fokker	F100
McDonnell Douglas	DC-8, DC-9, MD-80series, MD90
Antonov	AN-72/74

注:A320 飞机有一种特制的集装器,高 117 cm,宽体飞机集装器一般高 163 cm。

宽体飞机的机身较宽,客舱内有两条走廊,三排座椅,机身宽一般在 4.72 m 以上,这类飞机可以装运集装货物和散货(图 7-3)。

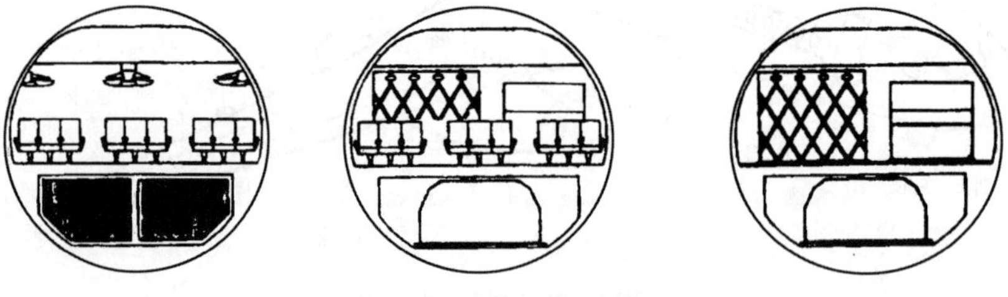

图 7-3　宽体飞机示意图

常见的宽体飞机有:

Airbus Industries	A300-B, A310, A330, A340
Boeing	B747, B767, B777
Ilyushin	IL-86, IL-96

Lockheed	L1011 Tristar
Mcdonnell Douglas	DC-10，MD-11
Antonov	AN-124

(4) 按飞机使用用途分，民用飞机可划分为全货机、全客机和客货混用机三种。全货机的主舱及下舱全部载货；全客机只在下舱载货；客货混用机在主舱前部设有旅客座椅，后部可装载货物，下舱内也可装载货物。

3. 飞机机舱的布局

一般飞机（波音 747 除外）的内部容积分为主舱（Main deck）和下舱（Lower deck），主舱基本是客舱，在全部用于载货的飞机上，主舱也用于装货，下舱是货舱，如图 7-4 所示。

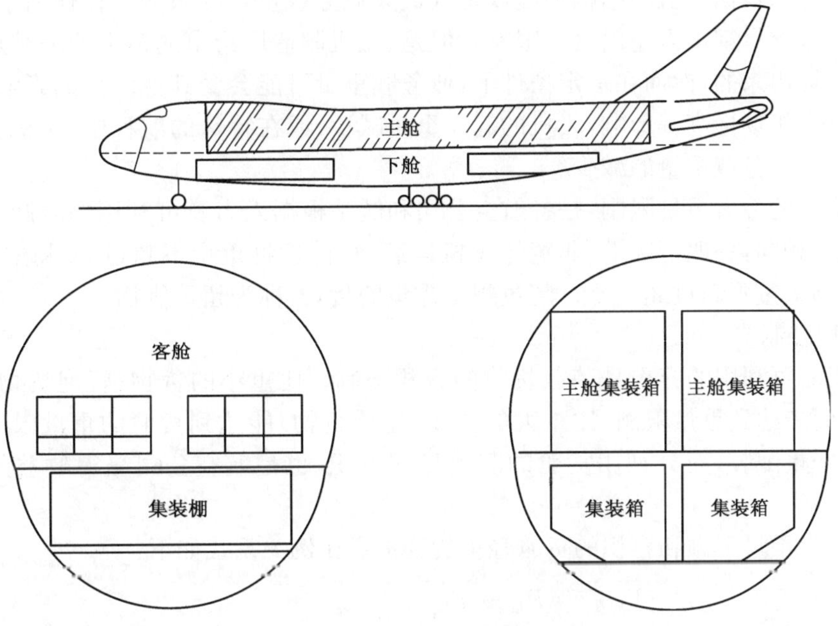

图 7-4　飞机内部容积结构示意图

位于普通飞机底舱的前、后货舱又可分为若干个分货舱。分货舱一般是用永久性的固体舱壁或可移动的软网隔离而成。用可移动的软网隔离的分舱的容积根据需要可作调整。

波音 747 的内部容积分为三种舱位：上舱（Upper Deck）、主舱和下舱，如图 7-5 所示。

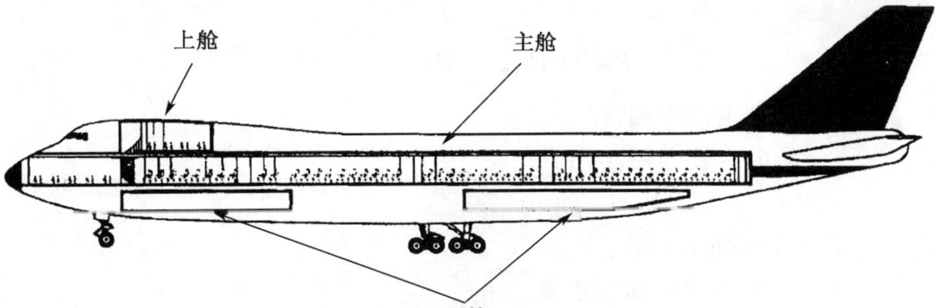

图 7-5　波音 747 内部容积示意图

4. 飞机的装载限制

1）重量限制

根据飞机的结构强度，飞机制造厂规定了每架飞机的业务载量（有效载量）的重量限额及每一货舱的重量限额，即飞机的重量限制。

飞机最大的设计起飞重量，是由飞机基本重量、燃油重量加上业务载量所组成。因此，最大业务载量为最大起飞重量减去飞机基本重量和燃油重量。

飞机的基本重量包括空机重量、附加设备重量、空勤组及其随带用具、物品的重量等；燃油重量包括航段飞行耗油量和备用油量，但不包括地面开车和滑行的油量。航线不同，油量也不相同。

任何机型都根据飞机的结构强度规定其最大业务载重量的限额。在任何情况下，飞机的实际业务载重量都不得超出这个限额。但是，飞机制造厂给出的最大业务载重量是在理想状况下计算出来的，然而在一定条件下，业务载重量可能会受其他因素的影响而减少，如受风力、温度、机场标高等影响，飞机的起飞重量减少，或在特殊的航程中，飞机上燃料重量的增加将导致业务载重量的减少。

每件货物的最大重量限制，是各航空公司和航站根据人力及可利用的装卸设备情况所确定的，不尽相同，一般情况下，非宽体飞机运载：每件货物重量不超过 80 kg；宽体飞机运载：每件货物重量不超过 250 kg。超过规定重量的货物，称为超重货物。

2）容积限制

飞机货舱可利用的容积是装载货物的容积限制。比重小的货物（轻泡货物）能装满货舱的容积，而未达到重量限额；比重大的货物（重质货物）能达到货舱的重量限额而未装满容积，组织轻重配装，充分利用货舱的载重量和容积，也是航空公司赢得效益的主要方法之一。

对于一定重量限额和容积的货舱轻重货物重量比例关系式如下：

$$\begin{cases} P_{舱重} = P_{重} + P_{轻} \quad (\mathrm{t}) \\ V_{有效} = V_{重} + V_{轻} = \dfrac{P_{重}}{\gamma_{重}} + \dfrac{P_{轻}}{\gamma_{轻}} \quad (\mathrm{m}^2) \end{cases} \tag{7-1}$$

所以

$$P_{重} = \frac{P_{舱重} - v_{有效}\gamma_{轻}}{1 - \dfrac{\gamma_{轻}}{\gamma_{重}}} \quad (\mathrm{t}) \tag{7-2}$$

$$P_{轻} = P_{舱重} - P_{重} \tag{7-3}$$

式中 $P_{舱重}$——货舱的重量限额，t；

$V_{有效}$——货舱的有效容积，m^3；

$P_{重}$——应装的重货货物，t；

$P_{轻}$——应装的轻泡货物，t；

$\gamma_{重}$——重质货物的单位体积重量，$\mathrm{t/m}^3$；

$\gamma_{轻}$——轻泡货物的单位体积重量，$\mathrm{t/m}^3$。

由于飞机货舱是不规则的容器，因此计算出的轻泡货物重量应适当减少，以装满货舱为准。

3）舱门限制

货物必须通过舱门装入舱内，舱门的大小限制一件货物的最大尺寸。为了便于确定一件货物是否可以装入散舱，飞机制造厂提供了散舱舱门尺寸表（参阅 TACT-Rules 8.2 Loading Charter），见表 7-1。表内数据以厘米及英寸两种计量单位公布，列出货物的宽度和高度，在任何一对宽和高的交叉点上的数字便是这种货物的最大允许长度。

例如：机型 B737，货物尺寸 245 cm×74 cm×62 cm（长×宽×高），表 7-1 中，采用76 cm 作基本宽度，66 cm 为基本高度时，交叉点数据“289”为最大允许货物长度，说明这件货物能装入 B737 的货舱内。

表 7-1　　**波音 737-300 系列**

高	宽								
	12 *5*	25 *10*	38 *15*	50 *20*	63 *25*	76 *30*	88 *35*	101 *40*	114 *45*
12 *5*	645 *254*	622 *245*	609 *240*	596 *235*	574 *226*	502 *198*	406 *160*	345 *136*	299 *118*
25 *10*	622 *245*	604 *238*	579 *228*	538 *212*	508 *200*	457 *180*	386 *152*	332 *131*	292 *115*
30 *12*	604 *238*	574 *226*	523 *206*	472 *186*	452 *178*	426 *168*	365 *144*	322 *127*	279 *110*
35 *14*	568 *224*	543 *214*	472 *186*	441 *174*	416 *164*	381 *150*	350 *138*	309 *122*	261 *103*
40 *16*	538 *212*	487 *192*	431 *170*	411 *162*	381 *150*	350 *138*	322 *127*	292 *115*	254 *100*
45 *18*	502 *198*	457 *180*	421 *166*	396 *156*	370 *146*	342 *135*	314 *124*	284 *112*	248 *98*
50 *20*	482 *190*	436 *172*	411 *162*	391 *154*	358 *141*	330 *130*	304 *120*	271 *107*	238 *94*
55 *22*	452 *178*	426 *168*	401 *158*	375 *148*	345 *136*	320 *126*	289 *114*	264 *104*	228 *90*
60 *24*	441 *174*	406 *160*	381 *150*	355 *140*	335 *132*	297 *117*	274 *108*	213 *84*	205 *81*
66 *26*	406 *160*	391 *154*	365 *144*	340 *134*	314 *124*	289 *114*	264 *104*	233 *92*	193 *76*
71 *28*	406 *160*	381 *150*	355 *140*	330 *130*	304 *120*	279 *110*	254 *100*	228 *90*	187 *74*
76 *30*	335 *132*	309 *122*	284 *112*	264 *104*	238 *94*	248 *98*	203 *80*	182 *72*	142 *56*
81 *32*	309 *122*	289 *114*	254 *100*	233 *92*					
86 *34*	284 *112*	264 *104*	233 *92*	213 *84*					

注：表中数字单位：厘米（第一行）、英寸（第二行斜体字）。

测量货物的外形包装尺寸时,应测量最长、最宽和最高的尺寸,如果底面积为梯形,则按矩形计算,矩形边为梯形的长边。

4) 货舱地板的承重限制

飞机货舱地板每平方米可承受的最大重量(kg/m^2),即为货舱地板的承重限额。装货后,货舱地板每平方米承受的重量超过了该重量限额,地板和飞机结构有可能遭到损坏。因此,装载货物时应注意不能超过地板的承受限额。

对于不规则货物,如货物性质无特殊要求,应将面积较大的一面接触地板,承受重量如果仍超过了地板的最大承受力,则应利用垫板分散货物重量,使其每平方面积内承受的重量降至最大承受力以下。垫板所需面积计算公式如下:

$$垫板面积=\frac{货物重量}{地板承重限额}\ (m^2) \tag{7-4}$$

垫板的边长应大于货物底面的任一边长,垫板的厚度为 2～5 cm。部分飞机货舱门尺寸、容积及地板承受力(承受限额)见表 7-2。

表 7-2　货舱门尺寸、容积及地板承受力表

机　型	行李、货舱门/m	行李、货舱容积/m²	地板承受力/(kg·m⁻²)	动物舱位
B747-400	主货仓 3.05×3.40	可装 7 块集装板	976	
	前下仓 1.68×2.64	可装 5 块集装板	976	
	后下仓 1.68×2.64	可装 16 个 AVE 小箱	976	
	散装仓 11.9×1.12	15.8	732	
B747-200	主货仓 3.05×3.40	可装 6 块集装板	976	
	前下仓 1.67×2.64	可装 5 块集装板	976	
	后下仓 1.67×2.64	可装 14 个 AVE 小箱	976	
	散装仓 1.19×1.12	15.8	732	
B747-SP	前仓 1.73×2.64	可装 3 块集装板	976	
	后仓 1.73×2.64	可装 10 个 AVE 小箱	976	
	散仓	9.6	732	
B767	前仓 3.40×1.75	可装 3 块集装板	976	
	后仓 1.87×1.75	可装 10 个 DPE 小箱	976	
	散仓 0.97×1.19	12	732	
A310	前仓 2.70×1.69	可装 3 块集装板	732	1
	后仓 18.1×1.70	可装 6 个 AVE 小箱	732	
	散仓 0.95×0.63	17.3	732	
B757	前仓 1.07×1.07		732	
	后仓 1.40×1.12		732	
	1.22×0.81		732	
B707B	前门 1.27×1.22	24.5	732	
	中门 1.27×1.22	24.5	732	
	后门 0.91×0.76		732	

续　表

机　型	行李、货舱门/m	行李、货舱容积/m^2	地板承受力/(kg·m^{-2})	动物舱位
B707C	前门 1.27×1.22	24.5	732	
	中门 1.27×1.22	24.5	732	
	后门 0.91×0.76		732	
	主货仓 3.40×2.31	可装 12 块 PIP 板		
TU-154	前仓 1.35×0.80	21.5	600	
	后仓 1.35×0.80	16.5	600	
B737-200	前仓 0.86×1.21	10.4	732	
	后仓 0.88×1.21	14.3	732	
B737-300	前仓 0.88×1.21	10.4	732	
	后仓 0.88×1.17	14.3	732	
MD-80	一仓 1.346×1.27	13.1	732	1
	二仓 1.346×1.27	9.8	732	
	三仓 1.346×1.27	12.5	732	
MD-82	一仓 1.346×1.27	13.1	732	1
	二仓 1.346×1.27	9.8	732	
	三仓 1.346×1.27	12.5	732	
三叉戟	前仓 0.86×1.20	一仓 5.0 二仓 8.6	732	
	后仓 0.75×0.89	三仓 3.6 四仓 3.7	732	
BAE146	前仓 0.76×1.34	6.88	366	
	后仓 0.68×0.91	6.68	366	
AN-12	后门 2.67×3.16	123.3	1 500	—
AN-24	前仓 1.07×1.19	一仓 5	400(加垫板)	—
	后仓 1.45×0.75	二仓 2.6 三仓 1.9	400(加垫板)	—
YUN-7	前仓 1.09×1.19	一仓 5	400(加垫板)	—
	后仓 1.41×0.75	二仓 2.6 三仓 1.9	400(加垫板)	—
S-360	前仓 1×0.73	1.27	223	—
	后仓 1.1×0.73	4.81	446	—
L-100-30	2.77×3.05	175	1 500	

三、航空集装运输

航空集装运输是指利用航空集装设备装载货物、行李和邮件的运输。民用航空最早的集装运输，是在使用活塞式飞机和涡轮螺旋桨飞机时代，当时承运人使用托盘和货网将一定数量的单件货物组合为单元运输。随着大型飞机，特别是喷气式宽体飞机的问世，航空集装运输才得到较快的发展。

(一) 航空集装运输的特点

1. 减少货物装卸时间，提高作业效率

传统的操作方法，是在仓库将货物装上拖车，然后拉到停机坪，一件件装上飞机，逐一核对标签。使用集装设备，是在仓库将货物装入集装设备，使用升降平台，将集装设备迅速装入飞机，装卸机时间大为缩短。

2. 减少货运事故、提高运输质量

使用集装设备后，成组装机、卸机，简化了货物交接手续，减少了货物装卸次数，货物的差错率、破损率明显降低，有效地提高了运输质量。

3. 有利于组织联合运输和“门到门”服务

使用集装设备后，便于开展接取送达的“门到门”服务，便于机械作业直接换装，有利于组织联运，提高运输效率和服务质量。

4. 航空集装箱缺少标准化和互换性

因受飞机机型的限制，目前尚缺少一种各类型飞机都通用的标准化集装箱。集装箱的外形和尺寸是为了充分利用飞机货舱的容积所设计的。某种型号的集装箱只能在同种机型或者相似机型间使用，相差悬殊的机型间，集装箱不能互换使用，这是制约航空货物运输集装箱化的最大障碍。

5. 航空集装箱的造价较高，空箱回送浪费运力

航空集装箱现多由轻质的铝合金材料或玻璃钢制成，造价较高，由于不能互换使用，空箱、空板的回送浪费运力。近年来，国外就此问题提出解决办法，如采用折叠式集装箱，一箱多地运以及航空公司之间互用集装箱等，这些措施取得一定的效果。

(二) 航空集装设备

航空集装设备主要是指能够使用飞机内的滚轮系统进行传递和固定的被称为集装器(Unit Load Device，ULD)的集装箱、集装板、集装棚以及与之配套使用的装运设备。

1. 航空集装设备的分类

1) 航空集装箱

根据放置在飞机机舱的位置，分为主货舱用的集装箱和下货舱用的集装箱。主货舱集装箱只能装于全货机或客机的主货舱，这种集装箱的高度在 163 cm 以上；下货舱集装箱只能装于宽体飞机的下货舱。

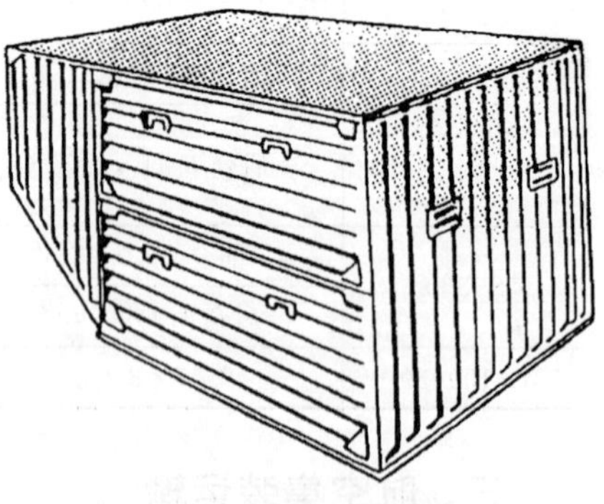
图 7-6　航空专用集装箱

航空集装箱又分为航空专用集装箱和联运集装箱。联运集装箱主要有空陆运输集装箱和空陆水联运集装箱。航空专用集装箱只考虑由飞机运输用(图 7-6)；空陆集装箱为了适应航空和陆上运输设备的要求，在底部四角设有角件，可以在普通的专用集装箱底盘车上装载；空陆水联运集装箱不仅可用于航空运输和陆上运输，而且还可用于海上运输，因此，除集装箱底部四角设有底角件外，为了在海上运输时能在顶部起吊，还设有四个顶角件，并可以堆装 2 层。

根据装运的货物，分为普通货物集装箱和特殊货物集装箱。后者如保温集装箱、动物集装箱等。

根据制造材料，分为硬体集装箱和软体集装箱。

国外航空集装箱种类、规格很多，目前，我国民航常用的航空集装箱主要型号有三种，即 AVE、DPE、UA_4，其规格见表 7-3。

表 7-3　　中国民航常用集装箱规格表

型　号	AVE(LD-3)	DPE(LD-2)	UA4(LD-9)
示意图	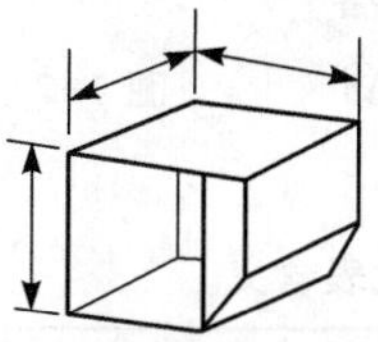	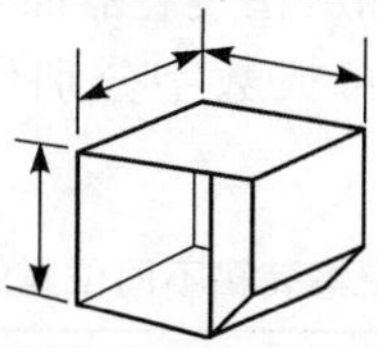	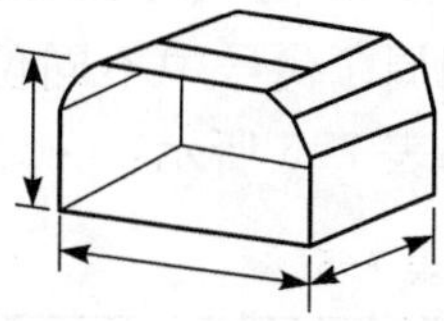
长/cm	156	119	318
宽/cm	153	153	224
高/cm	163	163	163
体积/m³	3.0	2.5	9.3
自重/kg	120	120	230
最大载重/kg	1 525	1 225	5 000
适用机型	B747　B767　A310	B767	B747　B767　A310

2）集装板

集装板亦称托盘，是一块平滑的底板，上面装载货物、行李或邮件，并用货网、集装棚加以固定组成一个单元进行运输。集装板制造简单，成本较低，使用方便，但对装载的货物形状要求规则，对于散杂货就不太适用。

集装板的制造必须满足以下条件：集装板的四周有用于挂货网的槽和挂钩，能用货网将货物固定起来；能方便地装在货舱内的固定位置。

通常使用的集装板厚度为 2 cm，称为半应力集装板或挠性集装板；适合装运重质货物的集装板厚度为 6 cm，称为应力集装板或刚性集装板。中国民航常用集装板规格见表 7-4。

表 7-4　　中国民航常用集装板规格表

型号	长/cm	宽/cm	可装高度/cm	最大载重/kg	适用机型
P1P	318	224	166 244 299	4 500	B707 B747 B767 A310 DC-10
P6P	318	244	164 244 299	5 000	B747 上舱 C-130
P7P(20″)	606	244	244	10 000	B747 上舱用

注：集装板可装货物的高度，可随飞机机型的主货舱或下货舱的位置布置而定。

3）集装棚

为了充分利用飞机内的空间，保护飞机的内壁，除了集装板和货网之外，还使用结构或非结构集装棚。结构集装棚外壳与集装板的尺寸相配，能固一个整体，不需要网套固定，分为拱型和长方型两种，如图7-7所示；非结构集装棚是一个用玻璃钢或轻金属制成的不带底板的外壳，与集装板没有组成整体，可罩在货物和网套之间使用。

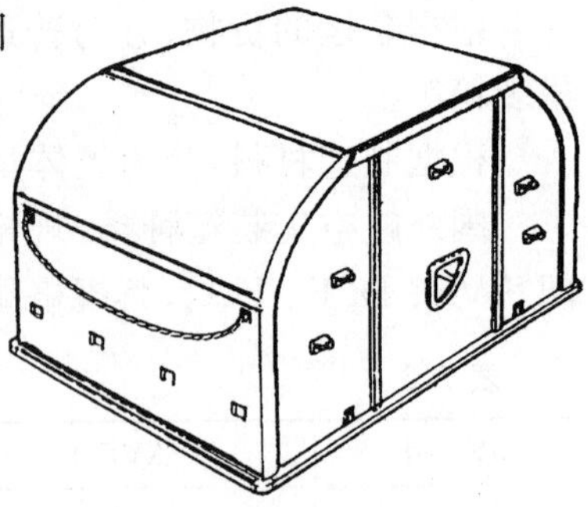

图 7-7　集装棚示意图

2. 航空集装设备的代号

航空集装设备的代号由字母和数字组成，如AVE1100、PAP2233CA，通常标示在集装器面板和集装器的四周。代号中不同位置的字母或数字分别代表以下含义如表7-5所示：

表 7-5　　航空集装箱不同位置的数字的代表含义

位置	字母或数字	含义
1	字母	集装器的类型
2	字母	底板尺寸
3	字母	外形或适配性
4，5，6，7	数字	序号
8，9	字母	所有人、注册人

首位字母表示集装器的种类：

A	CERTIFIED AIRCRAFT CONTAINER 注册的飞机集装器
B	NON-CERTIFIED AIRCRAFT CONTAINER 非注册的飞机集装器
F	NON-CERTIFIED AIRCRAFT PALLET 非注册的飞机集装板
G	NON-CERTIFIED AIRCRAFT PALLET NET 非注册集装板网套
J	THERMAL NON-STRUCTURED IGLOO 保温的非结构集装棚
M	THERMAL NON-CERTIFIED AIRCRAFT CONTAINER 保温的非注册的飞机集装箱
N	CERTIFIED AIRCRAFT PALLET NET 注册的飞机集装板网套
P	CERTIFIED AIRCRAFT PALLET 注册的飞机集装板
R	THERMAL CERTIFIED AIRCRAFT CONTAINER 注册的飞机保温箱
U	NON STRUCTURAL IGLOO 非结构集装棚
H	HORSE STALL 马厩
V	AUTOMOBIL TRANSPORT EQUIPMENT 汽车运输设备
X、Y、Z	RESERVED FOR AIRLINE USE ONLY 供航空公司内部使用

第二位字母表示集装器的底板尺寸：

A	224 cm×318 cm	K	153 cm×156 cm
B	224 cm×274 cm	L	153 cm×318 cm
E	224 cm×135 cm	M	244 cm×318 cm
G	224 cm×606 cm		

第三位字母表示集装器的外形以及与飞机的适配性：

E	适用于 B747、AC310、DC10、L1011 下货舱无叉眼装置的半型集装箱

续 表

N	适用于 B747、AC310、DC10、L1011 下货舱有叉眼装置的半型集装箱
P	适用于 B747COMB 上舱及 B747、AC310、DC10、L1011 下舱的集装板
A	使用于 B747F 上舱集装箱

四、民用运输机场

民用机场是指专供民用航空器起飞、降落、滑行、停放及进行其他活动使用的划定区域,包括附属的建筑物、装置和设施。民航运输机场、通用航空固定性机场和其他专门用途的民用机场,统称民用机场。

1. 民用运输机场的组成

(1) 飞行区。飞行区是机场的主要组成部分,包括跑道、滑行道、停机坪以及各种保障飞行的设施,如导航设施、指挥系统及气象自动观测系统等,还包括保证飞机起飞和着落的净空保护区。

(2) 客货运输服务区,亦称航站区。它是为旅客、货物、邮件运输服务的区域,包括客机坪、候机楼、停车场以及货运站或货运中心等。

(3) 机务维修区。为飞机上各种设备提供维修服务的场所,包括维修机坪、维修机库、维修工厂或维修车间等。

(4) 输油系统。它包括油料储存和飞机加油设备等。

(5) 消防和急救设备。各种消防器材和急救设备,以防飞机失事和失事后进行抢救之用。

(6) 流动便利设备。如升降平台、客梯车、牵引车、传送带和食品车等。

2. 中国民航运输机场的分类

我国民航运输机场按是否对外开放,分为国际机场和国内机场。国际机场系指经政府批准对外开放,供国际航线的航空器起降营运,并设有海关、检验检疫及边防检查站等机构的口岸;国内机场供国内航线的航空器使用,除特殊情况经批准外,不提供给外国航空器使用。

根据服务的航线和规模,分为大型枢纽机场、干线机场和支线机场。大型枢纽机场,其国际、国内航线密集,客货邮吞吐量大,如北京首都国际机场、上海浦东国际机场、上海虹桥国际机场和广州新白云国际机场,这 4 个机场是我国重要的对外开放的民用机场;干线机场以国内航线为主,客货邮吞吐量较大,主要指省会、自治区首府、重要工业、旅游、开放城市的机场;支线机场以地方航线为主,规模较小、等级较低、太多分布在各省、自治区地面交通不方便的地方。

3. 民用机场飞行区等级

“国际民用航空组织”规定,采用民用机场跑道的长短和能起降的飞机的类型相结合的方法来划分民用机场飞行区的等级,即根据民用机场飞行区使用的飞机的基准飞行场地长度,从小到大分为 1、2、3、4 四个等级;根据该机场飞行区能起降的最大飞机的冀展和主起落架外轮外侧间的距离,从小到大分为 A、B、C、D、E 5 个等级,见表 7-6。例如 4D 机场是指在标准条件下,可用跑道长大于或等于 1 800 m,可用最大飞机的翼展在 36～52 m 间和主起落架外轮外侧间距在 9～14 m 间。因为国际航班一般使用中远程民用航空器,故民用国际机场飞行区等级指标为 4D(含 4D)以上。

表 7-6　　民用机场飞行区等级划分要素表

第一要素		第二要素		
代码	飞机基准飞行场地长度	代字	翼展/m	主起落架外轮外侧间距/m
1	小于 800	A	<15	<4.5
2	800～<1 200	B	15～<24	4.5～<6
3	1 200～<1 800	C	24～<36	6～<9
4	≥1 800	D	36～<52	9～<14
		E	52～<65	9～<14

注：选用容许起降的飞机中翼展最大或主起落架外轮外侧间距最大者，以确定第二要素的代字。

第二节　航空运输基础知识

一、国际民航组织

与国际民用航空运输有关的组织，主要有国际民用航空组织（International Civil Aviation Organization，ICAO）和国际航空运输协会（International Air Transport Association，IATA）。

（一）国际民用航空组织

第二次世界大战后，为解决民用航空发展中的国际航空运输业务权等国际性问题，1944 年 11 月 1 日至 12 月 7 日在芝加哥召开了有 52 个国家参加的国际民用航空会议，签订了《国际民用航空公约》，简称芝加哥公约，1947 年 4 月 4 日国际民用航空公约生效，并正式成立了国际民用航空组织，同年 5 月成为联合国的一个专门机构，总部设在蒙特利尔。目前，国际民用航空组织已有 190 多个成员国。

国际民航组织的宗旨和目的是发展国际航行的原则和技术，促进国际航空运输的规划和发展，以达到以下目的：

（1）保证国际民用航空安全和有秩序的发展。

（2）鼓励发展用于和平目的的飞机设计和飞机操作技术。

（3）鼓励发展国际民航的航线、机场和航空设施。

（4）满足世界人民对安全、正常、有效、经济的航空运输的需要。

（5）防止因不合理的竞争而造成经济上的浪费。

（6）保证各缔约国的权利充分受到尊重，每一缔约国均有经营国际航空企业及开辟国际航线的公平机会。

（7）避免各缔约国之间的差别待遇。

（8）促进国际航行的飞行安全。

（9）促进国际民用航空在各方面的发展。

以上 9 条归纳起来为国际航行和国际航空运输两方面的问题。前者为技术问题，主要是安全；后者为经济和法律问题，主要是公平合理、尊重主权。其共同目的是保证国际民用航空安全、正常、有效、经济和有秩序地发展。

大会是 ICAO 的最高权力机构。大会理事会每三年至少召开一次。经理事会召集或经五分之一以上的缔约国向秘书长提出要求，可以随时举行大会特别会议。理事会是向大会负责的常设机构，由 33 个理事国组成，由每届大会选举产生。在大会休会期间，理事会代表所有缔约国处理日常事务。理事会下设航空运输委员会、航行委员会、财务委员会、防止非法干扰委员会、联营导航委员会和法律委员会。

秘书处是 ICAO 的常设行政机构，秘书长由理事会任命，负责 ICAO 日常组织工作。ICAO 的日常办事机构设有航空技术局、航空运输局、法律局、技术援助局、行政服务局和对外关系办公室，这些机构统一在秘书长领导下工作。

ICAO 的主要活动包括：通过制定国际民航公约的 18 个技术附件及多种技术文件和召开各种技术会议，逐步统一国际民航的技术业务标准和管理航路的工作制度；通过双边通航协定的登记、运力运价等方针政策的研讨、机场联检手续的简化，统计的汇编等方法以促进国际航空运输的发展；通过派遣专家顾问、建立训练中心、举办训练班及其他形式，以执行联合国开发计划署向缔约国提供的技术援助；管理公海上的联营导航设备；研究国际航空法、组织拟定和修改涉及国际民航活动的各种公约；研究解决涉及国际航空安全和发展等各种重要问题。

旧中国政府参加了 1944 年的芝加哥会议，并于 1946 年 2 月 20 日批准芝加哥公约。1971 年 11 月 19 日 ICAO 第七十四届理事会第十六次会议决定，恢复中华人民共和国的合法权利，驱逐台湾代表。我国于 1974 年 2 月 15 日承认芝加哥公约，并自该日起参加 ICAO 的活动。中国自 1974 年起连续当选为理事国，并在蒙特利尔设常驻 ICAO 理事会的中国代表处。

（二）国际航空运输协会

国际航空运输协会，是世界航空运输企业自愿联合组织的非政府性的国际组织。凡 ICAO 成员国的任一经营定期航班的空运企业，经其政府许可都可以成为该协会的成员。经营国际航班的航空运输企业为正式会员，只经营国内航班的航空运输企业为准会员。

IATA 于 1945 年 4 月 16 日在哈瓦那成立，总部设在蒙特利尔，在蒙特利尔和日内瓦设有总办事处，在日内瓦设有清算所，在曼谷、内罗毕、里约热内卢等地设有地区办事处。IATA 最高权力机构是年会，年会选举执行委员会主持日常工作，下设财务、法律、技术和运输委员会。

IATA 的主要任务是：为了世界人民的利益，促进发展安全、正常而经济的航空运输，促进间接或直接从事国际航空运输工作的各空运企业间的合作，促进协会与国际民航组织和其他国际组织间的合作。

IATA 的主要活动如下：

（1）协商制定国际航空客货运价。“航空货运运价手册”（TACT Rates Book）和“ABC 航空货运指南”等均由协会制定。

（2）统一国际航空运输规章制度。

（3）通过结算所统一结算各会员间以及会员与非会员间联运业务账目。

（4）开展业务代理。

（5）进行技术合作。

（6）协助各会员公司改善机场布局和程序标准，以提高机场运营效率。

二、航空货运代理

采用航空方式运输进出口货物时需要办理一定的手续。通常航空公司的主要业务为飞机保障，他们受人力、物力等诸因素影响，难以直接面对众多的客户，处理航运前和航运后繁杂的服务项目。航空货运代理相比海运货运代理，其业务范围更为广泛，不仅能为货主提供托运和提取等代理服务，还能代理航空公司承揽货物、接受货物、出具航空货运单等项业务。

航空货运代理需熟知航空运输环节和有关规章制度，并与各航空公司、机场、海关、检验检疫及其他运输部门有广泛而密切的联系，具有代办航空货运的各种设施和必备条件。同时航空货运代理公司还需在全球范围内布局其分支机构或代理网络，以便及时联系，掌握货物运输的全过程。对一般货主而言，委托航空货运代理公司办理货物进出口事宜，比其亲力亲为直接向航空公司办理进出口事项更为方便、高效和经济。

航空货运代理在现代经济中起了十分重要的作用，但随着互联网的普及，电子商务的发展，航空货运代理这一传统的服务模式也将会发生根本性的变化。

三、航线

民航从事运输飞行必须按照规定的线路进行，这种线路叫做航空交通线，简称航线。航线不仅规定了航线的具体方向、起讫与经停地点，还根据空中交通管理的需要，规定了航线的宽度和飞行的高度。

1. 航线的分类

航线就飞行地点而言，分为国内航线、国际航线和地区航线。

(1) 国内航线。它是指航线的起讫点、经停点均在一国国境内。国内航线又分为国内干线、国内支线和国内地方航线。国内干线是指连接北京和各省以及连接两个及其以上省的航线，主要满足大城市之间客货运输的需求，例如北京—上海、上海—广州航线；国内支线是指大城市辐射至附近中小城市的航线，支线运输主要是汇集或疏散旅客和货物，例如上海—温州航线；地方航线是指在一省内的航线，主要满足交通不便地区或小城市的客货运输需求。

(2) 国际航线。它是指飞机飞行的线路跨越本国国境，通往其他国家的航线。

(3) 地区航线。它是指根据国家的特殊情况，在一国的境内与特定地区飞行的航线。例如，目前内地与香港地区的航线。

2. 航段

航段是指航线上相邻点(包括始发点、各经停点、目的点)之间的航程。在一条航线上由于停点数不同，航段数也不同。航线上经停点的多少是根据客货运输的需求和机型的运输能力决定的。中小型飞机在飞远距离航线时一般航段较多，有时为了提高飞机的载运量而增加经停点，有时为了解决运输生产的特殊情况临时停降或飞越。它是决定在一个航线上航段多少的原因。但是，为了提高飞机的利用率和体现航空运输速度快的特点，应减少飞机飞行的经停点。

四、航空运输的飞行形式

民用航空的运输飞行，主要有3种形式：班期飞行、加班飞行、包机飞行。班期飞行、加班飞行属定期飞行；包机飞行属不定期飞行。

1. 班期飞行

班期飞行是根据班期时刻表，按规定的航线、定机型、定日期、定时刻的飞行。定期飞行是民航运输生产活动的基本形式。

2. 加班飞行

加班飞行是根据临时性的需要，在班期飞行以外增加的飞行，是在班期飞行的航线上，解决航班客货运输繁忙现象的飞行，是班期飞行的补充。

3. 包机飞行

包机飞行是根据包机单位的要求，在现有航线或以外航线上进行的专用飞行。它包括客货包机飞行、专业飞行和专机飞行。是班期飞行的补充。

定期航班和不定期航班的区别是：定期航班公布运价、班期、按照双边协定经营，向公众提供运输服务，对公众承担义务；而不定期飞行是按包机合同，个别申请、个别经营，不对公众承担义务。

五、航空运输的种类

航空运输根据航线的特点分为国内航空运输和国际航空运输。

1. 国内航空运输

国内航空运输指运输对象（客、货、邮件）的始发地点、经停地点和目的地点均在一国国境内的运输。即国内航线上的航空运输。

2. 国际航空运输

国际航空运输是指涉及一国以上的运输。无论运输有无间断或者有无转运，其运输对象（客货邮件）的始发地点、目的地点或者约定的经停地点之一不在一国境内的运输。

国际航空运输包括定期航班和不定期航班飞行。定期航班主要由政府间的双边航空运输协定进行管理。按公布的班期时刻表飞行，向公众提供正规的航班服务和承担法定的义务。

由于不定期飞行的迅速发展，包机飞行的重要性日益增加，其管理体制由单边进入双边，有些地区（如欧洲、北大西洋）的有关国家，签订了不定期飞行的多边协定，以加强地区对不定期飞行的管理。

六、航班与班期时刻表

1. 航班、班次

飞机由始发站起飞按照规定的航线经过经停站至终点站运输生产的飞行，称为航班。航班分为去程航班和回程航班，以及定期航班和不定期航班。

班次是指在单位时间内，通常用一星期计算，飞行的班数（包括去程及回程）。班次是根据运量的需要和运输能力确定的，在机型不变的情况下，班次增多表明提供的运输能力增长。

2. 班期时刻表

班期时刻表是民航组织日常运输生产的计划和依据，也是向社会介绍民航生产的一种形式。它是根据民航运输生产计划和航线运输计划编制的。严格执行班期时刻表是提高航班正点率，保证运输生产活动正常进行的必要条件，对提高运输服务质量和完成运输生产任务均有重要作用。班期时刻表按时间分夏季班期时刻表和冬季班期时刻表，在每年 3 月份的最后一个星期日开始使用夏季班期时刻表，在每年 10 月份最后一个星期日开始使用冬季班期时刻表。班期时刻表按地域分为全国班期时刻表和当地班期时刻表两种。

七、航空区域

随着全球经济一体化和现代物流的发展，国际间的贸易往来日趋频繁，国际航空运输也愈加繁忙，为保证国际航行的安全及便于各航空公司间的合作和业务联系，各国航空运输企业在技术规范、航行程序和操作规则上必须统一，国际航协（IATA）将全球划分为三个航空运输业务区：ARETC1、ARETC2、ARETC3，简称 TC1 区、TC2 区、TC3 区（TC：TRAFFIC CONFERENCE AREA），如图 7-8 所示。

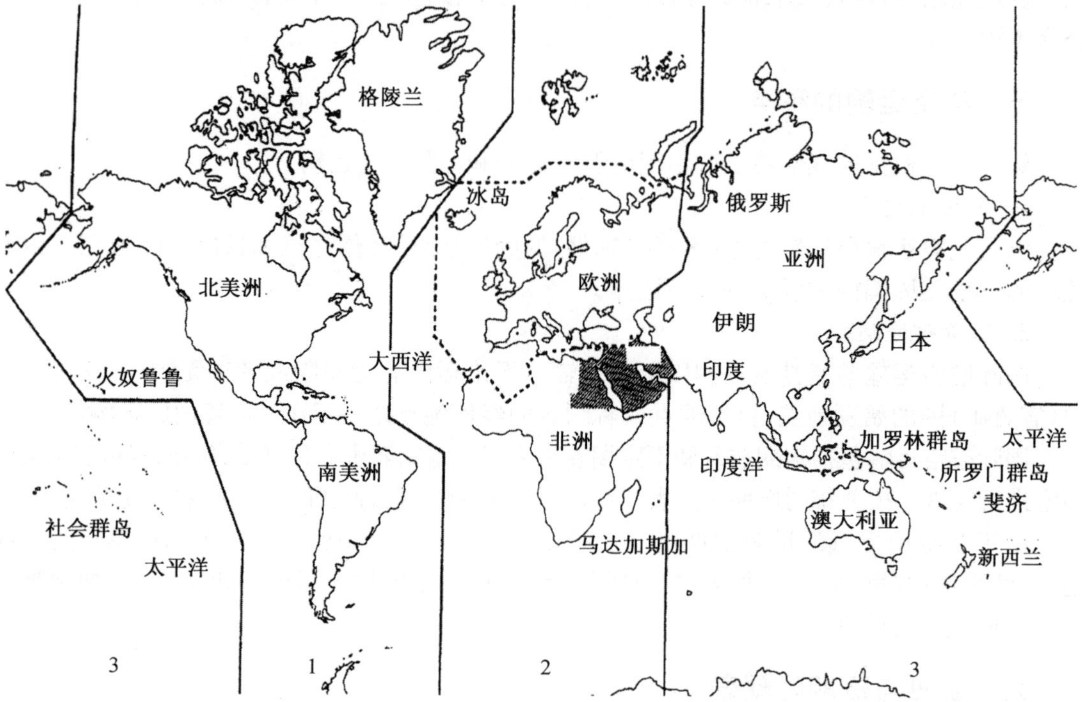

图 7-8　世界分区图

1. TC1

该区东临 TC2 区、西接 TC3 区，北起格陵兰岛、南至南极洲，主要包括北美洲、南美洲及附近岛屿、格陵兰群岛、西印度群岛和加勒比岛屿以及夏威夷群岛（含中途岛和巴尔迈垃岛）。

2. TC2

该区东临 TC3、西接 TC1，北起北冰洋诸岛、南至南极洲，包括欧洲、非洲、中东及附近的岛屿。

3. TC3

该区东临 TC1、西接 TC2 区，北起北冰洋、南至南极洲，包括亚洲（除中东所包括的亚洲部分国家)，所有的东印度群岛，澳大利亚，新西兰及其毗邻的岛屿，太平洋岛屿(包括在TC1区的太平洋岛屿除外)。

八、时差计算

由于地球自转造成了经度不同的地区时刻不同，当飞机跨越经度时，就产生了时刻上的不统一。进行时差的换算，对于航班的安排，更好地进行航空运输尤为重要。

1. *理论时区和区时*

1884年在华盛顿举行的国际经度会议上，确定了以平太阳时为基础的标准时刻度。平太阳时就是日常用的手表时间。这种标准时刻表规定，按经度线把全球划分为24个标准时区。每个时区跨15°经度，以 $\lambda = 15° \times n$ ($n = 0, \pm1, \pm2, \pm3, \pm4 \cdots\cdots \pm11, \pm12$) 的经线为该时区的中央经线，它是所在时区的标准经线。中央经线的地方平太阳时，就是该时区的标准时间，也称为区时。本初子午线所在的时区，叫做零时区，也叫做中央时区，简称中时区。中央时区的中央经线，是通过格林威治天文台原址的0°经线，0°经线向东、向西各7.5°构成中央时区。中央时区的区时被称为世界标准时(Greenwich Mean Time-GMT)；再以180°经线为中央经线，各划出7.5°，称为东西十二时区。

标准时刻的确立，是时间计量上的一大飞跃，它给现代社会生产、科学研究和国际间大范围频繁交往，带来了很大的方便。不过，上述区时制只是一种理论上的标准时刻表。这种理论区时制的时区，既不考虑海陆分布状况，也不考虑国家政区界线，完全是根据经线划分的。实际上，时区的划分并不完全遵照理论区时制度的规定，各国所使用的标准时制度，同理论上的标准时制度是有区别的。

2. *法定时区和法定时*

法定时区是各国根据本国具体情况自行规定的适用于本国的标准时区。法定时区的界线，一般不是依据经线，而是依据实际的政治疆界和社会经济发展状况来确定的。根据法定时区确定的标准时，称为法定时。法定时是目前世界各国实际使用的标准时。为了充分利用太阳光照，世界各国法定时区的标准经度，往往不是其适中经度，而是普遍向东偏离。从世界范围看，法定时区系统几乎比理论上的区时系统向东偏离一个时区。例如，法国和西班牙都位于中时区，它们所使用的法定时却是东1区的标准时。

在航空货运指南(Air Cargo Guide OAG)中航班时刻表中的各个城市的时间都是当地标准时间，为了方便查阅与换算，OAG公布了国际时间换算表(International time calculator)(表7-7)列出了各个国家当地的标准时间与世界标准时的时间差距。

表7-7　　国际时间换算表

国家/地区	标准时钟	夏时令	执行夏令时制的时间
中国	+8		
美国			
东部时间	−5	−4	02 Apr 00-28 Oct 00
中部时间	−6	−5	02 Apr 00-28 Oct 00
山区时间	−7	−6	02 Apr 00-28 Oct 00
太平洋时间	−8	−7	02 Apr 00-28 Oct 00

3. 飞行时间的计算

计算步骤：

(1) 从国际时间换算表中找出始发站和目的站的标准时间。

(2) 将起飞和到达的当地时间换算成世界标准时(GMT)。

(3) 用到达时间减去起飞时间，即是飞行时间。

[例 7-1] 某旅客乘飞机从北京去华盛顿。1 月 28 日乘国航班机从北京启程，北京时间是 9:44。到达华盛顿时，当地时间为 1 月 28 日 15:30。计算该旅客的飞行时间？

解:第一步:从国际时间换算表中找出始发站和目的站的标准时间。

PEK＝GMT＋0800(Standard Time)

WAS＝GMT－0500(Standard Time)

第二步:将起飞和到达的当地时间换算成世界标准时(GMT).

因为北京提前 GMT8 小时，把北京当地时间减去 8 换算成 GMT。

PEK　9:44－08:00(GMT)＝GMT 1:44

因为华盛顿落后 GMT5 个小时，把华盛顿当地时间加上 5 个换算成 GMT。

PEK　15:30＋05:00(GMT)＝GMT 20:30

第三步:用到达时间减去起飞时间，即是飞行时间。

20:30－1:44＝18:46(18 h 46 min)

九、国际航空货运手册

组织国际航空货运作业，需使用的工具手册有：

1. 航空货运指南

每月出版一期，主要公布航班时刻表、国际时间换算表等。

2. 航空货物运价及规则手册 TACT(The Air Cargo Tariff)

由国际航空运输协会(IATA)组织出版，TACT 主要分三个部分：TACT Rules(TACT 运价规则)、TACT Rates-North America(TACT 北美运价手册)、TACT Rates Worldwide (TACT 除北美外世界运价手册)。

1) TACT Rules

内容全面，包括 IATA 在国际运输中的所有规则。每年出版两期，四月、十二月出版。

2) TACT Rates

每两月出版一期，双月出版。包括：

(1) TACT Rates—North America:北美运价手册包含了从北美出发或到北美的运价。

(2) TACT Rates—Worldwide:世界(除北美)运价手册，包含了除北美外的全世界的运价。

第三节　国际航空货物运输的经营方式和组织方法

国际航空货物运输的经营方式主要有班机运输、包机运输、包集装箱(集装板、集装棚)

运输。为了“安全、迅速、准确、节省、方便”地运输货物，采用集中托运、航空快件运输、联合运输、送交业务和运费到付等方法组织航空货物运输。

一、国际航空货物运输的经营方式

（一）班机运输

班机运输是指定期开航的定始发站、到达站和途径站的飞机运输。一般航空公司的班机多使用客货两用的飞机，在搭载旅客的同时运送小批量的货物；货源充足的大航空公司，在一些航线上开辟定期货运航班，使用全货机运输。

由于班机有固定的航线、固定的发到站和停靠站，并定期开航，发收货人能够确切地掌握起运和到达的时间，可以保证货物安全迅速地运送到世界各地投放市场，因此，颇受贸易商的欢迎，国际间货物的流通多使用班机运输。尤其对国际市场上急需商品、鲜活易腐货物以及贵重货物的运送是非常有利的。但是，由于班机一般是以客运为主，货舱有限，不能满足大批量货物的及时运出，有时需分期分批运输。

（二）包机运输

1. 包机合同和运输凭证

包机人为一定目的包用空运企业的飞机运载货物的形式，称为货物包机运输。

包机人申请包机，应凭介绍信或者个人有效身份证与承运人联系协商包机运输条件，双方同意后签订包机合同，并履行包机合同规定的各自应当承担的责任和义务。包机人和承运人执行包机合同时，每架次货运包机应当填制一份航空货运单，作为包机的运输凭证。

包机人和承运人可视货物性质确定押运人，押运人应当按照承运人的规定购买客票和办理乘机手续。

2. 包机运输有关规定

包机人应当保证所托运的货物内，没有夹带我国和运输中有关国家的法律、行政法律和其他有关规定禁止和限制运输的物品，并应当提前将货物送到指定机场，自行办妥海关、检验检疫等出口手续。

包机人可以充分利用包用飞机的吨位，但不得超过飞机的最大载重量。承运人如需利用包机剩余吨位，应当与包机人商定。

（三）包舱、包集装箱（板、棚）运输

包舱或包集装箱（集装板、集装棚），是指托运人根据所托运的货物，在一定时间内需单独占用飞机货舱或集装箱、集装板、集装棚，而承运人需要采取专门措施给予保证的一种运输形式（不含正常运输中的集装箱、集装板、集装棚运输）。

托运人应凭介绍信或者个人有效身份证与承运人联系协商包舱或包集装箱（板、棚）的运输条件，签订运输合同，包舱或包集装箱（板、棚）只限于直达班机，不受理中转业务。托运人和承运人应当履行包舱或包集装箱（板、棚）合同规定的各自应当承担的责任和义务。

二、国际航空货物运输的组织方法

（一）集中托运

集中托运指航空货运代理公司将若干批单独发运到同一方向的货物，组成一整批，填写一份总运单发到同一目的站，由航空货运代理公司委托目的站当地的代理人负责收货、报关并分

拨给各个实际收货人的一种航空货物运输的组织方法。航空货运代理公司对每一托运人另发一份代理公司签发的分运单，以便托运人转给收货人凭以提取货物或收取货物价款。

航空公司采用按重量递减的定价原则，制定并公布按不同重量的收费运价。航空货运代理公司把不同托运人处收集的小批量货物，集中起来使用航空公司最便宜的运价，从而赚取运价的差额。集中托运业务在国际航空运输界开展比较普遍，是航空货运代理公司的主要业务之一。近年来，我国在与美国、日本、西欧的航线上，开展了集中托运业务，并规定贵重物品、危险物品、活动物、文物等货物不能办理集中托运。

（二）航空快件运输

航空快件运输系指具有独立法人资格的企业，通过航空运输及自身或代理的网络，在发货人与收货人之间以最快速度传递文件和物品的一种现代化的运输组织方法，包括国际快件运输和国内快件运输。

在经济与信息高度发达的今天，航空快件运输费用的增加与运输的及时性、安全性，以及因此而实现的经济价值和社会效益相比已变得微不足道。航空快件运输已成为航空货物运输的主要业务之一，主要由专门的快件公司从事快件运输业务。

1. 航空快件运输的发展

航空快件运输最早出现在美国。1969 年 3 月，美国一位名叫达尔希(Dalsey)的青年，乘飞机代一家海运公司将提货单从旧金山送到夏威夷港。由于单证的及时送达，节省了昂贵的港口使用费和滞期费等开支，达尔希也因此获得优厚的报酬。事后，他便联合了赫尔布罗姆(Hillbliom)和林恩(Lynn)两位朋友，于同年 10 月 20 日在旧金山成立“DHL 航空快件公司”，在美国本土和夏威夷岛之间，专门承揽快速传递商务文件和包裹的业务。很快 DHL 以安全、快捷服务而闻名，发展至今其业务已遍布全球。航空快件运输促进了国际贸易和世界经济的发展，因而备受世界各国的关注，并在世界范围内得到迅速的发展。世界上大的航空快件公司一般都拥有完备的全球空运网络和信息高速公路等先进的装备，为全球提供国际间的各种快递服务，业务遍及世界各个角落。同时，人们对快递业务的需求也随着社会的进步和经济的发展而日益剧增。

改革开放以来，我国国际地位不断提升，经济得到高速发展，对外贸易呈增长趋势，我国的国际航空快件运输也从无到有，得到了迅速的发展。20 世纪 80 年代开始，敦豪(DHL)、联合包裹服务公司(UPS)、联邦快递公司(FEDEX)、天地快运公司(TNT)、海外新闻普及株式会社(OCS)等大型国际航空快件运输公司争相进入中国市场，以合资、独资的形式在华设立办事处、分拨中心、国际转运中心等，开展国际快件运输和国内快件运输。

我国本土航空快递业务始于 1980 年成立的邮政快递(EMS)，EMS 发展至今在国内已设立 2 000 多个网点，国际服务领域达 200 多个国家。1996 年成立的民航快递有限公司主要靠客运飞机搭载快件。作为民航系统的企业，民航快递有限公司在运输舱位和按时运输等方面优于其他快递企业，促进了其业务的发展，成为继邮政快递、中外运快递之后中国快递市场的另一主力。

我国的快递市场已经形成外资、国营、民营多元并存、相互竞争的格局。其中民营快递企业的主要业务是国内快递业务，已占据了大部分市场份额。一些民营快递企业从依靠航空公司客运飞机搭载到组建自备的全货机机队运送文件和物品，同时加快“走出去”的步伐，先行进入香港、澳门等市场，并逐步拓宽国际市场。

2. 国际快件运输的服务方式

1）门到门服务

根据发件人的委托，由快件公司派人到发件人所在地取货，快件公司经过分检、整理、核对、制单、报关后，将快件搭乘最早的航班（航空公司或快件公司自己的班机）运往目的国，同时公司发传真，将快件有关信息（运单、件数、重量等）通知国际分检中心，在快件运抵目的国机场后，由当地快件公司清关、提货并及时送交收件人。送交完毕，将信息反馈给发货公司并通知发件人。

2）门到机场服务

运输服务只能到达收件人所在城市或附近的机场。快件运抵目的地机场后，当地的快件公司及时通知收件人，由收件人自己办理清关、提货手续，或委托代理公司代办。采用这种方式的快件多是当地海关对其有特殊规定的物品或价值较高的贵重物品。

3）专人派送

快件公司指派专人，亲自携带快件，在最短时间内，采用最便捷的交通手段，将快件直接送到收件人手中。

上述3种主要的服务方式中，第一种方式最普通最简单，适用于一般文件和物品。第二种方式，虽简化了发件人手续，但占用了收件人的时间。第三种方式，是一种特殊服务，一般很少采用，一旦采用可免去普通快件的海关手续，这种方式服务周到，但所需费用较高。多数客户、快件公司都倾向于采用具有安全、快捷、简便及收费适中的“门到门”服务。

3. 航空快件运输的特点

1）运输快捷

快件公司一般都有较完善的快递网络，快件运输的整个过程有专人负责，减少了内部交接环节，缩短了衔接时间。同时大型快件公司设备先进，备有数百架专用飞机，航班班次多，并可将资料预先传至目的国海关，再配以EDI电子数据交换系统，大幅度提高了通关速度，保证了快件运送速度快于普通的航空货运业务和国际邮政业务。运输快捷是快件运输区别于其他运输形式最重要的特点。

2）安全准确

快件在整个运输过程中都处于电脑的监控中，通过条形码扫描技术、环球通讯网和internet网，保证了快件的全球跟踪。快件交付收件人时，收件人需在交付凭证POD（Proof of Delivery）上签收，签收信息即时反馈至发送港和发件人。发、收件人可随时通过电脑查询，了解快件的“行踪与下落”。作业环环紧扣，避免了差错，保证安全。

POD由多联组成（各快运公司的POD不尽相同），一般有发件人联、随件同行联、财务结算联、收件人签收联等，其上印有编号及条形码。是保证快件安全运输的重要单据。

3）服务周到

从上门取货、代办运输及报关手续、到送货上门及签收信息反馈。实现全程跟踪、首尾相接，查询方便，提供了“安全、准确、快捷、周到”的服务。

（三）联合运输

1. 陆空联运

陆空联运包括火车与飞机的联合运输（Train-Air，TA）及卡车与飞机的联合运输（Truck-Air，TA），这里卡车是指长途汽车运输。

我国空运出口货物主要采用陆空联运的方法。因为我国幅员辽阔，而国际航班较多的国际机场，是北京首都国际机场、上海虹桥国际机场、上海浦东国际机场和广州白云国际机场。虽然国内主要城市飞往北京、上海和广州的班机较多，但班机所带货物有限，费用较高，如采用国内包机，费用更贵，手续也麻烦。因此，在货运量较大时，常利用火车或长途汽车将货物运至上述国际机场。对航班少或远离机场的中、小城镇，空运出口货物只能依靠火车或汽车运至国际机场。鉴于陆空联运势在必行，不少国家和地区在新建或扩建大型机场时，除修建了对外联系的公路通道外，还建有机场铁路，为开展陆空联运创造有利条件。

2. 陆空陆联运

陆空陆联运是指火车、飞机与卡车的联合运输（Train-Air-Truck，TAT）

我国南方各省份出口货物，则利用香港的机场航班多、普通货物的运价便宜等优势，货物先用火车运至深圳北站，卸后装卡车运至香港，再从香港机场用航空班机运至目的地或中转站。组织陆空陆联运须事前与香港的收转人联系，预订舱位所需单证必须提前寄到。

3. 海空联运

机场位临海岸，设有机场码头，并开通海上航线，组织海空联运，以集散经航空运输的货物。

在我国与空运出口条件相同的地区，其空运进口到货可采用与之相适应的联运方法。组织进出口货物的联运，以陆空联运（TA）较多。组织联合运输，可以充分利用航空运输速度快的优点，货物的运送速度快、费用省，手续简便，有利于加速资金周转，因为在货物装上第一程运输工具后，即可办理结汇手续。在空运业务中联运是一种必不可少的组织方法。

（四）送交业务

在国际贸易往来中，出口商为了推销产品、扩大贸易，通常向推销对象赠送样品、产品目录、宣传资料、刊物等。这些物品空运抵达推销对象所在国家后，委托当地的航空货运代理办理进口报关、提取、转运等工作，最后送交指定的收件人，即期望的推销对象，以激起其购买欲望。航空货运代理先行垫付的报关手续费、税金、运费、劳务费等一切费用，集中向委托人收取。由于这项送交业务很方便，许多私人物品的运送，也采用这种方法。

（五）运费到付

运费到付业务是由发货人与承运人事先达成协议，由承运人在货物到达目的站后，在货交收货人的同时，代收航空货运单上载明的运费、声明价值附加费以及其他费用。

承运人办理运费到付货物时，应当查阅有关规定，只有确定货物目的地国家和有关联运承运人允许办理此项业务后，方可收运。承运人不得收运按规定不能办理运费到付的货物。在办理运费到付货物托运时，托运人应向承运人提供担保，一旦收货人拒付运费，则由托运人承担。

到付运费的货物，其货物运费、声明价值附加费、其他费用（如地面运输费、货运单费等）以及货物在运输中和在目的地发生的其他费用应当全部到付。

第四节　国际航空货物运输的基本作业

国际航空货物运输需要承运人（航空公司）、航空货运代理、托运人和收货人等相互配合共同完成。国际航空货物运输按办理的业务流程分为出口业务流程和进口业务流程。出口业务流程是指从托运人托运货物到承运人将货物装上飞机的全过程；进口业务流程是指从飞机到达目的地机场，承运人将货物卸下飞机到交付给收货人的全过程。按办理作业的内容分为货物托运、货物收运、货物运送、货物到达和交付、变更运输、索赔和理赔等环节。

承运人必须遵照《华沙公约》、《海牙议定书》、1999 年《蒙特利尔公约》、《中华人民共和国民用航空法》等法规的规定，组织国际航空货物运输。

一、货物托运和收运

航空货物出口运输，在发送地需办理货物的托运和收运作业。

(一) 货物托运

1. 委托航空货运代理托运货物

航空出口货物的托运人，一般都是委托航空货运代理办理货物托运。委托时，托运人应填制"国际货物托运书"(以下简称"托运书")，连同贸易合同副本(或出口货物明细单)、发票、装箱单以及海关、检验检疫机构需要的资料和文件交航空货运代理，由航空货运代理办理仓库提货、报关、制单等托运手续。出口货物批量大，要采用包机运输时，需提前填写"包机委托书"交航空货运代理负责办理包机手续。

托运人应当提供必需的资料和文件，以完成海关及行政法规规定的有关手续。因没有此种资料、文件、或者此种资料、文件不充足或不符合规定造成的任何损失，除由于承运人、代理人的过错造成的外，托运人应当对承运人承担责任。

托运人托运我国政府有关部门和运输中有关国家的法律、行政法规和其他有关规定限制运输的货物，应当附有效证明。

2. 预订航班舱位

托运人托运下列货物应当预定航班舱位(由代理人办理)，否则承运人有权不予受理。

(1) 货物在中转时需要特殊对待；

(2) 货物的声明价值超过 10 万美元或者其等值货币；

(3) 不规则形状或者尺寸的货物；

(4) 特种货物；

(5) 批量较大的货物；

(6) 需要两家及其以上承运人运输的联程货物。

3. 货物包装

托运的货物需根据货物的性质、重量、运输环境和承运人的要求，采用适当的包装材料和形式，妥善包装。精密、易碎、怕震、怕压、不可倒置的货物，应当采用适当的防止货物损坏的包装措施。包装内不准夹带禁止或者限制运输的物品、危险品、贵重物品、保密文件、资料等物品。在每件货物的外包装上标明出发地、目的地和托运人、收货人的名称及详细地址等，并粘贴或者栓挂货物运输标签。还需根据货物性质，在货物外包装上粘贴包装储运指示标志。

4. 填制航空货运单

《华沙公约》和 1999 年《蒙特利尔公约》均有规定：航空货运单应由托运人填写，也可由承运人或其代理人代为填写。实际工作中,航空货运单均由承运人或其代理人代为填制。为此,托运人必须填写托运书,以作为填制航空货运单的依据。航空货运单签字后即告航空运输契约开始生效,具有法律效力。

(二) 收运条件

1. 一般规定

(1) 凡我国和运输中有关国家的法律、行政法规以及其他有关规定禁止运输的物品,不得接收。

(2) 批量大、有特定条件和时间限制的联运货物,应在安排好联运中转舱位后,方可接收。

(3) 货物的包装、重量和体积必须符合空运的要求。承运人收运货物时,应当根据不同机型的舱门尺寸、地板承受力及有关机场的装卸设备条件,确定接收每件货物的最大重量、最大体积和最大长度。每件货物的长、宽、高之和不得小于 40 cm。

2. 安全检查

(1) 对于国家限制运输的物品,承运人应当查验国家有关部门出具的运输许可证。

(2) 承运人应当查验托运货物的包装(但对内包装不承担检查的责任),如发现包装不符合航空运输要求,在托运人改善包装后,方可办理收运手续。承运人对收运的货物应当进行安全检查,对当日托运、装机发运的货物,开箱检查或者通过安检仪器检测。

3. 价值限制

每批货物(即每份货运单)的声明价值不得超过 10 万美元或其等值货币(未声明价值的,按毛重每公斤 20 美元计算)。超过时,应分批交运(即分成两份或多份货运单)。如货物不宜分开,必须经有关航空公司批准后方可收运。

4. 付款要求

货物的运费可以预付,也可以到付。承办运费到付货物时,应当查验货物目的地点国家和有关承运人允许办理此项业务后,方可收运。

对下列货物不办理运费到付:

(1) 收货人和托运人为同一人的货物;

(2) 收货人为政府代理机构(政府代理人托运货物时,出具书面保函者除外);

(3) 尸体、骨灰;

(4) 动物(包括鸟、鱼、昆虫、家畜、玩赏动物和甲壳类动物);

(5) 易腐货物;

(6) 私人用品及家具(无出售价值的);

(7) 货物的再出售价值低于运费的。

二、货物运送

1. 运送的时间

承运人应当根据货运单上约定的契约条件、在合理的时间内将货物运至货物目的地,对托运人预先定妥舱位的货物,承运人应当按托运人指定的航班将货物运至目的地点。

2. 运输路线

承运人应当按照合理、经济的原则选择运输路线。承运人为尽早地将货物运抵目的地,有权改变托运人在货运单上列明的运输路线。

3. 舱单

承运人运输货物应当填制舱单。对于联运的货物,承运人应当填制转运舱单。

4. 货物装卸

承运人按装机单、卸机单准确装卸货物。按照货物包装上的储运指示标志作业,轻拿轻放,防止货物损坏;在货物运输中,发现货物包装破损无法续运时,应当做好运输记录,及时通知托运人或者收货人,征求托运人或者收货人对货物的处理意见。

5. 仓库保管

承运人根据进、出机场货物种类及运量,分别建立普通货物、贵重货物、鲜活货物、危险货物、活体动物等货物仓库。并需建立和健全仓库保管制度,严格交接手续,库内货物应当合理码放、定期清仓。做好防火、防盗、防鼠、防水、防冻等工作,以确保进出库货物准确完整。

三、货物到达和交付

1. 到货通知

除另有约定外,承运人应当在货物到达后立即通知收货人。收货人在接到通知后,及时办妥海关和提货手续,缴付应付款项和履行航空货运单上所列运输条件。承运人自发出到货通知的次日起,免费保管货物三天。收货人逾期提取,需交纳保管费。

2. 货物的交付

承运人交付货物时,要求收货人出具证件和到货通知。承运人应当按货运单上列明的货物件数清点后,交付收货人。在交付过程中,如收货人发现货物短缺、损坏时,可以要求承运人当场查验,必要时,做出运输事故记录,以备事后索赔之用;如收货人无异议,则在交货收据单上签收,表示交付完毕。

货物到达 14 天后仍未提取,承运人按无法交付货物处理,填制无法交付货物通知单通知托运人,征求对货物的处理意见。

空运进口货物如委托航空货运代理接货,收货人应将合同副本或订货单一份交代理,代理在收到到货通知后,代办海关和提货手续。

四、变更运输

(一) 自愿变更运输

1. 自愿变更运输的范围

托运人对已办妥运输手续的货物,提出下列变更要求,称为自愿变更运输:

(1) 在出发地机场或者目的地机场提回货物。

(2) 在货物运输途中的任何一次经停时,中止运输。

(3) 在目的地点或者货物运输途中要求将货物交给不是航空货运单上指定的收货人的其他人,即变更收货人。

(4) 要求从中途或目的地机场将货物运回出发地机场。

(5) 变更目的地点。

2. 自愿变更运输的条件

(1) 托运人应当以书面形式向承运人提出变更要求,并向承运人出示其所收执的航空货运单(第三联航空货运单正本)。

(2) 托运人要求变更运输的货物,应是一份货运单所填写的全部货物。

(3) 收货人拒绝接受航空货运单或者货物,或者是承运人无法同收货人联系。

(4) 托运人提出的变更要求不能违反我国和有关国家的法律、行政法规和其他有关规定,否则承运人应当予以拒绝。

3. 自愿变更运输的处理

(1) 货物发运前退运,承运人应当收回托运人收执的航空货运单,并从已收运费中扣除货物发运前已发生的各项费用,余款退还托运人。

(2) 货物发运后变更运输,承运人之间应当相互联系,及时复电证实;承运人收到更改运费的证实电报后,应向有关承运人发出"货物运费更改通知单",有关承运人收到要求变更运输的通知后,应当视情况按有关规定处理。如货物退回出发地点或者变更目的地。必要时,托运人应当交付有关费用。

(3) 托运人的变更要求不能执行时,承运人应当立即通知托运人。

(4) 承运人按照托运人的变更要求处理货物,但承运人没有要求托运人出示所收执的航空货运单,给该航空货运单的合法持有人即收货人造成损失的,承运人应当承担责任,但是承运人享有向托运人追偿的权利。

(5) 托运人不得因运输变更而使承运人或者其他托运人遭受损失,否则应当偿付由此所产生的费用。

(二) 非自愿变更运输

(1) 托运人托运货物后,由于承运人的原因,如机场关闭、航班中断和天气影响等,致使货物不能空运至目的地,需变更运输,称之为非自愿变更运输。

(2) 货物在运输途中发生非自愿变更运输,承运人应及时与托运人联系,商定处理方法,并采取措施尽快将货物运至目的地。

(3) 承运人按照下列规定处理运费费用。

① 在出发地点退运货物,承运人应将全部运费退还托运人。

② 在经停地点变更目的地点,托运人交付的运费多退少不补。

③ 在经停地点将货物运回原出发地,承运人应当将全部运费退还托运人。

④ 在经停地点改用其他运输工具将货物运至目的地点,超过部分的费用由承运人承担。

第五节 国际航空特种货物运输

航空特种货物是指在收运、包装、装卸、储存、保管、运输以及交付过程中,因为货物本身的性质、价值、体积或重量等条件需要采取特殊措施,给予特殊处理的货物,包括危险物品、鲜活易腐货物、超大超重货物、贵重货物、活动物、尸体、骨灰、外交信袋和作为货物运输的行李等。随着社会经济结构的调整，这类货物的运量明显增长。由于运输特种货物，操作难度大、容易出现差错，因此，运输特种货物除了需要满足一般的运输条件外，还应严格遵守关于特种货物运输的各项规定。TACT Rules7.3 和 TACT Rules 8.3 中分别列载了有关国家对特种货物的特殊规定和有关承运人对特种货物的特殊规定。

一、危险物品运输

航空危险物品是指在航空运输中，可能危害人身健康、安全或对财产造成损害的物品或物质。

根据所具有的不同危险性，危险物品分为爆炸品、气体、易燃液体、易燃固体及自燃物质和遇水易燃物质、氧化剂和有机过氧化剂、毒性物质和传染性物质、放射性物质、腐蚀性物质和杂项九大类，其中有些大类又分为若干项。

承运人和代理人在办理危险物品运输时必须遵循《危险物品手册》(Dangerous Goods Regulations，DGR)的各项规定。《危险物品手册》是根据芝加哥公约附件 18 和国际民用航空组织技术指南的内容编制的，它以运输专用名称的顺序公布了各类危险物品的包装、标签、数量等方面的要求，国际航协组织每年组织危险物品运输专家对其进行修改。

1. 申报

托运人必须亲自填写危险品申报单且一式两份，签字并对申报的所有内容负责。其中一份交始发地机场留存，另一份附在货运单上随货运至目的地机场。同时，在货运单 21 栏“Handling Information”中注明：“DANGEROUS GOODS AS PER ATTACHED SHIPPER'S DECLARATION”。对于要求装货机的危险物品，还需加注：“CARGO AIRCRAFT ONLY”。(货运单相关栏参见附录 5 航空货运单格式，以下同)

2. 包装

危险物品的包装是有严格限制的。如：须按规定的数量盛放在规定的容器中，并牢固密封；内包装应该有防破碎和防震的内衬，如果是液体还应该有吸湿物等。危险物品的包装件在组装集装器或装机之前，还必须进行认真检查，如：外包装无漏洞、无破损；包装件无气味、无任何泄露及损坏迹象；包装件上的危险性标签和操作标签正确无误、粘贴牢固；包装件的文字标记书写正确、字迹清楚等。只有包装件完全符合要求后，方可继续进行作业。

3. 装卸搬运

在装卸或搬运危险物品包装件时，无论是人工操作还是机械操作，都必须轻拿轻放，严禁磕、碰、摔、撞等不当操作。

4. 固定

为防止危险物品在飞机飞行中倾倒或翻滚，造成损坏，危险物品包装件装入飞机货舱后必须加以固定。

二、鲜活易腐货物运输

鲜活易腐货物是指在一般运输条件下易于死亡或变质腐烂的货物，如蟹、虾类、肉类、花卉、水果、蔬菜、鲜鱼、沙蚕、树苗、冰冻食品、药品、血清、疫苗等。一般要求在运输和保管中采取冷藏、保温等特别措施，以保持其鲜活或不变质。

1. 检验检疫

鲜活易腐货物应具有必要的检验合格证明和卫生检疫证明，还应符合目的地国家关于此种货物进出口和过境的规定。

2. 交运与收运

托运人在交运鲜活易腐货物时，应书面提出在运输中需要注意的事项及允许的最长运输时间；承运人收运鲜活易腐货物的数量应取决于飞机机型以及飞机所能提供的调温设备。

3. 包装

包装适当，不致因运输途中包装破损或有液体溢出而污损飞机或其他装载物。凡怕压的货物，外包装应坚固抗压；需要通风的货物，包装上应有通气孔；需冷藏冷冻的货物，容器应严密，保证冰水不致流出；带土的树种或树苗等应适用塑料袋包装，以免土粒、草屑等杂物堵塞飞机的空气调节系统。

除识别标签外，货物外包装上还应栓挂“鲜活易腐”标签和向上标签。

4. 单证

货运单21栏“Handling Information”栏内，注明装入信封内并附在货运单上随货同行的各种证明文件的名称和注意事项；货运单22I栏“Nature and Quantity of Goods”应注明“PERISHABLE”字样。

5. 仓储

为减少鲜活易腐货物在仓库的存放时间，托运人或收货人可直接到机场办理交运或提取手续。

6. 运输

承运人必须符合TACT Rules中关于各国对于鲜活易腐物品进出口、转口等运输规定；鲜活易腐货物应优先发运，并尽可能利用直达航班；鲜活易腐货物运达后，应有航空公司或其地面代理立即通知收货人到机场提取。

三、超大超重货物运输

超大货物一般是指尺寸超过一个正常集装器装载范围的货物，这类货物的运输需要特殊处理程序及装卸设备。如目前广泛应用的集装器的最大尺寸是318 cm×244 cm×299 cm，如果货物长度超过318 cm或宽度超过244 cm，都需要通过航空公司申请特殊集装器，而高度超过299 cm时，没有商业航班可以安排运输。

超重货物一般是指每件超过150 kg的货物，但最大允许货物的重量主要还取决于飞机的地板承受力、机场设施以及飞机在地面停留的时间。

1. 订舱

如果一票货物包括一件或几件超大超重货物，订舱时应说明货物的尺寸和重量，并在货运单内单独列明，以便承运人提前制订装载计划并准备必要的固定设备。

2. 包装

托运人提供的包装应便于承运人操作，必要时应注明重心位置。

3. 装载

托运人应提供装卸超长、超重货物的设施；装载时，重货尽量放置在集装器的中间位置，以防止偏重；如果装载的货物未超过集装器的2/3容积，则需加以固定；如果装载的货物超过了飞机地板承受力，可以通过加装垫板扩大接触面积等措施以降低压强。

四、贵重货物

国际航空运输中，包含下列物品的货物，均为贵重货物：

(1) 运费声明价值毛重每 kg 达到或超过 1 000 美元(或其等值货币)的任何物品；

(2) 黄金、白金和其他白金类贵重金属(铱、钌、锇、钯等)合金及金银制成的各种饰物和手表；

(3) 钻石(包括工业用钻石)、红宝石、绿宝石、蓝宝石、蛋白石、珍珠(包括天然和养殖珍珠)、以及上述珠宝制成的各种饰物等；

(4) 现钞、股票、息票、旅行支票等其他有价证券等。

1. 包装

贵重货物应用硬质木箱或铁箱包装，不得使用纸箱包装，必要时外包装上应用“井”字铁条加固，并使用铅封或火漆封志。

2. 声明价值及总价限定

每票航空货运单中的货物声明价值不超过 10 万美元；每个班机上所载贵重货物的总价值不得超过 100 万美元；包机运输中贵重货物的总价值不得超过 5 000 万美元。

五、活动物

由于航空运输快捷、安全等特点，活动物运输在整个国际航空运输中占有非常重要的地位。但活动物对环境变化的敏感性强，且种类繁多并各具特性，对运输工作要求高。为了保障活动物的运输安全，IATA 每年出版一期《活动物规则》(Live Animal Regulations，LAR)，涉及活动物运输中包装、操作和仓储等各项内容。活动物运输应严格按照运输规则组织运输。

1. 收运

活动物收运应符合以下基本条件：交运的活动物必须健康情况良好，无传染病，并具有卫生检疫证明；托运人必须办妥海关手续，根据有关国家规定，办妥进出口和过境许可证，以及目的地国家所要求的一切文件；妊娠期的哺乳动物，一般不予收运，除非兽医证明动物在运输过程中无分娩的可能方可收运，但必须对此类动物采取保护措施；对于动物与尚在哺乳期的幼畜同时交运时，只有大动物与幼畜可以分开时方可收运；有特殊不良气味的动物不予收运。

2. 包装

根据 LAR 中的规定和有关国家、承运人的要求对活动物进行适当包装，符合空运条件：动物容器的尺寸应适应不同机型的舱门大小和货舱容积；同时，由于活动物在运输过程中对陌生环境本能的感到害怕，因此，应尽量减少环境变化对活动物的刺激。做到容器的大小适应动物的习性，既能约束活动物，又留有适当的活动空间，让动物感到舒适、安全；容器必须有足够的通气孔以防止动物窒息；对不能离水的动物，应注意包装防止水的漏溢以及因缺氧而造成动物在途中死亡；容器必须坚固，防止动物破坏、逃逸和接触外界；容器上应有便于搬运的装置，大型动物容器需适合机械装卸的要求；容器还必须防止动物粪便漏溢，污染飞机；必要时容器内应备有饲养设备和饲料。

3. 单证

活动物进出口应具备相关检验检疫合格证书及有关国家进出口许可证等；托运人对于交运的每一批活动物，应填制活动物证明书且一式二份，托运人签字后一份交承运人留存，一份和其他证明文件一起随附货运单至目的地机场；在货运单22I栏“Nature and Quantity of Goods”中应注明与LAR中一致的动物俗名和数量，21栏“Handling Information”栏内，注明所附的文件的名称和其他操作要求。

4. 仓储

根据活动物的习性，野生哺乳动物和爬行动物一般放置在安静阴凉处，家畜或鸟类一般放置在敞亮处；不可在高温、寒冷、降雨等恶劣气候时露天存放活动物；装载活动物的容器应与其他货物有一定的隔离距离以便通风；动物不能与食品、放射性物质、毒性物质、传染性物质、灵柩、干冰等放置在一起；互为天敌的活动物、检疫动物与非检疫动物、发情期的动物、来自不同地区的动物不能放置在一起。

5. 运输

活动物在订妥全程舱位之后方可收运；应尽量利用直达航班，如无直达航班，则选择中转次数少的航班；应注意活动物到达目的地的时间，尽量避开周末和节假日，以免动物运达后延误交付造成动物死亡；运输时间在24 h内，可以不必给动物喂食，而喂水是必要的；动物在运输途中或到达目的地后死亡所产生的一切处理费，应由托运人或收货人承担；活动物运输不办理运费到付。

六、尸体、骨灰

1. 单证

运输尸体时，托运人必须提供有关部门出具的死亡证明书、入殓证明书且一式二份，其中一份留始发地机场存查，一份随附货运单至目的地；货运单11路线和目的地各相关栏内，填写指定的运输路线和各航段指定的承运人。19A栏“Flight/Date”内，填写已订妥舱位的航班及日期。在21栏“Handling Information”栏内，注明所附证明文件的名称。

对于骨灰，托运人必须提供有关部门出具的死亡证明书、火化证明书且一式二份，其中一份留始发地机场存查，一份随附货运单至目的地；在货运单上注以“急”字样或加盖“急”字样的标记，并在21栏“Handling Information”栏内，注明所附证明文件的名称。

2. 包装

尸体经防腐处理后装入塑料袋内密封，安放于用铅或锌等制作的金属容器中，外加木质棺材和便于装卸的环扣；在货物的外包装上应加贴“急货”和“不可倒置”的标贴。

骨灰应封装于罐内或盒内，外层用木箱套装，最外层用布包装。

3. 装运

灵柩最迟必须在飞机起飞前2小时由托运人送往机场；灵柩尽量装在集装板上；必须远离动物和食品；散装时，灵柩不能与动物装载于同一货舱内；灵柩只可水平放置；分别装有灵柩和活动物的集装器，装机时中间至少应留有一个集装器的间隔；目的地机场在收到关于尸体运输的通知后，应及时通知收货人于飞机到达前在机场等候提取。

骨灰可装在下货舱，也可由旅客随身携带，但应事先通知机组人员。

七、外交信袋

外交信袋是指各国政府与其驻外大使、领馆、办事处之间运输作为货物托运的、使用专用包装袋的公务文件。

1. 包装

外交信袋应有完好的包装和明显的封志；外交信袋上应使用挂签，不得使用其他粘贴物。

2. 装运

外交信袋应按指定航班日期运出；一般安排在直达航班上运输，国际航班国内段不安排外交信袋运输；外交信袋应放在货舱内明显的位置，不得与航空邮件装在一起；外交信袋不可与放射性物质或磁性物质放在同一货舱内。

八、作为货物运输的行李

作为货物运输的行李，又称无人押运的行李(Unaccompanied Baggage)，仅限于旅客私人的衣物及其他私人物品。包括轻便的手提乐器、手提打字机、轻便的体育器材等。但不包括机器、机器零配件、现金、债券、证券、手表、照相机、胶卷、珠宝饰物、金银餐具、票证、文件、酒、香水、商品及推销用的样品等。

收运此种货物，须将旅客的客票号码、所乘班机的航班号、乘机日期等填入货运单，在货运单22I栏“Nature and Quantity of Goods”中应注明“UNACCOMPANIED BAGGAGE”；为了和旅客交运的行李相区别，在作为货物运输的行李上应加挂货物标贴。

第六节　国际航空货物运输费用

国际航空货物运输费用是指将一批货物自始发地机场运送至目的地机场所应收取的所有费用，包括航空货物运费、声明价值附加费及其他费用。

一、航空货物运费的计费重量及运价

航空货物运费是指一批货物自始发地机场至目的地机场所应收取的航空费用。运费根据货物计费重量和所适用的运价计算确定，但不能低于起码运费，即航空公司办理一批货物所能接受的最低运费，以“M”表示。

(一) 计费重量

计费重量是指计算运费时所采用的重量标准。一般选择货物的实际重量和体积重量较高者作为计费重量；但当货物按较高重量等级的起始重量与相应的运价计算出来的运费较低时，应按较高重量等级的起始重量作为货物的计费重量。计费重量以0.5 kg为单位，不足0.5 kg或者等于0.5 kg的，按0.5 kg计算；0.5 kg以上不足1 kg的按1 kg计算。

实际重量是指一批货物包括包装在内的毛重，以0.1 kg为单位，0.1 kg以下四舍五入。

体积重量是指将货物的体积按一定折算标准折合后的重量。体积重量的确定方法是：首先测量货物最长、最宽、最高部分的尺寸(单位cm，小数部分四舍五入取整)，三者相乘算出体积，然后将体积折算成重量，折算标准为每6 000 cm^3折合为1 kg，保留一位小数。

例如，一批货物的体积是 24 000 cm^3，则体积重量为 4 kg。

（二）运价

1. 运价的种类

国际航空货物运价按制定的途径划分，分为协议运价和国际航协运价。

1）协议运价

协议运价是指通航的双方或几方航空公司通过磋商达成协议，并且报请各国政府获得批准后共同遵守的运价。

2）国际航协运价

国际航协运价是指 IATA 在 TACT 运价资料上公布的运价。国际航协运价使用 IATA 的运价手册——TACT Rates Book，结合并遵守国际货物运价规则——TACT Rules 共同使用。按照 IATA 货物运价公布的形式划分，可分为公布直达运价和非公布直达运价，见表 7-8。

表 7-8　　IATA 运价体系

IATA 运价	公布直达运价（Published through rates）	普通货物运价（General Cargo Rate，GCR）
		指定商品运价（Specific Commodity Rate，SCR）
		等级货物运价（Commodity Classification Rate，CCR）
		集装货物运价（Unit Load Device Rate，ULD）
	非公布直达运价（UN-Published through rates）	比例运价（Construction Rate）
		分段相加运价（Combination of Rates and Charges）

2. 运价使用顺序

1）优先使用协议运价

如果航线存在协议运价，应优先使用协议运价。

2）无协议运价时，优先使用公布直达运价

在满足各类运价使用条件的前提下，按指定商品运价、等级货物运价和普通货物运价顺序使用公布直达运价。

3）无协议运价和公布直达运价时，采用非公布的直达运价

在非公布直达运价中，优先使用比例运价，构成全程直达运价；当无比例运价时，使用分段相加的办法，组成全程最低的运价。

3. 运价有关规定

（1）航空货物运价是从一机场到另一机场单位重量的运费，只适应于单一方向。

（2）运价不包括其他额外费用，如制单、提货、报关、仓储费等。

（3）运价一律按当地的货币公布，计算单位一般为 kg 或 lb。除美国外，以美元公布货物运价的国家视美元为当地货币。

（4）航空货运单中的运价是按出具货运单之日所适用的运价。

二、公布直达运价及运费计算

（一）普通货物运价

没有特殊规定的货物运价，称为普通货物运价，亦称为一般货物运价。在普通货物运

价中，分为若干重量等级运价：45 kg 以下的运价，以“N”表示；45 kg 及其以上的运价，以“Q”表示。同时，还公布有 100 kg、300 kg、500 kg 或者更高重量分界点的运价，运价类别代号仍以“Q”表示。

普通货物运费计算方法是：货物实际重量与体积重量之大者乘以相应重量等级的运价所得的运费，与较高重量等级的起始重量乘以相应运价所得运费进行比较，取低者，并且运费不能低于起码运价。这一原则一般也适合指定商品运价。即：

$$\text{运费} = \max[\min(W_1 \times A_1,\ W_2 \times A_2),\ M] \tag{7-5}$$

式中　W_1——货物实际重量与体积重量之大者。即：

$$W_1 = \max\left[\text{实际重量}, \frac{\text{最长}\times\text{最宽}\times\text{最高}\ (\text{cm}^3)}{6\,000(\text{cm}^3/\text{kg})}\right], \text{kg};$$

A_1——W_1 相应重量等级的运价，货币单位/kg；

W_2——较高重量等级的起始重量，kg；

A_2——较高重量等级的运价，货币单位/kg；

M——起码运费，货币单位。

［例 7-2］ 上海（SHA）运往旧金山（SFO）的普通货物两批，第 1 批 30 kg，第 2 批 40 kg，分别计算两批货物的航空运费。

公布运价资料：

SHA—SFO
M　420.00　(CNY)
N　51.59
45　38.71

解：第 1 批 30 kg

$$\begin{aligned}\text{运费} &= \max[\min(W_1 \times A_1,\ W_2 \times A_2),\ M]\\ &= \max[\min(30.0\times 51.59 = 1\,547.70,\ 45.0\times 38.71 = 1\,741.95),\ 420.00]\\ &= 1\,547.70(\text{元})\end{aligned}$$

第 2 批 40 kg

$$\begin{aligned}\text{运费} &= \max[\min(W_1 \times A_1,\ W_2 \times A_2),\ M]\\ &= \max[\min(40.0\times 51.59 = 2\,063.60,\ 45.0\times 38.71 = 1\,741.95),\ 420.00]\\ &= 1\,741.95(\text{元})\end{aligned}$$

［例 7-3］ 北京（BJS）运往东京（TYO）服装一箱，毛重 28.4 kg，体积尺寸为 82 cm×48 cm×32 cm，计算该批货物的航空运费。

公布运价资料：

BJS—TYO
M　200.00　(CNY)
N　38.67
45　29.04

解：$W_1 = \max(82 \times 48 \times 32/6\,000 = 21.0,\ 28.4)$
$= 28.4\text{ kg}$

运费 $= \max[\min(W_1 \times A_1,\ W_2 \times A_2),\ M]$
$= \max[\min(28.5 \times 38.67 = 1\,102.10,\ 45.0 \times 29.04 = 1\,306.80),\ 200.00]$
$= 1\,102.10$(元)

航空货运单货物运价细目填制如表 7-9 所示(参见本章货运单填写的相关内容,以下同):

表 7-9　　航空货运单货物运价细目栏

No. Of Pieces RCP	Gross Weight	kg/lb	Rate Class		Chargeable Weight	Rate/ Charge	Total	Nature and Quantity of Goods (Incl dimensions or Volume)
				Commodity Item No				
1	28.4	K	N		28.5	38.67	1 102.10	CLOTHES DIMS：82 cm×48 cm×32 cm

(二) 指定商品运价

指定商品运价是指适用于自规定的始发地至规定的目的地之间运输特定品名货物的运价。制定指定商品运价主要是因为在某特定的航线上,有较为稳定的货主经常托运特定品名的货物,托运人要求承运人提供一个较低的优惠运价。此外,航空公司为占领航空运输市场,更有效地利用航空公司的运力,保证飞机有较高载运率,经 IATA 同意,提供的一个较有竞争力的优惠运价。有些指定商品运价公布了不同的重量分界点,旨在鼓励货主托运大宗货物。

通常情况下,指定商品运价低于相应的普通货物运价,是一种优惠性质的运价。因此,使用时对货物的起讫点、运价使用期限、货物最低重量起点等有特定的条件。

1. 指定商品运价的分组和编号

IATA 在公布指定商品运价时,根据货物的性质、属性及特点等对货物进行分类,共分为 10 个大组,每一个大组又分为 10 个小组。同时,对其分组用 4 位阿拉伯数字进行如下编号,该编号即为指定商品货物的品名编号,在航空货运单中用"C"表示。

0001—0999 食用动物和蔬菜产品；

1000—1999 活动物和非食用动物及蔬菜产品；

2000—2999 纺织品、纤维及其制品；

3000—3999 金属及其制品,不包括机械、车辆和电器设备；

4000—4999 机械、车辆和电器设备；

5000—5999 非金属矿产品及其制品；

6000—6999 化工品及其制品；

7000—7999 纸、芦苇、橡胶和木材及其制品；

8000—8999 科学和贵重的仪器及零件；

9000—9999 其他货物。

2. 指定商品运价的使用规则

使用指定商品运价需满足以下条件：

(1) 货物的始发地与目的地之间公布有指定商品运价；

(2) 托运人所交运的货物，其品名与有指定商品运价的货物品名相吻合；

(3) 货物的实际重量或体积重量满足指定商品运价使用时的最低重量要求。

使用指定商品的运价计算航空运费的货物，在航空货运单的"Rate Class"一栏，用字母"C"表示。

3. 计算步骤

(1) 先查询运价表，如有指定商品代号，则考虑使用指定商品运价；

(2) 查找 TACT RATES BOOKS 的品名表，找出与运输货物品名相对应的指定商品代号。

(3) 如果货物的实际重量或体积重量超过指定商品运价的最低重量，则优先使用指定商品运价；

(4) 如果货物的实际重量和体积重量均未达到指定商品运价的最低重量，则用指定商品运价计费与普通货物运价计费结果相比较，取低者计收运费。货物同时适用指定商品运价和附加等级运价时，只允许采用附加等级运价与指定商品运价的计费结果相比较，取低者。

[例 7-4] 北京(BJS)运往大阪(OSA)三箱蘑菇共 150.0 kg，每件体积尺寸分别为 102 cm×44 cm×25 cm，计算航空运费。

公布运价资料：

	BJS—OSA		
	M	200.00	(CNY)
	N	25.61	
	45	19.23	
0300	100	12.41	
0300	500	11.53	
0850	100	14.89	
1093	100	11.09	
2195	100	11.32	

解：查找 TACT Rates Books 的品名表，货物名称"Mushroom"(蘑菇)所对应的品名编号为"0850"。由于货主交运的货物重量符合"0850"指定商品运价使用时的最低重量要求，运费计算如下：

$$
\begin{aligned}
\text{运费} &= \max(W_1 \times A_1, M) \\
&= \max[\max(102 \times 44 \times 25 \times 3/6\,000 = 56.1, 150.0) \times 14.89, 200.00] \\
&= \max[150.0 \times 14.89 = 2\,233.50, 200.00] \\
&= 2\,233.50(\text{元})
\end{aligned}
$$

航空货运单货物运价细目填制如表 7-10 所示：

表 7-10　　航空货运单货物运价细目栏

No. Of Pieces RCP	Gross Weight	kg/lb	Rate Class		Chargeable Weight	Rate/Charge	Total	Nature and Quantity of Goods (Incl dimensions or Volume)
				Commodity Item No				
3	150.0	K	C	0850	150.0	14.89	2 233.50	MUSHROOM DIMS：102 cm×44 cm×25 cm×3

[例 7-5] 例 7-4 中，如果货主交运一箱蘑菇，毛重 50 kg，计算其航空运费。

解：(1) 按指定商品运价使用规则计算：

$$\begin{aligned}运费 &= \max(100.0 \times 14.89 = 1\,489.00,\ 200.00)\\ &= 1\,489.00\ 元\end{aligned}$$

(2) 按普通货物运价使用规则计算：

$$\begin{aligned}运费 &= \max[\min(W_1 \times A_1,\ W_2 \times A_2),\ M]\\ &= \max[\max(102 \times 44 \times 25/6\,000 = 18.7,\ 50.0) \times 19.23 = 961.50,\ 200.00]\\ &= 961.50\ 元\end{aligned}$$

对比按指定商品运价计算和按普通货物运价计算的航空运费，取运费较低者。因此，这批货物是按普通货物收费，收取的航空运费是 961.50 元。本例题说明指定商品只有达到一定重量时才能节省运费。

航空货运单货物运价细目填制如表 7-11 所示：

表 7-11　　航空货运单货物运价细目栏

No. Of Pieces RCP	Gross Weight	kg/lb	Rate Class		Chargeable Weight	Rate/Charge	Total	Nature and Quantity of Goods (Incl dimensions or Volume)
				Commodity Item No				
1	50.0	K	Q		50.0	19.23	961.50	MUSHROOM DIMS：102 cm×44 cm×25 cm

4. 指定商品运价的使用顺序

对于相同的航程，如果一种货物可同时按确指品名(More Specific Sescription)运价和泛指品名(Less Specific Description)运价计算运费时，如果货物的实际重量或体积重量满足确指品名运价使用时的最低重量，则优先使用确指品名运价；如果货物的实际重量和体积重量未达到确指品名运价使用时的最低重量，则先用较低重量点的泛指品名运价计算所得，与以较高重量点的确指品名运价计算所得的运费比较，取其低者。

[例 7-6] 从阿联酋迪拜运往英国爱丁堡地毯 4 件，共 430.0 kg，每件体积为 81 cm×72 cm×63 cm，计算航空运费。

公布运价资料：

	DUBAI—EDINBURGH		
	M	190.00	(AED)
	N	31.45	
	45	23.75	
	100	14.40	
	500	11.53	
2 199	250	10.55	
(泛指品名)TEXTILES 2 199	500	9.05	
(确指品名)CARPET 2 865	500	10.00	

解: 运费$=\max\{\min[\max(81\times72\times63\times4/6\,000=245.0,\ 430)\times10.55$

$=4\,536.50,\ 500\times10.00=5\,000.00],\ 190\}$

$=$ AED4 536.50

航空货运单货物运价细目填制如表 7-12 所示:

表 7-12　　航空货运单货物运价细目栏

No. Of Pieces RCP	Gross Weight	kg/lb	Rate Class		Chargeable Weight	Rate/Charge	Total	Nature and Quantity of Goods (Incl dimensions or Volume)
				Commodity Item No				
4	430.0	K	C	2 199	430.0	10.55	4 536.50	CARPET DIMS: 81 cm×72 cm×63 cm×4

(三) 等级货物运价

等级货物运价是指在规定的业务区之内或业务区之间运输特别指定的货物运价。IATA 规定,等级货物包括活动物、贵重货物、尸体和骨灰、汽车、书报杂志类和作为货物运输的行李等。

等级货物运价是在普通货物运价基础上附加或附减一定百分比的形式构成,附加或附减规则公布在 TACT Rules 中,运价的使用须结合 TACT Rates Books 一同使用。

通常附加或不附加也不附减的等级货物用代号(S)表示(S-Surcharged Class Rate)。附减的等级货物用代号(R)表示(R-Reduced Class Rate)。活动物、贵重货物、尸体和骨灰、汽车四类货物通常是在普通货物运价的基础上增加一定百分比收费。书报杂志类和作为货物运输的行李是按普通货物 N 运价的 50%收费,其运费应将等级附减运价计费与普通货物运价计费结果相比较,取低者计收。

IATA 规定,等级货物如果是由两个或两个以上的承运人共同完成运输(即国际联运),其中参加联运的某一承运人对其承运的航段有不同的等级百分比时,即使运输起讫点间有公布的直达标价,也不可直接使用,应采用分段相加的方法计算运输始发地至目的地的航空运费。

以下所述的各种等级货物运价均为运输始发地至运输目的地之间有公布的直达运价,并可直接使用计算运费。

1. *活动物(Live Animals)运价*

中国至世界各区的活动物运价表(参阅 TACT RULES 3.7.2 期)(表 7-13)

表 7-13 活动物运价表格式

	IATA AREA (see Rule 1. 2. 2. "Definitions of Areas")													
	Within 1				Within 2 (see also Rule 3. 7. 1. 3.)	Within 3	Between 1 and 2			BETWEEN 2 and 3	Between 3 and 1			
	to/from Canada	to U. S. A	from U. S. A	other sectors			to/from Canada	to/from U. S. A	Other sectors		to/from Canada	to U. S. A	from U. S. A	other sectors
ALL LIVE ANIMALS Except: Baby Poultry less than 72 hours old Monkeys and Primates Cold blooded animals	150% of appl. GCR *Except: 12 below*	150% of appl. GCR	110% of appl. GCR	Normal GCR *Except: 13 below*	150% of Normal GCR *Except: 2 below*	Normal GCR *Except: 3, 4, 20 below*	150% of appl. GCR *Except: 8, 15 below*	110% of appl. GCR *Except: 1, 8 below*	Normal GCR *Except: 8, 17 below*	Normal GCR *Except: 4, 10, 19 below*	150% of appl. GCR *Except: 4 below*	110% of appl. GCR *Except: 4, 9 below*	150% of appl. GCR	Normal GCR *Except: 4, 16, 18 below*
A. BABY POULTRY Less than 72 hours old	150% of appl. GCR *Except: 12 below*	150% of appl. GCR	110% of appl. GCR	appl. GCR	Normal GCR *Except: 5 below*	Normal GCR or over 45 kgs *Except: 4, 20 below*	150% of appl. GCR *Except: 15 below*	110% of appl. GCR *Except: 1 below*	Normal GCR or over 45 kgs *Except: 6, 17 below*	Normal GCR or over 45 kgs *Except: 4, 19 below*	150% of appl. GCR *Except: 4 below*	110% of appl. GCR *Except: 4, 9 below*	150% of appl. GCR	Normal GCR or over 45 kgs *Except: 4, 16, 18 below*
B. MONKEYS AND PRIMATES	150% of appl. GCR *Except: 12 below*	150% of appl. GCR	110% of appl. GCR	appl. GCR	150% of Normal GCR *Except: 2 below*	Normal GCR *Except: 4, 20 below*	150% of appl. GCR *Except: 15 below*	110% of appl. GCR *Except: 1 below*	Normal GCR *Except: 17 below*	Normal GCR *Except: 4, 19 below*	150% of appl. GCR *Except: 4 below*	110% of appl. GCR *Except: 4, 9 below*	150% of appl. GCR	Normal GCR *Except: 4, 18 below*
C. COLD BLOODED ANIMALS	125% of appl. GCR *Except: 11 below*	appl. GCR	appl. GCR	Normal GCR *Except: 13 below*	150% of Normal GCR *Except: 2 below*	Normal GCR *Except: 3, 4, 20 below*	125% of appl. GCR *Except: 14 below*	appl. GCR *Except: 7 below*	Normal GCR *Except: 17 below*	Normal GCR *Except: 4, 19 below*	125% of appl. GCR *Except: 4 below*	appl. GCR *Except: 4 below*	appl. GCR	Normal GCR *Except: 4, 16, 18 below*

表 7-13 中有关内容说明如下：

1）名称解释

Baby Poultry，幼禽类，指出生不足 72 h 的幼禽；

Monkeys and Primates，猴类和灵长类；

Cold Blooded Animals，冷血动物类。

表 7-13 中常常有“Except”字样，这是与表中规则例外的情况，使用时，应严格按照 TACT Rules 的规则要求，计算正确的航空运费。

2）运价规则的运用说明：

活动物运费的计算应严格按表 7-13 的运价规则确定运价。表 7-13 中“Normal GCR”，表示使用 45 kg 以下的普通货物运价，如无 45 kg 以下的普通货物运价，可使用 100 kg 以下普通货物运价。不考虑较高重量点较低运价。

“Normal GCR or Over 45 kg”，表示使用 45 kg 以下普通货物运价，或者 45 kg 以上普通货物运价。即使有较高重量分界点的较低运价，也不可以使用。

“Appl. GCR”，表示使用相适应的普通货物运价。

“as a Percentage of appl. GCR”，表示按相应普通货物运价的某个百分比使用。

需要注意的是，运输动物所用的笼子等容器、饲料、饮用水等重量包括在实际重量内。

3）活动物运输的最低收费标准

IATA 三区内：相应 M 的 200%；

IATA 二区与三区之间：相应 M 的 200%；

IATA 一区与三区之间（除到/从美国、加拿大以外）：相应 M 的 200%；

从 IATA 三区到美国：相应 M 的 110%；

从美国到 IATA 三区：相应 M 的 150%；

IATA 三区到加拿大之间，相应 M 的 150%；

需要注意的是，对于冷血动物，有些区域间有特殊规定，应按规则严格执行。

[例 7-7] 从北京（BJS）运往纽约（NYC）笼装东北虎一头，重 270 kg，货件体积240 cm×120 cm×60 cm，计算航空运费。

公布运价资料：

BJS—NYC		
M	630.00	(CNY)
N	64.46	
45	48.34	
100	45.19	
300	41.86	

解：查表 7-13，从北京（IATA 三区）运往纽约（IATA 一区）的活动物所适用的运价为：110% of appl. GCR。从 IATA 三区到美国的最低收费标准为：相应 M 的 110%。

$$
\begin{aligned}
\text{运费} &= \max[\min(W_1 \times A_1,\ W_2 \times A_2),\ M] \\
&= \max\{\min[\max(240 \times 120 \times 60/6\,000 = 288.0,\ 270.0) \times 110\% \times 45.19 \\
&= 14\,316.19,\ 300.0 \times 110\% \times 41.86 = 13\,815.00],\ 110\% \times 630.00 = 693.00\} \\
&= 13\,815.00(\text{元})
\end{aligned}
$$

航空货运单货物运价细目填制如表 7-14 所示：

表 7-14　　航空货运单货物运价细目栏

No. Of Pieces RCP	Gross Weight	kg/lb	Rate Class		Chargeable Weight	Rate/Charge	Total	Nature and Quantity of Goods (Incl dimensions or Volume)
				Commodity Item No				
1	270.0	K	S	Q110	300.0	46.05	13 815.00	NORTHEASTTIGER DIMS：240 cm×120 cm×60 cm

2. 贵重货物(Valuable Cargo)运价

在航空运输中，贵重货物属于特种货物，其运价为普通货物 N 运价的 200%；一区与三区之间且经北或中太平洋(除朝鲜半岛至美国本土各点外)，达到或超过 1 000 kg 时，运价为普通货物 N 运价的 150%。

贵重货物的最低收费标准，为公布的最低运费的 200%，但不得低于 50 美元或其等值货币。

［例 7-8］ 上海(SHA)运往大阪(OSA)手工艺品一件，体积为 56 cm×24 cm×20 cm 货重 6.3 kg，运输声明价值为 100 000.00 元，当日美元与人民币的换算比价为 1USD=6.444 1元，计算航空运费。

公布运价资料：

SHA—OSA		
M	200.00	(CNY)
N	30.22	
45	22.71	

解：该手工艺品毛重每 kg 的声明价值为：

$$100\,000 \div 6.444\,1 \div 6.3 = 2\,463.19\ \text{USD} > 1\,000\ \text{USD}$$

所以这件手工艺品应按贵重货物收费，其运价为普通货物 N 运价的 200%。最低收费标准为相应普通货物最低收费标准 M 的 200%，但不低于 50 美元。

$$
\begin{aligned}
\text{运费} &= \max[W_1 \times N \times 200\%,\ \max(M \times 200\%,\ 50 \times 6.444\,1)] \\
&= \max[\max(56 \times 24 \times 20/6\,000 = 4.5,\ 6.5) \times 30.22 \times 200\% = 392.86, \\
&\quad \max(200.00 \times 200\% = 400.00,\ 50 \times 6.444\,1 = 322.21)\ ] \\
&= \max[392.86,\ 400.00] \\
&= 400.00(\text{元})
\end{aligned}
$$

航空货运单货物运价细目填制如表 7-15 所示：

表 7-15　　航空货运单货物运价细目栏

No. Of Pieces RCP	Gross Weight	kg/lb	Rate Class		Chargeable Weight	Rate/Charge	Total	Nature and Quantity of Goods (Incl dimensions or Volume)
				Commodity Item No				
1	6.3	K	M			400.00	400.00	HANDICRAFT DIMS：56 cm×24 cm×20 cm

3. 尸体、骨灰(Human Reman)运价

尸体、骨灰运价如表 7-16 所示，最低运费按公布最低运费 M 收取，但在二区内最低运费为 200% M，同时不低于 65 美元或等值货币。

表 7-16　　尸体、骨灰运价

Area	Ashes	Coffin
All IATA areas	Applicable	Normal GCR
With IATA areas2	300% of Normal GCR	200% of Normal GCR

4. 书报、杂志类(Journals)运价

此类货物包括报纸、杂志、期刊、图书、目录和盲人读物及设备等物品。

我国运往各业务区的书报、杂志类货物的等级运价，为相应普通货物 N 运价的 50%，但可以使用普通货物较高重量点的较低运价。最低收费标准为相应普通货物的最低收费标准。

书报、杂志类属附减的等级货物，为了达成优惠的初衷，其等级货物计费可以与普通货物运价计算的运费相比较，取低者。

[例 7-9] 北京(BJS)运往伦敦(LON)20 箱图书，每箱重 49.5 kg，体积 70 cm×50 cm×40 cm，计算航空运费。

公布运价资料：

BJS——LON	
M	320.00 (CNY)
N	63.19
45	45.22
300	41.22
500	33.42
1 000	30.71

解：(1) 按等级货物运价计算

$$\begin{aligned}
运费 &= \max[\min(W_1 \times N \times 50\%, W_2 \times A_2), M] \\
&= \max\{\min[\max(70 \times 50 \times 40 \times 20/6\,000 \\
&= 466.7, 49.5 \times 20 = 990.0) \times 63.19 \times 50\% \\
&= 31\,279.05, 1\,000 \times 30.71 = 30\,710.00], 320.00\} \\
&= 30\,710.00(元)
\end{aligned}$$

(2) 按普通货物运价计算

$$运费 = \max[\min(W_1 \times A_1, W_2 \times A_2), M]$$
$$= \max[\min(990.0 \times 33.42 = 33\,085.80, 1\,000 \times 30.71 = 30\,710.00), 320.00]$$
$$= 30\,710.00(元)$$

比较按等级货物运价和按普通货物运价计算的航空运费，取较低者，即这批货物应收的航空运费为 30 710 元。

航空货运单货物运价细目填制如表 7-17 所示：

表 7-17　　航空货运单货物运价细目栏

No. Of Pieces RCP	Gross Weight	kg/lb	Rate Class		Chargeable Weight	Rate/ Charge	Total	Nature and Quantity of Goods (Incl dimensions or Volume)
				Commodity Item No				
20	990	K	Q		1 000	30.71	30 710.00	BOOKS DIMS：70 cm×50 cm×40 cm×20

另外，对于德国、意大利始发到三区，以及从英国始发到一些国家的某些城市的书报杂志类的运价有特殊规定。对上述国家运往我国的运费到付货物。在目的地应根据有关规定正确核收运费。

5. *作为货物运输的行李(Baggage Shipped as Cargo)运价*

这种等级货物运价的使用条件如下：

(1) 使用范围仅限于旅客所持客票上注明航段的机场间运输，并且行李的交付不得晚于旅客乘机旅行的当天；

(2) 旅客须如实申报行李内容，提供有关文件，自行办理海关手续，并支付所需费用；

(3) 需将旅客的客票号码、所乘班机的航班号和乘机日期等填入货运单内；

(4) 该货物运输的具体时间由承运人决定；

(5) 该行李运价不得和任何普通货物运价或指定商品运价相加使用，以致相加后的运价低于适用的规定或组合运价；

(6) 如果不满足上述条件，则其他任何航程均只能使用普通货物运价或指定商品运价。

中国至二区、三区的作为货物运输的行李运价见表 7-18。

表 7-18　　作为货物运输的行李运价

中国至	适用运价	最低收费标准
二区	相应的 Normal GCR 的 50%	10 kg×N×50%与普通货物的最低收费标准 *M* 比较，取高者。
三区		

作为货物运输的行李可以使用普通货物较高重量点的较低运价。和书报、杂志类货物一样，该类货物也属附减的等级货物，其等级货物计费可以与普通货物运价计算的运费相

比较，取低者。

中国到一区运输此类货物，不属于等级货物的范畴，不能使用上述等级折扣运价，应采用普通货物运价或指定商品运价计算。

三、非公布直达运价及运费计算

（一）比例运价

1. 比例运价分类

货物运价手册中公布的一种不能单独使用的运价附加数，当货物运输始发地至目的地无公布直达运价时，采用此附加数与已知的公布直达运价相加构成非公布直达运价，此运价称为比例运价。运价手册中所列比例运价分为三类：

（1）普通货物的比例运价，用“GCR”表示。

（2）指定商品的比例运价，用“SCR”表示。

（3）集装设备的比例运价，用“ULD”表示。

2. 比例运价使用规定

（1）比例运价只适合国际货物运输，不适用于国内货物运输。

（2）采用比例运价与公布直达运价相加时，必须严格遵守下列原则：①普通货物比例运价只能与普通货物运价相加；②指定商品比例运价只能与指定商品运价相加；③集装设备比例运价只能与集装设备运价相加。

（3）采用比例运价构成直达运价时，比例运价可加在直达运价的两端，但每一端不能连加两个以上的比例运价。

（4）当始发地至目的地可以经不同的运价组成点与比例运价相加而组成不同的直达运价时，应采用最低运价。

（5）运价的构成不影响货物的运输路线。

比例运价表中列有两种货币比例运价。列有当地货币的比例运价是为自该国始发构成全程直达运价时使用，可以直接将当地货币相加，构成全程运价；列有美元的比例运价是为自始发地到该目的地国家组成全程直达运价时使用，需将美元按规定比例换算成始发地货币，再与已知的公布直达运价相加使用。

［例 7-10］ 北京（BJS）到日本福井（FKJ）服装 2 件，每件体积 40 cm×20 cm×15 cm，总重 42.4 kg，计算航空运费。

公布运价资料：

BJS—TYO—FKJ					
M	260.00				
N	38.67	（CNY）	比例运价	2.44	（USD）
45	29.04			1.83	

解：北京到福井无公布直达运价，比例运价的组成点为东京（TYO），适用运价为北京到东京的公布直达运价与东京至福井的比例运价相加而得的北京到福井的非公布全程直达运价（按 TACT 中规定的换算比例 1 美元折合 6.444 1 元人民币）：

$$
\begin{aligned}
\text{运费} &= \max[\min(W_1 \times A_1,\ W_2 \times A_2),\ M] \\
&= \max\{\min[\max(40 \times 20 \times 15 \times 2/6\,000 \\
&= 4.0,\ 42.5) \times (38.67 + 2.44 \times 6.444\,1) \\
&= 2\,311.73,\ 45 \times (29.04 + 1.83 \times 6.444\,1) = 1\,837.47],\ 260.00\} \\
&= 1\,837.35(\text{元})
\end{aligned}
$$

航空货运单货物运价细目填制如表 7-19 所示：

表 7-19　航空货运单货物运价细目栏

No. Of Pieces RCP	Gross Weight	kg/lb	Rate Class		Chargeable Weight	Rate/ Charge	Total	Nature and Quantity of Goods (Incl dimensions or Volume)
				Commodity Item No				
2	42.4	K	Q		45	40.83	1837.35	CLOTH DIMS： 40 cm×20 cm×15 cm×2

（二）分段相加运价

货物的始发地至目的地之间无公布的直达运价，同时也不可能采用比例运价构成全程直达运价时，可选择较合适的运价分算点，按分段相加的办法组成全程最低运价。

在采用分段相加运价时，应严格遵守运价相加的有关规定，并选择若干个不同的运价计算点，相互进行比较，取运价最低者为分段相加运价。

四、混运货物运输费用

（一）混运货物

使用同一份航空货运单运输的货物中，含有不同运价、不同运输条件的货物称为混运货物。混运货物中不得包括的货物有：贵重货物、活动物、尸体及骨灰、外交信贷、作为货物运送的行李和机动车辆（电力自动车辆除外）。

托运时，托运人可以申报整批货物的总重量或总体积，也可以分别申报每一种类货物品名、件数、重量或体积。危险货物须单独注明。

（二）运费计算

1. 按总重量或总体积托运

混运货物被视为同一种货物，按总实际重量或总体积重量，采用普通货物运价计算运费。

2. 货物分别申报

混运货物分别按货物品名、件数、重量和体积申报，按不同种类货物适用的运价计算运费。

但是，如果混运货物使用一个外包装合并运输，则该包装货物的运费应按混运货物中运价最高的货物运价计收。

3. 声明价值

混运货物只能按整批（整票）货物办理声明价值，不得办理部分货物的声明价值或办理两种以上的声明价值。所以，混运货物的货物声明价值附加费是按照整批货物总的毛重计算而得的。

4. 最低运费

混运货物最低运费，是按整批货物计收。即按混运货物运费计算办法计得的运费与起讫地点间的最低收费标准比较，取高者。

[例 7-11] 北京(BJS)运往大阪(OSA)货物一批，其中：服装 1 件，重量 43.0 kg，每件尺寸 100 cm×60 cm×42 cm；蘑菇(品名编号：0850)2 件，重量共 80 kg，每件尺寸 90 cm×70 cm×32 cm。计算该批货物的运费。

公布运价资料：

	BJS—OSA		
	M	200.00	(CNY)
	N	25.61	
	45	19.23	
0300	100	12.41	
0300	500	11.53	
0850	100	14.89	
1093	100	11.09	
2195	100	11.32	

解：这是一批混运货物，先将这票货物作为一个整体，按普通货物运价计算运费；再按分别申报计算运费，即按不同种类货物适用的运价计算运费，两者比较，取低者。

(1) 按总体申报计算运费

$$\begin{aligned}运费 &= \max\{\max[43.0+80.0=123.0,\ (100\times60\times42+\\&\quad 90\times70\times32\times2)/6\,000=109.5]\times19.23=2\,365.29,\ 200.00\}\\&=2\,365.29(元)\end{aligned}$$

(2) 按分别申报计算运费

① 服装按普通货物运价计算：

$$\begin{aligned}运费 &= \max\{\min[\max(43.0,\ 100\times60\times42/6\,000=42.0)\times25.61\\&=1\,101.23,\ 45\times19.23=865.35],\ 200.00\}\\&=865.35(元)\end{aligned}$$

② 蘑菇

a. 按指定商品运价计算：

$$\begin{aligned}运费 &= \max\{\max[\max(80.0,\ 90\times70\times32\times2/6\,000=67.5),\ 100.0]\times14.89\\&=1\,489.00,\ 200.00\}\\&=1\,489.00(元)\end{aligned}$$

b. 按普通货物运价计算：

$$\begin{aligned}运费 &= \max[\max(80.0,\ 90\times70\times32\times2/6\,000=67.5)\times19.23\\&=1\,538.40,\ 200.00]\\&=1\,538.40(元)\end{aligned}$$

比较按指定商品运价计算和按普通货物运价计算所得的运费，取低者，即蘑菇运费为 1 489.00 元。

c. 分别申报时航空运费

$$运费 = 865.35 + 1\,489.00 = 2\,354.35(元)$$

(3) 混运货物航空运费

$$\begin{aligned}混运货物运费 &= \min(按总体申报计算的运费，按分别申报计算的运费)\\ &= \min(2\,365.29,\ 2\,354.35)\\ &= 2\,354.35(元)\end{aligned}$$

航空货运单货物运价细目填制如表 7-20 所示：

表 7-20　　航空货运单货物运价细目栏

No. Of Pieces RCP	Gross Weight	kg lb	Rate Class		Chargeable Weight	Rate/ Charge	Total	Nature and Quantity of Goods (Incl dimensions or Volume)
				Commodity Item No				
1 2	43.0 80.0	K	Q C	0850	45.0 100.0	19.23 14.89	865.35 1 489.00	CLOTHDIMS: 100 cm×60 cm×42 cm MUSHROOM DIMS: 90 cm×70 cm×32 cm
3	123.0						2 354.35	

五、声明价值附加费及其他费用

(一) 声明价值附加费

通常，承运人对货方造成损失的赔偿责任是有限制的，赔偿金额一般不超过法律所规定的最高限额。如 1999 年《蒙特利尔公约》规定：在货物运输中造成毁灭、遗失、损坏或者延误的，承运人的责任以每公斤 19 特别提款权为限。但如果托运人要求在货物发生损失时得到全额赔偿，则托运人在向承运人交运货物时，需特别声明在目的地交付时的利益，并在必要时支付一定的费用，在此情况下，承运人将在托运人的声明金额范围内承担赔偿责任。托运人为此所支付的一定费用称为声明价值附加费。

声明价值附加费为货物的声明价值超过承运人赔偿限额部分的 5‰，即：

$$声明价值附加费 = (货物声明价值 - 赔偿责任限额) \times 5‰$$

如货物从中国始发，航空货运单上所有表示费用金额的货币规定为人民币，声明价值应为人民币数额，则声明价值附加费按下式计算：

$$\begin{aligned}声明价值附加费 = [&货物声明价值(元) - 货物毛重(kg) \times 19SDR/kg\\ &\times 特别提款权对人民币的汇率] \times 5‰\end{aligned} \quad (7\text{-}6)$$

托运人填制的每份货运单的声明价值一般不超过 10 万美元或者其等值货币。

(二) 其他费用

1. 货运单费

货运单费亦称为航空货运单工本费，此项费用为填制航空货运单之费用。用"AW"表示此项费用，填在货运单的"其他费用"一栏中。中国民航规定：填制 AWB 时在"其他费用"

一栏中若填写“AWC”,表示此项费用归出票承运人所有。

2. 危险品处理费

收运危险货物,除核收运费外,还应收取危险货物操作手续费,该费用必须填制在货运单“其他费用”一栏中,用“RA”表示费用种类,TACT Rules规定,如危险品处理费归出票航空公司所有,在货运单中,危险品处理费表示为“RAC”。

3. 运费到付手续费

航空货物运费和其他费用,在目的站到付款时,最后承运人应该核收运费到付手续费。托运人应在支付航空运费的同时,支付货物声明价值附加费及有关的其他费用。

第七节　航空货运单

航空货运单(Air Waybill, AWB)是托运人或者托运人委托承运人以托运人名义填制的,托运人与承运人之间缔结的货物运输合同的证明。航空货运单通常包括有出票航空公司(Issuing Carrier)标志的航空货运单和无承运人任何标志的中性货运单两种。填制和使用航空货运单,应严格遵守有关法规的规定。

一、航空货运单的一般规定

(1) 托运人应当填写航空货运单正本且一式三份,连同货物交给承运人。承运人根据托运人的请求填写航空货运单的,在没有相反证据的情况下,应当视为代托运人填写。一张货运单只能用于一个托运人在同一时间、同一地点托运的,由承运人承运的,运往同一目的地的同一收货人的一件或多件货物。

(2) 托运人应当对航空货运单上所填关于货物的说明和声明的正确性负责。因航空货运单上所填的说明和声明不符合规定、不正确或者不安全,给承运人或承运人对之负责的其他人造成损失的,托运人应当承担赔偿责任。

(3) 航空货运单不可转让。与海运提单不同,航空货运单不是代表货物所有权的物权凭证。在货运单的右上端印有“不可转让(No Negotiable)”字样。任何IATA成员都不允许印制可以转让的航空货运单,货运单上的“不可转让”字样不可被删去或篡改。

(4) 航空货运单的号码。每份货运单上都有一个号码,据此可分辨所属的出票航空公司。货运单的号码是托运人或其代理人向承运人查询货物运输信息的依据,也是承运人各个环节组织运输的依据。

(5) 航空货运单的有效期限。根据托运人的“托运单”填制好货运单之后,托运人(或其代理人)和承运人(或其代理人)在货运单上签字后即开始生效。货物运至目的地后,收货人提取货物时,在货运单的“交付联”上签字后,货运单作为运输凭证,其运输使用有效期即告结束,但作为运输合同其法律有效期延至目的地运输停止之日起两年内有效。

二、航空货运单的种类

1. 航空主运单(Master Air Waybill, MAWB)

航空主运单,亦称总运单,是由航空公司(承运人)和航空货运代理公司(托运人)之间签订的航空货物运输合同的初步证据,是航空货物运输的凭证。

航空公司每承运一批货物,均须由托运人或者托运人委托承运人填写一套航空主运单。每套一式十二联,三联正本,其余均为副本。三联正本具有初步证据的效力,副本仅供航空货物运输中办理具体事宜时采用,不具有初步证据的效力。正本背面印有运输条件(承运条款),三联正本分别以不同颜色的纸张印制,各有不同用途:第一联交承运人,由承运人留存,作为收取运费和记账的凭证;第二联交收货人,作为收货人核收货物的依据;第三联交托运人,作为承运人接受货物的初步证据。副本 4 为提货收据,由收货人在提货时签字,到站留存备查。其余副本分别供代理人、目的地机场和第 1、2、3 承运人等使用。航空主运单格式见附录 5。

航空货运单各联分发见表 7-21:

表 7-21　　航空货运单各联分发对象

顺　序	名　称	分发对象	颜　色
A	Original 3(正本 3)	交托运人	浅蓝色
B	Copy 9(副本 9)	交代理人	白色
C	Original 1(正本 1)	交出票航空公司(承运人)	浅绿色
D	Original 2(正本 2)	交收货人	粉红色
E	Copy 4(副本 4)	提取货物收据到站留存	浅黄色
F	Copy 5(副本 5)	交目的地机场	白色
G	Copy 6(副本 6)	交第三承运人	白色
H	Copy 7(副本 7)	交第二承运人	白色
I	Copy 8(副本 8)	交第一承运人	白色
J	Extra copy(额外副本)	交分批运送货物的其他承运人	白色
K	Extra copy(额外副本)		白色
L	Extra copy(额外副本)		白色

2. 航空分运单(House Air Waybill, HAWB)

航空分运单主要是航空货运代理公司在办理集中托运业务时,签发给每一个托运人的货运单。它是航空货运代理公司(作为承运人)与托运人之间签订的运输合同的证明。航空分运单有正本三份,副本若干份。正本第一份交托运人,第二份航空货运代理公司留存,第三份随货同行交收货人。副本则分别作为报关、财务、结算及国外代理办理中转分拨等用。

货物到达目的站后,由航空货运代理公司在该地的分公司或其代理,凭主运单(第二份正本主运单)向航空公司提取货物,然后按分运单将货物分别交付给各收货人。

航空主运单与航空分运单基本内容相同,其法律效力相当。相互间的关系及当事人责任划分如图 7-9 所示。

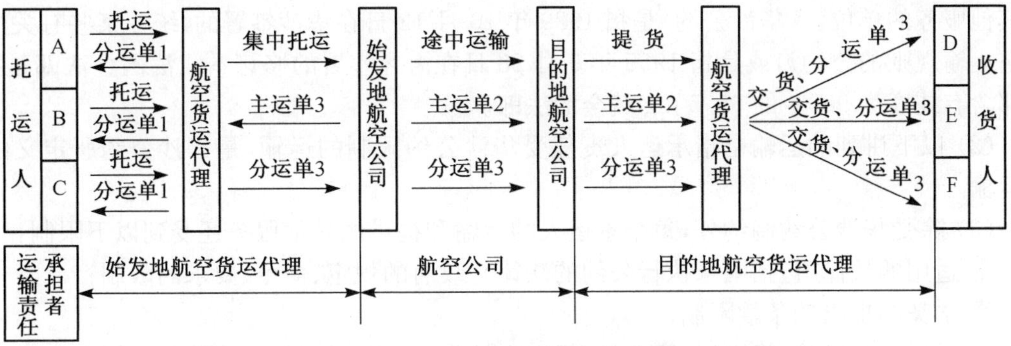

图 7-9　航空主运单、航空分运单流转及运输责任划分图

三、航空货运单的作用

1. 航空运输合同订立的初步证据

航空货运单是承运与托运人之间缔结的运输合同的初步证据，它是由托运人或者托运人委托承运人填写，并经合同双方当事人签字、盖章后生效。

2. 承运人接受货物的初步证据

承运人接受货物后，将第三份航空货运单正本交给托运人，作为接受货物的初步证据。

3. 运费账单和记账凭证

航空货运单上分别记载属于收货人（或托运人）和代理人的费用，第一份航空货运单正本承运人留存，可作为收取运费的凭据。

4. 报关凭证

货物到达目的地报关时，航空货运单通常是海关检查的主要单据之一。

5. 收货人核收货物的依据

第二份航空货运单正本，由航空公司随机交收货人，收货人据此核收货物，同时也是承运人交付货物的依据。

6. 保险证书

如果承运人代办保险而托运人又要求承运人代办保险时，航空货运单即可用来作保险证书。

7. 承运人处理内部业务的依据

航空货运单是承运人在办理该运单项下货物的发货、转运、交付的依据。承运人根据运单所记载的内容办理这些事项。

综上所述，航空货运单是国际航空货物运输中最重要的单据，但它仅是航空货物运输合同订立和承运人接受货物的初步证据，不是代表货物所有权的物权凭证，因此，航空货运单是不可转让的单据。

四、航空货运单的契约条款

航空货运单正本背面载明英文契约条款，涉及航空货物运输的许多法律规定。

某航空公司航空货运单的契约条款如下：

(1) 本契约中承运人是指承运或准备承运货运单上所载货物，或是为运输本票货物提供其他服务的单位。《华沙公约》是指1929年10月12日在华沙签署的《统一某些有关国际航空运输规则的公约》,或是指1955年9月28日在海牙签署的修订本。法国金法郎是指1法郎含有纯度为900‰的65.5 mg黄金的法郎。

(2) 以下讲到的运输是指承运人责任受华沙公约限制的运输,是华沙公约所定义的国际运输。

(3) 除受华沙公约制约外,每个承运人的运输和提供的其他服务还受到以下限制:

① 适用的法律(包括国家执行公约的法律)、政府的规定、命令、要求的限制;

② 本契约提出的条款限制;

③ 承运人的运价、规则、运输条件、规定和航班表(不是指起飞,降落的时间),也成为规定的一部分,并且可以在其任一办公室,任一提供定期航班服务的机场进行检查。

对于美国、加拿大和其他地区间的运输,应采用美、加与这些国家间使用的运价。

(4) 第一承运人的名称见货运单的缩写,全称见该承运人的运价、运输条件、规章和时刻表,第一承运人的地址是货运单上的离港机场。双方同意的经停点(承运人必要时可以修改)是除了始发地、目的地以外货运单上的其他地点,或是承运人的航班表中规定的经停点。

(5) 本契约所指运输应遵守《华沙公约》所制定的有关责任规定,除非此种运输不是公约中所指的"国际运输"。为了不与上述公约解释相矛盾,各承运人提供的运输和其他服务应遵守下列规定:

① 适用的法律(包括履行公约的国家法律)、政府规章、命令和要求;

② 本契约的规定;

③ 承运人适用的运价、规则、运输条件、规章和班期时刻表为本契约的组成部分。

并可在承运人的任一办事处和它仍经营的定期航班的机场内查到。美国或加拿大的某一地点与境外任一地点之间的运输,其适用运价应采用这些国家之间的有效运价。

(6) 第一承运人的名称在本页正面上可用简称,其全称及简称见该承运人的运价手册、运输条件、规章和班期时刻表。第一承运人的地址是填写在本页正面上的出发地点机场,约定的经停地点(必要时承运人可改变)是除始发地点和目的地点外,在本页正面上所填列的地点或在承运人的班期时刻表内所列航路的经停地点。由几个承运人连续的运输,应视为一个单一运输。

(7) 除非承运人的运价或运输条件中另有规定,在华沙公约不适用于该项运输时,承运人对货物损失、损坏或延误所负的责任以不超过每公斤20.00美元或其等值货币为限,除非托运人对贵重货物声明一个较高的价值并缴付了附加费。

(8) 如货运单正面作为"供运输用声明价值"一栏中所填金额超过上述"声明"和本契约条款中所规定仍适用责任限额,并且托运人按照承运人的运价,运输条件或规章缴付了所规定的附加费,就是构成一个特别声明价值,在此情况下承运人的责任限额将为其所声明的价值。赔偿数额将依据实际损失的证明予以赔偿。

(9) 如遇货物部分遗失,损坏或延误,在确定承运人的责任限额时,计算赔偿的重量只能是该件或与其相关的若干件货物的重量。

注:除非另有规定,美国联邦航空法中所指"国际运输"修订为:如一批货物或其部分遗失、损坏、或延误,确定承运人的责任限额的重量应为决定这批货物运费所用的重量(或部分货物遗失、损坏或延误按所占重量比例决定)。

(10) 对承运人责任的任何免除或限制，应适用于并有利于承运人的代理人、受雇人和代表，以及承运人为运输而使用其飞机的所有人及其代理人、受雇人和代表。本条的规定是承运人在此作为代理人，代理上述所有人员。

(11) 承运人为完成本契约的运输可做合理的安排。承运时，可变更原定的承运人或飞机甚至运输方式，而无需事先通知代理人和托运人，但应适当照顾托运人的利益。承运人有权选择路线或变更货运单本页正面上所填列的路线。本款不适用于至/自美国的运输。

承运人为完成本契约的运输可做合理的安排，除了承运人的运价在美国可以适用外，承运时，可改变承运人或飞机并无需事先通知改变运输方式，承运人有权选择路线或变更货运单本页正面上所填列的路线。本款适用于至/自美国的运输。

(12) 依据本契约条件规定，货物在承运人或其代理人照管期内，由承运人负责。

(13) 除未经托运人的书面同意，承运人将款项记入收货人的贷方者外，托运人保证遵守以下规定，包括承运人所要求的运费、运输条件和有关规章及履行公约的国家通过的法律、政府规章、命令和要求。如果托运货物全部未能交付，即使运费未曾交付，对该批货物的索赔要求也应接受。

(14) 货物到达通知应立即发给收货人或本页正面所列的另请通知人，货物到达目的地点时，如事先收到托运人的其他指示，可按其指示交付货物，否则按收货人的指示办理。

(15) 交付货物时，在下列情况下收货人有权向承运人提出异议，但必须用书面形式：

① 货物的明显损坏，应在发现损坏时立即提出，最迟在收到货物后 14 天内提出；

② 货物的其他损坏，自收到货物之日起 14 天内提出；

③ 货物延误，自其自由支配货物之日起 21 天内提出；

④ 货物没有交付，自填开货运单之日起 120 天内提出。

如对上述所述异议，应以书面形式提出，交给货运单所属空运企业或给第一承运人，或给最后承运人，或给在运输中发生货物遗失、损坏或延误的承运人。

诉讼应在货物到达目的地之日起，或从飞机应该到达之日当日起，或从运输停止之日起两年内提出，否则即丧失对承运人诉讼的权利。

(16) 托运人应遵守一切有效法律和运输货物始发、到达、经停或飞越国家的政府规章，包括有关货物包装、运输或货物交付的规定，以及为了遵守上述法律和规章对必需提供的各种必要资料和货运单后随附文件的要求。对于托运人不遵守本条规定所造成的损失或所产生的费用，承运人不承担责任。

(17) 承运人的代理人、受雇人或代表均无权改变、修改或废止本契约的任一条款。

(18) 在要求保险和已交付保险费，并且将保险金额在本页正面写上，即证明该运单上所列货物已经保险，其申请保险数额为货运单正页上所列数额(赔偿金额以遗失和损坏的货物实际价值为限，但此金额不能超出所保险的金额)。该保险应符合保险合同的条款、条件和范围(某些风险除外)，保险合同可由填开货运单承运人办事处的有关当事人进行审核，此种保险的索赔须立即向承运人的办事处提出

五、航空货运单的填制

(一) 填制货运单的要求

(1) 货运单要求使用英文打字机或计算机，用英文大写字母打印，各栏内容必须准确、

清楚、齐全,不得随意涂改。

(2) 货运单已填内容在运输过程中需要修改时,必须在修改项目的近处盖章注明修改货运单的空运企业名称、地址和日期。修改货运单时,应将所有剩余的各联一同修改。

(3) 货运单的各栏目中,有些栏目印有阴影。其中,有标题的阴影栏目仅供承运人填写。没有标题的阴影栏目一般不需填写,除非承运人特殊需要。

(二) 货运单各项栏目的填写说明(货运单格式参见附录 5)

1. 货运单号码(The Air Waybill Number)(1A)、(1B)

货运单号码应清晰地印在货运单的左右上角以及右下角(中性货运单需自行填制)。货运单号码由以下两组数字组成:①航空公司的数字代号(1A):用 3 位阿拉伯数字表示;②货运单序号及检验号(1B):用 8 位阿拉伯数字表示,前 7 位数字是货运单序号,第 8 位数字是检验号。例如:999—1234 5675。

2. 货运单签单承运人的名称及地址(Issuing Carriers Name and Address)(1C)

此处一般印有航空公司的标志、名称和地址。

3. 正本联说明(Reference to Originals)(1D)

事先印制,无需填写。

4. 契约条件(Reference to Conditions of Contract)(1E)

一般情况下无需填写,除非承运人需要。

5. 始发站机场代号 (Airport of Departure) (1)

填制始发站机场的 IATA 三字代号。如果始发站机场名称不明确,可填制机场所在城市的 IATA 三字代号。

6. 托运人栏(Shipper)(2)、(3)

(1) Shipper's Name and Address 托运人姓名和地址(2):填制托运人姓名(名称)、地址、国家(或国家两字代号)以及托运人的电话、传真、电传号。

(2) Shipper's Account Number 托运人账号(3):此栏不需填写,除非承运人需要。

7. 收货人栏(Consignee)(4)、(5)

(1) Consignee's Name and Address 收货人姓名和地址(4):填制收货人姓名(名称)、地址、国家(或国家两字代号)以及收货人的电话、传真、电话号码。

(2) Consignee's Account Number 收货人账号(5):此栏仅供承运人使用,一般不需填写,除非最后的承运人需要。

8. 填开货运单的承运人的代理人栏(Issuing Carrier's Agent)(6)、(7)、(8)

(1) Issuing Carrier's Agent Name and City 填开货运单的承运人的代理人名称和城市(6):填制向承运人收取佣金的国际航协代理人的名称和所在机场或城市;

根据货物代理机构管理规则,该佣金必须支付给目的站国家的一个国际航协代理人,则该国际航协代理人的名称和所在机场或城市必须填入本栏,填入"收取佣金代理人"(Commissionable Agent)字样。

(2) Agent's IATA Code 国际航协代号(7):代理人在非货账结算区(Non-CASS Area),打印国际航协 7 位数字代号,例如:14-30288;代理人在货账结算区(CASS Area),打印国际航协 7 位数字代号,后面是 3 位 CASS 地址代号,和一个冠以 10 位的 7 位数字代号检验位。例如:34-41234/5671。

上述 CASS(Cargo Accounts Settlement System)是指货物财务结算系统。一些航空公司为便于内部系统管理,要求其代理人在此处填制相应的代码。

(3) Account No. 账号(8):本栏一般不需填写,除非承运人需要。

9. 运输路线(Routing)(9)、(11A) - (11F)、(18)、(19A)、(19B)

(1) Airport of Departure (Addr . of First Carrier)and Requested Routing 始发站机场(第一承运人地址)和所要求的运输路线(9):此栏填制与(1)栏中一致的始发站机场或所在城市的全称,以及所要求的运输路线。

(2) 运输路线和目的站(Routing and Destination):

① To (By First Carrier)至(第一承运人)(11A):填制目的站机场或第一个转运点的 IATA 三字代号(当该城市有多个机场,不知道机场名称时,可用城市代号)。

② By First Carrier 由第一承运人(11B):填制第一承运人全称或 IATA 两字代号。

③ To(By Second Carrier)至(第二承运人)(11C):填制目的站机场或第二个转运点的 IATA 三字代号(当该城市有多个机场,不知道机场名称时,可用城市代号)。

④ By Second Carrier 由第二承运人(11D):填制第二承运人的 IATA 两字代号。

⑤ To(By Third Carrier)至(第三承运人)(11E):填制目的站机场或第三个转运点的 IATA 三字代号(当该城市有多个机场,不知道机场名称时,可用城市代号)。

⑥ By Third Carrier 由第三承运人(11F):填制第三承运人的 IATA 两字代号。

⑦ Airport of Destination 目的站机场(18):填制最后承运人的目的地机场全称(如果该城市有多个机场,不知道机场名称时,可用城市全称)。

⑧ Flight/Date (For Carrier Use Only)航班/日期 (仅供承运人用)(19A) (19B):本栏一般不需填写,除非参加运输各有关承运人需要。

10. 财务说明 (Accounting Information)(10)

此栏填制有关财务说明事项:如付款方式:现金、支票或其他方式。用 MCO 付款时,只能用于作为货物运输的行李的运输,此栏应填制 MCO 号码,换取服务金额,以及旅客客票号码、航班、日期及航程。货物到达目的站无法交付收货人而需退运的,应将原始货运单号码填入新货运单的本栏内。

11. 货币 (Currency)(12)

填制始发国的 ISO(国际标准组织)的货币代号。除目的站国家收费栏(33B)—(33D)内的款项货运单上所列明的金额外,均按上述货币支付。

12. 运费代号(CHGS Code) (13)

本栏一般不需填写,仅供电子传送货运单信息时使用。

13. 费用 (Charges)(14A)、(14B)、(15A)、(15B)

(1) WT/VAL 航空运费/声明价值附加费的预付和到付(14A)、(14B):货运单上(24A)、(25A)或(24B)、(25B)两项费用必须全部预付或全部到付。在(14A)中打"×"表示预付,在(14B)中打"×"表示到付。

(2) Other 其他费用预付和到付(15A)、(15B):货运单上(27A)、(28A)或(27B)、(28B)两项费用必须全部预付或全部到付。在(15A)中打"×"表示预付,在(15B)中打"×"表示到付。

14. 供运输用声明价值 (Declared Value for Carriage)(16)

打印托运人向货物运输声明的价值金额。如果托运人没有声明价值,此栏必须打印

“NVD” (No Value Declared)字样，表示没有申明价值。

15. 供海关用声明价值 (Declared Value for Customs)(17)

打印托运人向海关申报的货物价值。如果货物没有商业价值，此栏必须打印“NCV” (No Commercial Value)字样。

16. 保险的金额 (Amount of Insurance)(20)

如果承运人向托运人提供代办货物保险业务时，此栏打印托运人对货物投保的金额。如果承运人不提供此项服务或托运人不要求投保时，此栏内必须打印“×××”符号。

17. 运输处理注意事项(Handling information)(21)

此栏填制相应的出票航空公司的注意事项。如果是危险货物，有两种情况：一种是需要附托运人的危险品申报单，则本栏内需打印“DANGEROUS GOODS AS PER ATTACHED SHIPPER'S DECLARATION”字体，对于要求装货机上的危险货物，还需再加上“CARGO AIRCRAFT ONLY”字样；另一种是属于不要求附危险品申报单的危险货物，则应打印“SHIPPER'S DECLARATION NOT REQUIRED”字样。

当一批货物中既有危险货物也有非危险货物时，应分别列明，危险货物必须列在第一项，此类货物不要求托运人附危险品申报单，且危险货物不是放射性物质且数量有限。

其他注意事项尽可能使用“货物交换电报程序”(CARGO—IMP)中的代号和简语，如货物上的标志、号码以及包装方法；货运单所附文件，如托运人的动物证明书“SHIPPER'S CERTIFICATION FOR LIVE ANIMAL”、装箱单“PACKING LIST”、发票“INLOICE”等；除收货人外，另请通知人的姓名、地址、国家、以及电话、电传或传真号码；货物所需要的特殊处理规定；海关规定等。

18. 货物运价细目(Consignment Rating Details)(22A)—(22L)、22Z

一票货物中如含有两种或两种以上不同运价类别计费的货物应分别填写，每填写一项另起一行，如果含有危险品，则该危险货物应列在第一项。

(1) No. of Pieces Rcp 件数/运价组合点 (22A)：打印货物的件数。如果使用非公布直达运价计算运费时，在件数的下面还应打印运价组合点城市的 IATA 三字代号。

(2) Gross Weight 毛重 (22B)：货物的实际毛重(以公斤为单位时可保留至小数后一位)。

(3) kg/lb 重量单位 (22C)：以公斤为单位用代号“K”；以磅为单位用代号“L”。

(4) Rate class 运价等级 (22D)：

根据需要打印下列代号：

M——最低运费 Minimum Charge；

N——45 kg 以下(或 100 kg 以下)运价 Normal Rate；

Q——45 kg 及以上运价 Quantity Rate；

C——指定商品运价 Specific Commodity Rate；

R——等级货物附减运价 Class Rate Reduction；

S——等级货物附加运价 Class Rate Surcharge；

U——集装化设备基本运费或运价 Unit load Device Basic Charge or Rate；

E——集装化设备附加运价 Unit load Device Additional Rate；

X——集装化设备附加说明 Unit load Device Additional Information；

Y——集装化设备折扣 Unit load Device Discount。

(5) Commodity Item No. 商品品名编号 (22E)：使用指定商品运价时，此栏打印指定商品品名代号(打印位置应与运价代号 C 保持水平)；使用等级货物运价时，此栏打印附加或附减运价的百分比；如果是集装货物，打印集装货物运价等级。

(6) Chargeable Weight 计费重量 (22F)：打印与运价相应的货物计费重量。如果是集装货物，则与运价代号"U"对应打印适合集装货物基本运费的运价点重量；与运价代号"E"对应打印超过使用基本运费的重量；与运价代号"X"对应打印集装器空重。

(7) Rate/Charge 运价/运费 (22G)：当使用最低运费时，此栏与运价代号"M"对应打印最低运费。打印与运价代号"N"、"Q"、"C"等相应的运价。当货物为等级货物时，此栏与运价代号"S"或"R"对应打印附加或附减后的运价。如果货物是集装货物，则与运价代号"U"对应打印集装货物的基本运费；与运价代号"E"对应打印超过基本运费的集装货物运价。

(8) Total 总计(22H)：打印计费重量与适用运价相乘后的运费金额。如果是最低运费或集装货物基本运费时，本栏与(22G)内金额相同。

(9) Nature and Quantity of Goods(incl. Dimensions or Volume)货物品名和数量(包括尺寸或体积) (22I)：用英文大写字母打印货物的品名。当一票货物中含有危险货物时，应分列打印，危险货物应列在第一项。活动物运输，本栏内容应根据 IATA 活动物运输规定打印。对于集合货物，本栏应打印"Consolidation as Per Attached List"。打印货物的体积，用长×宽×高表示，例如：DIMS：40 cm×30 cm×20 cm。可打印货物的产地国。本栏应按要求打印，尽可能地清楚、简明，以便涉及到组织该批货物运输的所有工作人员能够一目了然。

(10) 总件数(22J)：打印(22A)中各组货物的件数之和。

(11) 总毛重(22K)：打印(22B)中各组货物毛重之和。

(12) 总计(22L)：打印(22H)中各组货物运费之和。

(13) (22Z)：一般不需打印，除非承运人需要，此栏内可打印服务代号：

B——Service Shipment 公务货物；

C——Company Material 公司货物；

D——Door to Door Service 门对门服务；

J——Priority Service 优先服务；

P——Small Package Service 小件货服务；

T——Charter 包机。

19. 其他费用 (Other Charges)(23)

打印始发站运输中发生的其他费用，按全部预付或全部到付。作为到付的其他费用，应视为"代垫付款"，托运人应按代垫付款规定支付手续费，否则，对其他运费应办理到付业务。打印"其他费用"金额时，应冠以下列代号：

AC——Animal Container 动物容器租费；

AS——Assembly Service Fee 集中货物服务费；

AT——Attendant 押运员服务费；

AW——Air Waybill 货运单费；

BR——Bank Release 银行放行；

DB——Disbursement Fee 代垫付款手续费；

DF——Distribution Service 分发服务费；

FC——Charges Collect Fee 运费到付手续费；

GT——Government Tax 政府捐税；

HR——Human Remains 尸体、骨灰附加费；

IN——Insurance Premium 代办保险服务费；

LA——Live Animals 动物处理费；

MA——Miscellaneous—Due Agent 代理人收取的杂项费用；

MZ——Miscellaneous—Due Carrier 填开货运单的承运人收取的杂项费用；

PK——Packaging 包装服务费；

RA——Dangerous Goods Surcharge 危险品处理费；

SD——Surface Charge Destination 目的站地面运输费；

SI——Stop in Transit 中途停运费；

SO——Storage Origin 始发站保管费；

SR——Storage Destination 目的站保管费；

SU——Surface Charge 地面运输费；

TR——Transit 过境费；

TX——Taxes 捐税；

UH——ULD Handling 集装设备操作费。

承运人收取的其他费用用“C”表示，代理人收取的其他费用用“A”表示。例如：AWC为承运人收取的货运单费；AWA 为代理人收取的货运单费。

20. 预付(Prepaid)(24A)—(30A)

(1) Weight Charge(预付)运费(24A)：打印货物计费重量计得的货物运费，与(22H)或(22L)中的金额一致。

(2) Valuation Charge(预付)声明价值附加费(25A)：如果托运人向货物运输声明价值，此栏打印根据公式：(声明价值－实际毛重×单位最高赔偿额)×5‰计得的声明价值附加费金额。此项费用与(22H)或(22L)中货物运费一起必须全部预付或全部到付。

(3) Tax(预付)税款 (26A)：打印适用的税款。此项费用与(22H)或(22L)中货物运费以及声明的价值附加费一起必须全部预付或全部到付。

(4) Total Other Charges Due Agent(预付)由代理人收取的其它费用总额(27A)：根据(23)内的其他费用打印由代理人收取的其他费用总额。

(5) Total Other Charges Due Carrier(预付)由承运人收取的其它费用(28A)：根据(23)内的其他费用打印由承运人收取的其他费用总额。

(6) 无名称栏目(29A)：本栏不需打印，除非承运人需要。

(7) Total Prepaid 预付总计(30A)：打印(24A)(25A)(26A)(27A)(28A)等栏有关预付款项之和。

21. 到付(Collect)(24B)—(30B)

(1) Weight Charge(到付)运费(24B)：打印按货物计费重量计得的货物航空运费，与(22H)或(22L)中的金额一致。

(2) Valuation Charge(到付)声明价值附加费(25B)：托运人向货物运输声明价值的话，

此栏打印根据公式:(声明价值一实际毛重×单位最高赔偿限额)×5‰计得的声明价值附加费金额。此项费用与(22H)或(22L)中货物运费一起必须全部到付或全部预付。

(3) Tax(到付)税款(26B):打印适用的税款。此项费用与(22H)或(22L)中货物运费以及声明价值附加费一起必须全部预付或全部到付。

(4) Total Other Charges Due Agent(到付)由代理人收取的其他费用总额(27B):根据(23)内的其他费用打印由代理人收取的其他费用总额。

(5) Total Other Charges Due Carrier(到付)由承运人收取的其他费用总额(28B):根据(23)内的其他费用打印由承运人收取的其他费用总额。

(6) 无名称栏目(29B):本栏不需打印,除非承运人需要。

(7) Total Collect 到付总计(30B):打印(24B)(25B)(26B)(27B)(28B)等栏有关到付款项之和。

22. 托运人证明栏 (Shipper's Certification Box) (31)

打印托运人名称可参考(2)中内容,并由托运人在本栏内签字或盖章。

23. 承运人填写栏(Carrier's Execution Box)(32A)、(32B)、(32C)

(1) Executed on(date)填开日期(32A):按日、月、年的顺序打印货运单的填开日期,(月份可用缩写)例如:06 SEP 2000。

(2) at(place)填开地点(32B):打印机场或城市的全称或缩写。

(3) Signature of Issuing Carrier or Its Agent 填开货运单的承运人或其代理人签字(32C):填开货运单的承运人或其代理人在本栏内签字。

24. 仅供承运人在目的站使用(For Carrier's Use only at Destination)(33)

本栏不需打印。

25. 用目的站国家货币付费(仅供承运人使用)(33A)—(33D)

(1) Currency Conversion Rate 货币兑换比率(33A):打印目的站国家货币代号,后面是兑换比率。

(2) CC Charges in Destination Currency 用目的站国家货币付费(33B):将(30B)中所列到付总额,使用(33A)的货币换算比率折算成目的站国家货币的金额,打印在本栏内。

(3) Charges at Destination 在目的站的费用(33C):最后承运人将目的站发生的费用金额包括利息等打印在本栏。

(4) Total Collect Charges 到付费用总额(33D):打印(33B)与(33C)内的费用金额之和。

第八节 国际航空货物运输法规

国际航空运输的法律问题牵涉面十分广泛,主要有"公法"性质的法律规范和"私法"性质的法律规范。其中"公法"性质的法律规范主要规定了国家的主权、领空、国家关系、制止航空犯罪等问题,而涉及民事方面的问题则主要由"私法"来规定。

一、国际航空立法发展概况

国际航空运输的发展促进了国际航空立法的产生与发展。伴随着国际航空运输的发展,国际航空立法大致经历了萌芽期、活跃期和成熟完善期 3 个阶段。

1. 国际航空立法的萌芽期

1783年,法国蒙特戈费兄弟制造的可用于运载的热气球升空。第二年,巴黎市政当局就颁布了一个法令,该法令规定热气球未经批准不得放飞。这或许是人类历史上第一个航空法令。

1902年,在国际法学会的布鲁塞尔年会上,法国著名法学家福希尔提出了第一部航空法典的建议草案:《浮空器的法律制度》。

1903年,美国的莱特兄弟成功试验了现代飞机的雏形——一种机动的重于空气的航空器。3年后,布莱里奥在欧洲驾驶第一架飞机飞越了英吉利海峡,震惊了世界。

1910年,欧洲19国继1889年就航空法的一些基本问题讨论无果后,第二次在巴黎开会讨论制定国际航空立法问题,但由于对空气空间究竟是航空自由还是领空主权的问题未能取得一致意见而再一次讨论无果。

总之,在第一次世界大战以前,人类的航空活动还处于起步阶段,各种航空器的性能还不够稳定,这个时期的航空立法工作也基本没有进展,只有英法两国在国内初步做了一些立法工作。

2. 国际航空立法的活跃期

在一战中,飞机作为一种作战工具大显神通。受到战争刺激,各国纷纷投入科技力量对飞机性能进行了大幅度提升和发展。到战争结束时,各国都从航空技术的进步中认识到航空飞机作为一种新型的运输工具具有无限的发展前景。同时,战争的实践也为在航空国际法律制度上统一认识起到了重要的推动作用。

早在1916年,未参与一战的美洲大陆各国在智利首都圣地亚哥举行泛美航空会议,通过了一套规则,即:空气空间被宣布为国家财产;各国对其领土之上的空气空间拥有主权;飞机必须具有国籍,涂有本国标记;但在美洲各国之间,各美洲国家的飞机可自由航行。这些规则都为战后欧洲乃至世界的国际航空立法准备了条件。

战后欧洲各国首都之间的国际定期航班已经建立,横跨大西洋的航空试验已经成功,世界上最早的经营国际民用航空运输的航空公司——荷兰皇家航空公司亦已建立。这一切标志着国际航空业进入活跃时期。

在战后的巴黎和会上,与会各国顺利制定了第一个国际航空法典,即1919年《航空管理公约》(简称《巴黎公约》)。该公约规定,各国对其领土之上的空气空间具有完全的和排他的主权。这一规定为国际航空法奠定了基础。此外,公约设立了"国际空中航行委员会"作为常设的国际机构,它就是现今国际民用航空组织的前身。

这一时期,国际航空私法的立法方面也呈现出十分活跃的局面。受到1924年专门适用于海上货物运输的国际统一规则——《海牙规则》的启发与推动,1925年法国政府出面邀请以欧洲各国为主的共43国在巴黎举行了第一次航空私法国际会议。这次会议产生了一个起草国际航空私法的"航空法专家国际技术委员会"。委员会分设4个小组,分别负责研究飞机的登记、产权;研究起草国际航空运输中承运人民事责任方面的问题;研究飞机对第三者造成损害及保险方面的问题;研究飞机的法律地位和机长的法律地位方面的问题。从1926年起,该专家委员会为国际航空私法的立法工作做出了杰出的贡献,国际航空私法方面几个重要公约都是委员会专家们集体智慧的结晶。

1929年,在华沙召开了第二次航空私法国际会议。在航空法专家国际技术委员会提供草案的基础上,经过反复讨论,制定了《统一国际航空运输某些规则的公约》(简称《华沙公约》)。《华沙公约》详尽规定了运输凭证和航空承运人责任的一整套国际统一规则,即使在整个国际私法领域,也堪称统一规则的成功范例。目前约有 150 个缔约国,因此在世界范围内具有普遍约束力,至今仍在有效运转。

综上所述,在第一次世界大战后,随着民用航空运输发展前景的逐渐明朗,国际航空立法掀起了第一个高潮。这个时期形成的国际文件,为后来国际航空的发展奠定了良好的基础。

3. 国际航空立法的成熟完善期

第二次世界大战将人类的航空科学技术推向了一个更高的新阶段。美国凭借其在战争中的有利地位而一跃成为航空超级大国,取代了一战结束后以欧洲为中心的局面。

1944 年,二战胜利在望,为了规划战后必然会大力发展的国际民用航空事业,美国总统罗斯福出面邀请同盟国和中立国出席芝加哥"国际民用航空会议"。这是航空法发展史上规模空前,影响也最为深远的盛会。

芝加哥会议的焦点集中在美国的"航空自由论"与英国的"航空秩序论"上。会上只有荷兰和个别北欧国家支持美国的"航空自由论",大多数国家赞成英国的"航空秩序论",并且这种大多数的支持意见最终反映在了会议所制定的公约之中。

这次会议的主要成就是制定了《国际民用航空公约》(简称《芝加哥公约》)。该公约取代了 1919 年的《巴黎公约》,并废止了一切与该公约相抵触的协议。《芝加哥公约》是现行国际航空法的基础文件,是继《巴黎公约》之后的又一部国际航空宪章。

在 1947 年国际民用航空组织成立之后,国际航空私法进入了完善期。

从 1953 年开始,由于美国对《华沙公约》赔偿责任制度不满等原因,促使国际民用航空组织对《华沙公约》不断进行修改和补充,并由此形成了一系列议定书和公约。由于这些修改《华沙公约》的议定书和补充《华沙公约》的公约数量多且其全称都比较冗长,为方便起见,国际上把《华沙公约》及与其相关的修改议定书和补充公约共 8 个文件,统称为华沙体系。

华沙体系的形成标志着国际航空立法开始步入适应国际航空运输迅猛发展的现代化道路。但由于华沙体系是一个十分繁复而庞大的私法体系,航空责任规则极不统一,且每个文件的缔约国又参差不齐,容易造成司法混乱。因此,将华沙体系诸多法律文件整合为一体并使之符合现代化要求的新的国际航空公约——1999 年《蒙特利尔公约》应运而生。

二、华沙体系简介

华沙体系是《华沙公约》及对其进行修改和补充的议定书和公约所构成的法律文件的总称。主要包括《华沙公约》、《海牙议定书》、《瓜达拉哈拉公约》、《危地马拉城议定书》、《蒙特利尔第一号附加议定书》、《蒙特利尔第二号附加议定书》、《蒙特利尔第三号附加议定书》和《蒙特利尔第四号议定书》8 个法律文件。

(一)《华沙公约》

《华沙公约》全称《统一国际航空运输某些规则的公约》,1929 年 10 月 12 日在华沙签订,它是将航空货运和航空客运合二为一的国际公约,用于处理在航空国际运输过程中发生旅客、行李与货物损害事故时所引起的民事责任问题,属于航空私法的法律范畴。

《华沙公约》统一了国际航空运输中关于运输凭证、责任基础、责任限额以及管辖权等方面的规定,这在 1929 年国际航空运输初创阶段具有十分重要的意义。《华沙公约》共分 5 章 41 条,适用于所有使用航空器运送旅客、行李或货物而收取报酬的国际运输,也适用于航空运输企业使用航空器办理的免费运输。对于航空运输和其他运输方式的联合运输,则仅适用于符合公约规定条件的航空运输部分。

1. 运输凭证

《华沙公约》规定了旅客飞机票、行李票和航空货运单的内容、规格及其在运输合同中的法律地位,为实施国际统一的责任规则奠定了基础。

2. 责任基础

《华沙公约》规定:对于旅客因死亡、受伤或身体上的任何其他损害而产生的损失,如果造成这种损失的事故发生在航空器上或在上下航空器过程中;对于交运的行李或货物因毁灭、遗失或损坏而产生的损失,如果造成这种损失的事故发生在航空运输期间,承运人应负赔偿责任。

但如果承运人能够证明他和他的代理人为避免损害已采取了一切必要措施,或不可能采取措施时,可以免除责任。即公约采取的是推定过失责任制:损失发生后首先推定承运人有过失,应负赔偿责任,承运人欲解脱自己的责任,需要举证证明来反驳。在此,将一般过失责任中的举证责任由原告转移到被告承运人身上。通常承运人很难履行这种举证责任,因此,这种推定过失责任制对旅客或货方有利。

3. 责任限制

根据《华沙公约》,承运人对旅客或货方的损害赔偿责任是有限制的,赔偿金额一般不得超过公约规定的最高限额。承运人对每一旅客的责任限额为12.5万金法郎;对托运的行李和货物的责任限额为每公斤250金法郎;对旅客自己保管物件的责任限额每人为5 000金法郎。

但如果索赔方举证承运人犯有故意造成损害的不法行为时,承运人便无权援用本公约关于免除或限制其责任的规定。这一责任限制除外条款表明,承运人的赔偿责任限额是可以突破的。

4. 管辖法院和诉讼时效

《华沙公约》规定:要求赔偿损失的诉讼由原告选择在缔约国领土内的承运人住所地、或其主要营业所所在地、或其签订合同的机构所在地、或目的地的法院提出。并规定这种诉讼应在航空器到达目的地之日起,或应到达之日起,或运输停止之日起的两年内提出,否则就丧失要求赔偿的起诉权。

(二)《海牙议定书》

《海牙议定书》全称为《修改1929年10月12日在华沙签订的统一国际航空运输某些规则的公约的议定书》,1955年9月28日在海牙签订。

《海牙议定书》对《华沙公约》的主要修改内容如下:

(1) 简化了运输凭证。对国际运输的客票、行李票、货运单等运输凭证,简化格式和减少了记载的内容。

(2)《华沙公约》规定,如承运人证明行李和货物的损失是由于驾驶中航空器操作中或领航上的过失,而在其他一切方面承运人和他的代理人已经采取了一切必要的措施以避免损失时,承运人不负责任。《海牙议定书》删除了这一免责条款,增加了承运人的责任。

(3)《华沙公约》规定,如果货物和行李的损失是承运人的代理人在其职务范围内行事时所造成的,承运人就无权援用本公约关于免除或限制承运人责任的规定。而议定书规定承运人有权援引这种规定。

(4) 对旅客的责任限额提高了一倍，即增加到每位旅客 25 万金法郎。

(5) 放宽了提出异议的时限。议定书规定，收货人发现货物损坏后，应立即向承运人提出异议，最迟在收到货物之日起 14 天(《华沙公约》规定 7 天)内提出。如有延误，应最迟在货物交收件人自行处置之日起 21 天(《华沙公约》规定 14 天)内提出异议。

(三)《瓜达拉哈拉公约》

1929 年制定《华沙公约》时，包租飞机的情况十分罕见。第二次大战后，包租飞机，尤其是航空公司为调剂运力而委托代运的带机组人员的租用飞机越来越多，由此产生了"缔约承运人"和"实际承运人"相分离的情况。

为解决由于租用飞机所引起的诸多法律问题，1961 年 9 月 18 日在墨西哥的瓜达拉哈拉签订了《统一非缔约承运人所办国际航空运输某些规则以补充华沙公约的公约》，简称《瓜达拉哈拉公约》。

《瓜达拉哈拉公约》重点解决"代理"的法律关系问题，所涉及的缔约承运人是指以本人资格与旅客或托运人，或者旅客或托运人的代理人订立受《华沙公约》约束的运输协议的人；实际承运人是指非缔约承运人经缔约承运人授权而承担全部或部分相关运输的人。

(四)《危地马拉城议定书》

《危地马拉城议定书》，1971 年 8 月 8 日在危地马拉城签订，全称为《修改经 1955 年 9 月 28 日在海牙签订的议定书所修改的 1929 年 10 月 12 日在华沙签订的统一国际航空运输某些规则的公约的议定书》。

《危地马拉城议定书》修订的是《华沙公约》与《海牙议定书》中旅客与行李的运输规则，并未触及有关货物运输规则。其主要修订内容如下：

(1) 将《华沙公约》的推定过失责任制改为严格责任制。由于航空科学技术的高速发展，早期的航空风险基本上都可以预防，加之航空保险业已高度发达。因此，由航空承运人承担无过失的严格责任，是航空历史发展的合理而必然的趋势。

(2) 大幅提高了承运人的责任限额。将对每位旅客的责任限额提高到 150 万金法郎，并取消了托运行李与手提行李的差别，将行李的责任限额提高到 1.5 万金法郎。

(3) 作为提高责任限额的对等条件，将《华沙公约》对旅客的责任限额规定为任何情况下均不可突破的最高限额。自然也就取消了《华沙公约》对未交给客票、行李票或客票、行李票不合规格时不得引用责任限额的制裁规则。

(4) 在《华沙公约》4 个可提起诉讼的法院外，增加了一个起诉法院，该管辖法院更有可能为美国旅客所选择。

《危地马拉城议定书》的生效条件为：第 30 份批准书交存后 90 日生效，但必须满足批准本议定书各国中有 5 国，其航空公司的国际定期航空运载量，按 1970 年公布的统计，旅客/公里数需占国际民用航空组织成员国航空公司该年定期国际航空运输总量的 40%。事实上，除美国外的任何 5 国的国际航空运载量都达不到 1970 年国际民用航空组织成员国国际航空运输总量的 40%。换言之，只要美国不批准该议定书，即使批准国已达到法定的 30 个国家，该议定书仍不能生效，这充分显示了美国在航空运输领域的强势地位。

(五) 4 个蒙特利尔议定书

《蒙特利尔第一号附加议定书》，1975 年 9 月 25 日在蒙特利尔签订，全称为《修改经

1929年10月12日在华沙签订的统一国际航空运输某些规则的第一号附加议定书》;

《蒙特利尔第二号附加议定书》,1975年9月25日在蒙特利尔签订,全称为《修改经1955年9月28日在海牙签订的议定书所修改的1929年10月12日在华沙签订的统一国际航空运输某些规则的公约的第二号附加议定书》;

《蒙特利尔第三号附加议定书》,1975年9月25日在蒙特利尔签订,全称为《修改经1955年9月28日海牙议定书和1971年8月8日危地马拉城议定书所修改的1929年10月12日在华沙签订的统一国际航空运输某些规则的公约的第三号附加议定书》。

20世纪60年代末70年代初,国际货币危机日益严重,美元一再贬值,这给许多国际公约的"黄金条款"带来麻烦,《华沙公约》关于责任限额的折算问题就是其中之一。鉴于国际货币危机情势和各国法院折算上的困惑,国际民用航空组织法律委员会决定制定上述3个附加议定书,把《华沙公约》、《海牙议定书》和《危地马拉城议定书》中责任限额的计算单位"金法郎"一律改成"特别提款权"。

经过这3个附加议定书修订后的《华沙公约》责任限额条款,除责任限额数目和计算单位不同外,其余条款措辞都是相同的。

以《蒙特利尔第一号附加议定书》为例,将《华沙公约》的责任限额条款改成:在客运中承运人对每位旅客的责任限制在8300特别提款权;在登记行李和货物运输中,承运人的责任限制在每公斤17特别提款权;对于由旅客自己照管的物品,承运人的责任限制在每位旅客332特别提款权。

1975年9月25日同时还签订了《蒙特利尔第四号议定书》,全称为《修改经1955年9月28日在海牙签订的议定书所修改的1929年10月12日在华沙签订的统一国际航空运输某些规则的公约的第四号议定书》。与蒙特利尔第一、二、三号附加议定书不同,蒙特利尔第四号议定书类似于专门修订《华沙公约》客运规则的《危地马拉议定书》,它是专门修订经《海牙议定书》修改后的《华沙公约》中货运规则的条约或文件。

《蒙特利尔第四号议定书》将货运责任基础由原来的推定过失责任制改成严格责任制。规定:除了有限的非承运人过失的情况,如货物固有缺陷、品质和瑕疵;战争或武装冲突行为等可以免责外,对于在航空运输期间因发生货物毁灭、遗失或损坏而受到的损失,承运人应负赔偿责任。

第四号议定书还取消了《华沙公约》责任限制除外条款的效力,并将承运人对每公斤货物的赔偿责任限额改为17特别提款权。强调不论引起责任的情况如何,该责任限额是最高限额,从而使得货运责任限额不可突破。

此外,为适应航空运输管理中日益普遍使用电子计算机的发展趋势,对有关航空货运单的规则作了相应的修订。该议定书在保留航空货运单的同时,还规定:经托运人同意,可采用保存所作运输记录的其他方法以代替交给航空货运单。凡采用该其他方法时,在托运人请求时,承运人要交给托运人一个收据作为托运货物的证明和检索该其他方法所保存记录中资料的依据。条款中的"其他方法"指的就是包括计算机在内的各种电子仪器。

上述华沙体系中除《华沙公约》、《海牙议定书》和《瓜达拉哈拉公约》已生效外,其余5个文件至今尚未生效。我国于1958年7月加入《华沙公约》,1975年8月加入《海牙议定书》。

华沙体系中各公约和议定书的赔偿责任归纳于表7-22中。

表 7-22　　华沙体系赔偿责任对照表

名　称	签约年份	旅客的死亡			交运行李的损坏和遗失			自理行李的损坏和遗失			货物的损坏和遗失			延误			生效情况
		责任限额	责任制	可否突破限额	责任限额	责任制	可否突破限额	责任限额（每人）	责任制	可否突破限额	责任限额（每公斤）	责任制	可否突破限额	旅　客	行　李	货　物	
华沙公约	1929	12.5万金法郎	过失	可	250金法郎/公斤	过失	可	5 000金法郎	过失	可	250金法郎	过失	可	过失责任制	过失责任制	过失责任制	1933年2月13日生效
海牙议定书	1955	25万金法郎	过失	可	250金法郎/公斤	过失	可	5 000金法郎	过失	可	250金法郎	过失	可	过失责任制	过失责任制	过失责任制	1963年8月1日生效
瓜达拉哈拉公约	1961	将规定延伸到“实际承运人”并非“契约承运人”时的包机和租机营运，未修改公约的赔偿规定															1964年5月1日生效
危地马拉城议定书	1971	150万金法郎	严格	不可	1.5万金法郎/人	严格	不可	1.5万金法郎	严格	不可	250金法郎	过失	可	6.25万金法郎，过失责任制，不可突破	1.5万金法郎/人，过失责任制，不可突破	过失责任制	未生效
蒙特利尔第一号附加议定书	1975	8 300特别提款权	过失	可	17特别提款权/公斤	过失	可	332特别提款权	过失	可	17特别提款权	过失	可	过失责任制	过失责任制	过失责任制	未生效
蒙特利尔第二号附加议定书	1975	16 600特别提款权	过失	可	17特别提款权/公斤	过失	可	332特别提款权	过失	可	17特别提款权	过失	可	过失责任制	过失责任制	过失责任制	未生效
蒙特利尔第三号附加议定书	1975	10万特别提款权	严格	不可	1 000特别提款权/人	严格	不可	1 000特别提款权	严格	不可	17特别提款权	过失	可	4 150特别提款权，过失责任制，不可突破	1 000特别提款权/人，过失责任制，不可突破	过失责任制	未生效
蒙特利尔第四号附加议定书	1975	25万金法郎	过失	可	250金法郎/公斤	过失	可	5 000金法郎	过失	可	17特别提款权	严格	不可	过失责任制	过失责任制	过失责任制	未生效

三、1999 年《蒙特利尔公约》

(一)《蒙特利尔公约》的相关背景

华沙体系中,除了 1961 年《瓜达拉哈拉公约》明显属于独立的补充文件外,其余议定书虽然都只是对《华沙公约》作出部分修改,但根据各议定书中"最后条款"的明文规定,应把《华沙公约》与各该议定书读作并一并解释为一个独立条约。如 1971 年《危地马拉城议定书》可简称为"经 1955 年在海牙和 1971 年在危地马拉城修订的华沙公约"。

与此相适应,经各议定书修订后的华沙公约,仅在批准或加入各该议定书的缔约国之间适用。在各议定书"修订后公约的适用范围"条款中均明文规定:经本议定书修订的公约(《华沙公约》),适用于公约第一条所定义的"国际运输"。而"国际运输"的出发地点和目的地点需位于两个本议定书缔约国境内,或者位于一个本议定书缔约国境内而在另一国境内有一个约定的经停地点。换言之,即使出发地点和目的地点位于两个不同的国家,但如果其中一国是某议定书缔约国,而另一国不是该议定书缔约国时,这种运输就不是公约所定义的"国际运输",则该议定书就不能适用,根据具体情况,或适用原来两国都是同一文件缔约国的该文件的法律规则,或适用各自的国内相关法律。

一个国家不一定批准或加入华沙体系的所有文件,华沙体系各文件的缔约国也不可能整齐划一。于是会出现一种相当复杂且不合理的情况:乘坐同一架飞机的旅客,如果飞机失事,就会出现因出发地点、目的地点或经停地点的不同,而适用不同法律的责任规则和责任限额,其所得赔偿可以相差甚远。

鉴于上述情况,1975 年蒙特利尔外交会议上曾通过一项决议,要求国际民航组织法律委员会起草一份合并所有华沙体系文件的统一文件,以求实行统一规则。但又恐这种合并很可能是在现有华沙体系中再增加一个新文件,导致更复杂的情况所以一直搁置。直至 20 世纪 90 年代华沙体系的旅客责任制度重现危机时,制定一个符合国际航空运输发展新形势的统一文件又被提到了议事日程。

国际民航组织于 1997 年 11 月决定设立一个"将华沙体系合并为一体并使之现代化的专门小组"。经过该小组一年多的努力,1999 年 5 月 28 日,在航空法国际会议的外交大会上通过了与《华沙公约》同名的新的《统一国际航空运输某些规则的公约》,简称 1999 年《蒙特利尔公约》。当日开放签署后,于 2003 年 11 月 4 日正式生效。自此,《蒙特利尔公约》将在公约当事国之间产生替代华沙体系各项条约的效力,使规范国际航空运输的法律制度逐步统一。美国和欧盟等航空运输大国已批准或加入了公约。《蒙特利尔公约》有中、英、法、俄、西班牙和阿拉伯 6 种语言的正式文本,这也是国际民航组织有史以来首次采用中文的国际公约。

《蒙特利尔公约》是各国政府历经数年艰苦谈判、相互妥协的结果。我国政府派代表全程参与了公约的谈判与制订工作,为公约最终得以顺利达成作出了重要贡献,并于 1999 年签署了《蒙特利尔公约》。2005 年 2 月 28 日,全国人大常委会表决通过了"关于批准《统一国际航空运输某些规则的公约》的决定",并于 6 月 1 日向国际民航组织交存了批准书。6 月 6 日,国际民航组织秘书长照会中国代表处,通知 1999 年《蒙特利尔公约》于 2005 年 7 月 31 日对中国生效,从而使我国成为该公约的第 94 个缔约国。随之,《蒙特利尔公约》在我国取代了我国加入的《华沙公约》和《海牙议定书》等华沙体系内文件的法律地位,成为调整我国国际航空运输的法律文件，并对我国航空运输承运人具有法律约束力。

（二）《蒙特利尔公约》的主要内容

《蒙特利尔公约》保留了《华沙公约》的基本框架，包含了《海牙议定书》的部分内容，并将《瓜达拉哈拉公约》中关于非缔约承运人进行的航空运输的规定作为单独一章纳入新公约，同时编入《危地马拉城议定书》和《蒙特利尔第 3 号附加议定书》中与新公约框架相符合的部分内容，而将《蒙特利尔第 4 号议定书》则稍作文字修改后全文纳入。

和华沙体系法律文件一样，《蒙特利尔公约》将旅客运输和货物运输合并于一体。全文共有 7 章 57 条，其主要内容包括以下几个方面：

1. 适用范围

《蒙特利尔公约》适用于所有以航空器运送人员、行李或者货物而收取报酬的国际运输。同样适用于航空运输企业以航空器履行的免费运输。

受公约调整的"国际运输"系指根据当事人的约定，不论在运输中有无间断或者转运，其出发地点和目的地点是在两个当事国的领土内，或者在一个当事国的领土内，而在另一国的领土内有一个约定的经停地点的任何运输，即使该国为非当事国。在一个当事国的领土内两个地点之间的运输，而在另一国的领土内没有约定的经停地点的，因不是公约所指的国际运输，公约不予调整，只能适用该国国内法的规定。

运输合同各方认为几个连续的承运人履行的运输是一项单一的业务活动的，无论其形式是以一个合同订立或者一系列合同订立，就公约而言，应当视为一项不可分割的运输，并不仅因其中一个合同或者一系列合同完全在同一国领土内履行而丧失其国际性质。

2. 旅客、行李和货物运输的有关凭证

随着高新技术在航空客货运输领域中的应用和推广，电子凭证大量出现。为弥补电子凭证出现后法律上的空白，公约在保留纸质运输凭证的同时，创设了新的"运输凭证"的法律概念，即"任何保存的其他方法均可代替纸质运输凭证"，从而使电子运输凭证合法化。并使航空运输业与高新技术产业保持了同步发展。

公约分别对旅客、行李和货物运输凭证作了如下具体规定：

(1) 就旅客运输而言，承运人应当出具个人的或者集体的运输凭证，该项凭证应当载明：对出发地点和目的地点的标示；出发地点和日的地点是在一个当事国的领土内，而在另一国的领土内有一个或者几个约定的经停地点的，至少对其中一个此种经停地点的标示。任何保存上述内容的其他方法都可以用来代替出具这种运输凭证。采用此种其他方法的，承运人应当提出向旅客出具一份以此种方法保存的内容的书面陈述。

(2) 对于托运的行李，承运人应当就每一件托运行李向旅客出具行李识别标签。旅客应当得到书面提示，说明在适用本公约的情况下，本公约调整并可能限制承运人对死亡或者伤害，行李毁灭、遗失或者损坏，以及延误所承担的责任。

(3) 对于货物运输，承运人应当出具航空货运单。任何保存将要履行的运输记录的其他方法都可以用来代替出具航空货运单。采用这种其他方法的，承运人应当应托运人的要求，向托运人出具货物收据，以便识别货物并能获得此种其他方法所保存记录中的内容。

航空货运单或者货物收据应当包括：对出发地点和目的地点的标示；出发地点和目的地点是在一个当事国的领土内，而在另一国的领土内有一个或者几个约定的经停地点的，至少对其中一个此种经停地点的标示；以及对货物重量的标示。

关于航空货运单，托运人应当填写航空货运单正本且一式三份。第一份应当注明“交承运人”，由托运人签字。第二份应当注明“交收货人”，由托运人和承运人签字。第三份由承运人签字，承运人在接受货物后应当将其交给托运人。承运人和托运人的签字可以印就或者用戳记。承运人根据托运人的请求填写航空货运单的，在没有相反证明的情况下，应当视为代托运人填写。

航空货运单或者货物收据是订立合同、接受货物和所列运输条件的初步证据。航空货运单或者货物收据上关于货物的重量、尺寸和包装以及包件件数的任何陈述是所述事实的初步证据；除经过承运人在托运人在场时查对并在航空货运单上或者货物收据上注明经过如此查对或者其为关于货物外表状况的陈述外，航空货运单上或者货物收据上关于货物的数量、体积和状况的陈述不能构成不利于承运人的证据。

3. 托运人的货物处置权及收货人的货物收受权

托运人和收货人在履行运输合同规定义务的条件下，可分别以本人的名义行使货物的处置权及货物的收受权。

航空运输与海洋运输不同，在国际海上货物运输中，当提单转让后，提单上所载明的货物也随之转让，托运人对该货物不再享有物权。航空货运单不具有海运提单作为物权凭证的效力，不会因为航空货运单的转手而转移物权的。航空运输托运人在整个航程中，在偿付产生的各种费用的前提下，对货物始终具有支配权。因此，托运人在履行了其相关义务的前提下，并在收货人完成提货或依照合同规定履行提货手续前，托运人对货物享有处置权，有权对运输合同进行变更。

公约就托运人对货物的处置权作了如下规定：托运人在负责履行运输合同规定的全部义务的条件下，有权对货物进行处置，即可以在出发地机场或者目的地机场将货物提回，或者在途中经停时中止运输，或者要求在目的地点或者途中将货物交给非原指定的收货人，或者要求将货物运回出发地机场。但托运人不得因行使此种处置权而使承运人或者其他托运人遭受损失，并必须偿付因行使此种权利而产生的费用。

托运人的指示不可能执行的，承运人必须立即通知托运人。

承运人按照托运人的指示处置货物，没有要求出示托运人所收执的那份航空货运单或者货物收据，给该份航空货运单或者货物收据的合法持有人造成损失的，承运人应当承担责任，但是不妨碍承运人对托运人的追偿权。

收货人的权利开始时，托运人的权利即告终止。但是，收货人拒绝接受货物，或者无法同收货人联系的，托运人恢复其对货物的处置权。

公约就收货人收受货物的权利，也作了明确的规定：除托运人已经行使其对货物处置权利外，收货人于货物到达目的地点，并在缴付应付款项和履行运输条件后，有权要求承运人向其交付货物。

除另有约定外，承运人应当负责在货物到达后立即通知收货人。

承运人承认货物已经遗失，或者货物在应当到达之日起 7 日后仍未到达的，收货人有权向承运人行使运输合同所赋予的权利。

4. 承运人对旅客伤亡及延误的责任和损害赔偿范围

《蒙特利尔公约》规定：对于因旅客死亡或者身体伤害而产生的损失，只要造成死亡或者伤害的事故是在航空器上，或者在上、下航空器的任何操作过程中发生的，承运人就应当承担责任。

上述情况下所产生的每位旅客不超过 113 100 特别提款权的损害赔偿，承运人不得免除或者限制其责任；所产生的损害赔偿每位旅客超过 113 100 特别提款权的部分，承运人若能证明：损失不是由于承运人或其受雇人、代理人的过失或者其他不当行为和不为造成的；或者损失完全是由第三人的过失或者其他不当行为和不为造成的，可不承担责任。

公约对于旅客因伤亡发生的损害赔偿，实行“双梯度”责任制度，即以 113 100 特别提款权为界，分别施行严格责任制和推定过失责任制两种不同的责任制度，及与此相对应的限额赔偿和无限额赔偿两种不同的赔偿原则。

具体而言，规定每位旅客提出的在 113 100 特别提款权以下的人身伤亡赔偿为第一梯度。该梯度实行“严格责任制”，即不论承运人有无过失，均不能免除或限制其责任，除非承运人证明伤亡是由旅客本人的原因造成的；每位旅客在 113 100 特别提款权以上的索赔部分为第二梯度，实行“推定过失责任制”，如果承运人不能证明自己没有过失，或者伤亡系由第三人的过失造成，则推定其有过失，必须承担赔偿责任。由于第二梯度的赔偿数额没有上限，因此，公约在此确立的是一种无限额赔偿的责任制度，是对华沙体系限额责任制度的一大突破。

对于旅客在航空运输中因延误引起的损失，承运人应当承担责任。但是，承运人证明本人及其受雇人和代理人为了避免损失的发生，已经采取一切可能合理要求的措施或者不可能采取此种措施的，承运人不对因延误引起的损失承担责任。

承运人对每位旅客因延误造成损失的赔偿责任以 4 694 特别提款权为限。但经证明，损失是由于承运人、其受雇人或者代理人故意或者明知可能造成损失而轻率地行为或者不为造成的，承运人便不能援用此项关于延误的责任限制条款。

5．承运人对行李损失的责任和损害赔偿范围

对于行李因托运毁灭、遗失或者损坏而产生的损失，只要造成毁灭、遗失或者损坏的事件是在航空器上，或者在托运行李处于承运人掌管之下的任何期间内发生的，承运人就应当承担责任。但是，行李损失是由于行李的固有缺陷、质量或者瑕疵造成的，在此范围内承运人不承担责任。关于非托运行李，包括个人物件，承运人对因其过错或者其受雇人或者代理人的过错造成的损失承担责任。

行李在航空运输中因延误引起的损失，承运人应当承担责任。但是，承运人证明本人及其受雇人和代理人为了避免损失的发生，已经采取一切可合理要求的措施或者不可能采取此种措施的，承运人不对因延误引起的损失承担责任。

对于在行李运输中造成毁灭、遗失、损坏或者延误的，承运人的赔偿责任以每位旅客 1 131 特别提款权为限。除非旅客在向承运人交运托运行李时，特别声明在目的地交付时的利益，并在必要时支付附加费。在此种情况下，除承运人证明旅客声明的金额高于在目的地交付时旅客的实际利益外，承运人在声明金额范围内承担责任。

如经证明，损失是由于承运人、其受雇人或者代理人的故意或者明知可能造成损失而轻率地行为或者不为造成的，承运人便不能援用该责任限制条款。

6．承运人对货物损失的责任和损害赔偿范围

对于因货物毁灭、遗失或者损坏而产生的损失，只要造成损失的事件发生在承运人掌管下的航空运输期间，承运人就应当承担责任。但是，承运人证明货物的毁灭、遗失或者损

坏是由于下列一个或者几个原因造成的，在此范围内承运人不承担责任：货物的固有缺陷、质量或者瑕疵；承运人或者其受雇人、代理人以外的人包装货物的，货物包装不良；战争行为或者武装冲突；公共当局实施的与货物入境、出境或者过境有关的行为。

货物在航空运输中因延误引起的损失，承运人应当承担责任。但是，承运人证明本人及其受雇人和代理人为了避免损失的发生，已经采取一切可合理要求的措施或者不可能采取此种措施的，承运人不对因延误引起的损失承担责任。

在货物运输中造成毁灭、遗失、损坏或者延误的，承运人的责任以每公斤 19 特别提款权为限，除非托运人在向承运人交运包件时，特别声明在目的地交付时的利益，并在必要时支付附加费。在此种情况下，除承运人证明托运人声明的金额高于在目的地交付时托运人的实际利益外，承运人在声明金额范围内承担责任。

7. 赔偿责任限额的复审

公约以一个自动升降梯条款提出一个内在机制以更新责任限额。该条款规定，公约规定的责任限额由公约保存人在公约生效后每隔五年复审一次，第一次复审于公约生效之日起的第 5 年年末进行。如果公约在其开放签署之日起 5 年内未生效的，则第一次复审应当在公约生效后的第 1 年内进行。复审时应当参考与上一次修订以来或者就第一次而言公约生效之日以来累积的通货膨胀率相应的通货膨胀因素，并在复审结果表明通货膨胀因素已超过 10%时，修改责任限额。设计这个程序是为了确保在经济条件发生变化，贬值以及通货膨胀等情况下，责任限额以 5 年为时间段得以自动复审。这一调整机制既可以在初始阶段以相对较低的赔偿限额吸引发展中国家加入，以逐步实现统一承运人责任制度的目的，同时也为发达国家日后调整限额提供了法律依据。

作为公约保存人，国际民用航空组织已完成了第一次复审工作。根据国际货币基金组织公布的数据，国际民用航空组织确定的通货膨胀因素为 13.1%。在经过默认生效程序后，国际民用航空组织发出通知，确定以下经修改的责任限额自 2009 年 12 月 30 日起对包括中国在内的 1999 年《蒙特利尔公约》的所有当事国生效。

(1) 对于因旅客死亡或者身体伤害而产生的损失，对每位旅客第一梯度的赔偿责任限额由 100 000 特别提款权提高至 113 100 特别提款权；

(2) 在人员运输中因延误造成损失的，对每位旅客的赔偿责任限额由 4 150 特别提款权提高至 4 694 特别提款权；

(3) 在行李运输中造成毁灭、遗失、损坏或者延误的，对每位旅客的赔偿责任限额由 1 000特别提款权提高至 1 131 特别提款权；

(4) 在货物运输中造成毁灭、遗失、损坏或者延误的，对每公斤货物的赔偿责任限额由 17 特别提款权提高至 19 特别提款权。

8. 先行给付与强制保险

在国际航空运输实践中，航空事故发生后，旅客一方往往在经济上处于窘迫境地。为此，公约规定：因航空器事故造成旅客死亡或者伤害的，承运人应当在其国内法有如此要求的情况下，向有权索赔的自然人不迟延地先行付款，以应其迫切经济需要。但此种先行付款不构成对责任的承认，并可从承运人随后作为损害赔偿金支付的任何数额中抵消。

此外，为确保承运人能够承担其赔偿责任，公约还设立了强制保险制度，规定当事国应当要求承运人就其在本公约中的责任进行充分保险。

9. 索赔的依据

公约规定：在旅客、行李和货物运输中，有关损害赔偿的诉讼，不论是根据本公约、根据合同、根据侵权，还是根据其他任何理由，只能依照本公约规定的条件和责任限额提起，但是不妨碍确定谁有权提起诉讼以及他们各自的权利。在任何此类诉讼中，均不得判给惩罚性、惩戒性或者任何其他非补偿性的损害赔偿。

10. 书面异议和诉讼时效

有权提取托运行李或者货物的人收受托运行李或者货物而未以书面形式提出异议，应视为托运行李或者货物已经在良好状况下，并在与运输凭证或者其他方法保存的记录相符的情况下交付的初步证据。

发生损失的，有权提取托运行李或者货物的人必须在发现损失后立即向承运人以书面形式提出异议，并且，托运行李发生损失的，至迟自收到托运行李之日起 7 日内提出。货物发生损失的，至迟自收到货物之日起 14 日内提出。发生延误的，至迟自行李或者货物交付收件人处置之日起 21 日内以书面形式提出异议。

除承运人一方有欺诈外，如果在规定的期间内未以书面形式提出异议的，不得向承运人提起诉讼。

关于诉讼时效，公约规定：自航空器到达目的地之日、应当到达目的地之日或者运输终止之日起 2 年内未提起诉讼的，则丧失对损害赔偿的权利，即诉讼时效为 2 年。

11. 司法管辖权

《蒙特利尔公约》又一重要的创新之处是对华沙体系规定的 4 种管辖权进行了扩展，创设了“第 5 管辖权”。

公约规定：损害赔偿的诉讼必须在一个当事国的领土内，由原告选择，向承运人住所地、主要营业地或者订立合同的营业地的法院，或者向航空运输目的地的法院提起。

对于因旅客死亡或者伤害而产生的损失，诉讼除了可以向上述 4 种法院提起外，还可以在发生事故时旅客的主要且永久居所所在地的当事国的法院提起。“主要且永久居所”实际上就是旅客的惯常居住地。在旅客惯常居住地起诉，无疑增加了更多便利。

12. 连续运输时的诉讼对象

由几个连续承运人履行的不可分割的运输，接受旅客、行李或者货物的每一个承运人应当受公约规则的约束，并就在运输合同中其监管履行的运输区段的范围内，作为运输合同的订约一方。

对于这种性质的运输，除明文约定第一承运人对全程运输承担责任外，旅客或者任何行使其索赔权利的人，只能对发生事故或者延误时履行该运输的承运人提起诉讼。

关于行李或者货物，旅客或者托运人有权对第一承运人提起诉讼，有权接受交付的旅客或者收货人有权对最后承运人提起诉讼，旅客、托运人和收货人均可以对发生毁灭、遗失、损坏或者延误的运输区段的承运人提起诉讼。上述承运人应当对旅客、托运人或者收货人承担连带责任。

13. 非缔约承运人履行的航空运输

根据《蒙特利尔公约》，缔约承运人是指其本人与旅客、托运人或者与以旅客或者托运人名义行事的人订立本公约调整的运输合同的人；实际承运人（非缔约承运人）是指根据缔约承运人的授权，履行全部或者部分运输的人。

缔约承运人和实际承运人既要各司其责,也要承担相互间的责任。公约规定:缔约承运人对合同考虑到的全部运输负责,实际承运人只对其履行的运输负责。但实际承运人的行为和不为,实际承运人的受雇人、代理人在受雇、代理范围内的行为和不为,只要关系到实际承运人履行的运输的,也应当视为缔约承运人的行为和不为。而缔约承运人的行为和不为,缔约承运人的受雇人、代理人在受雇、代理范围内的行为和不为,关系到实际承运人履行的运输的,也应当视为实际承运人的行为和不为。但是,实际承运人承担的责任不因此种行为或者不为而超过赔偿责任限额。并且,任何有关缔约承运人承担本公约未规定的义务或者放弃本公约赋予的权利或者抗辩理由的特别协议,或者任何有关在目的地交付时利益的特别声明,除经过实际承运人同意外,均不得影响实际承运人。

公约还就非缔约承运人履行航空运输情况下的诉讼对象作了规定:对实际承运人履行的运输提起的损害赔偿诉讼,可以由原告选择,对实际承运人提起或者对缔约承运人提起,也可以同时或者分别对实际承运人和缔约承运人提起。损害赔偿诉讼只对其中一个承运人提起的,该承运人有权要求另一承运人参加诉讼,诉讼程序及其效力适用案件受理法院的法律。

四、《中华人民共和国民用航空法》

1996年3月1日起实施的《中华人民共和国民用航空法》(简称《民用航空法》),是我国第一部规范民用航空活动的法律,是我国民航发展的重要里程碑。《民用航空法》的实施,对维护国家领空主权和民用航空权利,保障民用航空活动当事人各方的合法权益,促进民用航空事业的发展,起到十分重要的作用。

根据航空运输工具速度快、技术要求高的特点,《民用航空法》突出和强化了安全管理的内容。民航安全的保障,取决于航空器的适航性能、飞行员和其他航空人员的素质和技术条件,机场、地面设备和空中交通管制等各种因素及相互配合。《民用航空法》共16章314条,涉及民用航空器国籍、民用航空器权利、民用航空器适航管理、航空人员、民用机场、空中航行、公共航空运输企业、公共航空运输、通用航空、搜寻援救和事故调查、对地面第三人损害的赔偿责任、对外国民用航空器的特别规定、涉外关系的法律适用和法律责任等。其中第9章公共航空运输,是关于民用航空运输中民商法律的规定,是关于国内、国际航空运输的法律制度,主要包括运输凭证、承运人与旅客或托运人之间的权利、义务关系等内容。

《民用航空法》对于国际航空运输的规定,妥善处理了与有关国际公约的关系,既适应建立具有中国特色社会主义市场经济的运输市场的需要,又有利于最大限度与国际通行的法律接轨,区别对待华沙体系的公约和议定书,尽可能汲取其经验和精华。对于我国已经批准或者加入的1929年《华沙公约》和1955年《海牙议定书》,由于其对我国具有法律约束力,《民用航空法》中有关条款与公约和议定书的规定基本一致;对于我国尚未批准或者尚未加入,但是其内容合理、且与我国现行政策不相抵触的公约,如《瓜达拉哈拉公约》,为了有利于健全、完善我国公共航空运输的法律制度,《民用航空法》吸收了该公约的基本内容;对于我国目前尚未批准或者尚未加入的公约,其部分内容与我国实际情况不符或者与我国现行政策有抵触,但是,其中某些部分的内容是正确、合理的,代表了国际民用航空立法的发展方向,如1975年的蒙特利尔第二、第四号附加议定书,则有选择地吸收了其合理的部分内容。因此，我国国际航空运输的法律制度具有较强的国际性。

随着1999年《蒙特利尔公约》通过并对我国生效，我国现行的《民用航空法》必然会有许多与《蒙特利尔公约》不一致之处，需要及时修订我国的《民用航空法》以保持与《蒙特利尔公约》的一致性。尽管《蒙特利尔公约》的适用对象是国际航空运输，但对我国国内航空运输的法律制度也会产生很大影响。《蒙特利尔公约》的规定总结了70多年来国际航空运输法律制度的成功经验，吸收了国际航空运输的最新发展成果，兼顾了不同法系和不同国家的利益，集中了各国法律专家的智慧，有其合理性、先进性、前瞻性。因此，公约中许多创新和发展同样也对我国国内航空立法具有借鉴意义。

第九节　案　　例

一、航空运单的特性及其风险防范

（一）案情

1999年6月，浙江A贸易公司与印度B进口商达成一笔总金额为6万多美元的羊绒纱出口合同。合同中规定的贸易术语为CFR NEW DELHI BY AIR，支付方式为100%不可撤销的即期信用证，装运期为1999年8月间自上海空运至新德里。合同订立后，B进口商按时通过印度一家商业银行开来信用证，通知行和议付行均为我国某银行，信用证中的贸易术语为CNF NEW DELHI。出口方A公司收到信用证后，按规定发运了货物，并备妥信用证要求的各种单据在银行办理了议付手续。然而，国内议付行在将有关单据寄到印度开证行后不久就收到开证行的拒付通知书，拒付理由为单证不符：商业发票上的贸易术语CFR NEW DELHI与信用证中的CNF NEW DELHI不一致。A公司得知这一消息后，立即与B进口商联系，要求对方付款赎单，同时通过国内议付行向开证行发出电传，申明该不符点不成立，要求对方按照UCP500（现行UCP600）的规定及时履行偿付义务。但B进口商和开证行对此都置之不理。于是，出口方A公司立即与货物承运人联系，但其在新德里的货运代理告知该批货物早已被收货人提走。在此被动的情况下，A公司不得不同意对方降价20%的要求作为问题的最后解决办法。

（二）分析

本案的支付方式为信用证。信用证支付方式的优点在于以银行信用取代汇付和托收支付方式下的商业信用，出口方只要在信用证有效期内向有关银行提交符合信用证要求的各种单证，并且“单单一致，单证相符”就能顺利结汇；进口方只要向银行支付贸易货款，就能从有关银行获得出口方提供的包括海运提单或陆运运单或空运运单在内的全套单证。在海运方式下，承运人签发的提单是物权凭证，目的港承运人必须凭正本提单交付货物，进口方若不到银行付款赎单，就不能提货。但航空运输方式下，航空承运人签发的航空货运单仅是航空承运人与托运人之间缔结的运输合同的证明，以及承运人或其代理人签发的接收货物的收据，并不像海运提单那样具有物权凭证的功能（海运单、公路运单和铁路货协运单也同样具有这一特性）。航空承运人只要将货物交付给航空货运单上载明的收货人即可，无需收货人出示航空货运单。换言之，收货人可以不向银行付款赎单，仅凭航空承运人的到货通知和有关身份证明就可以提货。因此，在航空运输方式下即使采用信用证作为结算方式，对于出口方而言也是具有风险的。类似的风险在采用运单的海运、公路和铁路运输方下也同样存在。

（三）风险防范

航空运输是国际间物资交流的重要方式，尤其对于一些易腐货物、鲜活商品、季节性强以及价值高且数量少的商品更为适合。实务中针对不具有物权凭证特性的运单应采取必要的措施，尽量避免或减少风险。

（1）信用证和其他的支付方式结合使用，如要求进口方在出货前预先电汇一定比例的货款，以分散风险。

（2）严格审查进口方财务状况、经营状况和付款记录等资信情况，并据以核定信用额度，决定贸易合同金额的大小。

（3）信用证支付方式下，应严格审查开证行的资信情况，以免开证行以“不符点”为由拒付，使买方不付款提货，造成钱、货两空的局面，必要时可要求对信用证加具保兑。

（4）进口方需付款赎单的支付方式下，要求以进口地相关银行（如信用证支付方式下的开证行或付款行）作为运单的收货人，使进口方在付款赎单前不具有提货权。

（5）信用证支付方式下，出口方收到信用证后应认真审核信用证，货物出运后应严格按信用证要求制作单据，做到“单单一致，单证相符”。

（6）在航空运输方式下，在收货人尚未提取货物前，作为托运人的出口方对货物仍具有控制权，有权要求航空承运人将货物退回，或变更收货人，或变更目的地。因此，出口方应与航空承运人及其在目的地的代理人保持密切联系，必要时行使对货物的处置权。

（7）投保出口信用险，以控制和锁定因国外进口商的商业风险和/或政治风险而给本国出口方所带来的收不到货款的风险。

二、国际航空运输货物损失赔偿

（一）案情

1991 年 12 月 6 日，我国 A 公司对其准备空运至米兰的 20 箱丝绸服装向 B 保险公司投保，保险金额为 73 849 美元。同时将货物向 C 航空公司托运，C 航空公司的代理 D 航空公司出具了航空货运单。该航空货运单注明：第一承运人为 C 航空公司，第二承运人为 E 航空公司，货物共 20 箱，重 750 kg，运输声明价值栏未填写。C 航空公司于 1991 年 12 月 20 日将货物由杭州运抵北京，12 月 28 日，C 航空公司在准备按约将货物转交 E 航空公司运输时，发现货物灭失。1992 年，B 保险公司在对 A 公司进行了全额赔偿并取得代位追偿权后，于 1992 年 5 月 28 日向 D 航空公司提出索赔请求。D 航空公司将 B 保险公司索赔请求材料转交 C 航空公司。C 航空公司表示愿意以货物每公斤 20 美元的限额赔偿 B 保险公司。B 保险公司不接受 C 航空公司的赔偿意见，要求进行全额赔偿，遂向法院提起诉讼。

（二）法院审判

法院认为，航空货运单是航空运输合同存在及合同条件的初步证据。该合同的“声明”及合同条件是合同的组成部分，并不违反 1955 年《海牙议定书》的规定，且为国际航空运输协会规则所确认，故应属有效，对承运人和托运人具有相同的约束力。托运人 A 公司在将货物交付运输时向原告 B 保险公司进行了投保，该批货物在被告 C 航空公司承运期间发生灭失，C航空公司应负赔偿责任。原告B保险公司在赔偿后取得代位追偿权。由于托运人A公司在交托货物时，未对托运货物声明其价值并支付必要的声明价值附加费，所以被告C航空公司在赔偿责任限额范围内承担赔偿责任是合理的。

法院同时认为，该案是原告B保险公司拒绝被告C航空公司承诺按责任限额赔偿而引起，故责任在原告。

法院判决如下：

(1) 被告C航空公司赔偿原告B保险公司15 000美元；

(2) 被告C航空公司支付原告B保险公司自1993年2月1日至判决生效日15 000美元的活期存款利息；

(3) 诉讼费用由原告B保险公司承担。

(三) 专家评析

1. 代位追偿

本案中，A公司既和B保险公司具有保险合同关系，又和航空公司具有运输合同关系。根据《中华人民共和国保险法》的规定，因第三者对保险标的的损害而造成保险事故的，保险人自向被保险人赔偿保险金之日起，在赔偿金额范围内代位行使被保险人对第三者请求赔偿的权利。因此，B保险公司根据保险合同对被保险人A公司理赔后，B保险公司取得了代位追偿权，即B保险公司可以代替托运人A公司，根据运输合同向航空公司追偿。

2. 连续运输中承运人的责任

1) 法律适用

《1999年蒙特利尔公约》生效前，中国和意大利都是《华沙公约》的缔约国。《华沙公约》所适用的“国际运输”是指，根据各当事方所订合同，不论运输中有无间断或转运，始发地和目的地在两个缔约国领土内，或始发地和目的地在一个缔约国领土内，而在另一个缔约国或非缔约国领土内有一个约定的经停点的任何运输。本案航空运输货物的始发地为中国杭州，经停点为北京，目的地为意大利米兰。虽然运输过程涉及C航空公司和E航空公司两个连续的航空承运人所办理的运输，但合同各方认定是一个单一的运输，不会因为发生货物灭失的运输区段——杭州至北京段在中国境内，而丧失“国际运输”的性质，因此，本案适用《华沙公约》。

2) 赔偿责任

本案中航空货运单是由C航空公司的代理D航空公司出具的，C航空公司和D航空公司之间是委托代理关系。根据《民法通则》的规定，代理人在代理权限内，以被代理人的名义实施民事法律行为，被代理人对代理人的代理行为，承担民事责任。因此，以航空货运单为证明的运输合同应视为由C航空公司与托运人A公司签订的。

航空货运单载明，第一承运人为C航空公司，第二承运人为E航空公司，由此可以认定C航空公司既是缔约承运人又是实际承运人。根据《华沙公约》的规定，对于托运的行李或货物因毁灭、遗失或损坏而产生的损失，如果造成这种损失的事故是发生在航空运输期间，承运人应负责任。本案中货物是在由C航空公司保管的航空运输期间发生灭失的，则C航空公司应承担赔偿责任，B保险公司应向C航空公司行使代位追偿权。

3) 赔偿金额

《华沙公约》对于承运人具体的损害赔偿金额确定了三项基本原则，即限额损害赔偿原则、以声明价值金额为根据的损害赔偿原则和无限额损害赔偿原则。

《华沙公约》规定：在运输交运行李和货物时，承运人的赔偿责任以每公斤 250 法郎为限，除非托运人在向承运人交运时，曾特别声明行李或货物在目的地交付时的价值，并已缴付必要的附加费。在后一种情况下，承运人所负责任不超过声明价值的金额，除非承运人证明托运人声明的金额高于行李或货物在目的地交付时对托运人的实际价值。但如果损失的发生是由于承运人故意的不良行为，或相当于故意不良行为的过失，承运人就无权援用本公约关于免除或限制承运人责任的规定，应承担无限额损害赔偿责任。

上述法郎是指含有 900‰成色的 65.5 mg 黄金的法国法郎，这项金额可以折合成任何国家的货币取其整数。

本案中，托运人 A 公司在托运时没有对托运货物声明价值，因此不能以声明价值金额为根据进行赔偿。同时，原告 B 保险公司也未能证明该损失是由于承运人故意的不良行为或相当于故意不良行为的过失所造成的，因此也不能要求被告 C 航空公司按灭失货物的实际价值或保险金额 73 849 美元赔偿，而只能按每公斤 250 法郎(约合 20 美元)的限额赔偿，共 15 000 美元(750 kg×20 美元)。

4) 连续承运人的责任

《华沙公约》规定：由几个连续承运人办理的运输，接受旅客、行李或货物的每一个承运人应该受本公约规定的约束，并在合同中由其办理的一段运输的范围内，作为运输合同的订约一方。对于这种性质的运输，旅客或其权利继承人只能对发生事故或延误的一段运输的承运人提出诉讼，除非有明文约定第一承运人应该对运输全程承担责任。至于行李或货物，旅客或托运人有权向第一承运人提出诉讼，有权提取行李或货物的收货人有权向最后承运人提出诉讼。此外，托运人和收货人都可以对发生毁灭、遗失、损坏或延误的一段运输的承运人提出诉讼。上述承运人应该对托运人和收货人负连带责任。

本案中，C 航空公司和 E 航空公司在其办理的一段运输的范围内，作为运输合同的订约一方。由于货物是在 C 航空公司从杭州运至北京准备移交 E 航空公司时灭失的，E 航空公司还未接运该批货物，责任在 C 航空公司。A 公司的代位追偿人——原告 B 保险公司和收货人均可以起诉发生货物灭失一段运输的承运人 C 航空公司，收货人也可以起诉与 C 航空公司具有连带责任关系的 E 航空公司。但 B 保险公司无权起诉 E 航空公司，E 航空公司不承担赔偿责任。

思 考 题

1. 简述航空货物运输的特点。
2. 试述飞机机舱的布置。
4. 航空集装运输有哪些特点？我国目前使用的航空集装箱、集装板有哪些型号？
5. 试述如何划分民用机场飞行区等级？
6. 班期时刻表的作用及其主要内容是什么？
7. 简述 IATA 区域划分的规定。
8. 试述国际航空货物运输的经营方式及其特点。
9. 试述航空快件运输的特点及主要形式。

10. 简述承运人接运货物的条件,哪些货物不能办理运费到付?
11. 简述自愿变更的范围、条件和处理方法。
12. 简述航空货运单的性质、作用及流转。航空主运单和航空分运单有何区别?
13. 试述国际民航的主要组织及其作用。
14. 简述“华沙体系”包括的范围及《华沙公约》规定国际航空运输承运人的责任制度。
15. 试述《海牙议定书》对《华沙公约》修改的主要内容。
16. 试述1999年《蒙特利尔公约》的主要内容。

练 习 题

1. 一件箱型货物外形尺寸240 cm×76 cm×76 cm,货重500 kg,货物性质要求竖立装载,即承重面积为76 cm×76 cm。拟用B737—300飞机运输,试确定装载方法及需使用辅助装载材料的规格。

2. 北京(BJS)运往旧金山(SFO)两件普通货物,重量共为65.6 kg,每件体积为80 cm×60 cm×60 cm,计算航空货物运费?

公布运价资料 BJS—SFO

M	420.00 (CNY)
N	59.60
45	45.68
100	41.81

3. 从迪拜(DUBAI)运往英格拉斯哥(GLASGOW)地毯二批,第一批重520 kg,第二批重420 kg,TACT RATE BOOKS品名表中,地毯所对应的泛指品名为纺织品,编号为2199,确指品名编号为2865。分别计算航空货物运费?

公布运价资料 DUBAI—GLASGOW

	M	190.00(AED)
	N	31.5
	45	23.65
	100	14.30
	500	10.35
2199	250	10.45
2199	500	8.95
2865	500	9.90

4. 从上海(SHA)运往巴黎(PAR)幼禽10箱,共320 kg,计算航空货物运费?

公布运价资料 SHA—PAR

M	320.00 (CNY)
N	52.81
45	41.46
300	40.93

5. 上海运往伦敦一件作为货物运输的行李，重 8.8 kg，旅客持有的客票的航段为 SHA—HKG—LON(上海—香港—伦敦)计算航空货物运费？

公布运价资料	SHA—LON		
	M	320.00	(CNY)
	N	57.00	
	45	46.93	

6. 根据下述资料缮制附录 5 航空货运单。

1) Routing details

(1) Airport of departure: Kai Tak Airport

(2) Airport of destination: Newark International Airport

2) Participant Details

(1) Shipper's name and address: Longness Costume Plant, 979 Kings Road, Quarry Bay, Hong Kong

(2) Consigness's name and address: ABC Co. Ltd, 45E, 49th Street, New York

(3) Issuing Carrier's Agent name and address: Parakou Aircargo Limited, 12/F., Tung Hip Comm. Bldg., 244-252 Des Voeus Road C., Hong Kong

3) Consignment Details

(1) Commodity: Shoes, contained in two pieces

(2) Gross Weight: 25.0 kg

(3) Volume: $40 \times 50 \times 55(cm^3) \times 2$

4) Charges Details

(1) Declared Value: 10 000 HKD

Valuation Rate: 0.5%

(2) Amount of Insurance: Not required

(3) Currency: Hong Kong Dollar

(4) Exchange Rate: Construction exchange rate USD equivalent of HKD: 7.73

(5) All charges prepaid

(6) Cargo Rates:

HKG———NYC

M	468.00
N	96.66
45	74.67
100	69.41

第八章　国际集装箱多式联运

在国际物流运输系统中，不同的运输方式各有其技术经济特征，并适合一定运程、一定数量的某类货种的运输。多式联运是按照经济合理的原则，取各种运输方式之所长，将不同的运输方式有机地结合起来，形成全程的连贯运输。多式联运技术是集装箱运输发展的产物，也是当今世界物流运输技术发展的一项重大成就。

本章介绍了国际多式联运的媒介——集装箱的相关知识，并着重分析介绍了国际多式联运的定义、特征、多式联运特定形式——陆桥运输、多式联运费用、多式联运单据、以及《联合国国际货物多式联运公约》所赋予多式联运经营人的主要义务和权利等内容，并辅以案例分析。

第一节　集装箱概述

一、集装箱定义

关于集装箱的定义在多国家标准、国际公约和文件中，都有具体的规定，但其内容不尽相同，不同的定义在处理业务问题时，就可能有不同的解释。研究集装箱的定义，对于在国际贸易中处理索赔、共同海损以及保险等业务方面都有密切的关系。随着集装箱运输的发展，研究集装箱的定义将越来越具有现实意义。

集装箱的定义主要有：国际标准化组织的定义、集装箱海关公约的定义、国际集装箱安全公约的定义、美国标准协会的定义、英国标准的定义、日本工业标准的定义、北美太平洋班轮工会的定义和我国国家标准的定义等。

国际标准化组织对集装箱所下的定义如下：集装箱是一种运输设备

(1) 具有耐久性，其坚固强度足以反复使用；

(2) 便于商品运送而专门设计的，由一种或多种运输方式运输时无须中途换装；

(3) 设有便于装卸和搬运的装置，特别是便于从一种运输方式转移到另一种运输方式；

(4) 便于货物的装满与卸空；

(5) 内容积为 1 m^3 及其以上。

美国标准化协会、日本工业标准、法国国家标准及我国国家标准全部引用了 ISO/TC104 的定义。

二、集装箱运输的优越性

1. 保证货物运输安全

由于集装箱具有足够的强度和刚度，箱体结构坚固，不怕压，箱门有防雨装置，可以不动箱内货物直接进行装卸和换装,大大减少了传统运输方式中人力装卸、搬运的次数,这样就可以避免人为和自然因素造成的货物破损、湿损、丢失等货运事故,减少经济损失,保证货物运输安全。

2. 简化货物包装,节省包装费用

集装箱本身就能起到保护商品的作用,又可以实行"门到门"运输,所以用集装箱运输的货物可以简化甚至取消运输包装,节省包装材料和费用,降低商品的成本。

3. 提高装卸效率

由于集装箱的装卸作业适于机械化,其装卸作业效率得到大幅度的提高,从而加速了车船的周转和货物的送达。

4. 节省运营费用

开展集装箱业务,是将集装箱置于露天堆场上存放和作业的,可大量减少仓库的建造费用和仓库作业费等。此外,装运集装箱的公路或铁路运输车辆均可以是骨架式的,造价比较低。

5. 简化货运手续

件杂货物运输是以件为单位,按货物现状进行交接的。而集装箱运输是以箱为单位凭封印进行交接的。

6. 便于自动化管理

集装箱是一种规格化的货物运输单元,为自动化管理创造了便利条件。

由于集装箱运输的上述优越性,使得集装箱运输不受国界的限制、政治观点的影响、经济实力的左右、运输方式的区别,世界各国均可以此作为货物运输的发展方向。

三、集装箱的种类

集装箱种类很多,可以从不同角度对集装箱进行分类。

(一) 按用途分类

集装箱按用途分类可分为通用集装箱和专用集装箱两大类。

1. 通用集装箱

通用集装箱有时又称普通集装箱或干货集装箱。适宜于装载对运输条件无特殊要求的各种不同规格的干杂货,如文化用品、日用百货、医药、纺织品、工艺品、化工制品、五金交电、电子机械、仪器及机器零件等。这类集装箱箱体设有端门,开门形式可以有一端开门、两端开门、一端或两端开门再加一侧或两侧开门、部分开门和活顶等。端门关闭后,集装箱应具有水密性能。这种集装箱的使用占集装箱总数的80%以上。

2. 专用集装箱

专用集装箱是根据内装物对运输条件的要求专门设计的集装箱,适用于特殊性质货物的运输,有的专用集装箱内有通风或空调设备、货架等,可用来装载鲜活、易腐、怕热、怕冻等货物,以及粉状、液态货物等。具体可分为如下几类:

1) 保温集装箱(Insulated Container)

保温集装箱是为运输时要求冷藏或保持一定温度的货物而设计的,包括冷藏集装箱和保温集装箱。

冷藏集装箱(Reefer Container)是一种带有冷藏装置的,能把具有一定温度的货物保持在该温度下进行运输的绝热集装箱。按冷冻装置的安装方式分外置式和内置式两种。温度可在−28℃～26℃之间调整。内置式集装箱在运输过程中可随意启动冷冻机，使集装箱保持指定温度；而外置式箱内没有冷冻机而只有隔热结构，只在集装箱端壁上设有进气孔和出气孔，集装箱必须依靠集装箱专用车、集装箱船和专用堆场、车站上配备的冷冻装置来供应冷气。冷藏集装箱适合在夏天运输黄油、巧克力、冷冻鱼肉、炼乳和人造奶油等物品。

保温集装箱是一种能与外界隔绝并可以进行通风的绝热集装箱。箱内有隔热层，箱顶又有能调节角度的进出风口，可利用外界空气和风向来调节箱内温度，紧闭时能在一定时间内不受外界气温影响。最适于装运对温度变化十分敏感的货物，如精密仪器、油漆、石蜡等。还适于装运在运输途中不允许温度上升而需要通风的货物，如水果罐头、糖果等。

2）开顶集装箱(Open Top Container)

开顶集装箱的箱顶可以卸下。因此，可用起重机从箱顶上面装卸玻璃板、钢制品及机械零件等装载体积高大的物体或重质货物，而且也便于在箱内固定。装运时，为了防雨，往往使用由可折叠式或可拆式顶梁支撑的帆布、塑料布或涂塑布制成的软顶或钢板制成的硬顶。

考虑水密性因素，敞顶集装箱原则上装载在舱内，不允许装载在甲板上。

3）框架集装箱(Flat Rack Container)

框架集装箱没有箱顶和两侧，其特点是从集装箱侧面进行装卸。以超重货物为主要运载对象，还便于装载牲畜，以及诸如钢材之类可以免除外包装的裸装货。

4）牲畜集装箱(Pen Container)

牲畜集装箱装有喂食口，是专为装运家禽和牛、马等活动物而制造的特殊集装箱。为了遮敝太阳和透气，箱顶采用胶合板露盖，侧面和端面都有用铝丝网制成的窗。侧壁下方设有清扫口和排水口，并配有上下移动的拉门，以便将垃圾清扫出去。

5）罐式集装箱(Tank Container)

罐式集装箱又称液体集装箱，是为运输食品、酒类、油类、药品、化工品等液体货物而制造的特殊集装箱。它还可以装运其他危险的液体货物。罐式集装箱的典型结构是将液罐固定于一个金属框架内。液体从液罐顶部的孔注入罐内。卸货时，货物往往靠重力作用由排出孔流出，也有从顶部的装货孔中吸出。

6）平台集装箱(Platform Container)

平台集装箱无上部结构，只有底结构，具有与其他集装箱相同的紧固件和起吊装置。其形状类似铁路平板车，主要用于装运超重超长货物，用这种箱子装运汽车也极为方便。

7）通风集装箱(Ventilated Container)

通风集装箱的箱壁上有通风孔，适宜装运皮革、新鲜蔬菜和水果等怕热怕闷的货物。如将通风口关闭，同样可以作为杂货集装箱使用。这种集装箱内壁涂塑料层，以便于洗涤。

8）散装货集装箱(Bulk Container)

散装货集装箱一般在顶部设有2～3个小舱口，以便装货。有的箱子在底部有升降架，可升高成40°的倾斜角，以便卸货。这种箱子适宜装粮食、饲料、水泥、沙子等散货。如要进行植物检疫，还可在箱内熏舱蒸洗。

9）服装集装箱（Garment Container）

服装集装箱的特点是，在箱内上侧的梁上装有许多根横杆，每根横杆上垂下若干条皮带扣、尼龙带扣或绳索，成衣利用衣架上的钩，直接挂在带扣或绳索上。这种服装装载法属于无包装运输，它不仅节约了包装材料和包装费用，而且减少了人工劳动，提高了服装的运输质量。

10）汽车集装箱（Car Container）

汽车集装箱是一种运输小型轿车用的专用集装箱，其特点是在简易箱底上装一个钢制框架，通常没有端壁和侧壁。这种集装箱分为单层的和双层的两种。为了充分利用容积，一般采用双层集装箱进行装载。

11）航空集装箱（Air Container）

这种航空集装箱不仅可用于航空运输，还可用于陆上运输和海上运输。除集装箱底部四角设有底角件外，为了在海上运输时能在顶部起吊，还设有4个顶角件，并可以堆装两层。

（二）按材料分类

现代大型集装箱大都不是一种材料制成的，而是用钢、木材、铝合金和玻璃钢等基本材料中的两种以上组合而成的。箱子的主体部分（侧、端壁和箱顶）采用什么材料，就叫什么材料制造的集装箱。主要有木质集装箱、钢质集装箱、铝合金集装箱、玻璃钢集装箱和不锈钢集装箱等。

1. 木质集装箱

这是最早采用的集装箱，其特点是重量较轻，现在已经很少使用了。

2. 钢质集装箱

这种集装箱的外板用钢板，结构部件也均采用钢材或不锈钢焊接而成。其优点是强度大、结构牢固、焊接性好、水密性好，而且价格低廉，其缺点是重量大，普通碳钢集装箱耐腐蚀性差，易生锈。由于自重大，降低了装货量；而且每年一般需要进行两次除锈涂漆，使用期限较短，一般为11～12年。

3. 铝合金集装箱

主要部位和部件一般采用最适量的铝镁合金铆接而成。这种铝合金集装箱的最大优点是重量轻，铝合金的相对密度约为钢的1/3，20 ft的铝合金集装箱的自重为1 700 kg，比钢质集装箱轻20%～25%，故同一尺寸的铝合金集装箱可以比钢质集装箱装更多的货物。铝镁合金在大气中自然形成氧化膜，可以防止腐蚀，故铝合金集装箱不生锈，外表美观。铝合金集装箱弹性好，加外力后容易变形，外力除去后一般就能复原。此外，铝合金集装箱加工方便，加工费低，维修费用也低，使用年限长，一般为15～16年。

4. 玻璃钢集装箱

是采用玻璃纤维和合成树脂混合在一起制成的薄薄的加强塑料，用黏合剂粘贴在胶合板的表面上形成玻璃钢板而制成的集装箱。它的优点是强度大、刚性好、耐腐蚀、外表美观。此外，玻璃钢的隔热性比较好，能防止箱内产生结露现象，有利于保护箱内货物不遭受湿损。玻璃钢板可以整块制造，防水性好，还容易清洗。由于维修简单，维修费用也低。玻璃钢集装箱的主要缺点是自重较大，与一般钢质集装箱相差无几，价格也较高，另外还容易老化。

5. 不锈钢集装箱

采用不锈钢作为集装箱的主体材料，具有强度大、耐腐蚀、外表美观、无需维修保养、使用率高等优点。但其价格高，初始投资大，而且材料少，大量制造有困难。一般都用作罐式集装箱。

（三）按重量分类

集装箱按重量分类有总重 20 t 及其以上的大型集装箱、总重 5～10 t 的中型集装箱和总重小于 5 t 的小型集装箱。

（四）按结构分类

集装箱按其结构可分为内柱式集装箱和外柱式集装箱、折叠式集装箱和固定式集装箱、预制骨架式集装箱和薄壳式集装箱等。

1. 内柱式和外柱式集装箱

这里的“柱”指的是集装箱的端柱和侧柱。端柱和侧柱设在箱壁内的为内柱式集装箱，反之为外柱式集装箱，两者各有优缺点。内柱式集装箱的优点是箱体外表平滑、美观，受斜向外力时不易损伤，涂刷标志比较方便。同时由于外壁和内衬板之间有一定空隙，起隔热效果的作用，能减少货物的湿损；外柱式集装箱的优点是受外力作用时，外力由侧柱或端柱承受，起到了保护外板的作用，外板不易损伤。由于集装箱内壁面平整，不需要内衬板。

2. 折叠式和固定式集装箱

折叠式集装箱是一种其侧壁、端壁和箱门等主要部件能很方便地折叠或分解，反复使用时可再次组合起来的一种集装箱；固定式集装箱的各部件是永久组合在一起的，不能折叠或分解。在海运中，折叠式集装箱主要用在货源不平衡的航线上，为了减少回空时的舱容损失而设计的。目前，使用最多的还是固定式集装箱。

3. 预制骨架式集装箱和薄壳式集装箱

预制骨架式结构如同普通集装箱那样，集装箱的骨架是由许多预制件组合起来的，外板和骨架用铆接或焊接的方式连为一体。其主要载荷由铝或钢制的骨架来承受，而玻璃钢预制骨架式集装箱，其外板用螺栓与骨架连接；薄壳式集装箱如飞机结构那样，把所有构件结合成一个刚体，它的优点是可以减轻重量，整体结构可承受扭力而不引起永久变形，所以集装箱或多或少是采用薄壳结构理论来设计的。

四、集装箱标准化

（一）国际标准化组织 104 技术委员会

国际标准化组织是国际上最大的工业和技术合作组织，其宗旨是要在世界上促进标准化的发展，以便国际物资的业务交流，发展各国在知识、科学、技术和经济活动领域中的相互合作。

国际标准化组织属于非政府间的国际机构，于 1947 年 2 月在日内瓦成立，其成员团体应是各国国内在标准化方面具有代表性的国家机构。每个国家只允许一个团体具有成员资格。

我国于 1978 年 6 月 16 日以“中国标准化协会”的名义申请参加，经国际标准化组织的理事会讨论，一致通过。自 1978 年 9 月 1 日起，中国标准化组织成为该组织的正式成员，并参加有关国际标准化组织的活动。

国际标准化组织的最高权利机构是全体成员国大会。成员国大会每 3 年举行一次例会，每个成员只有 1 票表决权；其常务领导机构是理事会，理事会每年召开 1 次例会。日常事务工作由中央秘书处负责，中央秘书处由秘书长领导。

国际标准化组织国际标准的制订采取技术委员会、分技术委员会和工作组的组织形式。其中国际标准化组织 104 技术委员会(ISO/TC104)是集装箱专业的技术委员会，于 1961 年成立。104 技术委员会至少每 3 年召开一次大会。多年来，由于集装箱运输的优越性已被越来越多的货主所接受，为确保集装箱运输在国际上顺利流通，在 ISO/TC104 的领导和组织下，已制订了一系列技术基础标准，如集装箱分类及外部尺寸和总重、集装箱名词术语、集装箱代号及识别和标记、集装箱数据交换-电子数据交换格式等，约有 20 多项标准。

(二) 集装箱规格尺寸标准

集装箱规格尺寸标准根据其使用范围分为国际标准、国家标准、地区标准和公司标准。

1. 国际标准

集装箱规格尺寸国际标准是国际标准化组织集装箱技术委员会(ISO/TC104)统一制订的。所谓国际标准集装箱是根据 ISO/TC104 制定的国际标准制造和使用的国际通用的标准集装箱。ISO/TC104 自 1961 年成立以来，曾制定了多个系列的集装箱规格标准，此后，经过多次补充、删减和修改。2005 年国际标准化组织又对原有的《系列 1 集装箱——分类、尺寸和额定重量》(ISO 668:—1995)进行了修正。目前，集装箱规格尺寸国际标准有 1 个系列共 15 种，如表 8-1 所示。

表 8-1　系列 1 集装箱外部尺寸和额定质量

集装箱型号	长度 L		宽度 W		高度 H		额定质量(总质量)	
	mm	ft in	mm	ft	mm	ft in	kg	lb
1EEE	13 716	45′	2 438	8′	2 896	9′6″	30 480	67 200
1EE					2 591	8′6″		
1AAA	12 192	40′	2 438	8′	2 896	9′6″	30 480	67 200
1AA					2 591	8′6″		
1A					2 438	8′		
1AX					<2 438	<8′		
1BBB	9 125	29′11″1/4	2 438	8′	2 896	9′6″	30 480	67 200
1BB					2 591	8′6″		
1B					2 438	8′		
1BX					<2 438	<8′		
1CC	6 058	19′10″1/2	2 438	8′	2 591	8′6″	30 480	67 200
1C					2 438	8′		
1CX					<2 438			
1D	2 991	9′9″3/4	2 438	8′	2 438	8′	10 160	22 400
1DX					<2 438	<8′		

2. 地区标准

在集装箱国际标准中的原第 2 系列 2A、2B、2C(已取消)集装箱标准是引用了国际铁路联盟的标准。这三种集装箱是欧洲地区铁路上使用的标准，属于地区标准。

3. 国家标准

各国政府往往参照国际标准并考虑本国的具体情况，制订本国的集装箱标准。我国集装箱标准化工作正逐渐与国际接轨并尽量保持同步。2008 年 10 月 1 日生效的国家标准《系列 1 集装箱——分类、尺寸和额定质量》GB/T 1413—2008 等同采用国际标准 ISO 668:—1995 及其 2005 年的修正案，所规定的集装箱规格尺寸标准和额定重量与表 8-1 相同。

4. 公司标准

某些集装箱运输的先驱者，主要是美国的海陆公司和马托松公司，他们根据本公司的具体条件，制订了本公司使用的集装箱标准。如海陆公司拥有大量的 35 ft 的集装箱，马托松公司拥有大量的 24 ft 的集装箱。

（三）集装箱标记代号标准

为了便于文件编制、业务管理和信息传输，国际标准化组织于 1968 年对集装箱的标记制订了标准，以后又几经修改。我国参照国际标准，也规定了集装箱标记代号的国家标准。

1. 国际标准

国际标准化组织规定的集装箱标记有必备标记和自选标记两大类，每一类标记中又分识别标记和作业标记两种，如图 8-1 所示。

- ISO/TC104 规定的集装箱标记
  - 必备标记
    - 识别标记
      - 箱主代号
      - 顺序号
      - 核对数字
    - 作业标记
      - 额定重量和自重标记
      - 空陆水联运集装箱标记
      - 登箱顶触电警告标记
  - 自选标记
    - 识别标记
      - 国家代号
      - 尺寸及类型代号
    - 作业标记
      - 超高标记
      - 国际铁路联盟标记

图 8-1　ISO/TC104 集装箱标记代号种类

集装箱必备标记中箱主代号、顺序号和核对数字，最好成单行横排，如图 8-2 所示。自选标记中国家代号、尺寸和类型代号应记在箱主代号、顺序号和核对数字的下面，也应尽可能横排。当集装箱因结构不同不能横排时，则采用竖排格式，如图 8-3 所示。

A B Z U	001 234	3
箱主代号	顺序号	核对数字
CN	22	G0
国家代号	尺寸代号	类型代号

图 8-2　集装箱标记横排格式

A B Z U	箱主代号
001	顺序号
234	顺序号
3	核对数字
CN	国家代号
22	尺寸代号
G0	类型代号

图 8-3　集装箱标记竖排格式

1）箱主代号

箱主代号用于标识集装箱的所有者。国际标准中规定，集装箱箱主代号用 4 个大写的拉丁字母表示，为了使集装箱与其他设备相区别，第 4 个字母应用 U 表示。世界部分主要船公司和租箱公司的箱主代号见表 8-2。

表 8-2　世界主要船公司和租箱公司的箱主代号

国家和地区	公司中文译名	箱主代号
美国	海陆联运公司	SEAU
	美国班轮公司	USLU
	美国总统轮船公司	APLU
	马托松航运公司	MATU
	ITEL 租箱公司	ITLU SSIU
	远洋租箱公司	TOLU
德国	哈帕格·劳埃德轮船公司	HLCU
	汉堡 SUD 轮船公司	SUDU
英国	海外集装箱公司	OCLU OCSU
	海洋集装箱公司	SCXU SCPU
日本	大阪商船三井航运公司	MOLU
	日本邮船公司	NYKU
	川崎汽船公司	KKLU ESSU
	日本海运公司	JLAU JLTU
丹麦	马士基班轮公司	MAEU
	宝隆洋行	EACU
香港	东方海外集装箱公司	OCLU
	香岛轮船有限公司	HKLU
瑞士	地中海海运公司	MSCU
	国际租箱公司	ICLU
意大利	劳埃德航运公司	LTLU
中国	中国远洋运输集团公司	COSU
	长荣海运公司	EMCU EISU
	阳明海运公司	YMLU

续　表

国家和地区	公司中文译名	箱主代号
法国	海运总公司	CGMU
以色列	齐姆海运公司	ZCSU
新加坡	东方海皇轮船公司	NOLU
科威特	阿拉伯联营轮船公司	UASU
南非	南非海运公司	SAMU

2）顺序号

集装箱顺序号又称箱号。由6位阿拉伯数字组成，如有效数字不足6位时，则在有效数字前用“0”补足6位。

3）核对数字

一般用1位阿拉伯数字表示，位于顺序号之后，是核对箱主代号和顺序号记录是否正确的校对数字，可按下式确定：

$$核对数字=\frac{\sum_{i=1}^{10}等效数值\,i\cdot 2^{i=1}}{11}的余数的核对数值 \tag{8-1}$$

其中，箱主代号中每一个字母和顺序号中的每一个数字所对应的等效数值，可在等效数值表(表8-3)查出。余数与核对数值对照表见表8-4。

表8-3　　等效数值表

箱主代号				顺序号
字母	等效数值	字母	等效数值	数字或等效数值
A	10	N	25	0
B	12	O	26	1
C	13	P	27	2
D	14	Q	28	3
E	15	R	29	4
F	16	S	30	5
G	17	T	31	6
H	18	U	32	7
I	19	V	34	8
J	20	W	35	9
K	21	X	36	
L	23	Y	37	
M	24	Z	38	

表 8-4　　余数与核对数字对照表

余数	核对数字	余数	核对数字
10	0	9	9
8	8	7	7
6	6	5	5
4	4	3	3
2	2	1	1
0	0		

表 8-4 中因数字 0 成为余数 10 和 0 两者都适用的核对数字。为了避免出现这一情况，国际标准化组织建议不使用余数等于 10 的顺序号。但也有的箱主，把余数为 10 的核对数字不写成“0”，而写成“T”或“A”，以示与余数为 0 的核对数字相区别。

4）国家和地区代号

所使用的国家和地区代号应按 ISO 668 所确定的两字母代号表示，见表 8-5。

表 8-5　　国家和地区代号一览表(部分)

国家和地区	代号	国家和地区	代号
阿富汗	AF	韩国	KR
阿尔巴尼亚	AL	科威特	KW
澳大利亚	AU	墨西哥	MX
加拿大	CA	荷兰	NL
中国	CN	新西兰	NZ
丹麦	DK	波兰	PL
法国	FR	罗马尼亚	RO
古巴	CU	新加坡	SG
前联邦德国	DE	南非	ZA
香港	HK	西班牙	ES
印度	IN	瑞典	SE
伊朗	IR	瑞士	CH
爱尔兰	IE	台湾	TW
以色列	IL	泰国	TH
意大利	IT	英国	GB
日本	JP	美国	US

5）尺寸和类型代号

集装箱尺寸和类型代号根据 ISO/DIS 6346.2 的规定。

尺寸代号表示箱长、箱宽和箱高，由两位代码字符表示，第 1 个代码字符表示箱长(表 8-6)，第 2 个代码字符表示箱宽和箱高(表 8-7)。

表 8-6　　箱长代码字符表

箱长		代码字符	箱长		代码字符
mm	ft		mm	ft	
2 991	10	1	7 450	24	D
6 058	20	2	7 820	25	E
9 125	30	3	8 100	26	F
12 192	40	4	12 500	41	G
未选定的		5	13 106	43	H
未选定的		6	13 600	44	K
未选定的		7	13 716	45	L
未选定的		8	14 630	48	M
未选定的		9	14 935	49	N
7 150	23	A	16 154	52	P
7 315	24	B	未选定的		R
7 430	24	C			

表 8-7　　箱宽和箱高代码字符表

箱高		箱宽		
mm	ft	2 438 mm	2 438～2 500 mm	>2 500 mm
2 438	8	0		
2 591	8.5	2	C	L
2 743	9	4	D	M
2 895	9.5	5	E	N
>2 895	>9.5	6	F	P

集装箱箱型代码由两位字符表示，第 1 位用一个拉丁字母表示箱型，第 2 位用一个数字表示该箱型的特征(表 8-8)。

表 8-8　　集装箱箱型代码表

代码/原代号	箱 型	箱型群组代码	主 要 特 征	箱型代码/原代号
G/0	通用集装箱（无通风装置）	GP	一端或两端有箱门 货物的上方有透气罩 一端或两端设有箱门，并且在一侧或两侧亦设“全开式”箱门 一端或两端设有箱门并且在一侧或两侧亦设“局部”箱门 备用号 备用号 备用号 备用号 备用号 备用号	G0/00 G1/10/11 G2/01 G3/02 G4/05 G5/06 G6/07 G7/08 G8/09 G9

续 表

代码/原代号	箱 型	箱型群组代码	主 要 特 征	箱型代码/原代号
V/1	通风式通用集装箱	VH	无机械排风装置，但在上、下两侧设有自然通风窗	V0/13
			备用号	V1/14
			箱内设有机械式通风装置	V2/15
			备用号	V3/16
			外置式机械通风装置	V4/17
			备用号	V5/18
			备用号	V6/19
			备用号	V7
			备用号	V8
			备用号	V9

注：原代号指本标准 1984 年版本规定的箱型代号。

2. 国家标准

我国国家标准的 8 种集装箱的标记代号及标记方法，是参照采用国际标准制订的，主要有箱主代号、顺序号、核对数字、尺寸和类型代号、集装箱总重、自重和容积等。

第二节　国际多式联运

一、联合运输概念

大多数情况下货物的全程运输需要使用两种或两种以上的运输方式，或同一种运输方式两程或两程以上的运输，通过分段接力形式来完成的。

在传统的全程运输组织形式下，各种运输方式的承运人仅限于在自己的业务范围内独立组织、完成各自区段的运输业务，而大部分运输组织工作都是由货方来安排和完成的。货方为完成货物的全程运输，需要与各区段的承运人分别订立多份运输合同，多次结算费用，多次办理保险，并负责不同区段之间的运输衔接工作。这种运输组织形式不仅对货方极为不便，而且可能因为货方对办理各项运输业务不够精通而造成运输时间过长和运输费用增大，甚至造成不合理运输。

根据综合运输思想和为货主提供最方便、最全面服务的全新运输经营理念，形成了一种新的货物全程运输组织形式，即由一个机构或一个运输经营人对货物运输全程负责，组织和完成货物的全部运输、衔接和运输服务业务等。而货方只要与这个机构或运输经营人订立一份全程运输合同，一次交付费用，办理一次保险就可以实现货物的全程运输，这种新的运输组织形式称为联合运输。

联合运输属于交通运输范畴，其含义是广泛的。主要包括货物全程运输使用两种或两种以上运输方式的运输衔接；货物全程运输中使用同一种运输方式两程或两程以上运输的衔接；货物全程运输所涉及的货物生产、供应、运输、销售企业之间的运输协作组织。

二、联合运输分类

联合运输按组织方式和体制分为协作式联运和衔接式联运。

(一) 协作式联运

协作式联运一般是指为保证指令性计划调拨物资、重点物资和国防、抢险、救灾等急需物资的运输而在国家计划指导下的联运合同运输。货物生产、供应、运输、销售企业运输协作组织的联运属于协作式联运。协作式联运是计划经济体制下联合运输的主要形式。

(二) 衔接式联运

衔接式联运一般是指由一个联运经营人综合组织的两种或两种以上运输方式的连续运输，或者由一个联运经营人综合组织的以同一运输方式、但由多家经营的两程或两程以上的连续运输。衔接式联运是国际间货物联运的基本形式，是市场经济体制下的联运。按不同原则可进一步分类如下：

1. 按运输对象分类

1）旅客联运

旅客联运一般是指"一票到底"的由不同运输形式下不同运输企业完成的多区段旅客全程连续运输。

2）货物联运

货物联运是指以货物为对象的联合运输。具有全程性、简便性、通用性、代理性和协同性等联合运输的基本特征。

2. 按全程运输使用的运输方式分类

1）单一方式联运

单一运输方式联运是指一个联运经营人或机构综合组织的由使用同一运输方式的不同运输企业完成的两程或两程以上的全程连续运输，如海-海联运、铁-铁联运等。

2）多种方式联运

多种方式联运简称多式联运，是指根据多式联运合同，使用两种或两种以上的运输方式，由联运经营人组织完成的全程连续运输，如海-铁联运、海-空联运、铁-海-公联运等。

3. 按联运起点和终点是否在一国分类

1）国内联运

国内联运是指联运合同中规定的联运经营人接受与交付货物的地点在一个国家之内的联运。

2）国际联运

国际联运是指联运合同中规定的联运经营人接受与交付货物的地点不在同一个国家之内的联运。

三、国际多式联运

(一) 国际多式联运定义

1980 年《联合国国际货物多式联运公约》规定，国际多式联运是指按照多式联运合同，以至少两种不同的运输方式，由多式联运经营人将货物从一国境内接管货物的地点运至另一国境内指定交付货物的地点。

(二) 国际多式联运特征

根据《联合国国际货物多式联运公约》的规定，并结合国际惯例，国际多式联运应具有以下特征：

（1）必须要有一个多式联运合同，明确规定多式联运经营人与托运人之间权利、义务、责任和豁免的合同关系和多式联运的性质。这一特征是区别于一般传统运输方式的重要依据。

（2）必须由一个多式联运经营人对货物运输全程负责，即在联运业务中，多式联运经营人对货主负有履行合同的责任，并承担自接管货物起至交付货物时止的全程运输责任，以及货物在运输途中因灭失损坏或延迟交付所造成的损失负赔偿责任。

（3）必须使用一份全程多式联运单据，可以是多式联运提单或多式联运运单。它是用以证明多式联运合同以及证明多式联运经营人接管货物并负责按合同条款交付货物所签发的单据。

（4）实行全程单一的运费费率，并以包干形式一次向货主收取。

（5）必须是至少两种运输方式的连贯运输。为履行单一方式运输合同而进行的该合同所规定的货物接送业务，不属于国际多式联运范畴，如海-海、陆-陆、空-空等联合运输方式。

（6）必须是国际间的货物运输。这是区别于国内运输和是否适合国际法规的限制条件。

总之，国际多式联运具有“一人、一票、一个费率、一次保险、两种及其上运输方式和跨国运输”等特点。

（三）国际多式联运组织方法

国际多式联运的全程运输是由多式联运经营人组织完成的。托运人向多式联运经营人提出托运申请，多式联运经营人如果接受托运，则双方订立货物全程运输的多式联运合同，并按全程单一费率收取全程运费和各类服务费、保险费等费用。多式联运经营人在合同指定的地点接受货物后向托运人签发多式联运单据，托运人凭多式联运单据到银行办理结汇手续。多式联运经营人选择货物运输路线，划分运输区段，选择各区段的实际承运人，制定货物全程运输计划，并把计划转发给各中转衔接地点的分支机构或委托的代理人。多式联运经营人按计划与各程实际承运人分别订立各区段的货物运输合同，并向各实际承运人支付该区段的运费及其他必要的费用，由各程实际承运人分别完成各区段的货物位移。全程各区段之间的衔接工作由多式联运经营人或其代理人承前启后，从前程实际承运人手中接受货物再向后程承运人交接货物，在最终目的地从最后一程实际承运人手中接受货物后再向收货人交付货物。在各衔接地点委托代理人完成衔接服务业务时，也需向代理人支付委托代理费用。

（四）国际多式联运优越性

国际多式联运是在集装箱运输的基础上产生并发展起来的一种新型的运输组织形式。到目前为止，发达国家大部分国际贸易的货物运输已采用多式联运的形式，各发展中国家采用多式联运形式运输货物的比例也正在逐步增大，集装箱多式联运已成为国际货物运输的主要发展方向。国际多式联运之所以能如此迅速发展，是由于它与传统运输组织形式相比较具有突出的优越性，主要体现在以下几个方面：

1. 手续简便，责任统一

在国际多式联运中，不论运程多远，运输环节多少，沿途手续多么复杂，所有一切运输事项均由多式联运经营人负责办理，货主只需办理一次托运，订立一份运输合同，支付一笔运费，办理一次保险，就可将货物从起运地运到目的地，大大简化了运输与结算手续。此外，一旦货物在运输途中发生灭失、损坏或延迟交付等商务事故，由多式联运经营人对全程运输负责，货主只需与多式联运经营人交涉就可解决问题，而每一运输区段的实际承运人再分别在各自区段内对多式联运经营人负责。

2. 减少中间环节，提高运输质量

多式联运以集装箱为运输单元，可以实现门到门运输，即货物在托运人工厂或仓库装箱后，可直接运送至收货人的工厂或仓库。途中转运时，使用专用机械设备装卸，且无须掏箱、装箱，减少了中间环节，因而，货运货损、货差和被盗的可能性大为减少；此外，全程运输由专业人员组织，可做到各个运输环节和运输工具之间配合密切、衔接紧凑，货物中转及时、停留时间缩短，从而使货物运达速度大大加快，有效提高运输质量，保证货物安全、迅速、准确、及时地运抵目的地。

3. 降低运输成本，节省运杂费用

多式联运全程运输中各区段运输和各环节的衔接，是由多式联运经营人与各实际承运人订立分运合同和与各代理人订立委托合同来完成的。多式联运经营人通常与这些实际承运人和代理人订有长期协议，并可争取到优惠运价或较低的佣金。而且，多式联运经营人通过对运输路线的合理选择和运输方式的合理使用，都可以降低全程运输成本；在多式联运中，由于采用集装箱运输，可以简化甚至取消货物包装，节省货物包装费用。

4. 提高运输组织水平，实现合理化运输

传统运输组织形式下，各种运输方式的经营人各自为政，自成体系，缺乏统一性和协调性，因而其经营业务范围受到很大限制。而多式联运下，由于不同运输经营人共同参与，不仅可以改善不同运输方式之间的衔接工作和提高运输组织水平，而且各运输经营人以及其他与运输有关的行业及机构如仓储、港口、代理、保险、金融等通过参与多式联运，其经营的业务范围都可大为拓展；在国际多式联运中，是由多式联运经营人组织全程运输的，作为专业人员，多式联运经营人能够选择最佳的运输路线，使用合理的运输方式，选择合适的承运人，实现最佳的运输衔接与配合，从而促进货物运输合理化的实现。

（五）国际多式联运单据

多式联运单据是由多式联运经营人签发，证明多式联运合同以及证明多式联运经营人接管货物并负责按合同条件交付货物的单据，在单据做成指示抬头或不记名抬头时，可作为物权凭证进行转让，并可用来结汇、抵押等。实践中多式联运单据一般就称为多式联运提单。

1. 多式联运单据的种类

在国际上至今还没有关于国际多式联运的有效的国际公约，因此，现今所使用的多式联运单证都是通过订立合同产生的。近年来大多数多式联运单据都并入了《国际商会联运单证规则》而趋于标准化，可分为以下三类：

（1）Combidoc。它是由波罗的海国际航运工会（BIMCO）制定的多式联运单据格式，通常为经营船舶的多式联运经营人所使用。此单证得到了国际商会（ICC）的认可。

（2）FIATA 联运提单。这种单证由国际货运代理协会联合会（FIATA）制定，供作为多式联运经营人的货运代理所使用，也得到了国际商会的认可。

（3）Multidoc。它是由多式联运经营人自行制定的多式联运单据。目前，几乎所有多式联运经营人都制定有自己的多式联运单据，考虑到适用性，Multidoc 与 Combidoc 和 FIATA 联运提单一样，大多数也并入或采用《国际商会联运单证规则》，即采用网状责任制。

2. 多式联运单据的基本内容

多式联运单据一般包括以下内容：

(1) 货物品类、标志、危险特征的声明、包数或者件数、重量；

(2) 货物的外表状况；

(3) 多式联运经营人的名称与主要营业地；

(4) 托运人名称；

(5) 收货人名称；

(6) 多式联运经营人接管货物的时间和地点；

(7) 交货地点；

(8) 交货日期或者期间；

(9) 多式联运单证可否转让的声明；

(10) 多式联运单证的签发时间和地点；

(11) 多式联运经营人或其授权人的签字；

(12) 每种运输方式的运费、支付货币、运费支付人的声明等；

(13) 航线、运输方式和转运地点；

(14) 关于多式联运遵守某公约或规则规定的声明；

(15) 双方商定的其他事项。

但缺少以上一项或多项内容，不会影响单据作为多式联运单据的性质。如果多式联运经营人知道或有合理的根据怀疑多式联运单据所列的货物品类、标志、包数或数量等没有准确表明实际接管货物的状况，或者无适当方法进行核对时，多式联运经营人应在多式联运单据上作出保留，注明不符之处及怀疑根据或无适当核对方法。否则，就等于已在多式联运单据上注明货物外表状况良好。

3. 多式联运单据签发时间和地点

多式联运单据一般是在多式联运经营人接收货物后签发的，由于多式联运货物主要是集装箱货物，多式联运经营人接收货物的地点可能是集装箱码头或内陆堆场、集装箱货运站和发货人工厂或仓库。因此，多式联运单据可以在发货人工厂或仓库接收货物后签发；在集装箱货运站接收货物后签发；也可以在码头或内陆堆场接收货物后签发。

在上述各地点签发的多式联运单据，均属于收货待运单据。为了适应集装箱货物多式联运的需要，目前《跟单信用证统一惯例》规定，卖方可以使用多式联运单据结汇，即在信用证无相反规定的前提下，银行可以接受收货待运联运提单结汇。

(六) 国际多式联运运输运费

多式联运经营人在对货主负全程运输责任的基础上，制订一个从货物发运地至目的地的全程单一费率，并以包干形式一次向货主收取。全程单一费率一般包括运输成本、经营管理费用和合理利润。其计算公式如下：

$$\text{国际多式联运运费} = \text{各种运输方式的运输费用} + \text{装运港包干费} \quad (8\text{-}2)$$
$$\text{中转港费用} + \text{经营管理费用} + \text{合理利润}$$

国际多式联运路线长、环节多，费率构成也因此而十分复杂，多式联运运费制订得是否合理，关系到多式联运经营人竞争力的大小和经营利润的高低。货物全程运输的费用构成见表 8-9。

表 8-9 全程运输费用构成表

费用项目	主要费用构成	
各种联运方式运输费用	海铁联运费用	海运、铁路运送费用
	海公联运费用	海运、公路运送费用
	海空联运费用	海运、航空运送费用
	铁公联运费用	铁路、公路运送费用
	铁空联运费用	铁路、航空运送费用
	公空联运费用	公路、航空运送费用
	海陆空联运费用	海运、铁路或公路、航空运送费用
装运港包干费	内陆运费	过桥费、过路费等
	市内运费	提箱费、仓库至仓库费用、仓库至机场、码头等费用
	仓储费	卸车费、进出库费、堆存费、机械费等
	装拆箱费	装箱费、拆箱费
	报关费用	报关手续费、验货费等
	港建港杂费	港建费、港杂费等
	服务费	通讯费、交通费、制单费、手续费等
	检验检疫费用	报检手续费、检验费等
中途港中转费	拖运费、堆存费、吊装吊卸费等	

(七) 陆桥运输

陆桥运输是海运和陆运所组成的连贯运输，它以集装箱为媒介，是国际多式联运的一种特殊的运输组织方式，也是当今世界国际货物运输中采用较为广泛的重要方式之一。陆桥运输是一个广义的概念，包括大陆桥运输、小陆桥运输和微陆桥运输。

1. 大陆桥运输

所谓大陆桥运输是指以横贯大陆的铁路或公路运输系统作为中间桥梁，把大陆两端的海洋连接起来所形成的陆海联运。典型的大陆桥运输路线主要有美国大陆桥、西伯利亚大陆桥和新亚欧大陆桥。

1) 美国大陆桥

美国大陆桥是世界上第一条大陆桥，始于 1967 年。当时苏伊士运河因战争原因被迫关闭而导致航运中断，此时又逢巴拿马运河拥挤堵塞，远东与欧洲之间的海上货运船舶不得不绕道南非好望角，导致航程和运输时间大为延长，海运成本急剧上升，加之集装箱运输的兴起，大陆桥运输便应运而生。美国大陆桥包括两条路经：一条是连接太平洋与大西洋的路线。货物从远东海运至美国西部太平洋口岸上“桥”，通过铁路横贯运输至美国东部大西洋口岸，再转海运直抵欧洲；另一条是连接太平洋与墨西哥湾的路线。货物从远东海运至美国西部太平洋口岸上“桥”，通过铁路运至美国南部墨西哥湾口岸，再转海运至欧洲。美国大陆桥无论从运输费用和运输时间都较全程海运直航要少，曾吸引了不少货载。但因美国东部港口和铁路较拥挤，货到后往往难以保证及时换装，从而抵消了大陆桥运输所带来的时间节省，大陆桥运输因此受到冷落而没有得到预期的发展。美国转而在大陆桥运输的实践基础上发展了小陆桥运输和微陆桥运输，并获得很大的发展。

2）西伯利亚大陆桥

西伯利亚大陆桥亦称欧亚第一大陆桥，是连接亚洲太平洋地区和欧洲或中近东的又一条大陆桥运输路线。货物由日本、韩国、东南亚、香港等国家和地区海运至原苏联东部纳霍德卡港或东方港上岸，经西伯利亚铁路再转海运或铁路或公路运至东西欧各国内陆或港口，即海-铁-海、海-铁-铁、海-铁-公三种大陆桥运输形式，如图 8-4 所示。

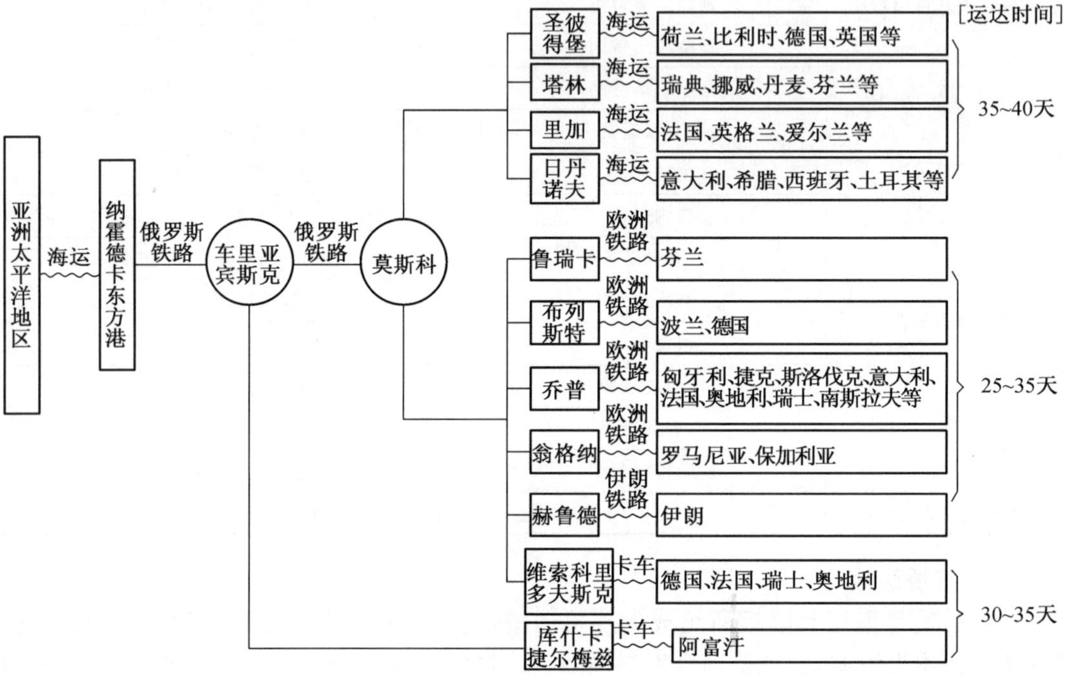

图 8-4　西伯利亚大陆桥运输形式

3）新亚欧大陆桥

新亚欧大陆桥亦称亚欧第二大陆桥，东起中国连云港，西至荷兰鹿特丹。它以中国、原苏联、欧洲铁路为陆上桥梁，把太平洋与大西洋以及波罗的海、黑海连接起来，是新兴的亚欧国际集装箱运输陆上通道。货物由亚太地区海运到中国连云港上桥，沿陇海线和兰新线运至中国西部国境站阿拉山口后，进入哈萨克斯坦境内国境站德鲁日巴换装，到阿克斗卡后，再分 3 路运交欧洲、中西亚以及其他独联体各国。

亚欧大陆桥经路，如图 8-5 所示。

2. 小陆桥运输

小陆桥运输是比大陆桥海-陆-海运输缩短一段海上运输，形成海-陆或陆-海的一种联运方式。如美国小陆桥运输，它是指货物由日本或远东海运至美国西部太平洋口岸或墨西哥湾口岸，转陆上铁路或公路运至美国东部大西洋口岸或墨西哥湾口岸。

3. 微陆桥运输

微陆桥运输亦称半陆桥运输，是陆上运输没有横贯整个大陆的海-陆联运方式。如美国微陆桥运输，它是指货物由日本或远东海运至美国西部太平洋口岸后，转铁路或公路继续运至美国中西部地区或相反方向的海陆联运方式。

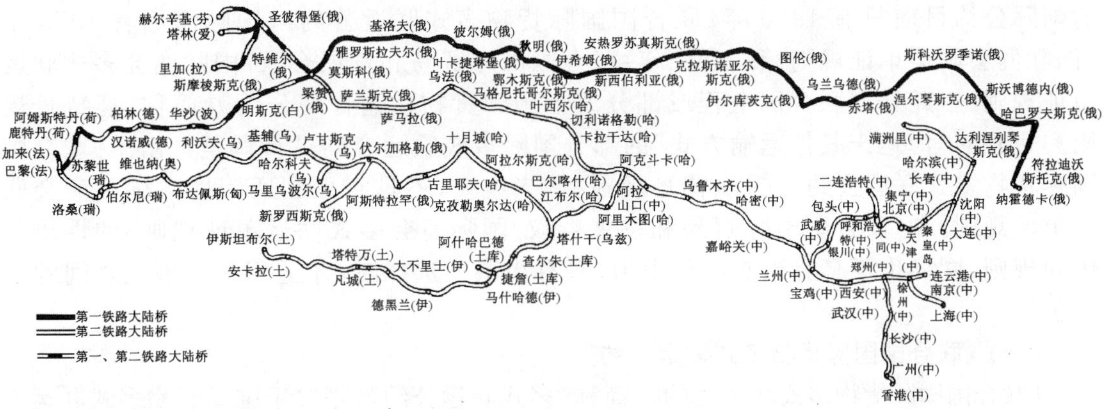

图 8-5　亚欧铁路大陆桥经路

(八) OCP 运输和 IPI 运输

OCP(Overland Common Points)即“内陆公共点”。其范围包括从美国北达科他州、南达科他州、内布拉斯加州、科罗拉多州和新墨西哥起以东地区，约占美国全国面积 2/3。按 OCP 运输条款规定，凡是经过美国西海岸港口转往上述内陆地区的货物，就可享受优惠的海运费率和优惠的内陆运输费率，一般约低 3%～5%左右。相反方向的运输也可比照办理。OCP 运输在形式上类似小陆桥运输和微陆桥运输，但严格来说并不属于国际多式联运范畴。OCP 运输与陆桥运输的区别见表 8-10。

表 8-10　　陆桥运输与 OCP 运输的区别

方式 主要内容	OCP 运输	小陆桥运输	微陆桥运输
适用的价格条件	CIF、CFR 美西海岸	CIP、CPT 美东海岸	CIP、CPT 美中东部、南部内陆地区
使用的货运单证	海运提单、陆上运单	全程联运提单	全程联运提单
经营人	海上、陆上承运人	全程经营人	全程经营人
运费计收	海、陆运费分别计收	海、陆运费一次计收	海、陆运费一次计收
货物运输抵达的美国内陆区域	约占美国 2/3 区域	美东海岸或美国湾	美中东部、南部内陆地区

IPI(Interior Point Intermodal)即“内陆公共点多式联运”，使用两种不同的运输方式，使用一张运输单证，收取全程运费，并由运输经营人对全程运输负责，属于完整的多式联运。它与美国小陆桥运输的不同之处在于：小陆桥运输下的集装箱货物，其抵达区域是美国东海岸和加勒比海区域，而 IPI 运输方式则将集装箱货物运至内陆主要城市。IPI 运输方式下，使用到岸价时，卖方承担的责任、费用终止于内陆交货地。

第三节　国际多式联运法规

一、国际法规

国际上尚未实现国际多式联运实体法的统一。调整国际货物多式联运合同全航程的国际公约目前只有1980年《联合国国际货物多式联运公约》，国际惯例有1973年《国际商会联运单证规则》和1991年《联合国国际贸易和发展会议/国际商会多式联运单证规则》。此外，《联合国全程或部分海上国际货物运输合同公约》(简称《鹿特丹规则》)也将对"海运＋其他运输方式"的部分国际多式联运合同进行调整。由于《联合国国际货物多式联运公约》和《鹿特丹规则》均未生效，不具有强制适用性；《国际商会联运单证规则》和《联合国国际贸易和发展会议/国际商会多式联运单证规则》的性质是民间规则，同样也不具有当然的约束力，只有当事人选择时，才适用于当事人之间的法律争议。

(一)《联合国国际货物多式联运公约》

《联合国国际货物多式联运公约》(简称《多式联运公约》)是关于国际货物多式联运中经营人的赔偿责任、法律管辖等的国际公约，它将于30国家批准或加入一年后生效。我国没有参加该公约，但已参照公约的有关条款制定了本国关于集装箱多式联运方面的法规。《多式联运公约》关于多式联运经营人赔偿责任的主要内容如下：

1. 多式联运经营人的责任期间

多式联运经营人对于货物的责任期间为自其接管货物之时起到交付货物时为止。

2. 多式联运经营人的赔偿责任基础

公约规定多式联运经营人在货物由其掌管的责任期间内，对于货物灭失、损坏或延迟交付所引起的损失应负赔偿责任，除非多式联运经营人证明其本人或其代理人或为其履行多式联运合同而受雇的任何其他人为避免事故的发生及其后果已采取了一切所能合理要求的措施。

目前，单一运输方式国际公约的赔偿责任基础主要有严格责任制和过失责任制两种。严格责任制下，除了不可抗力等有限的免责事项外，无论有无过失，承运人对于货物损坏或灭失均负赔偿责任；过失责任制下，承运人对于货物损坏或灭失有过失时才负赔偿责任。公约采用的是推定的过失责任制，即当事故发生后，首先推定多式联运经营人负有赔偿责任，除非其能举证已采取了一切所能合理要求的措施。这一原则更好地保护了货方的利益。

3. 多式联运经营人的赔偿责任限制

公约对赔偿责任限制规定如下：

(1) 联运如包括海运在内，采用双重计算方法，即赔偿责任限制为每件货物或其他每个货运单位不超过920SDR，或毛重每公斤2.75SDR，以较高者为准。

(2) 联运不包括海运或内河运输时，采用单一计算方法，赔偿责任限制为毛重每公斤8.33SDR。主要是考虑航空、铁路和公路运输承运人的赔偿责任限制均采用的是单一计算方法。

(3) 如果能够确定损失发生的区段，而该区段所适用的某项国际公约或强制性的国内法律所规定的赔偿责任限制高于本公约规定的上述赔偿责任限制，则适用该公约或强制性的国内法律的有关规定。

表8-11是多式联运公约和各实际运输区段所适用的国际公约和我国法律所规定的赔偿责任限制：

表 8-11　　赔偿责任限制

公约名称	每件或每单位（SDR）	毛重每千克（SDR）	备注
《多式联运公约》	920	2.75	包括海运和内河运输
《海牙规则》	161		
《海牙/维斯比规则》	680	2.04	
《汉堡规则》	835	2.5	
中国《海商法》	666.67	2	
《国际公路货物运输公约,CMR》		8.33	
《国际铁路货物运送公约,CIM》		16.67	
《华沙公约》		17	
《海牙议定书》		17	
1999 年《蒙特利尔公约》		17	
中国《民航法》		17	
《多式联运公约》		8.33	不包括海运和内河运输

(4) 多式联运经营人对延迟交货造成损失的赔偿责任限制，相当于该延迟交付货物应付运费的 2.5 倍，但不得超过多式联运合同所规定的应付运费总额。

(5) 如果经多式联运经营人和托运人同意，可在多式联运单据中规定超过本公约所规定的赔偿限制。

4. 多式联运经营人的责任形式

集装箱运输经营人所采用的责任形式主要有统一责任制、网状责任制和单一责任制。

统一责任制是由负责集装箱运输的人对全程运输按统一的损害赔偿原则负责；网状责任制下，虽有经营集装箱运输的人对全程运输负责，但对货物损害赔偿的原则仍按责任运输区段所适用的法规规定；单一责任制下，各单一运输方式下的承运人仅对自己运输区段所发生的损害负赔偿责任，并适用该区段的法律规定。

《多式联运公约》采用的是“经修正后的统一赔偿责任制”，它介于统一责任制和网状责任制之间。根据这一责任形式，多式联运经营人对货损的处理，不管是否能确定造成货损的实际运输区段，都将适合本公约的规定(统一责任制)。但是，如果货物的灭失、损害发生于多式联运的某一特定区段，而对这一区段所适用的一项国际公约或强制性国家法律所规定的赔偿责任限制高于本公约规定的赔偿责任限制，多式联运经营人对这种灭失、损害的赔偿，则应按照国际公约或强制性国家法律予以确定(网状责任制)。

(二)《国际商会联运单证规则》

《国际商会联运单证规则》是最早的关于联运单证的国际民间协议。作为民间规则，其适用不具有强制性，但常常被国际货物多式联运合同双方当事人协议采用。其主要内容包括多式联运经营人的责任形式、责任期间、对货物运输延迟的责任，以及货物灭失或损坏的通知与诉讼时效等。

(二)《联合国国际贸易和发展会议/国际商会多式联运单证规则》

《联合国国际贸易和发展会议/国际商会多式联运单证规则》是 1991 年由联合国国际贸易和发展会议与国际商会共同制定的一项民间规则，供当事人协议自愿采用。所涉及的内容包括多式联运单证的证据效力、多式联运经营人的赔偿责任基础、责任期间、责任限制和责任限制除外规定，以及诉讼时效等。

二、国内法规

在我国,《中华人民共和国合同法》(以下简称《合同法》)和《中华人民共和国海商法》(以下简称《海商法》)均可以调整国际多式联运合同。

(一)《合同法》

《合同法》调整范围包括国际多式联运合同和国内多式联运合同。在《合同法》第十七章运输合同的第四节第 317 条—第 321 条 5 个条款对多式联运合同作了如下规定:

(1) 多式联运经营人负责履行或者组织履行多式联运合同,对全程运输享有承运人的权利,承担承运人的义务。

(2) 多式联运经营人可以与参加多式联运的各区段承运人就多式联运合同的各区段运输约定相互之间的责任,但该约定不影响多式联运经营对全程运输承担的义务。

(3) 多式联运经营人收到托运人交付的货物时,应当签发多式联运单据。按照托运人的要求,多式联运单据可以是可转让单据,也可以是不可转让单据。

因托运人托运货物时的过错造成多式联运经营人损失的,即使托运人已经转让多式联运单据,托运人仍然应当承担损害赔偿责任。

货物的毁损、灭失发生于多式联运的某一运输区段的,多式联运经营人的赔偿责任和责任限额,适应调整该区段运输方式的有关法律规定,货物毁损、灭失发生的运输区段不能确定的,依照本章规定承担损害赔偿责任。

(二)《海商法》

作为《合同法》的特别法,《海商法》在其第四章海上货物运输合同的第八节第 102 条—第 106 条 5 个条款对包含国际海上运输方式的国际多式联运合同作了如下特别规定:

(1) 多式联运合同是指多式联运经营人以两种以上的不同运输方式,其中一种是海上运输方式,负责将货物从接收地运至目的地交付收货人,并收取全程运费的合同。所谓多式联运经营人是指本人或者委托他人以本人名义与托运人订立多式联运合同的人。

(2) 多式联运经营人对多式联运货物的责任期间,自接收货物时起至交付货物时止。

(3) 多式联运经营人负责履行或组织履行多式联运合同,并对全程运输负责。多式联运经营人与参加多式联运的区段承运人,可以就多式联运合同的各区段运输,另以合同约定相互之间的责任。但是,此项合同不得影响多式联运经营人对全程运输所承担的责任。

(4) 货物的灭失或者损坏发生于多式联运的某一运输区段的,多式联运经营人的赔偿责任和责任限额,适用调整该区段运输方式的有关法律规定。

(5) 货物的灭失或者损坏发生的运输区段不能确定的,多式联运经营人应当依照本章关于承运人赔偿责任和责任限额的规定负责赔偿责任。

此外,为了加强国际集装箱多式联运的管理,促进通畅、经济、高效的国际集装箱多式联运的发展,满足对外贸易的需要,根据《中华人民共和国海商法》、《中华人民共和国铁路法》,并参照《多式联运公约》的有关条款,1997 年 5 月,我国交通部和铁道部经国务院批准,联合发布了《国际集装箱多式联运管理规则》,并于 1997 年 10 月 1 日起生效。内容包括多式联运管理、多式联运单据、托运人责任、多式联运经营人责任、索赔通知和诉讼时效及罚则等。

第四节　案　　例

一、多式联运经营人对全程运输的责任

（一）案情

2002年7月4日，被告广东安通国际货运代理有限公司北海分公司（下称安通北海分公司）向原告广西合浦公馆出口烟花厂书面报价：自北海至香港中转到欧洲基本港的运价，40 ft集装箱为3 500美元，40 ft加高集装箱为3 650美元，该运价含北海市内、清水江拖箱、报关、码头费、港杂费、理货费等，不含卸车装货费；北海头程船为“桂海102”号，逢周一、五开船；香港承运人为长荣股份有限公司（下称长荣公司），班轮运输，逢周四香港开出；本运价自2002年7月4日至9月30日执行。

2002年7月19日，原告与德国埃托夫威科烟花企业有限公司（下称威科公司）签订一份烟花销售合同，约定：原告将“东方明珠”烟花16 000箱售予威科公司，每箱单价25.60美元，总价格FOB北海409 600美元；2002年9月交货，允许分批装运；目的港汉堡港；允许转船；由卖方投保一切险；付款方式：装船后电汇付款。此前的6月30日，威科公司向原告出具一份委托书，委托原告代威科公司办理其从原告处所购烟花的运输、运费支付及保险事宜，由此而发生的有关运杂费及保险费由威科公司负担。

2002年9月10日，原告与被告安通北海分公司签订出口货物委托单，记载：托运人为原告；发货人为安利达贸易有限公司（下称安利达公司；通知人威科公司；收货人凭指示；目的港汉堡港；北海头程船“桂海102”号，提单号BFGA020149；货物为16 000箱烟花，装入5个40 ft加高集装箱和3个40 ft集装箱；在货名一栏中特别载明“Fireworks（烟花）1.4 GUN0336”字样；在特别事项栏中载明：要求装9月29日前香港开出的船，请贵司（被告安通北海分公司）在合浦清水江基地装箱，运费从仓库装完箱即开始计算；运费按2002年7月4日报价单执行；请书面确认此委托单。在付款方式“海运费”栏中载明预付。原告在上述记载内容之后加盖了“广西合浦公馆出口烟花厂”字样的印章。在该出口货物委托单下部“以下部分由承运人填写”处，被告安通北海分公司注明：配长荣公司5个40 ft加高集装箱和3个40 ft集装箱，北海出运；预配大船“EVER UNISON V. 0031—060W”；签发长荣公司提单；北海收取运费。安通北海分公司负责人以业务员身份签名，并加盖“安通北海分公司业务专用章”字样的印章。

2002年9月17日，北海市城东运输有限公司受安通北海分公司委托，派汽车将已装入集装箱的烟花从原告合浦清水江基地仓库运至北海港装船。在运输途中，司机驾驶装载40 ft集装箱的平板车，在通过北海港铁路专用线平交道时，由于未遵守“一停、二看、三通过”的规定，抢越过道，被火车机车顶送38辆重车时撞上，造成两辆铁路棚车损坏，线路两钢轨扭曲变形，汽车平板车报废、平板车上的集装箱及箱内所装1 858箱烟花燃烧报废，中断行车1小时17分。出口货物委托单所载的其余货物，已按约定经香港转运至目的港交付威科公司。

事故发生后，原被告即协商解决货损赔偿事宜。2002年10月10日，原告向被告安通公

司出具证明，称：集装箱内装烟花“东方明珠”，共 1 858 箱，每箱产值 148.62 元，总产值 276 135.96元。后因双方协商未果，遂诉至法院。

原告诉称，原告与被告安通北海分公司于 2002 年 9 月 10 日签订出口货物委托运输合同，约定由安通北海分公司将原告的货物烟花 16 000 箱于 9 月 29 日前运往香港，并换船运往汉堡港。9 月 17 日，安通北海分公司组织的装有集装箱的拖车与火车相撞，造成内装 1 858箱烟花灭失。请求法院判令两被告共同赔偿货款损失 276 135.95 元、经济损失 116 749.29元，并承担本案的诉讼费用。

被告广东安通国际货运代理有限公司(下称安通公司)及其安通北海分公司辩称：原告与威科公司销售合同约定的成交价为 FOB 北海，且出口货物委托单约定运费从仓库装完箱即开始计算，表明货物在仓库装完箱后已视为卖方向买方交付，原告已不拥有该批货物的所有权，无权提起诉讼。托运人为安利达公司而非原告，被告亦非承运人，故原被告均不是本案适格主体。实际提取货物并造成货损的是北海市城东运输有限公司及其雇员，被告仅是货运代理人，不应承担货损责任。烟花系危险品，托运人在托运时未予声明，即便被告为承运人，亦应依法免除赔偿责任；烟花灭失系火灾所致，根据《海商法》第 51 条之火灾免责规定，承运人也应免责。原告的索赔数额无相应证据证实，不应得到法庭的支持。故请求法院裁定驳回原告的起诉或判决对其诉讼请求不予支持。

(二) 法院审判

北海海事法院经公开审理认为：本案系多式联运合同货物损害赔偿纠纷。案涉货物自原告仓库经陆运、海运两种方式运至目的港，属于《海商法》规定的多式联运，本院对该案具有管辖权。因货损发生在中国境内的陆路运输区段，故有关的赔偿责任、责任限额等应适用调整该区段运输方式的《中华人民共和国合同法》(下称《合同法》)等法律法规。北海海事法院根据《国海商法》第 104 条、第 105 条、《合同法》第 311 条以及第 113 条之规定，做出如下判决：

(1) 被告广东安通国际货运代理有限公司赔偿原告广西合浦公馆出口烟花厂货物损失 392 885.24 元，于本判决生效之日起 10 日内清偿。

(2) 驳回原告广西合浦公馆出口烟花厂的其他诉讼请求。案件受理费 8 403 元，其他诉讼费 1 681 元，财产保全费 2 520 元，共计 12 604 元，由被告广东安通国际货运代理有限公司负担。宣判后，双方当事人均未上诉，并在判决书指定的履行期间内，被告已自动履行判决。

(三) 专家评析

本案主要涉及国际货物多式联运合同及多式联运经营人的认定等法律问题。

《海商法》所称的多式联运合同是指多式联运经营人以两种以上的不同运输方式，其中一种是海上运输方式，负责将货物从接收地运至目的地交付收货人，并收取全程运费的合同。其中多式联运经营人是委托人，而不是发货人的代理人和参加多式联运的承运人的代理人或代表他们行事，他承担履行合同的责任。本案被告辩称其仅为国际货运代理人，与原告之间只存在委托合同关系，对有关货损如同原告一样不应承担责任。诚然，单纯从公司的名称上看，被告的确是国际货运代理人；再从原被告签订的出口货物委托单来看，其与原告的关系似乎应该是委托合同关系或委托代理合同关系。然而，考察案件基本事实，被告向原告递交报价单的本意，并非要约订委托合同或委托代理合同，因为根据《合同法》，委托合同是委托人和受托人约定，由受托人处理委托事务的合同；根据《民法通则》，委托代理合同是代理人在代理权限内，以被代理人的名义实施民事法律行为的合同。该报价单并无委托合同或委托代理合同权利义务方面的任何条款，反而主要是关于启运港、中转港、目的港、全程运费、区段承运人、航期、承运船舶等有关多式联运合同的内容。从该内容可推知，被告递交报价单的意图为要约邀请订立多式联运合同。其后原被告以该报价单为基础签订了出口货物委托单，而该委托单明显具有多式联运合同的主要特征，如：就陆、海运输订立一份合同、交纳一次费用、办理一次托运手续等，却不见委托合同或委托代理合同的规定。法院判决认定原被告间是多式联运合同关系，无疑是以案件基本事实为依据的，换言之，是以合同的实际内容为依据而并非以合同名称或当事人一方名称为依据。根据多式联运经营人的法律特征，多式联运经营人可以是船舶、汽车、铁路、航空等运输公司，也可以是没有运输工具的国际货运代理人和无船承运人。本案被告收取全程运费、组织安排全程运输，其身份即为多式联运经营人，因此必须承担多式联运合同及法律所赋予其的责任和义务。

二、多式联运经营人收取运费的权利主张

(一) 案情

1992 年 5 月中旬，原告某运输公司接受被告汽车公司的委托，为汽车公司将 108.502 t 钢板弹簧从武汉运往美国达拉斯。运输公司将货物通过铁路从武汉运至香港，从香港海运至美国洛杉矶，再从洛杉矶陆运至达拉斯，最后交付收货人。

然而自货物起运开始，汽车公司只向运输公司支付了从武汉至香港的铁路运输费，而对于该批货物在香港的中转超重附加费、香港至洛杉矶的海运费以及从洛杉矶至达拉斯的陆运费共计 18 077.81 美元，汽车公司一直以种种借口不予支付。为维护合法权益，1992 年 10 月运输公司向某海事法院(简称一审法院)提起诉讼，请求法院判汽车公司立即向运输公司支付拖欠的运费及利息损失共计 18 511.68 美元。

(二) 法院审判

一审中，汽车公司辩称：被告是委托杏花有限公司(简称杏花公司)武汉代理处王某承运该批货物，且运费已全部付清，与原告运输公司不存在运输合同关系，不应支付其运费。

一审法院经审理查明：1992 年 5 月中旬，运输公司收到王某送来的由汽车公司签章的出口托运单两份，要求运输公司将汽车公司的 108.502 t 钢板弹簧从武汉运至美国达拉斯。运输公司接受委托后，于 5 月 24 日在武汉江岸车站货场收货装载。5 月 30 日和 6 月 1 日，运输公司签发了两套提单，并将两套正本提单(各三份)交付给汽车公司，提单上载明的托运人为汽车公司。该批货物自武汉到香港后，由日本汽船公司 A 轮装运至美国洛杉矶，后由陆路转运至达拉斯。汽车公司已付武汉至香港铁路运费，尚欠付货物在香港中转超重附加费、香港至洛杉矶海运费以及洛杉矶至达拉斯陆运费共计 18 077.81 美元。同时查明运输公司收取的香港至美国达拉斯运费是参照国际上通用的、我国相关部门认可的价格标准计算的，而且并未指定他人托收。汽车公司凭运输公司签发的两套货物正本提单已与买方进行了清算。

本案在审理过程中，曾多次口头通知汽车公司向一审法院提交其与杏花公司武汉代理处王某有委托运输关系的依据，但汽车公司一直未能提供。

一审法院认为：原告运输公司签发的提单是运输公司与汽车公司签订的由武汉至达拉斯陆海联运合同的证明，该运输合同有效。汽车公司委托运输公司运输货物，本应将运费

付给运输公司，但汽车公司却将运费付给王某，违反运输合同规定，应当承担主要责任。运输公司在没有收取预付运费的情况下，将开出的正本提单交给汽车公司，也应承担一定的过错责任。运输公司收取汽车公司香港至美国达拉斯的货物运价合理。汽车公司委托杏花公司武汉代理处王某承运该批货物没有依据，本院不予承认。依照《中华人民共和国民法通则》第 111 条和《中华人民共和国民事诉讼法》第 120 条和第 130 条的规定，本案一审法院作出判决：

被告汽车公司给付原告运输公司运费 18 077.81 美元，从 1992 年 5 月 30 日至 1993 年 6 月 10 日的利息损失 724.6 美元，由原告承担 289.84 美元、被告承担 434.76 美元。被告汽车公司付给原告运输公司两项共计 18 512.57 美元。

汽车公司不服一审法院判决，向省高级人民法院(简称二审法院)提出上诉。

二审法院经审理查明，本案事实与一审认定的事实相符，裁定：驳回上诉，维持原判。

汽车公司不服二审法院判决，向省高级人民法院(简称再审法院)提出申诉。

汽车公司在申诉请求中认为本案的事实是 1992 年 5 月上旬，汽车公司委托杏花公司承运由武汉经香港至美国达拉斯的钢板弹簧 108.502 t。5 月 19 日和 23 日，杏花公司钟某和王某在武汉江岸铁路车站签收了这批货物并装上了火车，与运输公司无任何关系。绝非汽车公司委托运输公司承运货物，运输公司接受委托后，于同年 5 月 24 日在武汉江岸车站货场收货装载。1992 年 5 月 18 日和 6 月 2 日汽车公司通过银行转账给杏花公司分别支付了一程运费 4 475.20 元和 1 599 元，杏花公司亦开具了正式发票。

由于王某未交付有关单证，汽车公司未办理费用结算，直到 1992 年 6 月 16 日，王某和运输公司办事人员在汽车公司商谈单证的交换事宜时，汽车公司才得知运输公司是实际承运人。在此协商中，运输公司要求汽车公司将运费支付给杏花公司王某指定的账户上，6 月 19 日，汽车公司按照运输公司的要求将 77 599 元人民币运费通过银行转账支付给了杏花公司的账号上，杏花公司亦开具了正式发票。6 月 26 日运输公司也从杏花公司的这个账号上收取了 28 999 元人民币运费，并向杏花公司开具了收据。因此，汽车公司、杏花公司和运输公司三方的运输关系是明确的，付款收据也是通畅的。如果运输公司的运费没有收全，那应该是运输公司继续找杏花公司收取，而不应该找汽车公司，汽车公司在付款问题上没有过错，倘若如判决认为的“汽车公司应将运费付给运输公司”，那么为什么运输公司从杏花公司王某那里收取了 28 999 元运费并开具了收据。此外，判决所确认的运费依据不足，更何况提单未规定运费的数额，而运输公司所提出的经相关部门确定的价格更是没有依据。因为按惯例，运费是协商定价，即汽车公司与杏花公司协商确定的，运输公司提出的运费价格属漫天要价。

再审法院认为：汽车公司委托杏花公司武汉代理处承运该批货物，并将出口货物托运单、货物及运费转给了杏花公司武汉代理处。杏花公司武汉代理处接受了汽车公司的委托，并接收了托运的货物和运费，开出了运费发票，最后还将运输公司签发的提单交给汽车公司。汽车公司与杏花公司武汉代理处将汽车公司托运的货物转委托运输公司承运，运输公司接受转委托后，签收了托运的货物和部分运费，并签发了提单转给委托人，双方的货物运输法律关系亦甚明确。运输公司签发的提单不是运输合同，提单签发人运输公司与提单上所载明的货主汽车公司之间，还存在一个委托人杏花公司武汉代理处。因此，运输公司与汽车公司不存在货物承托运输的法律关系，汽车公司不应承担向运输公司付清运费的民事责任。运输公司将汽车公司作为被告人提起诉讼,实属主体资格不合法。原终审判决认定的事实和当事人的民事法律关系不清,实体处理不当,应予纠正。再审法院依照《中华人民共和国民事诉讼法》第 153 条第 3、4 款,第 184 条规定作出裁定:

撤销一、二审法院的判决;驳回运输公司的起诉;一、二审受理费各 9 842 元人民币均由运输公司承担。

运输公司不服再审法院判决,向最高人民法院(简称最高法院)申请再审。

1996 年 5 月 8 日,最高法院决定对本案提审,并依法组成合议庭审理本案。

最高法院认为:所谓杏花公司(后改名永得利公司)武汉代理处是王某为便于揽货而先后使用的名称,事实上并不存在。王某虽然接受了汽车公司的托运单、货物,收取了运费,后将汽车公司的托运单、货物交由运输公司办理托运。但签发此票货物全程联运提单的是运输公司而非王某,王某仅是将运输公司签发的提单交给了汽车公司。根据该提单,对汽车公司承担全程运输责任的是运输公司而不是王某。因此,王某不是承运人。汽车公司填写的托运单只是委托代理人办理托运的单证,是对所运货物有关情况的说明,承运人据此签发提单。省高级人民法院再审裁定认为汽车公司与王某构成运输法律关系的理由不能成立。王某虽然是以自己的名义将汽车公司的托运单、货物交运输公司办理托运,并支付了部分运费,但在运输公司签发的提单上托运人是汽车公司而不是王某,运输公司仅与汽车公司构成承托法律关系。根据该提单,运输公司只对汽车公司承担全程运输责任,而对王某则不承担任何责任,因此王某不是托运人。其行为仍属汽车公司的行为。再审法院裁定认为王某与运输公司构成另一运输法律关系不能成立。由于汽车公司提供不出运输公司曾授权王某为其向汽车公司收取运费的证据,根据该提单运费预付条件,托运人汽车公司不能免除向运输公司支付尚欠运费的义务。

运输公司向汽车公司主张的香港中转超重附加费、香港至达拉斯的海陆运费计 18 077.81美元,是根据香港中旅货运有限公司驳运计费单,我国经由香港使用国外班轮承运货物至美国西岸适用的华夏 4 号运价本和亚洲北美协会运价本计收的。汽车公司提出运输公司计收费不合理的证据不足,不予认定。

最高法院根据《中华人民共和国民事诉讼法》第 184 条的规定作出裁定:

撤销再审法院的裁定,维持二审法院判决。

(三) 专家评析

此案涉及运输公司、杏花公司和汽车公司等多个涉案方,关键是对原告运输公司和被告汽车公司具有多式联运合同法律关系的认定。因为只有在这种法律关系下,多式联运合同的承运人,即多式联运经营人才需要对全程运输负责,同时也被赋予向托运人收取全程运费的权利。

最高法院经审理认为:"签发此票货物全程联运提单的是运输公司而非王某。""在运输公司签发的提单上托运人是汽车公司而不是王某。"王某既不是承运人也不是托运人,因此不是合同的当事人。本案合同的当事人一方为承运人——运输公司,一方为托运人——汽车公司。运输公司作为多式联运经营人需对汽车公司承担全程运输责任,同时也享有向托运人收取合理全程运费的权利。

本案运输公司在未收到全程运费的情况下签发"运费预付"提单具有一定风险。在航运市场竞争十分激烈的情况下,虽然规定:"在装货前或装货后 x 个银行工作日内支付运费”，但承运人往往迫于托运人的要求，在未收到运费的情况下，签发了“运费预付”提单，将货物运到提单上载明的目的地并交付给收货人。即便如此，承运人还常常收不到应得的运费，有时甚至交货后好几年都收不到运费。即使提起诉讼，法院也将以在没有收取运费的情况下签发“运费预付”提单的过失行为判处承运人承担一定责任。如本案一审法院裁定运输公司承担部分利息损失。为此，特别提醒承运人：一旦签发了“运费预付”提单，而实际上未收到运费时，将意味着有收不回全部运费的风险。

思 考 题

1. 国际标准化组织对集装箱所下的定义是什么？
2. 集装箱运输具有哪些优越性？
3. 集装箱有哪些种类？
4. 简述国际标准化组织104技术委员会的概况。
5. 国际标准集装箱和我国国家标准集装箱各有哪些型号？尺寸和总重如何？
6. 试述ISO集装箱标记代号的确定方法。
7. 集装箱标记代号中的检验数有何作用？如何确定？
8.《多式联运公约》对国际多式联运所下的定义是什么？国际多式联运的特征是什么？
9. 国际多式联运具有哪些优越性？
10. 国际多式联运单据有哪几种？其基本内容有哪些？
11. 国际多式联运的运费构成是怎样的？
12. 简述美国小陆桥、IPI运输、OCP运输的异同点。
13.《多式联运公约》关于多式联运经营人赔偿责任的主要内容有哪些？
14. 大陆桥运输中，若货损责任区段为铁路运输区段，根据《多式联运公约》，分析多式联运经营人的赔偿责任限制。设铁路运输区段适用《国际货约》。

第九章　国际物流装卸搬运

装卸搬运是物流过程中的重要环节，它在生产领域及各个物流环节中起着联接和转换的作用，因此装卸搬运合理与否，直接影响到整个物流系统的效率和经济效益。

本章主要介绍装卸搬运的基本概念、装卸搬运作业的分类、装卸搬运的合理化要求、国际集装箱装卸搬运系统以及海港集装箱码头装卸工艺案例。

第一节　装卸搬运概念和特点

在车站、码头、工厂、仓库内部等一定的地域范围内，通过一定的技术手段来改变货物的存放、支承状态的活动称为装卸，而改变货物的空间位置的活动称为搬运。在实际操作中，装卸与搬运密不可分，两者是伴随在一起发生的，因此，统称为装卸搬运。即使只称“装卸”或者“搬运”也都包含了“装卸搬运”的完整涵义。装卸搬运活动是随着运输和保管等活动而产生的，其基本动作包括装上、卸下、移送、拣选、分类、堆垛、入库、出库及连结上述各项动作的短程输送。

搬运的“运”与运输的“运”之区别在于，搬运是在同一地域的小范围内发生的，而运输则是在较大范围内发生的，两者是量变到质变的关系，但中间并无一个绝对的界限。

装卸搬运具有以下几个特点：

(1) 装卸搬运是附属性、伴生性的活动。装卸搬运常常发生在物流每一项活动开始及结束时，往往不是独立存在的，因而有时常被人忽视，其实装卸搬运为其他操作时不可缺少的组成部分。例如，一般概念上的运输，实际上就包含了相应的装卸搬运活动。另外，仓库中泛指的保管活动，也含有装卸搬运活动。

(2) 装卸搬运是支持、保障性的活动。装卸搬运有附属性、伴生性，但并不能把装卸搬运活动理解成被动的。实际上，装卸搬运对其他的物流活动有一定的决定性。装卸搬运会直接影响到其他物流活动的质量和速度。许多物流活动都是在有效的装卸搬运支持下，才能实现高效率的流动。

(3) 装卸搬运是衔接性的活动。任何其他物流活动之间的互相过渡，都是靠装卸搬运来衔接的。因而，装卸搬运是物流各功能之间能否形成有机联系和紧密衔接的关键，建立一个有效的物流系统，关键看装卸搬运这一衔接是否有效。

第二节　装卸搬运作业的分类

一、按装卸搬运施行的物流设施、设备对象分类

可分为仓库装卸、铁路装卸、港口装卸、汽车装卸和飞机装卸等。

仓库装卸配合货物的出库、入库、维护保养等活动进行的，并且以堆垛、上架、拣货等操作为主。

铁路装卸采用人力或机械将铁路车辆中的货物装进及卸出。通常，一次作业就实现一个车辆的装进或卸出。

港口装卸包括码头前沿的装船，也包括后方的支持性装卸。有的港口装卸还采用小船在码头与大船之间“过驳”的办法，这种装卸的流程较为复杂，往往经过几次的装卸及搬运作业才能最后实现船舶与陆地之间货物过渡的目的。

汽车装卸一般一次装卸批量不大，由于汽车具有较大的灵活性，可以尽量减少搬运活动，而直接、单纯利用装卸作业达到车辆与物流设施之间货物过渡的目的。

飞机装卸时机场牵引车将集装货物拖至飞机，并利用相互衔接的升降平台和货舱内部的滚轮系统将货物装进飞机货舱，或其反向操作进行卸机。

二、按被装物的主要运动形式分类

装卸搬运可分垂直装卸、水平装卸两种形式。

三、按装卸搬运机械及机械作业方式分类

装卸搬运可分为“吊上吊下”方式、“叉上叉下”方式、“滚上滚下”方式，“移上移下”方式及散装散卸方式等。

1.“吊上吊下”方式

采用各种起重机械从货物上部起吊，依靠起吊装置的垂直移动实现装卸，并在吊车运行的范围内或回转的范围内实现搬运或依靠搬运车辆实现小搬运活动。由于吊起及放下属于垂直运动，这种装卸方式大部分属于垂直装卸。

2.“叉上叉下”方式

采用搬运车辆，如叉车从货物底部托起货物，并依靠搬运车辆的运动实现货物的位移，搬运完全靠搬运车辆本身，货物中途不用落地，而直接放置到目的处。这种方式垂直运动不大而主要是水平运动，属水平装卸方式。

3.“滚上滚下”方式

这种方式属于水平装卸方式，主要用于港口装卸。典型的流程是利用叉车或拖挂车、汽车承载货物，连同车辆一起开上船，到达目的地后再从船上开下。其中，利用叉车的滚上滚下方式，在船上卸货后，叉车必须离船；而利用拖挂车或汽车时，牵引车将半挂车拖拉至船上或原车开上船后，牵引车开下离船而载货的半挂车或车辆连同货物一起运到目的地，再由牵引车上船拖拉半挂车开下或原车开下。滚上滚下方式需要有专门的船舶，这种专门的船舶称“滚装船”，这种方式对码头也有一定的要求。

4.“移上移下”方式

一般是在两车之间进行靠接，然后再利用其他各种方式，主要靠水平移动将货物从一个车辆上推移到另一车辆上，称“移上移下”方式。这种方式可以实现汽车之间，火车之间以及汽车和火车之间的装卸搬运。移上移下方式一般需要两种车辆水平靠接，因此，对站台或车辆货台需进行改变，并配合移动工具实现这种装卸。

5. 散装散卸方式

对散装货物进行装卸，一般从装点将货物直接输送到卸点，中间不再需要其他的作业方式。主要是利用机械、气力等原理对煤、粮食、化肥等货物进行作业，这种装卸常采用一些特殊的装卸搬运设备，如皮带输送机、气力输送装置、螺旋输送机和斗式提升机等。

四、按装卸搬运的过程分类

可以分为堆放拆垛作业、分拣配货作业、搬送移送作业和其他辅助性作业。

1. 堆放拆垛作业

堆放作业是指将货物移动或举升到装运设备或固定设备的指定位置，再按所要求的状态放置的作业；而拆垛作业则是其逆向作业。

2. 分拣配货作业

分拣是在堆垛作业前后或配送作业之前把货物按种类、规格、出入先后、货流进行分类，再放到指定地点的作业；配货则是按照不同客户的要求，把货物从特定的位置按种类、规格、下一步作业种类、发货对象进行分类的作业。

3. 搬送、移送作业

它是为了进行装卸、分拣、配送活动而发生的货物移动的作业，包括水平、垂直、斜行搬送，以及几种组合的搬送。

4. 其他辅助性作业

如物料的查找、整理，装卸设备的选择等。

五、按装卸搬运对象包装状态分类

可分成散装货物装卸、单件货物装卸、集装货物装卸等。

六、按装卸搬运的作业特点分类

可分成连续装卸与间歇装卸两类。

1. 连续装卸

主要是同种人批量散装或小件杂货通过连续输送机械，连续不断地进行作业，中间无停顿，货间无间隔的装卸搬运活动。在装卸量较大、装卸对象固定、货物对象不易形成大包装的情况下适用采取这一方式。

2. 间歇装卸

有较强的机动性，装卸地点可在较大范围内变动，主要适用于货流不固定的各种货物，尤其适于包装货物、大件货物，散粒货物也可采取此种方式。

第三节　装卸搬运合理化

在国际物流过程中，货物须经过长途运输，途中可能有多次中转和换装，装卸搬运活动会由此不断出现和反复进行，它出现的频率高于其他各项物流活动，且每次装卸搬运活动都要花费很长时间；装卸搬运作业内容复杂，又是劳动密集型、耗费人力的作业，它所消耗的费用在物流费用中也占有相当大的比重，装卸搬运费用在物流成本中所占的比重较高；此外，在对件杂货进行每次装卸搬运操作时都需要接触货物，频繁发生的装卸搬运活动是在物流过程中造成货物破损、散失、损耗、混合等损失的主要环节。由此可见，装卸搬运活动是影响物流效率、决定物流技术经济效果的重要环节。装卸搬运的合理化能提高装卸搬运的效率，节省物流费用，其合理化措施如下：

1. 减少和消除无效的装卸搬运

装卸搬运无效作业是指超出必要装卸搬运量的作业。装卸搬运作业消耗成本大，并且容易造成货损货差，从而影响物流经济效益和降低货物的价值。因此，在装卸搬运过程中，要消除无效的装卸搬运，尽量将装卸搬运作业降到最小。具体做法有：只搬运必要的物资，如有些物资要去除杂质之后再搬运比较合理；避免过度包装，减少无效负荷；提高装载效率，充分发挥搬运机器的能力和装载空间；中空的物件可以填装其他小物品再进行搬运；减少倒搬次数，作业次数增多不仅浪费了人力、物力，还增加物品损坏的可能性。

2. 提高装卸搬运的灵活性

装卸搬运的灵活性是指对装卸作业中的货物进行装卸的难易程度划分。货物所处的状态不同，其装卸搬运的难易程度也不同，可将其分为不同的级别，即活性指数。活性指数越大，越易于装卸搬运，如装于容器内或者置于托盘中的物品较散放于地面的物品易于装卸搬运。物品放置时要有利于下次搬运，在装货物时要考虑便于卸下，在入库时，其存放的形态要考虑便于出库，要创造易于搬运的环境和使用易于搬运的包装，提高装卸搬运的活性指数。

3. 利用重力的影响和作用

利用重力由高处向低处移动，有利于节约能源，如使物品在倾斜的辊道运输机上，在重力作用下移动。减少人体的上下运动，避免反复从地面搬起重物，特别要避免人力抬运或搬送笨重的物品，创造良好的工作环境。

4. 采用机械化作业

采用机械化作业不仅能装卸搬运量大、人力难以操作的超重物品，而且可以提高生产率、安全性、服务性和作业的适应性等，把作业人员从沉重的体力劳动中解放出来，并提高生产劳动率。

5. 保持物流的均衡顺畅

装卸搬运设备的能力不能储存，当物品的处理量波动大时会使装卸搬运作业变得困难，但是装卸搬运作业受运输等其他环节的制约，其节奏不能完全自主决定。必须综合各方面因素妥善安排，使物流量尽量均衡，避免忙闲不均的现象，实现物品不间断地连续作业。

6. 集装单元化原则

将散放的物体归整为统一格式的集装单元，对装卸搬运作业的改善至关重要，可以达到以下目的：由于搬运单位变大，可以发挥机械的效能，提高作业效率，搬运方便，灵活性好；负载的大小均匀，有利于实行作业标准化；在作业过程中避免物品损伤；对保护被搬运的物品有利。

7. 装卸搬运活动系统化

物流活动由运输、储存、包装和流通加工等活动组成，应把这些活动视为一个系统处理，以求其合理化。着眼于物流过程中运输、仓储、包装和装卸搬运各环节的改善，考虑整个活动的系统化，而不能仅从单方面考虑。

8. 确定合理的装卸搬运工艺

对于特定的货物，根据装卸作业现场自身的条件，使用不同的装卸搬运设备，并按一定的方法和操作程序，经济合理地完成货物的装卸搬运任务。

第四节　装卸搬运设备的合理选择

一般选用装卸搬运设备需要投入一定量的资金，往往设备的资金投入占有很大比例，它的选择和确定对于今后作业的方式和流程起着决定性作用，应根据本行业应用的水平和自身的实际情况，明确目标，确立基本方针。选择和确定装卸搬运设备时应考虑以下问题：

1. 设备作业范围

在确定适于人工处理的作业范围的条件下，明确手工作业和机械作业的范围。统一入库、补货、保管、拣货、出库等作业的机械化水平，一定要协调好前后作业物流量的处理效率，在这一原则下决定设备的作业范围和内容。

2. 系统化的原则

所选用的设备不应仅仅局限于某一范围，而是要在整个生产系统的总目标下发挥作用，即使是一辆单独的叉车或一台单独的输送机，也是整个物料搬运系统中的一个组成部分。所有新的设备，都必须与现有的货品处理设备和周围环境作最好的配合。这些已存在的系统都会影响设备的选择及配置，特别是在交接的作业点上。所以选用设备要有系统化的原则，必须考虑到出入库、保管、拣货、分拣等各种作业的处理方法，以商品形状和捆包形状为前提，考虑商品的自动化识别技术等，选用在各个范围内与其自动化水平相适应的设备。

3. 设备能力的模拟

通过设备说明书的能力确认所选用的设备的能力。确认方法是通过设定不同装卸作业、保管作业、搬运作业的必要功能，让全部功能满负荷发挥，并在变化不同环境条件的情况下，考察设备的能力。

4. 投资额度与经济性的原则

计算出设备及附属设备的投资额，用金额计算出物流效益、输送效果、作业效果等，进行各种效果间的比较，来确定所采用设备的合理化程度及投资的经济性。避免为完成某种轻量级工作而购买价格昂贵的重量级设备，或选用使用寿命不长的设备。同样，应尽可能采用标准设备，而不采用价格昂贵的非标准设备。

在具体购置装卸搬运设备时还应考虑设备的技术性能、设备的可靠性、设备使用的环境条件、设备可操作性和使用性、备件及维修等因素。

第五节　国际集装箱装卸搬运系统

海上集装箱运输是国际物流最主要的一种运输方式，其装卸搬运系统主要包括供集装箱船舶停靠进行装卸搬运作业的集装箱码头基础设施、特定的集装箱码头装卸搬运工艺流程、与装卸工艺流程相匹配的装卸搬运机械，以及自动化控制、计算机管理和通信设施等。

一、集装箱码头基础设施

集装箱码头也称集装箱装卸作业区，其泊位布置如图 9-1 所示。基础设施主要包括码头前沿、岸边集装箱起重机轨道、集装箱堆场、集装箱货运站、维修车间、集装箱清洗场、冷藏箱电源装置、照明设备、控制塔、办公室和进出港大门等。

1. 码头主尺度

集装箱码头的主尺度是指泊位长度、码头前沿水深、陆域纵深和相应的码头面积。

集装箱码头的泊位长度主要根据该泊位所停靠的集装箱船舶的长度而定，一般在 200～350 m 之间。集装箱船舶的大型化趋势使得泊位长度应达到 400 m 以上。

集装箱码头的前沿水深主要根据所停靠集装箱船舶的吃水、船舶倾斜度和地质情况而定。一般应大于集装箱船舶的最大吃水 0.5～1 m，一般在 11～14 m 左右。为停泊特大型集装箱船舶，泊位水深甚至超过 18 m。

集装箱码头的陆域纵深是在泊位长度确定后，根据集装箱船舶到港密度、集装箱船舶载箱量、码头上所采用的装卸工艺流程以及泊位设计通过能力而定。集装箱船舶载箱量越大陆域纵深也越大，一般在 500～1 200 m。若码头内设有铁路装卸线，陆域纵深还会加大。

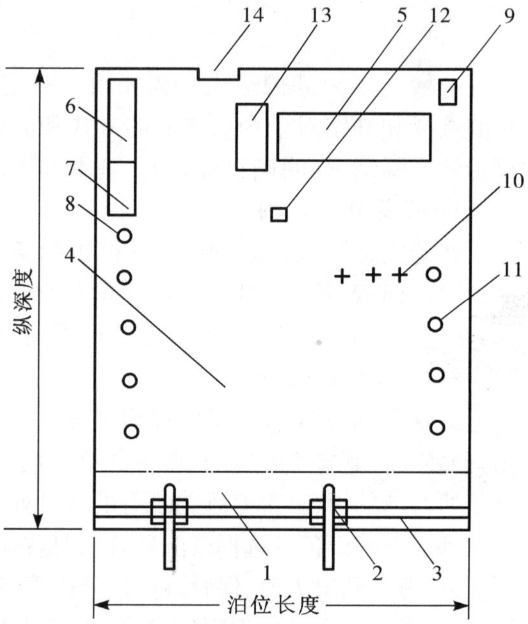

1—前沿；2—岸边集装箱起重机；3—起重机轨道；4—集装箱堆场；5—货运站；6—维修车间；7—集装箱清洗场；8—供油站；9—电力站；10—冷藏箱电源装置；11—照明设备；12—控制塔；13—办公室；14—大门

图 9-1 集装箱码头主要设施

2. 码头前沿

码头前沿是指沿着码头岸线从岸壁到堆场前的面积。码头前沿设置岸边集装箱起重机，前沿宽度主要根据岸边集装箱起重机的轨距而定，一般为 40 m。为了适应集装箱船舶的大型化，集装箱起重机的外伸距加大，相应地轨距也增大，因此码头前沿宽度将超过 40 m。

3. 集装箱堆场

集装箱堆场从广义上讲，是指用以进行装卸、交接和保管重箱和空箱的场地。不同的装卸工艺流程，其堆场的布置方式也不同。集装箱堆场包括前方堆场、后方堆场以及码头前沿在内的所有场地。前方堆场亦称集装箱编排场（Marshalling Yard，MY），专门用于堆放按船舶积载图要求排放的将要装船的出口集装箱，以及刚从船上卸下的按交货要求排放的进口集装箱；后方堆场（Container Yard，CY）相对于前方堆场而言，是指用于该泊位上非下一航次装运的集装箱和非上一航次卸下的集装箱的装卸、交接和保管的场地。

4. 集装箱货运站

集装箱货运站(Container Freight Station, CFS)是用于拆箱和装箱的场所。货运站也可以设在码头以外但与码头有便捷交通的地方。货运站规模应根据拆装箱的比例来定,并应配备必要的仓库以及拆装箱和堆码用的小型装卸机械。

5. 维修车间

维修车间是对集装箱和码头上的各种装卸机械设备进行保养和维修的地方。

6. 集装箱清洗场

集装箱清洗场的主要任务是对各种污箱采用清扫、水冲、蒸汽等方法进行清洗。其规模受航线上货种等因素的影响。

7. 冷藏箱电源装置

冷藏箱电源装置是为机械冷藏集装箱装船前和卸船后提供陆上电源。插座安装在地下或地面支座上,集中控制。

8. 控制塔

控制塔是控制和监督船舶装卸、编制堆场作业计划及集装箱存贮计划等全部作业的指挥中心。位于能够瞭望整个集装箱堆场的地方,以便及时了解现场作业情况。现代化集装箱码头已采用电子计算机集中控制与管理,以保证控制中心迅速合理地进行指挥。

9. 进出港大门

大门是集装箱码头的出入口,是进行集装箱、集装箱货物和各种相关货运单据交接的地方,也是划分码头内外责任的分界点。

二、集装箱装卸搬运机械

海上集装箱装卸作业采用"吊上吊下"和"滚上滚下"两种作业方式。"吊上吊下"方式采用起重机械进行集装箱的装卸,是目前使用最为广泛的一种方式;"滚上滚下"方式是采用牵引车拖带挂车或用叉车等流动搬运机械,往滚装船里装卸集装箱。与这两种装卸作业方式相适应的集装箱装卸机械主要有以下几类:

(一) 岸边装卸机械

1. 岸边集装箱起重机

岸边集装箱起重机简称集装箱装卸桥或装卸桥,是集装箱码头装卸集装箱船舶的专用机械,如图9-2所示。世界各集装箱专用码头均采用这种设备装卸集装箱。

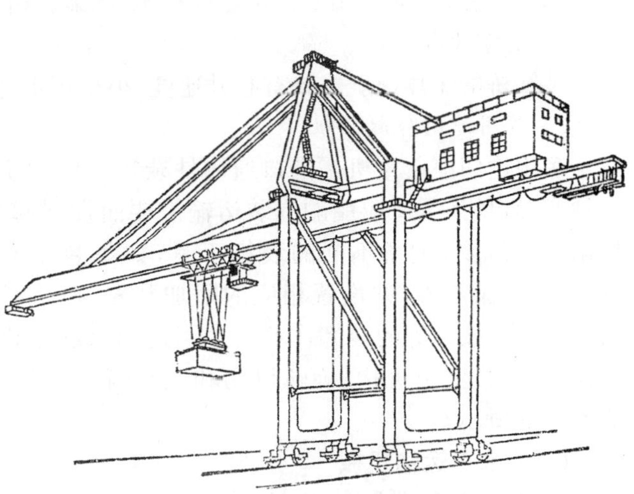

图 9-2 岸边集装箱起重机

集装箱装卸桥是由前后两片门框和拉杆组成的门架,沿着与岸线平行的轨道行走。桥架支撑在门架上,走行小车沿着桥架上的轨道吊运集装箱,进行装船和卸船作业。为了便于船舶靠离码头,桥架伸出码头外面的部分可以俯仰。装卸桥配有集装箱专用吊具，对于高速型集装箱装卸桥，还装有吊具减震装置。集装箱装卸桥技术参数主要有以下几项：

1）起重量

起重量是表示装卸桥负载能力的指标，根据额定起重量和吊具自重确定。额定起重量是指集装箱吊具的起重量，按所能起吊的集装箱的最大总重表示。根据 ISO 规定，大部分 40 ft 集装箱的最大总重为 30.5 t。因此，单箱集装箱吊具的额定起重量为 30.5 t，双集装箱吊具的额定起重量为 61.0 t。由于集装箱装卸桥的吊具种类繁多，吊具自重大小不一，以及作业条件的影响，目前，世界各港口集装箱装卸桥的起重量各不相同。大部分装卸桥的起重量为 37.5 t 和 40.5 t，也有超过 80 t。

2）起升高度

集装箱装卸桥的起升高度由装卸桥走行轨轨顶面以上高度和轨顶面以下高度组成。轨顶面以上高度简称轨上高度；轨顶面以下高度简称轨下高度，取决于船舶的型深、吃水、潮差、甲板集装箱层数和码头标高等因数。

3）外伸距

外伸距是指集装箱装卸桥海侧轨道中心线向外至集装箱吊具铅垂中心线之间的最大水平距离。

4）内伸距

内伸距是指集装箱装卸桥内侧轨道中心线向内到吊具铅垂中心线之间的最大水平距离。在内伸距内可以暂时放置从船上卸下或等待装船的集装箱，还可以暂时放置从集装箱船上卸下的舱盖板。

5）轨距

集装箱装卸桥的轨距是指装卸桥两条走行轨中心线之间的距离。轨距的大小直接影响到装卸桥的稳定性，并影响到岸边集装箱的疏运作业。

6）基距

装卸桥基距是指同一轨道上两主支承柱中心线之间的距离。装卸桥的基距一般大于 14 m，可以通过所靠船舶最大舱盖板和 45 ft 集装箱。

7）工作速度

装卸桥的工作速度主要有起升速度、小车行走速度、大车行走速度和臂架俯仰时间。

2. *多用途门座起重机*

多用途门座起重机是港口通用件杂货门座起重机的一种变形，是为了适应船舶混装运输需要而发展起来的。根据不同需要，配备不同的装卸工具，如集装箱专用吊具、吊钩和抓斗等，并设置相应的附加装置，可进行集装箱、件杂货、散货等的装卸作业。多用途门座起重机主要由起升机构、变幅机构、旋转机构和大车行走机构组成，如图 9-3 所示。

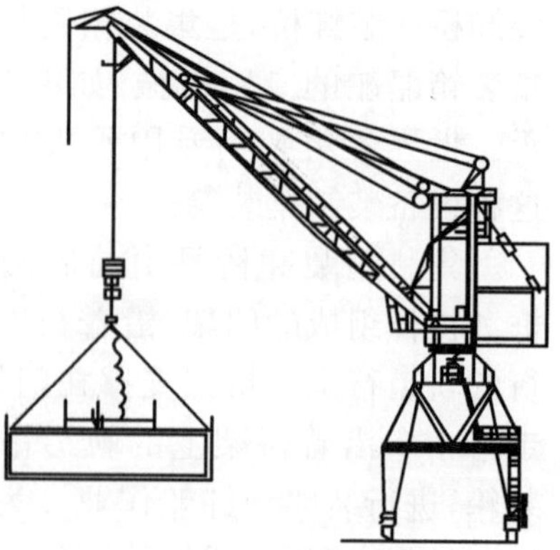

图 9-3　多用途门座起重机

（二）水平运输机械

1. *牵引车和挂车*

集装箱牵引车本身不具装货平台，必须和集装箱拖挂车连接在一起，才能拖带集装箱进行码头内搬运或公路上运输。集装箱牵引车和挂车，如图 9-4 所示。

图 9-4　集装箱牵引车和挂车

1）牵引车类型

牵引车按驾驶室形式分为平头式和长头式两种。平头式牵引车的驾驶室短，视线好，转弯半径小，但驾驶室机械振动感明显，舒适性差；长头式牵引车的发动机装在司机室的前面，舒适感和安全感好，但驾驶室较长，转弯半径大。

牵引车按用途分为货场运输用牵引车和公路运输用牵引车。货场运输用牵引车用于港口或集装箱货场作短距离搬运，行驶速度低，牵引力大；公路运输用牵引车用于高速和长距离运输。这种牵引车多采用大功率发动机，可以达到较高的行驶速度。

2）半挂车类型

集装箱半挂车按使用场所不同分为一般公路用半挂车和货场用半挂车。一般公路用半挂车是指公路运输用的集装箱半挂车，其长、宽、高外廓尺寸及轮压和轴荷重，均应符合国家标准规定。为保证装运时的安全，半挂车装设固定集装箱用的旋锁装置；货场用半挂车的外廓尺寸一般可不受国家对车辆限界规定的限制，但挂车的全长和轴负荷要考虑到码头货场道路的技术条件。货场用半挂车的集装箱固定装置，也较公路用半挂车简单。货场用半挂车主要有既能装载集装箱又能装载普通货物的平板式半挂车和专用于装载集装箱的骨架式半挂车（又称底盘车）两种。

2. 集装箱跨运车

集装箱跨运车是码头前沿和堆场之间搬运集装箱的专用机械，如图 9-5 所示。

它以门形车架跨在集装箱上，由装有集装箱吊具的液压升降系统吊起集装箱进行搬运，并可对集装箱进行堆码，还可在堆场上装卸集装箱底盘车，具有较大的机动性。选择集装箱跨

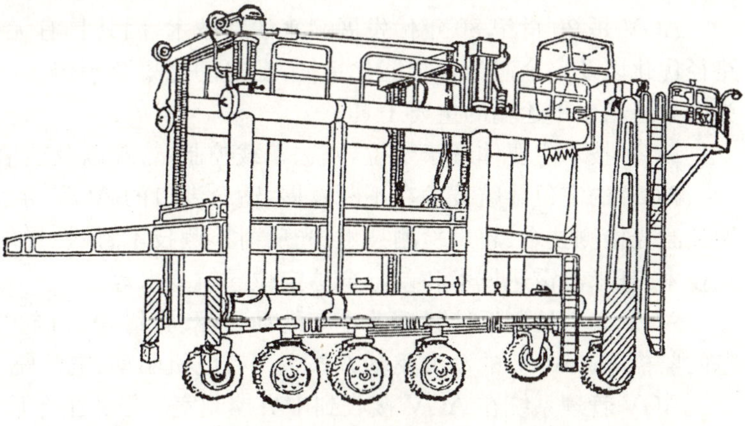

图 9-5　集装箱跨运车

运车时,需考虑以下技术参数:

1) 起重量

集装箱跨运车的起重量主要根据额定起重量,即集装箱吊具的起重量和吊具自重确定。

2) 堆码和通过集装箱的层数

跨运车的种类很多,有的能堆码 2 层,有的能堆码 3 层,有的甚至能堆码 4 层。选择时应考虑集装箱堆场的堆存面积、能力和具体作业条件。增加堆码和通过集装箱的层数,可以提高堆场的堆存能力,但收货人提箱时,找箱倒箱比较困难。目前,采用跨运车的集装箱码头堆场,通常只堆码 2 层,并要求跨运车能吊着一个集装箱跨过 2 层集装箱(堆 2 过 3)。

3) 装卸搬运效率

集装箱跨运车的装卸搬运效率应与码头前沿集装箱装卸桥相适应,它与跨运车的配置台数和装卸搬运工作循环时间有关。

4) 宽度尺寸

跨运车是跨越在集装箱行列之上行走的,其外形宽度和内部宽度尺寸关系到集装箱堆场的总体布置和跨运车下部的作业宽度,各列集装箱之间的间距越小,堆场上可堆放的集装箱数量就越多,但跨运车的内部宽度过小,则会影响跨运车在集装箱或底盘车上顺畅通过。一般跨运车的内侧作业宽度取 3 000～3 300 mm,堆场上各列集装箱之间的间距不宜小于 1 500 mm。

5) 转弯半径

转弯半径是衡量跨运车转向性能的一个重要的技术指标,在使用时,转向性能本身也反映出跨运车的机动性。转弯半径的大小还关系到码头堆场面积的合理使用,转弯半径越小,所占用的通道也就越小。在实际使用时,集装箱码头堆场需要考虑转弯半径的地方,往往不是在通道的拐角处,而是在进入集装箱箱位线的入口处。

3. 自动导向车

自动导向车(Automated Guided Vehicle,AGV)也称为自动导向搬运车、自动引导搬运车。是指装有自动导引装置,以电机、电池或柴油机为动力,能够沿着规定导引路径行驶,具有安全保护以及移载、装配功能的无人操纵的搬运车辆。

AGV 是 20 世纪 80 年代发展起来的新技术,因其具有无人驾驶、自动导航、定位精确、路径优化以及安全避障等智能化特征,在自动化集装箱码头中逐渐取代集装箱卡车成为码头内集装箱水平运输的主要工具。

AGV 技术主要体现于定位导航、车载控制、管理以及通信等系统。

AGV 的定位导航技术在不断发展,适合港口的 AGV 导航技术从电磁感应埋线技术发展到激光检测技术、超声检测技术、光反射检测技术、惯性导航技术、图像识别技术、坐标识别技术、毫米波雷达技术和差分全球定位导航技术等。

AGV 车载控制系统管理着小车的动力驱动、驾驶、刹车以及小车的安全保护功能和状态的监控等。AGV 的动力驱动方式主要有电机驱动、电池驱动,以及柴油机驱动。

AGV 管理系统在 AGV 接收到中央控制室的任务指令后,根据集装箱搬运任务的请求分配调度合适的 AGV 执行任务。管理系统根据最优化原则选择最优路径,负责 AGV 的行驶过程,到达目的地时,指挥完成装卸货的工作。管理系统还需提供 AGV 的避让措施,避免出现车辆互相等待的死锁情况。

AGV的通信系统主要采用无线方式实现AGV和码头中央控制室之间的数据通信。AGV向控制室上传自身的位置信息，故障信息，运行状态参数等，并接收来自中央控制室的实时控制，包括本时间段工作任务及下阶段可能的工作安排、行驶路径规划和停止点的选择等。

为了提高整个自动化集装箱码头的操作效率，AGV的运行速度在不断提高。第一代自动化集装箱码头的AGV运行速度只有3 m/s，第二代AGV运行速度为5.8m/s，第三代AGV运行速度已达到20 m/s。

由于岸边集装箱起重机已出现双箱甚至多箱吊具，AGV一次运输集装箱的数量也在向可运载双箱甚至多箱发展。

基于AGV的集装箱自动化水平运输主要包括AGV与岸边集装箱起重机的衔接、AGV水平运输以及AGV与堆场龙门起重机的衔接等方面的工作。AGV的工作过程如下：AGV依据来自码头中央控制室生产过程控制系统（PCS）的指令，行进至岸边集装箱起重机的工作指定停车位，当AGV到达岸边集装箱起重机下方时，起重机上的位置探测器即可获得AGV的位置，并将该信息发送给PCS，PCS随即向AGV发出停车指令，保证AGV准确停在作业位置上；AGV的水平运输亦由PCS控制：包括AGV的定位、导航、安全避障、任务管理以及路径优化等，从而完成集装箱从码头前沿和堆场之间的自动运输；集装箱堆场由PCS控制的自动化堆场起重机进行堆码作业。堆场上每台堆码起重机和AGV之间均有相应的交接区域，该区域设置若干个AGV停车位，当AGV进入堆码起重机下方的装卸位置时，PCS指示堆码起重机完成与AGV的集装箱装卸工作。

（三）场地装卸机械

1. 轮胎式龙门起重机

轮胎式龙门起重机是码头或铁路集装箱堆场对集装箱进行装卸和堆码作业的专用机械，如图9-6所示。

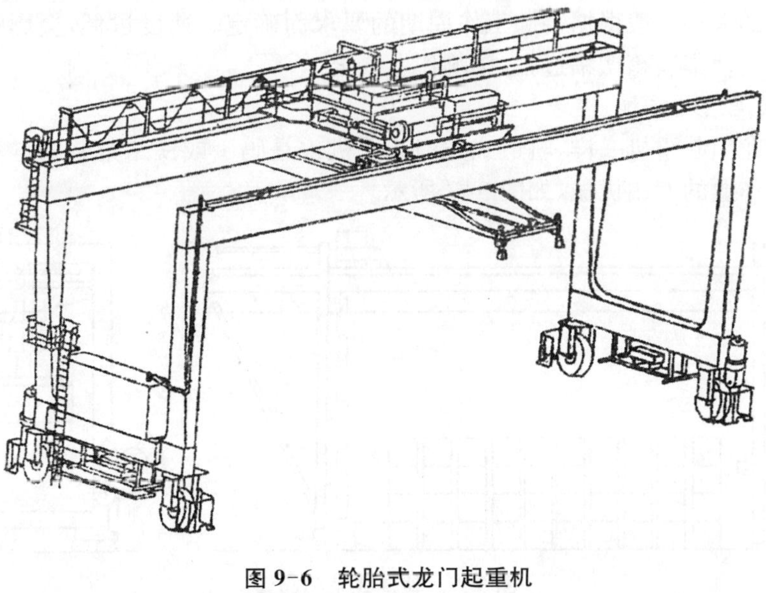

图9-6　轮胎式龙门起重机

轮胎式龙门起重机由前后两片门框和底梁组成门架，支撑在橡胶轮胎上。装有集装箱吊具的行走小车沿着门框横梁上的轨道运行，配合底盘车进行集装箱的堆码和装卸作业。轮胎式龙门起重机采用机械液压装置或无线电感应装置，保持在堆场上直线行走，并可作90度直角转向，以便从一个箱区转移到另一个箱区进行作业。轮胎式龙门起重机的技术参数主要有以下几项：

1）起重量

轮胎式龙门起重机的起重量根据额定起重量和吊具自重而确定。目前轮胎式龙门起重机的额定起重量大多为30.5 t。

2）跨距

轮胎式龙门起重机的跨距是指两侧行走轮中心线之间的距离。跨距的大小取决于所需跨越的集装箱的列数和底盘车的通道宽度。根据集装箱堆场的布置，通常按宽6列集装箱和一条底盘车道考虑。

3）起升高度

起升高度是指吊具底部至地面的垂直距离，它取决于龙门起重机作业的集装箱堆码层数。考虑起重机在作业时的方便，吊具吊着一个集装箱应能跨越最高层集装箱。故吊具最低点应大于集装箱堆码层数的高度另加一个集装箱的高度。

4）轮压

轮胎式龙门起重机的轮压分为最大工作轮压和最大非工作轮压。最大工作轮压是指在工作风度为16 m/s的情况下，起吊额定起重量时，每个轮胎所承受的最大压力；最大非工作轮压是指在非工作风度的情况下，不起吊集装箱，且风向垂直于起重机的大梁方向，每个轮胎所承受的最大压力。

最大轮压是设计起重机行走路面承载能力的依据。在堆场路面已建成的情况下，则应根据路面的承载能力选用相应轮压的轮胎式集装箱龙门起重机。

5）工作速度

工作速度的大小一般根据装卸工作周期的要求而确定。速度过低，会影响堆场的作业进度，反之，则会使集装箱摆幅过大，影响作业安全。

2. 轨道式龙门起重机

与轮胎式龙门起重机一样，轨道式龙门起重机也是码头或铁路集装箱堆场对集装箱进行装卸和堆码作业的专用机械，如图9-7所示。

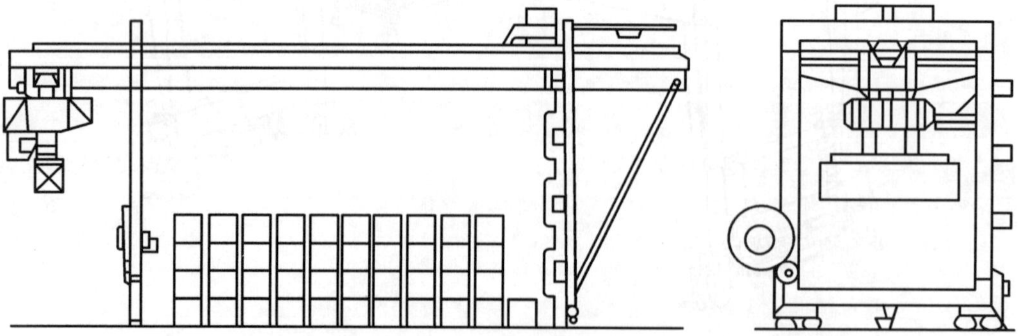

图9-7 轨道式龙门起重

轨道式龙门起重机通常是由两片双悬臂的门架组成，两侧门腿用下横梁连接，支撑在走行轮台车上，并在轨道上走行。

轨道式龙门起重机与轮胎式龙门起重机相比较，其跨度大，堆码层数多，一般可堆码5～6层，可以充分利用堆场面积，提高堆场的堆存能力。此外，轨道式龙门起重机结构简单，操作容易，维修方便，加之其自身定位能力较强，是实现全自动化装卸比较理想的一种装卸机械。轨道式龙门起重机的技术参数主要有起重量、跨距、悬臂伸距、起升高度、门框通过宽度和基距、工作速度等。

1）跨距和悬臂伸距

轨道式龙门起重机的跨距是指起重机两条走行轨中心线之间的距离。悬臂伸距是指走行轨中心线向外侧至悬臂吊具中心垂线之间的水平距离。轨道式龙门起重机的跨距一般在20～60 m的范围内比较合理，悬臂伸距一般为8～10 m。

2）起升高度

轨道式龙门起重机的起升高度是指吊具底部至地面的垂直距离，一般在16 m以上。

3）门框通过宽度和基距

轨道式龙门起重机的门框通过宽度是指沿起重机走行轨门框通过集装箱的最少宽度。基距是指起重机同一走行轨的两个主支撑中心线间的距离。

轨道式龙门起重机的门框内侧须通过40 ft集装箱，故门框的通过宽度应为40 ft集装箱长度加上安全间隙，一般为14 m。

轨道式龙门起重机的基距应考虑起重机的结构强度和稳性，应大于0.25～0.3倍的跨距。

4）工作速度

轨道式龙门起重机的生产效率应稍高于集装箱装卸桥的生产效率，以保证码头前沿不停顿地进行船舶的装卸作业。

3. 叉车

用于装卸集装箱的叉车主要有以下几种：

1）集装箱叉车

集装箱叉车是从普通的叉车为适应集装箱作业的需要而发展起来的，主要用于作业量不大的综合件码头和货场上进行装卸、堆码、短距离搬运和车辆的装卸作业，是一种多功能的装卸机械。集装箱叉车有正面叉和侧面叉两种，除了配备标准的货叉以外，还配备有顶部起吊和侧面起吊的专用吊具，如图9-8所示。

图9-8　安装吊具的集装箱叉车

图9-9　集装箱正面吊运机

2）滚上滚下集装箱叉车

滚上滚下集装箱叉车是滚装集装箱船进行装卸、堆码和搬运作业最常用的一种专用机械，它通过跳板直接驶入船舱进行作业。由于滚装船内作业空间的限制，滚上滚下集装箱叉车与通用型集装箱叉车比较，车身矮，门架低，外形高度小。

3）箱内作业叉车

箱内作业叉车是指在集装箱货运站用于装箱和拆箱作业的小型叉车。由于箱内作业条件的限制，叉车的外形高度尺寸有严格的规定。为了便于在箱内作业，要求叉车具有货架侧移的性能。此外，叉车的轴压和轮压应符合集装箱底的要求。

4. 集装箱正面吊运机

集装箱正面吊运机是20世纪70年代中期发展起来的一种用于集装箱装卸，搬运和堆码的专用机械，如图9-9所示。

它有可伸缩和左右旋转120°的吊具，具有可带载变幅的伸缩式臂架，能堆码多层集装箱，并可跨箱作业。与叉车比较，正面吊运机具有机动性强、稳定性好、轮压低、堆码层数高、场地利用率高和操作安全可靠等优点。

三、集装箱码头装卸工艺

集装箱码头装卸工艺是指港口根据自身的条件，使用不同的装卸搬运设备，按一定的方法和操作程序，以经济合理的原则来完成集装箱货物的装卸、搬运和堆码任务。不同的装卸工艺对应于不同的集装箱码头作业场地的布置方式，也可能使集装箱码头的吞吐能力有所不同。集装箱码头的装卸工艺主要有以下几种方式：

（一）底盘车方式

1. 装卸工艺

底盘车方式是美国海陆公司首先采用的一种装卸工艺方式，故又称“海陆方式”。该装卸工艺由集装箱装卸桥承担船舶的装卸作业，集装箱牵引车拖带载有集装箱的底盘车承担码头前沿至堆场的水平运输和内陆运输。

卸船作业：集装箱装卸桥把集装箱从船上卸下，直接放在岸边的底盘车上，然后由牵引车拖到港区堆场停放。

装船作业：对于出口集装箱，由牵引车将底盘车上的集装箱一并拖到港区堆场暂时存放，当集装箱船抵港靠泊后，由牵引车将装载有集装箱的底盘车拖到码头前沿，然后由集装箱装卸桥将底盘车上的集装箱吊起装船。

2. 主要优缺点及适用范围

底盘车方式的主要优点是：集装箱在港的操作次数减少，装卸效率提高，集装箱的损坏率小；底盘车可直接用于陆运，适合于门到门运输；底盘车轮压小，对场地的承载能力要求低，节省场地的铺面投资；工作组织简单，对装卸工人和管理人员的技术要求低；场地不需要复杂昂贵的装卸设备。

主要缺点是：集装箱在码头堆场一直放置在底盘车上，不能堆放，故场地利用率低；底盘车的需求量大，投资大；不易实现自动化；在运量高峰期容易堵塞港内道路；底盘车在码头堆场内外都要使用，故需频繁修理和保养。

底盘车方式适用于集装箱吞吐量小，港区堆场面积大，陆路运输完全依赖高效公路运输的集装箱码头。

（二）跨运车方式

1. 装卸工艺

跨运车方式为美国马托森公司首先采用，后来推广至世界各国集装箱码头，故又称为“马托森方式”。码头前沿采用集装箱装卸桥承担船舶的装卸作业，跨运车承担码头前沿与堆场之间的水平运输，以及堆场的堆码和进出场车辆的装卸作业。

卸船作业：集装箱装卸桥将集装箱从船上卸下，堆放于码头前沿，跨运车将集装箱从码头前沿载运至堆场堆存。

装船作业：装船时，由跨运车将堆场上的集装箱载运至码头前沿，然后由集装箱装卸桥将集装箱吊起装船。

2. 主要优缺点及适用范围

跨运车方式的主要优点是：跨运车完成集装箱水平运输及堆场作业，具有自取、搬运、堆码和装卸车辆等功能，减少码头机种和数量，便于组织和管理；跨运车机动灵活，对位快，集装箱装卸桥只需将集装箱从船上卸下后放在码头前沿，不需要准确对位，跨运车自行抓取运走，充分发挥集装箱装卸桥的效率；机动性强，即能搬运又能堆码，减少作业环节，装卸作业效率高；由于跨运车可堆码 2～3 层集装箱，相对于底盘车方式，堆场利用率较高，所需场地面积小。

主要缺点是：跨运车结构复杂，液压部件多，故障率高，对维修人员的技术要求高；初始投资大，一台集装箱装卸桥需配 5 台跨运车来承担集装箱的搬运、堆码和车辆装卸作业，还需一台作为备用；跨运车轮压大，场地建造费用高；跨运车司机操作视野较差，对司机操作技术水平要求高，司机对位不准容易造成集装箱损坏；场地翻箱倒垛困难，集装箱进出场不如底盘车方式方便灵活。

由于跨运车方式下，集装箱装卸桥卸箱时不需对位，装箱时则需对位。因此，跨运车方式适用于进口重箱量大，出口重箱量小的集装箱码头。

（三）轮胎式龙门起重机方式

1. 装卸工艺

码头前沿采用集装箱装卸桥承担船舶的装卸作业，码头前沿至堆场、堆场内箱区间由牵引车拖带底盘车完成水平运输，轮胎式龙门起重机承担码头堆场的装卸和堆码作业。轮胎式龙门起重机一般可跨越 6 列集装箱和 1 列集装箱卡车车道，堆码 3～5 层集装箱。

卸船作业：集装箱装卸桥将集装箱从船上吊下，放至底盘车上，然后由牵引车运至堆场，轮胎式龙门起重机将底盘车上的集装箱卸下并堆码。

装船作业：轮胎式龙门起重机将堆场上的集装箱吊放在底盘车上，由牵引车将底盘车上的集装箱拖运至码头前沿。

2. 主要优缺点及适用范围

轮胎式龙门起重机方式的主要优点是：场地利用率高；场地铺面费用较少；设备操作简单；轮胎式龙门起重机采用 90°转向和定轴转向，占用通道面积小；与轨道式龙门起重机相比，不受轨道限制，可从一个箱区转移到另一个箱区作业；可采用直线行走自动控制装置，实行行走轨道自动控制，并可采用计算机控制，易于实现集装箱装卸作业自动化。

主要缺点是：相对于跨运车方式，其灵活性不够，虽可跨箱区作业，但移动耗时长；由于龙门起重机的跨距大，堆码层数高，提取集装箱较困难，倒箱率较高；轮胎式龙门起重机需配备集装箱拖挂车承担水平运输，增加了作业环节；初始投资较高，每台集装箱装卸桥需配备 4 台以上的龙门起重机，而轮胎式龙门起重机的造价高，使码头的固定成本增加。

轮胎式龙门起重机方式适用于陆地面积较小的码头。这种方式在北美应用较为普遍，我国大部分集装箱码头也采用这种装卸工艺。

（四）轨道式龙门起重机方式

1. 装卸工艺

轨道式龙门起重机方式和轮胎式龙门起重机方式的装卸工艺流程基本相同，但轨道式龙门起重机的跨距更大，可跨 14 列甚至更多列集装箱，且堆高能力更强。

2. 主要优缺点及适用范围

轨道式龙门起重机方式的主要优点是：堆场面积利用率高；机械结构简单，维修方便，作业可靠性高；机械设备的维修管理费用低，营运费用低；机械为电力驱动，节省能源；机械沿轨道运行，有利于实施计算机控制，易于实现集装箱装卸的自动化。

主要缺点是：机动性差，轨道式龙门起重机只能沿轨道运行，作业范围受到限制；轨道式龙门起重机轨距大，提箱、倒箱困难；初始投资也较大。

轨道式龙门起重机适用于场地面积有限，集装箱吞吐量较大的水陆联运码头。

（五）正面吊运机方式

1. 装卸工艺

采用集装箱装卸桥承担船舶的装卸作业，码头前沿与堆场的水平运输以及堆场的堆码和装卸车作业由正面吊运机来承担。

2. 主要优缺点及适用范围

正面吊运机方式的主要优点是：正面吊运机一机多用，完成搬运、堆码和装卸车作业，可减少码头配备的机种，便于机械的维修及保养；可跨箱作业，并可堆码 4～8 层集装箱，有利于提高场地利用率。

主要缺点是：正面吊运机只能跨 1 箱或 2 箱作业，因此要求箱区小，通道多，且正面吊运机在吊运集装箱时，箱体与正面吊横向垂直，因而需要较宽的通道，与龙门吊系统相比，场地利用率较低；正面吊单机效率低，需配备的机械台数多，因此，系统的初始投资较高。

目前正面吊运机的应用还不广泛，仅在吞吐量较小的集装箱码头有所使用。

（六）跨运车-龙门吊混合方式

1. 装卸工艺

码头前沿采用集装箱装卸桥承担船舶的装卸作业，进口集装箱的水平运输、堆码和交货装车由跨运车负责完成，出口集装箱在堆场与码头前沿之间的水平运输由集装箱拖挂车完成，堆场的装卸和堆码由轨道式龙门起重机完成。

2. 主要优缺点及适用范围

混合方式能充分发挥各种机械的特点，扬长避短，使系统更加趋于合理和完善。同时还便于组织高效化、自动化的装卸作业。但建港初期投资大，对港口装卸人员技术水平要求高，并需要大量高级管理人员。适用于长期集装箱吞吐量极大的大型码头。目前，世界上已有不少码头采用这种装卸工艺，并收到了良好的效果。

(七) 自动化集装箱码头装卸工艺

所谓自动化集装箱码头(Automated Container Terminal, ACT)是指将集装箱船舶的装卸、集装箱在码头前沿与堆场之间的水平运输、堆场内的作业、大门的进出等各环节或部分环节实现自动化运作的码头。

自动化集装箱码头的发展大致分为三个阶段：第一代以鹿特丹港 ECT 码头Ⅰ期和Ⅱ期工程为代表，采用半自动岸边集装箱起重机、行使速度 3 m/s 的 AGV 和堆场自动化轨道式龙门起重机；第二代以汉堡港 CTA 码头为代表，采用上海振华港口机械(集团)股份有限公司(ZPMC)的双箱双小车半自动岸边集装箱起重机、速度 5.8 m/s 的双箱牵引 AGV 和堆场一高一低轨距不同可以同时进行作业并可相互越行的轨道式龙门起重机；第三代以鹿特丹港的 EUROMAX 码头为代表，码头设备配置与前两期类似，但 AGV 速度提高至 20 m/s，码头管理软件系统也更为先进。

自动化集装箱码头的装卸工艺主要有以下几种方式：

1. 岸边集装箱起重机—拖挂车—行架式自动化场桥与轨道式龙门起重机配合

新加坡巴西班让(PSA)集装箱码头采用此种装卸工艺。堆场内将行架式自动化场桥与轨道式龙门起重机相结合，其中行架式自动化场桥负责处理中转箱，集卡在行架式自动化场桥的跨下装卸集装箱；堆 8 过 9 的轨道式龙门起重机用于处理非中转箱，人工操作，集卡在轨道式龙门起重机的两侧装卸集装箱。该工艺装卸过程简单，易于实现装卸作业自动化，且装卸机械维修不耽误堆场作业。

2. 岸边集装箱起重机—自动导向车—全自动轨道式或轮胎式龙门起重机

该工艺采用自动导向车来往于码头前沿和堆场之间搬运集装箱，堆场内的每个箱区均设有 1 条自动导向车通道，自动导向车通道相互平行或相互交叉。在通道相互平行的情况下，自动导向车在箱区内沿通道直行，从而使堆存空间得到最大利用，并可提高自动化系统的灵活性；在通道相互交叉的情况下，自动导向车不仅可以直行，而且可以转弯、环行，还可在轨道式龙门起重机的门腿间进行装卸作业。荷兰鹿持丹港、德国汉堡港均采用这种工艺方式。

3. 岸边集装箱起重机—高架式轨道运输系统—全自动轨道式龙门起重机

该工艺采用岸边集装箱起重机将集装箱提升到中转平台上，轨道运输车运行至岸边集装箱起重机后伸距下的卸箱点接箱，然后根据自动调度系统的指示将集装箱通过高架轨道运至堆场交接点，由全自动轨道式龙门起重机接卸、堆码。该工艺主要有以下特点：(1)采用高架式轨道运输系统取代水平运输设备，避免对地面交通造成干扰；(2)集装箱通过堆场两端的交接点进出堆场，减轻集卡进出堆场造成的交通拥挤。

4. 岸边集装箱起重机-拖挂车-高型轨道式龙门起重机和矮型轨道式龙门起重机接力

该工艺方式下，装卸集卡与堆存箱分别由矮型轨道式龙门起重机(Cantilever Rail—Mounted Gantry Cranes, CRMG)和高型轨道式龙门起重机(Double—trolley Rail—Mounted Gantry Cranes, DRMG)通过地面缓冲平台进行中转接力完成，如图 9-10 所示。在集装箱堆场的作业装卸线配置高型起重机和矮型起重机，高矮型起重机各自设有独立的相互垂直的轨道，高型起重机在堆场箱区内运行，矮型起重机在位于堆场箱区端部的集卡装卸区域运行，在堆场箱区和集卡装卸区域之间的码头地面设置集装箱缓冲平台。矮型起重机将集卡上的集装箱吊至缓冲平台上或将缓冲平台上的集装箱吊至集卡上，高型起重机将缓冲平台上的集装箱吊至堆场箱区或将堆场箱区的集装箱吊至缓冲平台上。采用这种高矮型起重机接力式作业的装卸工艺，可以极大地提高装卸速度，大大提高集装箱堆场作业生产率，实现堆场装卸作业自动化。中国首个集装箱自动化堆场-上海港外高桥集装箱码头全自动化空箱堆场吸取了世界现有各集装箱自动化堆场的优点，研发成功了这种装卸工艺。

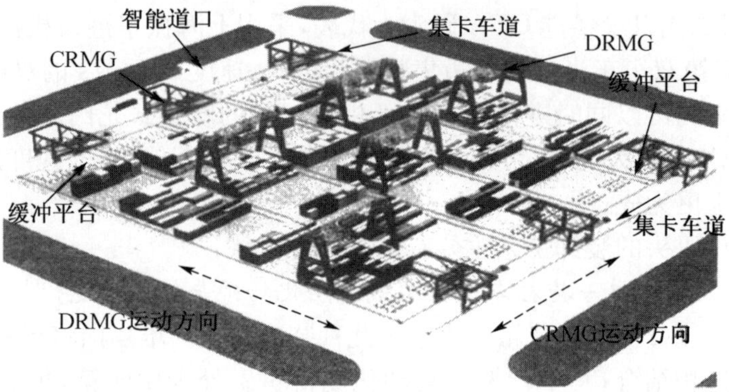

图 9-10　高矮型轨道式龙门起重机接力式装卸工艺示意图

第六节　案　　例

一、某集装箱码头轮胎式龙门起重机装卸工艺

(一) 主要设计参数

(1) 设计年度吞吐量：220 万 TEU/年。吞吐量及集疏运分类如表 9-1 所示。

表 9-1　　设计年度吞吐量及集疏运分类　　单位：万 TEU

吞吐量		220	集疏运		165
其中	远洋	165	其中	近洋	15
	近洋	15		沿海	30
	沿海	30		长江	10
	长江	10		铁路	10
				公路	100

(2) 设计船型：以远洋主流船型一第五、六代超巴拿马型集装箱船为主，同时还可停靠 8 000TEU 集装箱船。集装箱码头设计代表船型如表 9-2 所示。

表 9-2　　设计代表船型

航线	载箱量(TEU)	总长(m)	型宽(m)	型深(m)	吃水(m)	载重量(DWT)
远洋	5 250	293.0	32.3	21.8	13.0	64 500
	6 418	300.2	40.3	24.3	14.0	84 900
	8 000	346.0	45.6	24.8	14.5	115 000
近洋、沿海	1 152	183.0	27.6	14.4	10.5	20 900
	2 761	241.0	32.3	19.0	12.0	40 000
长江	268	101.0	17.5	7.8	5.2	6 335
江海直达	424	123.0	20.5	8.7	6.0	7 000

(3) 各类集装箱所占比例：

重箱　75%；

空箱　20%；

冷藏箱　4%；

危险品箱　1%。

(4) 拆装箱比例：6%。

(二) 建设规模

该集装箱码头最大可停靠 10 万 t 级的集装箱船舶，泊位数 5 个，码头岸线长度 1 700 m、码头通过能力 222 万 TEU/年。

(三) 装卸工艺及机械设备

码头前沿装卸船舶作业采用岸边集装箱起重机；水平运输采用集装箱牵引车+底盘车；堆场普通箱堆 5 层、冷藏箱堆 4 层，装卸及堆码作业采用轮胎式龙门起重机；空箱堆 7 层，装卸、堆码作业采用集装箱空箱堆高机；危险品箱堆 2 层，装卸及堆码作业采用集装箱正面吊运机；拆装箱在集装箱货运站(CFS)进行，装卸作业采用低门架的集装箱箱内作业叉车，具体工艺流程如图 9-11 所示。

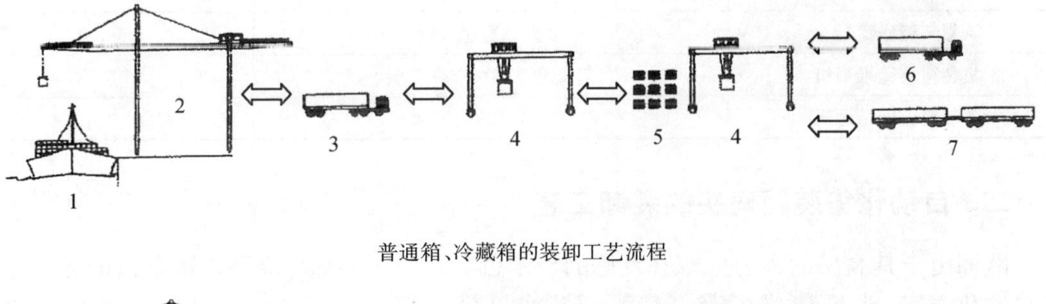

普通箱、冷藏箱的装卸工艺流程

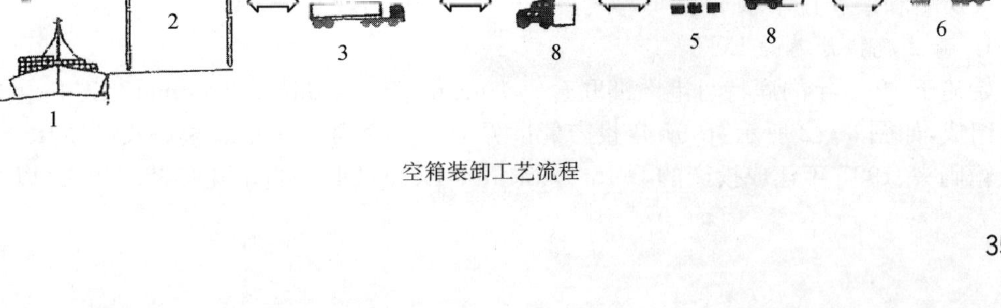

空箱装卸工艺流程

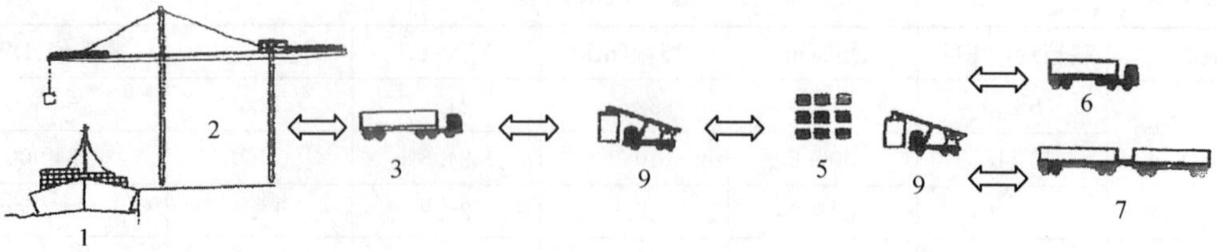

危险品箱装卸工艺流程

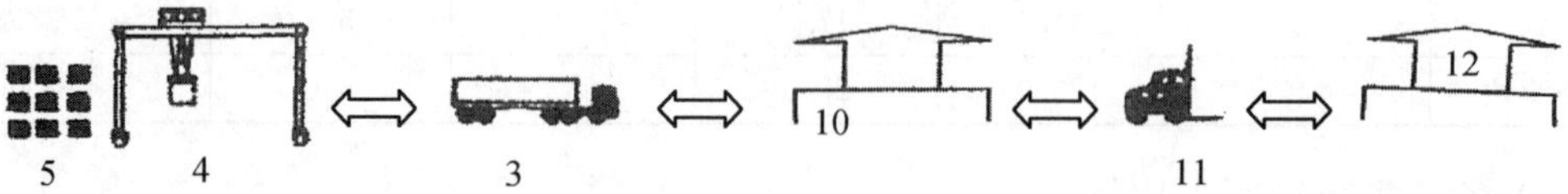

拆装箱装卸工艺流程

1—集装箱船舶;2—岸边集装箱起重机;3—牵引车+底盘车;4—轮胎式龙门起重机;5—集装箱堆场(CY);6—公路集卡;7—铁路车辆;8—集装箱空箱堆高机;9—集装箱正面吊运机;10—CFS仓库站台;11—集装箱箱内作业叉车;12—CFS仓库

图 9-11　集装箱码头装卸工艺流程示意图

集装箱堆场根据装卸工艺流程和车流组织要求合理布局。重箱堆场布置在靠近码头前沿的区域;空箱堆场布置在港区后方靠近码头大门附近;危险品箱堆场与其他集装箱堆场分开,单独布置;冷藏箱堆场集中布置。

装卸机械设备根据装卸工艺的要求选型,同时综合考虑技术先进、经济合理、安全可靠、节能减排和维修简便等因素。装卸机械及辅助设备如表 9-3 所示。

表 9-3　　装卸机械及辅助设备配置

设备名称	规格及参数	数量
岸边集装箱起重机	额定起重量(吊具下)61 t,轨距 30 m,外伸距 61 m	15
轮胎式龙门起重机	起重量 45 t,跨距 26.5 m,堆 5 过 6	45
集装箱牵引车		68
集装箱底盘车	最大载重量 48 t	68
集装箱空箱堆高机	起重量 7.5 t,堆高 7 层	8
集装箱正面吊运机	42 t	2

二、自动化集装箱码头的装卸工艺

欧洲由于其高昂的人力成本和良好的技术创新环境,一些大型集装箱港口的建设选择了自动化方案,先后建成了荷兰鹿特丹港的 ECT、德国汉堡港的 CTA 和鹿特丹港的 EUROMAX 等一些较典型的自动化集装箱码头,它们代表了世界集装箱自动化作业系统的发展历史和最新技术水平。

1. 荷兰鹿特丹港的 ECT

始建于 1966 年的鹿特丹港欧洲联合码头(Europe Combined Teminal, ECT)主要由三部分组成,如图 9-12 所示:1993 年投产的世界上第一个自动化集装箱码头—Delta Sealand 集装箱码头、1997 年建成投产的 Delta Dedicated East (DDE)自动化集装箱码头,以及 2000

年建成的 Delta Dedicated West（DDW）自动化集装箱码头。

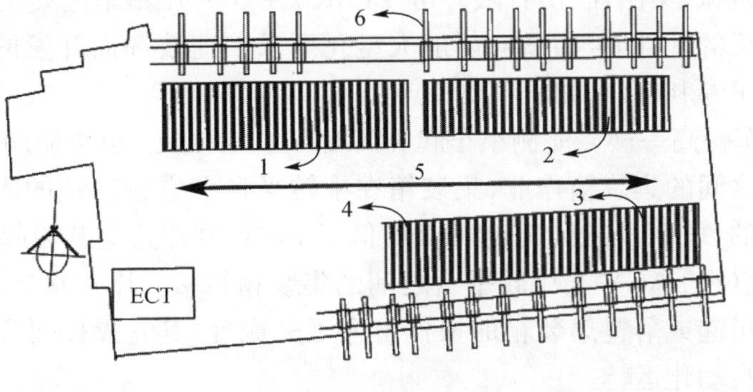

1—Delta Maersk 码头堆场；2—Delta Sealand 码头堆场；3—DDE 码头堆场；4—DDW 码头堆场；5—集装箱进出码头通道；6—岸边集装箱起重机

图 9-12　ECT 自动化集装箱码头平面布置示意图

ETC 码头前沿采用岸边集装箱起重机进行船舶装卸作业，需要司机进行操作，可以进行半自动化作业。

码头前沿与集装箱堆场之间的水平运输由 AGV 完成，AGV 的工作由码头中央控制室生产过程控制系统进行管理和控制，实现了完全自动化。

集装箱堆场上，将集装箱沿与码头岸线垂直的方向布置堆放，每个堆存区有 6 列 15 行集装箱堆存箱位，采用自动堆码起重机进行堆码。自动堆码起重机也是由码头中央控制室进行管理和控制，实现了完全自动化。

外部提箱时，由码头中央控制室管理和控制的相应自动堆码起重机将所提目标箱由堆场取出，并运送至设在堆场陆测的集装箱换装点，再由人工操作的跨运车将集装箱运至靠近大门处的卡车装卸场装上外部提箱卡车，外部送箱过程则与提箱过程相反。

2. 德国汉堡港的 CTA

汉堡港的 Container Terminal of Altenwerder（CTA）是世界上先进的自动化集装箱码头，其平面布置如图 9-13 所示。

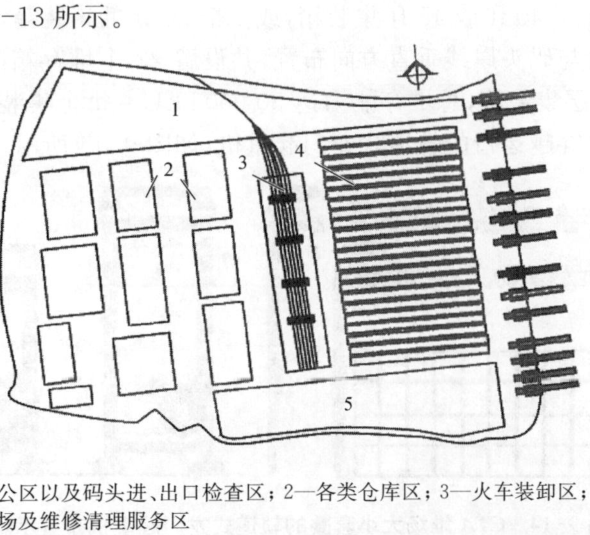

1—码头办公区以及码头进、出口检查区；2—各类仓库区；3—火车装卸区；4—堆场；5—空箱堆场及维修清理服务区

图 9-13　CTA 自动化集装箱码头平面布置示意图

CTA 码头前沿采用陆侧小车作业全自动化的大型双箱双小车岸边集装箱起重机。这是上海振华港口机械(集团)股份有限公司(ZPMC)在双 40ft 箱岸边集装箱起重机和双小车岸边集装箱起重机的基础上,为适应船舶大型化要求快速装卸而开发的产品,已在中国和世界范围内申请了专利,具有如下主要特点:

(1) 两部小车一高一矮。海侧小车起升高度在 40 米以上,负责船舶和设在装卸桥门架高处的中转平台之间的集装箱作业,集装箱在中转平台上进行转锁的固定或脱开操作;为便于装卸地面上的 AGV,陆侧小车起升高度低于 15 米,在岸边集装箱起重机后伸距范围内工作,负责预先定位的 AGV 与中转平台之间的集装箱转接。岸边集装箱起重机海侧操作除了吊具在船上吊起或落置集装箱的操作由人工完成外,其它操作可以自动完成,陆侧操作则实现了完全自动化运转。

(2) 海侧小车可一次性吊运两个 40 ft(或两个 45 ft 或四个 20 ft)集装箱,转载来往于船舶和岸边集装箱起重机的中转平台之间。

(3) 陆侧小车仅配置一个标准的双箱可移吊具,它仅对一个 AGV 进行装卸,其作业效率能和海侧小车相匹配。

(4) 中转平台不仅可以保证并排二个集装箱有规则的快速就位,同时也可保证工人能方便拿取或装上集装箱下的转销。在中转平台上拿取或装上集装箱下的转销不占生产循环时间,因而有利于提高劳动生产率。

(5) 陆侧小车的的作业生产率大于海侧小车,因此岸边集装箱起重机的作业生产率取决于海侧小车的作业生产率。岸边集装箱起重机理论作业生产率至少每小时可达 90～100 自然箱。

码头前沿与堆场之间的水平运输由 AGV 完成。码头上的 AGV 通过埋设在码头上的电子标志导航。当 AGV 经过电子标志时,按照从码头管理系统传递来的指令读取电子标志的信息。AGV 上设置了差分全球定位系统和激光雷达系统准确定位小车位置。AGV 的驱动方式为柴油机液压式,其加油操作也实现了自动化。岸边集装箱起重机与堆场之间的距离为 100 m,AGV 穿梭其间,行驶和避撞完全实现了自动化。AGV 的额定载重量为 60 t,一次可以运载 1 个 40 ft 或 45 ft 集装箱,或 2 个 20 ft 的集装箱,运行速度为 5.8 m/s。

集装箱堆存区沿与码头岸线垂直方向布置,共设置 22 个堆存箱区,每个堆存箱区可以存放 10 列、37 行、4 层集装箱,总堆存能力达 30 000TEU。每个集装箱堆存区配置一高一低跨距不同可以相互穿越运行的轨道式龙门起重机,如图 9-14 所示。

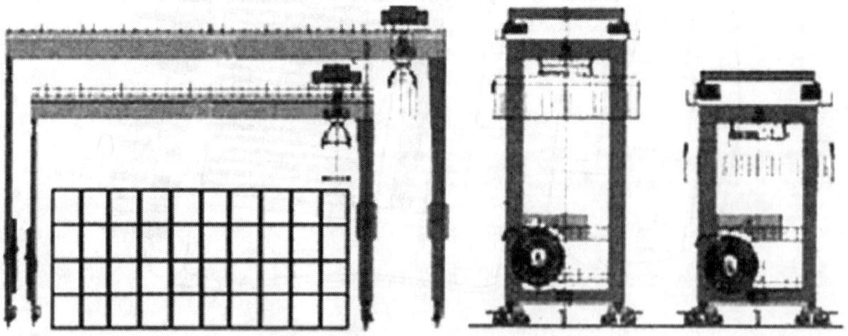

图 9-14　CTA 堆场大小套叠的轨道式龙门起重机布置示意图

每个堆存区配置大小成对的 2 台轨道式龙门起重机的目的是：当有 1 台龙门起重机故障时，相应堆存区的装卸堆码作业还能继续进行；此外，2 台龙门起重机均既可以在海侧端完成与 AGV 的转载作业，又可以在陆侧端完成与送箱或提箱的集装箱卡车或为装卸火车服务的码头内拖挂车的转载作业，与使用单台龙门起重机相比较，可以提高堆存区转载作业的效率，避免 AGV 在堆存区等待、减少集装箱卡车在港时间。但是只有当外侧轨道上的龙门起重机的小车处于图 9-12 所示最右侧位置时，2 台龙门起重机才能相互穿越运行。因此，为发挥 1 个堆存区配置 2 台龙门起重机的高效率，避免 2 台龙门起重机的碰撞以及不必要的穿越运行，龙门起重机需联动控制。

火车装卸区有 6 条长 700 m 的铁路装卸线，配置 4 台跨 6 条装卸线的轨道式龙门起重机完成火车装卸作业，另外配置 200 台底盘车和 20 台拖车为火车装卸作业服务。

进港大门设置 10 车道，出港大门设置 6 车道。

为保证整个码头可以满足同时作业 3 艘大型干线集装箱船舶和 2 艘支线船舶的高峰需要，要求作业设备具备如下能力：

(1) 每台岸边集装箱起重机作业效率达到 35 箱/h，码头前沿高峰装卸作业总效率达到 500 箱/h。

(2) AGV 高峰水平运输总效率达到 600 箱/h，岸边集装箱起重机作业过程中不出现等待 AGV 的情况。

(3) 堆场龙门起重机高峰作业总效率达到 700 箱/h，AGV 完成水平运输过程中不出现在堆场等待龙门起重机作业的情况；集装箱卡车等待龙门起重机作业的时间不太长。

(4) 火车装卸区龙门起重机高峰作业总效率达到 110 箱/h。

(5) 堆场总堆存能力达到 30 000TEU，满足集装箱平均堆存 5 天的要求。

世界自动化集装箱码头的设计、建造和运行在不断汲取经验教训的基础上而有所创新。汉堡港 CTA 采用了自动化程度较高的双箱双小车岸边集装箱起重机，并将 AGV 的作业车道布置在岸边集装箱起重机的后伸距范围内，避免了早期鹿特丹港 ECT 将 AGV 作业车道布置在岸边集装箱起重机轨距范围内，AGV 需从泊位的两端进出容易造成交通拥挤的问题；堆场采用垂直布置的大小跨套叠的轨道式龙门起重机方案解决了大型、高密度集装箱堆场需要 2 台堆场设备在同一箱区内作业的互相穿越问题；鹿特丹港 EUROMAX 码头的堆场内每个箱区设有 1 条自动导向车通道，将 AGV 直接深入垂直布置的轨道式龙门起重机堆场，从而避免堆场同一箱区内作业的龙门起重机的互相穿越，以及汉堡港 CTA 方案需轨道式龙门起重机带箱高速运行所产生的高能耗和对作业效率的影响。

思　考　题

1. 装卸搬运概念和特点是什么？
2. 装卸搬运作业如何进行分类？
3. 试述装卸搬运合理化措施。
4. 在选择和确定装卸搬运设备时应考虑哪些因素？

5. 简述集装箱码头各项基础设施的主要作用。
6. 集装箱码头装卸搬运机械主要有哪些？各有什么作用？
7. 试述集装箱码头各种装卸工艺流程的优缺点和适用范围。
8. 分析装卸工艺流程对集装箱码头吞吐能力的影响。
9. 分析自动化集装箱码头不同装卸工艺各自的优缺点。

第十章　国际物流仓储

仓储是对有形物品提供存放场所，对存放物品进行相应保管，并实施物品存取过程管理的行为总称。

国际物流仓储是流通过程中的仓储，其动态性较大，可能随时将库存物品数量进行调节和提供使用，被称之为动态仓储，这种动态仓储不仅包括静态的物品储存活动，也包括物品的存取、保管等动态活动。在现代物流中，仓储活动与社会经济系统更加紧密地关联起来，出现了保税制度，并且越来越多地承担着具有生产特性的流通加工业务，使仓储过程与生产过程有机地结合在一起，从而增加商品的价值。

本章主要介绍国际物流仓储概念、仓储基本业务、仓储业流通加工业务和保税仓储及案例分析等内容。

第一节　国际物流仓储概述

一、仓储在国际物流中的作用

仓储的需求主要来源于社会产品的剩余和产品生产、流通、消费过程的需要。随着社会劳动生产率的提高，生产的产品日益增多，除了满足自身的需要外还有剩余，这些剩余产品需要专门的场所保管；在生产过程中，原材料、零部件等需要一定的储备，以保证生产的连续；在流通领域里，为保证市场的及时供应和市场调节，需要一定的商品储备。

仓储是以改变物品时间状态为目的的活动，克服产需之间的时间差异获得更好的效用。国际物流仓储同国际物流运输一样，都是对外贸易和国际物流不可缺少的重要环节。不论是发达国家，还是发展中国家，国际物流仓储在各国的国民经济中，在国际间的生产、分配、交换、消费过程中，或者说在一国范围和世界范围的商品生产和商品流通过程中，都有着重要的地位和作用。第一，仓储能调整生产和消费在时间上的间隔，能解决季节性生产或季节性消费的产品所产生的时间上的矛盾，发挥时间效应的作用；第二，商品从生产领域进入流通领域的过程中，通过仓储环节，对即将进入市场的商品在仓库进行检验，可以防止质量不合格的伪劣商品混入市场，从而能对商品进入市场在质量上起保证作用；第三，随着仓储业的发展，仓储本身已不仅是货物的储存，而且越来越多地承担着具有生产特性的加工业务，例如，分检、挑选、整理、加工、简单的装配、包装、加标签、备货等活动，为加速商品周转、加快流通起着保证作用；第四，商品的仓储可以克服生产旺季和生产淡季与消费之间巨大的供求矛盾，并以储存调节供求关系，调整由于供求矛盾而造成的价格差异，具有调节商品价格的作用；第五，仓储可以直接起到调节运输工具载运能力不平衡的作用。无论是出口或进口仓储皆可以减少压船、压港，弥补内陆运输工具运载量的不足，在船舶与内陆运输之间起着缓冲调节作用，保证国际贸易货物运输顺利畅通。

二、对外贸易仓库的分类

在物流中，仓库一般是指对货物进行收进、整理、储存、保管和分拨等作业的场所。对外贸易仓库在现代国际物流系统中主要承担储存、保管、流通加工、分拨、配送等功能，是国际物流网络的节点，在国际物流作业中发挥着重要的作用。由于仓库的功能不同、仓储对象不同、经营主体不同、经营方式不同，使得仓储业务具有不同的特征和管理特性。

1. 按使用功能分类

(1) 存储型仓库。存储型仓库是以存储为主的仓库。其主要职能是用于储存待销的出口商品、援外的储备物资、进口待分拨和出口业务需要的物资等。

(2) 流通型仓库。流通型仓库不再以储存、保管为主要目的，而是以发货、配送和流通加工为主要功能。这类仓库在流通过程中发挥着重要的作用，其业务范围包括拣选、配货、检验、分类等作业，并具有多品种、小批量、多批次等收货配送功能，以及附加标签、重新包装等流通加工功能。由于这类仓库能实现货物的迅速发送，因而日益受到人们的重视，它是对外贸易仓库业发展中的一个重要趋势。

(3) 加工型仓库。以流通加工为主要目的的仓库称为加工型仓库。一般的加工型仓库具有加工厂和仓库两种职能，将商品的加工业务和仓储业务结合在一起。

(4) 物流中心型仓库。物流中心型仓库是兼有上述仓库所具有的存储、保管、发货、分拨、配送和流通加工等功能。这类对外贸易仓库又称为国际物流中心，多是由政府部门和物流服务企业共同筹建的具有现代化仓库、先进的分拨管理系统和计算机信息处理系统的外向型物流集散地。这类仓库是适应国际物流大量化和复杂化趋势而产生的，是国际物流网络节点的发展方向之一。

2. 按储存物性能分类

(1) 通用仓库。通用仓库也称“普通仓库”，是用以储存没有特殊要求的工业品和农副产品的仓库。它具有一般的商品保管场所，普通的装卸、搬运、堆码和商品养护设备，技术装备简单，建造也比较容易，但适用范围较为广泛，在各类对外贸易的仓库中所占的比例很大。

(2) 专用仓库。专用仓库是专门用以储存某一类商品的仓库，例如粮库、金属库、电子产品库等。一些商品，如食糖、卷烟、茶叶、酒类等，比较容易受到外界影响而发生变质、变味或失量；还有一些商品，由于本身的特殊性质，不适宜与其他商品混存，例如棉麻、粮油食品、中药材、畜产品、水果、禽类等。对于这些商品一般要求有专仓或专库加以储存，它们与通用仓库的主要区别在于专用性。在保管养护的技术设备方面相应地增加了密封、防虫、防霉、防火以及检测等设施，以保证商品的安全。

(3) 特种仓库。特种仓库是用以储存具有特殊性能、要求使用特别保管设备的商品，一般是指储存化学危险品、易腐蚀品、石油及其产品，以及鲜活冷冻品、部分医药品的仓库。这类仓库必须配备专门设备，才能满足商品储存要求，例如设有制冷设备的冷藏库；设有空气调节设备和保暖设备的保温库；设有防爆、防燃烧、防辐射设备的危险品库；设有防火和特殊输送设备的油库(油罐)等。这类仓库的建筑构造、保管养护设施、出入库传输装置、安全及环境保护等与通用仓库有明显的不同。

3. 按储存物作业性质分类

(1) 口岸仓库。口岸仓库主要储存口岸和内地对外贸易出口待运商品和进口待分拨的商品，其特点是商品储存期短，商品周转快，仓库规模大，故又称为周转仓库。口岸仓库大都设在商品集中发运出口的沿海港口城市。

(2) 中转仓库。中转仓库也称转运仓库，主要职能是按照商品的合理流向，收储、转运经过口岸出口的商品。中转仓库大都设在商品生产集中的地区和出运口之间，例如铁路、公路车站、江河水运港口码头附近，商品生产集中的大、中城市和商品集中分运的交通枢纽地带。大型中转仓库，一般都设有铁路专用线，将商品的储存、转运业务紧密结合起来。

(3) 运输转换仓库。为了保证不同运输方式的高效衔接，减少运输工具的装卸停留时间而设置运输转换仓库。运输转换仓库具有大进大出的特性，货物储存期短，注重货物的周转效率。

4. 按管理体制分类

(1) 自用仓库。自用仓库是指为了本企业物流业务需要而建立的仓库，有关仓库的建设、库存物资管理，以及出入库等，都由企业自己负责。由于保管物资已定，因此可以选择与此相适应的结构和装卸设施。目前我国外贸企业仓库大多数属于这种类型。

(2) 公用仓库。公用仓库是由国家或一个主管部门或公共团体为公共利益而修建的为社会物流业务服务的公用仓库，如我国铁路车站、公共汽车站场的货栈仓库、港口码头仓库、交通枢纽站的货物仓库大都属于这一类。

(3) 专业经营仓库。专业经营仓库是专门为经营仓储业务而修建的仓库，它面向社会提供仓储服务，服务对象是为数众多的货主，整体保管量大，与自用仓库相比，使用效率高。

(4) 保税仓库。保税仓库是根据有关法律和进出口贸易的规定，专门保管国外进口而暂未纳进口关税的商品的仓库，由海关统一进行监督和管理。

三、仓储业的业务范围

外贸仓储货物始终处于动态之中，而且仓储业的服务功能不断增加，使仓储业务范围十分广泛，目前一般营业性仓库的主要业务有以下几方面：

1. 市场营销和编制储存计划

市场营销是以客户需求为依据，结合仓储企业的自身条件，尽量创造良好、方便的储运环境，最大限度地满足客户的要求，以吸引客户存货，提高仓储企业的竞争实力。

储存计划主要依据国际货物运输市场供求变化情况，客户向仓储企业提供的货物存储申报计划、库场存储能力和服务条件，并根据存储货物的种类、性能、数量、包装、入出库时间、货物流向以及存储要求，按月度、旬度进行编制。计划内容包括入库计划、出库计划、货物保管养护计划、设备利用计划、劳动力组织计划和储存费用计划等。

2. 签订仓储保管合同

仓储保管合同是指保管人接受和保管存货人交付储存的货物，并在储存期限届满时完好地归还该货物，存货人给付保管费的协议。

根据我国《经济合同法》、《中华人民共和国合同法》以及《仓储保管合同实施细则》等法律法规的有关规定，存货人在仓库储存货物时，应与仓储保管人签订“货物仓储保管合同”，以明确双方的权利和义务关系。

3. 货物入库与出库业务管理

货物入库是履行仓储保管合同的开始。存货人向保管人交付货物，仓库经营者通过建立货物入库验收制度，签发规定票据，以及台帐登记的办法进行货物交接、验收、登记、入库。通过认真验收，彻底摸清入库商品情况，以便分清仓库保管人与存货人的责任，并为货物的保管养护打下基础。因此，货物入库是仓储业务的关键环节。

货物出库是履行仓储保管合同的最后环节，要做到及时、准确、方便、完好，使客户满意。货物出库要按规定的提货手续制定货物出库放行办法，出库后应及时更新台账，做好信息储存，为日后统计、查询、核算费用提供准确的依据。

4. 货物在仓库(场)堆码保管

货物入库后，首先要根据各类货物的堆码要求，对堆码形式、堆码方法、堆码的技术要求进行标准化堆码管理；然后，固定货位、统一编号、绘制仓库货物堆放平面图，并进行必要的苫盖；第三，根据货物不同的理化性质，确定其正确的防湿、防霉、防火、防锈蚀等技术措施，以保证入库货物的完好无损。

5. 扩大服务项目，拓展服务业务

仓储企业除了做好收货、保管、养护、发货等业务外，积极创造条件拓展业务范围，如包装、刷唛、挑选、分检、整理、检验检疫、报关、装拆集装箱、装卸车、代办运输等业务。在条件允许的情况下，可以增加部分小批量、多批次商品的物流配送组织，甚至附加标签、重新包装等流通加工业务。

仓储经营人利用仓储拓展服务业务，实现物流增值服务，不仅给自身带来经济效益，还能充分利用社会资源，加快社会资金周转。服务业务功能的开发是仓储经营发展的重要方向，对于减少商品损失、加速商品流通和提高仓储业经济效益，具有积极而重要的意义。

四、仓储成本和费收

1. 仓储成本构成

仓储成本是指投入仓储生产中各种要素的成本和费用，它是物流成本的组成部分，对物流成本影响较大，仓储成本的控制和降低直接导致物流成本的降低。

仓储成本是因一段时期内储存或持有商品而导致的，与持有的平均库存量成正比，由空间成本、资金成本、库存服务成本和库存风险成本所构成。

空间成本是因占用仓库立体空间所支付的费用，包含仓库建筑与存储设施成本等固定成本以及供暖和照明等运营成本；资金成本是指库存占用资金的成本；库存服务成本是指为库存商品提供的各项服务的成本，包括信息服务、文件服务等；库存风险成本是指与产品变质、短少、损害或报废等相关的费用。优良的仓储管理，对商品实施有效的保管和养护，准确的数量控制，可以降低库存风险成本。

2. 仓储收入构成

仓储收入主要由货物进出库装卸费、货物存储仓租费、货物加工服务费和集装箱作业费等构成。

货物进出库装卸费是进出库货物使用叉车、吊车、拖车、汽车等机械设备和人力进行装卸、水平移动、码垛、翻桩等作业，按规定的费率所收取的费用。货物进出库的装卸、搬运费率是根据装卸货物的吨数、体积或件数，以及所使用机械设备的种类、货物装卸难易程度来确定的，包括设备使用费率和劳动力费率。设备使用费率是根据机械设备的动力燃料、电力消耗、设备折旧、修理等综合费用成本，一般按机械设备的起重量或载重量确定；劳动力费率按工人工资水平和作业形式制订。

货物存储仓租费是指对储存在仓库的商品按规定费率所收取的费用。存储费率一般根据货物保管的难易程度、货物价值、进出库场作业方式等制订。库房和货场的货物存储费率以每吨天计算，其计算基础是货物的吨天保管成本。仓库的性质不同成本构成不同，其存储费率的确定方法也不同。对用于长期存储的仓库，每天存储费率一般不变；而对于中转性质的仓库，则往往采取按存储时间递增费率的计算方法，其目的是为了加快有限库场的周转。

货物加工服务费是仓储企业代货主进行货物的挑选、分检、整理、修补、包装、组装托盘、熏蒸、化验、计量、刷标（刻唛、刷唛）、挂标签、更换包装、代办保险、代办运输、货物捆扎、分装、简单装配、加工等所收取的费用，以及开展国内外合资、合作经营，开展“三来一补”业务和技术合作项目的收入等。其费率可根据加工服务项目、加工服务的劳动消耗、设备成本费用数量，以及难易程度等而确定，对于一些特殊的加工服务，可采取协议方法确定其费率。

集装箱作业费是指仓储企业为货主办理集装箱进出口货物的交接，以及进口后、出口前的集装箱运输、装卸、拆箱、装箱、存箱、洗箱、修箱等各项作业的收入，包括拆装箱费、存箱费、洗箱费、修箱费，也包括集装箱运输的佣金和劳务费，如果仓储企业拥有集装箱可供用户租用，则还可收取租箱费。

拥有铁路专用线或码头的仓储企业，还可以收取铁路专用线和专用码头的设施使用费。

仓储企业及时结算仓储收入并向各存货单位收取各项仓储费用是加速企业资金周转、提高资金使用率和企业经济效益的重要措施。

第二节　国际物流仓储业务

进出口商品种类繁多，性质各异，因而对仓储业务的要求也就不同。仓储业务一般包括入库、储存保管和出库三大内容，根据需要还可拓展流通加工业务。

一、货物入库业务

货物入库是仓储业务的开始，包括货物的接运、卸货、搬运、清点数量、货物验收、整理、堆码、办理入库手续等一系列的操作过程。按其业务程序可以分为入库准备、货物接运、货物验收、货物入库和签发凭证等环节。

1. 货物入库前准备

货物入库前应着手做好诸如编制仓储计划；安排仓容确定堆放位置；合理组织人力、装卸机具；准备好验收设备，保证货物验收；备齐货物苫垫物料和劳动保护用品等准备工作。

2. 货物接运

货物接运通常有铁路专用线接车；存货人送货到库；到车站、码头接运；仓储人自提入库等几种方式。

采用铁路专用线接车方式,应核对资料凭证,做好接货准备;组织接车引位,做好到货检查;组织卸车作业,做好货物堆码;填写卸车记录,办清交接手续。

存货人送货到库是指存货人自备运输工具把货物送到仓库,其特点是单货同行,随到随收、仓库交接。通常是供货方与仓库同在一个城市或邻近地区不需要长途运输,或者批量较小用汽车运输送货,或者由于某种原因,改变储存地点而移仓(也称转库)的一种形式。

到车站、码头接运形式是指仓库备有运输工具,作为短途运输的承运人派车把货物接运到仓库。通常是零担托运,到货批量较少的货物。

仓储人自提入库形式是指仓库接受存货人的委托,直接到存货人的供货厂或仓库提货。由于这种接运方式多用于保管人和存货人在同一城市,习惯也称为市内自提。这种接运方式的特点是用仓储人的运输工具,提货和货物初验相结合,因此,保管员或验收员应将有关技术检验事项详细通知提货人员,必要时可由检验人员参加提货。

3. 货物验收

货物验收是整个入库作业过程中最重要的工作。为防止商品在储存期间发生各种不应有的变化,在商品入库时首先要严格验收。货物入库验收是一项十分细致的工作,验收时应注意:包装完整性;数量符合发票;制造日期、保存期限(外箱没有标示或标示不清时,一定要开箱验货);货物批号的检查核对等。

4. 货物入库

收货保管人员将经过验收合格的入库商品,按每批入库单开制的数量和同一品种集中起来,分批送到预定的货位,要做到进一批清一批,严格防止品种互串和数量短溢。货物分类应力争做到数量准、批次清。对于批次多和批量小的入库商品,货物分类一般可由保管收货人员在单货核对、清点件数过程中同时进行,也可将货物分类和搬运结合在一起进行。经过货物分类可将入库商品分批送到预定的货位进行堆垛。

5. 签发凭证

为了使我国仓储业与国际接轨,根据我国《合同法》的规定,存货人交付仓储货物后,保管人应当签发仓单。仓单是保管人向存货人填发的表明仓储保管关系存在,以及保管人愿意向仓单持有人履行交付仓储货物义务的一种要式凭证,其填发须遵循法律特别规定的形式。

二、货物储存保管业务

货物经过验收入库后,便进入储存保管阶段,它是仓储业务的重要环节。其主要内容包括:在储存区域合理布局的前提下,对商品进行分区分类保管和货位合理布局;对货物正确堆码和苫盖;货物的保管维护;商品的盘点、检查和保管及损耗控制等。通过对在库商品的科学管理,保持商品原有的使用价值和价值。

1. 商品分区分类保管和货位布置

1) 储存区域的合理布局

储存区域的合理布局是指将各种商品合理地布置到库房、货棚、货场的平面和空间,以利于提高仓库的利用率。

仓库储存区域的平面布局是否合理,可用仓库用于保管货物的面积占仓库总面积的百分比，即仓库保管货物面积利用率来衡量。

库存商品在仓库立体空间上的布局，与货物种类、包装、地面单位面积承受压力和货物堆装形式有关，通常仓库立体空间布局采用就地码垛、托盘堆码、集装箱堆码、使用货架、空中悬挂、采用架子平台等方式。

储存区域合理布局要求做到：尽量扩大存放商品的储存面积，同时也要合理安排作业通道、货垛间距、收发货场和墙距所占用的非保管面积；库内平面布局要保证仓库作业的连续性，使商品的收发保管作业互不干扰，一般将库内主干道直接与库门相连，两侧库门分别指定为收货和发货的专用进出口；合理利用仓库地坪承载能力；保证商品的存放安全。

2）商品存放的分区分类

分区分类就是对储存商品在性能一致、养护措施一致、消防方法一致的前提下，把库房、货棚、货场划分为若干保管区域，根据货物大类和性能等划分为若干类别，以便分类集中保管。在不同类型的仓库，分区分类方法各不相同，大致有以下 4 种方法：

（1）按商品种类和性质进行分区分类。这是大多数仓库，尤其是目前外贸仓库普遍采用的方法，它按照商品的自然属性，把怕热、怕潮、怕光、怕冻、怕风等各种不同性质的商品分别归类，集中起来分区存放，安排在适宜储存的场所。

（2）按不同货主的商品经营分工进行分区分类。这通常是承接不同存货人储存业务的综合性仓库采用的方法，其目的是为了与货主对口衔接，防止不同货主的货物相混，也便于联系、核对。在具体存放时，也要按照商品的性能划分若干货区，以保证商品储存安全。

（3）按商品流转方向或发往地区进行分区分类。这种分区分类方法主要适用于商品存放时间较短的中转仓库或口岸仓库，尤其是集装箱货运站的仓库。它的具体做法是先按不同的运输方式分为铁路、水运、公路，再按货物到达港、站的线路划分。这种方法虽然不分商品种类，但对危险品、性能互相抵触以及运价相差悬殊的商品应分别堆放。

（4）按商品的危险性质进行分区分类。这种方法主要适用于化学危险品特种仓库，根据危险品本身具有的易燃、易爆、有毒等特性，以及消防方法不同等情况进行分区分类储存，以免互相接触发生燃烧、爆炸等反应。

仓库储存商品由于种种原因，品种和数量变化很大，有时原来划分的货区容纳不下，所以，仓库应留出适当面积作为机动货区，以便临时调剂使用。

3）货位布置和货位编号

根据已确定的商品分区分类保管方案，应对各库房、货场进行合理布局，规划和确定库房和货场的货位摆放形式。

库房的货位布局有横列式、纵列式和混合式三种形式。横列式是指货位、货架或货垛与库房的宽向平行排列布置；纵列式是指货位、货架或货垛与库房的宽向垂直排列布置；混合式是指横列式和纵列式在同一库房内混合布置货位或货架的一种形式。

露天货场货位的布置形式一般多采取与货场的主作业通道成垂直方向排列，以便于装卸和搬运。

货位布置既要考虑操作的需要，又要考虑商品的安全。因此，既要留出一定的作业通道、垛距、墙距等，又要合理、充分利用库房面积，尽量提高仓库、货场的利用率。

为了便于管理货位和查找货物，对已确定的货位应进行编号。首先，把整个仓库所有储存场所，依其地面位置按一定顺序编号，并清晰醒目地将其编号统一写在库房、货棚的外墙上或库门上，以利于查找；库房内各货位编号，应根据库内业务情况，按照库内干、支道的分布，划分为若干货位，按顺序编号，并视具体条件作出明显标志。由于一个货位往往堆放多种不同品种、规格、牌号的商品，为了分清各种商品的准确存放位置，一般还要在货位上等距离划分段落，再编上段号；在收发零星及进行拼装商品的仓库，往往在一个库房有许多货架，每个货架有许多格，作为存货的货位，货架中各货位编号可先按一个仓库内的货架进行编号，然后再对每个货架的货位按层、位进行编号，顺序应从上到下，从左到右，从里到外；货场上各货位的编号，可以在整个货场内先编上排号，然后再按各排货位顺序编上货位号。也可以不分排号，直接按货位顺序编号；对于集装箱堆场，应对每个箱位进行编号，并画出箱门和四角位置标记。

2. 货物堆码和苫盖

1）货物堆码要求

货物的堆码应符合安全、合理、定量、整齐、低耗和方便等基本要求。对于性质特殊的货物，还应视具体情况妥善堆码。例如要求通风的货物堆码，一般是需要防潮湿、需通风保管的商品，可在每件货物的前后左右均留出一定的间隔或空隙，码成通风垛，便于散发货物中所含水分和降低垛中的温度；怕压货物的堆码，应根据货物承受力的大小，适当地控制码堆的方式和堆码的高度，对于体形不大或不太特殊的货物，为保证不被压坏，并充分利用库容量，可利用货架摆放；容易渗漏的货物堆码，为方便检查，应堆码成小垛，并且成行排列，同时行与行之间亦应留有一定的间隔；有毒物品的堆码，都必须单独存放，严加保管，堆码要适当地低一些，不要过高，而且存放场所要干燥、通风、阴凉，切不可同时存放其他物品；酸、碱等腐蚀品的堆码，应单独存放在干燥、阴凉、通风的库房内，避免堆码在露天，货垛不宜码得过高，要特别注意防止腐蚀，切忌水浸，严防爆炸事故；易燃、易爆危险货物的堆码，因对消防有特殊要求，堆码要留有间隔，垛形不宜码得过高，堆放场所要干燥、阴凉、通风，库内所有电器及照明设施均应采用防爆装置，与货垛保持一定距离，并根据其不同理化特征，在货垛附近配备有效的安全消防设施。

2）货物堆码方式

货物堆码方式取决于货物的性能、形状、包装、仓储设备、存放场所和季节、气候等条件。为便于货物保管和清点数量，以及仓库容量的有效利用，常用的堆码方式主要有以下几种方式：

（1）散堆方式。散堆是指将无包装的散货在仓库或露天货场上堆成货堆的存放方式。这种方式适用于不用包装的颗粒状、块状的大宗散货，如煤炭、矿砂、散粮、散化肥、海盐等。这种堆码方式简便，便于采用机械设备装卸、堆垛，节省包装费用、仓容和运费。因此，散堆方式是目前货物堆存的一种趋势。

（2）货架方式。使用通用和专用的货架进行货物堆码的方式，主要适用于存放不宜堆高、需特殊保管存放的小件包装的货物，如小百货、小五金、绸缎、呢绒、医药品等。这种堆码方式能够提高仓库的利用率，减少差错，加快存取，但其适用货物的范围较狭窄。

（3）成组堆码方式。采用托盘、网络、绳扣等成组工具先将货物组成一组，使其堆存单元扩大，可以用装卸机械成组搬运、装卸和堆码。成组堆码一般每垛3～4层，这种堆码方法，可以提高仓库、货场的利用率，实现货物机械化操作，保证货物的安全，也有利于提高货物进出库的劳动效率，加快货物的流转。

(4) 垛堆方式。这种堆码方式是指直接利用货物或其包装外形进行堆码，适用于有外包装和不需要包装的长、大件货物，如箱、桶、筐、袋装的货物，以及木材、钢材等。这种堆码方式能够增加货垛高度，提高仓库利用率，能够根据货物的形状和特性的需要和货位的实际情况，把货垛堆码成各种样式，以利于保护货物质量。垛堆的方式是应用最为广泛的，样式也最为繁多的堆码方式，其常用的方式有重叠式堆码、纵横交错式堆码、仰伏相间式堆码、压缝式堆码、衬垫式堆码、栽桩式堆码、直立式堆码和"五五化"堆码等。

3) 货物苫垫

货物在堆码时，要根据货物保管的要求和堆放场所的条件，进行垫垛，目的是使货物与地面隔离，避免地面潮气自垛底侵入，并使垛底通风，同时减少货物对地坪的压力，并保持货物的清洁。露天货场堆存的货物，垫垛也能避免风、雨、雪对货物的侵蚀。当然，在现代化主体仓库，采用高层多货格储存商品，有的甚至配有空调，也就无垫垛的必要。

货物垫垛的方式主要有码架或台板式、垫木或垫石式和苇席、油毡或塑料薄膜式等。

码架或台板式是用一个个码架或台板、垫板，根据需要拼成面积大小适宜的货位。码架、台板或垫板是以垫木为脚，码架上面钉木条，台板、垫板上面钉木板构成。

垫木或垫石式是用垫木、垫石按货位大小一行行排列好的，其排列方向应与垛位长度方向垂直，以利通风，也利于货物直接在上面堆码。这种铺垫方式的优点是拆拼方便。

苇席、油毡、塑料薄膜式主要用于地面干燥的库房，货物不要求有较高的通风散潮条件时，用苇席、油毡、塑料薄膜直接铺在地坪的货位上，货物在上面堆码，若地面湿度大，可在苇席中间夹一层油毡。

露天存放的货物在码垛以后，除了垫垛外，一般需要进行妥善的苫盖，以避免货物受雨、露、霜、雪、潮气的侵蚀和日光暴晒而受损害。需要苫盖的货物，在堆垛时应根据货物的特性、堆存期的长短、存放货场的条件，选择苫盖材料和苫盖方式。

苫盖物应根据货物的不同特性和要求，以及堆垛形状和堆存期来选择，而且要经济耐用，来源充足，并符合防火安全的要求。露天仓储常用的苫盖物有苇席、油毡纸、苫布、油布、塑料布和铁皮等。

货物苫盖方式主要有屋脊式、鱼鳞式和间隔式。

屋脊式苫盖方式无论是用苫布或苇席苫盖，均要将货垛起脊，垛肩有一定斜度，垛位的走向以南北为宜，便于充分采光，保持垛位干燥。

鱼鳞式苫盖方式是将苫盖物由下部向内卷起，将苫盖物自货垛的底部逐渐向上围盖，每行苫盖物相互压茬，缝在一起，外形看似鱼鳞。

隔离式苫盖方式是用竹竿、旧苇席在货垛四周和垛顶打好撑架，然后进行苫盖，起到防潮隔热作用。

3. 货物检查、盘点与保管损耗

1) 货物检查

为了保证在仓库储存保管的货物质量完好，数量准确，必须通过日常检查、定期检查和临时检查的方式对所保管的货物进行数量、质量、保管条件、安全等的动态检查，这是仓库保管业务的一项综合性措施。

在检查中发现货物有变质迹象或发生变质时，应按维护保养要求，查明原因，提出措施进行维护保养；对超过保管期或虽未超过保管期，但质量不能保证的，应通知存货人或仓单持有人及时采取措施或处理；对于数量有出入的，应弄清情况、查明原因，分清责任；对已破损的，应查明原因，与存货人或仓单持有人协商处理。

2）货物盘点

货物的盘点是指定期或临时核对库存商品实际数量与保管账上的数量是否相符；查明超过保管期限、长期积压货物的实际品种、规格和数量，以便提请处理；检查商品有无质量变化、残损等情况；检查库存货物数量的溢短原因，以利改进货物的仓储管理。

盘点方式通常有定期盘点和临时盘点两种。定期盘点，一般每季度进行一次，由货主派人会同仓库保管员、商品会计一起盘点对账；临时盘点是当仓库发生货物损失事故，或保管员更换，或仓库与货主认为有必要盘点对账时，组织的全面或局部性的盘点。

盘点的内容涉及数量和重量。对计件商品要全部清点，货垛层次不清的商品，应进行必要的翻垛整理，同时，检查商品质量变化、残损、呆滞等情况；对数量较少或贵重的商品应全部过磅。

盘点时还需进行货账核对，即根据盘点商品的实际数量，逐笔核对商品保管账上所列的结存数字；账与账核对，即仓库保管账应定期，必要时随时与货主的商品账核对，仓库的保管账应定期与仓间保管账核对。在盘点对账中发现问题，要做好记录，分析问题，找出原因，及时处理。必要时与存货人联系，协商对策。

对库存货物盘点中出现的盈亏，必须及时做出处理。凡是盘盈盘亏的数额不超出国家主管部门规定或合同约定的保管损耗标准的，可由仓储保管企业核销；对超出损耗标准的，则必须查明原因，做出分析，写出报告，承担责任；凡同类货物在规格上发生的数量此多彼少总量相符的，可与存货人根据仓储合同约定直接协商处理。

3）货物保管损耗

货物的保管损耗是指在一定的期间内，保管这种货物所允许发生的自然损耗，一般以其自然损耗量与该种货物库存量之比值表示，称为库存商品自然损耗率，简称保管损耗率，通常以百分数或千分数表示。造成货物保管损耗的主要原因是货物自然损耗、人为因素或自然灾害以及运输损耗与计量工具的误差等。

为了判定商品的保管损耗是否合理，一般对不同情况，不同商品规定相应的合理损耗标准，也称标准损耗率。保管损耗低于该标准的为合理损耗，高于该标准的为不合理损耗。仓储保管合同中，一般都以单独条款加以约定。

三、货物出库业务

货物出库是仓储业务的最后一个环节，它是仓储人根据存货人或仓单持有人所持有的仓单，按其所列货物的编号、名称、规格、型号、数量等项目，组织货物出库的一系列活动。

货物出库主要有货主自提、送货上门、代理托运等三种方式。

货主自提是提货人凭货主所填发的提货凭证由货主自己或其委托的代理人，用自备的运输工具到仓库提取货物。

送货上门是仓库根据存货人或仓单持有人的委托，按照仓单所列货物的名称、规格、数量，用仓库自己的或租用的运输工具，直接将出库货物运送到存货人或仓单持有人指定的地点。这种出库方式手续简便，方便货主，也有利于扩大仓储人的业务范围，提高运输工具的使用效率。

承办代理运输业务的仓库，需要由仓库托运的货物，仓库应仓单持有人或收货人的委托，按仓单所列的货物办理出库手续，通过铁路、水运、航空等运输承运人，把货物发运到委托人指定的地点，这种方式是口岸仓库的主要发货方式。

货物出库的业务程序主要有货物出库前准备、审核仓单、核对登账、配货备货、复核查对、点付交接和填单销账等环节。

1. 货物出库前准备

货物出库也需要进行出库前的准备工作，这是由于在仓储实践中，特别是储存外贸货物的仓库，其仓储合同多数情况下并不约定储存期间，往往是由进出口公司根据国内、外市场情况和外贸运输条件决定货物储存期的长短。而根据《合同法》的有关规定："当事人对储存期间没有约定或者约定不明确的，存货人或者仓单持有人可以随时提取仓储物，保管人也可以随时要求存货人或者仓单持有人提取仓储物，但应当给予必要的准备时间。"所以，存货人或仓单持有人在提取货物之前，应通知仓库提货时间，有时存货人也需要仓库保管人对货物做一些出口准备工作，如对货物原件的包装整理；零星商品的组装、分装；包装材料、工具、用品的准备；待运货物的仓容及装卸机具、运输工具的安排调配；以及发货业务的合理组织与安排。

2. 审核仓单

仓库接到存货人或仓单持有人出库通知后，必须对仓单进行核对。因为存货人取得仓单后，可以通过背书的方式将仓单转让给第三人，也可以分割原仓单的货物，填发两份以上新的仓单，将其中一部分转让给第三人。存货人与仓储人原来所签订的合同中有关被转让部分的规定适用于第三人。第三人在取得仓单后，还可以在仓单有效期内，再次转让或分割仓单。但是合同法规定，存货人转让仓储物提取权的，应当经保管人签字或盖章。

在实践中，仓储保管人在仓单持有人行使提货权或其他对仓储物的权利时，应该检查其仓单持有是否合法。审查背书是否连续，背书时是否标明了被背书人的名称，以及被背书人所取得的权利类型或权利效力的大小。仓单背书必须连续，这是对仓单持人享有合法权利的一个证明，在仓单持有人行使权利时，如仓单的背书不连续，那么仓储人即可对抗持有人行使仓单权利。

3. 核对登账

审核仓单的合法性和真实性以后，仓库商品会计要核对货物的品名、型号、规格、单价、数量等有无错误，收货单位、到站、银行账号等是否齐全和准确，单证上书写的字迹是否清楚，有无涂改痕迹，是否超过了规定的提货有效期等。如属于自提货物，还需结清仓储费用；如果存货人或仓单持有人逾期提货的，还应当加收仓储费。

如果核对无误后，可根据凭证所列各项内容，登入商品保管账，核销储存量，并在出库凭证上批注发货商品存放的货区、库房、货位编号以及发货后应有的储存数量。同时，收回仓单，签发仓库货物出库单，写清各项内容，连同提货单或调拨单，一起交仓库保管员查对配货。

4. 配货备货

保管员对商品会计转来的货物出库凭证复核无误后，按其所列项目内容和凭证上的批注，到编号的货位对货，核实后进行配货。配货中要执行"先进先出""易坏先出""坏货不出"的发货原则。货物从货垛上搬下后，应整齐堆放在备货区位上，以便刷唛、复核、交付等备货作业的进行。

配货后把出库货物分品种、分规格、分流向堆放在备货区；备货时，发现一票入库商品没有全部到齐的；入库验收时发现的问题尚未处理的；商品质量有异状的，要立即与存货人或仓单持有人联系，存货人或仓单持有人认为可以出库，并在正式出库凭证上签署意见后，方可备货、出库；否则，不备货、不出库。

备货中发现出库货物的包装有破损、断绳、脱钉等情况，仓库要负责加固修理，严格做到破损包装不出库。

5. 复核查对

为了保证出库货物不出差错，备货后应立即进行复核。复核的目的就是要求出库货物手续完备、交接清楚、不错发、不错运。出库货物经过复核无误后，方可发运。复核的形式有保管员自行复查，保管员互核，专职人员复核，负责人复查等。

6. 点付交接

出库货物无论是收货单位提货，还是交付运输部门发运，仓库保管员在备齐货物经复核无误后，必须当面与提货人或运输承运人按单逐件点交清楚，分清责任，办好交接手续。自提货物，待货物交清后，提货人应在出库凭证上签章；待发运货物保管员应向发运人员点交，发运人员在出库凭证上签字。发货结束后，应在出库凭证发货联上加盖“发讫”或“商品付讫”戳记，并留据存查。同时，应由仓库填写出库商品清单或出门证，写明承运单位名称、商品名称、数量、运输工具和编号，并会同承运人或司机签字。出库商品清单或出门证一式三联，一联由仓库发货人员留查；二联由承运人交仓库门卫查验放行；三联给承运人作为交货凭据。

7. 填单销账

货物交点以后，保管员应在出库单上填写“实发数”、“发货日期”等项内容并签名。然后将出库单有关联连同有关证件资料，及时交送货主，以便货主办理货款结算。保管员根据留存一联出库凭证清点货垛余数，并与账、卡核对，登记、核销实物保管明细账，账面余额与实际库存量和货卡登记相符，出库凭证应在当日清理，定期装订成册，妥善保管；在规定时间内，转交账务人员登账复核。

一批货物发完后，应根据出入库情况，对收发、保管、溢短数量和垛位安排等情况进行分析，总结经验，改进工作，并把这些资料整理好，存入商品保管档案，妥善保存，以备日后查用。

四、流通加工业务

1. 流通加工概念

流通加工是指在物品从生产领域向消费领域流动的过程中，为促进销售、维护产品质量和提高物流效率而对物品进行加工，使物品发生物理、化学或形状的变化。

流通加工是流通中的一种特殊形式，它和一般的生产型加工在加工方法、加工组织、生产管理方面并无显著区别，但在加工对象、加工程度和加工目的等方面有较大差别。

(1) 流通加工的对象是进入流通过程的商品，具有商品的属性。而生产加工的对象是原材料、零配件或半成品，不是最终产品。

(2) 流通加工程度大多是简单加工，而不是复杂加工，它是对生产加工的一种辅助及补充，并不是对生产加工的取消或代替。对于必须进行复杂加工才能形成人们所需的商品，需要专设生产加工过程。

(3) 从价值观点看，流通加工的目的在于完善商品的使用价值，并在不做大改变的情况下提高价值。而生产加工的目的在于创造价值及使用价值。

(4) 流通加工的组织者是从事流通工作的人，能密切结合流通的需要进行这种加工活动，从加工单位来看，流通加工由商业或物资流通企业完成，而生产加工则由生产企业完成。

(5) 商品生产是为交换和消费而生产的，而流通加工的目的不仅是为了商品消费或再生产，有时还以自身流通为目的，纯粹是为流通创造条件。

鉴于上述特点，物流企业在开展流通加工业务中要保持"适度"的原则：①流通加工不能与生产企业的直接生产加工相矛盾，只能成为生产加工的一种补充加工；②流通加工不应加大消费者的购买力负荷，只能方便用户，这是由开展流通加工的目的所决定的。

2. 流通加工作用

流通加工在物流中具有特殊地位，它有效地完善了流通，是物流企业的重要利润源，也是国民经济中重要的加工形式。其作用主要体现在以下几个方面：

(1) 提高原材料利用率。利用流通加工环节进行集中下料，将生产厂运来的简单规格产品，按使用部门的要求进行下料，例如将钢板进行剪板、切裁；钢筋或圆钢裁制成毛坯；木材加工成各种长度及大小的板、方等。集中下料可以优材优用、小材大用、合理套裁，有很好的技术经济效果。

(2) 进行初级加工，方便用户。用量小或有临时需要的使用单位，缺乏进行高效率初级加工的能力，依靠流通加工可使使用单位省去进行初级加工的投资、设备及人力，从而搞活供应，方便了用户。目前，发展较快的初级加工有：将水泥加工成生混凝土、将原木或板方材加工成门窗、冷拉钢筋及冲制异型零件、钢板预处理、整形、打孔等加工。

(3) 提高加工效率及设备利用率。由于建立集中加工点，可以采用效率高、技术先进、加工量大的专门机具和设备。

流通加工不仅能够提高物流系统效率，对于生产的标准化和计划性，对于提高销售效率，提高商品价值，促进销售将越来越重要。

3. 流通加工类型和内容

根据不同的目的，流通加工有不同的类型：

(1) 以保存产品为目的。目的是使产品的使用价值得到妥善的保存，延长产品在生产和使用期间的寿命。

(2) 为适应多样化的需要。为了满足用户对产品多样化的需要，同时又要保证高效率的大生产，将生产出来的单一化产品进行多样化的改制加工。

(3) 为了消费方便省力。根据下游生产的需要将商品加工成生产直接可用的状态，如将水泥拌成混凝土混合料。

(4) 为提高产品的利用率，减少浪费。利用加工者为不同使用者加工，可以提高物资的利用率，集中加工可以减少原料消耗，提高加工质量。

(5) 为提高物流效率，降低物流损失。由于商品在装卸和运输过程中极易受损，因此需要进行适当的流通加工加以弥补，如自行车需要在使用地装配等。

（6）为了实施配送。配送中心为了实现配送活动，满足客户的需要而对物资进行的加工。

流通加工的具体内容包括对食品的流通加工、消费资料的流通加工和生产资料的流通加工。

（1）食品的流通加工。为便于保存，提高流通效率，食品的流通加工必不可少，是流通加工的主要内容。如：鱼和肉类的冷冻；生奶酪的冷藏；将冷冻的鱼肉磨碎以及蛋品加工；生鲜食品的原包装；大米的自动包装；上市牛奶的灭菌和摇匀等。

（2）消费资料的流通加工。主要以服务顾客、促进销售为目的。如：衣料品的标识和印记商标；粘贴标价；安装作广告用的幕墙；家具等的组装；地毯剪接等。

（3）生产资料的流通加工。包括对钢材、水泥、木材和燃料的流通加工，其中钢材的流通加工方式以剪板、切割、轧钢、打孔、冷拉和集中下料等为多。水泥的流通加工方式主要有3种：将大批量、长途、散装输送来的水泥转换为纸袋包装或小规模散装；将出厂的熟料运到使用地区分散磨制成水泥；将水泥与砂石一起加工搅拌成各种标号及特性的生混凝土作为商品销售。木材的流通加工方式，一种是将木材磨制成碎屑，制成造纸原料，然后进行配送或输送；另一种是将木材加工成各种规格的成材板、方材、胶合板等。燃料的流通加工主要是为了便于输送，如将碳磨成粉再用水调和成泥浆状，然后用管道输送；将天然气压缩成液体，然后装罐输送等。

4. 流通加工合理化

流通加工是在流通领域中对生产的辅助性加工，从某种意义来讲它不仅是生产过程的延续，实际是生产本身或生产工艺在流通领域的延续。这种延续一方面可以有效地起到补充和完善的作用，另一方面也可能会对整个过程产生负效应。流通加工合理化的含义是实现流通加工的最优配置，不仅应避免各种不合理，使流通加工有存在的价值，而且应做到最优的选择。

在流通加工优化过程中，对于是否设置流通加工环节，在什么地点设置，选择什么类型的加工，采用什么样的技术装备等，均需做出正确抉择，主要应注意以下几个方面：

（1）加工和配送相结合。流通加工地点设置是使整个流通加工是否能有效的重要因素。一般而言，为衔接单品种大批量生产与多样化需求的流通加工，加工地点设置在需求地区，才能实现大批量的干线运输与多品种末端配送的物流优势。将流通加工设置在配送点中，一方面按配送的需要进行加工，另一方面加工又是配送业务流程中分货、拣货、配货的一环，加工后的产品直接投入配货作业，无需单独设置一个加工的中间环节，使流通加工有别于独立的生产，而将流通加工与中转流通巧妙结合在一起。同时，由于配送之前有加工，可使配送服务水平大大提高。这是当前对流通加工做合理选择的重要形式，在煤炭、水泥等产品的流通中已显现出较大的优势。

（2）加工和配套相结合。在对配套要求较高的流通中，配套的主体来自各个生产单位，但是，完全配套有时无法全部依靠现有的生产单位，进行适当流通加工，可以有效促成配套，大大提高流通的桥梁与纽带的能力。

（3）加工和合理运输相结合。流通加工能有效衔接干线运输与支线运输，促进两种运输形式的合理化。利用流通加工，在支线运输转干线运输或干线运输转支线运输这本来就必须停顿的环节，不进行一般的支转干或干转支，而是按干线或支线运输合理的要求进行适当加工，从而大大提高运输及运输转载水平。

(4) 加工和合理商流相结合。通过加工有效促进销售，使商流合理化，例如加工和配送的结合，通过加工，提高配送水平，强化销售；又例如通过简单地改变包装加工，形成方便的购买量，通过组装加工解除用户使用前进行组装、调试的难处，这些都有助于促进商流。

(5) 加工和节约相结合。流通加工之所以能够有生命力，重要优势之一是有较大的产出投入比，因而能有效起到补充和完善的作用。如果流通加工成本过高，则不能实现以较低投入实现更高使用价值的目的。节约能源、节约设备、节约人力、节约耗费是流通加工合理化重要的考虑因素，也是目前我国设置流通加工，考虑其合理化的较普遍形式。

对于流通加工合理化的最终判断，是看其是否能实现社会和企业本身的两个效益，而且是否取得了最优效益。对流通加工企业而言，只有在补充完善为己任前提下才有生存的价值。如果只是追求企业的微观效益，不适当地进行加工，甚至与生产企业争利，这就有违于流通加工的初衷，或者其本身已不属于流通加工范畴了。

第三节 保税仓储

一、保税仓储概念

随着国际贸易的不断发展，贸易方式日益多样化，如来料加工贸易、进料加工贸易、补偿贸易，转口贸易，期货贸易等。在这些贸易方式下，如果进口时要征收关税，复出时再申请退税，手续过于繁琐，必然会加大货物成本，增加国际贸易风险，不利于对外贸易的发展。保税是指海关暂时不征收关税，但保留对货物征税的权利，待货物最终流向确定后，视货物是否进口国内，再决定征税或免税。开展保税业务，可大大降低进口货物风险，并有利于鼓励外国企业在中国投资，是创造良好投资环境的重要举措。

根据我国《海关法》的定义，保税货物是指经海关批准未办理纳税手续进境，在境内储存、加工、装配后复运出境的货物，包括来料加工进口的料件和设备；进料加工进口的料件；补偿贸易进口的设备；寄售维修零配件；供应国际航行船舶的燃料、零配件；外商寄存、暂存的货物；贸易商的转口贸易货物；免税品商店进口的商品等。

保税仓储是指根据海关制度，保税货物及其他未办理海关手续的货物为特定目的储存于境内关内或关外的特定区域或场所。

二、保税仓储形式

保税仓储按其目的分为商品贸易型、加工制造型和商品贸易与加工制造混合型三种类型。具体形式有保税仓库、保税展示场、保税工厂、保税集团、出口加工区、保税区、保税港区、保税物流园区、保税物流中心、自由港、自由贸易区等。

(一) 保税仓库

1. 保税仓库定义

保税仓库是保税制度中应用最广泛的一种形式，是指经海关批准设立的专门存放保税货物及其他未办结海关手续货物的受海关监管的仓库。

设立保税仓库的目的是暂缓执行关税，以便因经济或技术的需要而在保税仓库暂时存放，待货物最终流向确定后，再由海关决定是否征收关税并办理其他相关手续。保税仓库制度从产生到其后发展的相当长的时期内，其目的和做法基本上没有很大变化，并且已经逐步由发达国家扩展到发展中国家，成为许多国家海关业务制度的组成部分。为了协调各国的行动，世界海关组织制定了《京都公约》关于保税仓库的附约，我国已接受了这一附约，表明我国在保税仓库制度方面已与国际通行规则接轨。

根据国际通行的保税制度，进境存入保税仓库的货物可暂时免纳进口税款，免领进口许可证或其他进口批件，在海关规定的存储期内复运出境或办理正式进口手续。但对国家实行加工贸易项下进口需事先申领配额许可证的货物，在存入保税仓库时，应事先申领进口许可证。

2. 保税仓库存放货物的范围

根据《中华人民共和国海关对保税仓库及所存货物的管理规定》(以下简称《管理规定》)，下列货物经海关批准可以存入保税仓库：

(1) 加工贸易(进、来料加工)进口货物；

(2) 转口货物；

(3) 供应国际航行船舶和航空器的油料、物料和维修用零部件；

(4) 供维修外国产品所进口寄售的零配件；

(5) 外商暂存货物；

(6) 未办结海关手续的一般贸易货物；

(7) 经海关批准的其他未办结海关手续的货物。

保税仓库应当按照海关批准的存放货物范围和商品种类开展保税仓储业务。

3. 保税仓库类型

国际上保税仓库的类型在不断发展，世界各国也不尽相同，其功能也不完全一致，但就保税储存这一点则是共同的。根据国际上的通行做法及我国保税仓库允许存放货物的范围，我国目前的保税仓库按其使用对象不同分为公用型保税仓库和自用型保税仓库。

1) 公用型保税仓库

公用型保税仓库由主营仓储业务的中国境内独立企业法人经营，专门向社会提供保税仓储服务。这类保税仓库的经营人一般不经营进出口商品，但仓库可供各类进口商共同存放保税货物，是为国内外保税货物持有者服务的，不论谁的货物，只要符合海关的法令规定，而仓库又有条件储存的，都可以接受储存。例如，转口贸易货物，外商暂存货物，也可供加工贸易经营商存放加工贸易的进口料件等。物流经营人、仓储人或国际货运代理人经营的保税仓库即属于这一类型。

2) 自用型保税仓库

自用型保税仓库由特定的中国境内独立企业法人经营，仅存储供本企业自用的保税货物，并大多设在其所属的区域内，除海关有监管权外，该类保税仓库是根据生产和贸易的需要而设立的，它受地点限制。这种类型的保税仓库又可分为两大类：第一类是加工贸易备料保税仓库，是专为来料加工、进料加工等加工贸易储备进口原材料的保税仓库，一般为开展加工贸易的经营单位申请设立的，目前这一类加工保税仓库在我国保税仓库中是主要类型；第二类是寄售、维修、免税商品保税仓库，是为外国产品在我国国内寄售及维修进口机器设备所需零部件和进口外汇免税商品服务的，外国商品进境时存入保税仓库，待销售、维修或供应时，海关按规定予以征税或免税。储存供中外国际航行船舶油料的保税仓库，也基本属于这一类型。

3）海关监管仓库

海关监管仓库主要存放已进境而无人提取的货物，或者无证到货、单证不齐、手续不全以及违反海关规定等而海关不予放行，需要暂存海关监管仓库等候海关处理的货物。这种仓库就其所具有的保税储存功能而言，也属于保税仓库的一种类型。

4. 海关对保税仓库货物的监管

1）保税货物入库

保税仓储货物入库时，货主或其代理人持有关单证向海关办理货物报关入库手续，海关根据核定的保税仓库存放货物范围和商品种类对报关入库货物的品种、数量、金额进行审核，并对入库货物进行核注登记。

入库货物在保税仓库所在地海关入境时，货主或其代理人填写进口货物报关单一式三份，加盖“保税仓库货物”印章并注明此货物存入某保税仓库，向海关申报，经海关查验放行后，一份由海关留存，另两份随货带交保税仓库。保税仓库经理人应于货物入库后即与报关单进行核对，并在报关单上签收，其中一份留存，作为入库的主要凭证，一份交回海关存查。

入库货物在保税仓库所在地以外的其他口岸入境时，经海关批准，按照海关转关运输货物的规定或者在口岸海关办理相关手续。货物所有人或其代理人应先向保税仓库所在地主管海关提出将进口货物运至保税仓库的申请，主管海关核实后，签发“进口货物转关运输联系单”，并注明货物转运存入某保税仓库。货主或其代理人凭此联系单到入境地海关办理转关运输手续，入境地海关核准后，货主或其代理人应按上述入库货物在保税仓库所在地海关入境的程序向主管海关办理进口申报及入库手续。

2）保税货物储存

保税仓储货物存储期限为1年，确有正当理由需要延长储存期限的，货主应向海关提出延期申请，经海关同意可予以延期，除特殊情况外，延期不得超过1年。保税仓储货物在保税仓库内存储期满，未及时向海关申请延期或者延长期限届满后既不复运出境也不转为进口的，海关将按照有关规定进行处理。

保税仓库对所存货物应有专人负责管理。海关对保税仓库实施计算机联网管理，并可以随时派员进入保税仓库检查货物的收、付、存情况及有关账册。海关认为必要时，可以会同保税仓库经营企业双方共同对保税仓库加锁或者直接派员驻库监管，保税仓库经营企业应当为海关提供办公场所和必要的办公条件。

保税仓储货物可以进行包装、分级分类、加刷唛码、分拆、拼装等简单加工，但不得进行实质性加工。

此外，保税仓储货物，未经海关批准，不得擅自出售、转让、抵押、质押、留置、移作他用或者进行其他处置。

保税仓储货物在存储期间发生损毁或者灭失的，除不可抗力外，保税仓库应当依法向海关缴纳损毁灭失货物的税款，并承担相应的法律责任。

3）保税货物出库

保税货物出库主要有以下几种情况：

(1) 保税货物经海关核准转为进入国内市场销售时，货主或其代理人应向海关办理货物进口的海关手续，填写“进口货物报关单”，其贸易性质由“保税仓库货物”转变为“一般贸易进口”。货物属于国家进口配额、进口许可证、机电产品进口管理，以及特定登记进口商品和其他进口管理商品的，需向海关提交有关进口许可证或其他有关证件，并缴纳进口关税、消费税和进口环节增值税。进口手续办理后，海关在进口货物报关单上加盖放行章，其中一份用以向保税仓库提取货物，另一份由保税仓库留存，作为保税仓库货物的核销依据。

(2) 保税货物转口销售或退运出境时，货主或其代理人应向保税仓库所在地主管海关申报，填写“出口货物报关单”一式三份，并提交货物进口时经海关签章确认的“进口货物报关单”，经主管海关核实后予以验放出境。出境手续办理后，海关在一份出口报关单上加盖放行章后退还货主或其代理人，作为保税仓库货物核销依据。

(3) 保税货物用于加工贸易时，经营加工贸易的单位应在向海关办理了备案登记手续后，凭海关核发的“登记手册”向保税仓库所在地主管海关办理保税仓库提货手续。在提取货物时，需补填进料加工或来料加工专用的“进口货物报关单”和“保税仓库领料核准单”。经海关核实后，在“保税仓库领料核准单”上加盖放行章，其中一份由经营加工贸易单位凭以向保税仓库提取货物，另一份由保税仓库留存，作为保税仓库货物的核销依据。

(4) 保税货物转库储存时，仓库经理人应按转关运输的规定将保税货物作为进口转关运输货物办理海关手续后方能转库。

4) 保税货物核销

保税仓库应当如实填写有关单证、仓库账册，真实记录并全面反映其业务活动和财务状况，编制仓库月度收、付、存情况表和年度财务会计报告，并定期以计算机电子数据和书面形式报送主管海关核查，并随附经海关签章的“进出口报关单”及“保税仓库领料核准单。

主管海关对保税仓库入库、出库报表与实际进口、出口报关单及领料单进行审核，必要时派员到仓库实地核查有关记录和货物结存情况。核实无误后予以核销，并在一份报表上加盖印章认可，退还保税仓库留存。

(二) 保税展示场

保税展示场即指保税展览馆，是经当地海关关长批准设立，作为展览外国商品的场所。实行保税展览馆制度是为使国际范围内从事的博览会以及国家机关开办的外国商品展览会的顺利进行，使外国商品在保税的情况下，以简易的手续进行展出。期限视展览的需要，而没有具体的规定。

(三) 保税工厂

保税工厂是指经海关批准，用保税进口的原材料、辅料、零部件、元器件等(简称料件)加工制造复出口产品的工厂，它是伴随着进料加工、来料加工等加工贸易发展的需要而产生的一种保税业务形式。保税工厂以出口为目的进口料件，海关予以全部保税，待加工制造成品出口后，按实际耗用的进口料件免征进口关税和进口环节的增值税。这种保税制度形式适应了专门或主要为加工出口产品的工厂需多批、连续进口料件的需要。

(四) 保税集团

保税集团是“进料加工保税集团”的简称，它是指经海关批准，由一个具有进出口经营权的企业牵头，组织关区内同行业若干个加工企业，联合对进口料件进行多层次、多工序连续加工，直至最终产品出口并享受全额保税的企业联合体。

海关在保税工厂的基础上，对进口料件需经过多工序、多企业加工，生产同一最终产品的出口情况，实行了在保税集团内部不同企业、不同工序滚动保税的制度。保税集团企业在进料加工项下进口的料件，海关予以全额保税，对料件和半成品在不同企业、不同工序转接加料加工项下加工成品出口，免征出口关税。但如属于国家实行出口许可证商品，应向海关交验出口货物许可证。

（五）出口加工区

出口加工区是经国家批准设立，由海关监管的特殊封闭区域，准许外国厂商在区内办企业，享受关税优惠待遇，外资企业可以免税进口原材料、机械设备及其他零部件，制成品出口也享受免税待遇。其实质是利用经济上的优惠政策和廉价劳动力以及一定的基础设施、吸引外资，引进技术来发展本国的出口加工工业和对外贸易。

出口加工区必须设立符合海关监管要求的隔离设施和有效的监控系统，海关在区内设立专门的监管机构，并按规定对进、出加工区的货物及区内相关活动实行24小时监管。

出口加工区的功能比较单一，主要是开展出口加工业务，区内企业生产的最终产品，基本上都应该是直接出口的。加工区内不仅可设置出口加工企业，还可设置专为出口加工企业生产提供服务的仓储企业和经海关核准专门从事加工区内货物进、出的运输企业。

（六）保税区

保税区是指国家为鼓励出口，而实行特殊关税政策和管理手段，在一国境内设置的封闭的综合性的特定区域，属于海关监管区。其特点是货物可以豁免关税自由进出境，而在区内实行保税制度。

我国借鉴了国际通行做法，1990年经国务院批准，按照自由贸易区模式建立了中国第一个保税区——上海外高桥保税区，它集自由贸易、出口加工、物流仓储及保税商品展示交易等多种经济功能于一体。随后又先后建立了深圳沙头角、深圳福田、深圳盐田、青岛、天津、大连大瑶湾、张家港、宁波、厦门、马尾、广州、珠海、汕头和海口等保税区。按照我国规定，建立保税区需经国务院批准，保税区与中华人民共和国国境内的其他非保税区之间，应设置符合海关监管要求的隔离设施，并由海关实施封闭式的管理。

我国的保税区是海关监管的特殊区域，是经国家有关部门审查批准设立，在海关总署领导下，由地方政府具体管理，受海关监管的"境内关内"的特殊地区。通常在我国保税区内，外国商品在海关监管下，可暂时不交纳进口税而存入区内的保税仓库，但若输入国内市场销售，则必须交纳进口税并办理其他相关的进口手续。

上海外高桥保税区作为我国第一个保税区先试先行：率先启动了EDI无纸通关；第一个空运进口货物直通式试点单位；率先实施行政审批制度改革。为适应经济全球化的步伐，我国在保税区的基础上发展自由贸易区。

保税区是我国开放度很大的地区，对所在地区和全国经济发展以及改善投资环境和吸引外资都起着重要的作用。随着保税区向自由贸易区的成功转型，自由贸易区将成为我国开放度更大的区域。

（七）保税港区

保税港区是经国务院批准设立，在港口作业区和与之相连的特定区域内，具有口岸、加工、物流等功能的特殊经济区。享受保税区、出口加工区、保税物流园区、港区的政策。主要税收政策可包括：境外货物入港区保税；国内货物入港区视同出口，实行退税；港区内企业之间的货物交易不征收增值税和消费税。

保税港区兼具保税区、出口加工区、保税物流园区的功能。与保税区相比，保税港区“区港一体”的优势得到充分发挥；与出口加工区相比，保税港区具有物流分拨等功能，使其与境外、区外经济联系更加紧密；与保税物流园区相比，保税港区允许开展出口加工业务，使其更具临港加工优势。

我国现有的保税港区主要有上海洋山深水港、天津东疆、大连大窑湾、海南洋浦、宁波梅山、广西钦州港、厦门海沧港、青岛前湾港和深圳前海湾等保税港区。

(八) 保税物流园区

保税物流园区是指经国务院批准，在保税区规划面积或者毗邻保税区的特定港区内设立的、专门发展现代国际物流业的海关特殊监管区域。

保税物流园区的业务范围包括：存储进出口货物及其他未办结海关手续货物；对所存货物开展流通性简单加工和增值服务；进出口贸易和转口贸易；国际采购、分销和配送；国际中转；检测、维修；商品展示；经海关批准的其他国际物流业务等。

园区内不得开展商业零售、加工制造、翻新、拆解及其他与园区无关的业务。法律和行政法规禁止进出口的货物以及物品不得进出园区。

(九) 保税物流中心

保税物流中心一般是指由地方政府负责组织筹建和申报，经海关验收和批准设立的具有口岸功能的封闭式海关监管区域，分 A 型和 B 型两大类。

A 型保税物流中心是指经海关批准，由中国境内企业法人经营，专门从事保税仓储物流业务的海关监管场所。

B 型保税物流中心是指经海关批准，由中国境内一家企业法人经营，多家企业进入并从事保税仓储物流业务的海关集中监管场所。

保税物流中心的功能主要有保税仓储、国际物流配送、简单加工和增值服务、检验检测、进出口贸易和转口贸易、商品展示、物流信息处理、口岸、入物流中心出口退税等。

保税物流中心主要解决一般贸易出口商品入中心退税问题、一般贸易进口商品保税问题、加工贸易中的深加工和结转货物问题，并有利于降低物流成本和增加物流服务价值。

设立保税物流中心对地方经济的好处在于：保税物流中心有利于建立稳定而长效吸引国内外物流企业进入园区发展的机制；就近解决当地从事出口加工生产制造企业和进出口贸易型企业的出口退税、保税等问题，降低物流成本，也有利于吸引外资和促进企业投资；丰富当地的物流业态和形式，促进当地物流业的国际化和现代化。

我国保税物流中心主要有苏州工业园区保税物流中心、苏州高新保税物流中心、南京龙潭保税物流中心、北京空港保税物流中心、天津经济技术开发区保税物流中心、上海西北物流园区保税物流中心、东莞保税物流中心、中山保税物流中心、广州空港保税物流中心、江阴保税物流中心、太仓保税物流中心、杭州保税物流中心、青岛保税物流中心、日照保税物流中心、厦门火炬(翔安)保税物流中心、营口港保税物流中心、西安保税物流中心、成都保税物流中心、长沙金霞保税物流中心、南昌保税物流中心、山西方略保税物流中心、武汉东西湖保税物流中心、南宁保税物流中心、沈阳保税物流中心、宁波栎社保税物流中心、连云港保税物流中心、深圳机场保税物流中心、河南保税物流中心、北京亦庄保税物流中心以及淄博保税物流中心等。

(十) 自由港

自由港是指划在本国关境以外的，不属于任何一国海关管辖的港口或海港地区。在这一特别区域里，全部或绝大部分外国商品可以免税进口，在此装卸、储存、加工、包装、再出口，也能供自由港内的居民消费。自由港凭借自身所具有的良好的港口条件，有利的地理位置，先进的运输装卸设施，以及豁免进出口货物关税，免受海关监督等优惠条件，发挥国际商品集散地和转运中心的作用，达到促进本国和本地区经济发展的目的。广义上的自由港也可称为自由贸易区。

自由港以开放地区的范围可分为两类：一是将港口及其所在城市完全划为自由港；二是限定在港口或毗邻港口的一小块区域。

以海关监管范围和贸易管制程度来看，又分为完全自由港和有限自由港。完全自由港不属于海关管制范围，一切外国商品可免税进出口，在自由港内进行储存、整理、加工、分级、包装或其他作业而不受海关监督，外国商品只在从自由港进入所在国海关管制区时才要纳税，现今世界上完全自由港很少；有限自由港只对少数指定进出口商品征收关税或实施不同程度的贸易管制，其他商品则可享受免税待遇，如香港、新加坡等，均属于有限自由港。

(十一) 自由贸易区

1. 自由贸易区概念

自由贸易区(Free Trade Zone, FTZ)是指一个国家(地区)基于长期发展的考虑，认为有需要对输入本国(地区)或其部分区域的货物给予免除进口关税等优惠，因而设立的以国际贸易为主要职能，兼具工商的多功能区域。在此区域内，不受海关监管，外国商品可以免税进入，在区内自由储存、分类、包装和简单再加工，然后免税出口。自由贸易区也准许经营出口加工，开设工厂企业，乃至经营房地产、金融、商务、信息咨询等各项业务。

自由贸易区中的港口所在地区称为自由贸易港区，它是自由贸易区的地域组成部分。世界上有不少自由贸易区设在港区内，从地域范围看即为自由贸易港区。它是以减免关税和自由出入等优惠待遇为手段，以求达到一定经济日的的一种特定的港口或港区。

自由贸易区也可以不设在港口或港口地区，但应毗邻国际航空线、航海线、铁路干线，并且与区外的现代化交通、通信设施相连。自由贸易区除实行特殊的关税政策，提供各种优惠条件外，还必须拥有先进完善的基础设施，以提供优质、高效的服务，吸引本国或国外的投资者前来投资、开展贸易等，并通过发展贸易和转口贸易增加商业收入来繁荣本国经济。

2. 自由贸易区分类

自由贸易区可按其范围属性、经营形态及目的功能等进行分类。

(1) 依范围属性分。可分为自由贸易区设置于主权国之内某一特定区域和全国(地区)都是自由贸易区两类。

(2) 依经营形态分。可分为专为储运及转口贸易所设的自由贸易区，即“商业型自由贸易区”；为加工、制造业所设的加工出口区，即“工业型自由贸易区”；集转运、仓储、贸易、工业及金融服务、观光等多目标功能，兼具地缘、资源及市场要件，即“综合型自由贸易区”。

(3) 依目的与功能分。自由贸易区是一个广义的概念，国际上对自由贸易区的称呼，因其目的与功能的不同而有所不同，包括对外贸易区、自由港、转口区、自由贸易特区、加工出口区、关税特惠区，以及我国大陆设立的经济特区和保税区等。

3. 自由贸易区功能

根据自由贸易区的种类,可以得出各类自由贸易区对应的主要功能。

(1) 仓储功能。利用自由贸易区货物进出口不课征关税、可缩短进仓时间争取商机及区内低廉仓储费用等便利,吸引世界货物至区内储存,再选择适当时机销售至市场,以获取最高利润。

(2) 转运功能。发展转口贸易:自由贸易区之转运功能与仓储功能关系密切,若无便捷的仓储服务设施,则无转运业可言,而无转运业务,则仓储业将大受影响,二者相辅相成。仓储、转运功能亦是自由贸易区最基本的商业功能,由于免于申请通关报验手续的繁琐,将商品储存、整理、分装、加标签,再予以转运,可减少货物运送时间及资金积压,有利于国际贸易的发展。

(3) 生产功能。利用自由贸易区机器、原料、零件等进口免征关税等相关税赋之优惠,货物及资金进出自由等良好投资环境,吸引外资至区内投资加工、制造等生产企业。

(4) 金融功能。区内具有独立的金融体系与外汇操作系统,资金可自由进出,并降低对区内银行之限制,吸引国内外金融机构进驻从事国际金融活动,有利于成就国际金融中心。

(5) 休闲消费功能。在多元化的自由贸易区内,除工业、贸易等活动外,因从事诸多活动而吸引前来之人潮,故有从事消费、休闲观光之需求,所以部分自由贸易区内亦提供休闲消费活动功能,如大型购物区、观光游乐区、赌场、赛马场等。

4. 自由贸易区特点

1) 境内关外

自由贸易区仍属国家领土,但区内实施自由灵活的海关监管制度,允许外国货物的自由进出、装卸、分选加工、重新包装、储存、过境中转,以及进口原材料进行外贸加工再出口等。

2) 与口岸高度关联的独立封闭式港区

在海运、空运以及内河航运所在区域,实行"一线放开、二线控制、区内自由"的监督管理模式,采用围网等隔离手段将区域内与区域外严格隔离,或者是通过对货物的严格监管来保证货物被隔离开。海关对进入区内的商品货物不进行常规的监督管理,并给予保税政策。

3) 高度的经济自由权

(1) 国际航运船舶可以自由进出港口。海关对于港口实行特殊的监督管理,简化航运船舶进出的手续,不再强制化引航,船员上岸可不受限制等。

(2) 交易自由的贸易管理制度。区内实行关税政策较为优惠,并免于征收增值税和消费税。

(3) 实行自由汇兑的货币政策。区内货币自由兑换,使资本自由流动,有利于形成多边国际结算,促进国际贸易的发展。

(4) 企业投资经营活动自由。企业在合法范围内可以完全按照自己的意愿经营和管理,不受区域管理机构和当地政府的管理和干涉。

(5) 人员出入境自由。人员可自由流动。

4) 功能多样化

区内不仅具有保税区或保税物流园区的一般功能,更具有过境贸易、转口贸易、易货贸易、与贸易相关的服务及金融服务、休闲娱乐消费等灵活多样的功能。

第四节 案 例

一、保税货物

(一) 充分利用保税政策

D公司是美国一家经营灯具业务的跨国公司。公司从中国进口产品,经北太平洋航线以集装箱运输方式运抵美国西海岸,随后销售给美国各地客户,主要是希尔斯、沃尔玛之类的大型零售企业,或者转售给其他美洲国家专营进出口业务的经销商。

以往,D公司在货物运抵美国西海岸后直接进口报关,支付12.5%的海关关税,随后将货物运到公司设在附近的中转仓库中,等待来自客户的订单。接到订单后,D公司根据客户的要求对商品进行简单加工、处理和重新包装,将不同款式的产品按订单要求组合在一起。对美国本土的客户可以直接发货,海外客户则需要办理再出口手续。

采取保税方式后,来自中国的灯具经海路运抵美西海岸后,由铁路转运到D公司设在俄亥俄州自由贸易区中的保税工厂里,在那里完成商品组合和包装等工作。如果订单来自美国国外,那么D公司会直接将灯具再出口到其他国家,无须支付进口关税。如果订单来自美国国内的零售企业,那么在发往零售商前需要交纳进口关税。

虽然前后两种操作模式下,灯具进口至美国本土均需缴纳进口关税,但不同的是,保税方式下缴纳关税的时间比以往推迟了,相当于节约了关税的利息。

(二) 保税货物少报多出

1. 案情

某境外公司的货主与境内保税仓库经理人签订保税货物保管及代理报关合同。合同约定:每次批量到货,货主应在船到前两天提供有关发票、装箱单、提单等进口单证及合同或手册,保税仓库经理人向海关提交这些单证办理清关手续,将货物进仓;保税仓库经理人按照货主盖有单位公章戳记的书面通知和有关单证资料进行报关出仓,同时向海关提交单证;货主保证提供货物的品名、性质、标志及数量等单证资料准确无误。

海关检查发现其中两年的货物在进出保税仓库件数完全一致的情况下,出仓重量却比进仓重量累计多出近千吨,即少报多出。与此同时,出保税仓库货物的件数与保税工厂购进货物的件数一致,保税工厂多进的重量正好与出仓少报的重量相符,即少报多进。海关侦查局侦查终结后向检察院提交起诉意见书,认为货主及其有关人员、保税仓库经理人及其职工构成走私普通货物罪;检察院在要求海关侦查局补充侦查两次后,遂向法院提起公诉,认为保税仓库经理人及其职工和货主的推销员构成走私普通货物罪。

数被告的辩护人认为本案不构成走私犯罪。

2. 专家评析

走私犯罪的主观方面必须是故意的,过失不构成本罪;走私普通货物罪的客观方面表现为违反海关法规,逃避海关监管,进行走私活动,偷逃应缴税额较大、情节严重的行为。

根据我国刑法的规定,走私犯罪是结果犯,即必须事实上构成偷逃税款且达到5万元以上的严重情节才能构成犯罪。如果行为人有逃避海关监管的主观故意,有偷逃税款的动机，但实际并没有导致这样的后果，仍然不能定罪。

本案保税仓库经理人和货主涉嫌走私犯罪的“少报多出”行为涉及是否构成逃避海关监管、是否偷逃税款等问题。

保税货物出仓申报不实是否构成逃避海关监管，不仅应该看行为人主观上是否有逃避海关监管的故意，还应该看客观上是否导致了逃避海关监管的后果。本案保税货物在向海关申报出仓时少报重量，在销售给保税工厂时多送重量，少报和多送的重量一致，货主及其客户对此事实供认不讳，说明货主有逃避海关监管的故意。但根据法律对保税货物的监管规定，货物出保税仓库后进入保税加工厂，仍然处于海关监管之中。只要少报的部分转入了保税工厂，就并未造成保税货物逃避海关监管的结果，因此，也就不构成逃避海关监管。

保税货物纳税的前提条件是转为国内使用或销售。本案进仓货物全部出仓并转入保税工厂，即使保税工厂将保税货物或其加工后的成品转为国内使用或销售而未缴纳进口关税，也与保税仓库经理人和货主无关，更何况公诉人没有证据证明少报多出的货物转为国内使用或销售。既然不能证明货物转为国内使用或销售，也就无从确定应纳税款，更谈不上偷逃税款。

3. 结论

保税货物出仓时重量上的“少报多出”并不必然构成走私犯罪，只有将少报多出部分转为国内使用或销售，偷逃税款5万元以上才构成犯罪行为。因此，本案公诉人起诉保税仓库经理人和货主走私普通货物罪的罪名不能成立。

二、香港自由港

目前世界上有600多个自由贸易港，荷兰、德国、美国、新加坡、香港、日本、韩国等国家和地区，都有自由贸易港或类似的贸易经济区，成为主导国际间贸易的交易中心和商品集散枢纽。世界著名的自由贸易港有香港、新加坡、亚丁、贝鲁特、汉堡、科隆等20多个。

1. 香港自由港历史背景

香港地区是由香港岛、九龙半岛和新界三部分组成，总面积为1 061.8 km^2。它位于我国的南方，背靠大陆，面向辽阔的东南亚地区，东联太平洋，西通印度洋，是东西方海上交通的重要枢纽，也是远东地区航运的要冲。在香港岛与九龙半岛之间，有一个天然良港——维多利亚港，该港水深达12 m以上，港面面积有6 000 hm^2，北以九龙为屏障，西以大屿山作掩蔽，港内既有良好的避风塘，也有宽广的停泊处，且终年不冻，远洋巨轮可以随时进出，因而被认为是现今世界上的三大良港之一。

香港原本是一个只有数千人口的小渔村。英国在1840年发动侵华的第一次鸦片战争中，用武力首先占领了香港岛，并强迫清政府先后与其签订了《南京条约》、《北京条约》和《展拓香港界址专条》3个不平等条约，并采用强割强租的方式占领了整个香港地区，香港沦为英国的殖民地。第二次世界大战期间，日本在香港保卫战中攻占了英属香港，香港因此经历了三年零八个月的日治时期。1945年，日本无条件投降后，英国恢复对香港行使主权，直至1997年中国收复香港。

英国急于占领香港，就是要利用香港所处的战略地位和拥有的优良港口条件，直接打开进入中国的南大门和建立控制远东贸易的牢固据点，以加速向东扩张的步伐。这实际上也是英国把夺取殖民地和海外市场的战略重点转向东方的标志。而驱使这种转向的动因，除了鸦片贸易外，还与英国工业资本的发展密切相关。英国在19世纪30年代末和40年代初，就已基本上完成了工业革命。这场工业革命不仅使英国成为“世界工厂”，也使英国工业生产的发展远远超过了其本国市场的容量。因此，工业资本急需扩大掠夺新的原料产地和工业产品倾销市场。向东扩张，就是为了满足资本主义发展的这种新的需要。

香港自由港是工业革命后英国为了在海外全面推行它的自由贸易政策和扩大对华经济侵略与掠夺的历史产物。英国是在工业革命基本完成的历史背景下占领香港的，当时英国国内的生产力已取得了高度的发展，使它拥有了世界上最强大的经济实力和强有力的竞争优势，因而它开始在国际范围内全面推行自由贸易政策，力主各国撤消关税保护，开放门户，进行自由贸易。为了让资本在海外充分地自由活动，英国自然要在香港充分贯彻它的自由贸易政策，并通过香港从经济上冲破当时还是处于闭关自守的中国封建经济的障碍，进一步摧毁中国自给自足的经济基础。因此，作为英国对外经济基本政策的自由贸易，也就自然而然成为香港殖民地的一项基本政策，而在香港推行自由贸易政策，最适合的就是采用自由港的形式。英国在占领香港后就迫不及待地宣布香港为自由港。

2. 香港自由港发展阶段

香港是特殊历史条件下形成的一个特殊地区。二战以来，其经济发展在外部环境影响下主要经历了4个阶段。

1）经济恢复时期(1946—1950)

香港自然资源匮乏，但它具有优越的地理环境和良好的港口条件，有利于发展转口贸易。战后初期，香港经济的恢复主要靠转口贸易，特别是依靠中国内地的转口贸易来带动经济发展。

2）从转口贸易向加工工业转变的过渡时期(1951—1959)

1951年美国及其操纵下的联合国对中国实行封锁、禁运。香港同中国内地的贸易中止，香港的转口贸易一落千丈，迫使其从加工贸易中寻求出路。于是香港凭借内地转移过来的资本、技术、设备和劳动力，先后建立了棉纺工业和其他一些以外销为主的轻工业，迅速实现了从转口贸易到加工贸易的转移，向海外市场，特别是美国市场提供那些不能或不愿从中国内地进口的产品，由此带动进出口贸易的发展。到1959年，香港产品在出口贸易中所占比重已上升到69.6%，加工工业开始取代了转口贸易的地位。

3）加工工业取得较大发展的时期(1960—1969)

进入20世纪60年代，香港经济又有了较快的发展。除棉纺、织布、成衣、塑胶业以外，一些新兴工业如电子、钟表及玩具等已陆续建立。加工工业的发展，既增加了出口，扩大了就业，又带动了房地产、建筑业和金融业的发展。同时60年代由于越南战争升级，香港作为美军采购、休息及消费基地，大量资金、人员移入，使香港从中获得了较大的经济利益。由此，60年代香港经济的发展，为70年代香港经济的多元化发展奠定了基础。

4）向现代化和多元化发展的时期(20世纪60年代末至今)

20世纪60年代末期起，香港利用美国、日本和西欧所提供的资金、科技和企业经营管理经验，加速经济的发展。加工工业、对外贸易、交通运输、房地产建筑、金融、旅游等方面得到了迅速发展，从而形成了一个以加工工业为基础、对外贸易为主导，多种经营为特点的国际工商业城。70年代，是香港向现代化、多元化发展的时期，在该时期，香港已基本确定其在亚洲的金融中心地位，而且香港也成为远东重要的贸易枢纽，确立和发展了其转口港的地位。

此时香港政府采取自由港政策——积极不干预政策，使香港在经济国际化中迈向一个新台阶。

3. 香港自由港自由政策

香港自由港在整个香港地区实行全方位的自由开放政策，致力于营造自由贸易、自由、自由投资、自由经营、自由外汇、自由进出和自由竞争的环境，始终保持其作为全球最开放的自由港地位。

1）自由贸易

香港对进出口有形贸易基本上没有管制。对本地厂商出口商品不提供任何优惠特权，对进口商品也不设置关税壁垒。除对酒类、烟草、碳氢油类和甲醇等征收少量的消费税和进口税，其他进出口商品不征收关税。根据香港进口规例及其他有关法例，属管制类的物品应课税并需获得相关政府部门批准方可进口外，一般货物不受进口配额或其他进口证规定限制，进出口贸易手续的办理也十分简便。

香港对包括出入境航运、空运、旅游、外国使用港口、机场及在港消费和保险等无形贸易都不设管制。

对货物的进出口经营权不设限制，任何香港机构及个人毋须向香港特区政府申请或登记即可办理进口和出口货物。内地企业在香港开设的公司亦享有上述同等权利。

2）自由航运

在香港经营航运业完全不受国籍和投资比例的限制，可以采取独资、合资或其他任何形式经营。公司设在香港或外地均可，资金亦可自由汇兑与转移。

香港允许任何国家或地区的船舶自由进出，无需办理申请手续，只要在24小时前电告海事处的港口控制中心即可，海关人员仅对可疑的贩毒和走私船只进行抽检。这项政策使船舶在港停留时间缩短，货物周转率提高，航运公司和贸易商因而可获较大利润。

香港船东所拥有的船舶可以自由选择在任何国家或地区注册登记，并悬挂该国家或地区的船旗。凡不在香港注册的船舶，不受香港船舶注册法例的约束，亦无需向香港政府纳税。而任何国家的船舶，只要符合香港船舶注册法例的规定，均可在香港注册登记。

3）自由投资

香港欢迎外来投资，实行资本进入自由，外来资本可以在港内的各行各业投资，并可将资本自由转移。政府对本地公司及外商一视同仁，实行少干预、无补贴政策，为所有有意在香港营商的公司提供公平的经营环境。除金融、电讯、公共运输、公用设施及部分大众媒体等在香港属于受监管的行业外，香港对内地机构、组织或个人在本地投资不设任何限制，也不制定投资产业政策及相关目录。香港也不规定外商投资专项必须要有本地业者参与，内地企业在香港注册公司后，该香港公司可以根据香港的入境条例聘用内地专才来香港工作。香港并无特别针对外商的投资审批程式，但所有公司必须遵从《公司条例》的注册规定。

香港对大部分新投资项目不设任何管制，但在某些业务或行业，投资者必须申领牌照或许可证。政府推出的商业牌照咨询服务，提供有关在香港经营各类业务所需牌照的详细资料。这项一站式服务有助于投资者节省时间和降低触犯政府规例的风险。

4）自由经营

在香港，政府只直接经营港口、机场、道路、地铁及邮政等，其余均由私人自由经营。不论本地公司还是外国公司只要按公司法注册登记，即可开业经营，政府在管理和税收等方面都一视同仁，没有特别优惠或歧视。

5）自由外汇

香港实行自由汇兑制度，本地资金和外国资金均可自由进出，自由流动。由于不设外汇管制，又位于有利时区，因此香港的外汇市场发展成熟，交易活跃，被誉为“亚洲的瑞士”。

香港的货币市场是全球最开放的市场之一，这大大促进了金融业的发展。香港的银行机构十分密集，全球百强银行中，有74家在香港开展业务。股票市场交易产品种类繁多，从普通股票乃至期权、认股权证、单位信托基金和债券等，应有尽有。

6）自由进出

为促进旅游业发展，香港对境外访客实施非常宽松的签证政策，以方便其前往香港，许多国家的公民甚至可以免签证在香港短期停留。香港入境事务处对到香港旅游及从事商务活动的访客和香港居民也采取方便的出入境通关措施。

7）自由竞争

香港实行严格的市场经济，企业通过自由竞争，实现优胜劣汰。即使在香港政府直接经营的行业，也能充分体现自由竞争的格局。譬如，香港的葵涌货柜码头是政府通过招标方式外包经营的，港区内码头主要有现代货箱码头有限公司、香港国际货柜码头有限公司、环球货柜码头有限公司和中远国际货柜码头有限公司等通过公开投标方式从香港政府处争得经营权。由于各民营企业基于业务上的竞争，均投入巨资改进属于自己码头的各项软、硬件设备和设施，以吸引国际物流公司，从而使葵涌货柜码头的港口建设持续不断，服务效率不断提升。各家码头公司完全采用自主管理方式24小时全天候作业，并各自与船运公司电脑联网以办理货物的进出口和转口业务。这种良性的竞争态势及香港政府降低税赋的策略，吸引国际物流公司竞相选择香港作为转运地，使得香港自由港成为全球最繁忙的枢纽港口。

思 考 题

1. 简述仓储在国际物流中的作用。
2. 对外贸易仓库是如何进行分类的？
3. 营业性仓库的主要业务包括哪几方面内容？
4. 仓储的成本构成和收入构成是怎样的？
5. 简述仓储的入库业务、储存保管业务和出库业务。
6. 流通加工和生产加工的主要区别在哪里？
7. 流通加工的作用有哪些？
8. 流通加工有哪些类型？其主要内容有哪些？
9. 试述如何促进流通加工合理化？
10. 什么是保税制度？保税制度的主要形式有哪些？
11. 保税货物的定义和特征是什么？
12. 我国保税仓库允许存放的货物是哪些？
13. 我国保税仓库的主要类型有哪些？
14. 我国保税仓库的设立应具备哪些条件？
15. 我国海关如何对保税仓库实施监管？
16. 香港自由港对我国发展自由贸易区的启示。

附　　录

附录 1　信用证格式

97FEB25 08:49:11　　　　　　　　　　LOGICAL TERMINAL P005
MT S700
ISSUE OF A DOCUMENTARY CREDIT　　　　　PAGE 00001
FUNC SWPR3
UMR 00180818

MSGACK DWS765I AUTH OK, KEY B0961215418A5D3F, BKCHCNBJ ABNANL**
RECORD
BASIC HEADER　F 01 BKCHCNBJA300 8118 146865
APPLICATION HEADER 0 700 1448 970224 ABNANL2R3XXX 4636 906318 970224 2148
ABN AMR0 BANK N. V.
ROTTERDAM

USER HEADER	SERVICE CODE		103:
	BANK. PRIORITY		113:
	MSG USER REF.		108:8292996700
	INFO. FROM. CI		115:
SEQUENCE OF TOTAL		*27 :	1/2
F0RM OF DOC. CREDIT		*40A :	IRREVOCABLE
DOC. CREDIT NUMBER		*20 :	A7A9700692
DATE OF ISSUE		31C :	970224
EXPIRY		*31D :	DATE970324 PLACE SHANGHAI
APPLICANT		*50 :	CHINA HONG KONG DEVELOPMENT B. V. HONGKONGSTREET 5 3047 BR ROTTERDAM THE NETHERLANDS
BENEFICIARY		*59:	CNTIC SHANGHAI IMPORT AND EXPORT CO. ,4TH FLOOR,ZHONGCHENG BLDG. 8 RUIJIN YI ROAD, SHANGHAI

		PEOPLE'S REPUBLIC OF CHINA
AMOUNT	*32B :	CURRENCY USD AMOUNT 51,240
AVAILABLE WITH/BY	*41A :	BKCHCNBJ300 BANK OF CHINA SHANGHAI (SHANGHAI BRANCH) BY NEGOTIATION
DRAFTS AT...	42C :	SIGHT
DRAWEE.	42D :	ISSUEING BANK
PARTIAL SHIPMENTS	43P :	PROHIBITED
TRANSSHIPMENT	43T :	PERMITTED
LOADING IN CHARGE	44A :	SHANGHAI, P. R. OF CHINA
FOR TRANSPORT TO...	44B :	ROTTERDAM
LATEST DATE OF SHIP.	44C :	970310
DESCRIPT. OF GOODS	45A :	REFILLABLE LIGHTERS, AS PER SALES CONTRACT NO. 97CNLSH—GOOL DATED 3RD JANUARY 1996. TERMS OF DELIVERY: C. I. F. ROTTERDAM.

DOCUMENTS REQUIRED 46A :

1) SIGNED COMMERCIAL INVOICE IN 4-FOLD AND PARTICULARS OF WHICH MUST BE TAKEN UP IN THE INVOICE TOO.
2) FULL SET OF 3/3 ORIGINAL CLEAN ON BOARD OCEAN BILLS OF LADING, MADE OUT TO ORDER AND BLANK ENDORSED, NOTIFY: APPLICANT WITH FULL NAME AND ADDRESS, MARKED: "FREIGHT PREPAID".
3) INSURANCE POLICY/CERTIFICATE MADE OUT IN NEGOTIABLE FORM FOR 110 PER CENT OF THE C. I. F. INVOICE VALUE, FROM WAREHOUSE SELLERS TO WAREHOUSE BUYERS, COVERING ALL RISKS AS PER: INSTITUTE CARGO CLAUSES(A), INSTITUTE WAR CLAUSES. AND INSTITUTE S. R. C. C. CLAUSES.
   INSURANCE POLLCY/CERTIFICATE MUST STATE:
   "CLAIMS, IF ANY, PAYABLE IN THE NETHERLANDS".
4) G. S. P. CERTIFICATE OF ORIGIN FORM A.
5) PACKING LIST.
6) CERTIFICATE OF QUALITY, ISSUED BY CCIB.

PRESENTATION PERIOD 48 : 14

CONFIRMATION *49 : WITHOUT

INSTRUCTIONS 78 : CLAIM COVER FROM US AT SIGHT BY AIRMAIL
TRAILER ORDER IS <MAC:><PAC:><ENC:><CHK:><TNG:><PDE:>
MAC:DCEBF59F
CHK:41064E8EF7Bl

MSGACK DWS765I AUTH OK, KEY B0961215418A5D3F, BKCHCNBJ ABNANL RECORD

BASIC HEADER F01 BKCHCNBJA300 8118 146866

APPLICATION HEADER 0701 1448 970224 ABNANL2R3XXX 4636 906319 970224 2148
ABN AMRO BANK N. V.
ROTTERDAM

USER HEADER SERVICE CODE 103 :

BANK. PRIORITY 113 :

MSG USER REF. 108 : 8292997701

INFO. FROM CI 115 :

SEQUENCE OF TOTAL *27 : 2/2

DOC. CREDIT NUMBER *20: A7A9700692

ADDITIONAL COND 47B :

A: THIS LETTER OF CREDIT IS SUBJECT TO THE UCP(REV. 1993)OF THE ICC(PUBL. 500)

B: THE SALES CONTRACT REFERRED TO IN THE GOODS DESCRIPTION HAS BEEN SENT TO YOU BY REGISTERED AIRMAIL AND FORMS AN INTEGRAL PART OF THIS L/C.
ALL COMMS/CHGS OUTSIDE THE NETHERLANDS A/C BENEFICIARY DOCUMENTS ARE TO BE FORWARDED TO ABN AMRO BANK N. V. ROTTERDAM BY COURIER SERVICE IN ONE LOT
TRAILER ORDER IS < MAC: > < PAC: > < ENC: > <CHK: > < TNG: 〉
< PDE: >
MAC :B6CE02FD
CHK :CF3E377BE191

附录 2　进口货物报关单

中华人民共和国海关进口货物报关单

预录入编号：　　　　海关编号：　　　　BP机号：

进口口岸	备案号	进口日期	申报日期	
经营单位	运输方式	运输工具名称	提运单号	
收货单位	贸易方式	征免性质	征税比例	
许可证号	起运国(地区)	装货港	境内目的地	
批准文号	成交方式	运费	保费	杂费
合同协议号	件数	包装种类	毛重(公斤)	净重(公斤)
集装箱号	随附单据	用途		
标记唛码及备注				

项号	商品编号	商品名称、规格型号	数量及单位	原产国(地区)	单价	总价	币制	征免

税费征收情况

录入员　录入单位	兹声明以上申报无讹并承担法律责任	海关审单批注及放行日期(签章)
报关员		审单　　审价
单位地址	申报单位(签章)	征税　　统计
邮编　　电话	填制日期	查验　　放行

附录 3 海运提单格式

1.Shipper Insert Name, Address and Phone

B/L NO.

中远集装箱运输有限公司
COSCO CONTAINER LINES

TLX: 33057 COSCO CN
FAX: + 86(021) 6545 8984

ORIGINAL

2.Consignee Insert Name, Address and Phone

3.Notify Party Insert Name, Address and Phone
(It is agreed that no responsibility shall attach to the Carrier or his agents for failure to notify)

Port-to-Port or Combined Transport
BILL OF LADING

RECEIVED in external apparent good order and condition except as otherwise noted. The total number of packages or units stuffed in the container, the description of the goods and the weights shown in this Bill of Lading are furnished by the Merchants, and which the carrier has no reasonable means of checking and is not a part of this Bill of Lading contract. The carrier has issued the number of Bills of Lading stated below, all of this tenor and date, one of the original Bills of Lading must be surrendered and endorsed or signed against the delivery of the shipment and whereupon any other original Bills of Lading shall be void. The Merchants agree to be bound by the terms and conditions of this Bill of Lading as if each had personally signed this Bill of Lading.
SEE clause 4 on the back of this Bill of Lading (Terms continued on the back hereof, please read carefully)
*Applicable Only When Document Used as a Combined Transport Bill of Lading.

4.Combined Transport* Pre－carriage by	5.Combined Transport* Place of Receipt
6.Ocean Vessel Voy. No.	7.Port of Loading
8.Port of Discharge	9.Combined Transport* Place of Delivery

Particulars Furnished by Merchants

Marks & Nos. Container / Seal No.	No. of Containers or Packages	Description of Goods(If Dangerous Goods, See Clause 20)	Gross Weight Kgs	Measurement
		Description of Contents for Shipper's Use Only(Not part of This B/L Contract)		

10.Total Number of containers and/or packages(in words)
Subject to Clause 7 Limitation

11.Freight & Charges	Revenue Tons	Rate	Per	Prepaid	Collect
Declared Value Charge					

Ex. Rate:	Prepaid at	Payable at	Place and date of Issue
	Total Prepaid	No. of Original B(s)/L	Signed for the Carrier, COSCO CONTAINER LINES

LADEN ON BOARD THE VESSEL
DATE BY
(COSCON STANDARD FORM 9803) CNSO1 0165306

附录 4-1　国际货协运单正面格式

运 单 正 本 —Оригинал накладной
（给收货人）—（для получателя）

发送路简称（Сокращенное наименование дороги отправления）中铁 КЖД 1

1　发货人，通信地址—Отправитель，почтовый адрес

25（检查标签—Контрольная этикетка）批号—Отправка №

运输号码

2　合同号码—Договор №

3　发　站 Станция отправления

4　发货人的特别声明—Особые заявления отправителя

5　收货人，通信地址—Получатель，почтовый адрес

26　海关记载—Отметки таможни

6　对铁路无约束效力的记载—Отметки，необязательные для железной дороги

7　通过的国境站—Пограничные станции перехода

27 车辆—Вагон/ 28 标记载重(吨)Подьемная сила(т)/29 轴数—Оси
30 自重—Масса тары/31 换装后的货物重量—Масса груза после перегрузки

27	28	29	30	31

8　到达路和到站—Дорога и станция назначения

国际货协—运单 СМГС－Накладная　慢运 малой скорости

9　记号、标记、号码 Знаки，марки，номера

10　包装种类 Род упаковки

11　货物名称 Наименование груза

50 附件第 2 号 прил. 2

12　件数 Число мест

13　发货人确定的重量（公斤）—Масса（в кг）определен отправителем

32　铁路确定的重量（公斤）—Масса（в кг）определен железной дорогой

14　共计件数（大写）—Итого мест прописью

15　共计重量（大写）—Итого масса прописью

16　发货人签字—Подпись отправителя

17　互换托盘—Обменные поддоны
数量—Количество

集装箱/运送用具— Контейнер/Перевозочные средства
18 种类—Вид
类型—Категория

19　所属者及号码 Владелец и №

20　发货人负担下列过境铁路的费用—Отправителем приняты платежи за следующие транзитные дороги

21　办理种别—Род отправки
整车*）повагонная*）
零担*）мелкая*）
大吨位集装箱*）Крупнотоннажного Контейнера*）

22 由何方装车 Погружено
发货人*）отправителем*）
铁路*）железной дорогой*）

*）不需要的划消—Ненужное зачеркнуть

23　发货人添附的文件—Документы，приложенные отправителем

24　货物的声明价格 Объявленная ценность груза
瑞士法郎 Шв.фр.

45　封印 Пломбы
个数 Количество
记号—Знаки

33
34
35
36
37
38
39
40
41
42
43
44

46　发站日期戳—Календарный штемпель станции отправления

47　到站日期戳—Календарный штемпель станции назначения

48　确定重量方法 Способ определения массы

49　过磅站戳记，签字—Штемпель станции взвешивания，подпись

附录 4-2 国际货协运单背面格式

53 联运—Сообщение	60 类项号码 № позиции	61 等级 Класс	62 费率 Ставка	63 计费重量（公斤） Расчётная Масса(кг)	68 向发货人计算的费用 Расчёты с отправителем		69 向收货人计算的费用 Расчёты с получателем	
					70 款额 瑞士法郎—Сумма в Шв. фр.	71 款额单位 Сумма в	72 款额 瑞士法郎—Сумма в Шв. фр.	73 款额单位 Сумма в

54
运费 Провозная плата 自 от 至 до
杂费 Дополнительные сборы = = = = =
74 75 76 78 79 80
64 65 66 км 公里 67 运价 Тариф 共计 Итого 82 83 84 85

55
运费 Провозная плата 自 от 至 до 60 61 62 63
杂费 Дополнительные сборы = = =
74 76 78 80
64 65 66 км 公里 67 运价 Тариф 共计 Итого 82 83 84 85

56
运费 Провозная плата 自 от 至 до 60 61 62 63
杂费 Дополнительные сборы = = =
74 76 78 80
64 65 66 км 公里 67 运价 Тариф 共计 Итого 82 83 84 85

57
运费 Провозная плата 自 от 至 до 60 61 62 63
杂费 Дополнительные сборы = = =
74 76 78 80
64 65 66 км 公里 67 运价 Тариф 共计 Итого 82 83 84 85

56
运费 Провозная плата 自 от 至 до 60 61 62 63
杂费 Дополнительные сборы = = =
74 76 78 80
64 65 66 км 公里 67 运价 Тариф 共计 Итого 82 83 84 85

59
运费 Провозная плата 自 от 至 до 60 61 62 63
杂费 Дополнительные сборы = = = = =
74 76 77 78 80 81
64 65 66 км 公里 67 运价 Тариф 共计 Итого 82 83 84 85

90 兑换率—Курс пересчёта
发送路—дороги отправления 到达路—дороги назначения 总计 Всего 86 87 88 89

91 有关计费记载—Отметки о расчётах платежей

87′ 应向发货人核收的总额（大写）—Всего взыскать с отправителя（прописью） 签 字—Подпись

89′ 应向收货人核收的总额（大写）—Всего взыскать с получателя（прописью） 签 字—Подпись

92′ 应向发货人补收的费用—Дополнительно взыскать с отправителя за

附录 5　航空主运单格式

IATA-FIATA INTRODUCTORY COURSE

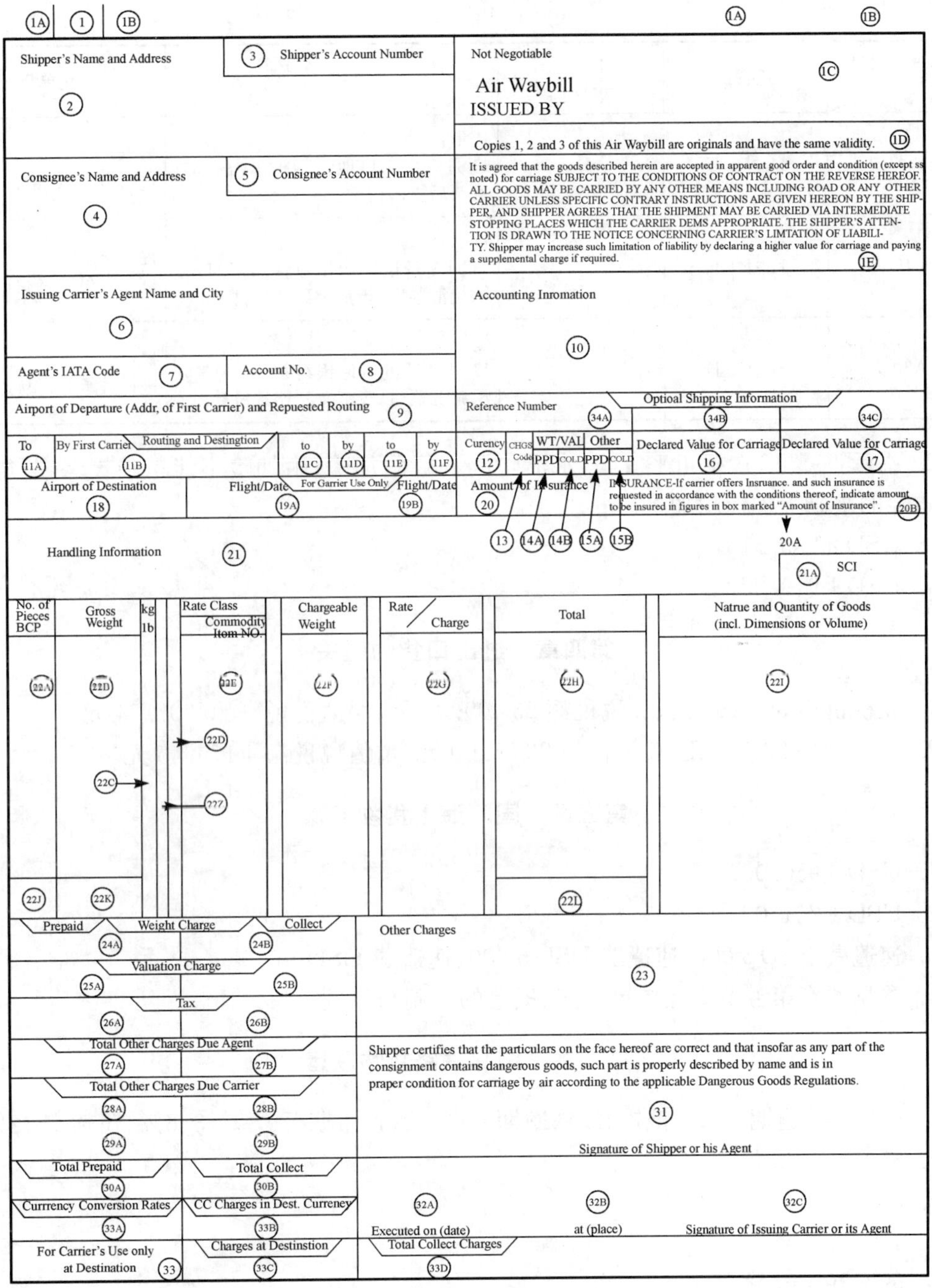

ORIGINAL 3 (FOR SHIPPER)

附录6　部分练习题参考答案

第二章　国际贸易相关知识

1.

日期 方式	托收日	提示、 承兑日	付款日	交单日
D/P即期	11月1日		提示： 11月9日进口地银行提示，进口方见票后立即付款。	提示： 进口方付款，银行交单。
D/P45天	11月1日		提示： 11月9日进口地银行提示，进口方承兑汇票后，于汇票到期日付款。	提示： 进口方付款，银行交单。
D/A30天	11月1日		提示： 11月9日进口地银行提示，进口方承兑汇票后，于汇票到期日付款。	提示： 进口方承兑，银行交单。

2. 提示：一切险包括了平安险、水渍险和一般附加险；附加险不能单独投保，只能在投保基本险的基础上加保附加险。

3. USD 23 337.15

4. USD 1 919.22

第四章　进出口货物通关

1. 完税价格390 165元、关税税额23 409.92元、增值税税额70 307.74元

2. 完税价格22 350元、关税税额2 235.00元、增值税税额4 179.45元

第五章　国际海上货物运输

1. USD 9 950.00

2. USD 1 761.03

3. 速遣费USD 5 000、速遣费USD 5 000、速遣费USD 5 000

4. 参见本章第五节海运提单　三、提单的缮制与签发

第六章　国际铁路货物联运

1. (1) 运到逾期　(2) 俄铁、波铁逾期　(3) 运到逾期百分率13.6%、罚款率12%

2. 51 t

3. 65 t

4. 150 t

5. 592.29瑞士法郎

6. 20 044.80 瑞士法郎

7. (1) 8 689.40 瑞士法郎　(2) 5 670.00 瑞士法郎　(3) 9 445.50 瑞士法郎　(4) 10 200.60瑞士法郎

8. 货协运单的流转及填制参见本章第四节货协运单一、货协运单的作用及其流转、二、货协运单的填制。

国际铁路货物联运运送费用：

发送路(中铁)运送费用(二连站距国境线距离按 5 km 计)：

(1) 运费 7 641.20 元

(2) 各项附加费 4 980.60 元，其中铁路建设基金 4 724.30 元，电气化附加费 256.30 元

(3) 杂费 3 753.00 元，其中验关手续费 33.00 元，货车滞留费 3 720.00 元

过境路(蒙铁)运送费用：

(1) 运费 1 024.00 瑞士法郎

(2) 杂费 217.60 元，其中货物换装费 213.60 瑞士法郎，验关费 4.00 瑞士法郎

过境路(俄铁)运送费用：

(1) 运费 6 174.00 瑞士法郎

(2) 杂费(验关费)4.00 瑞士法郎

到达路(阿(塞)铁，假设中铁，二连站距国境线距离按 5 km 计)

(1) 运费 7 641.20 元

(2) 各项附加费 4 980.60 元，其中铁路建设基金 4 724.30 元，电气化附加费 256.30 元

(3) 杂费 317.80 元，其中验关手续费 33.00 元，货物换装费 272.00 元

第七章　国际航空货物运输

1. 提示：(1) 查表 7-1 确定货物能否装进 B737-300 货舱；

(2) 查表 7-2 确定前仓、后仓的地板最大承受力；

(3) 竖装货物时地板的实际承重力是否大于地板最大承受力；

(4) 如果地板的承重力大于地板最大承受力时，可以加垫板分散货物重量，使其单位面积承受的重量降至地板最人载受力以下。

所需垫板面积至少 0.68 m^2，垫板规格取 85 cm×85 cm，厚度为 2 cm。

2. 4 181.00 元

3. 第一批 5 148.00 元，第二批 4 389.00 元

4. 13 267.20 元

5. 320.00 元

6. 航空货运单填制参见本章第七节航空货运单五、航空货运单的填制

航空运送费用：

航空运费 3 360.15 港元，声明价值附加费 30.65 港元(单位责任限制按 17SDR/kg＝USD20/kg)。

主要参考文献

[1] 刘寿兰. 国际货物运输[M]. 北京：中国铁道出版社，2003.

[2] 杨长春. 国际物流[M]. 北京：首都经济贸易大学出版社，2003.

[3] 陈晶莹，邓旭. 2000 年国际贸易术语解释通则解释与应用[M]. 北京：对外经济贸易大学出版社，2000.

[4] 于强，杨同明. 国际贸易术语解释通则深度解读与案例分析[M]. 北京：中国海关出版社，2011.

[5] 杨良宜. 海上货物保险[M]. 北京：法律出版社，2010.

[6] 洪雷. 出入境检验检疫报检实用教程[M]. 上海：格致出版社，2009.

[7] 邵铁民. 进出口货物海关通关实务[M]. 上海：上海财经大学出版社，2002.

[8] 周和敏. 海关估价理论与实务[M]. 上海：上海财经大学出版社，2003.

[9] 陈大钢. 海关关税制度[M]. 上海：上海财经大学出版社，2002.

[10] 叶德利. 中国海关估价中的价格瞒骗行为及其防范[J]. 对外经贸实务，2005，4：28-30.

[11] 白树强. WTO 海关估价协议导读[M]. 北京：中国社会科学出版社，2002.

[12] 司玉琢. 海商法学案例教程[M]. 北京：知识产权出版社，2003.

[13] 杨长春. 国际货物运输公约逐条解释[M]. 北京：对外经济贸易大学出版社，2001.

[14] 司玉琢，韩立新.《鹿特丹规则》研究[M]. 大连：大连海事大学出版社，2009.

[15] 杨良宜. 提单及其他付运单证[M]. 修订版. 北京：中国政法大学出版社，2007.

[16] 杨良宜. 装卸时间与滞期费[M]. 大连：大连海事大学出版社，2006.

[17] 杨良宜. 租约[M]. 大连：大连海运学院出版社，1994.

[18] 吴焕宁.《鹿特丹规则》释义[M]. 北京：中国商务出版社，2011.

[19] 金玉来，叶枫. 涉外民商事案例选[M]. 上海：上海人民出版社. 2010.

[20] 王为. 国际铁路货物联运[M]. 北京：中国商务出版社，2007.

[21] 陈京亮. 国际铁路货物联运[M]. 北京：中国铁道出版社，1998.

[22] 王馨源. 中国铁路国际联运大事记[M]. 北京：中国铁道出版社，2002.

[23] 牛鱼龙. 铁路货代实务案例[M]. 上海：同济大学出版社，2007.

[24] 中国国际货运代理协会. 国际货运代理理论与实务[M]. 北京：气象出版社，2003.

[25] 张世良. 1999 年蒙特利尔公约对航空货运凭证的新发展——兼论航空货运凭证的法律价值[J]. 天府新论，2007(1)：86-88.

[26] 齐正欣. 论 1999 年蒙特利尔公约及其在我国的适用[D]. 北京：中国政法大学，2006.

[27] 倪学伟，黄菊秀. 一起危险品多式联运货损纠纷案[J]. 中国海商法年刊，2005，15：444-452.

[28] 杨霞芳. 现代物流技术[M]. 上海：上海财经大学出版社，2004.

[29] 王伟,姚振强,包起帆.自动化堆场集装箱先进装卸工艺的探讨[J].机械设计与研究,2007,23(2):84-87.

[30] 彭传圣.汉堡港的自动化集装箱码头[J].集装箱化,2005(2):21-23.

[31] 刘斌.洋山港集装箱码头装卸工艺设计[D].上海:上海海事大学,2012.

[32] 中交第一航务工程勘察设计院有限公司.海港集装箱码头设计规范[M].北京:人民交通出版社,2011.

[33] 丁立言.仓储规划与技术[M].北京:清华大学出版社,2002.

[34] 成思危.从保税区到自由贸易区:中国保税区的改革与发展[M].北京:经济科学出版社,2003.

ISBN 978-7-5608-6077-0

定价: 78.00 元